DIE VISUELLE WELTGESCHICHTE DER NEUZEIT

Diego Velázquez, *Die Übergabe von Breda* (1634/1635)

Kristallpalast, Zentrum der Weltausstellung, London 1851

Bibliografische Information Der Deutschen Bibliothek
Die Deutsche Bibliothek verzeichnet diese Publikation
in der Deutschen Nationalbibliografie; detaillierte bibliografische Daten
sind im Internet über *http://dnb.de* abrufbar.

Eine Gemeinschaftsproduktion von Dorling Kindersley und dem Gerstenberg Verlag

Zusammenstellung, Einleitungstexte und Chroniken von Edmund Jacoby

Satz: Gerstenberg Druck GmbH, Hildesheim / typocepta, Wilhelm Schäfer, Köln
Druck und Bindung: EGEDSA, Sabadell
Printed in Spain
ISBN 3-8067-4574-9

03 04 05 06 07 5 4 3 2 1

DIE VISUELLE WELTGESCHICHTE DER NEUZEIT

Napoleon, die Alpen überschreitend
Ausschnitt aus einem Gemälde von Jacques Louis David, 1801

Gerstenberg Verlag

Inhalt

Das Zeitalter der Revolutionen 166

Wirtschaft und Gesellschaft im 19. Jahrhundert 192

Das Zeitalter der Nationalstaaten 238

Imperialismus und Belle Époque 298

Der Erste Weltkrieg 332

Einleitung

Was bedeutet Neuzeit ?

Als die Menschen in Europa während des 15. Jahrhunderts begannen, ihre Gegenwart als etwas Neues, als Neuzeit, zu begreifen, konnten sie dies nur, indem sie der Neuzeit ein Mittelalter entgegensetzten, eine Zwischenzeit zwischen der Gegenwart und der griechisch-römischen Antike. Sie wollten an der Antike wieder anknüpfen und betrachteten das Mittelalter als eine Art Betriebsunfall der Geschichte. Was aber faszinierte sie so an der Antike?

Natürlich waren es die gigantischen Ruinen in Rom und an anderen Orten, die sie an vergangene Macht und Größe erinnerten, an technische Leistungen, die zu wiederholen noch große Anstrengungen erfordern würde. Mehr aber als das bewunderten sie den Universalismus des römischen Weltreichs, die Tatsache, dass damals das gleiche Recht in einem einheitlichen Staat herrschte, der die ganze bekannte Welt umfasste – ganz anders als in ihrer zersplitterten und zerrissenen Welt von Städten, Fürstentümern und winzigen Herrschaften, deren jede eine kleine Welt für sich sein wollte. Und dem politischen Universalismus, wussten sie, entsprach in der Antike eine Wissenschaft, die ebenso universal war, die von ewigen, dank der Mathematik für alle Menschen nachvollziehbaren Gesetzen des Universums wusste und davon, dass die Erde nachweislich eine Kugel war, die man als Ganze auf dem Seeweg umfahren konnte.

Das, was die frühe Neuzeit Europas ausmachte – die Rückbesinnung auf die Antike, der Anfang der modernen, auf die Gesetze der Mathematik zurückgreifenden Naturwissenschaft, die Bereitschaft, den ganzen Globus zu entdecken –, gehört also zusammen. In diesem Band werden diese Neuerungen als „erste Globalisierung" zusammengefasst, um daran zu erinnern, dass die Globalisierung, von der heute, in einer Zeit, in der die Nationalstaaten aufhören, eine entscheidende Rolle zu spielen, so oft die Rede ist, bereits damals begonnen hat.

Diese Verbindung des Beginns der Neuzeit in Europa mit unserer Gegenwart ist es, die es bis heute rechtfertigt, von der Neuzeit als einer historischen Einheit zu sprechen.

Der Beginn der Neuzeit

Gemeinhin lassen die Historiker die Neuzeit entweder mit der italienischen Renaissance zu Beginn des 15. Jahrhunderts, mit der Entdeckung Amerikas durch Kolumbus 1492 oder mit dem Beginn der Reformation Luthers im Jahr 1517 anfangen. Tatsächlich ist die frühe Neuzeit ohne die Wiederentdeckung der Antike in der Renaissance und in der intellektuellen Strömung des Humanismus nicht zu denken. Ebenso wenig kann man sie sich ohne den Aufbruch des Seehandels über alle Weltmeere vorstellen, der mit den kühnen Unternehmungen der großen Entdecker beginnt; der neue Unternehmensgeist ist aber untrennbar verbunden mit einer neuen praktischen, experimentierfreudigen und rationalen Einstellung gegenüber der Natur, wie sie uns in der Wissenschaft zuerst mit dem Werk des Kopernikus entgegentritt. Auch die „kopernikanische Wende" in der Wissenschaft um 1540 wird als Datum für den Beginn der Neuzeit genannt. Schließlich gehört zur frühen Neuzeit unbedingt auch die religiöse Volksbewegung der Reformation. Von ihr gingen wesentliche Impulse für eine Neubewertung des einzelnen Menschen aus, der von nun an seinem eigenen Gewissen verantwortlich war, wie auch für den Aufbau von Staaten, die ihren Zusammenhalt dadurch fanden, dass sie fest im Bewusstsein und Gewissen ihrer Bürger als eine gottgewollte Institution verankert waren. So verweist die Reformation auch auf den schrittweisen Prozess der Herausbildung von bürokratisch organisierten und die ganze Gesellschaft durchdringenden Staaten, einen Prozess, der erst im Europa der Nationalstaaten des 19. Jahrhunderts zu einem Abschluss gekommen ist und mancherorts bis heute andauert.

Die Erde inmitten der Planetenbahnen (sog. Armillarsphäre, 18. Jh.)

Phasen der Geschichte der Neuzeit

„Periodisierung" nennen die Historiker die Einteilung der Geschichte in einzelne Phasen. Die Einteilung der Neuzeit in Abschnitte ist nicht ganz einfach, da oft mehrere Entwicklungen sich parallel vollziehen, wie die Zeittafel auf den folgenden Seiten deutlich macht. Da stets alle Entwicklungen mitein-

ander verbunden und daher nicht scharf voneinander zu trennen sind, haftet jeder Periodisierung etwas Willkürliches an. Und doch sind solche Ordnungsschemata hilfreich.
In diesem Buch wird das Gemeinsame des Aufbruchs in die Neuzeit, der neue Universalismus der großen Entdeckungsunternehmen und der modernen Wissenschaft, als „erste Globalisierung" zusammengefasst. Parallel werden der intellektuelle Neuanfang des Humanismus und der Renaissance betrachtet. Die Reformation wiederum leitet in die Zeit der Glaubenskriege in der zweiten Hälfte des 16. und der ersten Hälfte des 17. Jahrhunderts über. Die Lehre, die Europa aus diesen Religionskriegen zieht, ist eine doppelte: die Stärkung der Staatsgewalt und die aufklärerische Moral der Toleranz. Französischer Absolutismus und englischer Liberalismus sind insofern die Kehrseiten derselben Medaille. Beide verbindet die Idee einer modernen Rationalität, die sich sowohl in der pompösen Zurschaustellung von Macht äußert, wie sie die Barockkunst hervorgebracht hat, als auch in der stillen Anhäufung von Reichtum bei den frühen Kapitalisten in Holland und England.
In der Epoche des Absolutismus und der Aufklärung bilden sich sowohl die Elemente heraus, die den modernen Verwaltungsstaat ausmachen, als auch die europäische Staatenwelt, die sich im Großen und Ganzen bis heute erhalten hat.
Die Aufklärung verlangte nicht nur den rationalen Staat, sondern mehr und mehr auch die Freiheit und Gleichheit seiner Bürger, die Demokratie. Zuerst wurde diese am Ende des 18. Jahrhunderts mit den Revolutionen in Amerika und Frankreich erreicht. Seit der Zeit Napoleons verband sich die Idee der Demokratie immer stärker mit der der ethnischen Traditionsgemeinschaft, der Nation. Die Demokratiebewegung war umso enger mit der nationalen Bewegung verknüpft, als mit der Industrialisierung, die im frühen 19. Jahrhundert von England auf den Kontinent übergriff, eine neue, viele Menschen umfassende Klasse, die Industriearbeiterschaft, in die Bürgergemeinschaft der Nation zu integrieren war. Im Namen der Nation wurden die Interessengegensätze der gesellschaftlichen Großgruppen überbrückt, um den Preis einer nach außen oft aggressiven nationalen Politik. Im späteren 19. Jahrhundert begann der imperialistische Wettlauf der großen Nationen um ihre Weltgeltung, um ihre Fähigkeit, weniger mächtige Völker zu unterwerfen oder abhängig zu machen.
Diese Politik endete in der Katastrophe des Ersten Weltkriegs. Der Erste Weltkrieg führte zu einer Schwächung der alten Nationalstaaten in der Zeit zwischen den Kriegen, zum Aufstieg des übernational zu agieren vorgebenden Kommunismus und zur Entstehung des Faschismus, der den aggressiven Nationalismus auf die Spitze trieb. Die politischen Führer der Deutschen, Italiener und Japaner fühlten sich zur Weltherrschaft berufen und trieben ihre Völker dafür in den Zweiten Weltkrieg. An dessen Ende, nach 1945, waren die USA die beherrschende Weltmacht, der nur die kommunistische Sowjetunion eine gleichwertige Militärmacht entgegenzusetzen vermochte, bis auch sie nach dem Fall der Berliner Mauer 1989 als Weltmacht abdankte. Auch wenn es seitdem nur noch eine einzige beherrschende Großmacht, eben die USA, gibt, so ist die Welt schon lange nicht mehr in erster Linie nationalstaatlich organisiert; die Internationalisierung des Kapitals und schrankenlose Kommunikationsmöglichkeiten haben den Globus vielmehr weiter schrumpfen lassen, tendenziell zu einer einzigen globalen Gesellschaft. Insofern hat sich der mit der frühen Neuzeit beginnende Globalisierungsprozess beinahe vollendet. Aber ob aus dem vielbeschworenen „globalen Dorf" eine gerecht organisierte und daher friedliche Menschengemeinschaft werden kann, bleibt ungewiss.

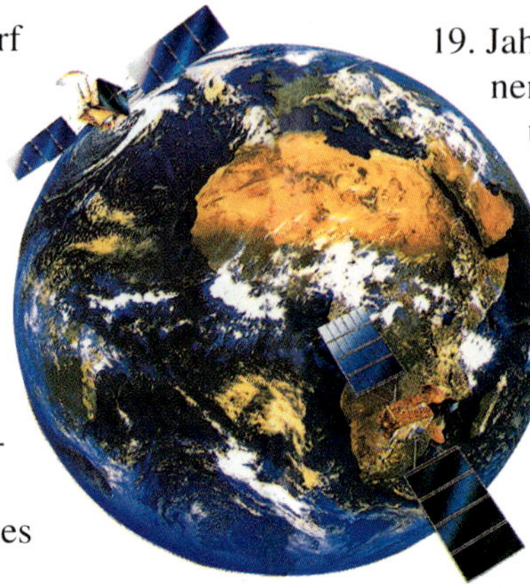
Die Erde mit den Satelliten *Intelsat K* und *TDF1*

Periodisierung der neuzeitlichen Geschichte

1400 | 1450 | 1500 | 1550 | 1600

Renaissance

Um 1410 Beginn der Frührenaissance in Florenz

Realistische Kunst in Flandern

Blüte der Kunst im Herzogtum Burgund

Um 1500–1527 Hochrenaissance in Rom (Michelangelo, Raffael)

Blütezeit der Renaissance und des Humanismus am Hof Lorenzos des Prächtigen in Florenz

Höhepunkt der Spätrenaissancekunst des Nordens in Antwerpen

Manieristische Spätrenaissance in Italien. Höfische Verfeinerung der Kultur

Humanismus

1374 Tod Petrarcas Frühhumanismus in Italien

Beginn der Verbreitung der von Gutenberg erfundenen Buchdruckkunst

Nach der Eroberung Konstantinopels durch die Türken verbreitet sich die Kenntnis des Griechischen in Westeuropa

Verbreitung des Humanismus in Nordeuropa; führender Humanist ist hier Erasmus von Rotterdam

Reformation und Glaubenskriege

1517 Luthers Thesen

1519 Beginn der Reformation Zwinglis in Zürich

1525 Großer deutscher Bauernkrieg, mit radikalen politisch-religiösen Forderungen

1534 Heinrich VIII. erklärt die englische Kirche für unabhängig von Rom

1541 Reformation Calvins in Genf

1545–1563 Konzil von Trient; Beginn der katholischen Gegenreformation

1562–1598 Hugenottenkriege in Frankreich

Zeitalter der Entdeckungen

1492 Kolumbus entdeckt Amerika

1498 Vasco da Gama entdeckt den Seeweg nach Indien

1519–1521 Cortez erobert das Reich der Azteken in Mexiko für Spanien

1531–1533 Eroberung des Inkareichs in Peru durch Pizarro

1543 Veröffentlichung der Theorie des Kopernikus

1571 Gründung der Börse in London

Herausbildung der modernen Staaten und Mächte

Mit der Eroberung Konstantinopels 1453 wird das Osmanische Reich zur Großmacht in Europa

1477 Durch die Niederlage der mächtigen burgunder Herzöge wird die Herrschaft der französischen Könige gestärkt

1494–1527 Ringen Frankreichs und der spanisch-österreichischen Habsburger um die Vormacht in Italien

1526 Gründung des Mogulreichs in Indien

1529 Die türkische Expansion wird vor Wien zum Stehen gebracht

1558–1603 Regierungszeit Elisabeths I. in England. Begründung der englischen Seemacht

1600 | 1650 | 1700 | 1750

Barock

Um 1600 beginnt in Italien die Kunst des Barock, die in kurzer Zeit ganz Europa erobert. Die Kunst ist ganz auf Repräsentation und theatralische Inszenierung ausgerichtet

1635 Gründung der Académie Française durch Richelieu

1661 Baubeginn von Versailles unter Ludwig XIV.

1659 Mit Molière setzt die große französische Komödiendichtung ein

1703 Peter d. Gr. gründet St. Petersburg

Große Zeit der Barockmusik (Bach und Händel)

Das intime Rokoko und „empfindsame" Literatur zeugen von dem zunehmenden Einfluss eines bürgerlichen Publikums

Klassizismus und Romantik

Die Begeisterung für die Klarheit der Antike, bald aber auch für das Mittelalter, zeigt einen revolutionären und zunehmend national gefärbten bürgerlichen Geschmack

Reformationszeit

1600 Verbrennung von Giordano Bruno

1601 Kepler ist Hofastronom in Prag

1602 Gründung der Niederländisch-Ostindischen Kompanie

1618–1648 Dreißigjähriger Krieg in Mitteleuropa

1642–1646 Bürgerkrieg in England

1648 Der Westfälische Friede beendet den Dreißigjährigen Krieg

Aufklärung

1650 Tod des rationalistischen Philosophen Descartes

Begründung des Empirismus durch John Locke

1692 Die Hexenprozesse von Salem in Massachusetts zeigen, wie lebendig der Aberglaube noch ist

1727 Tod Newtons

Montesquieu vertritt die Theorie der Gewaltenteilung

Kampf Voltaires gegen die katholische Kirche

1762 Rousseaus Gesellschaftsvertrag

Enzyklopädie Diderots und d'Alemberts

Französische Aufklärer propagieren den Materialismus

1776 Adam Smith legt erste klassische Theorie des Kapitalismus vor Beginn der Industrialisierung in England vor

1781 Kants *Kritik der reinen Vernunft*

Entdeckungen

1620 *Neues Organon* Francis Bacons

1633 Galilei, der Begründer der modernen Physik, wird zum Widerruf gezwungen

Absolutismus

1661–1715 Ludwig XIV. regiert Frankreich. Durchsetzung des zuvor von Kardinal Richelieu geschaffenen absolutistischen Systems

1683 Die Türken werden vor Wien geschlagen. Österreich und bald auch Russland drängen sie von da an vom Balkan zurück

1688 *Glorious Revolution* in England; das Land wird konstitutionelle Monarchie

1701–1714 Spanischer Erbfolgekrieg der meisten europäischen Mächte gegen Frankreich

1742 Preußen erobert im Ersten Schlesischen Krieg Schlesien und verteidigt es im Zweiten Schlesischen Krieg 1744–1745

1776 Unabhängigkeitserklärung der USA. Im folgenden revolutionären Unabhängigkeitskrieg entsteht die erste Demokratie der Welt

1756–1763 Der Dritte Schlesische Krieg Preußens gegen Österreich, Russland und Frankreich. Kolonialkrieg des mit Preußen verbündeten England gegen Frankreich. Preußen behauptet sich und wird europäische Großmacht

Herausbildung der modernen Staaten

Schweden steigt zur europäischen Großmacht auf

1644 Beginn der Neuzeit in China: Mandschu- (Qing-) Dynastie

1688–1697 Pfälzischer Erbfolgekrieg einer Koalition unter Führung Englands gegen die Expansionspolitik Frankreichs

1649 England wird nach dem Bürgerkrieg unter Cromwell Republik und setzt sich als Seemacht gegen Holland durch

1639–1725 Peter d. Gr. macht Russland im Kampf gegen Schweden und Türken zur europäischen Großmacht

Aufgeklärter Absolutismus Friedrichs II. in Preußen, Josephs II. in Österreich und Katharina d. Gr. in Russland. Vorbild sind die fortschrittlichen Verhältnisse in England

Polen wird zwischen Russland, Österreich und Preußen aufgeteilt

1800 | 1850 | 1900 | 1950 | 2000

Kunst und Kultur des 19. Jh.s

Höhepunkt der klassischen Musik in Wien im Werk Beethovens

Deutsche Klassik in der Literatur (Goethe, Schiller)

Nach 1815 geht die Kunst zum unpolitischen bürgerlichen Biedermeier über; daneben entsteht der die Nationen und Herrscherhäuser rühmende Historismus

Seit etwa 1830 verstärken sich realistische und sozialkritische Tendenzen in der bürgerlichen Kunst und Literatur. Große Zeit des Romans in England, Frankreich und Russland

Kunst des Impressionismus in Frankreich

1859 Darwin veröffentlicht den *Ursprung der Arten*; der Fortschritt der Naturwissenschaften beginnt das bürgerliche Weltbild zu prägen

Rasanter Fortschritt der Wissenschaften; dabei spielt die Konkurrenz der Nationen eine große Rolle

Moderne

Um 1910 beginnt international ein Aufbruch der Moderne in den Künsten, denen neue Entwicklungen in den Wissenschaften entsprechen

Moderne Massenkultur der zwanziger Jahre, geprägt von Film und Radio

Siegeszug des Fernsehens

1968 Kritische Gegenkultur

Der Computer verändert die Alltagskultur

Industrialisierung und Arbeiterbewegung

1807 erstes Dampfschiff in Amerika

Seit 1811 Aufstände der maschinenstürmerischen Ludditen in England

1824 In England werden Gewerkschaften zugelassen

1830 Erste Eisenbahnstrecke in England

Frühsozialismus in Frankreich

1848 Marx und Engels verfassen das *Kommunistische Manifest*

1871 Aufstand der Commune in Paris

1875 Gründung der deutschen Sozialdemokratie

Seit 1883 Bismarcks Sozialgesetzgebung in Deutschland

Imperialismus

Wettlauf der europäischen Großmächte sowie der USA und Japans um den Einfluss auf der Welt

1918 bis heute

1929 Beginn der Weltwirtschaftskrise

1933 „Machtergreifung" Hitlers in Deutschland

Aufstieg Stalins in Sowjetrussland

Gründung der Vereinten Nationen

Die USA sind die wichtigste Weltmacht

„Kalter Krieg"

1949 Gründung der Bundesrepublik Deutschland und der DDR

Proklamation der Volksrepublik China

Unabhängigkeit Indiens, Entkolonialisierung

Zeitalter der Revolutionen

1789 Beginn der Französischen Revolution

1794 Der revolutionäre Terror kulminiert

1799 Napoleon macht sich zum Ersten Konsul

1804 Bonaparte krönt sich zum Kaiser

1813 Napoleon wird bei Leipzig entscheidend geschlagen

1814 Beginn des Wiener Kongresses zur Neuordnung Europas

1815 Der aus der Verbannung zurückgekehrte Napoleon wird bei Waterloo ein letztes Mal geschlagen

Absolutistische Restauration in ganz Europa, Kampf der Regierungen gegen liberale Bestrebungen

1830 Julirevolution in Paris, Bürgerkönigtum

1848 Europäisches Revolutionsjahr

Der Aufstieg der Nationalstaaten

1861–1865 Sezessionskrieg in den USA

1860–1861 Einigung Italiens

1870–1871 Der Deutsch-Französische Krieg ermöglicht die Gründung des Deutschen Reichs

Dritte Republik in Frankreich

1898 Spanisch-Amerikanischer Krieg: Die USA beginnen weltweit als Großmacht zu agieren

1905 Russisch-Japanischer Krieg

1912, 1913 Balkankrieg

1914–1918 Erster Weltkrieg. Er endet mit der Niederlage Deutschlands und der Auflösung Österreich-Ungarns

1917 Oktoberrevolution in Russland. Sieg der von Lenin geführten Bolschewiki

1936–1939 Spanischer Bürgerkrieg

1938 „Reichskristallnacht"

1939 Zerschlagung der Tschechoslowakei durch Deutschland

1939 Der Zweite Weltkrieg beginnt mit dem Einmarsch der deutschen Wehrmacht in Polen

1945 Im Mai kapituliert Deutschland

1945/1946 Besatzungsregime der Alliierten in Deutschland und Österreich sowie in Japan

1950–1953 Koreakrieg

1957 Gründung der Europäischen Wirtschaftsgemeinschaft, Prozess der Integration Europas

1961 Kubakrise

1964–1975 Vietnamkrieg der USA

1968 Höhepunkt einer internationalen „antiautoritären" Jugendrevolte

1989 Fall der Mauer in Berlin

1991 Auflösung der Sowjetunion

Die erste Globalisierung

Heute ist allenthalben von „Globalisierung" die Rede. Dass die Erde ein kugelförmiger Stern, ein Sandkorn im Universum ist, gehört zum Allgemeingut menschlichen Wissens, und von Tag zu Tag wird deutlicher, dass auf unserem Heimatplaneten alles mit allem zusammenhängt: wirtschaftlich, weil internationale Banken und Konzerne über das Wohlergehen der Menschen noch im letzten Winkel der Welt mitentscheiden; politisch, weil die Entscheidungen über Krieg und Frieden, Macht und Ohnmacht vom weltweiten Spiel der Kräfte und Mächte abhängen; ökologisch, weil das Klima und der Mangel oder Überfluss natürlicher Ressourcen wiederum aus einem globalen Zusammenspiel resultieren, das von den Aktivitäten der Menschen, von Industrie und Verkehr beeinflusst wird.

Weniger bekannt ist die Tatsache, dass der Globalisierung der Gegenwart eine erste Globalisierung des Weltbilds und des weltweiten Austauschs von Wissen und Gütern vorangegangen ist, und zwar zu Beginn der Neuzeit, vom 15. bis zum 17. Jahrhundert. In dieser Zeit entstand im Wesentlichen bereits all das, was auch die Globalisierung unserer Zeit prägt: international agierende Banken und Handelsunternehmen, ein weltumspannendes Mächtespiel mit globalen kriegerischen Verwicklungen und internationaler Diplomatie und nicht zuletzt ein Bewusstsein von der Erde als einem begrenzten und zusammengehörigen Globus (S. 18), ein Bewusstsein, das sich vor allem in der ersten und bis heute einzigen kulturübergreifenden Universalsprache der Menschheit ausdrückte: der Sprache der Wissenschaft.

Schon damals gab es Widerstand gegen die Globalisierung, weil sie die Traditionen, die bis dahin das Zusammenleben der Menschen ganz selbstverständlich geregelt hatten, in Frage stellte: Die katholische Kirche bekämpfte eifernd die kopernikanische Lehre, dass die Erde nur ein Planet unter anderen sei; und zumindest teilweise lässt sich die Reformation des 16. Jahrhunderts (S. 94) als Reaktion auf diese erste Globalisierung erklären: Dem Weltbürgertum des Handelskapitalismus, der neuzeitlichen Wissenschaft und der weltumspannenden Politik der sich herausbildenden modernen Staaten mit ihrer unpersönlich-bürokratischen Verwaltung (deren Vorbild oft die römische Kurie war) setzte sie ihr „Zurück zur Gemeinde", zur überschaubaren, von der Tradition geprägten Welt, entgegen. Auf der anderen Seite drückt sich darin, dass die Protestanten auf die bewusste Entscheidung des Einzelnen für den Glauben großen Wert legen, auch das Ende der traditionellen selbstverständlichen Religionszugehörigkeit aus: Man wird nicht in seinen Glauben hineingeboren, sondern muss sich bewusst für ihn entscheiden.

Stadt und Land, Handel und Kultur

Die erste Globalisierung ging von den Städten Europas aus, die durch enge Handelsbeziehungen miteinander verknüpft waren: den seit dem Mittelalter führenden Handels- und Handwerkerstädten Norditaliens wie Mailand und Florenz, den Industrie- und Handelszentren Süddeutschlands wie Augsburg, Ulm und Nürnberg (S. 85) mit ihren engen Verbindungen zu den mitteleuropäischen Zentren Prag und Krakau, den für den gesamten europäischen Markt produzierenden und mit allen anderen Zentren handelnden Städten Flanderns und Hollands (S. 67), den Hansestädten des Ostseeraums, den alten hauptstädtischen Zentren wie Paris, London, Neapel und Rom mit ihrer reichen Luxuswarenproduktion und ihrem Hunger nach Rohstoffen und schließlich den alten Seefahrerstädten wie Venedig und Genua und ihrer neuen, nach Übersee orientierten Konkurrenz in Sevilla, London, Antwerpen und schließlich Amsterdam.

So sehr sich aber in den Städten auch Unternehmergeist, Bildung und Kapital konzentrierten, so sehr waren sie in ihrer Entwicklung von ihrem ländlichen Umland und von ihrem politischen Umfeld, zunehmend aber auch von den weltweiten Veränderungen im Verlauf der „ersten Globalisierung" abhängig.

Venedig und Genua waren im Mittelalter durch den Handel mit dem Orient über das Mittelmeer und den Verkauf orientalischer Luxusgüter in ganz Europa zu sagenhaftem Reichtum gelangt. Nachdem die Türken die Herrschaft über das östliche Mittelmeer erlangt hatten (S. 138), ging dieser Handel jedoch drastisch zurück; auch die Anlehnung an die neue, das westliche Mittelmeer beherrschende Seemacht Spanien vermochte den alten Zentren des Mittelmeerhandels nicht zur Wiedererrichtung der alten Machtposition zu verhelfen. Die alten venezianischen Handelsgeschlechter verlegten deshalb ihre Aktivität auf das benachbarte Festland, wo sie auf ihren Gütern die neuen, aus Übersee importierten Feldfrüchte Mais und Reis kultivierten (S. 42f.). Risotto und Polenta sind seitdem typische Speisen Venetiens. Die genuesischen Patrizier versuchten sich indes als Feudalherren auf der Insel Korsika. Anderswo in Nord- und Mittelitalien waren städtische Kaufmannsgeschlechter und das Umland beherrschende Feudalfamilien schon seit langem aufs engste verbunden; in Florenz gelang es dem Kaufmanns- und Bankiersgeschlecht der Medici im 15. Jahrhundert, sich zu Herren der reichen Stadt aufzuschwingen (S. 72). Unter ihrer milden Herrschaft und beflügelt vom vor allem durch die Tuchproduktion und den Tuchhandel errungenen Wohlstand der Stadt, blühte hier zuerst die Kultur der Renaissance auf. Doch schon bald wurde Norditalien zum Schauplatz der Auseinandersetzungen zwischen größeren politischen Mächten: den im Reich und in Spanien herrschenden Habsburgern auf der einen und dem französischen König auf der anderen Seite. Florenz und Mailand wurden von mächtigen Stadtrepubliken zu von Spanien und Österreich abhängigen Fürstentümern. Nicht viel anders erging es den mächtigen Hansestädten im Ostseeraum: Sie hatten seit dem späten Mittelalter den Getreidehandel zwischen den stets nach Grundnahrungsmitteln hungernden handwerklich produktiven Regionen Westeuropas und den Getreide im Überfluss produzierenden Gebieten Osteuropas organisiert. Sie hatten dazu beigetragen, dass der Adel in Ostdeutschland, Polen, dem Baltikum und Russland die Bauern ihrer Länder in zunehmende Abhängigkeit und schließlich in Leibeigenschaft brachte, damit sie nicht für sich, sondern für ihre Herren und damit für den Export produzierten. Die Hansestädte betrieben den Ostseehandel zwar noch lange Zeit, aber sie wurden unbedeutend gegen die im Fernhandel reich gewordenen holländischen Händler und gegen die modernen Staaten Dänemark, Schweden, Russland und Preußen, wo der Handel zunehmend mithilfe des Staats organisiert wurde.

Der erste, von Martin Behaim angefertigte Globus

Europa und die Entdeckungen

Der Reichtum Europas konzentrierte sich im 16. Jahrhundert an den Küsten des Atlantik. Portugiesen und Spanier, die den Süden der Iberischen Halbinsel gerade erst von den Arabern erobert hatten (die so genannte Reconquista, die „Wiedereroberung“, war 1492, im selben Jahr, als Kolumbus Amerika entdeckte, mit dem Fall von Granada abgeschlossen), profitierten von den geografischen Kenntnissen der Araber, die die Küsten Afrikas und den Weg über den Indischen Ozean schon lange erkundet hatten und denen die „christliche Seefahrt“ unter anderem den Kompass verdankte. Vor allem baskische, seit langem mit dem rauen Atlantik vertraute Seeleute stellten die Besatzung der Schiffe (S. 22), die auf der Suche nach teuren Gewürzen und Edelmetall den Weg über den Atlantik (Kolumbus, 1492) und um Afrika herum nach Indien (Vasco da Gama, 1498) fanden und die schließlich als Erste den ganzen Erdball umsegelten (Magalhães, 1519–1522). Es ging den Entdeckern (S. 20) darum, den Weg zu den Reichtümern Indiens ohne die Vermittlung arabischer Händler zu finden; die Entdeckung Amerikas war nur ein Zufallsergebnis dieser Suche. Kolumbus, der Italiener im Dienste der Krone Kastiliens (Spanien entstand erst wenig später durch die Vereinigung der Königreiche Kastilien und Aragon), wollte Indien auf einem kürzeren Wege als dem durch den Orient erreichen und segelte dafür nach Westen. Seine aus dem humanistischen Wissen Italiens, d.h. aus der Wiederentdeckung der antiken Kenntnisse, gewonnene Überzeugung, dass die Erde rund sei, ließ ihn alle abergläubischen Vorurteile der Tradition über Bord werfen. Allerdings hatte der antike Gewährsmann der humanistischen Geografen, Ptolemäus, bei der Berechnung des Erdumfangs geirrt: Die Ostküste Indiens oder Chinas war viel weiter entfernt, als Kolumbus vermutete; zwischen Europa und Asien war noch Platz für einen ganzen riesigen Kontinent: Amerika. Binnen weniger Jahrzehnte wurde der antike Irrtum beseitigt, und es entstanden brauchbare Weltkarten und Globen, wie der oben gezeigte Globus, oder die Weltkarte von Francesco Rosselli (S. 18).

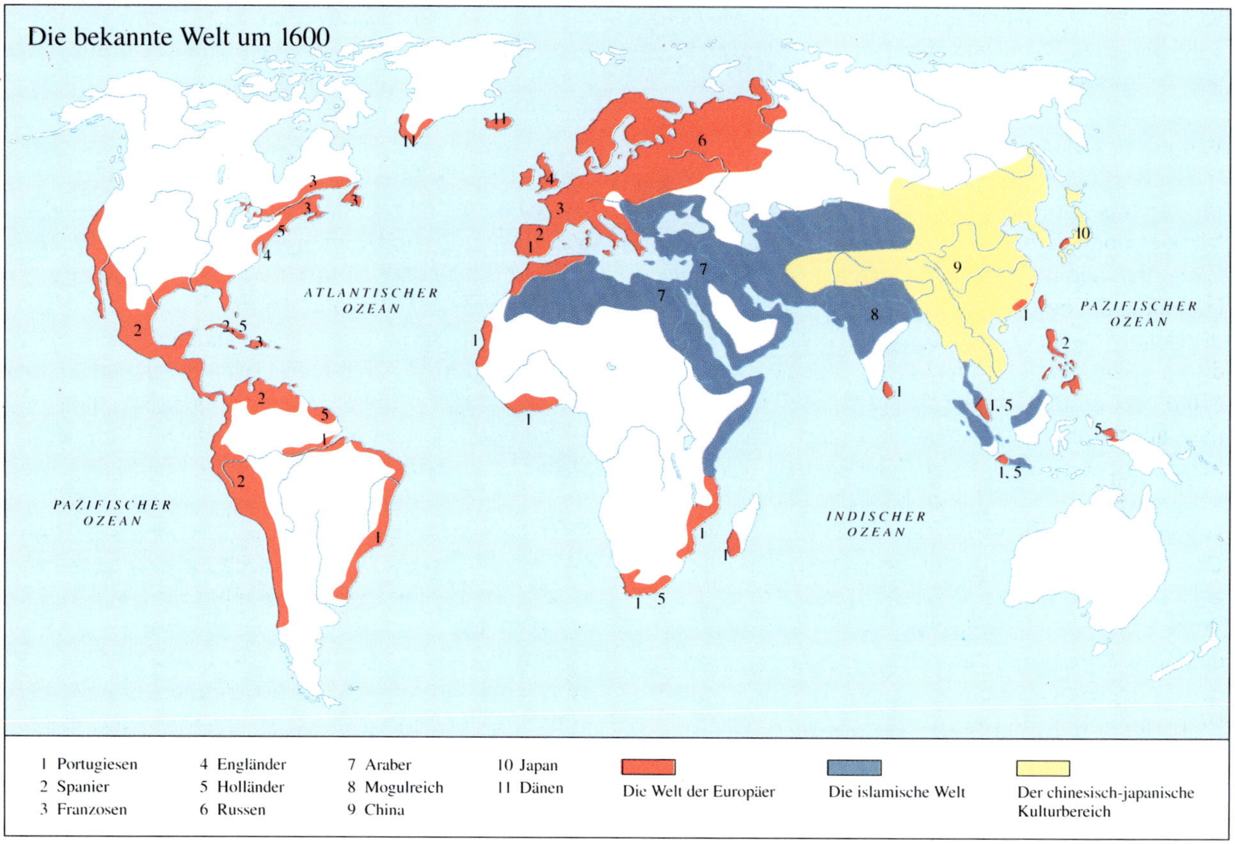

Die großen Handelsplätze Spaniens und Portugals, vor allem Lissabon und Sevilla, wo der spanische Staat seit 1503 den Überseehandel konzentriert hatte, erlebten einen ungeahnten Aufschwung. Hier landeten die Galeonen, die Gold und Silber aus den gerade von Hernando Cortez und Francisco Pizarro eroberten reichen Ländern Mexiko und Peru sowie Pfeffer und andere mit Gold aufgewogene Gewürze aus dem Osten Asiens brachten. Diese Städte wuchsen in kurzer Zeit zu brodelnden Großstädten, in denen das neue Wissen über die Gestalt der Erde zusammengetragen wurde. In Lissabon starb der Nürnberger Martin Behaim, ein Freund von Kolumbus und Magalhães, dem wir den ersten Globus zu verdanken haben. Doch gerade die Spanier waren weniger Händler als Eroberer: Gold, Silber, Frauen und eigenes Land waren das, was die kriegerischen Söhne des nach der Beendigung der Reconquista oft verarmten und beschäftigungslos gewordenen spanischen Landadels in Amerika suchten; sie rafften das Gold der Indioherrscher zusammen, eigneten sich riesige Ländereien an und beuteten mithilfe indianischer Sklaven die Silberminen Perus aus. Auf diese Männer geht fast die gesamte weiße, d.h. „kreolische" Bevölkerung Lateinamerikas zurück. Der dauerhafte Aufbau einer Handelsmacht gelang ihnen dagegen nicht. So kam es, dass das Zentrum des Seehandels Spaniens und Portugals (die seit 1580 unter Philipp II. unter einer Krone vereinigt waren) sich nach Antwerpen in den spanischen Niederlanden verlagerte. Antwerpen wurde Ende des 16. Jahrhunderts zur wohlhabendsten Stadt und zum lebendigsten Zentrum von Kunst und Wissenschaften in Europa; es beerbte die alten Industrie- und Handelsstädte Flanderns wie Brügge und Gent. Die Blüte Antwerpens währte jedoch nur kurz, da der spanische Atlantikhandel zunehmend unter der Konkurrenz englischer Seefahrer und Kaperer (S. 104) litt und die nördlichen, protestantischen Niederlande sich von der spanischen Herrschaft frei machten (S. 112). Die Vorherrschaft Spaniens und Portugals auf den Weltmeeren ging mit der endgültigen Trennung der nördlichen Niederlande von Spanien 1581 und mit der Vernichtung der spanischen

Kriegsflotte, der Armada, vor den Küsten Englands 1588 zu Ende. Die neuen Handelszentren Europas waren London und vor allem Amsterdam.

Kolonien, Staaten und Kapitalisten

In England und Holland waren es die Kaufleute, die im Bündnis mit einem bewusst für die städtischen Märkte produzierenden Landadel und oft in gutem Einvernehmen mit einer relativ freien Bauernschaft Handel und Gewerbe in ihre eigenen Hände nahmen; in Holland stellten die großen Kaufleute sogar selbst die Regierung. In Frankreich dagegen, dem schon im Mittelalter an Bevölkerung und Produktivität reichsten Land Europas, versuchte der König die wirtschaftliche Kraft seines Landes zur Erhöhung seines eigenen politischen Gewichts zu bündeln, und dazu gehörte auch die Teilnahme am weltumspannenden Überseehandel. Mithilfe des Staats wurden Häfen ausgebaut, und französische Schiffe beteiligten sich am Wettlauf um die Herrschaft auf den Weltmeeren; in der Karibik und in Kanada entstanden im 17. Jahrhundert französische Kolonien.

Während in Kanada französische Expeditionen auf der Jagd nach wertvollen Pelztieren nach Westen vorstießen, gelangten russische Jäger und Abenteurer, Pelztierjäger und -händler auch sie, immer weiter nach Osten. Sie erkundeten ganz Sibirien und erreichten im 17. Jahrhundert den Pazifik.

Die Seefahrt der Europäer nach Übersee diente zuerst dem Handel, für den an allen Küsten befestigte Stützpunkte angelegt wurden. Um aber die Nachfrage nach landwirtschaftlichen Gütern wie Tabak, Zuckerrohr und Baumwolle dauerhaft befriedigen zu können, legten aus Europa stammende Siedler Plantagen an, bauten Herrenhäuser und militärische Stützpunkte. Und sie errichteten Städte, in denen Regierungsbeauftragte dafür sorgten, dass wenigstens ein Teil des kolonialen Reichtums das jeweilige Mutterland erreichte. So verbreiteten sich europäische Siedlungen über den ganzen Erdball. Eine neue Qualität erhielt diese Siedlungstätigkeit, als 1620 die *Mayflower* mit den puritanischen, in England verfolgten *Pilgrim Fathers* an Bord an der Küste von Massachusetts landete und dort Siedlungen errichtet wurden, die den heimischen Dörfern glichen. Damit beginnt die folgenreiche Geschichte der Auswanderung von Europäern nach Nordamerika, die sich bis ins 20. Jahrhundert fortsetzte.

Galileo Galilei

Europa und die anderen Kulturen der Welt

Die Welt, die die Schiffe der Europäer umsegelten, war nicht leer, sondern von Völkern bewohnt, deren Zivilisation der der Europäer durchaus ebenbürtig war. Im arabisch geprägten Orient, im von den islamischen Mogulherrschern regierten Nordindien, in China und Japan waren Kunst, Handwerk und Handel nicht geringer entwickelt als in Europa. Selbst in Südamerika war es oft nur die überlegene Kriegstechnik der Spanier, die ihnen die Stellung einer Herrscherkaste sicherte.

Die islamische Weltgemeinschaft reichte von Marokko bis zu den malaiischen Siedlungsgebieten in Südostasien, und der chinesische Kulturkreis, zu dem Japan enge historische Verbindungen hatte, war nicht kleiner. Wenn die Europäer zu Beginn der Neuzeit mancherorts durch ihre Feuerwaffen und ihre Schiffe militärisch überlegen waren, so änderte sich dies dadurch, dass sich die technischen Kenntnisse der Europäer schnell verbreiteten. Wenn die Neuzeit weltweit vor allem von Europa geprägt worden ist, so liegt dies an anderen Dingen als an einer politisch-militärischen oder allgemein zivilisatorischen Überlegenheit. Der Erfolg der Europäer war vielmehr darin begründet, dass es nirgendwo so sehr wie in Europa, vor allem Westeuropa, so viel Raum für private Initiative gab. Kapitalgesellschaften wie die Ost- und Westindischen Kompanien in Holland, England und Frankreich konnten mit beachtlicher Geschwindigkeit Schiffe ausrüsten und überallhin senden, wo gute Geschäfte zu machen waren, und auch die Staaten und ihre Herrscher nutzten private Initiative, um schnell beachtliche Militärkontingente auszuheben, auszurüsten und in jede Ecke der Welt zu senden. Dazu kam, dass nirgendwo auf der Welt so viel Unabhängigkeit auch im Denken gestattet war wie in Europa. Diese Unabhängigkeit von überkommenen Anschauungen, vor allem vom Glauben der Kirche, musste erst mühselig erstritten werden, aber sie war die Voraussetzung für die neuzeitliche Wissenschaft, die Schritt für Schritt auch den Alltag in Europa prägte und ihrerseits die Voraussetzung der technischen Überlegenheit war, die Europa im 18. und 19. Jahrhundert erlangte.

Die moderne Wissenschaft

Es war der im polnischen Thorn geborene und an der Universität von Krakau lehrende Astronom Nikolaus Kopernikus, der als Erster das scheinbar fest gefügte, aus der Antike überkommene Bild des Universums mit der Erde als Mittelpunkt der Planeten- und Fixsternsphären infrage stellte. Die komplizierten Bahnen der Planeten, so fand er Anfang des 16. Jahrhunderts heraus, seien einfacher zu berechnen, wenn man unterstellte, dass nicht die Erde, sondern die Sonne der Mittelpunkt des Planetensystems sei. Zum Skandal wurde die kopernikanische Theorie erst, als der italienische Naturphilosoph Giordano Bruno aus ihr schloss, dass es unendlich viele Planetensysteme mit Sonnen als Mittelpunkt geben könnte. Bruno starb für seine Lehre, die für Gott und den Himmel keinen festen Platz mehr ließ, im Jahr 1600 auf dem Scheiterhaufen. Doch dies hielt die „kopernikanische Wende" im europäischen Denken nicht auf. Tycho Brahe und Johannes Kepler berechneten am Prager Hof Kaiser Rudolphs II. die exakten elliptischen Planetenbahnen; dies wiederum trug dazu bei, die Theorie der Schwerkraft zu entwickeln, die von Galileo Galilei in Italien weiter ausgearbeitet und von Isaac Newton (gestorben 1727) in England zum universellen System der mechanischen Physik ausgebaut wurde. Grundlage der modernen Naturwissenschaft waren einerseits präzise Beobachtungen, zu denen moderne optische Instrumente wie das Fernglas und exakte mechanische Messinstrumente beitrugen, und andererseits die Mathematik, mit deren Hilfe die empirischen Beobachtungen berechnet und systematisch verknüpft werden konnten. Die universalen Prinzipien der modernen Wissenschaft hatten nichts mit den besonderen Traditionen Europas zu tun – waren sie doch im Kampf gegen diese entstanden –, sondern standen dem Grundsatz nach allen Menschen zur Verfügung. Und so sind es auch dieselben Prinzipien, die in der gegenwärtigen Phase der Globalisierung, in der die wissenschaftlich-technische Zivilisation die ganze Welt umfasst, dafür sorgen, dass Europa wieder eine Weltgegend unter anderen, gleichberechtigten, wird.

Chronik

um 1450 Johannes Gutenberg erfindet in Mainz den Buchdruck mit beweglichen Lettern; der Buchdruck breitet sich schnell in ganz Westeuropa aus, bald auch im östlichen Europa. Wichtige Druckorte sind Mainz, Straßburg, Nürnberg, Venedig, Paris, London und Oxford. Der Buchdruck führt zu einer enorm beschleunigten Verbreitung von Wissen in breiten Schichten der Bevölkerung.

Der Buchdruck und seine Verbreitung wäre nicht möglich gewesen ohne die hoch entwickelte Handwerkskunst und das frühkapitalistische Handelswesen in den Städten West- und Mitteleuropas. Im 15. Jh. sind auch der Hochofen und das Gusseisen, die Kunst der Geschützgießerei und eine ausgeklügelte Feinmechanik (Uhren u.a.) wichtige technische Neuerungen. Zugleich werden die technischen und naturwissenschaftlichen Kenntnisse der Antike wiederentdeckt. Zentren der modernen Künste und des Handels sind vor allem die Städte Norditaliens und Süddeutschlands.

1453 Die Türken erobern Konstantinopel und eignen sich Teile der Bildungstradition Europas an. Ihr Reich umfasst den ganzen Balkan, Vorderasien und Nordafrika und bildet eine Brücke zwischen Europa und dem islamisch beherrschten Südasien von Indien bis Indonesien.

Die Kirche Russlands sieht sich hinfort als Hüterin des orthodoxen Glaubens; der Fürst von Moskau wird als Zar den Anspruch auf die Nachfolge des christlichen Kaisers von Konstantinopel erheben.

Aus Konstantinopel vertriebene Gelehrte verbreiten in Italien griechische Bildung und prägen damit die humanistische Bewegung in ganz Europa.

1492 Kolumbus entdeckt Amerika. Der genuesische Seefahrer im Dienst der Königin Isabella von Kastilien ist überzeugt von der antiken Auffassung, dass die Erde rund ist, und will auf direktem Wege nach Indien gelangen; dabei erreicht er die karibische Atlantikküste des amerikanischen Kontinents.Wenig später errichten die Spanier die ersten festen Stützpunkte und Kolonien in der Karibik.

1498 Der Portugiese Vasco da Gama segelt auf den Spuren früherer portugiesischer Seefahrer die Westküste Afrikas entlang, umrundet das Kap der Guten Hoffnung, gelangt auf den Routen arabischer Seefahrer über den Indischen Ozean nach Indien und landet schließlich in Calikut.

Anfang des 16. Jh.s errichten die Portugiesen entlang der Route Vascos Handelsstationen mit kolonialem Hinterland in Afrika, Indien und Südostasien.

1500 Der Portugiese Pedro Álvares Cabral erforscht die Ostküste Brasiliens; in der Folge entstehen auch hier portugiesische Kolonien.

1507 Der Nürnberger Kaufmann Martin Behaim, Freund von Kolumbus und Fernão Magalhães (Magellan), stirbt in Lissabon. Behaim hatte den ersten Globus angefertigt.

1516 Der Humanist Erasmus von Rotterdam veröffentlicht die Bibel in der griechischen Textgestalt; christliche und antike Tradition werden damit verbunden.

1519 Aus strategischen Erwägungen unterstützt das Augsburger Bankhaus der Fugger die Kaiserwahl Karls V., durch die die Interessen des Reichs mit denen Spaniens verbunden werden. Zusammen mit dem ebenfalls aus Augsburg stammenden Geschlecht der Welser repräsentieren die Fugger als Bankiers, Fernhändler und Bergbauunternehmer den Frühkapitalismus in Deutschland.

Trotz eines Versuchs der Welser, durch eine Koloniegründung in Venezuela am Aufschwung des Überseehandels teilzunehmen, gelingt es deutschen Unternehmen auf die Dauer nicht, von dieser Entwicklung zu profitieren.

1519–1521 Der Spanier Hernando Cortez erobert das Aztekenreich in Mexiko. Die Spanier nutzen die hoch entwickelte aztekische Verwaltung, um ihre eigene Herrschaft schnell zu etablieren. Mais, Tomaten und Tabak werden in der Folge aus Mittelamerika nach Europa exportiert.

1519–1522 Dem Portugiesen Magalhães und seiner Mannschaft gelingt die erste Erdumseglung: über den Atlantik, entlang der südamerikanischen Küste, um Kap Horn, über den Pazifischen Ozean bis zu den Philippinen, von dort über den Indischen Ozean zum Kap der Guten Hoffnung und entlang der westafrikanischen Küste zurück nach Europa.

1526 Der aus einer mongolischen Dynastie stammende Babur erobert das indische Delhi und gründet das islamische Mogulreich. Nordindien wird Teil der islamischen Welt, die sich von Europa und Nordafrika bis Südostasien erstreckt.

1531–1533 Der Spanier Francisco Pizarro erobert das Inkareich in der Andenregion Südamerikas. Auf den Strukturen des Inkareichs bauen die Spanier ihr Kolonialreich auf. Der massenhafte Zufluss von Gold und Silber aus den Kolonien erschüttert das europäische Währungssystem. Die Kartoffel gelangt als wichtige Kulturpflanze aus den Anden nach Europa. Von Mexiko und Peru aus kolonisieren die Spanier ganz Süd- und Mittelamerika bis auf Brasilien, das sie nach einem päpstlichen Schiedsspruch den Portugiesen überlassen müssen.

1543 Tod des Kopernikus aus dem polnischen Thorn. Im selben Jahr erscheint sein Hauptwerk *De revolutionibus orbium coelestium libri VI* (dt. *Sechs Bücher über die Umläufe der Himmelskörper*), in dem er seine revolutionäre astronomische Theorie veröffentlicht, dass die Erde um die Sonne kreist und nicht umgekehrt.

Erste Landung der Portugiesen in Japan. Die Japaner übernehmen europäische Techniken wie die Feuerwaffen, schotten sich jedoch bald gegen den europäischen Einfluss ab.

1564 Die im 14. Jh. von englischen Seefahrern gegründete Gilde der *Merchant Adventurers* wird von Elisabeth I. offiziell anerkannt. Sie drängt die deutsche Hanse aus ihrer führenden Stellung im englischen Handel zurück und nimmt auch am Kaperkrieg gegen spanische Schiffe teil.

1568 Auf dem Höhepunkt seiner Entwicklung als Umschlagplatz des spanischen und portugiesischen Fernhandels ist Antwerpen die reichste Stadt Europas und zählt über 200.000 Einwohner.

1571 In London wird der Royal Exchange, eine Börse vor allem für den Fernhandel, gegründet.

1577–1580 Francis Drake umsegelt nach Magalhães und seiner Mannschaft zum zweiten Mal die Erde.

1600 Der Philosoph Giordano Bruno wird in Rom auf dem Scheiterhaufen verbrannt, weil seine von den Beobachtungen des Kopernikus abgeleitete Lehre von unendlich vielen möglichen Welten den katholischen Glauben erschüttert.

1601 Johannes Kepler wird als Nachfolger des Dänen Tycho Brahe Hofastronom bei Kaiser Rudolph II. in Prag. Er berechnet die Planetenbahnen entsprechend der kopernikanischen Theorie mit mathematischen Mitteln.

1602 Gründung der Niederländisch-Ostindischen Kompanie: Niederländische Kaufleute legen Kapital für den äußerst risikoreichen, aber auch höchste Profite verheißenden Seehandel mit Asien zusammen. Die Holländer gründen in Südostasien feste Stützpunkte, wobei sie sich an manchen Orten gegen die Portugiesen gewaltsam durchsetzen, und beginnen mit der Kolonisierung Indonesiens. 1621 folgt die Gründung der Niederländisch-Westindischen Kompanie für den Handel mit der Karibik.

1607 Mit Virginia wird die erste englische Siedlungskolonie in Nordamerika gegründet.

1620 Der Engländer Francis Bacon veröffentlicht sein *Neues Organon*, in dem er die Naturbeherrschung mithilfe einer mechanischen Physik propagiert.

1633 Der große Physiker Galilei, der mit seiner Lehre von der Schwerkraft das kopernikanische Weltbild gestärkt hat, wird von der katholischen Kirche gezwungen, seinen Auffassungen abzuschwören.

1644 In China löst die Fremdherrschaft der Qing (Mandschu) die alte Ming-Dynastie ab, unter der die chinesische Zivilisation geblüht hatte: Papier, Drucktechnik, Porzellan und Schießpulver waren in China früher bekannt als in Europa. Unter den Qing bleibt China mit der islamischen Welt in Kontakt, gerät aber zunehmend auch, bis zur Kolonisierung im 19. Jh., unter den Einfluss der europäischen Mächte, zuerst der Portugiesen, die an der Küste Handelsstationen einrichten.

1650 René Descartes, der zu seiner Zeit wichtigste Vorkämpfer eines rationalistischen und mechanistischen Weltbilds, stirbt in Stockholm.

1657 Tod von William Harvey, dem Entdecker des menschlichen Blutkreislaufs

1695 Tod von Christiaan Huygens, dem großen holländischen Naturforscher, der mit seiner Pendeluhr die Ära der wissenschaftlichen Zeitmessung begründete.

1723 Tod des Holländers Antoni van Leeuwenhoek, der als Erster mit dem Mikroskop den Mikrokosmos der Mikroben sichtbar machte.

1727 Tod Isaac Newtons, der auf der Grundlage der Forschungen Keplers und Galileis das Weltbild der neuzeitlichen Physik geprägt hat.

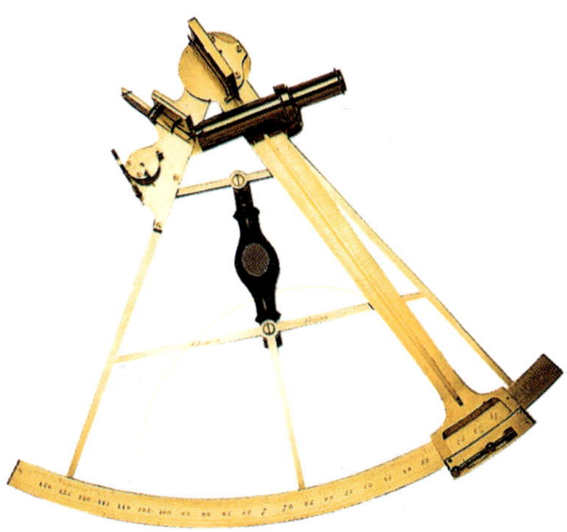

Ein Sextant. Mithilfe dieses Instruments, das den Stand der Gestirne exakt festhielt, orientierten sich die Entdecker auf den Weltmeeren.

RECHENFEHLER?
Der griechische Philosoph Anaxagoras (5. Jh.v.Chr.) erkannte als Erster, dass bei einer Sonnenfinsternis der Mond zwischen Erde und Sonne tritt. Nach seinen Berechnungen hatte die Sonne einen Durchmesser von 56 km und war 6400 km von der Erde entfernt. Dabei hatte er sich nicht etwa verrechnet, sondern er hatte angenommen, die Erde sei eine flache Scheibe. 200 Jahre später ermittelte sein Landsmann Eratosthenes nach der gleichen geometrischen Methode den Durchmesser der runden Erde.

Die Erde als Globus

500 Jahre vor Christi Geburt hielt man die Erde noch für eine runde Scheibe mit dem Mittelmeer als ungefährem Zentrum, das von Festlandgebieten (dem heutigen Europa, Nordafrika, Indien und Asien) umgeben war. Jenseits der Landmassen, so nahm man an, erstrecke sich das „Weltmeer“. Etwa 1000 n.Chr landeten die Wikinger an der Küste Nordamerikas, erforschten jedoch das neu entdeckte Gebiet nicht weiter und glaubten daher, auf eine nicht allzu große Insel gestoßen zu sein. Später erweiterten sich allmählich die geografischen Kenntnisse durch Forschungsreisen entlang den Küsten Afrikas und Indiens und nordwärts zu den Britischen Inseln und darüber hinaus. Griechische Philosophen hatten als Erste vermutet, dass die Erde Kugelform hat, und zu Kolumbus' Zeit war dieses Wissen unter Gebildeten Allgemeingut. Kolumbus' Entdeckung im Jahr 1492 bestand denn auch nicht in der Erkenntnis, dass die Erde eine Kugel ist, sondern darin, dass im Ozean zwischen Europa und Asien ein weiterer Kontinent liegt. Kolumbus selbst allerdings war bis zu seinem Tod überzeugt, einen neuen Seeweg nach Asien gefunden zu haben.

WELTKARTE
Diese Weltkarte (um 1508) von Francesco Rosselli, einem Kartografen aus Florenz, zeigte als eine der ersten Nord- und Südamerika (Letzteres als Insel). Europa und Afrika waren bereits erkundet; Form und Lage sind korrekt dargestellt. Das Wissen über die Geografie Asiens war dagegen noch auf dem Stand der alten Griechen. Namen, die Kolumbus Orten in Mittelamerika gab, tauchen hier in Südostasien auf, da man immer noch glaubte, er habe auf seiner vierten Fahrt Indien erreicht.

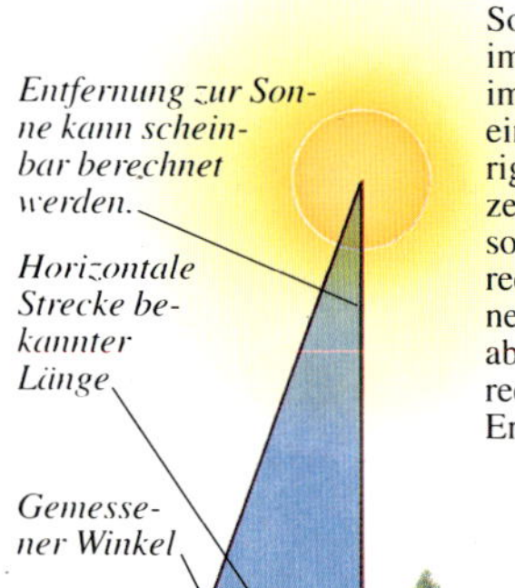

AUF DIE FORM KOMMT ES AN
Wenn in Syene bei Assuan/Ägypten die Sonne am längsten Tag des Jahres genau im Zenit ist, ihre Strahlen also die Erde im rechten Winkel erreichen, steht sie für einen Beobachter im Nildelta etwas niedriger (ihre Strahlen treffen dort im spitzen Winkel auf). Wäre die Erde flach, so ergäbe sich aufgrund der Geometrie rechtwinkliger Dreiecke, dass die Sonne 6400 km über uns steht. Da die Erde aber rund ist, ergibt die gleiche Berechnung, dass in Wirklichkeit der Erdradius 6400 km beträgt.

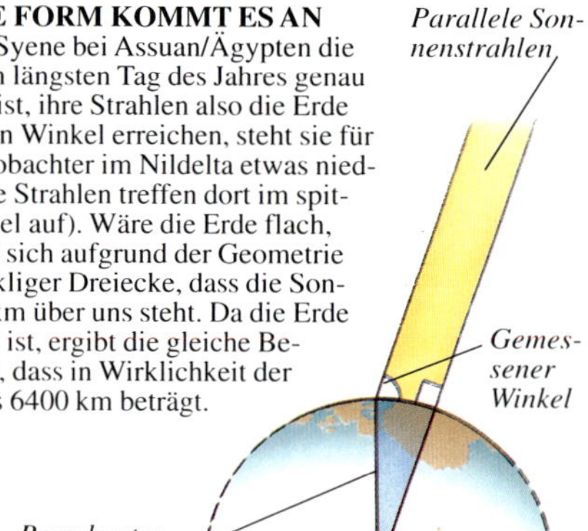

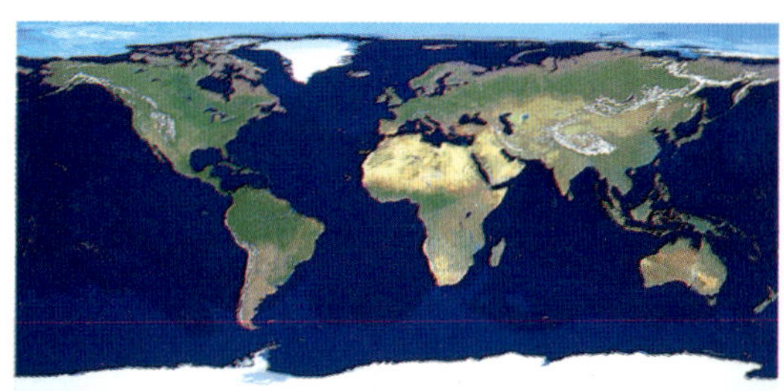

SCHÖNE AUSSICHT
Aus Tausenden von Einzel-Satellitenaufnahmen entstand dieses wolkenfreie Panorama der Erde. Wie man sieht, war Rossellis Karte bereits recht zutreffend. Afrika liegt auf diesem Bild genau in der Mitte, die Polarregionen erscheinen stark verzerrt.

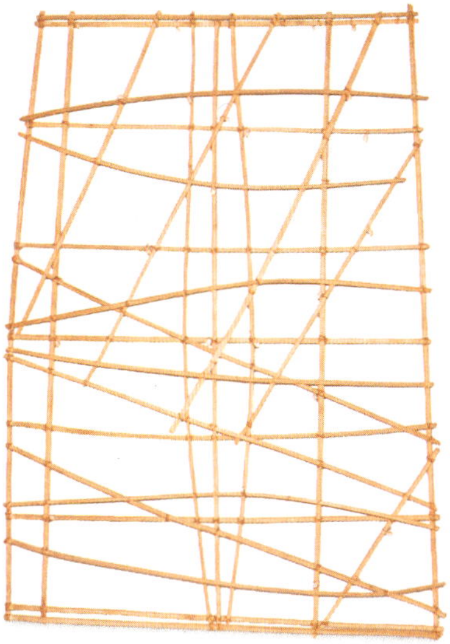

WELLENMUSTER

Im 16. Jh. entwickelten die Bewohner der pazifischen Marshall-Inseln ein Navigationssystem anhand der Wellenmuster um ihre Inseln. Die Luftaufnahme des Atolls Kayangel (oben) zeigt, wie die ankommenden Wellen gebrochen werden. Bei der links abgebildeten Stabkonstruktion (*Mattang*) von 1890 sind die ankommenden Wogen als gerade und die gebrochenen Wellen als gekrümmte Stäbe dargestellt. Die Inseln sind als Muscheln an der Konstruktion befestigt.

Mattang von den Marshall-Inseln

WEGWEISER AUF SEE

Ein Kompass mit seiner stets nach Norden weisenden Magnetnadel dient zur Orientierung im Gelände und auf See. Mit dem im 17. Jh. entwickelten Sextanten lassen sich Bestimmungen der geografischen Länge und Breite vornehmen. Dabei wird die Höhe eines Himmelskörpers über dem Horizont ermittelt; tagsüber peilt man die Sonne an, nachts den Mond oder einen Stern. Anhand des Elevationswinkels des Gestirns kann man den eigenen Standort bestimmen.

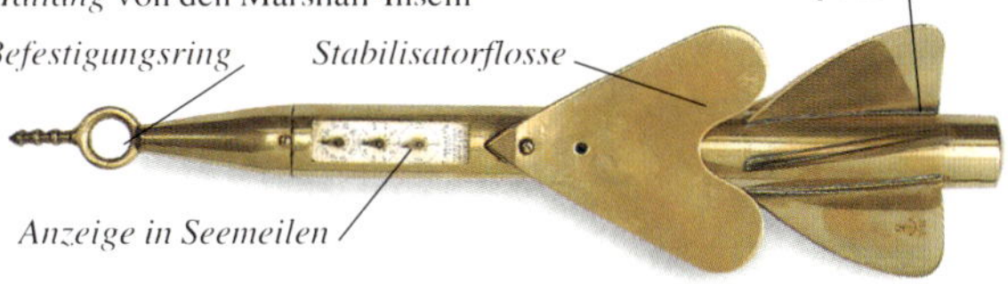

IM SCHLEPPTAU

Um die Geschwindigkeit von Schiffen zu messen, warf man früher einen Holzklotz (Log) an einer Leine ins Wasser und beobachtete, wie schnell sich das Seil abwickelte. Spätere Modelle bestimmten die zurückgelegte Strecke aus der Rotation eines Propellers und zeigten diese an. Zusätzlich muss noch die Geschwindigkeit der Meeresströmung berücksichtigt werden.

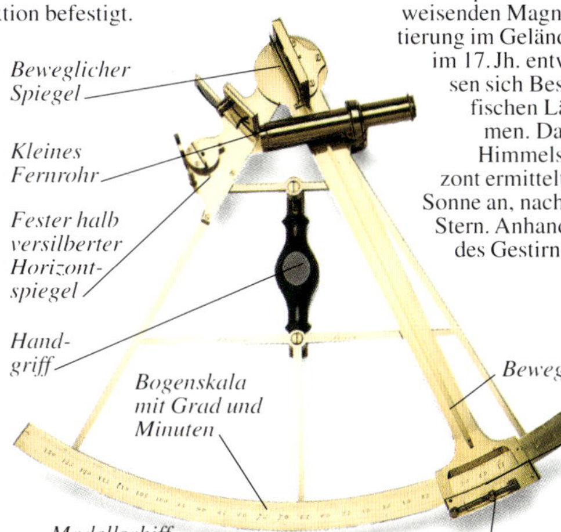

NEULAND EROBERN

Wenn neue Länder entdeckt wurden, zeichnete man sie für die Nachwelt in Karten ein. Zuvor mussten sie genau vermessen werden. Als Standardmaß galt die Kette mit 20 m Länge. Landvermesser verwendeten bei ihrer Arbeit Messketten wie die abgebildete. Trotz so einfacher Hilfsmittel entstanden erstaunlich genaue Karten, wie diejenige von Rosselli beweist.

WO GEHT'S DENN HIER NACH RIO?

Dieses „Globus-Skelett" (1854) aus England diente zur Unterrichtung angehender Seeleute in Navigation. Man kann darauf Elfenbeinschiffchen entlang bestimmten Kursen fahren lassen, die wie „nautische Dreiecke" den Globus umspannen, und so die günstigsten – oder ungünstigsten – Routen ermitteln.

Entdeckerrouten

Im 18. Jh. sahen Entdecker in Nordamerika zum ersten Mal Eisbären. Diese Zeichnung stammt von John James Audubon.

Schon vor der Entdeckung Amerikas durch Christoph Kolumbus (1492) und des Seewegs nach Indien durch Vasco da Gama (1498) sowie der ersten Weltumseglung durch Fernão de Magalhães (Ferdinand Magellan, 1519–1522) hatten bedeutende Entdecker weite Fahrten unternommen und große Teile der Erde erkundet. Doch erst in der Neuzeit wurden mithilfe einer wissenschaftlichen Kartografie die Ergebnisse aller Expeditionen zusammengetragen. Die letzten „weißen Flecken“ auf den Landkarten konnten schließlich im 19. und frühen 20. Jahrhundert getilgt werden.

Kompass chinesischer Seefahrer

„Souvenir“ spanischer Eroberer aus Südamerika: eine mosaikbesetzte Maske des Aztekengottes Quetzalcoatl

Ein solches Arzneischränkchen war bei allen Seereisen im 18. Jh. an Bord.

Eine der Entdeckungen, die Christoph Kolumbus in der „Neuen Welt" machte: die Ananas.

Das Halsband gehörte der Hündin Mabel, die in Afrika eine Expedition auf der Suche nach Dr. Livingstone auf dem Hin- und Rückweg begleitete.

BEQUEM
Hängematten schauten die Seeleute im 16. Jh. den Eingeborenen der Westindischen Inseln ab. Vorher schliefen sie auf dem Deck.

Schiffe

Schiffe waren in der frühen Neuzeit das bei weitem wichtigste Verkehrsmittel, zumal für den Handel mit fernen Ländern. Kapitäne, Offiziere und Mannschaften nahmen große Strapazen und Risiken auf sich, den Schiffseignern winkten große Gewinne.

MATROSENABSCHIED
Im 18. Jh. ein beliebtes Motiv: Ein Seemann sagt seiner Liebsten Adieu.

FREIZEIT
Diese Männer erholen sich bei einer Mahlzeit an Bord eines Kriegsschiffs. Die Stückpforten (Öffnungen für die Geschütze) sind geöffnet, um Luft und Licht hereinzulassen.

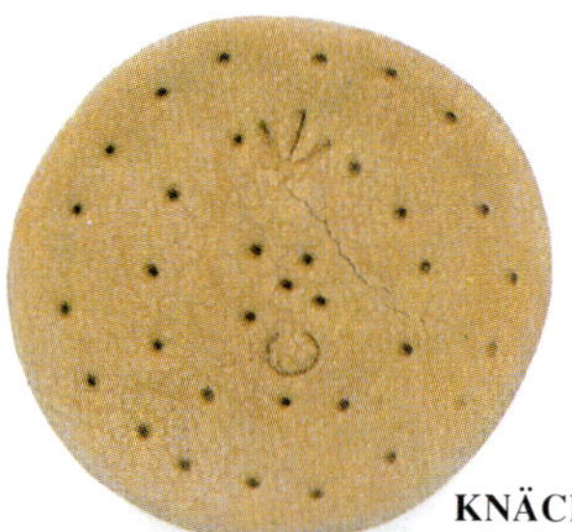

KNÄCKE
Den Seeleuten der britischen Marine standen pro Tag 500 g steinharter Schiffszwieback zu.

ZUCKERINSEL
Diese Karte von Barbados (17. Jh.) zeigt eine Zuckerrohrmühle, die von Sklaven betrieben wird.

GESUNDHEITSVORSORGE
Um Skorbut, einer Vitamin-C-Mangelkrankheit, vorzubeugen, aßen britische Seeleute Limonen. Die Amerikaner gaben ihnen daher den Spitznamen „Limey".

SCHIFFS-RATTE
Die meisten Schiffe waren voller Ratten. Die Flöhe im Pelz der Ratten konnten die Pest, den „Schwarzen Tod", verbreiten.

SEEMANNSSCHNAPS
Mit solchen Messkrügen wurden aus großen Fässern (dieses fasst 27 Liter) die täglichen Rumrationen ausgegeben. Rum, ein Branntwein aus Zuckerrohr, war besonders beliebt, weil er sich länger hielt als Bier. Einfache Matrosen bekamen Grog, eine Mischung aus vier Teilen Wasser und einem Teil Rum.

ZUCKER-HANDEL
Auf Antigua werden mit Zucker gefüllte Fässer in ein Boot geladen, das sie zu einem auf Reede ankernden Handelsschiff bringt. In einigen Wochen wird der Zucker dann in Europa zum Verkauf angeboten.

HAFENVIERTEL
Das Bild zeigt das Hafenviertel von Portsmouth (England) zu Beginn des 19. Jh.s. Hier konnten sich die Seeleute vergnügen und ihre Heuer (Lohn) ausgeben.

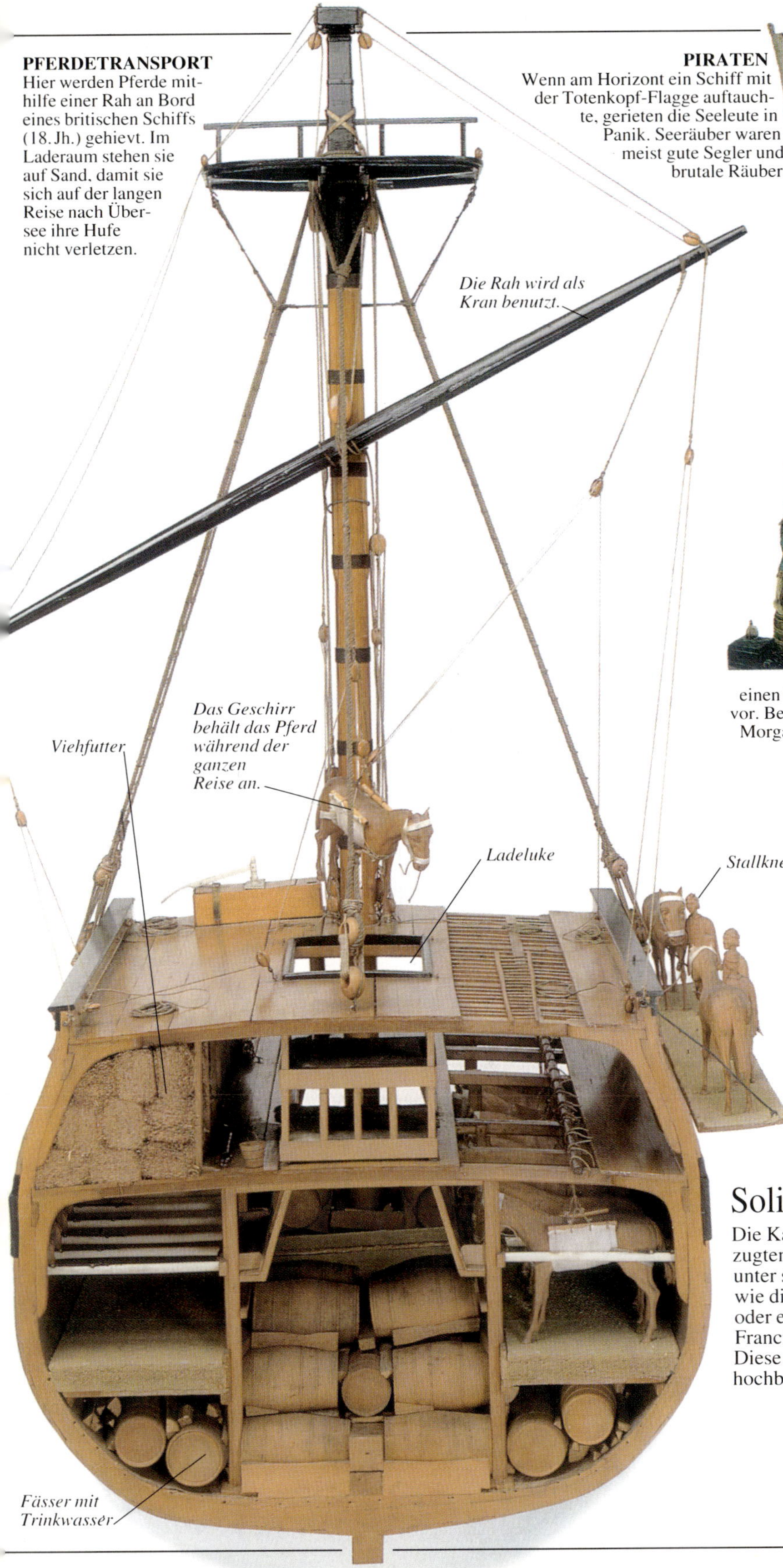

PFERDETRANSPORT
Hier werden Pferde mithilfe einer Rah an Bord eines britischen Schiffs (18. Jh.) gehievt. Im Laderaum stehen sie auf Sand, damit sie sich auf der langen Reise nach Übersee ihre Hufe nicht verletzen.

PIRATEN
Wenn am Horizont ein Schiff mit der Totenkopf-Flagge auftauchte, gerieten die Seeleute in Panik. Seeräuber waren meist gute Segler und brutale Räuber.

EINE FALLE
Als brave Seeleute getarnte Seeräuber bereiten einen Überraschungsangriff auf ein amerikanisches Schiff vor. Berühmt-berüchtigte Piraten wie Blaubart und Kapitän Morgan machten vor allem die Karibik unsicher. Doch Piraterie gab und gibt es in aller Welt.

MENSCHENFRACHT
Diese Menschen auf dem Sklavenschiff *Albaroz* wurden 1830 von einer britischen Anti-Sklaverei-Patrouille befreit.

Solide gebaut

Die Kapitäne der Entdeckungsreisen bevorzugten solide, im Atlantik oder in der Nordsee unter schweren Bedingungen erprobte Schiffe wie die Karavellen, die Kolumbus benutzte, oder englische Kohlenschiffe, mit denen Francis Drake die Meere durchkreuzte. Diese Schiffe waren nicht zu groß, aber hochbordig, und sie lagen gut im Wasser.

Astronomie und Geografie

STERNGUCKER
Hipparchos (190–120 v.Chr.) katalogisierte über 1000 Sterne und entwickelte die Trigonometrie. Teleskope gab es zu seiner Zeit noch nicht; er peilte die Sterne durch ein Rohr an.

Julius Caesar

DAS SCHALTJAHR
Bereits die antiken Astronomen und Priester erkannten, dass Mond- und Sonnenjahr nicht übereinstimmen. Um die Mitte des 1. Jh.s v.Chr. war der römische Kalender so sehr außer Tritt geraten, dass Julius Caesar (100–44 v.Chr.) den Mathematiker Sosigenes mit der Entwicklung eines neuen Systems beauftragte. Dieser führte das Schaltjahr ein.

Ihr Wissen über die Astronomie und Geografie verdankten das Mittelalter und die frühe Neuzeit hauptsächlich dem alexandrinisch-griechischen Philosophen Claudius Ptolemäus (um 100–178 n.Chr.). Neben seinen vielfältigen eigenen Forschungen sammelte und systematisierte er die Werke früherer Astronomen. Sein mehrbändiges Hauptwerk *Almagest*, das auf dem Sternverzeichnis des Astronomen Hipparchos fußt, enthielt als Lehrbuch der Astronomie u.a. einen ausführlichen Katalog aller damals bekannten Sterne. Ptolemäus' Bücher stellten rund 1600 Jahre lang unangefochten den Stand des Wissens dar. In ihrer arabischen Übersetzung überdauerten sie den Zusammenbruch des Römischen Reichs (ab dem 4. Jahrhundert n.Chr.), in dessen Folge unersetzliche wissenschaftliche Werke zerstört wurden. Auf den Kenntnissen des Ptolemäus beruhten die Vorstellungen der Entdecker von der Gestalt der Erde und ihre Fähigkeit, sich an den Sternen zu orientieren.

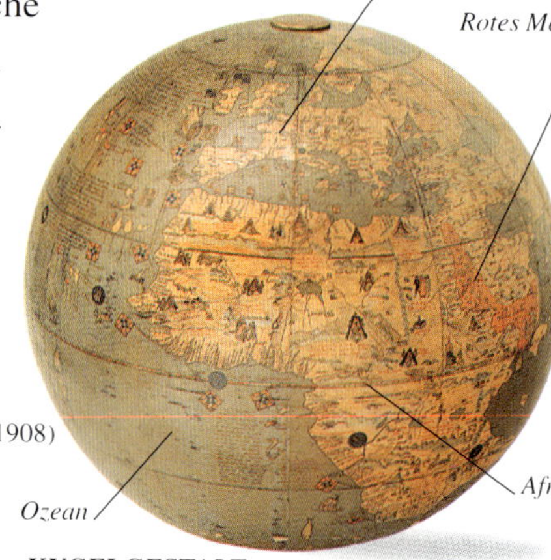

Nachbildung des Erdglobus nach Behaim (1908)

KUGELGESTALT
Die Vorstellung von der Erde als Kugel existierte bereits im Griechenland des 6. Jh.s v.Chr., und zu Ptolemäus' Zeit gehörten Erd- und Himmelsgloben zum üblichen Instrumentarium der Astronomen. Den nach der Antike ersten Erdglobus entwarf der Nürnberger Martin Behaim im 15. Jh.

ATLAS, TRÄGER DES HIMMELS
Aus dem Altertum sind nur wenige Darstellungen von Sternbildern erhalten. Die wichtigste ist diese römische Marmorstatue, die im 2. Jh.n.Chr. nach einem griechischen Vorbild entstand. Das Relief der Himmelskugel zeigt alle 48 ptolemäischen Sternbilder.

FORSCHUNG UND LEHRE
Im Mittelalter förderten vor allem die islamischen Kulturen die Astronomie. Im 15. Jh. gründete der usbekische Astronom Ulug Beg in seinem Observatorium bei Samarkand/Mittelasien eine Astronomieschule. Die Gestirne wurden damals mit bloßem Auge beobachtet.

Das geozentrische System

In der Regel macht man sich von dem, was man sieht, eine Vorstellung und hält diese für wahr, solange nichts Gegenteiliges bewiesen ist. Von der Erde aus gesehen, kreisen die Gestirne über uns. Dass auch die Erde selbst sich bewegt, ist nicht wahrnehmbar. Daher nahmen die Philosophen der Antike an, die Erde ruhe im Zentrum des Kosmos und die Planeten seien in konzentrischen Schichten um die Erde angeordnet. Als äußere, das Ganze umschließende Schicht vermuteten sie eine Kristallsphäre mit den Fixsternen.

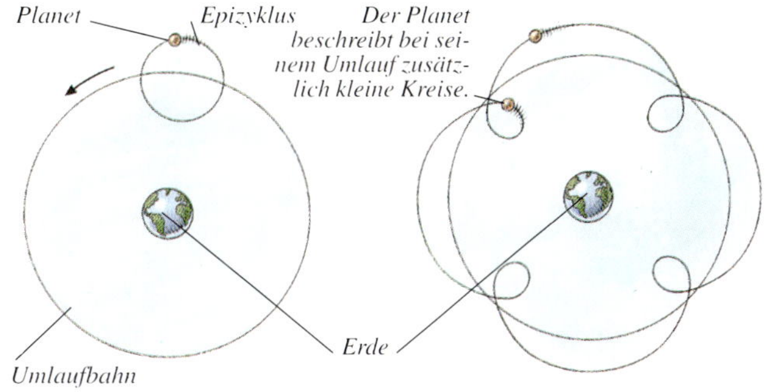

WIDERSPRÜCHLICHES VERHALTEN
Das Hauptproblem beim geozentrischen Modell ist die Interpretation der Bewegungen der Planeten (Wandelsterne). Manchmal scheinen sie relativ zu den Fixsternen stillzustehen, um danach eine Weile rückwärts zu laufen. Ursprünglich hielt man diese Abweichungen für Zeichen der Götter. Später suchte man nach logisch nachvollziehbaren Erklärungen. Als einleuchtend erwies sich schließlich die Vorstellung von Epizyklen – kleinen Kreisen um die eigentliche Umlaufbahn.

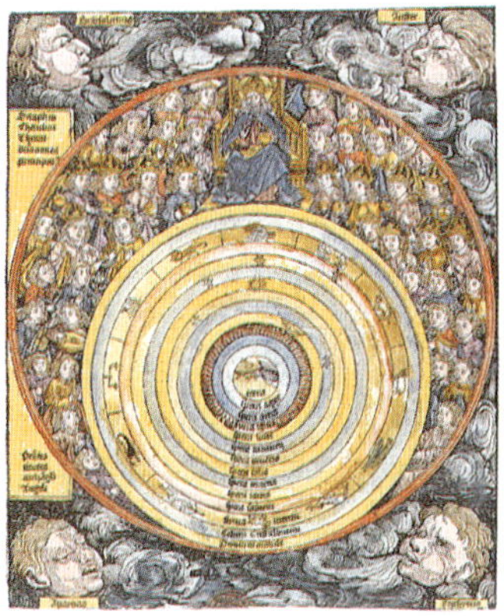

Das ptolemäische System (Stich von 1490)

DIE ERDE ALS ZENTRUM
Das geozentrische (erdzentrierte) System nennt man auch ptolemäisches System. Ptolemäus sah die Erde als Mittelpunkt des Universums an, um den Mond, Planeten und Sonne kreisen. Der griechische Astronom Aristarchos (um 310–230 v.Chr.) vermutete bereits, dass sich die Erde um die Sonne bewegt. Seine Theorie wurde jedoch abgelehnt, weil sie mit den damaligen Vorstellungen nicht in Einklang zu bringen war.

HIMMELSKREISE
Die dreidimensionalen Bewegungen der Himmelskörper sind nicht leicht zu erklären. Diese kunstvoll ausgeführte Armillarsphäre (Frankreich, 1770) dient zur Veranschaulichung der komplizierten Zusammenhänge im ptolemäischen System.

Das kopernikanische System

Kurz vor seinem Tod veröffentlichte der polnische Astronom Nikolaus Kopernikus (1473–1543) sein Hauptwerk *De revolutionibus orbium coelestium* (Über die Kreisbewegungen der Weltkörper) und schuf damit die Grundlage für eine völlig neue Auffassung vom Sonnensystem. Das von ihm beschriebene System, in dem die Sonne und nicht die Erde den Mittelpunkt bildet, bezeichnet man als heliozentrisch (griech. *helios* = „Sonne"). Kopernikus ging davon aus, dass das Universum selbst und alle Himmelskörper kugelförmig sind und ihre Umlaufbahnen daher kreisförmig sein müssen. Dass die Bahnen von der Erde aus nicht kreisförmig erscheinen, sondern Unregelmäßigkeiten aufweisen, führte Kopernikus darauf zurück, dass die Erde, anders als im geozentrischen System angenommen, nicht im Mittelpunkt des Universums ruht, sondern sich ebenfalls auf einer Kreisbahn bewegt. Diese Ansicht fand in Astronomenkreisen zwar Befürworter, stand jedoch im Widerspruch zur kirchlichen Lehre. Im Jahr 1616 verbot die römisch-katholische Kirche sämtliche Schriften, in denen behauptet wurde, die Erde sei nicht der Mittelpunkt des Universums. Trotzdem wurde die Auseinandersetzung mit Kopernikus zum Ausgangspunkt einer neuen, von allen religiösen Vorurteilen freien Kosmologie.

EIN BÜCHERWURM
Kopernikus nahm selbst nur wenige astronomische Beobachtungen vor. Er studierte die Schriften der antiken Naturphilosophen und kam zu dem Schluss, dass deren Theorien über den Aufbau des Universums nicht zutreffen.

DIE SONNE IM MITTELPUNKT
Kopernikus ordnete die Planeten nach ihrer Umlaufdauer, d.h. der Zeit, die sie für eine komplette Umrundung der Sonne benötigen. Der Abbildung oben liegt das heliozentrische System zugrunde.

SPEKTAKULÄRE ENTDECKUNG
Der dänische Astronom Tycho Brahe (1546–1601) entdeckte 1572 im Sternbild Cassiopeia einen vermeintlich neuen Stern (eine Nova), der so hell leuchtete, dass er sogar am Tage zu sehen war. Dieses Ereignis erschütterte die althergebrachte Überzeugung, die Sterne seien auf ewig unwandelbar. Brahe ließ bei Kopenhagen ein Observatorium errichten. Er maß die Koordinaten von 788 Sternen aus Ptolemäus' Katalog neu und erstellte den ersten modernen Sternatlas.

Uraniborg, Brahes Observatorium auf einer Insel bei Kopenhagen

ZEICHNEN EINER ELLIPSE
Man steckt zwei Nadeln in einigem Abstand in ein Stück Karton. Um die Nadeln legt man eine Fadenschlinge. Wenn man die Schlinge mit einem Stift spannt und diesen dann um die Nadeln herumführt, erhält man eine Ellipse. Die beiden Nadeln bilden die Brennpunkte der Ellipse. Je weiter diese auseinander liegen und je kürzer der Faden ist, desto exzentrischer ist die Ellipse.

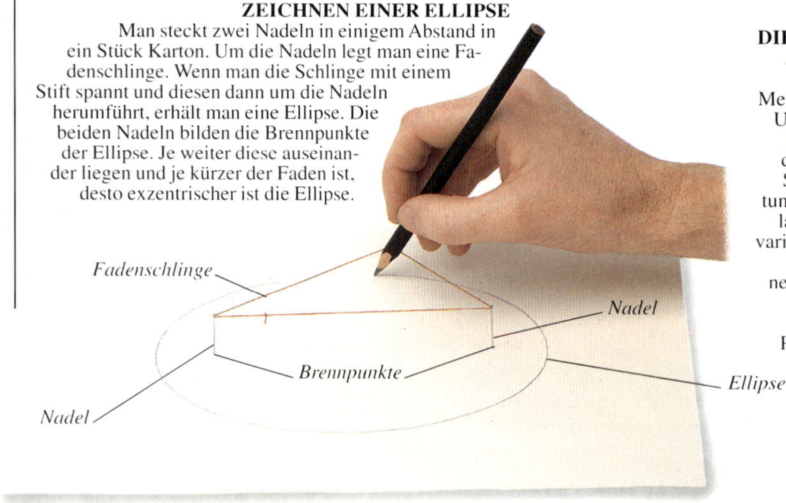

DIE KEPLERSCHEN GESETZE
Johannes Kepler fand durch Vergleich seiner Ergebnisse mit den Messwerten Brahes heraus, dass die Umlaufbahnen der Planeten keine Kreise, sondern Ellipsen sind, in deren einem Brennpunkt sich die Sonne befindet. Durch Beobachtung erkannte Kepler, dass die Umlaufgeschwindigkeit der Planeten variiert. In Sonnennähe (am Perihel) sind sie am schnellsten, in Sonnenferne (am Aphel) am langsamsten. Dabei überstreicht eine gedachte Linie zwischen Sonne und Planet in gleichen Zeiträumen stets die gleiche Fläche.

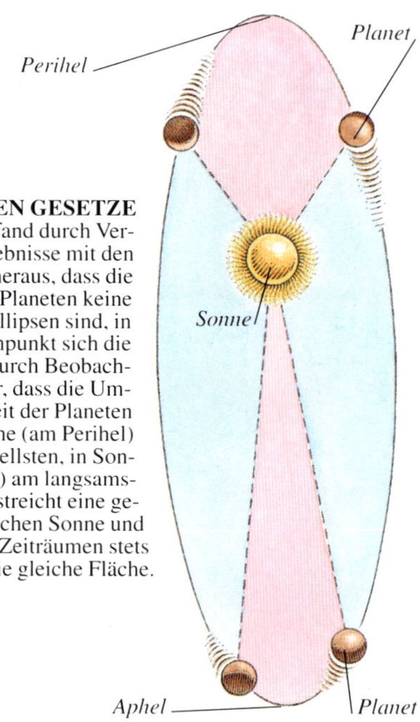

JOHANNES KEPLER

1601 wurde Johannes Kepler (1571–1630) auf Empfehlung Tycho Brahes dessen Nachfolger als Hofastronom Rudolfs II. in Prag. Kepler war ein überzeugter Befürworter des heliozentrischen Systems. Er erarbeitete drei grundlegende Gesetze zur Planetenbewegung und drängte Galilei zur Veröffentlichung von dessen Ergebnissen.

Planetenbahnen in einem Planetarium

Modell des tatsächlichen und des scheinbaren Verlaufs der Marsbahn

SCHEIN UND SEIN

Anhand der von der Erde aus gesehen zuweilen rückläufigen Planetenbahnen (besonders ausgeprägt beim Mars, siehe Abbildung oben) konnte das geozentrische System schließlich widerlegt werden. Ptolemäus hatte dies so erklärt, dass die rückläufige Bewegung durch zusätzliche Kreise auf der eigentlichen Umlaufbahn zustande kommt (Epizyklen). Im heliozentrischen System lassen sich die Bahnabweichungen einleuchtender erklären. Man muss hierbei davon ausgehen, dass die Erde eine höhere Umlaufgeschwindigkeit hat als der Mars, sodass dieser hinter ihr zurückbleibt. Obwohl die Marsbahn mit der Erde Schritt zu halten scheint, beschreibt sie für den irdischen Beobachter eine Schleife.

VERGLEICH DER THEORIEN

Auf diesem Stich (17. Jh.) wägt Urania, die Muse der Astronomie, die drei Theorien über den Aufbau des Universums gegeneinander ab. Die des Ptolemäus liegt zu ihren Füßen, und an der Waage hängen Keplers (links) und Brahes (rechts) Theorie.

Von Galilei zu Newton

Wer umwälzendes Gedankengut vertritt, braucht Mut und auch Glück. An Mut fehlte es dem italienischen Physiker Galileo Galilei (1564–1642) nicht, doch er entwickelte seine brillanten Ideen zu einer Zeit, in der es gefährlich war, das anerkannte System infrage zu stellen. Seine Entdeckungen, die er meist mithilfe des gerade erfundenen Teleskops machte, bestätigten Kopernikus' heliozentrisches System. Galileis Erkenntnisse über die Jupitermonde und die Phasen der Venus bewiesen klar, dass die Erde nicht der Mittelpunkt aller Abläufe im Universum ist. Dennoch wurde Galilei als Ketzer angeklagt und zum Widerruf seiner Lehren sowie zu lebenslangem Hausarrest verurteilt. Dem großen englischen Physiker Isaac Newton (1642–1727), der in Galileis Todesjahr geboren wurde, war mehr Glück beschieden. Zu seiner Zeit war man offen für neue Erkenntnisse, insbesondere auf naturwissenschaftlichem Gebiet.

NEUE WELTEN TUN SICH AUF
Galilei nahm nie für sich in Anspruch, das Teleskop erfunden zu haben. In einem seiner Werke bezieht er sich auf den „Zufallstreffer" des holländischen Brillenmachers Lippershey. Galilei konstruierte das Instrument anhand der Beschreibung seiner Wirkung selbst. Sein erstes Teleskop vergrößerte achtfach. Wenige Tage später hatte er bereits ein neues mit 20facher Vergrößerung gebaut und konnte diese noch auf 30fach steigern.

FREUND ODER FEIND?
Anfangs hatte die katholische Kirche Kopernikus' Werk gebilligt. Ab 1563 zeigte sie sich jedoch immer unnachgiebiger gegenüber Meinungen, die von der offiziellen Lehre abwichen. Papst Urban VIII. war an diesem Umschwung maßgeblich beteiligt. Als Kardinal war er Galilei noch freundlich gesonnen, ermächtigte dann aber 1633 die Inquisition zum Verfahren gegen ihn.

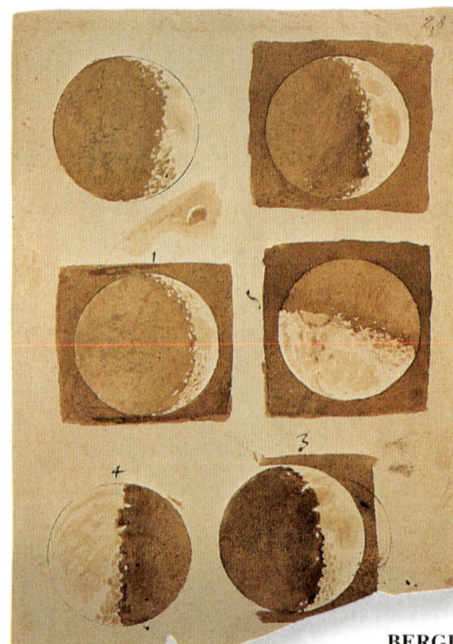

BERGE AUF DEM MOND
Mit seinem Teleskop vermaß Galilei die Schatten auf dem Mond, um die Höhe der Mondgebirge zu ermitteln. Diese Tuscheskizzen erschienen 1610 in seinem Buch *Siderius Nuntius* (Der Sternenbote).

GERECHTIGKEIT FÜR GALILEI
1611 reiste Galilei nach Rom, um den Kirchenoberhäuptern seine Erkenntnisse über das Sonnensystem darzulegen. Zwar waren sie von seinen Entdeckungen beeindruckt, doch lehnten sie die zugrunde liegende Theorie – das heliozentrische System – entschieden ab. Galilei wurde der Ketzerei beschuldigt und verurteilt. Erst 1992 wurde er von der Kirche rehabilitiert.

DIE PHASEN DER VENUS
Galilei glaubte stets nur das, was sich beweisen ließ. 1610 führte er den Gebrauch des Teleskops in die Astronomie ein und entdeckte mehrere Jupitermonde und die Phasen der Venus. Letztere erklärte er damit, dass der Planet von der Sonne beschienen wird, während er sie umrundet. Damit war für ihn klar, dass die Erde nicht das Zentrum des Universums bildet. Da ihm bewusst war, dass dies der kirchlichen Lehrmeinung widersprach, schrieb er seine Erkenntnisse in verschlüsselter Form nieder.

VERSUCHE MIT LICHT 1666 untersuchte Newton mithilfe eines Glasprismas die Aufspaltung des weißen Lichts in verschiedene Farben (das Spektrum). Auch beim Durchtritt durch einen engen Spalt, etwa an einer Jalousie, wird weißes Licht in seine Farbkomponenten zerlegt. Newtons Entdeckung erwies sich als wichtig für die Weiterentwicklung des Teleskops und für die Spektroskopie.

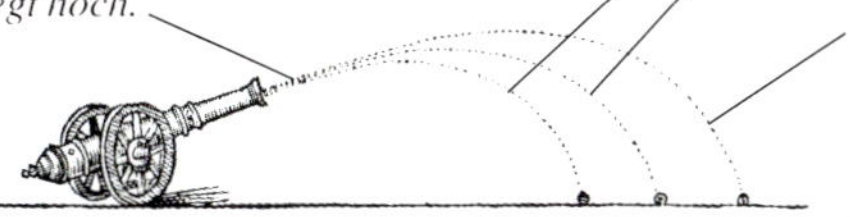

FLUGBAHNEN
Eine abgefeuerte Kanonenkugel wird aufgrund der Schwerkraft von der Erde angezogen und verliert dabei gegenüber der Richtung, die sie beim Verlassen des Kanonenrohrs hat, ständig an Höhe. Die Startgeschwindigkeit bestimmt die Reichweite der Kugel. Bei ausreichend hoher Geschwindigkeit kann die Kugel die Erde wie eine Rakete umkreisen oder gar ihr Schwerefeld verlassen.

MOND UND SCHWERKRAFT
Angeblich sah Newton einmal einen Apfel vom Baum fallen und schloss daraus, dass die Kraft, die dies bewirkt, auch bis zum Mond reichen müsste. Der Mond fällt aufgrund der Gravitation ständig in Richtung Erde und wird nur durch seine schnelle Vorwärtsbewegung am Herabstürzen gehindert. Durch diese beiden Bewegungen kommt seine Umlaufbahn zustande.

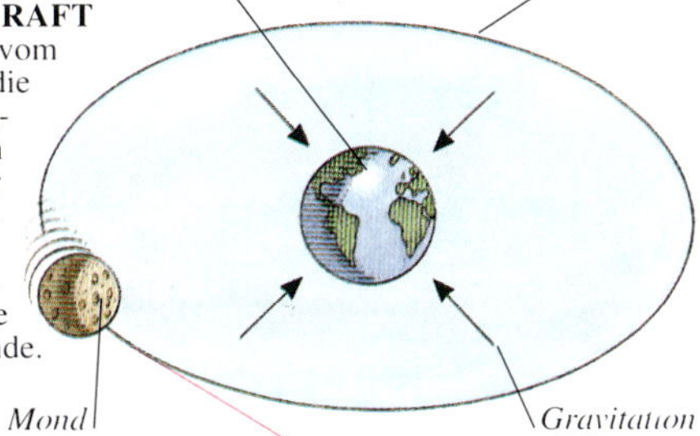

Nachbau von Newtons Spiegelteleskop (Seitenansicht)

EIN PROBLEM GELÖST
Newtons optische Forschungen führten zur Entwicklung des Spiegelteleskops. Er wusste, dass bei Glaslinsen chromatische Aberration in Form von Farbringen auftritt. Bei Spiegeln gibt es diesen Effekt nicht. 1671 stellte Newton seine Erfindung der Londoner „Royal Society" vor und wurde dadurch in ganz Europa berühmt.

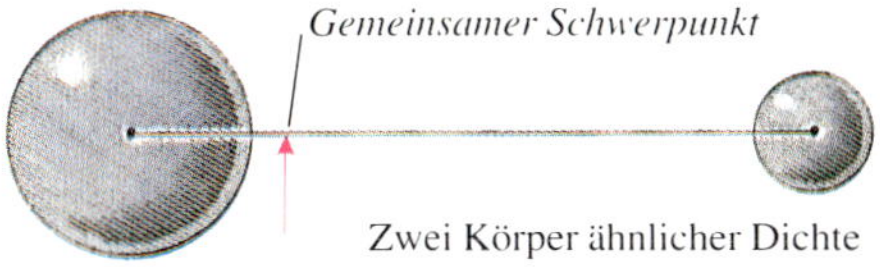

Zwei Körper ähnlicher Dichte

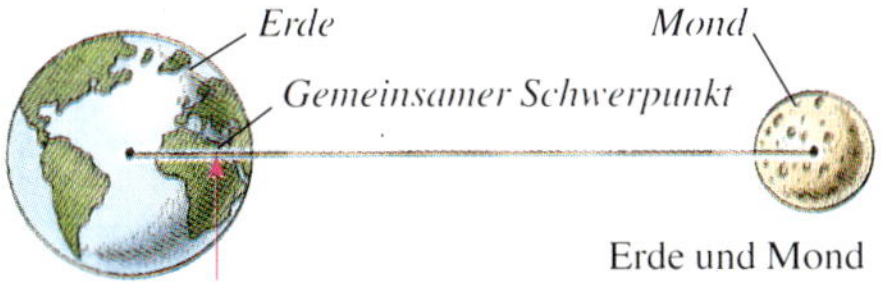

Erde und Mond

DER SCHWERPUNKT
Newton erkannte, dass die Kraft, die einen Gegenstand zur Erde zieht, und die Kraft, die die Planeten auf ihren Bahnen um die Sonne hält, dieselbe ist: Anziehungskraft aufgrund der Gravitation. Bei zwei Körpern, die gemeinsam um die Sonne kreisen (wie Erde und Mond), beschreibt ihr gemeinsamer Schwerpunkt eine ellipsenförmige Umlaufbahn. Er liegt innerhalb der Erde, die eine höhere Dichte als der Mond hat.

Spiegelteleskop (Vorderansicht)

Optische Geräte

Alle optischen Geräte beruhen auf dem Prinzip der Lichtbrechung. Wenn Licht von einem Medium in ein anderes übertritt, z.B. von Luft in Wasser oder Glas, wird es um einen bestimmten Winkel abgelenkt, die Physiker sagen „gebrochen". In Europa begann man im 13. und 14. Jahrhundert Linsen zur Verbesserung der Sehkraft zu verwenden – die ersten Brillen tauchten auf. Doch erst im 17. Jahrhundert wurden leistungsfähige optische Geräte entwickelt, die in der Lage waren, große Entfernungen scheinbar zu verkleinern oder kleinste Details viel größer erscheinen zu lassen. Das Teleskop tauchte um 1600 auf, und das Mikroskop wurde um 1650 erfunden. Teleskop und Mikroskop gehörten zu den technischen Voraussetzungen der modernen Wissenschaft. Ihre Entwicklung war nur möglich, weil es, vor allem in Holland, ein entwickeltes Linsenschleiferhandwerk gab.

AUS DER FERNE
Das Fernrohr ist sicherlich mehr als einmal erfunden worden. Wenn jemand zwei Linsen hintereinander hielt, schienen entfernte Gegenstände näher zu rücken.

TRÜBE SICHT
Seit mehr als 700 Jahren benutzt man Linsenpaare zur Korrektur von Sehfehlern. Brillen dienten anfangs nur als Lesehilfen und wurden bei Gebrauch einfach auf die Nase geklemmt, wie es im Bild zu sehen ist. Brillen zur Behebung von Kurzsichtigkeit tauchten erstmals um 1450 auf.

GLASAUGEN?
Konvexe (nach außen gewölbte) Linsen waren bereits im 10. Jh. in China bekannt. Zur Korrektur von Sehfehlern verwendete man sie erstmals in Europa. Diese Lupen aus dem 17. Jh. bestehen aus konvexen Linsen.

Brille aus dem 17. Jh.

Glas des 17. Jh.s war oftmals farbig.

Tubus mit Lederüberzug

Okulardeckel

Konkavlinse

Konvexlinse

ROSAROTE BRILLE?
Die ersten Fernrohre, wie dieses englische Teleskop aus dem 18. Jh., erzeugten ein Bild mit verschwommenen, farbigen Rändern, weil die Linsen die einzelnen Farben des Lichts unterschiedlich beugten. 1733 behob Chester Moor Hall diesen Fehler. Er fertigte die Hauptlinse aus zwei verschiedenen Glassorten, deren Bildverzerrungen sich gegenseitig aufhoben.

STERNGUCKER
Der berühmte italienische Naturwissenschaftler Galileo Galilei beobachtete als Erster den Himmel mit einem Fernrohr (Teleskop). Diese Kopie eines seiner Teleskope hat am vorderen Ende eine konvexe und am hinteren eine konkave (nach innen gewölbte) Linse.

ANTOINE VAN LEEUWENHOEK (1632–1723) *links*
Der Holländer Leeuwenhoek konstruierte mit selbst geschliffenen Linsen ein einfaches Mikroskop, mit dem er eine 270fache Vergrößerung erzielte. Er untersuchte damit die Natur im Kleinen und entdeckte winzige Lebewesen in einem Wassertropfen.

ZUSAMMENARBEIT *oben*
Dieses Mikroskop besitzt zwei Linsen. Das Objektiv vergrößert das beobachtete Objekt; das Okular vergrößert das Bild des Objektivs zusätzlich.

SPIEGELBILD
Das Spiegelteleskop besitzt eine verspiegelte Linse. Es gibt keine Farbverfälschungen, und der Tubus kann kürzer sein als beim herkömmlichen Fernrohr. Dieses Modell besitzt zwei Spiegel und ein Okular.

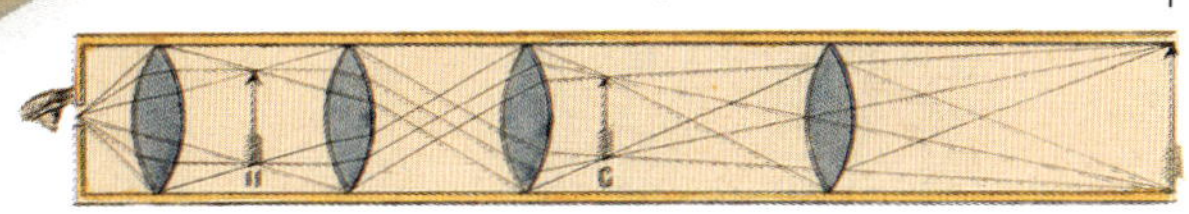

Taschenteleskop aus dem 18. Jh.

ABKÜRZUNG
Montiert man zwei Teleskope nebeneinander, so erhält man ein Fernglas wie dieses emaillierte, perlmuttverzierte Operngglas (19. Jh.). Um 1880 wurde das Prismenglas erfunden. Das Prisma „faltet" den Strahlengang im Fernglas; so erzielt man mit einem kürzeren Rohr die gleiche Vergrößerung wie mit einem langen Teleskop.

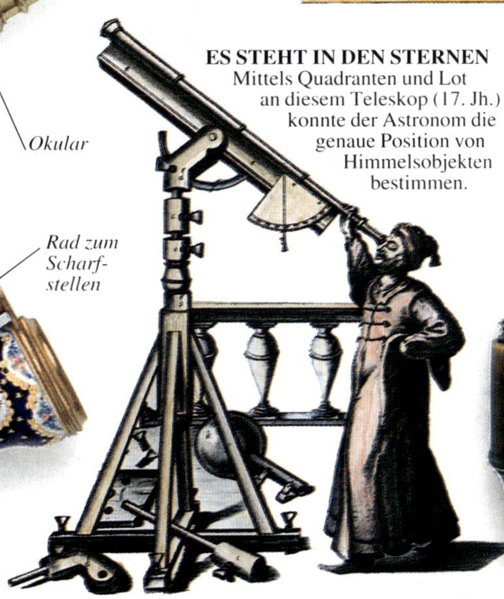

ES STEHT IN DEN STERNEN
Mittels Quadranten und Lot an diesem Teleskop (17. Jh.) konnte der Astronom die genaue Position von Himmelsobjekten bestimmen.

SPION
Im 18. Jh. beobachtete man sich in Adelskreisen gegenseitig mit solchen kleinen Teleskopen. Im Tubus befindet sich ein Spiegel, sodass man bei geradeaus gerichtetem Rohr andere unbemerkt durch ein seitlich angebrachtes Loch beobachten konnte.

Eine neue Einstellung zur Zeit

Wir begreifen die Zeit als stetig in ihrem Verlauf von der Vergangenheit durch die Gegenwart in die Zukunft. Die Jahre lösen einander in chronologischer Folge ab, nach dem Montag kommt der Dienstag, danach der Mittwoch usw. Den Ablauf der Zeit kann man sich als lange Linie mit regelmäßigen Abschnittsmarkierungen vorstellen, ähnlich der Skala eines Maßbandes, auf der unser Alltagsempfinden jede vorüberziehende Zahl „abhakt". Die Intervalle können Jahrhunderte, Jahre, Monate, Wochen, Tage oder eine beliebige andere regelmäßige Zeiteinheit darstellen. Im Laufe der Entwicklung hat man bei der Zeitmessung immer kleinere Einheiten zugrunde gelegt. Den Agrarkulturen der Frühzeit genügten die Jahreszeiten als „Einheiten". Das änderte sich in der frühen Neuzeit, als exakte Zeitmessung zur Voraussetzung vieler physikalischer Experimente wurde und auch die bürokratische und militärische Organisation „minutiös" zu planen begann. Die mechanische Uhr wurde jetzt zum Symbol eines neuen „mechanistischen" Weltbilds, in dem alle Naturkräfte ineinander greifen wie die Räder einer Uhr. Doch erst mit der Industrialisierung und ihrer Arbeitsorganisation „nach der Uhr" wurde die neue Zeitauffassung in Europa Allgemeingut.

STRAHLENDE UHR AM HIMMEL
Eine der einfachsten Methoden der Zeitmessung ist die Sonnenuhr. Der Schatten eines senkrecht in den Boden gesteckten Stabes verändert seine Länge und Richtung entsprechend dem Lauf der Sonne über den Himmel. Mittags, wenn die Sonne im Zenit steht, ist er am kürzesten, morgens und abends länger. An der Sonnenuhr lässt sich nicht nur die Tages-, sondern auch die Jahreszeit ablesen, wie hier auf Borneo.

ZEIT VERRIESELT
Sand fließt gleichmäßig durch ein Stundenglas, egal, wie viel noch im oberen Teil ist. Seine Fließgeschwindigkeit hängt von der Größe der Öffnung in der Mitte ab. Sanduhren wie diese wurden im 17. Jh. in Deutschland hergestellt.

ZEIT VERRINNT
Bei einer einfachen Wasseruhr (Klepsydra) fließt Wasser aus der Öffnung eines Gefäßes und gibt dabei eine Stundenskala frei. Dieses Exemplar von 1670 ist wesentlich komplizierter. Im Innern der Glaskolben verlaufen Röhren, durch die Wasser vom oberen Kolben in den unteren und Luft nach oben gelangt. Ein konstanter Luftdruck gewährleistet einen regelmäßigen Wasserfluss. Ohne Druckausgleich fließt das Wasser mit sinkendem Wasserspiegel langsamer, und die Wasseruhr geht ungenau.

Altägyptische „Personalbuchführung"

SKLAVEN DER ZEIT

In Kulturgesellschaften überwacht der Mensch die Zeit, doch umgekehrt wird auch die Zeit benutzt, um den Menschen zu überwachen. In Betrieben und sogar manchen Schulen werden die täglichen Anwesenheitszeiten des Arbeitnehmers oder Schülers automatisch registriert. Dies ist im Grunde das gleiche System, das man bereits beim Pyramidenbau anwendete. Die Arbeiter mussten sich damals beim Vorarbeiter an- und abmelden, und dieser führte Buch über ihre Arbeitstage. Eigentlich unterscheiden sich die Methoden nur darin, dass heute nicht mehr Tage, sondern Minuten gezählt werden.

ZEIT VERBRENNT

Feueruhren müssen aus einem Material hergestellt sein, das mit gleichbleibender Geschwindigkeit verbrennt. Schon eine einfache Kerze mit eingeritzten Kreisen, deren Abstände je 1 h Brenndauer entsprechen, tut gute Dienste. Genauer als eine Kerzenuhr geht diese chinesische Feueruhr (1800). Die Glut eines im Innern abbrennenden Räucherstäbchens erreicht in regelmäßigen Abständen Fäden, an denen kleine Kugelgewichte hängen. Wenn ein Faden durchbrennt, fallen zwei Kugeln in eine Metallschale und „schlagen die Stunde".

Schwingender Pendelkörper

Zuggewicht in Samtetui

An der langen Kette hängt das Gegengewicht.

DAS PENDEL GIBT DEN AUSSCHLAG

Mit dem Wissen, dass ein Pendel sehr regelmäßig schwingt, konstruierte der niederländische Physiker Christiaan Huygens (1629–1695) die erste brauchbare Pendeluhr, die 1657 nach seinem Entwurf gebaut wurde. Er erarbeitete die Theorie des physikalischen Pendels und beschrieb, wie die Schwingungsdauer von der Länge des Pendels abhängt. Ein schwingendes Pendel überstreicht normalerweise einen immer kleineren Kreisbogen und kommt schließlich aufgrund von Reibung zum Stillstand. Bei der Pendeluhr liefert ein langsam fallendes Gewicht die Energie, damit das Pendel gleichmäßig weiterschwingen kann.

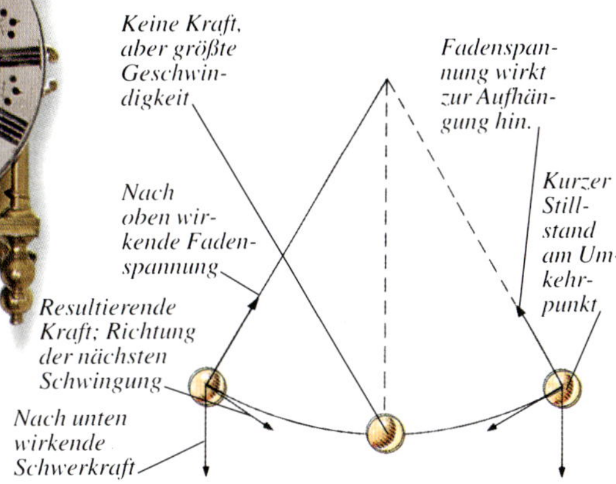

KRÄFTIG, KRÄFTIG …

Auf das Pendel wirken zwei Kräfte: senkrecht nach unten die Schwerkraft und nach oben zur Aufhängung hin die Fadenspannung. Am tiefsten Punkt der Schwingung gleichen sich die beiden Kräfte aus. Der Pendelkörper hat dort seine höchste Geschwindigkeit, es wirkt jedoch keine Kraft auf ihn. An den Umkehrpunkten, wo das Pendel im Moment der Umkehr einen Augenblick stillsteht, ist die Kraft am größten.

Silhouette der Pendeluhr zur Veranschaulichung der Kettenlänge

PHYSIKER, MATHEMATIKER, ASTRONOM

Nach dem Willen seines Vaters sollte Christiaan Huygens Diplomat werden, er wandte sich aber der Naturwissenschaft zu. Huygens wurde viele Jahre von seinem Vater unterstützt; in dieser Zeit erfand er nicht nur die Pendeluhr, sondern arbeitete auch an einer Wellentheorie des Lichts und ergründete die Beschaffenheit der Saturnringe.

Das Alte neu entdeckt

Die Idee der „Neuzeit“ entwickelte sich aus der Wiederentdeckung der Antike in der italienischen Renaissance. An die großartige Zeit des Alten Rom wollte man anknüpfen und sich bewusst vom „finsteren“ Mittelalter abwenden. Viele antike Kunstwerke und Schriften waren zwar schon im Mittelalter bekannt gewesen, seit etwa 1300 aber studierte man sie unter neuen Gesichtspunkten, interpretierte sie neu und imitierte sie sogar. Im 15. Jahrhundert wurde die Idee einer „Wiedergeburt“ (Renaissance) der Antike in Italien zu einer mächtigen Bewegung, im 16. Jahrhundert eroberte sie auch Nordeuropa.

Die Seeschlange windet sich um den Knöchel des Jungen.

INSPIRIERENDES EPOS
1506 entdeckte man bei Ausgrabungen in der Nähe von Rom die antike griechische Skulptur *Laokoon*. Papst Julius II. (1443–1513), ein großer Förderer der Renaissance, ließ sie in den Vatikan bringen. Die etwa 30 v.Chr. geschaffene Gruppe spielt auf die Sage von Troja an, nach der zwei Seeschlangen den Priester Laokoon und seine Söhne erwürgen. Davon erzählt der römische Dichter Vergil in seinem Epos *Äneis*. Die emotionale Ausstrahlung der Skulptur beeindruckte zahlreiche italienische Künstler, insbesondere Michelangelo (1475–1564).

ALTE MEISTER
Um 1340 malte Simone Martine dieses Titelblatt zu Servius' *Kommentar zu Vergil*. Das Buch gehörte dem italienischen Dichter Petrarca (1304–1374), der viele vergessene lateinische Texte und Biografien berühmter Römer zusammentrug und einen Brief an den längst verstorbenen Philosophen Cicero schrieb.

Lateinischer Text

DAS PANTHEON
Das Pantheon ist eines der noch erhaltenen Gebäude aus der Römerzeit. Der gewaltige Rundbau mit Kuppeldach wurde etwa 120 n.Chr. erbaut und diente als Tempel für (alle) römischen Götter, später dann als christliche Kirche. Viele Architekten der Renaissance befassten sich mit römischen Gebäuden und kopierten die klassische Bauweise. Besonders fasziniert vom Pantheon war der ursprünglich als Goldschmied ausgebildete florentinische Bildhauer und Architekt Filippo Brunelleschi (1377–1446).

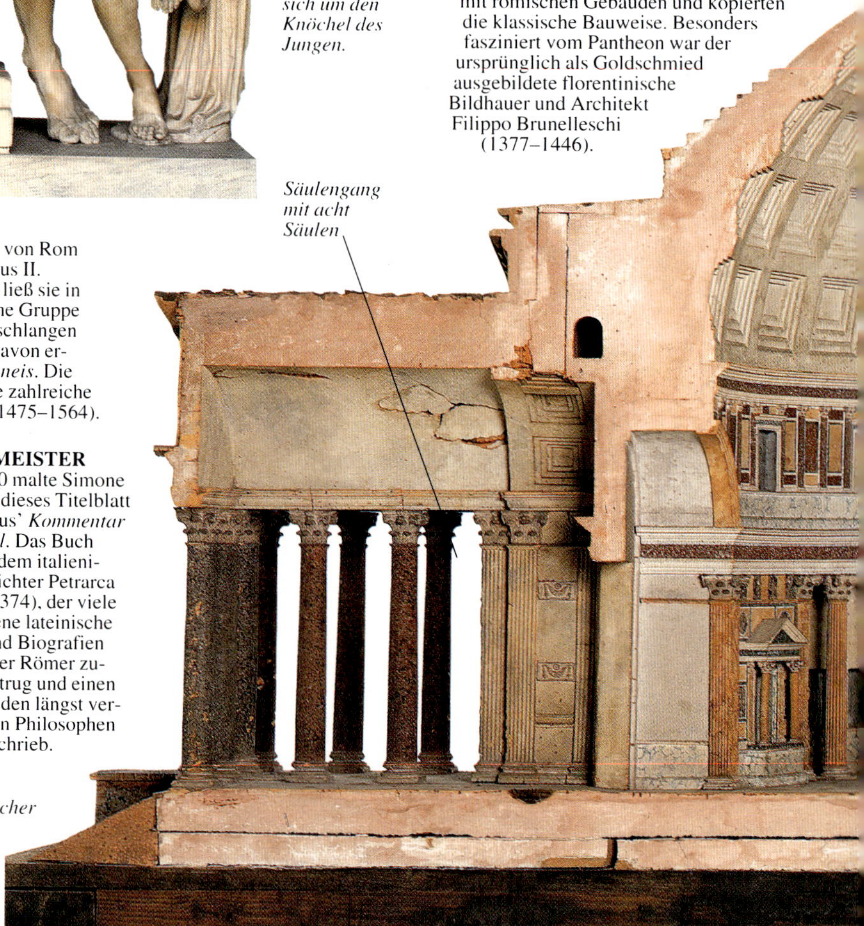

Säulengang mit acht Säulen

GRIECHISCHE GRAZIEN
Diese Skulptur, *Die drei Grazien* (drei Begleiterinnen der Göttin Venus), stammt aus hellenistischer Zeit (323–330 v.Chr.). Den italienischen Gelehrten war die griechische Antike weit weniger bekannt als die römische. Als jedoch nach dem Untergang des Byzantinischen Reichs (1453) viele griechische Gelehrte nach Italien flüchteten, wuchs das Interesse an deren Kultur. *Die drei Grazien* wurden zu einem beliebten Motiv der Maler und Bildhauer der Renaissance.

FLORENTINISCHE GRAZIEN
Sandro Botticelli (1445–1510) orientierte die Gruppierung und Körperhaltung der Grazien in seinem Gemälde *Primavera* (1478, *Der Frühling*) an dem klassischen Vorbild. Wie in einer Darstellung des römischen Schriftstellers Seneca sind die Göttinnen „gekleidet in leichte, durchsichtige Gewänder". Die Motivwahl zeigt, wie faszinierend die griechische Mythologie und Bildhauerei für die Menschen der Renaissance war.

Leichte, durchsichtige Gewänder, wie in der Beschreibung Senecas

Lichtauge (Oculus) *zur Beleuchtung des Innenraums*

Die Spannweite der Kuppel misst erstaunliche 43 m.

Die Vorhalle und der Bogen über dem Eingang werden von Säulen getragen.

KREIS IM QUADRAT
Brunelleschi orientierte sich mit seinen eigenen Projekten an altrömischen Erkenntnissen über Proportionen und Bauweise. Seine Pazzi-Kapelle in Florenz verkörpert die Harmonie der Form des Pantheon, die sich auf einen Kreis in einem Quadrat stützt. Der Bau dieses kleinen, aber wunderbar ausgewogenen Gebäudes begann um 1430.

DIE ACADEMIA PLATONICA
Einer der bedeutendsten wiederentdeckten griechischen Philosophen war Platon. Seine Theorien hatten großen Einfluss auf das Denken in der Renaissance. In der Villa der Familie Medici bei Florenz trafen sich die Mitglieder der Academia, einer lockeren Diskussionsrunde, um die Ideen Platons und seines Lehrers Sokrates zu erörtern.

Bücher für jeden

Die Erfindung der Druckerpresse war eine der einschneidendsten Entwicklungen in der Kultur der frühen Neuzeit. In Europa wurde der Buchdruck mit beweglichen Lettern um 1450 eingeführt, als der Mainzer Goldschmied Johannes Gutenberg (eigentlich Johannes Gensfleisch zur Laden, um 1400–1468) im Handsatzverfahren mit auswechselbaren, gegossenen Metalltypen ganze Bücher druckte. Zum ersten Mal konnten genaue Kopien von Büchern schnell und preiswert hergestellt werden. Ab etwa 1500 gab es in Europa über 1000 Druckereien, vor allem in Italien und Deutschland.

IN DER WERKSTATT
Die Geschäftigkeit einer Druckerei unterschied sich erheblich von der Stille der mittelalterlichen Schreibstuben. Wie auf diesem Bild aus dem 16. Jh. zu sehen, ist jedermann mit Arbeit eingedeckt. Der Setzer setzt die Buchstaben, die Drucker bedienen die Presse, und der Korrektor sieht eine gedruckte Seite nach Fehlern durch. Nur der Hund schläft.

Quæ poſtquam uates

ITALIENISCHE KURSIVE
In Deutschland druckte man mit breiten gotischen Buchstaben, die den alten Handschriften ähnelten, in Italien benutzte man kleinere Kursiv- oder Antiquatypen. So passte mehr Text auf eine Seite, man brauchte also auch weniger Seiten, und die Bücher wurden kleiner und billiger.

DIE GUTENBERGBIBEL
Gutenberg war ein geschickter Handwerker. Seine erste Druckerpresse baute er nach dem Prinzip der Weinpresse, und er gravierte Metallstempel für die Gussformen der Relieflettern. In seiner Werkstatt konnten täglich 300 Seiten hergestellt werden. 1455 druckte Gutenberg sein erstes Buch: die Bibel. Diese Ausgabe, die Gutenbergbibel, bestand aus über 1200 Seiten in zwei Bänden. Das Setzen und Drucken dauerte vermutlich mehrere Jahre.

Gedruckte Bücher wurden nach wie vor per Hand ausgeschmückt.

STOLZER DRUCKER
Johannes Gutenberg zeigt in seiner Werkstatt eine frisch gedruckte Seite.

Typen in Zeilen nebeneinander angeordnet

Schieber

DAS SETZEN
Jede Letter (Buchstabe) wurde in Spiegelschrift einzeln gegossen. Der Setzer verwendete einen Winkelhaken, in dem er die Zeichen in Zeilen zu Wörtern zusammenfügte. Die einzelnen Wörter waren durch einen niedrigeren Metallstift (Ausschluss) getrennt. Mit dem Schieber auf der linken Seite wurde die Zeilenlänge festgestellt.

Die Illustration ist ein Abdruck von einem Holzschnitt (Holzschnitte ließen sich auf dem Setzschiff mit Typen kombinieren).

UNTERHALTSAME BÜCHER

Bei den ersten gedruckten Büchern handelte es sich vorwiegend um religiöse oder klassische Werke. Doch der Buchdruck machte erstmals auch andere Literaturformen einer breiten Öffentlichkeit zugänglich, deshalb lernten immer mehr Menschen lesen und schreiben. 1483 veröffentlichte William Caxton in England Geoffrey Chaucers derbe *Canterbury Tales*.

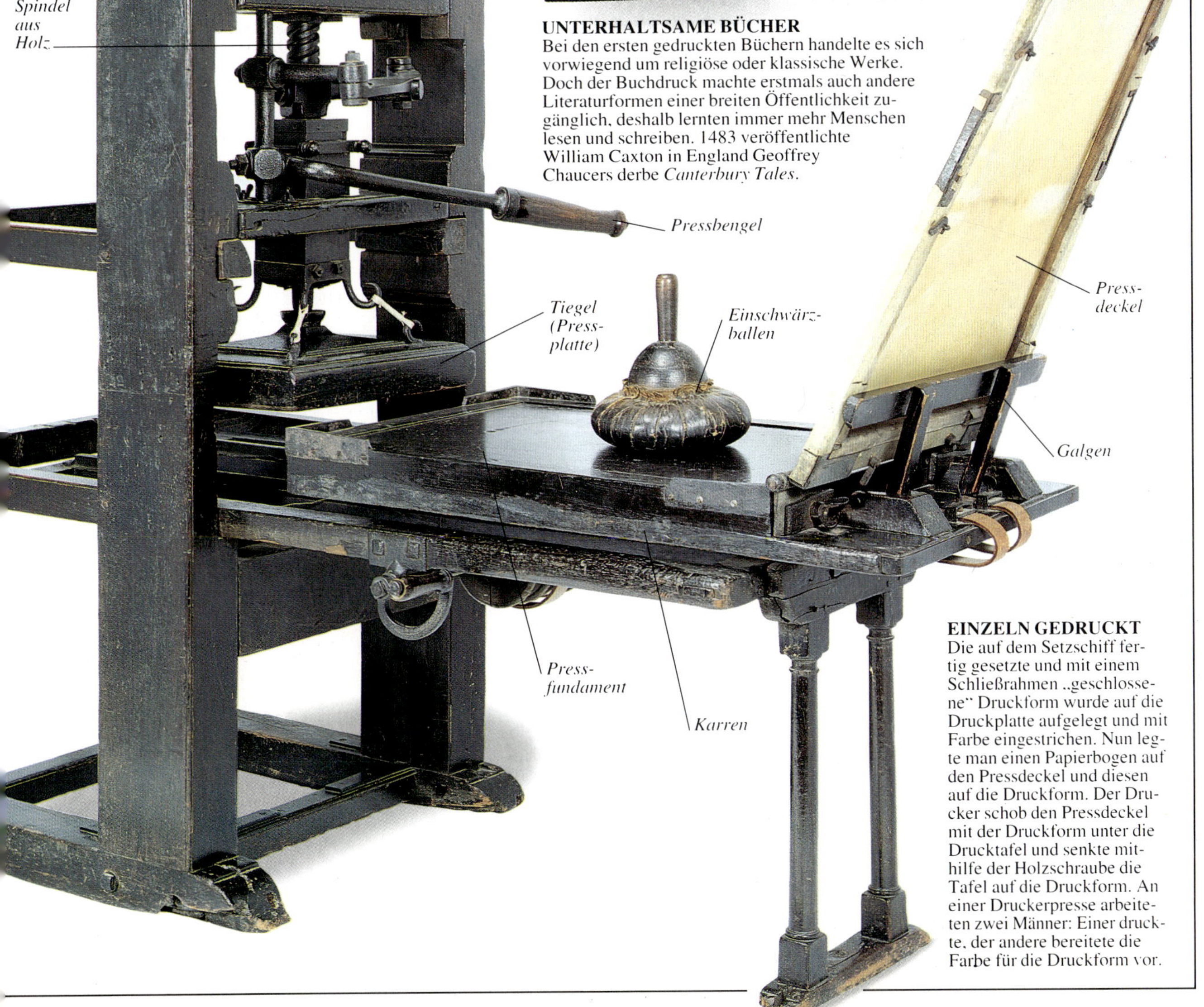

EINZELN GEDRUCKT

Die auf dem Setzschiff fertig gesetzte und mit einem Schließrahmen „geschlossene" Druckform wurde auf die Druckplatte aufgelegt und mit Farbe eingestrichen. Nun legte man einen Papierbogen auf den Pressdeckel und diesen auf die Druckform. Der Drucker schob den Pressdeckel mit der Druckform unter die Drucktafel und senkte mithilfe der Holzschraube die Tafel auf die Druckform. An einer Druckerpresse arbeiteten zwei Männer: Einer druckte, der andere bereitete die Farbe für die Druckform vor.

Bibliotheken

Im Mittelalter, als die handgeschriebenen Bücher überaus kostbar waren, besaßen die wenigen Bibliotheken in Klöstern, an Bischofshöfen und Universitäten nur jeweils wenige hundert Bücher. In der Neuzeit entstanden viele neue, mehr oder weniger öffentlich zugängliche Bibliotheken mit gedruckten Büchern, dazu kamen zahllose Privatbibliotheken in Adelspalästen und Häusern reicher Bürger. Das für den Interessierten zugängliche Wissen explodierte dank dieser hervorragenden „Datenbanken“. Während Literatur in handlichen Bänden in Umlauf war, füllten große Folianten zu naturwissenschaftlichen und geschichtlichen Themen die Regale der Bibliotheken.

ALEXANDRIA
Die Alexandrinische Bibliothek im alten Ägypten gilt als eine der berühmtesten aller Zeiten. Einst sollen dort über 500.000 Papyrusrollen gelagert haben. Wissenschaftler und Studenten aus dem gesamten griechischen Sprachraum vertieften dort ihre Kenntnisse und erweiterten die Sammlungen durch Übersetzungen und kritische Überarbeitungen überlieferter Texte.

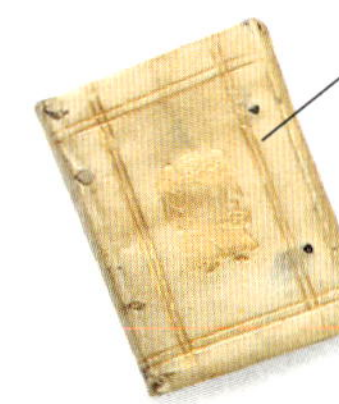

REISEBIBLIOTHEK
Diese Reisebibliothek mit 44 Büchern in Pergamenteinband mit Goldprägung gehörte dem englischen Richter Sir Julius Caesar (16. Jh.). In geschlossenem Zustand glich der lederbezogene Bücherschrank einem Buch. Die Bücher waren nach den Gebieten Theologie und Philosophie, Geschichte und Dichtung geordnet.

ANGEKETTET
Um die Bücher in der mittelalterlichen Bibliothek der Kathedrale von Hereford/England vor Diebstahl zu schützen, wurden sie angekettet. Die Ketten sind an der Einbandvorderseite befestigt, sodass die Bücher mit dem Rücken nach hinten im Regal stehen.

RUHE, BITTE!
Jede Schule oder Universität hat heute eine Bibliothek. Während es früher verboten war, dort zu sprechen, damit sich die Lernenden auf das Lesen konzentrieren konnten, ist es heute nicht mehr so still, z.B. wenn Schüler Referate ausarbeiten oder Computer surren.

NUR GEGEN ENTGELT
Als es noch keine öffentlichen Bibliotheken gab, konnte man in privaten Leihbibliotheken Bücher gegen Entgelt ausleihen. Diese Büchereien waren vor allem in Kurorten rentabel, da die Menschen dort viel Zeit zum Lesen hatten. Die Abbildung zeigt die Bibliothek des englischen Seebads Margate.

GEÄNDERTE GEWOHNHEITEN
Während Anfang des 20. Jh.s Lesen das beliebteste Hobby war, spielt heute das Fernsehen eine größere Rolle. Die Büchereien mussten sich umstellen, und so verleihen sie heute nicht nur Bücher, sondern auch Videos und Tonträger.

BÜCHER AUF RÄDERN
Im 19. Jh. konnte man in ländlichen Gebieten Bücher bei solchen pferdegezogenen mobilen Büchereien ausleihen.

STAATS-BIBLIOTHEK
Die British Library, eine der größten Bibliotheken der Welt, hat Bücher und Manuskripte, Zeitschriften, Karten, Musik und Filme sowie Briefmarken. Allein die Bücher nehmen über 332 km Regallänge ein. Laut Gesetz muss die Bibliothek von jeder britischen Neuerscheinung ein Pflichtexemplar erhalten. In Deutschland gehen die Pflichtexemplare an die Deutsche Bibliothek in Frankfurt/M.

Die spanische Kolonisierung in Amerika

Als Hernando Cortez 1519 nach Tenochtitlan, in die Hauptstadt des Aztekenreichs in Mexiko, vorstieß, gelangte er in das Verwaltungszentrum eines von einer Kriegerkaste beherrschten Großreichs. Nach der militärischen Niederlage des letzten Aztekenherrschers Moctezuma fiel ihm so die Herrschaft über einen funktionierenden Staat zu. Die Eroberung eines riesigen Gebiets gelang mit einem Aufgebot von nur wenigen Hundert spanischen Kriegern. Ähnlich erfolgreich war der Vorstoß von Francisco Pizarro in das Inkareich in Peru (1531–1533). Mithilfe der in Amerika bis dahin unbekannten Feuerwaffen, Pferde und Kampfhunde gelang den Europäern die dauerhafte Unterwerfung der indianischen Bevölkerung. Die Konquistadoren (Eroberer) gingen nun daran, die Gold- und Silbervorkommen Amerikas auszubeuten. Unbarmherzig zur Sklavenarbeit in den Bergwerken getrieben, kamen viele Tausende von Indios ums Leben. Stimmen wie die des Dominikanerpaters Las Casas, der für eine humane Behandlung der angestammten Bewohner Amerikas stritt, blieben weitgehend ungehört. In Europa führte die massenweise Einfuhr von Edelmetallen zu einer massiven Geldentwertung und einer Wirtschaftskrise. Nachdem die leicht auszubeutenden Gold- und Silbervorräte erschöpft waren, wurde die Anlage von Plantagen, vor allem für Zuckerrohr, lukrativ. Da die Europäer die Indios in weiten Landstrichen fast ganz ausgerottet hatten, holten sie nun Schwarze aus Afrika für die Sklavenarbeit auf ihren Plantagen. Auf sie geht die schwarze Bevölkerung in der Karibik und in Brasilien zurück.

Mit solchen Perlenketten beteten Katholiken damals wie heute den Rosenkranz.

Die Kirche

Die katholische Kirche beteiligte sich an der Eroberung und Zerstörung der mittel- und südamerikanischen Hochkulturen. Jeder spanische Tross wurde von einem Priester begleitet, der sowohl die spanischen Gläubigen betreuen als auch die ungläubigen Indios bekehren sollte. Soldaten und Priester waren über deren grausame Menschenopfer gleichermaßen entsetzt, sodass sie die Kultstätten und die Priester der Indios beseitigten. Damit zerstörten sie die Gesellschaftsstrukturen der Azteken und Inkas so nachhaltig, dass die Missionierung keine Schwierigkeiten bereitete. Noch heute ist die Mehrheit der Bevölkerung in Süd- und Mittelamerika katholisch.

Quinoa (Reismelde)

Quinoa-Körner

„KORN DER GÖTTER"
Die Nahrung der Inkas war sehr einfach. Meist aßen sie gerösteten oder gekochten Mais, Kartoffeln und Quinoa, das „Korn der Götter".

BLUTIGER IRRWEG
1539 landete der Spanier Hernando de Soto mit seinen Soldaten in Florida. Er war wie alle Spanier in Amerika auf Goldsuche. De Soto fand nichts, glaubte aber, die Indianer versteckten die Goldschätze vor ihm. So ließ er sie die schrecklichsten Foltern erleiden, um ihnen ein Geheimnis zu entreißen, das sie nicht besaßen.

GRAUSAME RITEN
Die Azteken brachten ihren Göttern blutige Menschenopfer dar. Dem Kriegsgott Huitzilopochtli wurden mit dem Messer herausgeschnittene, zuckende Herzen geopfert.

DER LETZTE KONQUISTADOR
Um 1540 verbreitete sich das Gerücht, weit im Norden liege eine reiche Stadt. Der Spanier Francisco Coronado führte eine Expedition durch große Teile der heutigen USA zum Kansas-River und zum Grand Canyon. Aber er fand weder die Stadt noch den erhofften Reichtum.

GOLDDUBLONEN
In Mexiko und Peru gab es große Gold- und Silbervorkommen. Den größten Teil des südamerikanischen Golds prägten die Spanier zu Münzen, die sie in ihre Heimat verschifften.

Golddublonen (18. Jh.)

Löwe und Burg: Wahrzeichen der spanischen Krone

Die Säulen des Herkules: Symbol des spanischen Weltreichs

Auf diesem Becher ist Pizarro abgebildet.

PIZARROS BECHER
Diesen Holzbecher ließ sich Pizarro von einem Inka anfertigen (Mitte des 16. Jh.s). Der Becher gelangte nach Spanien, nachdem Pizarro 1541 bei einem Streit von spanischen Soldaten ermordet worden war. Acht Jahre lang hatte er das Inkareich regiert und den stolzen Inkas eine europäische Verwaltungs- und Wirtschaftsordnung aufgezwungen.

KÖNIGSMORD
Der Inkakönig Atahualpa begegnete Pizarro mit großer Ehrfurcht, weil er ihn für den Inkagott Viracocha hielt. Doch weigerte sich Atahualpa, sich zum Christentum zu bekennen. Da nahmen ihn die Spanier gefangen und erdrosselten ihn.

Mais und Kartoffeln

HOHES GRAS
Mais wird bis über 3 m hoch. Aus den weiblichen Blütenständen entwickeln sich die Kolben. Die männlichen Blüten sitzen ganz oben, sodass der Wind die Pollen gut verbreiten kann.

Mais und Kartoffeln, die heute in vielen Regionen der Welt als Grundnahrungsmittel angebaut werden, stammen aus dem alten Amerika. Die europäischen Siedler in Amerika übernahmen den Maisanbau von den Indianern und heute liefern die gewaltigen Felder im Mittleren Westen der USA die Hälfte der Maisernte auf der Welt. In Südeuropa wird Mais seit der frühen Neuzeit angebaut, so z.B. in den zu Venedig gehörenden Festlandsgebieten. Für das nördliche Europa erlangte die Kartoffel seit dem 18. Jahrhundert eine große Bedeutung als Grundnahrungsmittel. Sie stammt aus den Hochlagen der Anden und eignet sich daher für den Anbau auch in kalten, feuchten Klimazonen. Wichtige Nutzpflanzen, die aus dem alten Amerika stammen, sind auch die Tomate und der lange als Medizin betrachtete Tabak.

LANGE GESCHICHTE
Die altamerikanischen Völker bauten schon um 6000 v.Chr. Mais an. Außerhalb Amerikas wurde er bekannt, nachdem Christoph Kolumbus vor gut 500 Jahren einige Maispflanzen von seiner Entdeckungsfahrt mit nach Europa brachte.

Der Maiskolben ist von Hüllblättern, den sog. Lieschen, geschützt (hier nach oben abgezogen).

Einige Maissorten weisen schwarze, rote und gelbe Körner in einem Kolben auf.

MAISKOLBEN
Bei diesen Maiskolben sind die einst grünen Hüllblätter zu papierartigen Lieschen vertrocknet. Die Körner sind in der Regel goldgelb, bei dieser Varietät aber mehrfarbig. Für verschiedene Verwendungszwecke gibt es unterschiedliche Maissorten, so den süßen Zuckermais, der u.a. als Gemüsemais (*Kukuruz*) beliebt ist und bei uns frisch, tiefgekühlt und in Dosen oder Gläsern eingemacht erhältlich ist. Für Popcorn nimmt man dagegen den außen hornigen und innen weichen Puffmais.

Der Maishäcksler mäht die Stängel mit Blättern und Kolben ab, häckselt sie klein und bläst das Häckselgut auf einen Wagen.

EINE ERNTE, DIE INS GEWICHT FÄLLT
Futtermais (Ertrag: bis zu 75 t pro ha) wird im Winter als Silage ans Vieh verfüttert.

Langer Sterz mit Griffen zum Lenken

SPEICHER
In diesen Kornspeichern in Sambia lagern Mais und anderes Getreide, und zwar zum Schutz vor Nässe und Ungeziefer in sicherer Höhe über dem Boden.

DAS BESTE IST UNTER DER ERDE
Kartoffeln bilden als oberirdischen Spross eine buschige, krautige Pflanze mit Blüten aus, unter der Erde entwickeln sich die Speicherorgane: die Kartoffeln. Auf den Feldern und im Garten häufelt man die Kartoffeln an, damit die Sprossknollen nicht im Licht grün werden.

FROSTGESCHÜTZT
Die ganz früh im Jahr gepflanzten Frühkartoffeln können schon im späten Frühjahr und im Frühsommer geerntet werden. Da aber bis in den Mai hinein Nachtfröste die jungen Pflanzen schädigen können, decken die Bauern sie mit durchsichtiger Plastikfolie ab. Frühkartoffeln erzielen höhere Preise als die Spätsorten.

MASCHINELLE ERNTE
Heute setzt und erntet man auch Kartoffeln mit Maschinen. Diese Vollerntemaschine trägt die flachen Erddämme ab, siebt die Erde aus, trennt die Knollen vom Kraut und wirft sie hinter sich zum Aufsammeln ab. Moderne Kartoffelsammelroder verladen das Erntegut gleich auf Wagen.

KARTOFFELGABEL
Für die nichtmaschinelle Kartoffelernte benutzt man Gabeln, deren Enden nicht spitz sind. Sie können tropfenförmig verdickt oder wie hier durch ein Querblech geschützt sein.

KARTOFFELRODER
Die erste Maschine, die die Kartoffelernte beschleunigte, war der Kartoffelroder, eine Art Pflug, der von Pferden an den angehäufelten Kartoffelreihen entlanggezogen wurde. Die Schar griff unter die Wurzeln und hob die Kartoffelknollen aus der Erde. Die Erde fiel durch die Zwischenräume in der Schar zurück.

Kartoffelroder (Kartoffelpflug)

Mais und Naturgefühl

Schon im Laufe des 15. Jahrhunderts verbrachten immer mehr wohlhabende italienische Familien den Sommer auf dem Land. Um dem Lärm, der Enge und der Pestgefahr in den überfüllten Städten zu entgehen, bauten sie sich elegante Villen in der Umgebung von Florenz und Rom. Die Vorstellung, dass man auf dem Land Erholung vom anstrengenden Stadtleben finden könne, eine Vorstellung, wie sie heutige Städter auch kennen, war geboren. Die berühmten Villen auf dem venezianischen Festland aber sind ohne die Entdeckung Amerikas nicht zu denken: Die Kaufherren Venedigs, die gegenüber den Schiffseignern an den Atlantikhäfen an Bedeutung verloren hatten, betätigten sich nun als Grundbesitzer auf dem Festland, wo sie u.a. das amerikanische Getreide Mais anbauten.

GROSSE GÄRTEN
Die Boboli-Gärten in Florenz wurden 1550 von der Familie Medici angelegt. In den eingeebneten Boden pflanzte man Tannen, Zypressen und Lorbeerbäume in geometrischen Mustern. Die Senke hinter dem Palast war ein Amphitheater nach altrömischem Vorbild.

EINGRIFFE IN DIE NATUR
Leonardo da Vinci (S. xx–xx) war von fließendem Wasser fasziniert. Er entwarf mehrere Pläne zur Kanalisierung des Arno, der durch Florenz hindurchfließt. Drei Kanäle sollten eine Biegung abkürzen und den Fluss begradigen. 1503 begannen die Arbeiten an der Umleitung des Arno. Leonardos Vorschläge scheiterten zwar, doch ist ein modernes Projekt zum Schutz vor Überflutungen seinen Originalplänen nicht unähnlich.

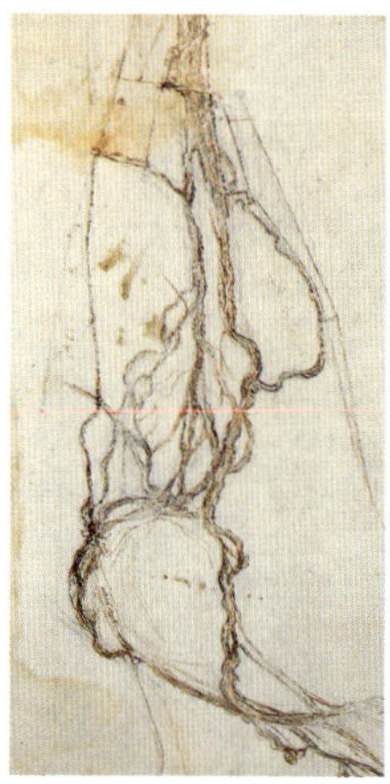

DIE ERSTE LANDSCHAFT
Die toskanische Landschaft, wie sie Leonardo als Kind erlebte, war das Motiv für seine erste bekannte Zeichnung aus dem Jahr 1473. Damals war die Landschaftsmalerei noch unbekannt, und so wurde diese Darstellung „die erste wahre Landschaft in der Kunst". Sogar die Bäume sind naturgetreu, wie vom Wind gebeugt, gezeichnet.

PALLADIANISCHE VILLA
Der Architekt Andrea Palladio (1508–1580) entwarf die Villa Barbarosa für eine reiche venezianische Familie. Seine Gebäude (in und um Vicenza) sind dem antiken griechischen und römischen Stil mit Säulen, Ziergiebeln und der Betonung von Symmetrie und Proportionen nachempfunden.

REALITÄT DES LANDLEBENS
Dieses Fresko eines italienischen Schlosses (1530) zeigt Bauern bei der Weinernte. Die Schwere der Arbeit wird dabei nicht sichtbar, obwohl die Bauern in Europa in Wahrheit in bitterer Armut lebten. Auf den Gemälden, mit denen reiche Leute ihre Landhäuser schmückten, wurde das harte Bauernleben idealisiert.

MIT LIEBE ZUR NATUR
Leonardos Skizzenbücher sind voller Studien von Tieren und Pflanzen wie dieser Rötelzeichnung eines Eichenzweigs mit Eicheln. Er war so fasziniert von der Natur und so tierlieb, dass er Vögel in Käfigen kaufte, um sie freizulassen.

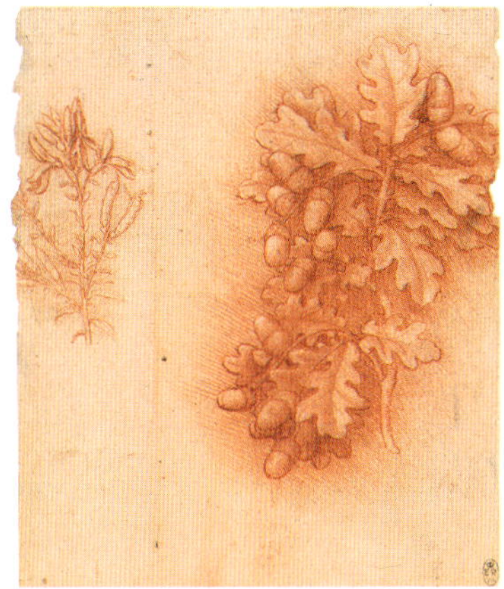

Eichenzweig

WISSENSDURST
Leonardo zeichnete seine Pflanzen direkt vom natürlichen Objekt ab. Dieser Milchstern war eine Studie zu einem größeren Werk. Leonardos Naturinteresse war auch wissenschaftlich, denn er untersuchte die Gestalt und den Aufbau von Pflanzen und kommentierte seine Zeichnungen sehr genau.

Milchstern

Portikus mit Säulen und Ziergiebel wie bei einem griechischen Tempel

Frontfassade mit Arkaden

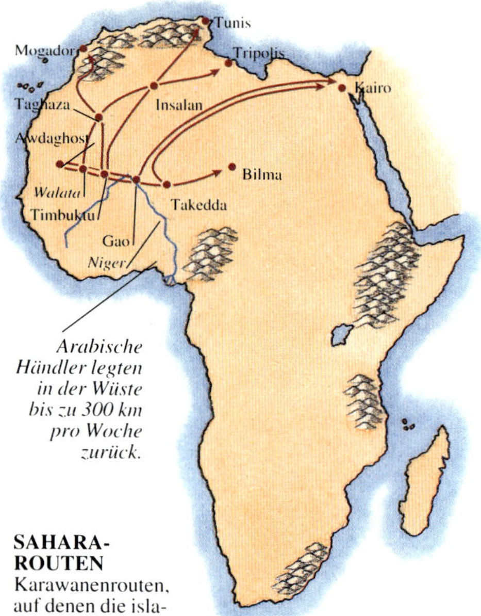

Arabische Händler legten in der Wüste bis zu 300 km pro Woche zurück.

SAHARA-ROUTEN
Karawanenrouten, auf denen die islamischen Händler über Oasenstädte wie Walata (Marktstadt an der Nordgrenze des Malireiches) durch die Wüste zogen, verbanden die Städte am Südrand der Sahara mit Nordafrika. Timbuktu wurde ein blühendes Handels- und Kulturzentrum der islamischen Welt.

Tauschhandel in Afrika

Im 15. und 16. Jahrhundert erschlossen portugiesische Seeleute die Seerouten nach Ostafrika; zur selben Zeit begannen islamische Händler, Waren von und nach Westafrika auf Kamelen durch die Sahara zu transportieren. Gold und Kupfer aus Süd- und Westafrika kamen so an die afrikanische Ostküste, in den Nahen Osten und bis nach Asien. Salz, Elfenbein, Ebenholz, Kolanüsse und später auch Sklaven wurden gegen Töpferwaren, Perlen, Seide und Kaurischnecken aus Europa und Ostasien getauscht. Portugiesische Kauffahrer und Araber teilten sich zunächst den lukrativen Handel zwischen Europa, Afrika und Indien. Doch bald geriet er in die Hände der Holländer.

Zebra (Aquarell mit Gold auf Papier), ein Werk des indischen Künstlers Mansur

OSTHANDEL
Dieses Zebra gelangte als Geschenk im 17. Jh. an den Hof des indischen Großmoguls Jahangir. Händler überquerten von der ostafrikanischen Küste aus den Indischen Ozean und erschlossen sich damit die Märkte am Roten Meer, am Persischen Golf, in Indien und im Fernen Osten.

Handelsschiff (*Dhau*) islamischer Händler im Persischen Golf

Die dreieckigen Lateinsegel wurden gehisst, um mit den Monsunwinden zu segeln.

HANDELS-SCHIFFE
Die im Winter ständig zur afrikanischen Küste und im Sommer in entgegengesetzter Richtung (Indien) wehenden Monsunwinde machten das Segeln auf dem Indischen Ozean leicht. Das ermöglichte eine rege Handelsschifffahrt von und nach Ostafrika. Entlang der ostafrikanischen Küste entwickelten sich Städte wie Sansibar, Kilwa und Mombasa zu wohlhabenden Handelszentren.

DIE KARAWANE ZIEHT
Die gewaltigen Entfernungen durch die Wüste konnten die Händler nur dank der ausdauernden Dromedare zurücklegen. Diese Tiere können tagelang ohne Nahrung und Wasser auskommen, da ihr Körper Fett und Wasser speichert. Karawanen mit bis zu 12.000 Dromedaren reisten bis zu drei Monate durch die Wüste.

Messingmanillen wurden zur Herstellung von Beninbronzen eingeschmolzen.

Manillen, das wertvollste Zahlungsmittel im alten Benin

Geld

Vor Einführung des westlichen Münzwesens zahlte man in Afrika mit vielen Dingen, die als wertvoll galten, z.B. mit Tieren, Stoffen und Perlen. Die Zahlungsmittel unterschieden sich von Region zu Region. Bei den Viehzüchtervölkern war Vieh ein Tauschmittel, und die Größe der Herde zeigte den Reichtum eines Menschen an. In anderen Gebieten dienten Webstoffe, Speere, Perlen, Salzriegel, Kaurischnecken und Metallringe (Manillen) als Handelsgeld.

WÄHRUNG UND WECHSELKURSE

Heimisches Metall war ein wichtiges Zahlungsmittel in Afrika. Eisengeld gab es in Form von Pfeilspitzen, Hacken oder Speeren und im Norden der Demokratischen Republik Kongo und einigen Teilen des Sudans in Form von Wurfmessern. Bei den Nkutu (Demokratische Republik Kongo) betrug der Brautpreis zwei Geldklingen. Eine Klinge entsprach dem Wert von 1250 kleinen Geldhacken.

Geldhacke aus Zentralafrika

Salzriegel wurden nach Arabien und dem Fernen Osten ausgeführt.

In Nordafrika verbreitet

Österreichischer Maria-Theresien-Taler (Ende 18. Jh.)

Afrikanischer Elefant

Englische Gold-Guinee (um 1660)

Goldwährung

Almoravidischer Golddinar (11./12. Jh.)

BRAUTPREIS-VERHANDLUNGEN

Bei den Hirtenvölkern Afrikas, z.B. den Dinka (Sudan), leistet die Familie des Bräutigams eine Zahlung an die Familie der zukünftigen Braut. Gezahlt wird nach alter Tradition in Vieh. Hier handeln zwei Familien gerade den Brautpreis aus. Jedes Stöckchen auf dem Boden steht für ein Tier.

Metallspeer als Brautgeld (Azande, Sudan)

In Zentralafrika konnte sich ein Mann mit einem fast 3 kg schweren Kupferring eine Ehefrau kaufen.

Zwischen Europa und Asien: Das Osmanische Reich

Als die osmanischen Türken 1453 Konstantinopel erobern, ist damit das von Griechen beherrschte christliche Byzantinische Reich untergegangen, dessen Kaiser sich als Nachfolger der römischen Herrscher der Antike fühlten. Schon vorher hatten die Türken große Teile des Balkans, unterworfen und waren hier in engen Kontakt mit der Zivilisation Europas gekommen. Im Nordwesten setzten sie sich mit den Ungarn auseinander, im östlichen Mittelmeer mit den Venezianern. Auf dem südlichen Balkan und in Kleinasien nutzten sie die Verwaltungsstrukturen des Byzantinischen Reichs und gewährten der orthodoxen Kirche verhältnismäßig großzügige Selbstständigkeit. Unter den Völkern orthodoxen Glaubens war nur Russland frei von der türkischen Herrschaft. So kam es, dass der Herrscher Moskaus bald die (oströmische) Kaiserwürde als „Zar“ für sich beanspruchte.

DIE HAGIA SOPHIA
Nach der Eroberung Konstantinopels wandelten die Türken die aus der Spätantike stammende Sophienkirche (Hagia Sophia) in eine Moschee um. Der gewaltige Kuppelbau wurde zum Vorbild zahlloser Moscheen im ganzen Osmanischen Reich.

ROSENKRANZ
Das Spiel der Hand mit Perlenschnüren ist bis heute im Orient weit verbreitet. Der Papst machte aus der Perlenschnur im 16. Jh. ein christliches Symbol und propagierte das Rosenkranzgebet in ganz Europa als Gebet für den Sieg gegen die Türken.

DIE BURG VON RHODOS
Die griechischen Inseln waren die letzten Bastionen zuerst der Kreuzritter, dann der Venezianer gegen die türkische Expansion im Mittelmeer. Es entstanden riesige Befestigungsanlagen. Dennoch wurden sie von den Türken erobert; Rhodos fiel 1522 an die Türkei.

SÜLEIMAN DER PRÄCHTIGE
Unter Sultan Süleiman II. (1520–1566), der in Europa „der Prächtige“ genannt wird, steht das Osmanische Reich auf dem Höhepunkt seiner Macht. Süleiman feiert nicht nur militärische Erfolge, sondern wirkt auch nach innen als Gesetzgeber und Reformer.

Der Höhepunkt der türkischen Macht

DON JUAN
Der Spanier Don Juan d'Austria (Johann von Österreich), ein unehelicher Sohn Kaiser Karls V., befehligte die bei Lepanto gegen die Türken siegreiche Flotte.

Unter dem Sultan Selim I. unterwerfen die Türken die arabischen Herrschaften Syriens und Nordafrikas, und unter seinem Nachfolger Süleiman dem Prächtigen (1520–1566) gelangt das Osmanische Reich zu seiner höchsten Blüte: Es reicht vom nördlichen Zweistromland bis nach Wien, das die Türken 1529 zum ersten Mal belagern, und bis Marokko. Da die Türken drohen, die Seeherrschaft im ganzen Mittelmeer an sich zu reißen, schließen die italienischen Seestädte unter Vermittlung des Papstes ein Bündnis mit dem mächtigen Spanien; in der Schlacht von Lepanto (1571) gelingt es den Christen, die Türken zu schlagen; danach verlangsamt sich die Ausdehnung der türkischen Macht.
Für die Franzosen und später die Engländer, die die Macht der Habsburger in Spanien und Österreich bekämpften, waren die „heidnischen" Türken nicht selten begehrte Bündnispartner. Die von den Türken geführte islamische Welt blieb Europa einerseits fremd, andererseits wurde sie immer mehr zum Feld der europäischen Politik.

Das Osmanisch-Türkische Reich zur Zeit seiner größten Ausdehung um 1600

TOPKAPI
In Istanbul, dem alten Konstantinopel, entstand über die Jahrhunderte Topkapi, der prächtige Palast der Sultane. In seiner Architektur verschmelzen Einflüsse aus Orient und Okzident.

DIE SCHLACHT VON LEPANTO
Als die christliche Flotte unter Juan d'Austria 1571 die türkische vor der Küste Griechenlands vernichtete, war das der erste große Sieg einer christlichen Streitmacht gegen die Türken. Deshalb hatte er eine große symbolische Bedeutung und wurde in ganz Europa gefeiert. Die Schlacht von Lepanto beendete jedoch keineswegs die türkische Expansion im östlichen Mittelmeer.

Die Barbaresken

Während die Türken das östliche Mittelmeer seit dem 16. Jahrhundert beherrschten, verfolgten sie im westlichen Mittelmeer mithilfe der unter ihrer Oberhoheit stehenden Hafenstädte in Nordafrika eine Politik der Nadelstiche gegen die Flotten Spaniens, Frankreichs und der italienischen Städte. Auch arabische Seeräuber, die Barbaresken, brachten der „christlichen Seefahrt“ immer wieder erhebliche Verluste bei. Erst durch den Sieg in der Schlacht von Lepanto (1571) gelang es den christlichen Seefahrern unter der Führung Spaniens, ihre Vorherrschaft im westlichen Mittelmeer zu verteidigen, doch war es den europäischen Mächten bis ins 18. Jahrhundert nicht möglich, ihre Herrschaft in dieser Region unangefochten geltend zu machen. Mancher christliche Matrose oder Offizier endete als Galeerensklave der Araber, wenn er nicht das Glück hatte, gegen ein hohes Lösegeld freigelassen zu werden, wie etwa Cervantes, der Dichter des *Don Quijote*.

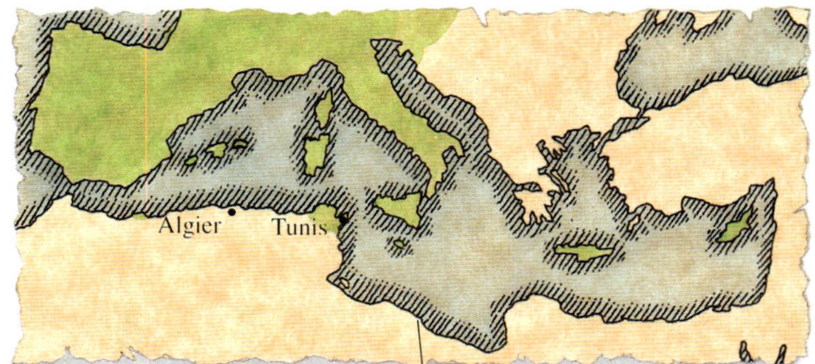

Nordafrikanische Küste (Berberküste), Heimat der ersten Barbaresken

DIE BERBERKÜSTE
Die Küste Nordafrikas im westlichen Mittelmeer hieß Berberküste. Ihre Hafenstädte wie Algier und Tunis wurden von einheimischen Clans beherrscht. Die Oberherrschaft hatte der türkische Sultan und dessen Stellvertreter, der *Bei*. Auf dieser Karte sind die christlichen Gebiete grün, die islamisch-osmanischen beige markiert.

DIE BRÜDER BARBAROSSA
Wegen ihrer roten Bärte gab man Horuk und Cheireddin, den wohl bekanntesten Barbaresken, den Spitznamen „Barbarossa“. Horuk fiel 1518 im Kampf gegen die Spanier, aber sein Bruder leistete so erfolgreich Widerstand gegen sie, dass er 1530 Herrscher über Algier wurde. Als er 1546 starb, genoss er selbst bei seinen Feinden hohes Ansehen.

Die schnittigen Galeeren erreichten auf kurzen Strecken eine Geschwindigkeit von 9 Knoten (etwa 16 km/h).

ÜBERLÄUFER
Sir Francis Verney (links) war einer von mehreren Europäern, die sich den Barbaresken anschlossen. Diese nahmen die christlichen Überläufer wegen ihrer seemännischen Fähigkeiten gern auf. Die Abtrünnigen zahlten Abgaben an die Barbareskenführer und nahmen manchmal sogar den islamischen Glauben ihrer neuen Herren an.

Reich bestickter Hut von Sir Francis Verney

Solche Plüschmäntel wurden alltags getragen.

SEESCHLACHT
Die Barbaresken ließen ihre Schiffe von Sklaven rudern. Im Kampf setzten sie allerdings islamische Janitscharen ein – speziell ausgebildete, hoch disziplinierte Berufskämpfer. Wollte man ein Schiff angreifen, näherte man sich längsseits, und mindestens 100 Janitscharen enterten und überwältigten ihre christlichen Opfer. Diese Methode der Barbaresken war so wirkungsvoll, dass die christlichen Schiffe dagegen kaum eine Chance hatten.

UM DIE FREIHEIT FEILSCHEN

Hier verhandeln Malteser-Unterhändler mit Piraten über die Freilassung christlicher Gefangener gegen Lösegeld (rechts). Im Lauf der Jahrhunderte gab es unzählige solcher Missionen an der Berberküste. Später trafen Staaten zur Sicherheit ihrer Bevölkerung Abkommen mit den Barbareskenstaaten.

GRAUSAME METHODEN

Um Opposition gegen die Barbaresken zu schüren, schilderten europäische Schriftsteller die Folterqualen christlicher Gefangener. Die Christen behandelten ihre islamischen Gefangenen jedoch nicht weniger grausam.

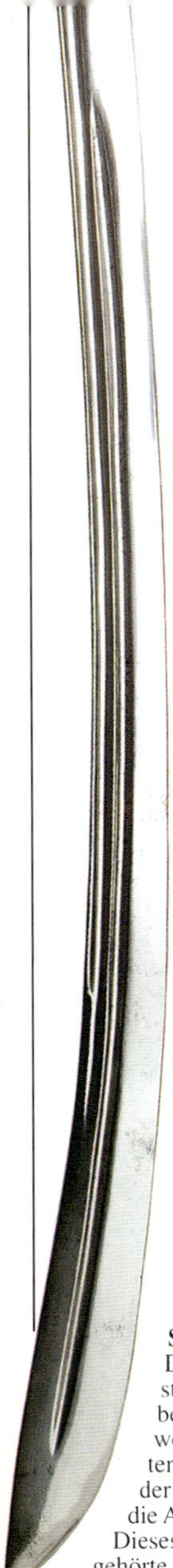

Ein Ruder wurde von bis zu sechs Sklaven bedient.

Seitenansicht einer Galeere

STILVOLLER STAHL

Die Barbaresken entstammten einem Volk, bei dem Kunst und Handwerk große Tradition hatten. Besonders in der Kunst der Metallbearbeitung waren die Araber unübertroffen. Dieses Schwert (*nimcha*) gehörte einem algerischen Korsaren des 17. Jh.s.

EIN CORSO

Da die Barbaresken so viele Sklaven und Kämpfer an Bord hatten, dass die Vorräte nur für sechs bis sieben Wochen reichten, blieben sie immer nur kurz auf See. Die Kapitäne auf den genehmigten Beutezügen (*Corso*) nannte man *Rais*; sie waren für die Navigation zuständig. Das Oberkommando hatte der *Aga*, der Anführer der Janitscharen.

Heckansicht einer Mittelmeergaleere

Goldfiguren verschönern das Heck.

Ein einzelnes Geschütz nützte meist nicht viel.

Damit das Schiff schnell fuhr, mussten Sklaven den Schiffsrumpf sauber schaben und wachsen.

Leichte Pantoffeln waren angemessenes Schuhwerk für Verneys neue Heimat Algier.

PIRAT AUS GUTEM HAUSE

Dieser Mantel gehörte dem Engländer Sir Francis Verney (1584–1615). 1607 schloss er sich nach Erbstreitigkeiten den Barbaresken an, fand aber auch dort nicht sein Glück. Er kaperte einige englische Schiffe, geriet dann aber in die Hände sizilianischer Piraten und starb nach zwei Jahren, erst 31-jährig, in der Sklaverei.

GALEERENSKLAVEN

Das Leben der Galeerensklaven war unerträglich. Viele starben den Hungertod oder wurden zu Tode geprügelt. Die Toten ersetzte man, sobald eine neue Prise gemacht (ein Schiff gekapert) war.

Die orthodoxe Welt

Bis die Türken 1453 Konstantinopel/Byzanz eroberten, war die orthodoxe Kirche die Staatskirche des byzantinischen Reichs gewesen. Ursprünglich die Kirche der griechischen Bevölkerung des Reichs, war sie seit der Mission der Brüder Kyrillos und Methodios im 9. Jahrhundert auch die Kirche der Süd- und Ostslawen. Nachdem der Balkan und Kleinasien unter türkische Herrschaft gefallen waren, fühlte sich die Kirche Russlands als Hort der orthodoxen Tradition. Sie ging entsprechend des staatskirchlichen „cäsaropapistischen" Systems, in dem der weltliche Herrscher auch der Herr der Kirche ist, eine enge Verbindung mit der Staatsmacht der Zaren ein. Dadurch blieb Russland von Westeuropa, wo Staat und Kirche sich schon im Mittelalter auseinander entwickelt hatten, getrennt.

TRAUZEREMONIE
Bei einer orthodoxen Trauung werden schwere Kronen (hier die des Dichters Puschkin) über das Brautpaar gehalten. Die Brautleute trinken dreimal Wein aus demselben Becher und umrunden dreimal Hand in Hand das Lesepult.

NIKONS REFORM
Patriarch Nikon war von 1652–1658 Oberhaupt der russisch-orthodoxen Kirche. Seine Reformen – u.a. die Ausführung des Kreuzzeichens mit drei statt zwei Fingern – trafen auf erbitterten Widerstand bei den sog. Altgläubigen (*Raskolniki*) und führten zur Kirchenspaltung. Als Nikon versuchte, die Kirche mächtiger zu machen als den Staat, verbannte ihn der Zar in ein entlegenes Kloster.

HEILIGENBILDER
Lebensechte Skulpturen wurden von der Kirche lange Zeit abgelehnt, da die Gläubigen keine „Götzen" anbeten sollten. Auf Holz gemalte religiöse Motive – die Ikonen – waren als nicht realistische Darstellungen erlaubt. Ikonen findet man nicht nur in Kirchen, sondern auch in Privatwohnungen.

RUSSISCHE KLÖSTER
Viele russische Klöster wurden nach der Revolution der Bolschewiki geschlossen. Die Gebäude verfielen oder wurden zerstört. Im neuen Russland lebte die Klostertraditon wieder auf. Eines der schönsten ist das im 14. Jh. gegründete Dreifaltigkeits-Sergijew-Kloster in Sagorsk. 1689 unterstützten dessen Mönche Peter I. im Kampf um den Thron gegen seine Halbschwester Sophia.

DIE HEILIGE PFORTE
Heilige Pforte nennt man die Mitteltür der Ikonostase, der mit religiösen Motiven bemalten Bildwand zwischen Altarraum und Kirchenschiff. Während der Messe steht die Gemeinde der Ikonostase zugewandt. Nur der Geistliche darf den Altarraum durch diese Tür betreten, die an bestimmten Stellen im Ritus geöffnet wird.

Bischof der orthodoxen Kirche

DIE GEISTLICHKEIT
Oberhaupt der orthodoxen Kirche ist der Patriarch. Wie alle Mitglieder der hohen Geistlichkeit – Metropoliten, Erzbischöfe und Bischöfe – entstammt er den Reihen der „schwarzen“ Mönche, die nicht heiraten dürfen. Die gewöhnlichen Priester aus der „weißen“ Geistlichkeit heiraten und bleiben lebenslang Gemeindepfarrer. Frauen sind vom Priesteramt ausgeschlossen.

Zeichen der Bischofswürde

Mitra (Bischofsmütze)

Goldener Kelch

Silbernes Evangeliar mit Türkisen

HEILIGE-SCHRIFT
Die Brüder Kyrillos und Methodios übersetzten im 9. Jh. die Bibel ins Altkirchenslawische. Kirchenslawisch ähnelt der russischen Sprache; es wird noch heute in der Messe benutzt.

Stola oder Pallium *wird nur vom Bischof angelegt.*

Das Epigonation, *ein quadratisches Tuch, wird nur von Bischöfen und ranghohen Geistlichen über der rechten Hüfte getragen.*

Gürtel

Abnehmbare Stulpen für die Handgelenke

Der bodenlange Bischofsmantel – Sakkos *genannt – symbolisiert das Gewand Jesu.*

Der Bischofsstab weist seinen Träger als Hirten der Gemeinde aus.

Eine breite Stola (Epitrachelion) *hängt bis auf den Boden herab.*

MESSGEWÄNDER
Die liturgischen Gewänder orthodoxer Geistlicher sind sehr prunkvoll (hier das Gewand eines hochrangigen Bischofs). Jeder Teil der Bekleidung hat eine besondere religiöse Bedeutung. Normalerweise tragen Bischöfe und Gemeindepfarrer eine schlichte schwarze Amtstracht und einen hohen Hut. An hohen Feiertagen legen sie festlichere Gewänder aus Gold- oder Silberbrokat an.

Das Mogulreich in Indien

Talisman *(Tabeez)* mit Koranversen

Während die Portugiesen sich seit der Landung Vasco da Gamas 1498 an einer Reihe von Küstenorten in Indien und Hinterindien festsetzten und den Arabern den Seehandel aus der Hand nahmen, änderten sich die Machtverhältnisse im Innern Indiens: 1526 eroberte Babur, ein Nachfahr der gefürchteten Mongolenherrscher Dschingis Khan und Timur (Tamerlan) Delhi, das Zentrum Nordindiens, und gründete das islamische Mogulreich, das unter Akbar und Schah Jahan den größten Teil Indiens umfasste. Unter diesen „Großmoguln" erlebte das Land eine kulturelle Blüte: Islamische und hinduistisch-buddhistische Traditionen verschmolzen mit christlichen und parsischen Einflüssen. Das Mogulreich wurde erst erschüttert, als Aurangseb mit Gewalt den Islam zu verbreiten suchte.

Von der Spitze hängt eine einzelne Perle.

In der Mitte ein großer Rubin

MOGUL-JUWELEN
Die Moguln liebten Juwelen. Diamanten, Smaragde, Rubine, Saphire und Perlen wurden großzügig zu Schmuckstücken wie diesem *Sarpech*, einer edelsteinverzierten Turbanbrosche, verarbeitet. Die Kaiser Jahangir und Schah Jahan sollen die großartigste Schmucksammlung der Welt besessen haben.

In den oberen Behälter wird der Tabak eingefüllt.

ENTSPANNENDES BLUBBERN
Beim Adel wie bei einfachen Leuten erfreute sich die Wasserpfeife größter Beliebtheit. Diese silberne *Hookah* in Form einer Pfauenhenne mit Küken wurde wahrscheinlich von den kaiserlichen Haremsdamen geraucht.

Brustpanzer aus Messing zum Schutz des Oberkörpers

GLANZVOLLE GEWÄNDER
Auch in der Kleidung drückte sich die Vorliebe der Moguln für Prunk aus. Die Gewänder aus Brokat und Seide waren kunstvoll mit Gold- und Silberfäden durchwoben oder bestickt und mit Edelsteinen besetzt.

BABUR
Babur, der erste Mogulkaiser, herrschte vier Jahre bis zu seinem Tod 1530. Er stammt väterlicherseits von Tamerlan und mütterlicherseits von Dschingis Khan ab. Der große Krieger und Eroberer war auch ein leidenschaftlicher Naturliebhaber und Poet. Das *Baburnama* erzählt anschaulich von seinem Leben und seiner Zeit.

1526–1530

HUMAYUN
Baburs Sohn Humayun herrschte zunächst bis 1540 und musste dann vor dem Afghanen Sher Schah nach Persien fliehen. 1555 kehrte er zurück, besiegte Sher Schahs Nachfolger und errichtete das Mogulreich neu. 1556 starb er bei einem tragischen Unfall: Er stürzte die steile Treppe seiner Bibliothek hinab.

1530–1540, 1555–1556

AKBAR
Als sein Vater Humayun starb, war Akbar 13. Er vergrößerte sein Reich durch Eroberungen und Bündnisse mit Hindu-Königen und versuchte eine Religion zu stiften, die Islam und Hinduismus verband. Er baute einen leistungsfähigen Verwaltungsapparat auf, gründete in der Nähe von Agra eine großartige Bibliothek und förderte Wissenschaft und Künste.

1556–1605

Das Heft dieses Schwerts aus dem 17. Jh. ist wie ein Widderkopf geformt.

Einlegearbeit aus Gold

Beide Seiten der Dolchklinge sind rasiermesserscharf.

HIEB- UND STICHFEST
Die Waffenschmiede der Moguln waren wahre Künstler. Schwerter und Dolche waren oft mit Edelsteinen, Blattgold und Silber verziert. Selbst solche Zeremonienschwerter waren extrem scharf.

HUMAYUNS GRABMAL
Humayuns Grabmal in Delhi war das erste große Mausoleum der Mogulzeit. Es wurde von Humayuns Witwe Haji Begum errichtet und 1573 fertig gestellt. Die Eleganz des Gebäudes mit seiner weißen Marmorkuppel und den umliegenden Gartenanlagen sollen als Vorlage für das Tadsch Mahal gedient haben.

Zeremonialschirm beschattet den Kopf des Königs.

Rüstung zum Schutz des Pferdekopfs

Ein Mogul-Bogenschütze an vorderster Front

Kanonenfeuer

DIE ERSTE SCHLACHT VON PANIPAT
Diese Miniatur ist eine Illustration aus dem *Baburnama*, der Biografie des ersten Mogulkaisers Babur. Gezeigt wird eine Szene aus der Schlacht von Panipat, in der im April 1526 Babur gegen Ibrahim Lodi, den Sultan von Delhi, kämpfte. Die erstmals in Nordindien eingesetzten Kanonen und Musketen verhalfen den Moguln zum Sieg.

In diesen Goldpokal sind tanzende Mädchen, Hirsche und Blumen eingraviert.

GROSSARTIGE GELAGE
Reiseberichte aus dem Mogulreich erzählten von prunkvollen Festen, die am Kaiserhof stattfanden. Ein Reisender schrieb, dass er unter mehr als 50 Gerichten wählen konnte, die auf goldenen und silbernen Platten serviert wurden. Der Kaiser trank seinen Wein aus emailverzierten Silber- oder Goldkelchen. Bedient wurde er von Eunuchen.

JAHANGIR
Jahangir erbte ein stabiles Reich und konnte sich so den Künsten widmen. Seine Frau Noor Jahan übte von ihrem Harem aus große Macht aus. Der Naturliebhaber Jahangir ließ großartige Gärten anlegen. Neben seinem ausführlichen Tagebuch dokumentieren Berichte von Thomas Roe, dem ersten britischen Botschafter in Indien, seine Herrschaft.

1605–1627

SCHAH JAHAN
Unter Schah Jahan erreichte das Mogulreich seine Blüte, was auch in der Architektur zum Ausdruck kommt. Zum Gedenken an seine geliebte Frau Mumtaz Mahal ließ Schah Jahan das Tadsch Mahal errichten, und in Delhi erbaute er die glanzvolle Hauptstadt Shajahanabad. Von seinem Sohn gestürzt, verbrachte er seine letzten Tage als Gefangener in der Festung von Agra.

1627–1658

AURANGSEB
Aurangseb, der letzte Großmogul, ermordete seine Brüder und stürzte seinen Vater. Anders als bei seinen Vorfahren gab es bei ihm keine religiöse Toleranz; er strebte ein streng islamisches Reich an. Aufstände und Kriege waren die Folge. Das dadurch geschwächte riesige Reich zerfiel bald nach Aurangsebs Tod.

1658–1707

Indische Waffen

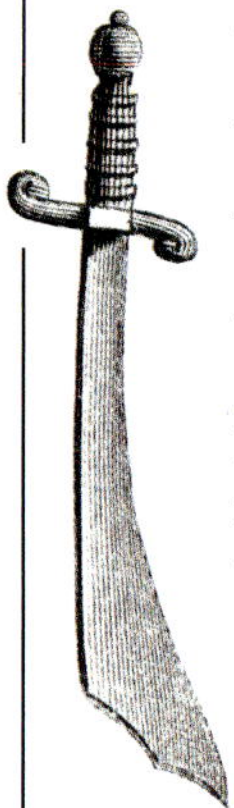

Darstellung eines Säbels, *Scimitar* genannt, aus dem 19. Jh.

Während der Kreuzzüge hatten die Europäer viel von den Waffenschmieden Syriens und Persiens gelernt, ebenso wie nach ihnen die Türken und die Mogul-Invasoren in Indien. Wenn auch manche indischen Waffen wie die Luntenschlossmuskete und ihre Kanonen europäischen Feuerwaffen nachempfunden waren, waren die hier gezeigten Waffen und Ausrüstungsgegenstände eines nordindischen Kriegers denen der Perser oder Türken erstaunlich ähnlich, die sich ihrerseits fast nur im Dekorationsstil von denen der Europäer unterschieden.

GESCHWUNGENER DOLCH
Dieser als *Khanjar* bekannte indische Dolch besitzt eine leicht s-förmig geschwungene doppelschneidige Klinge. Der Griff ist ganz aus Stahl gefertigt.

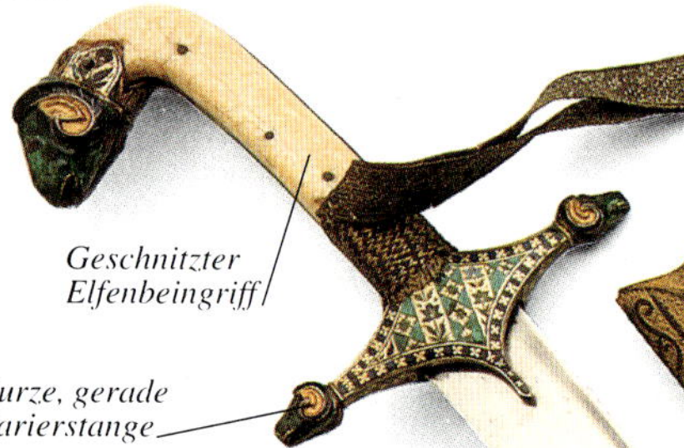

LEICHTER SÄBEL
Der *Shamshir*, ein leichter Säbel, ist eine klassische indische Waffe. Sie gelangte von Persien aus nach Indien und fand auch in Europa Verbreitung.

MOGUL-KAMPFSZENE
Die Moguln waren muslimische Krieger, die auf dem Gebiet des heutigen Indien ein großes Reich gründeten, das vom 16. bis zum 19. Jh. bestand. In dieser Miniatur aus dem 17. Jh. tragen die Krieger charakteristische nordindische Waffen und Rüstungen.

STREITAXT
Eine beliebte Waffe der indischen Krieger war die *Tabar*, eine ganz aus Stahl gefertigte Axt. Dieses Stück besitzt einen scharfen Stachel gegenüber einem halbmondförmigen Blatt.

RUNDER STAHLSCHILD
Im 18. Jh. benutzten indische wie persische Soldaten einen aus Stahl oder Leder gefertigten runden Schild, *Dhal* oder *Sipar* genannt. Die Befestigungen der Traggriffe für den linken Arm waren von vier massiven Metallbuckeln bedeckt.

Das Material ist damaszierter Stahl mit Ziselierung und Vergoldung. Nordindien, 19. Jh.

INDISCHE KRIEGER
Eine 1857 aufgenommene Fotografie mehrerer Radschputkrieger. Sie sind mit *Dhal, Tulwar* und *Bandukh Toradar* (Luntenschlossmuskete) bewaffnet.

HELM AUS NORDINDIEN
Der *Top* genannte indische Helm besaß eine Halsbrünne aus Kettengliedern, die bis auf die Schultern reichte. Er wurde mit einer Schnur unter dem Kinn befestigt.

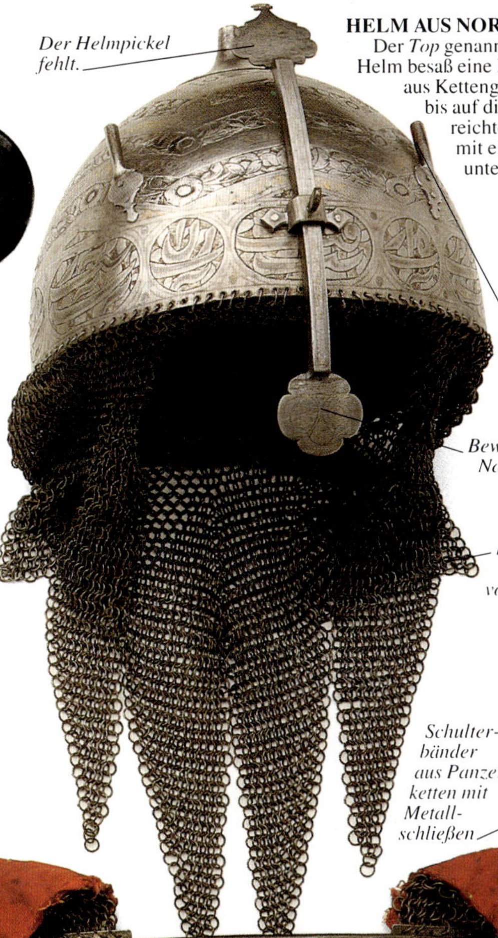

Der Helmpickel fehlt.

Tülle zum Einstecken von Federschmuck

Bewegliches Nasenband

Halsbrünne zum Schutz von Hals und Schultern

RECHTECKIGE BRUSTPLATTE
Der indische Brustharnisch, *Char Aina* genannt (persisch für „vier Spiegel"), bestand aus einer leichten Brustplatte, einer Rückenplatte und zwei Seitenplatten, die sämtlich so geformt waren, dass sie über das Kettenhemd des Kriegers passten.

Schulterbänder aus Panzerketten mit Metallschließen

Gittermuster in mit Gold nachgezogener Damaszenerarbeit

ARMSCHUTZ
Diese Armröhre oder *Dastana* wurde mit Riemen am Arm befestigt. Der dazugehörige Panzerhandschuh bedeckte die Hand.

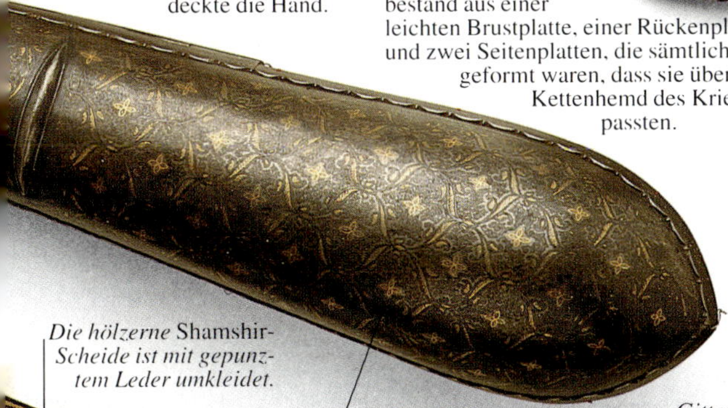

Gold- und Silberdekor, sog. imitierter Damast

Die hölzerne Shamshir-*Scheide ist mit gepunztem Leder umkleidet.*

Das Reich der Mitte

Blaue Schale mit Drachenmotiv (Song-Dynastie)

So nannten die Chinesen ihr Land. Obwohl es Zeiten der Unruhe und Zerstrittenheit erlebte und von fremden Völkern erobert wurde, blieb es ein starker Staat. Chinas Grenzen dehnten sich aus oder schrumpften mit den einzelnen Dynastien, die Hauptstadt wechselte mehrfach, aber die vom ersten Kaiser 221 v.Chr. begründete Zentralregierung hielt sich über 2000 Jahre. In der langen Geschichte des Kaiserreichs gab es viele große Neuerungen und technische Fortschritte. Chinesische Erfindungen wie Papier, Schießpulver und Porzellan hatten weitreichende Auswirkungen. Doch Sitten und Gebräuche des chinesischen Volks blieben vor allem auf dem Land weitgehend unverändert. Dies blieb auch so, als sich die Europäer 1567 dauerhaft in China niederließen.

Der große Mongolenfürst Kubilai

Bronzene Blumenvase (Song- oder Yüan-Dynastie)

Blaugelb glasierte Schale (Ming-Dynastie)

Schale aus ungebranntem Ton (Yüan-Dynastie)

China in der Neuzeit

Die Mongolen, die im Hochmittelalter Innerasien, Persien und große Teile des Vorderen Orients unterwarfen, in Europa bis Schlesien vordrangen und in Indien schließlich das Mogulreich gründeten, machten sich Ende des 13. Jh.s auch das riesige China untertan. Die mongolischen Krieger gingen schon bald weitgehend in der chinesischen Oberschicht auf, und China erlebte unter der mongolischen Yüan-Dynastie, die das Reich wieder geeinigt hatte, eine Zeit wirtschaftlicher und kultureller Blüte. Trotzdem wurden die Mongolen als Fremdherrscher empfunden, sodass ein Aufstand die rein chinesische Ming-Dynastie an die Herrschaft brachte, unter der China weiterhin ein Europa in vieler Hinsicht überlegenes zivilisatorisches Niveau aufrecht erhielt. In die Ming-Zeit fällt auch der erste kulturelle Austausch Chinas mit Europa.

YÜAN

Im 13. Jh. eroberten die Mongolen China und begründeten ihre eigene Dynastie (Yüan). Während der Mongolenherrschaft wurden chinesische Gelehrte vom Beamtentum ausgeschlossen, und viele von ihnen wandten sich der Dichtung zu. Da die Mongolen die gesamte Seidenstraße kontrollierten, blühte der internationale Handel. Marco Polo und nach ihm andere Europäer reisten nach China und berichteten den Europäern von der staunenerregenden chinesischen Kultur.

1279–1368

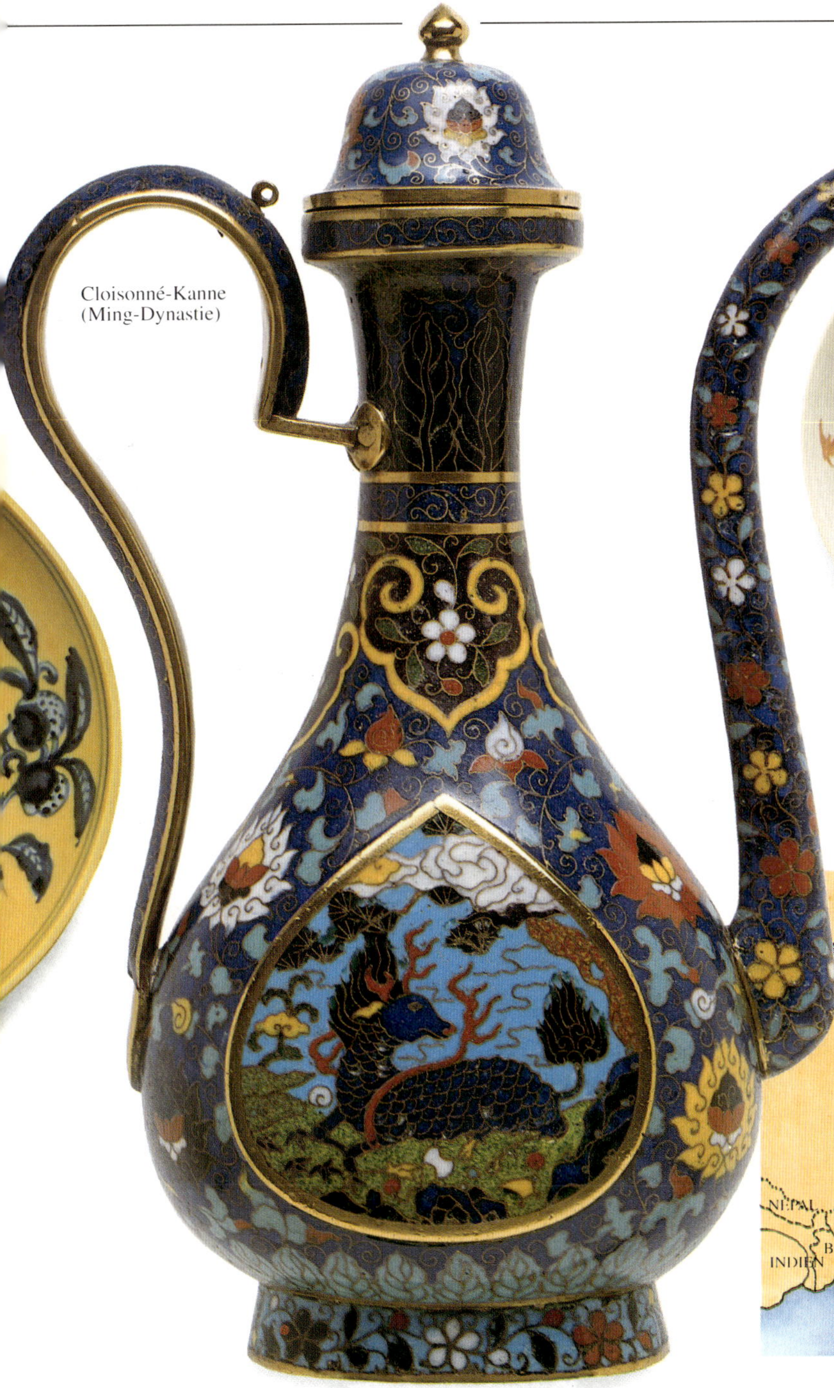

Cloisonné-Kanne (Ming-Dynastie)

Kunstvoll bemalte Porzellanschale (Qing-Dynastie)

CHINA HEUTE
Die Karte zeigt die heutigen Grenzen Chinas, das wieder eine bedeutende Weltmacht ist.

MING
Nach knapp 100 Jahren vertrieben die Chinesen die Mongolen aus China und ersetzten sie durch die letzte chinesische Dynastie, die der Ming. Die Ming-Kaiser bauten Peking als neue Hauptstadt des Reichs aus, verstärkten die Große Mauer und verbesserten das Kanalnetz. Sie sandten Admiral Zheng He auf sieben große Expeditionen übers Meer zu fremden Herrschern. Die chinesische Kultur erlebte eine neue Blüte: Die Ming-Dynastie ist berühmt für ihre Kunstwerke und Handwerkserzeugnisse.

1368–1644

QING
Unter der Fremdherrschaft der Qing (Mandschu) brach das Kaiserreich schließlich zusammen. In ständiger Furcht vor Aufständen der Bevölkerung hielten die Qing-Kaiser streng an veralteten Traditionen fest. Zum ersten Mal in seiner Geschichte fiel China in Wissenschaft und Technik hinter andere Länder zurück. Es musste Europäern Handelsrechte zugestehen und Land abtreten. 1911 stürzten die Chinesen das schwache Qing-Regime und riefen die Republik aus. Der letzte Kaiser musste 1912 abdanken.

1644–1912

JESUITEN AM HOF DER QING
Am Ende der Ming-Zeit fanden auch christliche Missionare in China ihre Anhänger. Mandschurische Krieger machten sich die Unruhen der Zeit zunutze, um ähnlich den Mongolen eine neue Fremdherrschaft zu errichten. Jesuiten am Hof der mandschurischen Qing-Herrscher trugen dazu bei, dass die konfuzianische Überlieferung nach dem Vorbild der römischen Kirche zu einer dogmatisch festgeschriebenen Religion wurde.

Land der Erfindungen

Taschenkompass

Einige der großartigsten Erfindungen der Welt stammen aus China. Die Kaiser förderten die Wissenschaften und den technischen Fortschritt, sodass China jahrhundertelang in diesen Bereichen führend war. Im Mittelalter gelangten einige chinesische Erfindungen über die Seidenstraße nach Europa, und manche von ihnen hatten weit reichende Auswirkungen auf die europäische Gesellschaft. Papier und Druckkunst eröffneten neue Wege der Informationsvermittlung; das Schießpulver veränderte die Kriegführung; Geschirre für Zugtiere erhöhten die landwirtschaftlichen Erträge; Schiffe, die mit Magnetkompass, Heck-Steuerruder und wasserdichten Schwimmkammern ausgestattet waren, ermöglichten große Entdeckungsfahrten. Andere chinesische Erfindungen, die die Welt veränderten, sind das Papiergeld, das Uhrwerk, Seide, Porzellan, Feuerwerkskörper, Drachen, Schirme und die Schubkarre.

PFADFINDER
Der Magnetkompass ist eine alte Erfindung der Chinesen. Sie benutzten ihn anfangs, um die Häuser in den Städten so auszurichten, dass sie mit der Natur in Einklang standen. Später verwendete man den Kompass auch zur Navigation auf See. Diese Exemplare aus dem 19. Jh. stammen aus der Hafenstadt Kanton.

MIT WASSERKRAFT
Im 6. Jh. v. Chr. entwickelte China als erstes Land der Welt die Gusseisenproduktion. Im 1. Jh. n. Chr. wurde die Eisengießerei von einem unbekannten Beamten weiter verbessert; er konstruierte einen mit Wasserkraft angetriebenen Blasebalg, wie man ihn rechts auf dem Bild sieht. Der Blasebalg sorgte für ein gleichmäßig heißes Feuer, mit dem man einen großformatigen Hochofen betreiben konnte.

ERDBEBENMELDER *unten*
Das erste Instrument zur Erdbebenüberwachung erfand 132 n. Chr. Zhang Heng (Chang Heng), Hofastrologe der Han. Sein Seismoskop stand in der Hauptstadt Luoyang und bestand aus einem Bronzekessel von über 2 m Durchmesser. Im Inneren des Kessels hing ein schweres Pendel. Bei einem Beben bewegte sich der Kessel stärker als das Pendel. Dadurch öffnete der am weitesten vom Epizentrum entfernte Drache am Kessel sein Maul, und die darin befindliche Bronzekugel fiel in das geöffnete Maul einer darunter sitzenden Kröte.

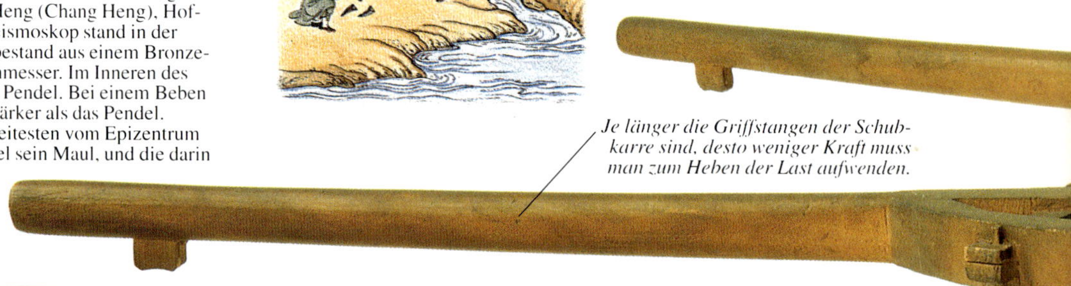

Je länger die Griffstangen der Schubkarre sind, desto weniger Kraft muss man zum Heben der Last aufwenden.

Bronzekugel fällt aus Drachenmaul.

Kröte fängt die Kugel auf.

ASTRONOMISCHE UHR
Zwischen 1088 und 1092 baute der Ingenieur Su Song in Kaifeng eine astronomische Uhr. Sie gab nicht nur die Tageszeit an, sondern zeigte auch den Lauf der Gestirne. Das Uhrwerk wurde von einem Wasserrad angetrieben und befand sich in einem Turm. Auf der Außenseite des Turms zeigten Figuren und Glockenspiele die Stunden an. An der Turmspitze veranschaulichte eine riesige Armillarsphäre den Lauf der Gestirne. Auf der Grundlage von Su Songs Uhr konnte ein genauer Kalender erstellt werden. Die Erfindung war ein wichtiger Meilenstein auf dem Weg zur mechanischen Uhr.

Armillarsphäre

Figur hält eine Tafel mit Zeitangabe.

Hochsee-Dschunke

Steuerruder

KURS HALTEN
Das zwischen 205 v.Chr. und 110 n.Chr. erfundene Heckruder machte das Steuern großer Schiffe möglich. So konnten chinesische Dschunken schon 1500 t Ladung transportieren, lange bevor es in Europa so große Schiffe gab.

Schild zum Schutz des Soldaten

Mehrfachgewehr feuert einen Kugelhagel ab.

Ming-Soldat beim Abfeuern eines Mehrfachgewehrs

SCHIESSPULVER
Bei ihrer Suche nach dem Lebenselixier entdeckten chinesische Alchemisten im 8. Jh. das Schießpulver. Im 10. Jh. benutzte man es für Feuerwerkskörper und Schusswaffen. Die Chinesen erfanden auch das Gewehr, die Rakete, die Bombe und die Mine. Obwohl die Song-Armee im frühen 13. Jh. gegen die mongolischen Eroberer Gewehre einsetzte, wurde sie schließlich von deren Übermacht besiegt.

Ein-Dollar-Note (1906)

PAPIERREVOLUTION
Das erste Papier wurde aus eingeweichten Seidenlumpen (Hadern) gefertigt. 105 n.Chr. ersetzte der Beamte Cai Lun die Textilien durch Pflanzenfasern, also nachwachsende, billigere Rohstoffe. Die Erfindung des Papiers war ein wesentlicher Schritt in der Geschichte des Buchdrucks. Papiergeld gibt es seit dem 11. Jh.

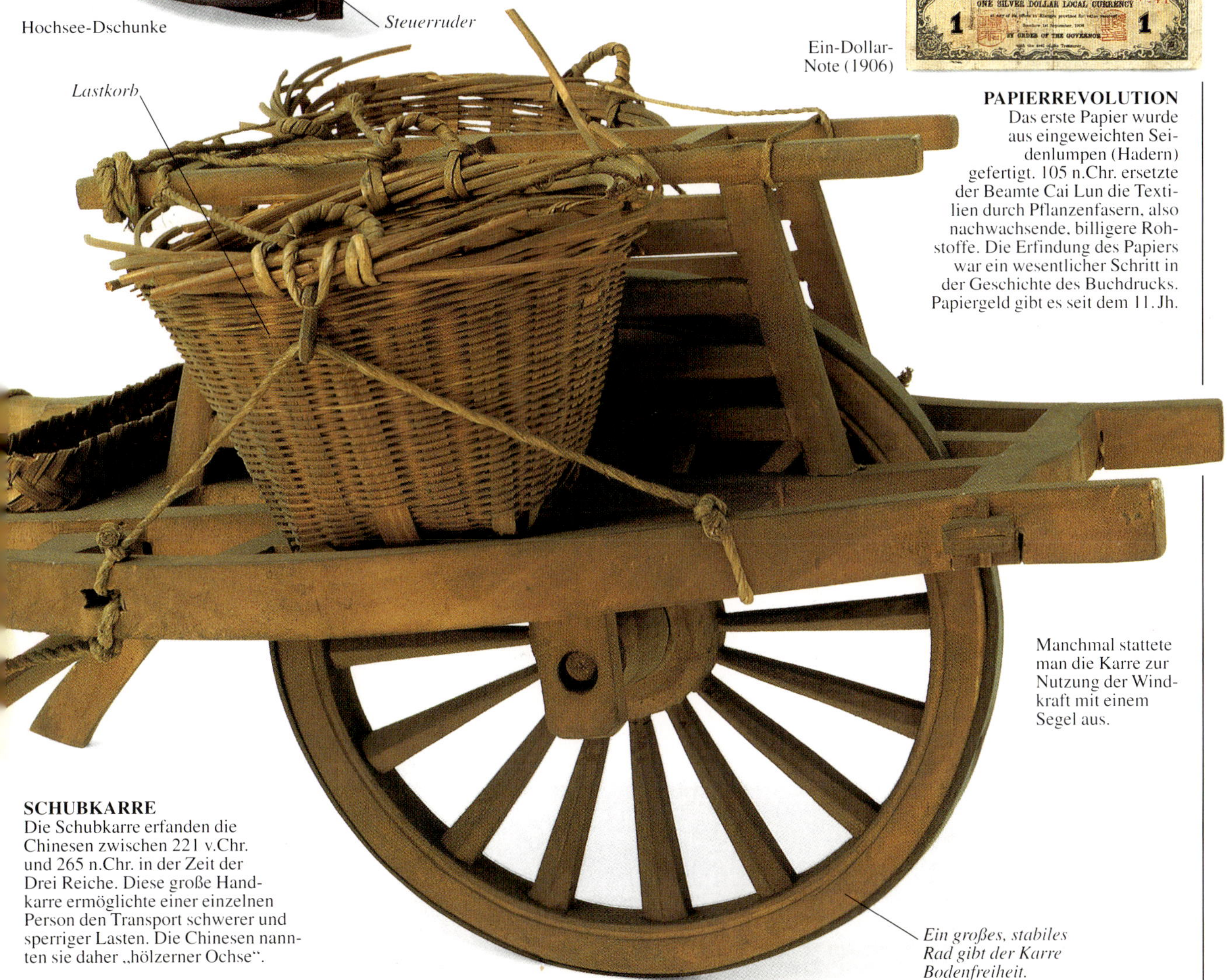

Lastkorb

Manchmal stattete man die Karre zur Nutzung der Windkraft mit einem Segel aus.

Ein großes, stabiles Rad gibt der Karre Bodenfreiheit.

SCHUBKARRE
Die Schubkarre erfanden die Chinesen zwischen 221 v.Chr. und 265 n.Chr. in der Zeit der Drei Reiche. Diese große Handkarre ermöglichte einer einzelnen Person den Transport schwerer und sperriger Lasten. Die Chinesen nannten sie daher „hölzerner Ochse“.

Das Japan der Samurai

Ein Stichblatt (*Tsuba*)

Die Waffen der Samurai, der japanischen Kriegeraristokraten, bezeugen das hohe Niveau, das das japanische Handwerk bereits im Mittelalter erreicht hatte. Von den Portugiesen, die 1543 Japan als erste europäische Nation erreichten, lernten die Japaner auch Feuerwaffen kennen. Mit deren Hilfe wurde ein Bürgerkrieg ausgefochten, der 1603 mit der Errichtung der Herrschaft des Tokugawa-Schogunats über ganz Japan endete. Die Tokugawa-Schogune behielten das Land in eisernem Griff. Japan blieb bis 1854 weitgehend von europäischen Einflüssen abgeschottet.

Holzscheide für eine Speerklinge

Metallbeschlag am Schaft zur Sicherung der Klinge

Mosaikverzierung aus Perlmutt

SPEER
Die Reiter trugen Speere (*Yari*) mit kurzer, die Fußsoldaten solche mit längerer Klinge.

Lackscheide

Lackierter Griff

Diese als Tsuba *bekannten japanischen Stichblätter sind Sammlerstücke.*

DOLCH
Ein typischer japanischer Dolch, der *Tanto*, mit einschneidiger Klinge

Eine *Wakizashi*-Scheide (*Saya*) aus lackiertem Holz

Klinge aus „weichem" Eisenkern, mit mehreren Lagen Stahl belegt

Großformatiges Flusskrebsmotiv in schwarzem Lack

Seidenschnur zur Befestigung des Schwerts am Gürtel

Der Holzgriff ist mit Rochenhaut überzogen und mit flachem Band bewickelt.

KURZSCHWERT
Die *Samurai* trugen ein kurzes und ein langes Schwert. Dieses Kurzschwert aus dem 17. Jh. ist ein *Wakizashi*, ein zusätzliches Kampfschwert, das auch für den rituellen Selbstmord, das *Seppuku*, benutzt wurde.

Kabuto *mit hornförmiger Helmzier*

FUSSSOLDAT
Dieser Fußsoldat des 19. Jh.s trägt einen leichten Brustharnisch oder *Haramaki*. Der vor allem für Infanteristen entwickelte *Haramaki* deckte Brustkorb und Seitenpartie des Soldaten ab und schützte den Unterleib durch zusätzliche Panzerröcke (die *Kasazuri*).

SCHEIDENZUBEHÖR
An den Seiten der Dolchscheiden wurden zusätzlich ein *Konzuga* genanntes kleines Messer und eine Schwertnadel, die *Kogai*, getragen.

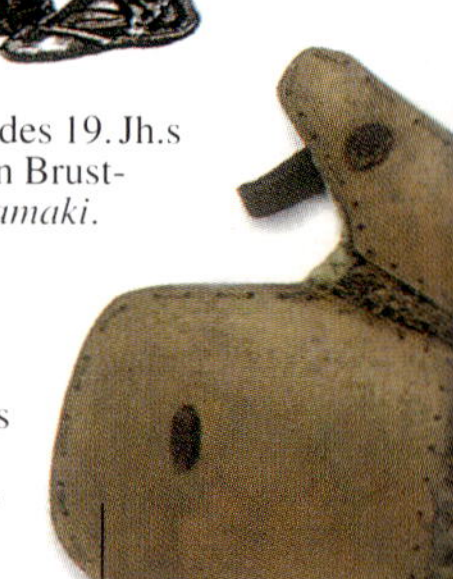

Ein Handschutz oder Halbhandschuh, der Tetsu-gai, *mit Lederfutter und Fingerschlaufen*

EIN KAMPF ZWISCHEN SAMURAI
Dieser Druck aus dem frühen 19. Jh. zeigt eine Auseinandersetzung zwischen zwei *Samurai*, die mit dem *Katana*, dem Langschwert, kämpfen. Die Kurzschwerter, die *Wakizashi*, stecken im Gürtel.

Die Flügel oder Schutzklappen heißen Fukigayeshi.

Verzierungen aus Messing und Lack

Die Maidate, *der Fuß für die Helmzier*

Diese Öffnung ist für den „Pferdeschwanz“ des Kriegers (den Tehen*) bestimmt.*

Die Helmschale (Hachi) *besteht aus genieteten Platten.*

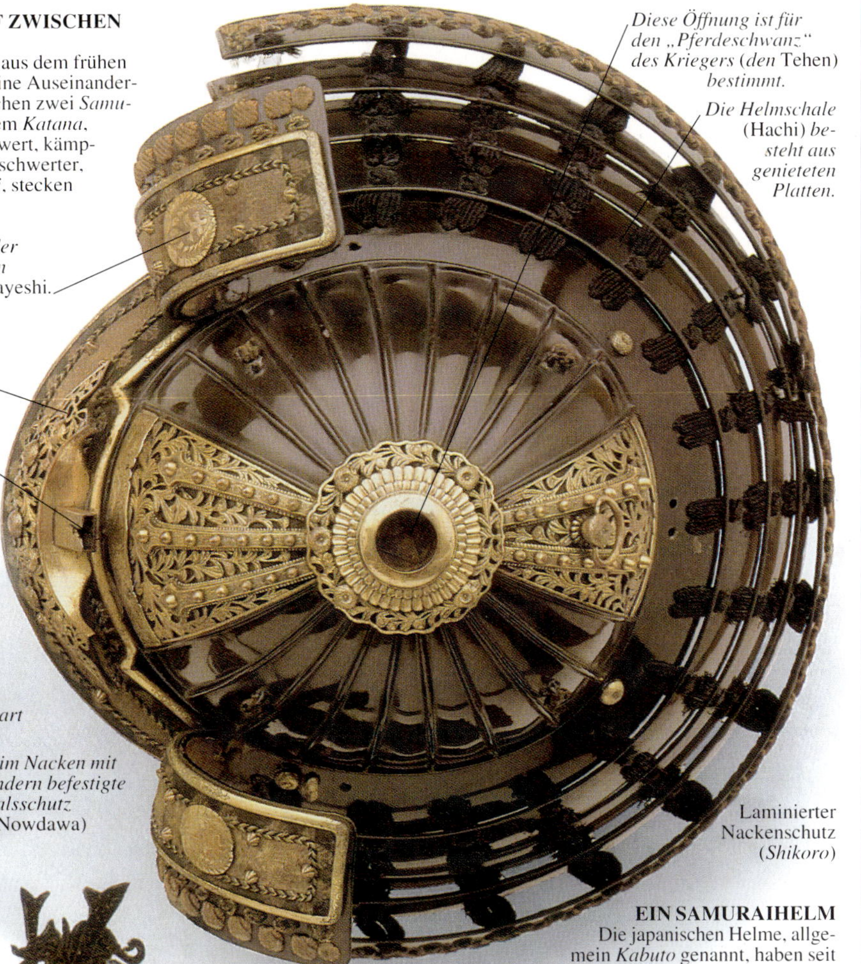

Laminierter Nackenschutz (*Shikoro*)

Band zur Befestigung der Maske am Helm

Hanfbart

Der im Nacken mit Bändern befestigte Halsschutz (Nowdawa)

KRIEGSMASKE
Japanische Krieger trugen verschiedene Arten von Masken, wie etwa diese Halbmaske mit Nasenschutz, *Mempo* genannt. Die Masken hielten nicht nur den Helm sicher auf dem Kopf, sie verliehen dem Träger auch ein furchterregendes Aussehen.

Ein japanischer General mit *Kabuto*-Helm (mit Helmzier, japanisch *Kasaji-rushi*)

EIN SAMURAIHELM
Die japanischen Helme, allgemein *Kabuto* genannt, haben seit prähistorischer Zeit bis ins 19. Jh. eine lange Entwicklung durchlaufen, wobei jede Epoche ihre besonderen Merkmale besitzt. Der *Kabuto* wurde mit am Rand befestigten Kordeln auf dem Kopf gehalten.

GEPANZERTER ÄRMEL
Der gepanzerte Ärmel (*Kote*) schützte den Arm des Kriegers vor Speeren und Schwertern. Der aus eng anliegendem Material gefertigte Schutz wurde mit Bändern am Arm befestigt.

Das Material ist Seide, die Oberfläche ist mit Panzerketten und Metallplättchen verstärkt.

Globalisierung und Seuchen

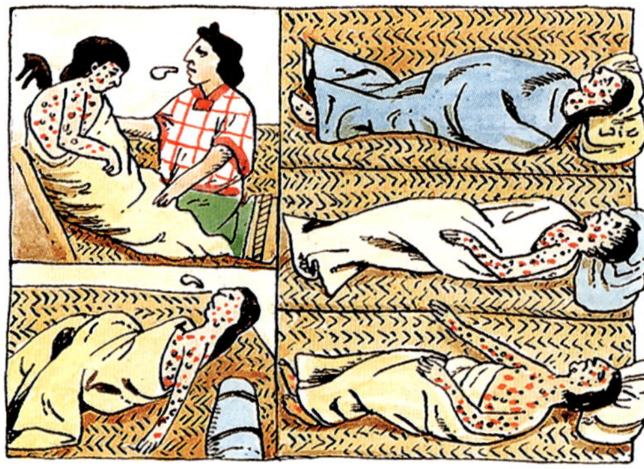

POCKEN IN MEXIKO
Diese Szene aus einem alten mexikanischen Dokument zeigt an Pocken erkrankte Indianer. Als die Spanier um 1500 Mexiko eroberten, brachten sie die Pocken mit. 1521 war die Hälfte der Ureinwohner Mexikos gestorben, und die Hochkulturen der Azteken und Maya hatten keine Chance mehr gegen die europäischen Eroberer.

Solange die Menschen über Generationen in einem begrenzten Gebiet lebten und nur dann abwanderten, wenn die Bevölkerung zu groß wurde, war auch die Ausbreitung von Krankheiten eingeschränkt. Als die Europäer ihren Handel ausweiteten und Seide und Gewürze aus Asien erwarben, brachten die Kaufleute Krankheiten mit nach Hause, die in Europa nie zuvor aufgetreten waren und gegen die die Menschen keine Abwehrstoffe hatten. Die Entdeckung und Eroberung neuer Erdteile führte zur Verbreitung europäischer Krankheiten wie Masern in Ländern, deren Einwohner keine Immunität dagegen besaßen, z.B. auf den Pazifikinseln. Heute sind Fernreisen etwas Alltägliches. Per Flugzeug gelangen wir innerhalb von Stunden ans andere Ende der Welt – und mit uns auch die Infektionen. Seit der frühen Neuzeit symbolisieren Seuchen die Schattenseite der Globalisierung.

Im 16. Jh. glaubte man, diese Sternkonstellation sei für den Ausbruch der Pest 1484 verantwortlich gewesen.

Druck von Albrecht Dürer (15. Jh.)

Syphilis-Geschwüre

GLOBALE PROBLEME
Der abgebildete Mann hat Syphilis, eine früher zum Tod führende Geschlechtskrankheit. Die Erdkugel steht für eine Pestepidemie. Die Syphilis war vom 16. bis zum 19. Jh. weit verbreitet, und die Pest wütete ab dem 14. Jh. in weiten Teilen der Erde. Soldaten und Entdecker trugen zur Verbreitung dieser Krankheiten bei.

KOLUMBUS UND AMERIKA
Der italienische Entdecker Christoph Kolumbus und seine Begleiter betraten 1492 erstmals amerikanischen Boden. (Dieser Druck aus dem 19. Jh. erinnert an das Ereignis.) Sie steckten die Indianer mit Pocken und Masern an; viele starben an den Infektionen. Die dezimierte Bevölkerung wurde oft versklavt.

SKLAVENSCHIFFE

Um 1800 erreichte der Sklavenhandel seinen Höhepunkt. Reiche Europäer, die ausgedehnte Baumwoll- und Zuckerrohrplantagen in Amerika und in der Karibik besaßen, ließen Tausende von Sklaven aus Afrika heranschaffen, die auf ihren Feldern arbeiten sollten. Sie wurden mit Schiffen wie dem oben gezeigten transportiert. Viele Afrikaner starben aufgrund der unhygienischen Verhältnisse, und die Überlebenden brachten oft Krankheiten wie Gelbfieber auf die Plantage.

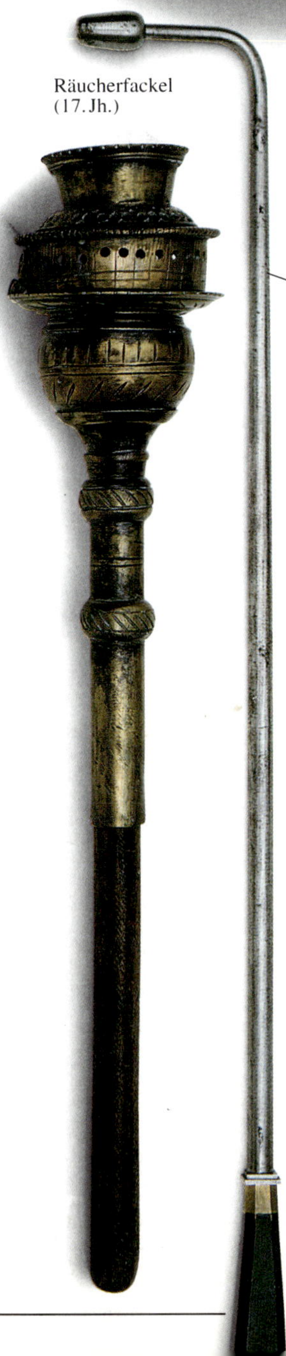

Räucherfackel (17. Jh.)

PESTABWEHR

Im 17. Jh. benutzte man solche Fackeln zur Pestabwehr. Sie wurden mit brennenden Duftkräutern gefüllt. Damals glaubten die Menschen fälschlicherweise, die Pest werde durch faule Gerüche übertragen und Räucherwerk könne die Krankheit abwehren.

Solche Kauterisationsinstrumente aus Metall wurden erhitzt. Dann brannte man damit die Wunden Pestkranker aus.

Sago aus Südostasien wird in England verladen (1922).

IMPORTWAREN UND KRANKHEITEN

Der Transport von Nahrungsmitteln rund um die Welt hat ebenfalls zur Verbreitung von Krankheiten beigetragen. Aufgrund verbesserter Transportmöglichkeiten werden heute Krankheiten von fast überall her eingeschleppt. Bei feuchten Nahrungsmitteln besteht die Gefahr, dass sie verseucht sind, und selbst in trockenem Reis überleben gelegentlich Ruhrerreger. Krankheiten übertragende Nagetiere und Insekten können sich leicht im Laderaum von Schiffen verstecken. Daher gelten in vielen Ländern sehr strenge Einfuhrregelungen für Nahrungsmittel.

MIT DEM RUCKSACK DURCH DIE WELT

Moderne Transportmittel bringen uns in die entlegensten Winkel der Erde – und in Kontakt mit allen möglichen Krankheiten. Einige davon haben eine lange Inkubationszeit. Man kommt nach Hause und fühlt sich gesund. Wochen später aber treten Krankheitssymptome auf. Jeder Reisende sollte Vorsorge treffen: sich z.B. vor Insektenstichen schützen, kein unbehandeltes Wasser trinken und sich rechtzeitig vor Reiseantritt impfen lassen.

ABHEBEN

Mit dem Flugzeug kann eine erkrankte Person Tausende von Kilometern in wenigen Stunden zurücklegen, und so kommt die Krankheit schneller auf einen anderen Kontinent als früher per Schiff. „Flughafenmalaria" ist heute ein anerkanntes Gesundheitsrisiko. Die Malariamücken gelangen mit dem Flugzeug in Regionen, in denen die von ihnen übertragene Krankheit bislang nie vorkam.

Renaissance und Humanismus

Renaissance, „Wiedergeburt“ der Antike, dieser Begriff trifft das, was die Menschen erreichen wollten, die seit Anfang des 15. Jahrhunderts zuerst in Italien und seit Mitte des Jahrhunderts in ganz Europa gegen die aus dem Mittelalter überkommenen Traditionen stritten. Ihre Gegner waren die autoritätshörig nur überliefertes Wissen wiederholende scholastische Gelehrsamkeit der Universitäten, der sich oft in bloßen Ritualen erschöpfende Kirchenglaube und ein Handwerk, das sich – die künstlerische Produktion inbegriffen – in der mechanischen Wiederholung bewährter Techniken erschöpfte. Maßstab der Kritik am Mittelalter wurden die wieder ins Bewusstsein gerückten klassischen Texte der Antike mit ihrer sprachlichen Eleganz und Komplexität und die Überreste antiker Kunst und Ingenieurskunst, auf die man in Italien oder Südfrankreich allenthalben stieß. Das wiederentdeckte Alte wurde zum Inbegriff dessen, was Menschen vermögen, es wurde zum Maßstab des Menschseins selbst. „Humanismus“ nennt man seit dem 19. Jahrhundert die die Renaissance in der Kunst begleitende intellektuelle Bewegung, in deren Mittelpunkt der Mensch und nicht mehr die Ordnung der Dinge stand.

Die Bibliothek der Medici in Florenz

Frühhumanismus

Der Humanismus begann schon im späten 14. Jahrhundert, als der Florentiner Francesco Petrarca sein eigenes Empfinden zum Mittelpunkt seiner Dichtungen machte und sich dabei auf Cicero berief, für den die umfassende Bildung des einzelnen Menschen um ihrer selbst willen das höchste Ideal war. Petrarca las die antiken Autoren, als seien sie seine Zeitgenossen, während ihm die Schriften seiner Zeit veraltet schienen. Damit erklärte er praktisch die Zeit seit dem Ende der Antike bis zu seiner Gegenwart zu einer Zwischenzeit, zu einem Mittelalter (der Begriff „Mittelalter“ selbst kommt in der Mitte des 15. Jahrhunderts auf). Die Neuzeit beginnt sich vom Mittelalter abzulösen, durch Anlehnung an die Antike.

Wie die Antike zum Maßstab der eigenen Situierung in der Geschichte werden kann, das machte Petrarcas Schüler und Freund Coluccio Salutati in Florenz vor: Er befasste sich mit der Geschichte seiner Heimatstadt und sorgte dafür, dass sie aufgrund von Dokumenten jenseits aller Legenden kritisch dargestellt wurde. Außerdem sammelte er für seine Stadt Handschriften antiker Bücher und holte griechische Gelehrte aus Konstantinopel, die die Kenntnis des klassischen Griechisch verbreiteten.

Andere italienische Städte wie Venedig eiferten dem Beispiel von Florenz schon bald nach, gründeten öffentliche Bibliotheken und ließen kritische Stadtgeschichten verfassen.

Die neu erworbene Kenntnis des Griechischen führte zur Auseinandersetzung mit einem antiken Autor, von dem im Mittelalter nur wenig bekannt war: Platon. Platon wurde zum Gewährsmann gegen seinen Schüler Aristoteles, dessen oft verstümmelte Schriften das mittelalterliche Universitätsleben beherrschten. Gegen die aufgliedernde Wissensvermittlung entsprechend der aristotelischen Welt- und Naturkunde wurde nun die Einheit der Natur und die des Menschen mit ihr betont, hinter der eine geheimnisvolle Welt des Idealen aufblitzte. Die von dem patriarchalischen Stadtherrscher von Florenz, Cosimo (dem

Alten) de' Medici (S. 72) gegründete „Platonische Akademie“ verbreitete dieses Gedankengut, inspirierte damit die Künstler der Frührenaissance und stärkte ihren Willen, sich von den Schultraditionen abzunabeln. Die Ideen des Humanismus, von den traditionalistischen Kräften in den Städten wie der in Zünften organisierten Handwerkerschaft und von großen Teilen der kirchlichen Hierarchie argwöhnisch betrachtet, wurden zum Glaubensbekenntnis einer neuen Elite, die sowohl Teile des alten Adels und städtischen Patriziats als auch des Bürgertums umfasste, Laien ebenso wie Geistliche. Vor allem die „modernen“ Teile des städtischen Bürgertums, die reichen und weltgewandten Fernhändler, Fabrikanten und Bankiers, zeigten sich dem Humanismus gegenüber aufgeschlossen – wie die Medici in Florenz (S. 72). 1447 bestieg mit Nikolaus V. ein Humanist den Papstthron, ihm folgte 1458 als Pius II. der Gelehrte Enea Silvio Piccolomini, der zuvor als päpstlicher Gesandter am Kaiserhof in Wien viel dazu beigetragen hatte, den Humanismus auch nördlich der Alpen zu verbreiten.

Raffael verlieh dem antiken Philosophen Platon die Züge seines Zeitgenossen Leonardo.

Die künstlerische Revolution der Renaissance

Zu diesem Zeitpunkt war in Florenz die vom Humanismus ausgelöste künstlerische Revolution schon weit fortgeschritten: Kurz nach 1410 hatte sich Brunelleschi auf wissenschaftliche Weise mit der Kunst der Perspektive auseinander gesetzt, die sein Malerkollege Masaccio in seinen Wandgemälden umsetzte; 1418 begann Brunelleschi, über der Vierung des Florentiner Doms das größte Kuppelgewölbe seit der Antike zu errichten, mit Techniken, die er von römischen Ruinen abgeguckt hatte, und völlig neuen bautechnischen Ideen; zur selben Zeit schuf Donatello Skulpturen und Ghiberti Reliefs, die sich mit den besten Werken der Antike messen konnten. Und schon wetteiferten Venedig, Padua und die Städte Umbriens mit der Florentiner Kunst.

Zu der Blüte von Gelehrsamkeit und Kunst in Florenz gab es eine Parallelentwicklung im Norden Europas (S. 84). Auch in den reichen Handelsstädten Flanderns wie Brügge und Gent gab es seit etwa 1400 Künstler, die – zunächst ohne mit humanistischer Gelehrsamkeit vertraut zu sein – Natur und Menschen mit einem neuen, realistischen Blick betrachteten und so die traditionellen Darstellungsschemata sprengten. Hubert und Jan van Eyck, Rogier van der Weyden und ihre Nachfolger arbeiteten wie ihre Kollegen in Florenz vor allem für reiche und unabhängige Handelsherren; für die ganz großen Aufträge sorgten – wie in Florenz die Medici – die Landesherren, die mächtigen Herzöge von Burgund, zu deren Herrschaftsgebiet Flandern in dieser Zeit gehörte. Neben der Malerei blühte in Flandern und Burgund auch die Musik; die „alten Niederländer“ aus dem Umfeld des burgundischen Hofs stehen am Anfang der neuzeitlichen Entwicklung der europäischen Musik (S. 82). Die engen Handelsbeziehungen zwischen Italien und Flandern sorgten dafür, dass beide Kunstzentren sich schon bald wechselseitig befruchteten.

Italien und die neuen Großmächte in Europa

Die künstlerische Blüte Flanderns hielt auch an, nachdem das mächtige burgundische Herzogtum mit dem Tod Karls des Kühnen auf dem Schlachtfeld vor Nancy 1477 zusammengebrochen war. Doch das Ende der selbstständigen Rolle Burgunds hatte wie die siegreiche Beendigung des Hundertjährigen Kriegs mit England das französische Königtum bestärkt. 1494 zieht der französische König Karl VIII. nach Italien, um seine Ansprüche auf das Königreich Neapel geltend zu machen, und zerstört die Machtbalance auf der Halbinsel. Die Medici müssen Florenz verlassen, und an ihre Stelle tritt eine revolutionäre Volksherrschaft unter Führung des Bußpredigers Savonarola. Der Mönch verurteilt den Luxus und die mangelnde Frömmigkeit der Renaissancekultur und erreicht, dass selbst Künstler wie Botticelli – der 1485 mit seiner Venus als Erster eine nackte Göttin gemalt hatte, während sonst nur züchtige Madonnenbilder als Inbegriff weiblicher Schönheit galten – freiwillig seine Bilder herbeischleppte, damit sie auf einem Scheiterhaufen verbrannt wurden. Es ist vor allem der Papst, der tatkräftige Alexander VI., der dem frommen Spuk

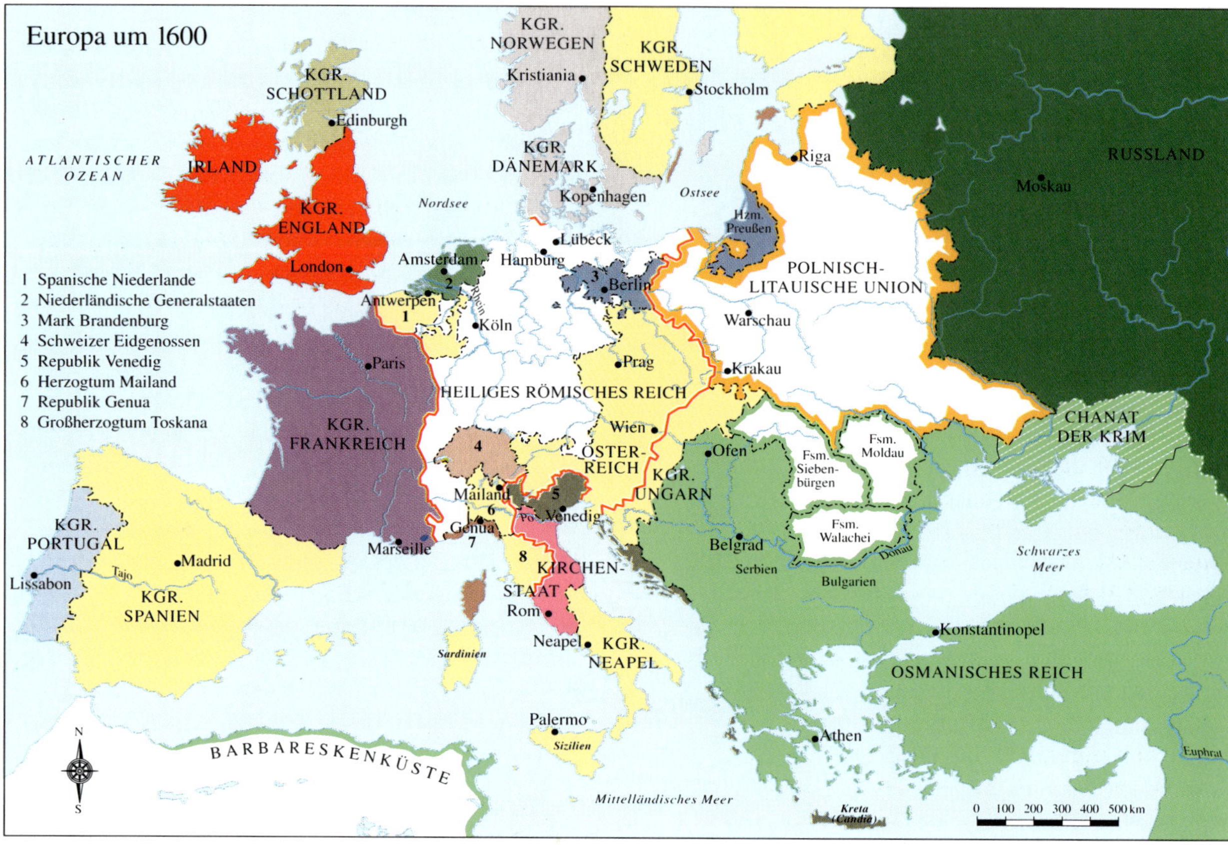

in Florenz ein Ende bereitet und dafür sorgt, dass Savonarola 1498 selbst auf dem Scheiterhaufen endet. Durch diplomatische Kunst erreicht Alexander, dass das Gleichgewicht zwischen den italienischen Städten wiederhergestellt wird und die großen Mächte Frankreich, Österreich und Spanien sich wechselseitig matt setzen. Zu seiner Zeit wird Rom zum Zentrum einer jetzt in noch größeren Maßstäben denkenden Renaissancekunst. Michelangelo und Raffael, beide in Florenz ausgebildet, schaffen in Rom einige der bedeutendsten Werke der Zeit, während Leonardo da Vinci meist im reichen Mailand tätig ist, 1516 aber mit dem über Mailand siegreichen König Franz I. nach Frankreich geht.

Italien wird mehr und mehr von Kriegen heimgesucht, die jetzt nicht mehr wie noch im späten Mittelalter von Bürger- und Ritterheeren, sondern von Söldnertruppen (*lanzichenecchi* werden in Italien die oft deutschen „Landsknechte“ genannt) mit langen Spießen und Feuerwaffen und hochtechnisierten Kriegsmaschinen ausgefochten werden (S. 80). Auslöser der heftigsten Kriege ist der auf italienischem Boden ausgefochtene europäische Machtkampf zwischen Frankreich und den in Österreich und Spanien herrschenden Habsburgern. 1527 wird Rom von den gegen Franz I. siegreichen, aber schlecht besoldeten Truppen Kaiser Karls V. geplündert; die Prachtentfaltung der Hochrenaissance endet damit, und die Reihe der selbstherrlichen Renaissancepäpste nimmt ein Ende; die Kirche besinnt sich auf ihre geistliche Macht, die sie wiederum nur im Bündnis mit den großen weltlichen Herren auszuüben vermag. Allein Venedig bleibt von Kriegswirren verschont; hier blüht die Renaissancekunst wie die Tizians noch lange in klaren Formen und sinnlichen Farben, während an den anderen Höfen Italiens sich die Mode des Manierismus ausbreitet mit seinen raffinierten, nur für Eingeweihte ganz verständlichen künstlerischen Kompositionen und seinem verfeinerten Luxus. Der Manierismus ist ein Symptom dafür, dass die fürstlichen Höfe sich mehr und mehr von der Bürgergesellschaft der Städte absetzen. Der verfeinerte höfische Umgangsstil, den Baldassare Castiglione

1528 in seinem Buch *Der Hofmann* gefordert hat, wird von nun an zu dem wichtigsten Mittel für den Adel der Neuzeit, sich vom einfachen Volk zu unterscheiden, nachdem er als Kriegerstand, wie ihn die Ritter des Mittelalters dargestellt hatten, in der Epoche der Söldnerheere nicht mehr gebraucht wurde. Jeweils die mächtigsten Höfe bestimmten von nun an, was in ganz Europa als Hofmode zu gelten hatte: zuerst der Hof der Renaissancepäpste in Rom, dann der Hof der Weltmacht Spanien (S. 98) und schließlich, im 17. Jahrhundert, der Hof des Sonnenkönigs Ludwig XIV. in Frankreich (S. 130).

Der Humanismus des 16. Jahrhunderts

Im frühen 16. Jahrhundert entsteht in den Städten Süddeutschlands, die den Handel zwischen Italien und Nordeuropa weitgehend beherrschen, eine lebendige humanistische Renaissancekultur. Der Nürnberger Albrecht Dürer (S. 75) ist ein Renaissance-Universalgenie wie Leonardo da Vinci (ebd.) und wird von den humanistisch gebildeten Patriziern seiner Stadt gefördert. Doch die sozialen Wirren des Deutschen Bauernkriegs von 1525 und der Reformation stören auch hier die weitere Entwicklung. Künstler der Dürerzeit wie Hans Holbein d.J. wandern nach Antwerpen, in das neue Wirtschaftszentrum des Nordens, aus oder ins ebenfalls schnell wachsende London.

Der größte unter den nordeuropäischen Humanisten, Erasmus von Rotterdam, hatte seit Anfang des Jahrhunderts zum unruhigen Geist der Reformationszeit beigetragen, etwa indem er die Bibel im griechischen Urtext herausgab und damit den Gebildeten Gelegenheit gab, die Heilige Schrift unabhängig von der kirchlichen Überlieferung selbst zu studieren und dabei ein ganz persönliches Christentum zu entwickeln. Erasmus hatte die kritischen Geister seiner Zeit in einem dichten Netz von Brieffreundschaften miteinander verbunden, und doch konnte er nicht verhindern, dass die politischen Zyniker und die religiösen Fanatiker seiner Zeit, die mit demselben humanistischen Gedankengut wie er angetreten waren, die Idee einer allgemeinen Humanität mit Füßen traten: König Heinrich VIII., ein echter Renaissancefürst (S. 74) ließ seinen Freund Thomas Morus 1535 hinrichten, weil der an der Einheit der Kirche festhielt, und Luther und seine Anhänger wiesen die Ermahnungen des Kirchenkritikers Erasmus zurück, es nicht auf eine Kirchenspaltung ankommen zu lassen.

Spätrenaissance

Renaissance und Humanismus bestimmten die Kultur ganz Europas im gesamten 16. Jahrhundert und noch zu Beginn des 17. Jahrhunderts; in Deutschland und für lange Zeit auch in Frankreich litt die kulturelle Entfaltung jedoch unter den von der Reformation ausgelösten Bürgerkriegen, während im Bereich der wirtschaftlich blühenden Weltmacht Spanien, in Frankreich und in England die größten Leistungen der Renaissancekultur ins späte 16. und frühe 17. Jahrhundert fallen: Zu dieser Zeit schreibt Cervantes seinen ebenso intellektuell-ironischen wie volkstümlichen Jahrtausendroman *Don Quijote* (S. 86) und Shakespeare (S. 102) seine Dramen, die bis heute den Spielplan der Theater in der ganzen Welt beherrschen. Der bedeutendste französische Autor der Zeit, Montaigne, zieht sich in die Provinz zurück und verfasst hier seine bis heute aktuellen *Essais* voller humanistischer Lebensweisheit. In Venedig beginnt aus dem Geist der Renaissance der Siegeszug einer neuen Kunstform, die Europa bis heute fasziniert: der der Oper.
Das moderne Musikdrama entsteht aus dem für die

Erasmus von Rotterdam (Gemälde von Hans Holbein d. J.)

Renaissance bezeichnenden Wunsch, den Chorgesang des antiken Dramas und den melodischen Sprechgesang der Akteure darin wiederentstehen zu lassen. In wenigen Jahrzehnten wurde aus der Oper jedoch etwas vollkommen neues, nämlich der musikalische Ausdruck großer Emotionen. Der erste Meister dieser neuen Kunst ist der Venezianer Claudio Monteverdi (1567–1643). Große Gefühle, fanden seine Zeitgenossen, stehen vor allem hochgestellten Personen zu, jenen antiken Helden, als deren Wiederverkörperung sich die Fürsten im fühen 17. Jahrhundert immer mehr fühlten. Und als theatralische Zurschaustellung herrscherlicher Größe erreichte die Oper dann im Zeitalter des Barock eine erhebliche Bedeutung.
Barock ist unser Name für die neue Kultur, die aus den Wirren der Religionskriege hervorging, die Europa bis in die Mitte des 17. Jahrhunderts in Atem hielten. Sie entstand ohne einen deutlichen Bruch aus der Renaissance und dem Humanismus, aber sie unterschied sich bald schon deutlich von diesen.

Michelangelo-Denkmal

Chronik

1374 Tod des Florentiner Dichters und Gelehrten Francesco Petrarca. Sein Einfluss auf ganz Europa ist umfassend und anhaltend. Petrarca gilt als Begründer der „humanistischen“ Bewegung.

Im selben Jahr siedelt Petrarcas jüngerer Freund Coluccio Salutati nach Florenz über und wird Kanzler der Republik. Er sammelt Handschriften antiker Autoren und setzt sich kritisch mit der florentinischen Geschichte auseinander. Seine Schüler verbreiten die Idee der Textkritik und kritischen Geschichtsschreibung in ganz Europa. Es entsteht das Bewusstsein, einer neuen Epoche zuzugehören, die sich vom Mittelalter unterscheidet.

um 1410 bis 1500 Frührenaissance in Italien. Die „Wiedergeburt“ (frz. Renaissance) der Antike in der Kunst geht vom Florenz der Medici aus und verbreitet sich schnell über Nord- und Mittelitalien. Sie geht einher mit einer Wiederentdeckung der antiken Literatur und Philosophie, vor allem der Platons.
Zur selben Zeit entsteht die neue realistische Malerei des Nordens in Flandern und Burgund. Schon bald kommt es zu einem intensiven Austausch zwischen Flandern und Italien.

1434–1464 Cosimo de’ Medici „der Alte“ regiert als bürgerliches Stadtoberhaupt im Rahmen der alten republikanischen Institutionen die reiche Handels- und Handwerkerstadt Florenz. Unter seiner Herrschaft blüht die Stadt zum Zentrum der Kunst und Wissenschaft auf. Er fördert Künstler wie den Architekten Brunelleschi und den Bildhauer Donatello und gründet die berühmte Mediceische Bibliothek sowie die „Platonische Akademie“, in der sich Literaten und Philosophen sammeln, die gegen den herrschenden mittelalterlich-scholastischen Aristotelismus opponieren.

1447 Mit Nikolaus V. besteigt ein humanistischer Gelehrter und Förderer der Künste den Papstthron.

um 1450 Beginn der Verbreitung der von Gutenberg erfundenen Buchdruckkunst. Bald liegen alle wichtigen bekannten antiken Schriften gedruckt vor.

1458 Der Humanist Enea Silvio Piccolomini, der zuvor als päpstlicher Gesandter am Kaiserhof in Wien erheblich zur Verbreitung des humanistischen Gedankenguts im Norden beigetragen hat, besteigt als Pius II. den Papstthron.

1461–1483 Ludwig XI. von Frankreich sucht das Bündnis mit Florenz und Mailand; Frankreich öffnet sich gegenüber der italienischen Renaissance.

1467–1477 Unter Karl dem Kühnen erreicht das Herzogtum Burgund, zu dem auch Flandern gehört, seine größte Machtfülle und eine kulturelle Vormachtstellung nördlich der Alpen. Zu seiner Zeit blüht nicht nur die flämische Malerei, sondern auch die „altniederländische“ mehrstimmige Vokalmusik, auf die die Tradition der barocken Musik in Europa zurückgeht.

Nach dem Tod Karls wird das Herzogtum Burgund wieder fest an das französische Königtum gebunden.

1492 Tod Lorenzos de’ Medici, des „Prächtigen“. Zu seiner Zeit erreichten Kunst und Kultur in Florenz ihre höchste Blüte.

Mit Alexander VI., dem Vater des berüchtigten Cesare Borgia und der freizügigen Lucrezia Borgia, besteigt eine echte Renaissancepersönlichkeit den Papstthron.

1493–1519 Kaiser Maximilian I. (seit 1486 deutscher König) ist ein bedeutender Förderer des Humanismus und der neuen Kunst. Seine Herrschaftszeit fällt mit der Blüte der süddeutschen Städte wie Nürnberg und Augsburg zusammen.

1494 Der französische König Karl VIII. zieht nach Italien, um Neapel und den Einfluss über die ganze Halbinsel zu gewinnen. Er wird von einer Koalition des Habsburger Kaisers Maximilian I., von Papst Alexander VI. und Lodovico il Moro, dem Herzog von Mailand, zurückgeschlagen. Italien ist seit dieser Zeit zunehmend Spielball der Großmachtinteressen Frankreichs und Habsburgs. Die italienischen Kriege setzen sich unter Karls Nachfolgern Ludwig XII. (1498–1515) und Franz I. (1515–1547) fort.

Leonardo da Vinci ist in Mailand tätig.

1498 Der Bußprediger Savonarola, der 1494 mithilfe der Handwerkerzünfte die Medici vertrieben und ein gegen die Neuerungen der Renaissance gewandtes theokratisches Regime errichtet hat, wird in Florenz verbrannt.

um 1500 bis 1527 Hochrenaissance in Rom. Raffael und Michelangelo sind für die Päpste tätig, unter denen Julius II. (1503–1513) hervorragt. Zur selben Zeit gelangt auch in Venedig die Renaissancekunst mit Giorgione und Tizian zu einem Höhepunkt. Süddeutschland (Dürer u.a.) wird zu einer wichtigen Renaissanceregion, in der sich Einflüsse aus Italien und den Niederlanden mischen.

1509–1547 In England herrscht Heinrich VIII., eine echte Renaissancepersönlichkeit. 1534 verfügt er in der Suprematsakte die Unabhängigkeit der englischen (anglikanischen) Kirche von Rom. Sein Porträt malt Hans Holbein d.J., der aus Augsburg über Antwerpen in die aufblühende Welthandelsstadt London gelangt ist.

ab 1510 Die humanistische Bewegung verbreitet sich im gesamten Nordeuropa, im Adel ebenso wie im städtischen Bürgertum; die überragende Gestalt ist Erasmus von Rotterdam (um 1465–1536), der mit seiner umfangreichen Korrespondenz eine den ganzen Kontinent umfassende Gelehrtengemeinde gründet. Humanistische Zentren bilden sich in Süddeutschland, den Niederlanden, am Oberrhein, in Frankreich, England (Thomas Morus), Ungarn und Polen. Der Humanismus beeinflusst durch seine Lehre von der individuellen Freiheit und durch seine Untersuchung der biblischen Quellen des Christentums auch die Reformation, die aber bald Züge von religiösem Fanatismus annimmt, die die Humanisten nicht billigen.

1515–1547 Franz I., der große Renaissanceherrscher Frankreichs, zieht gleich zu Beginn seiner Herrschaft nach Italien und erobert Mailand.

1516 Leonardo da Vinci siedelt auf Einladung von König Franz I. nach Frankreich über. Hier entwickelt sich schnell eine eigene Renaissancekultur.

1519–1556 Karl V., bereits seit 1516 König von Spanien, wird deutscher König und Kaiser. Der humanistisch gebildete Herrscher ringt mit Franz I. von Frankreich um die Vorherrschaft in Italien; in Deutschland versucht er die sozialen Unruhen (Bauernkrieg von 1525) und die Reformation einzudämmen.

1527 Plünderung Roms durch die Soldaten Kaiser Karls V. Ende der Blütezeit der Hochrenaissance. Venedig, Paris und Antwerpen werden zu Zentren der Spätrenaissance. In der Spätrenaissance ist der raffinierte Manierismus mit seinen rätselhaften Bildern eine wichtige Strömung.

1528 Baldassare Castiglione bringt *Il Cortegiano* („Der Hofmann") heraus, ein Buch, das prägend für die höfische Kultur der folgenden Jahrhunderte wird.

1529 Die Türken, mit Franz I. von Frankreich verbündet, stehen zum ersten Mal vor Wien.

1532 Macchiavelli veröffentlicht sein Werk *Il principe* (dt. *Der Fürst*), in dem er völlig unbelastet von traditionellen Moralvorstellungen beschreibt, wie man Macht erringen und verteidigen kann.

1540 Tod von Guillaume Budé, dem führenden Humanisten Frankreichs, der mithilfe des Königs wichtige nationale Bildungsinstitutionen wie das Collège de France und die Nationalbibliothek gegründet hat.

1555–1598 Philipp II., Sohn Karls V., wird König von Spanien. Blütezeit der spanischen Renaissancekultur.

1558–1603 Elisabeth I. von England macht England im Kampf gegen Spanien zur führenden Seemacht und London zu einem der Zentren der späten Renaissancekultur. Zu ihrer Zeit wirken der große Theaterdichter William Shakespeare und der philosophische Prophet der modernen Wissenschaft, Francis Bacon.

1592 Tod des französischen gelehrten Schriftstellers Michel de Montaigne, dessen *Essais* die Situation des modernen Menschen in fast allen Aspekten reflektieren.

1605 In Spanien erscheint der satirische Roman *Don Quijote* von Miguel de Cervantes.

1607 Mit Monteverdis *Orfeo* beginnt nach ersten Versuchen, die antike Musik wiederzubeleben, in Venedig die europäische Operntradition.

Die Stadt der Medici

Die Wiege der Renaissance, ja vielleicht der europäischen Neuzeit überhaupt, war das mittelitalienische Florenz: eine Stadt mit einem selbstbewussten Bürgertum von Handwerkern, Kaufleuten und Bankiers, dessen Kräfte von einer einzigen Familie gebündelt wurden: den Medici. Cosimo der Alte (1389–1464) übernahm 1434, zunächst ohne Fürstentitel, die Herrschaft in Florenz. Ihm folgte für kurze Zeit sein Sohn Piero (1416–1469) und schließlich sein extravaganter Enkel Lorenzo il Magnifico („der Prächtige"). Unter Lorenzo stieg Florenz zur politisch und kulturell führenden Macht in Italien auf. Die Medici bestimmten nicht nur Handel und Politik in der Stadt, sie finanzierten auch mit enormen Summen Gemälde, Skulpturen und Gebäudeentwürfe der besten Künstler.

Der Blick der Medusa ließ Menschen angeblich zu Stein werden.

WARNUNG
Fürst Cosimo de' Medici beauftragte Benvenuto Cellini (1500–1571) im Jahr 1545 mit dieser Bronzestatue des triumphierenden Perseus. Der Held der Sage hält als Warnung an Cosimos Feinde das schreckliche Haupt der Medusa empor. Während der Gussarbeiten ging Cellini die Bronze (Legierung aus Kupfer und Zinn) aus, und er musste sein Zinngeschirr einschmelzen.

Der enthauptete Leichnam der Medusa

ANSICHT EINER STADT
Dieses Gemälde (nach einem Holzschnitt von etwa 1470) zeigt Florenz zur Zeit des jungen Leonardo da Vinci. Der Arno fließt mitten durch die von mittelalterlichen Mauern umgebene Stadt.

Die große Kuppel des Doms von Florenz

DER MARZOCCO
Der Löwe war das Wahrzeichen von Florenz. Jede von dort aus regierte Stadt hatte eine Löwenstatue, und Gefangene mussten deren Hinterteil küssen. Donatello (1386–1466) schuf 1420 diesen *Marzocco* mit seinen sehr menschlichen Zügen. Er trug ursprünglich eine vergoldete Krone.

Schild mit der florentinischen Wappenblume, der Lilie

GROSSHERZOG COSIMO
Während der italienischen Kriege (1494–1512 und 1527–1530) befreite sich Florenz kurzzeitig von der Herrschaft der Medici, die Familie regierte jedoch weiter. Cosimo I. (der Große, 1519–1574) gehörte zu den erfolgreichsten Familienmitgliedern, er wurde 1569 Großherzog der Toskana.

TODFEINDE
Die Medici hatten viele Feinde in Florenz, darunter die reiche Familie Pazzi (hier das Wappen). Die Pazzi versuchten 1478 an die Macht zu kommen: Sie überfielen Lorenzo beim Gebet im Dom und töteten seinen Bruder Giuliano. Doch die Mörder wurden gefasst und hingerichtet.

DER PRÄCHTIGE
Lorenzo de' Medici, „der Prächtige", war nicht nur ein gütiger Fürst und großzügiger Gönner, sondern auch ein geschickter Sportler (besonders beim Fußball), Jäger und Dichter, und er scherzte gern.

EDLE BÄNDE
Cosimo der Alte und seine Erben bauten die gewaltige Medici-Bibliothek mit über 10.000 klassischen und mittelalterlichen Texten auf. Als die Medici 1494 ins Exil geschickt wurden, brachte der Stadtrat die Bände in das Kloster San Marco, das nun Europas erste öffentliche Bibliothek wurde.

Bogengang im Innenhof des Palastes

COSIMOS PALAST
Der Palast der Medici (begonnen um 1440) war ein imposanter Bau. Cosimo der Alte empfand ihn aber alles andere als gemütlich. Nach dem Tod seines zweiten Sohnes war er ihm zu groß für seine kleine Familie. Er entspannte sich lieber in den Olivenhainen seines Landsitzes.

DIE FAMILIE BEI DER ANBETUNG
Um 1475 beauftragte ein Freund von Piero de' Medici den Maler Sandro Botticelli, die *Anbetung der Könige* zu malen. Die drei Weisen, die der Jungfrau Maria und dem Jesuskind huldigen, waren damals ein beliebtes Motiv. Als besondere Schmeichelei fügte Botticelli die Porträts berühmter Familienmitglieder der Medici in das Gemälde ein – und ein Selbstporträt!

Lorenzo als junger Mann

Giuliano, Pieros Sohn

Cosimo der Alte kniet vor dem Jesuskind.

Cosimos Sohn Piero

Botticelli, den Blick auf den Betrachter gerichtet

Männer der Renaissance

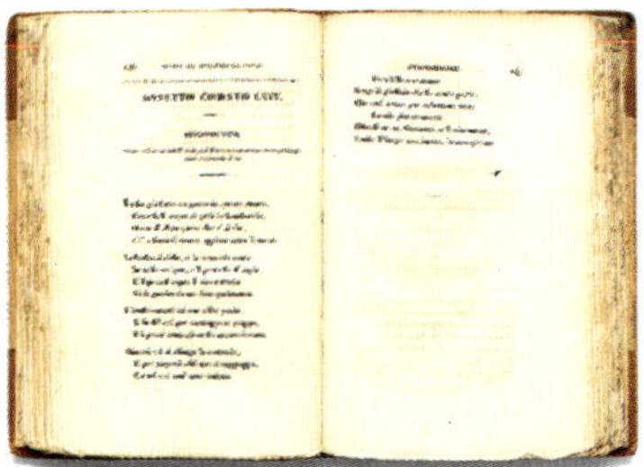

SONETTE EINES BILDHAUERS
Michelangelo war ein ebenso leidenschaftlicher Dichter wie Bildhauer. Seine Dichtung bezieht sich oft, auch in humoristischer Weise, auf seine Arbeit als Künstler. Dieses Sonett aus dem Jahr 1511 beschreibt die schwere körperliche Anstrengung bei der Deckenmalerei in der Sixtinischen Kapelle.

Im Jahr 1860 schrieb der Renaissance-Experte Jacob Burckhardt über den „Homo universalis", den umfassend gebildeten Menschen der Renaissance. Leonardo da Vinci z.B. habe in jeglicher Disziplin Hervorragendes geleistet, sei es in der Malerei und Bildhauerei, in der Botanik oder in der Mathematik. Uns erscheint Leonardo heute als das typische Beispiel eines Universalmenschen, dessen Fähigkeiten Kunst und Wissenschaften verbanden. Ein „Homo universalis" konnte also alles. Er war ein Individuum, das sich selbst genug zu sein schien und dem Kollektiv, der Gemeinschaft, zu der er gehörte, keine Rechenschaft schuldig war. Von diesem Renaissance-Ideal leitet sich der für die europäische Neuzeit bezeichnende Individualismus her.

FASZINIEREND
Michelangelo entwarf Grabmäler, Festungen und Kuppeldächer von Kathedralen und beeinflusste mit seiner Skulptur des David viele Künstler. Als sein Meisterstück jedoch gelten die Deckengemälde in der Sixtinischen Kapelle.

Michelangelo (1475–1564)

EIN GANZER KÖNIG
Der junge Heinrich VIII. von England sah gut aus, war ein ausdauernder Reiter, gewann Tjosten, sprach vier Sprachen, spielte Laute und war gebildet in Religion und Astronomie.

König Heinrich in kostbaren Gewändern nach der Mode der Renaissance

Seidenhose mit Hosenband

König Heinrich VIII. (1491–1547)

Reiterbilder waren während der Renaissance sehr beliebt.

FÜRST UND GÖNNER
Franz I. von Frankreich (1494–1547) war ein großer Liebhaber der italienischen Renaissance. Er sammelte Gemälde und Skulpturen und ließ acht prunkvolle Schlösser bauen. Er lud Leonardo sogar ein, bei ihm seinen Lebensabend zu verbringen.

Die erhobenen Arme bilden einen Kreis.

Die aufrecht stehende Figur bildet ein Quadrat.

VOLLKOMMENE PROPORTIONEN
Leonardos Interesse galt auch der Geometrie. Auf der Grundlage der Theorien des römischen Architekten Vitruv zeigte er in seiner *Proportionsstudie* (um 1487), dass der Mensch mit schräg ausgestreckten Gliedmaßen in einen Kreis, mit geschlossenen Füßen und waagerechten Armen in ein Quadrat passt. Diese beiden vollkommenen geometrischen Formen lagen nach seiner Überzeugung dem gesamten Universum zugrunde.

EIN MEISTER DER KUNST
Der deutsche Maler, Zeichner und Kupferstecher Albrecht Dürer war der berühmteste Künstler der Renaissance im Norden Europas. Meisterlich beherrschte er Ölmalerei, Aquarell, Radierung oder Holzschnitt. Zudem entwickelte er neue Gravurtechniken, die eine Vervielfältigung und weite Verbreitung seiner Werke als Druckgrafiken ermöglichten.

Dürer fertigte 2000 Zeichnungen, 250 Holzschnitte und über 100 Kupferstiche an.

Albrecht Dürer (1471–1528)

Altgriechisches Gewand

Leonardo da Vinci (1452–1519)

UNRUHIGER GEIST
Der italienische Maler Raffael (1483–1520) stellte Leonardo als griechischen Philosophen Platon dar. Das war ironisch, denn Leonardo konnte weder Latein noch Griechisch. In anderen Gebieten war er jedoch unglaublich begabt. Sein Biograf Giorgio Vasari schrieb, dass er sich „subtile, fantastische und schwierige Aufgaben“ stellte. Neben der Malerei befasste sich Leonardo mit Anatomie, Brückenbau, dem Entwurf von Kriegsmaschinen, Architektur, Mathematik, Naturkunde, Geologie und Philosophie. Zudem schrieb er Märchen und zeichnete Landkarten.

Gedenkfresko des Florentiner Malers Paolo Uccello (1396–1475)

Staaten

Das Mittelalter kannte Könige, Fürsten und Städte, denen jeweils eine Anzahl von Adligen mit ihren Leuten untertan war; doch Staaten im modernen Sinne mit festen Grenzen und einer Verwaltung, die Steuern erhob und damit eine Armee und andere öffentliche Einrichtungen unterhielt, gab es noch nicht. Das änderte sich in der Renaissance, als in Italien Stadtrepubliken wie Florenz, Venedig oder Mailand Institutionen herausbildeten, die unabhängig von den Personen, die an ihrer Spitze standen, in der Stadt und in dem von ihr beherrschten Gebiet Autorität ausübten. Im Lauf des 15. und 16. Jahrhunderts stellten sich einzelne Herrscherpersönlichkeiten wie die Medici in Florenz an die Spitze dieser bereits modern verwalteten Staaten und errangen eine bis dahin unbekannte Machtfülle. Bald versuchten auch die Herrscher Spaniens, Frankreichs und Englands die modernen Ideen rationaler Staatsführung, die der Florentiner Niccolò Machiavelli theoretisch fundiert hatte, auf ihre viel größeren Gebiete anzuwenden.

BERUFSSOLDATEN
Sir John Hawkwood (um 1320–1394) war zwar gebürtiger Engländer, diente jedoch in Italien als *Condottiere* oder Söldnerführer. Viele Stadtstaaten stellten ganze Söldnerheere für Angriff und Verteidigung ein. So konnten auch in Kriegszeiten die Handwerker und Kaufleute ihrer Arbeit weiter nachgehen.

KÖNIG VON GOTTES GNADEN
Der englische König Heinrich VIII. hat den Vorsitz im Oberhaus, einem der beiden Parlamente. Links sitzen die Bischöfe, in der Mitte die Richter und rechts die Adligen. Wie in einigen nördlichen Ländern glaubte man auch in England, dass die Macht des Königs von Gott gegeben war. Allerdings musste Heinrich seine Entscheidungen und auch Geldforderungen vom Parlament billigen lassen.

PALAST DER MACHT
Der Palazzo Vecchio (Alter Palast) war das Regierungszentrum der gewählten Räte in Florenz. Er wurde um 1310 fertig gestellt und besaß den höchsten Turm in der Stadt. Die gewaltige Glocke rief die Bürger zusammen oder warnte sie bei Gefahr. 1537 zog die Familie Medici in den Palast ein und beauftragte sowohl Michelangelo als auch Leonardo, Gemälde für die Innenräume zu schaffen.

Machiavelli, gemalt von Santi di Tito

ANGEWANDTE POLITIK

Das Motto des Politikers und Schriftstellers Niccolò Machiavelli (1469–1527) war „Der Zweck heiligt die Mittel". In seinem Buch *Il Principe* (1532, *Der Fürst*) beschreibt er, wie ein Fürst Macht erwerben und erhalten kann: „... da man ... beides nur schwerlich miteinander verbinden kann, ist es viel sicherer, dass ein Fürst gefürchtet wird, als dass er geliebt wird, wenn er schon nicht beides zugleich erreichen kann."

Savonarolas Hinrichtung auf der Piazza della Signoria (unbekannter Künstler)

DER PERFEKTE STAAT

Dieser Holzschnitt stammt aus *Utopia* (1516), einem Buch des englischen Staatsmanns Sir Thomas More (1478–1535) über eine ideale Gesellschaft auf einer Insel in der Neuen Welt (Amerika). In *Utopia* (griechisch für „Nirgendwo") sind alle Menschen gleich, alle Güter sind gleichmäßig verteilt, und alle Religionen werden toleriert. Die englische Gesellschaft war jedoch nicht so tolerant, und der tief religiöse More wurde aufgrund seiner Weigerung, König Heinrich VIII. als Oberhaupt der englischen Kirche anzuerkennen, schließlich hingerichtet.

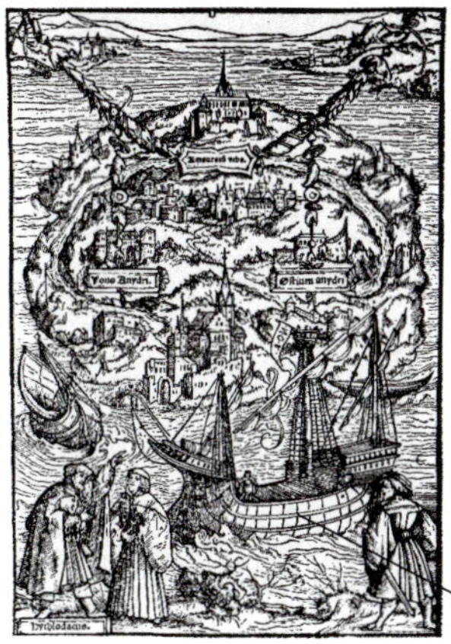

Ein Schiff bringt Entdecker nach Utopia.

TOD EINES SCHICKSALSPREDIGERS

Um 1490 war die Blütezeit von Florenz zu Ende. Der Prediger Girolamo Savonarola (1452–1498) prangerte die Gier und Verdorbenheit der Bürger an und prophezeite eine Invasion aus dem Norden. Im Jahr 1494 marschierte Karl VIII. von Frankreich tatsächlich in Florenz ein. Für kurze Zeit gelangte Savonarola zu großer Macht, wurde jedoch 1498 der Ketzerei angeklagt, gehängt und verbrannt.

Die neuere Inschrift nennt Jesus Christus „König der Könige und Herr der Herrschenden".

Der steinerne Löwe ist das Wahrzeichen der Republik Florenz.

STOLZE LÖWEN

Das Wappentier der Florentiner war der Löwe. Ab dem 13. Jh. hielt man echte Löwen in Käfigen im Stadtzentrum. Sie wurden erst im 18. Jh. abgeschafft, als sich die Bürger wegen des Gestanks beschwerten. Zwei steinerne Löwen bewachten den Eingang des Palazzo Vecchio. Die lateinische Inschrift zwischen ihnen nannte Jesus Christus als gewählten König von Florenz, was bedeutete, dass kein Sterblicher die absolute Macht haben könne. Die Inschrift wurde 1851 geändert.

Bürgerlicher Reichtum

ÜBER KURZ ODER LANG
Während der Renaissance änderte sich die Haarmode der Männer ständig. Um 1500, als dieses Bild eines Soldaten in Rüstung entstand, trug man langes Haar und war glatt rasiert. 20 Jahre später waren kurze Haare sowie Backen- und Schnauzbart modern. Ab 1600 trug man das Haar wieder lang, lange Bärte aber fand man lächerlich.

Während der Renaissance gewannen Kleider als Zeichen für Wohlstand und gesellschaftliche Stellung noch mehr an Bedeutung als im Mittelalter. Die durch Handel und Gewerbe zu Macht und Einfluss gelangten Bürger ließen es sich nicht nehmen, ihren Reichtum zur Schau zu stellen und so ihrem Anspruch auf Gleichstellung mit dem alten Adel Ausdruck zu verleihen. Sie kleideten sogar ihre Hausangestellten großzügig ein, damit man dem gesamten Hausstand den Reichtum ansah. In Venedig und Florenz galten Gesetze zur Kleiderordnung, in denen detailliert für jeden Stand vorgeschrieben wurde, was an Stoffen, Verzierungen, Farben und Schnitten getragen werden durfte. Diese Gesetze waren jedoch unbeliebt und schwer durchzusetzen. In Städten ohne solche Gesetze war kein Unterschied zwischen Adligen und Bürgern erkennbar. Das Vermögen bestimmte das Äußere.

Elfenbeinkamm (16. Jh.)

Zu einer Acht geschlungene Zöpfe

Gummiarabikum-Harzklumpen

LOCKIGES HAAR
Die schönen Damen verwandten täglich viel Zeit auf die Gestaltung ihrer Haarpracht. Reiche Damen besaßen dafür Kämme aus Elfenbein und spezielle Scheitelzieher. Gummiarabikum (heute als Klebstoff verwendet) diente dazu, sich einzelne Löckchen an der Stirn festzukleben! Dicke, mit Goldlack versteifte Haarsträhnen nannte man „Venushaar".

Fläschchen mit flüssigem Gummiarabikum (aus unserer Zeit)

Scheitelzieher aus Elfenbein

PERFEKTE FRISUR
Leonardo da Vinci schrieb einmal, dass für den Einfältigen ein Haar am falschen Platz bereits große Schande bedeute. Diese Zeichnung seines Lehrers Andrea del Verrocchio zeigt jedes Detail der kunstvollen Frisur des Modells. Die beliebteste Haarfarbe war blond, und viele Frauen verbrachten ganze Tage in der prallen Sonne, um ihr Haar zu bleichen. Falsches Haar aus weißer oder gelblicher Seide war zwar verboten, aber sehr beliebt.

SCHLICHTE SCHÖNHEIT
Die klaren Gesichtszüge der *Mona Lisa*, das etwas spitze Kinn und die schweren Augenlider verkörpern wohl Leonardos Schönheitsideal. Anders als auf Damenporträts von Leonardos Zeitgenossen trägt die *Mona Lisa* ein einfaches Gewand mit schwarzem Schleier ohne Schmuck. Die Identität der *Mona Lisa* wurde nie richtig geklärt, und ihr geheimnisvolles Lächeln wird noch heute viel diskutiert.

PERLENVERBOT
In Siena war es Frauen verboten, echte Perlen zu tragen, bis das Gesetz aufgrund heftiger Proteste der Frauen aufgehoben wurde.

Die Kamee zeigt die Anbetung des Jesuskindes durch die Heiligen Drei Könige.

Goldener Gürtel, vermutlich ein Verlobungsgeschenk

MODEBEWUSST
Dieses Porträt der Dona Margarita de Cardona, gemalt von einem Schüler des venezianischen Malers Tizian, strotzt nur so von üppigem Reichtum. Der Kragen besteht aus Pelz, Halskette und Haarschmuck sind besetzt mit Perlen, Saphiren und Rubinen und die Ärmel mit Gold und Silber bestickt.

PERFEKTE VERBINDUNG
Diese silberne Gürtelschnalle mit einem „idealisierten" Paar war ein Verlobungsgeschenk. Häufig trugen derartige Geschenke die Porträts der beiden Verlobten.

Perlenkette, passend zum Armband

KLEINE ERWACHSENE
Dieses Porträt von Sofonisba Anguissola (um 1527–1625), einer der ersten berühmt gewordenen Künstlerinnen, zeigt ein eher unfrohes Kind in einem unbequemen, bestickten Mantel mit seidener Halskrause. In der Renaissance galt die Kindheit nicht, wie heute, als eigener Lebensabschnitt. Kinder waren einfach kleine Erwachsene, die man in kleinere Erwachsenenkleidung steckte.

Kriegführung

Die Staaten Italiens führten im 15. Jahrhundert mit ihren Söldnerarmeen zahlreiche Kriege gegeneinander. Am Ende des Jahrhunderts griffen Franzosen und Spanier in diese Kriege ein und übernahmen dabei teilweise die in Italien entwickelten Kriegstechniken. Die Entwicklung von Feuerwaffen und Explosionsstoffen führte zu rasanten Fortschritten in der Kriegführung. Ingenieure erlangten große Bedeutung; sie entwarfen nicht nur Waffen, sondern verbesserten auch Festungen, bauten Brücken und leiteten sogar Flüsse um: alles, um die Feinde zu besiegen. Als Leonardo da Vinci 1482 nach Mailand zog, bot er dem Herzog Lodovico Sforza seine Dienste als Ingenieur und Waffentechniker an, der von riesigen Katapulten über Kanonen bis zu Kriegsschiffen alles entwerfen und bauen konnte.

KANONENFEUER
Die Italiener waren beim Einmarsch des französischen Heeres (1494) von dessen modernem Waffenarsenal mit Kanonen schwer beeindruckt. Die Medici in Florenz ließen später ebenfalls solche Kanonen bauen. Manche waren sogar mit Heiligenköpfen verziert, wie diese mit dem Kopf des hl. Petrus.

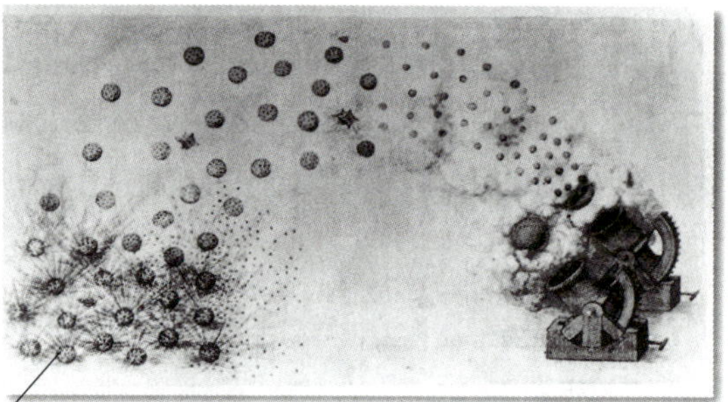

Beim Aufprall auf den Boden explodieren die Bomben.

MÖRSERBOMBEN
Leonardo schrieb Lodovico Sforza, er habe ein transportables Geschütz entworfen, mit dem man „Steine gleich einem Ungewitter schleudern" könne. Seine Mörserkanone sollte Bomben, die beim Aufprall explodierten und kleine Steine versprengten, in hohem Bogen über Schutzwälle schießen.

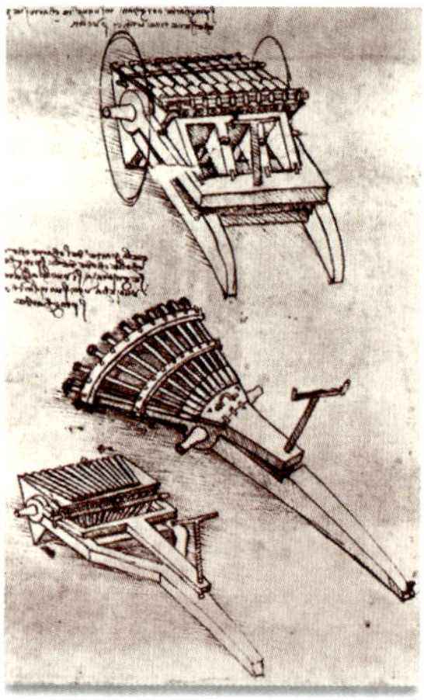

TÖDLICHE IDEEN
Leonardo entwarf drei verschiedene Schnellfeuerkanonen (oben). Bei der obersten zeigen alle Rohre in eine Richtung, bei der mittleren sind sie fächerförmig angeordnet, und die unterste besteht aus drei Lagen von Rohren, die nacheinander abgefeuert werden können.

Schraubenwinde zum Einstellen des Schusswinkels

Eisenbeschlagene Räder

Öffnungsklappe zum Nachladen

DURCHSIEBTER FEIND
Leonardos Kanonen wurden zu seinen Lebzeiten nie gebaut. Dieses moderne Modell ist seinen Plänen nachempfunden. Man hätte damit eiserne Bolzengeschosse breit gefächert gegen anrückende Feinde schießen können: eine tödliche Waffe!

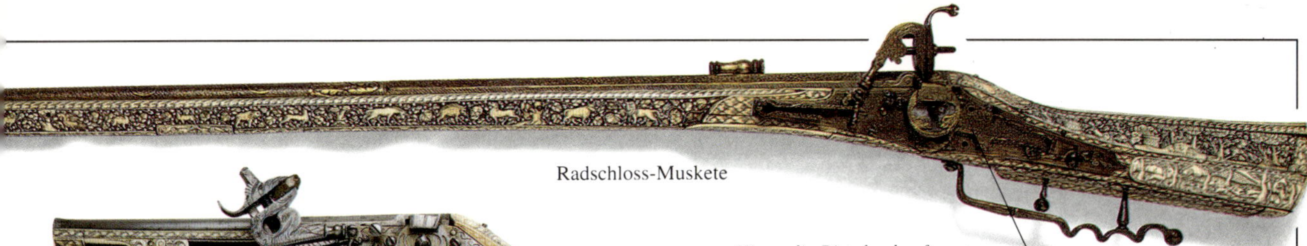

Radschloss-Muskete

Magazin für Feuersteine

Radschloss-Pistole

Wenn die Pistole abgefeuert war, konnte man sie auch als Schlagwaffe benutzen.

MIT ALLEM DRUM UND DRAN
Schießpulver gab es in der Kriegführung in Europa seit dem 14.Jh., aber erst nach 1425 waren kleinere Feuerwaffen im Kampf wirklich wirksam. Die Radschloss-Muskete und die Radschloss-Pistole (Ende 1500) funktionieren nach dem gleichen Prinzip. Beim Feuern drehte der Abzug ein Rädchen, das Funken aus einem Feuerstein schlug, der wiederum das Schießpulver entzündete. Diese Waffen hatten zwar eine hohe Durchschlagskraft, sie waren jedoch teuer und umständlich zu laden.

PULVERHORN
Die Soldaten trugen mit Schießpulver gefüllte Flaschen zum Nachladen ihrer Waffen mit sich. Diese Flaschen waren aus eisenfreiem Material, etwa Horn, um versehentliche Funkenentstehung zu vermeiden.

Löwenkopf, das Symbol von Florenz

Wappen der Medici

DAS SCHWERT DER MEDICI
Auch im 16. Jh. benutzte man im Krieg noch Schwerter. Die Mailänder Schmiede waren in ganz Europa berühmt für die Schönheit und Qualität ihrer Rüstungen und Waffen. Dieses Krummschwert trägt das eingravierte Wappen von Cosimo I. de' Medici.

STOLZER SOLDAT
Leonardos Zeichnung verdeutlicht die Arroganz und Grausamkeit der *Condottieri* (Söldnerführer), die in einigen Stadtstaaten zur Verteidigung angeheuert waren. Um 1509 hatte Venedig nahezu 30.000 Söldner. Es gab Söldnertruppen, die Kämpfe künstlich verlängerten, damit sie länger Sold kassieren konnten.

Musik und Muße

KIRCHENKOMPONIST
Giovanni Pierluigi da Palestrina (um 1525–1594) komponierte über 100 Messen und viele Gesangsstücke ohne Instrumentalbegleitung. Seine Chormusik war prächtig und kunstvoll ausgearbeitet, die Gesangstexte waren immer klar und leicht verständlich.

In der Renaissance war das Leben für die meisten Menschen von harter Arbeit geprägt. Die Mehrheit hatte kaum Geld oder Zeit für Unterhaltung. Doch auch die Ärmsten fanden Zerstreuung: Die zahlreichen religiösen Feste bedeuteten einen arbeitsfreien Tag, freies Essen und aufregende Veranstaltungen wie Prozessionen, Pferderennen und Kampfspiele. In den großen Kathedralen konnte jedermann während der Messe der reinen, gefühlvollen Kirchenmusik lauschen und dabei die kunstvollen Bilder (z.B. Buntglasfenster und Deckengemälde) betrachten. Reiche Leute leisteten sich natürlich ausschweifendere Vergnügungen, z.B. beim Sport oder bei der Jagd.

SEITENWEISE NOTEN UND FINGERSÄTZE
Die Erfindung des Buchdrucks wirkte sich auch auf die Musik aus. Zum ersten Mal konnten Noten genau und schnell kopiert und in ganz Europa verkauft werden. Die ersten mit beweglichen Lettern gedruckten Noten veröffentlichte Ottaviano Petrucci 1501 in Venedig. Er druckte noch über 60 Werke – von Lautenmusik (oben) bis zu mehrstimmigen Sätzen.

Ein Engel spielt himmlische Musik auf einer Laute.

Musik

Die Musik in der Renaissance war überwiegend für Gesang geschrieben. Die Chöre in den großen Kathedralen sangen Messen oder Oratorien (religiöse Abhandlungen in musikalischer Form). Diese Werke waren polyphon (mehrstimmig), d.h. mehrere Stimmen sangen ihre eigenen, aber aufeinander abgestimmten Melodien. Außerhalb der Kirche waren vor allem Madrigale (zwei- oder mehrstimmige romantische Gesänge) beliebt.

LEONARDOS MUSIK
Leonardo war ein guter Sänger und spielte die *Lira da braccio* (links). Seine selbst gebaute Lira aus Silber soll besser geklungen haben als die üblichen Instrumente aus Holz. In seinen Skizzenbüchern finden sich auch Entwürfe für viele andere Instrumente, u.a. eine mechanische Trommel und Blasinstrumente mit Tastatur. Für Leonardo war Musik „die Darstellung des Unsichtbaren“ und die Schwester der Malerei.

Die Jagd

Wie schon im Mittelalter waren Jagden auch in der Renaissance ein beliebter Zeitvertreib der Adligen und Reichen. Manche Jagdgesellschaften dauerten mehrere Wochen und waren riesengroß, oft nahm ein ganzer Hofstaat daran teil. Die Jagd war oft auch sehr anstrengend: König Heinrich VIII. von England konnte an einem einzigen Jagdtag acht Pferde bis zur Erschöpfung reiten.

Dekorativer Federbusch

BEIZJAGD
Zur Jagd von Vögeln und kleineren Tieren setzte man Falken ein. Der Falkner verhüllte die Augen des Falken mit einer solchen Haube, damit er ruhig blieb. Sobald der Jäger geeignetes Wild erspähte, nahm er dem Falken die Haube ab und ließ ihn fliegen.

JAGDHORN
Der Rüdemeister organisierte die Jagd und führte die Hunde. Er blies das Horn zum Signal, wenn Wild gesichtet wurde oder um die Verfolgungsrichtung anzuzeigen. Manche Jagdhörner bestanden aus Büffelhorn und waren mit vergoldeter Bronze verziert.

DIE WAFFEN DER FRAUEN
Diese Armbrust wurde speziell für eine Frau angefertigt. Bei der Vogeljagd schoss sie damit mit Lehmkugeln anstatt mit Pfeilen. Zwar war die Jagd in erster Linie ein Männersport, doch er war durchaus auch bei Frauen, wie Königin Elisabeth I. von England (1533–1603), beliebt.

Auslöser für die Bogensehne

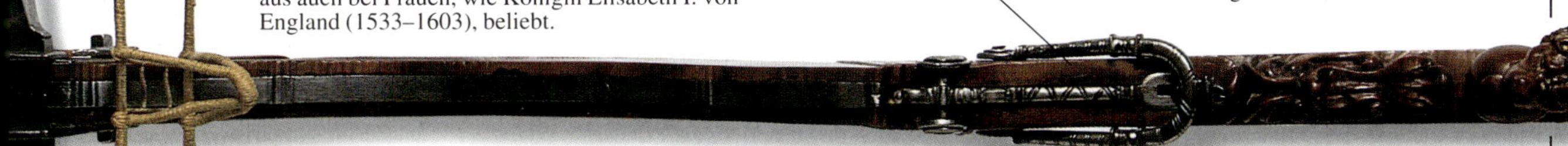

Feste

Freizeit und Muße standen weniger in Verbindung mit Wochenenden, wie es heute der Fall ist, sondern mit den damals weit häufigeren kirchlichen Feiertagen. An solchen Feiertagen fanden Festessen, Prozessionen und Spiele statt.

DER OMMEGANCK-FESTZUG
Höfische Umzüge waren auch oft Anlass für Festlichkeiten. 1615 erlebten die Bürger von Brüssel einen Triumphzug zu Ehren des Einzugs der Regentin Isabella bei Hofe. Mehr als ein Dutzend Festwagen mit als Symbol- oder Sagenfiguren verkleideten Menschen nahmen daran teil.

In Metall gehämmertes Gesicht

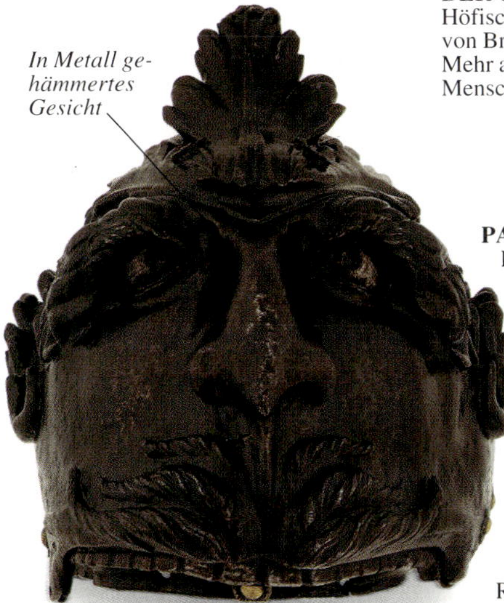

PARADEHELM
Dieser offene Helm aus Italien wurde um 1530 eigens für Paraden gefertigt. Solche Helme trug man z.B. bei Karnevalsumzügen. Der italienische Karneval war das wildeste aller Feste. Neben Paraden gab es vor der vorösterlichen Fastenzeit noch einmal Bankette, Rennen und Turniere.

WIEDERERLEBTE RENAISSANCE
In Italien haben mittelalterliche und Renaissance-Umzüge noch heute Tradition. Bei diesem Fest in Oristano/Sardinien ziehen Trommler, Trompeter und Ritter durch die Straßen. Es findet jeden Februar statt und soll ein erfolgreiches Jahr bringen.

Renaissance im Norden

Unsterblicher Gott, welch eine Welt sehe ich dämmern“, schrieb der holländische Humanist Erasmus von Rotterdam (um 1466–1536) im Jahr 1517. Wie andere Gelehrte und Wissenschaftler aus dem Norden Europas war er fasziniert von den neuen Horizonten, die die Renaissance in Italien eröffnete. Künstler wie Dürer und Holbein ließen sich von den italienischen Meistern inspirieren. Viele reisten nach Italien, um die wiederentdeckten klassischen Schriften zu studieren, neue Ideen aufzugreifen und sich neue Techniken anzueignen. Mäzene wie Franz I. von Frankreich förderten Künstler und den Buchdruck.

OFFEN UND EHRLICH
„Ich selber, Leser, bin also der Inhalt meines Buches.“ Dieses Zugeständnis machte Michel des Montaigne (1533–1592) in der Einführung seiner *Essais*. Kein Autor hatte sich bis dahin so ehrlich offenbart. Montaignes Ansichten über Freundschaft, Elternschaft und andere persönliche Dinge sind beispielhaft für den Humanismus in der Renaissance.

IDEALE SCHÖNHEIT
Albrecht Dürers Darstellungen von Adam und Eva (1507) waren die ersten idealisierten Nacktdarstellungen in Deutschland. Sie verkörpern die Suche nach der idealen Schönheit, wie sie der italienischen Kunst eigen war. Dürer brachte viele Renaissance-Einflüsse aus Italien nach Nordeuropa.

Winzige Figuren weit draußen auf dem Eis

WINTERLANDSCHAFT
Der flämische Maler Pieter Bruegel d. Ä. (um 1525–1569) reiste nach Italien, wobei ihn allerdings die Alpen mehr inspirierten als die italienische Kunst. In seinen Landschaften – hier *Jäger im Schnee* (1565) – stellt er die Landbevölkerung unverfälscht dar. Sein Werk ist beispielhaft für den lebendigen Realismus in der Malerei Nordeuropas.

REISE IN DIE UNTERWELT
Der flämische Maler Joachim Patinir (um 1480–1525) war wohl der erste westliche Landschaftsmaler. Das Thema seines Bildes *Überfahrt über den Styx* entstammt der Mythologie: Charon, der Fährmann, bringt die Seelen der Toten über den Fluss in die Unterwelt. Patinir verband seinen starken Sinn für Fantasie mit einem genialen Einsatz von Licht und Schatten sowie seiner sehr genauen Beobachtungsgabe.

HOLLÄNDISCHER GELEHRTER
Der führende Humanist der Renaissance, Erasmus, reiste durch ganz Europa und machte eine Reihe klassischer Texte einem breiten Publikum zugänglich. Er verurteilte die Verderbtheit der katholischen Kirche, schloss sich jedoch nicht der protestantischen Bewegung an. Sein Porträt wurde von dem Künstler Hans Holbein (1497–1543) gemalt. Dieser war berühmt für seine realistische Darstellung menschlicher Gesichtszüge.

KULTURSTADT NÜRNBERG
Bis Mitte des 16. Jh.s war Nürnberg zu einem wohlhabenden Handels- und Kulturzentrum geworden. Die Heimatstadt von Künstlern wie Albrecht Dürer konnte sich auch der ersten Druckerpressen und einer Bibliothek mit 4000 Bänden rühmen. Reiche Nürnberger Mäzene lockten Buchdrucker, Kartografen und Astronomen sowie Künstler und Gelehrte in ihre Stadt.

In einem von Tageslicht erhellten Raum Neuvermählter brannte traditionsgemäß eine Kerze.

Der Hund symbolisiert Treue.

RIESENERFOLG
Der französische Autor François Rabelais (um 1490–1553) hinterfragte in seinen Romanen *Pantagruel* (1532) und *Gargantua* (1534) satirisch altmodische Lehrmethoden und pries dagegen den Humanismus. In Frankreich waren seine Bücher zwar kurzzeitig verboten, im übrigen Europa aber ein großer Erfolg.

HÄUSLICHE SYMBOLIK
Anfang des 15. Jh.s entwickelten die niederländischen Künstler ihre eigene, sehr realistische Ölmalerei, die ihrerseits die italienischen Maler beeinflusste. Von Jan van Eyck (um 1390–1441) stammt das detailgetreue Gemälde *Giovanni Arnolfini und seine Frau Giovanna Cenami* („Arnolfini-Hochzeit", 1434). Zahlreiche Einzelheiten symbolisieren die Heiligkeit des Ehebunds.

GLITZERNDES GLAS
Der englische Architekt Robert Smythson ließ sich stark von der italienischen Architektur beeinflussen. In seinem Entwurf für die Hardwick Hall in Derbyshire (1597) plante er so viele Fenster ein, dass man sagte, der Bau bestehe aus mehr Glas als Mauern.

Das Erbe der Renaissance

Der Humanismus im Europa des 16. Jahrhunderts gab den Menschen eine neue Freiheit, die Welt und sich selbst zu betrachten. Sie konnten eigene Gedanken frei äußern und Kritik an überlieferten Ansichten üben. Die Errungenschaften der Renaissance inspirierten und beeinflussten die ganze westliche Welt auch im nachfolgenden Jahrhundert. Maler und Bildhauer waren keine Handwerker mehr, sondern Künstler. Schriftsteller wie Shakespeare bedienten sich einer neuen lebendigen und schönen Sprache. Naturwissenschaftler wie Newton erforschten das Universum. Mathematik und Naturwissenschaften prägten das Denken. Den Philosophen Blaise Pascal (1623–1662) und René Descartes (1596-1650) war nun eine vernunftmäßige Betrachtung der Beziehung zwischen Mensch und Gott möglich.

Rembrandt mit 23 Jahren

EIN MALERLEBEN
Über 40 Jahre hinweg malte Rembrandt van Rijn (1606–1669) eine Reihe von schonungslosen Selbstporträts, die seinen wechselvollen Werdegang widerspiegeln: vom Erfolg in jungen Jahren über seinen Bankrott bis ins Alter. Diese Porträtreihe veranschaulicht die humanistische Ansicht, dass die Erfahrungen eines jeden einzigartig sind und individuell erlebt werden.

Rembrandt im Alter von 55 Jahren

Die Universität von Cambridge in England

BILDUNGSZENTRUM
Viele Staatsmänner der Renaissance förderten die Verbreitung humanistischen Gedankenguts. Der holländische Gelehrte Erasmus von Rotterdam lehrte eine Zeit lang Griechisch an der Universität von Cambridge, die zu einem Zentrum humanistischer Gelehrsamkeit wurde.

DIE NEUE LITERATUR
Der spanische Autor Miguel de Cervantes (1547–1616) schuf die beiden unsterblichen Figuren Don Quijote und seinen Diener Sancho Pansa. Die als Roman sehr erfolgreichen Abenteuer des Don Quijote parodierten nicht nur das Rittertum, sondern waren auch beispielhaft für die neuen Anti-Helden-Romane.

Don Quijotes mageres, altes Pferd Rosinante

DAS THEATER
William Shakespeare schuf eine neue, erfrischend-lebhafte Form des Versdramas von bereits bekanntem oder romantischem Inhalt. In einigen Stücken, z.B. im *Kaufmann von Venedig* und in *Romeo und Julia*, war das Italien der Renaissance Ort der Handlung. Shakespeares berühmteste Werke wurden im Globe-Theater in London, einem 1599 erbauten Freilufttheater, uraufgeführt. Dieses Modell zeigt die Bühne und die Zuschauerränge. 1997 errichtete man unweit des Originalstandorts des Globe einen Nachbau.

Der König von Frankreich beugt sich über den sterbenden Leonardo. In Wahrheit war der König nicht an Leonardos Sterbebett.

TOD EINES GENIES
Leonardo da Vinci starb im Mai 1519 bei Amboise in Frankreich als Gast von König Franz I. Diese romantisierende Darstellung (1819) stammt von dem französischen Künstler Jean Auguste Dominique Ingres. Leonardos Einfluss auf die Kunst war gewaltig, und viele seiner Bilder und Entwürfe, die *Mona Lisa*, sein Proportionsschema der menschlichen Gestalt nach Vitruv oder seine Flugmaschine, sind heute noch berühmt.

Seitenansicht eines Nachbaus von Newtons Spiegelfernrohr

NATURWISSENSCHAFTEN
Sir Isaac Newton (1642–1727), der englische Physiker und Mathematiker, führte die revolutionäre Arbeit von Galileo Galilei fort. Er bewies, dass sich die Planeten mit ihrer Schwerkraft gegenseitig anziehen, und erarbeitete bedeutende Theorien über Licht und Bewegung.

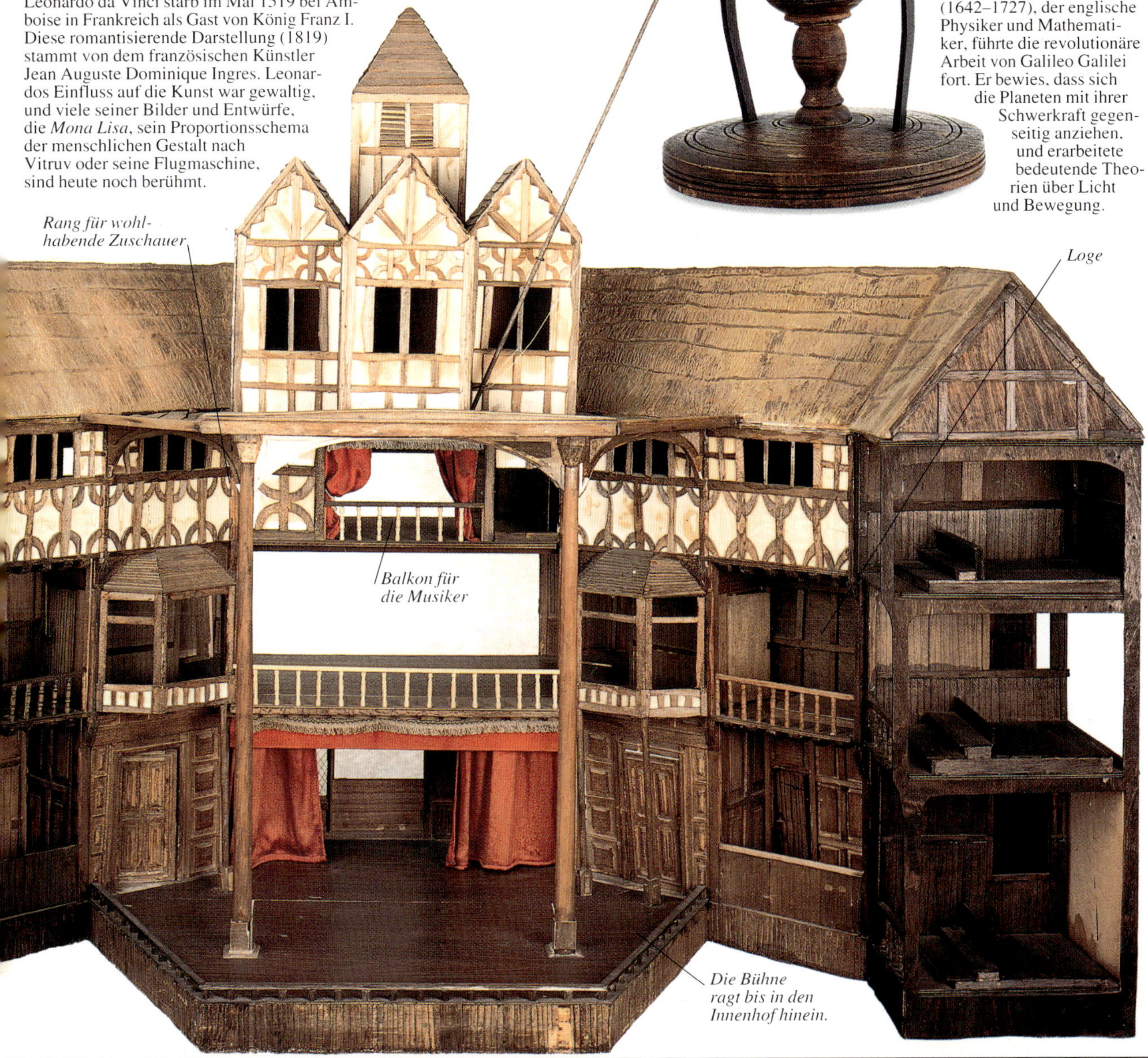

Reformation, Religionskriege und die Herausbildung des modernen Staats

Es ist eine anerkannte Tatsache, dass neben den Entdeckungen der europäischen Seefahrer, neben der Wiederentdeckung der Antike durch Renaissance und Humanismus und neben dem Aufschwung der Wissenschaften in der frühen Neuzeit auch die Reformation einen gewichtigen Beitrag zur Entstehung des modernen Europa geleistet hat. Ebenso gilt es als erwiesen, dass alle diese Erscheinungen – Erfahrung der Welt als Ganzer, Wissenschaft, künstlerischer Neubeginn, Religionswirren – auch mit der Entstehung des modernen Staats in Zusammenhang stehen. Wie aber dieser Zusammenhang herzustellen ist, wird nur durch die detaillierte Untersuchung der komplizierten Entwicklungen in der europäischen Gesellschaft, Religion und Politik der frühen Neuzeit ersichtlich.

Vor der Reformation

Man muss zurückgehen in das späte Mittelalter, ins 14. Jahrhundert, um die Krisen zu verstehen, in denen die Neuzeit entstand. Europa, vor allem Westeuropa, wurde damals von Hungersnöten heimgesucht, die aus einer Krise der Landwirtschaft herrührten. Die große Pest von 1348 lässt sich auch dadurch erklären, dass die körperlichen Abwehrkräfte der Menschen durch schlechte Ernährung erschöpft waren. In den dicht besiedelten Gebieten Westeuropas, so in Frankreich, Flandern und England, revoltierten die selbstbewusster gewordenen Bauern gegen ihre Herren, und in vielen Städten begehrten die Handwerker und kleinen Händler gegen die Patrizier auf; es kam auch zu Pogromen gegen die städtischen Juden als eine besondere Gruppe der Bevölkerung, auf die sich der Volkszorn leicht lenken ließ. Während der Güteraustausch zwischen Stadt und Land stockte, stiegen gleichzeitig die Ansprüche der Stadtbürger und der vom einfachen Klerus geführten Landgemeinden auf politische Mitwirkung und eigenständige Religionsausübung. Anders als noch im Hochmittelalter konnten viele Menschen jetzt lesen; außerdem waren die Volkssprachen zu einem dem Latein der Gelehrten gleichwertigen Ausdrucksmittel geworden. Die Kirchengemeinden in Stadt und Land sowie die städtischen Organisationen vom Rat bis zu den Zünften und Bruderschaften waren nicht mehr nur Mittel der weltlichen und geistlichen Machtausübung, sondern Gremien, an denen die kleinen Leute immer selbstbewusster Anteil nahmen. Die Kirche, so schlossen diese jetzt aus der Lektüre der heiligen Schriften, sollte nicht dem Papst, den Bischöfen und Äbten gehören, sondern allen Gläubigen. So wundert es nicht, dass in England die Lehren von John Wyclif (S. 92) schnell Anhänger fanden, der um 1380 die Abschaffung des Papsttums und die Einziehung der Kirchengüter predigte und die Bibel ins Englische übersetzt hatte. Es wundert aber auch nicht, dass die Kirche und die mit ihr eng verbundenen großen Herren brutal einschritten, als aufständische Bauern sich die Lehren Wyclifs zu eigen machten. Manche seiner Anhänger wurden als „Ketzer" auf dem Scheiterhaufen verbrannt – Scheiterhaufen und Ketzerverbrennungen begleiten seitdem den Entstehungsprozess der Neuzeit.

Martin Luther (Gemälde von Lukas Cranach d. Ä.)

Die Entwicklung in England wiederholte sich in Böhmen. Jan Hus (S. 94), der die Lehren Wyclifs aufgriff und die Bibel ins Tschechische übersetzte, wurde zwar 1415 in Konstanz verbrannt, aber seine Anhänger, zu denen nicht zuletzt der tschechische Landadel gehörte, konnten sich wenigstens teilweise gegen die Kirche und den Kaiser als obersten Lehnsherrn durch-

„Die verderbte Kirche trägt das Gesicht des Teufels". Medaillon aus der Reformationszeit

setzen. Umso aufmerksamer reagierten nun die Kirche und die Fürsten gegenüber neuen Lehren. Die päpstliche Inquisition (Untersuchungskommission) kontrollierte die Schriften der Mystiker, jener Gelehrten, die einer neuen, ganz persönlichen Frömmigkeit in der Volkssprache Ausdruck gaben, und nährten Angst der Bevölkerung vor „Hexen", die angeblich im Bunde mit Ketzern das Werk des Teufels betrieben. Der Volkszorn wurde so kanalisiert und die Kontrolle über die Gläubigen intensiviert. Demselben Ziel diente auch die brutale und gründliche Vertreibung der Juden, die sich nicht zum Christentum bekehren wollten, aus dem gerade erst ganz vom Islam „zurück"-eroberten Spanien 1492 und wenig später aus Portugal. Sie fanden im viel toleranteren Reich der türkischen Osmanen und bald auch in den liberalen niederländischen Städten eine neue Lebensgrundlage (S. 116).

Sowohl das gewachsene politische und religiöse Selbstbewusstsein des einzelnen Bürgers und Bauern als auch die wachsende obrigkeitliche Kontrolle über das gesamte geistige Leben, sowohl religiöser Wahn und Fanatismus als auch die zunehmende Rationalität in der staatlichen Verwaltung prägen die Entstehung der Neuzeit und auch die Reformation selbst.

Die Reformation Luthers, Zwinglis und Calvins

Die religiöse und soziale Unruhe, die für das ausgehende Mittelalter bezeichnend ist und die zuletzt 1494–1498 in der theokratischen Revolution Savonarolas (S. 77) im bereits von der Renaissance geprägten Florenz ihren Ausdruck gefunden hatte, war auch der Nährboden für die Reformation Luthers in Wittenberg, Zwinglis in Zürich und Calvins in Genf (S. 95). Auch hier ging es zunächst um die Zurückweisung des päpstlichen Herrschaftsanspruchs, die Einziehung der Kirchengüter zugunsten aller Gläubigen, eine von der jeweiligen Gemeinde praktizierte Frömmigkeit und den Glauben jedes Einzelnen. Doch anders als die schwärmerisch-religiösen und sozial-revolutionären Wiedertäufer (S. 94) schlugen die Reformatoren einen neuen Weg ein, als sie sich mit den weltlichen Mächten verbündeten. Im Deutschen Bauernkrieg von 1525 stellte sich Luther an die Seite der siegreichen Fürsten, und Zwingli und Calvin gelang es, die Ratsherren von Zürich und Genf von der Notwendigkeit der Reform zu überzeugen. Fürsten und Stadtregierungen, die schon seit einiger Zeit bemüht waren, eine Staatsverwaltung in einem fest umgrenzten Territorium aufzubauen, machten sich die Reformation zunutze, um in ihren Gebieten eine eng mit der staatlichen Bürokratie verknüpfte Kirchenorganisation aufzubauen. Die Trennung von Staat und Kirche, die sich infolge des Machtkampfs zwischen Kaiser und Papst im frühen Hochmittelalter in Westeuropa durchgesetzt hatte, war damit teilweise wieder rückgängig gemacht.

Der Erste, der sich der reformatorischen Ideen für den Ausbau seiner eigenen Macht im großen Stil bediente, war König Heinrich VIII. von England (S. 100). Er sagte die englische („anglikanische") Kirche 1534 von Rom los, erklärte sich selbst zum Kirchenoberhaupt und zog die Kirchengüter zugunsten der Krone und der ihr am treuesten dienenden Herren ein.

Die Gegenreformation

1534, im selben Jahr, als Heinrich VIII. die Oberhoheit des Papstes über die englische Kirche beendete, gründete der Spanier Ignatius von Loyola die „Gesellschaft Jesu", den Jesuitenorden. Militärisch straff organisiert, unternahmen es die Jesuiten, dem Herrschaftsanspruch des Papstes in allen Ländern Geltung zu verschaffen. Die andere wichtige Stütze des Papstes war der Kaiser, Karl V. (1519–1556, S. 76), der als König von Spanien das damals reichste und mächtigste Land Europas regierte und auch in Italien großen Einfluss hatte. 1545–1563 tagte auf seine Initiative hin das Konzil von Trient (S. 95), das die alte, die katholische Kirche für den Kampf gegen die Reformation rüsten sollte. Die katholische Kirche nahm die neue persönliche Frömmigkeit der Reformatoren auf, setzte aber auch auf die prunkvolle Demonstration der kirchlichen Macht, vor allem in der Kunst und Architektur, und straffte ihre Organisation, deren Speerspitze der Jesuitenorden wurde. Die katholi-

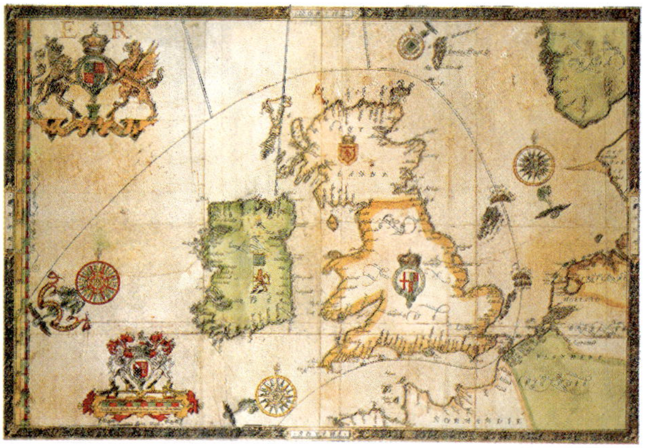

Der Weg der spanischen Armada nach England
und nach ihrer Zerstreuung im Kanal

schen Fürsten, voran die Habsburger in Spanien und Österreich, nutzten ihrerseits die gestärkte Organisation der Kirche, um den Aufbau der Staatsmacht in ihren Ländern voranzutreiben.

Religionskriege und politischer Machtkampf
Mitte des 16. Jahrhunderts ringen katholische und protestantische Kräfte in ganz Europa um Einfluss. Im Reich schließen sich die protestantischen Fürsten im Schmalkaldischen Bund gegen den Kaiser zusammen. Sie werden von dessen Söldnern 1547 besiegt; dennoch muss Karl V. 1555 im Augsburger Religionsfrieden den Fürsten im Reich zugestehen, dass sie bestimmen können, welche Konfession in ihrem Gebiet jeweils maßgeblich sein soll. In England versucht die Tochter Heinrichs VIII., Maria „die Katholische“, den Katholizismus mit Gewalt wieder einzuführen; ihre Nachfolgerin, Elisabeth I. (S. 102), verfolgt wiederum die Katholiken und stärkt die anglikanische Staatskirche. Die nördlichen Niederlande unter Führung der aufblühenden Seestädte Hollands führen die calvinistische Reformation ein und sagen sich 1565 von der spanischen Krone los; damit beginnt der Jahrzehnte währende Unabhängigkeitskampf der Niederlande gegen spanische Truppen (S. 112).
In Frankreich, wo die (calvinistische) Reformation große Teile der Gesellschaft ergriffen hat, ist der König hin- und hergerissen zwischen der alten Kirche, die seit je dem Königtum seine besondere Weihe gegeben hat, und den außenpolitischen Interessen, die ein Bündnis mit England, den aufständischen nördlichen Niederlanden und den protestantischen Staaten Deutschlands gegenüber der Übermacht der Habsburger in Spanien und im Reich nahe legen. Im Bürgerkrieg zwischen den reformierten Hugenotten und den in der katholischen Liga vereinten katholischen Fürsten ist es die Königinmutter Katharina von Medici, die anstelle ihres schwachen Sohns Karl IX. energisch dafür sorgt, dass die Krone für die katholische Seite Partei ergreift: 1572 lässt sie während der Bartholomäusnacht die in Paris versammelten Führer der Protestanten und ihr Gefolge, insgesamt über 2000 Menschen, ermorden (S. 96). Damit ist der Religionskrieg in Frankreich jedoch noch lange nicht beendet. Die katholische Liga, von den Jesuiten unterstützt, erringt zwar bedeutende Erfolge, doch ihr Anführer, Henri de Guise, Herzog von Lothringen, wird zum allzu mächtigen Konkurrenten König Heinrichs III. Dieser lässt den Herzog ermorden, fällt aber selbst einem Attentat zum Opfer. Seine Nachfolge tritt Heinrich IV. an, der im Bürgerkrieg zunächst auf der Seite der Hugenotten gekämpft hat, dann aber „Paris eine Messe wert“ findet und den Glauben der katholischen Mehrheit im Land annimmt. Mit seinem Toleranzedikt von 1589 stellt er den Frieden wieder her; der König bleibt zwar katholisch, aber er steht auch über den religiösen Parteien und festigt dadurch seine Macht. Die Doktrin vom durch den König verkörperten Staat als über den einzelnen Gruppen der Gesellschaft stehenden „Souverän“ hat Jean Bodin als Lehre aus dem Bürgerkrieg bereits 1576 entwickelt (S. 122). Während Frankreich mit seinen inneren Wirren beschäftigt ist, ist das katholische Spanien scheinbar unangefochten die Vormacht Europas (S. 98) und mit seinen reichen Besitzungen in Amerika und Asien geradezu das Zentrum der Welt. Doch es wird, auch im Namen der Reformation, von England herausgefordert, dessen Schiffe immer kühner in den von Spanien beanspruchten Gewässern, vor allem in der Karibik, agieren und beginnen, die mit Edelmetall, Zucker und Gewürzen beladenen spanischen Galeonen zu kapern. Außerdem unterstützen die Engländer den Unabhängigkeitskampf der Niederlande gegen Spanien.
Philipp II. von Spanien, dessen Schiffe bereits 1571 in der Schlacht von Lepanto die Übermacht der Türken im Mittelmeer gebrochen haben (S. 49), rüstet deshalb eine gewaltige Flotte, die „Armada“, für eine Strafexpedition gegen England. Doch die Armada zerschellt 1588 im Sturm vor der englischen Küste (S. 108). In der Folge geht die Macht Spaniens und des mit ihm

vereinigten Portugal zurück; die Herrschaft auf den Meeren der Welt übernehmen die Engländer und die Holländer, die ihr Geld nicht zuletzt mit dem Sklavenhandel zwischen Afrika und den spanischen und portugiesischen Pflanzungen in Lateinamerika machen (S. 110). Gegen Ende des 16. Jahrhunderts sind die gegen die Spanier siegreichen Niederlande zum reichsten Land Europas geworden. In den toleranten und liberalen Städten Hollands, voran Amsterdam, blühen die Künste und Wissenschaften (S. 114). Hugo Grotius formuliert hier das moderne Völkerrecht, die Idee, dass souveräne Staaten miteinander wie gute Geschäftsleute verbindliche Verträge schließen können. Holländische Schiffe sind auf allen Meeren der Welt zu Hause.

Den Holländern kommt zupass, dass in England, der anderen jungen Seemacht, die religiösen Wirren zunehmen: Nach der langen Regierungszeit Elisabeths I. (S. 102) versuchen die Stuart-Könige Jakob I. und Karl I., die in Opposition zur Staatskirche stehende Bewegung der unabhängigen Gemeinden der puritanischen *Dissenters* zurückzudrängen und ihre Herrschaft von der Kontrolle durch das Parlament unabhängig zu machen. Es wird ihnen sogar nachgesagt, sie wollten die katholische Religion wieder einführen. Im Bürgerkrieg 1642–1646 erlangen die *Dissenters* die Vorherrschaft im Parlament, und die Parlamentstruppen schlagen schließlich unter der Führung von Oliver Cromwell die des Königs. Karl I. wird hingerichtet, und Cromwell errichtet eine Militärdiktatur, unter der sich das Land erholt. Im ersten der englisch-niederländischen Seekriege des 17. Jahrhunderts gelingt es England sogar, die holländische Überlegenheit zur See zu brechen. Nach dem Tod Cromwells kommt es für kurze Zeit zur Restauration des Stuart-Königtums und zur erneuten Verfolgung der *Dissenters,* doch 1688 siegt in der *Glorious Revolution* das liberale England, in dem für alle religiösen Gruppierungen Platz ist. Mit Wilhelm von Oranien, dem niederländischen „Statthalter", der vom englischen Parlament zum neuen König berufen worden ist, kehrt auch John Locke (S. 123) zurück, der aus den Erfahrungen der Bürgerkriege heraus die Idee der Toleranz als Grundlage einer liberalen parlamentarischen Demokratie propagiert.

Während England gestärkt aus der Phase des religiösen Bürgerkriegs hervorgeht, wird Mitteleuropa durch den Dreißigjährigen Krieg zutiefst erschüttert. Was als Aufstand in Böhmen gegen die habsburgische Strategie eines katholischen „Roll back" begonnen hat, geht bald in einen gnadenlosen Söldnerkrieg zwischen den Kaiserlichen mit ihren Verbündeten der katholischen „Liga" und den in der „Union" vereinigten Protestanten über. Ausländische Mächte, zuerst Dänemark, dann die neue Großmacht Schweden (S. 120) und schließlich auch Frankreich, greifen in den Krieg im Reich ein, um den Sieg des Kaisers und die Dominanz Habsburgs zu verhindern. Ganze Landstriche werden entvölkert, und als schließlich 1648 in Münster und Osnabrück Frieden geschlossen wird, ist dies ein Erschöpfungsfrieden. Deutschland wird bis weit ins 18. Jahrhundert brauchen, um sich von den Folgen des Kriegs zu erholen, und der Zusammenhalt des uralten „Heiligen Römischen Reichs Deutscher Nation" ist unwiederbringlich zerstört. Die deutschen Kleinstaaten sind praktisch ebenso „souverän" geworden wie Frankreich oder England. Aber eins ist gewonnen: Auch in Deutschland herrscht von nun an weitgehend religiöse Toleranz.

Grausamkeiten des Hugenottenkriegs in Frankreich

Chronik

1380 In einer wirtschaftlichen Krisenzeit, die in ganz Westeuropa zu Bauernaufständen führt (in England 1381), predigt der Oxforder Professor John Wyclif gegen die Verweltlichung der Kirche. Er fordert die Einziehung der Kirchengüter und die Abschaffung des Papsttums; auch bezweifelt er die kirchliche Lehre, dass die Gläubigen im Abendmahl wirklich den Leib des Herrn zu sich nähmen. 1380 legt er eine vollständige Übersetzung der Bibel ins Englische vor. Wyclifs Anhänger, die Lollarden, werden grausam verfolgt, zumal sich unter ihnen nicht nur kirchenkritische, sondern auch sozialrevolutionäre Tendenzen ausbreiten. Es kommt zu ersten Ketzerverbrennungen.

1415 Der Tscheche Johannes (Jan) Hus, Anhänger der Lehren Wyclifs, wird während des von Kaiser Sigismund nicht zuletzt für den Kampf gegen Ketzerei einberufenen Konzils zu Konstanz verbrannt. Darauf bricht in Böhmen der Hussitenkrieg (1419–1434) aus. Die Hussiten fordern soziale und kirchliche Reformen. Kirchengüter werden eingezogen. Gewinner des Hussitenkriegs sind letztlich nicht die Bauern, sondern die tschechischen Landadligen.

1475 Veröffentlichung der tschechischen Übersetzung des Neuen Testaments von Jan Hus in gedruckter Form in Pilsen.

1481 Einführung der Inquisition in Spanien

1487 Die päpstliche Inquisition veröffentlicht den *Hexenhammer*; Beginn der Hexenverfolgungen, die um 1600 ihren Höhepunkt erreichen, aber noch bis weit ins 18. Jh. anhalten.

1492 Vertreibung der Juden aus Spanien unter dem Großinquisitor Torquemada. 1497 werden die Juden auch aus Portugal vertrieben.

1498 Savonarola in Florenz hingerichtet.

1506 Ablasshandel des Dominikaners Johann Tetzel in Deutschland; der Mediceerpapst Leo X. (1513–1521) nützt Ablassbriefe für die Finanzierung des Baus der Peterskirche in Rom.

1517 Luther hängt seine 95 Thesen an der Schlosskirche in Wittenberg aus.

1519 Zwingli predigt in Zürich die Reformation.

1520 Mit seinen Schriften *An den christlichen Adel deutscher Nation* und *Von der Freiheit eines Christenmenschen* legt Luther sein Programm nieder und sucht das Bündnis mit dem Adel.

Beginn der revolutionären Wiedertäuferbewegung

1521 Luther tritt auf dem Reichstag in Worms auf, wird in Acht getan und zieht sich auf die Wartburg zurück, wo er seine Übersetzung der Bibel ins Deutsche beginnt. Zusammenarbeit zwischen Luther und dem Humanisten Melanchthon.

1523 Der Zürcher Rat bekennt sich zu Zwinglis Reformation.

1524 Bruch zwischen Luther und Erasmus

1524–1525 Großer deutscher Bauernkrieg; der Wiedertäuferführer Thomas Müntzer wird enthauptet, Luther schlägt sich auf die Seite der Fürsten.

Heirat des Mönchs Luther und der Nonne Katharina von Bora

1526 Der Reichstag in Speyer erklärt die Frage der Reformation zu einer Angelegenheit der Landesfürsten.

Wiedertäufer gründen in Mähren die Gemeinde der „Mährischen Brüder".

1527 Abendmahlsstreit zwischen Luther und Zwingli. Ausbreitung des Luthertums nach Skandinavien

1530 Melanchthon formuliert die „Augsburger Konfession" der Lutheraner.

1534 Suprematsakte Heinrichs VIII. von England, in der die Unabhängigkeit der englischen (anglikanischen) Kirche von Rom erklärt wird.

Gründung des Jesuitenordens durch Ignatius von Loyola zur Unterstützung des Papsttums. Der neue Orden wird 1540 durch den Papst bestätigt.

1535 Heinrich VIII. lässt den Humanisten Thomas More (Morus) hinrichten, weil dieser an der Einheit der Kirche festhält.

1536 Calvin veröffentlicht in Genf seine Prädestinationslehre. Luther setzt sich von den calvinistischen „Reformierten" ab. Melanchthon vermittelt zwischen Lutheranern und Reformierten.

1538 Heinrich VIII. zieht in England den Klosterbesitz ein.

1541 Calvin setzt sich in Genf durch; John Knox führt die calvinistische Reformation in Schottland ein.

1545–1563 Konzil von Trient, einberufen auf Druck Kaiser Karls V. Beginn der Gegenreformation

1546–1547 Im Schmalkaldischen Krieg zwischen den im Schmalkaldischen Bund zusammengeschlossenen protestantischen Fürsten und Karl V. siegt der Kaiser.

1547 Gründung der englischen Hochkirche; Kompromiss zwischen Protestantismus und traditionellen Elementen wie der Bischofsverfassung

1553 Maria „die Katholische" besteigt den englischen Thron. Blutige Protestantenverfolgung

Ketzerverbrennung im Genf Calvins

1555 Augsburger Religionsfrieden: Die Durchsetzung eines Bekenntnisses bleibt den jeweiligen territorialen Fürsten überlassen.

Prophezeiungen des Nostradamus in Paris

1558–1603 Elisabeth I. regiert England. In fast 50 Jahre währender „Elisabethanischer" Kultur machen Stadtbürger und modern wirtschaftende Grundbesitzer im Bündnis mit der Krone England zur neben den Niederlanden modernsten Nation Europas.

1559 Begründung des „Index" der verbotenen Bücher durch die katholische Kirche (gilt bis 1966)

1562–1598 Hugenottenkriege in Frankreich. Die Führer der reformierten Hugenotten werden 1572 auf Veranlassung der Königinmutter Catarina de' Medici während der Bartholomäusnacht in Paris ermordet; König Heinrich III. (1574–1589) wiederum lässt den übermächtig gewordenen Anführer der katholischen Liga, Henri de Guise, ermorden und wird bald darauf selbst ermordet. Als Sieger aus den Wirren geht Heinrich IV. (1589–1610) hervor, der aus politischen Gründen 1593 zum Katholizismus übergetreten ist und den Religionskrieg durch sein Toleranzedikt von Nantes (1589) beendet.

1565 Abfall der reformierten Niederlande von der spanischen Krone

1566 Bildersturm der Calvinisten in den Niederlanden

1570 Francis Drake beginnt im Auftrag von Elisabeth I. einen Kaperkrieg gegen die spanische Flotte.

1571 Schlacht von Lepanto: Spanien und die italienischen Seestädte schlagen die osmanische Flotte und beenden damit die türkische Expansion im Mittelmeer.

Katholikenverfolgung durch Königin Elisabeth I. in England

1576 Jean Bodin entwickelt in Frankreich die Lehre vom Staat als Souverän.

1579 Utrechter Union der sieben nördlichen niederländischen Stände gegen Spanien, Wilhelm von Oranien führt als Statthalter die Niederländer.

1580–1640 Portugal wird in Personalunion vom spanischen König regiert. Ende der großen Zeit des portugiesischen Seereichs

1588 Untergang der spanischen Armada vor der Küste Englands; Ende der Vorherrschaft Spaniens auf den Weltmeeren

1611–1632 Unter der Regierung König Gustavs II. Adolf steigt Schweden zur europäischen Großmacht auf.

1618–1648 Dreißgjähriger Krieg in Mitteleuropa. Seine erste Phase, der Böhmisch-Pfälzische Krieg (1618–1623), beginnt mit einem Aufstand der Protestanten in Böhmen gegen die Rckatholisierungsbemühungen durch den Kaiser in Wien. 1620 wird der von den in der „Union" vereinigten protestantischen Fürsten zum deutschen König gewählte Kurfürst Friedrich V. von der Pfalz in der Schlacht am Weißen Berge in Böhmen durch Kaiser Ferdinand II. (1619–1637) und die mit ihm verbündeten Fürsten der katholischen „Liga" geschlagen. Die Folge ist die katholische Restauration in Böhmen.

Die nächste Kriegsphase ist der Dänisch-Niedersächsische Krieg (1625–1629), in dessen Verlauf die kaiserlichen Söldnerführer Wallenstein und Tilly die von dem dänischen König Christian IV. (der als Herzog von Holstein Reichsfürst ist) geführten protestantischen Heere besiegen und bis nach Dänemark vordringen. In ganz Deutschland beginnt die Restauration des Katholizismus.

Darauf landet König Gustav II. Adolf von Schweden in Pommern, um den deutschen Protestanten Beistand zu leisten. Es beginnt der Schwedische Krieg (1630–1635). Gustav Adolf ist erfolgreich, fällt aber 1632 in der Schlacht bei Lützen. Obwohl der schwedische Kanzler Axel Oxenstierna die protestantischen Reichsstände zusammenhält und Wallenstein vom Kaiser abfällt (und ermordet wird), behalten die kaiserlich und katholisch gesinnten Truppen die Oberhand.

In der letzten Kriegsphase, dem Schwedisch-Französischen Krieg 1635–1648, greift das katholische Frankreich auf der Seite Schwedens und der deutschen Protestanten in den Krieg ein, um die Macht Habsburgs zu schwächen. Aus dem Religionskrieg ist endgültig ein Machtkampf der großen europäischen Staaten geworden. Im Westfälischen Frieden von 1648 verzichtet der Kaiser auf die Schaffung eines katholischen deutschen Einheitsstaats. Deutschland ist durch den Krieg weitgehend verwüstet, die Bevölkerung Mitteleuropas um etwa ein Drittel zurückgegangen.

1625 Hugo Grotius formuliert in den Niederlanden das moderne Völkerrecht.

1642–1646 Bürgerkrieg in England, nachdem die Stuart-Könige Jakob I. und Karl I. versucht haben, mithilfe des Adels die bürgerliche protestantisch-freikirchliche Bewegung der Puritaner (*Dissenters*, *Independents*) zu unterdrücken und ein absolutistisches Regime zu errichten. Wegen eines Aufstands in Schottland ist Karl I. gezwungen, das Parlament einzuberufen, weil nur dieses neue Steuern bewilligen kann. Im Parlament erlangen die *Roundheads*, wie die *Independents* auch genannt wurden, zunehmend an Gewicht gegenüber den eher königstreuen und aristokratischen *Tories*. Führer der *Independents* ist Oliver Cromwell, dessen Truppen über die des Königs siegreich sind.

1649 Hinrichtung Karls I., nachdem Cromwell die Anhänger der Staatskirche (Prebyterianer) aus dem Parlament vertrieben hat.

1649–1660 England ist Republik unter dem als Lord-Protector regierenden Cromwell.

1651 Die englische Navigationsakte, die nurmehr englischen Schiffen die Einfuhr von Waren nach England erlaubt, ist gegen die holländische Handelsmarine gerichtet und führt zum ersten Holländisch-Englischen Seekrieg (1652–1654). Ihm folgen noch weitere Seekriege, in deren Verlauf die Holländer die Vormacht der Engländer zur See anerkennen müssen.

Thomas Hobbes formuliert in seinem *Leviathan* die Idee eines starken, absoluten Staats, der allein den Bürgerkrieg aller gegen alle beenden könne.

1660 Nach dem Tod Cromwells und der Abdankung seines Sohns wird in England das Stuart-Königtum wiederhergestellt. Karl II. (1660–1685) restauriert die Macht der Staatskirche und schließt neben Katholiken auch *Dissenters* von allen Staatsämtern aus. Ihm ringt das Parlament allerdings 1679 den *Habeas-Corpus-Act* ab, der die persönliche Freiheit und die des Eigentums garantiert. Als Karls Bruder Jakob II. (1685–1688) eine Restauration des Katholizismus plant, kommt es 1688 zur *Glorious Revolution*: Das Parlament setzt den König ab und beruft an seiner Statt den niederländischen Statthalter Wilhelm von Oranien, der als Wilhelm III. (1689–1702) den Thron besteigt. Wilhelm bestätigt in der *Bill of rights* die Rechte des Parlaments und genehmigt die Kirchenordnung der puritanischen Nonkonformisten. England wird zur wichtigsten europäischen Macht neben dem Frankreich Ludwigs XIV.

1677 Posthum erscheint im Todesjahr des holländischen Philosophen jüdischer Herkunft Baruch Spinoza dessen *Ethik*, in der er sein Programm eines demokratischen Gemeinwesens auf der Grundlage religiöser Toleranz niedergelegt hat.

1689 Der englische Philosoph John Locke kehrt mit Wilhelm von Oranien aus dem holländischen Exil nach England zurück und veröffentlicht seine *Zwei Abhandlungen über die Regierung*, die bis heute als Grundlage liberaldemokratischen Denkens gelten.

Reformation

Das Jahr 1517 gilt als der Beginn der Reformation; damals schlug der Augustinermönch Martin Luther seine Thesen, die sich gegen den Papst in Rom und die hierarchische Kirchenorganisation richteten, am Portal der Schlosskirche im sächsischen Wittenberg an. Luther stellte sich damit an die Spitze der selbstbewusst gewordenen Bürger und Bauern, die die Religion als eine Angelegenheit ihres eigenen Gewissens und ihrer Gemeinden auffassten, statt als die einer universalen hierarchischen Organisation wie der alten Kirche. Sie wollten die heiligen Schriften in ihrer eigenen Sprache verstehen und ihre Gemeindevorsteher selbst bestimmen. Das von der Gemeinde ausgehende Christentum meinten auch die Schweizer Reformatoren Zwingli in Zürich und Calvin in Genf gegen die bereits beinahe bürokratisch organisierte römische Kirche verteidigen zu müssen. Die lutherische Reformation breitet sich in kurzer Zeit über fast ganz Deutschland, nach Skandinavien und bis ins Baltikum und nach Polen aus, die calvinistische in Frankreich, den Niederlanden und Schottland, aber auch in Ungarn. In England macht sich König Heinrich VIII. 1534 zum Oberhaupt einer eigenen Nationalkirche, die zwar immer noch wie die römische hierarchisch verfasst, aber calvinistisch beeinflusst ist, und der die auf Gemeindeebene organisierten Puritaner zunehmend Konkurrenz machen. Die Reformation zwingt die römische Kirche, sich intensiver als zuvor um das Kirchenvolk zu bemühen: Im Konzil von Trient (1545–1563) legt sie die Grundlagen zur Gegenreformation. Diese setzt der Wort- und Schriftgläubigkeit der Protestanten eine neue religiöse Sinnlichkeit entgegen, die in der Kunst und Kultur des Barock ihren besten Ausdruck findet.

LUTHER
Martin Luther (1483–1546) ist hier von dem bedeutenden deutschen Renaissancemaler Lucas Cranach d.Ä. als junger Mann dargestellt.

Die Bischöfe des Konzils

Hus mit dem Schandhut des Ketzers

HUS AUF DEM WEG ZUM SCHEITERHAUFEN
1415 wurde der böhmische Reformator Jan Hus auf dem Konzil von Konstanz als Ketzer auf dem Scheiterhaufen hingerichtet, obwohl der Kaiser ihm freies Geleit zugesichert hatte.

Käfige der Wiedertäufer

DIE WIEDERTÄUFER IN MÜNSTER
1534–1535 errichtete die radikale reformatorische Sekte der Wiedertäufer im westfälischen Münster ein theokratisches (gottesherrschaftliches) Schreckensregime. Als der Bischof die Stadt wiedereroberte, hielt er blutig Gericht. Noch heute hängen am Turm der Stadtkirche St. Lamberti (links) die eisernen Käfige, in die die Anführer der Wiedertäufer gesperrt wurden und in denen sie elendiglich verhungerten.

KONZIL VON TRIENT
Das Konzil, das über die Maßnahmen der katholischen Gegenreformation beschloss, tagte in der Kathedrale der norditalienischen, zum Herrschaftsbereich der Habsburgerkaiser gehörenden Stadt Trient. Der Kaiser war es, der die Kirche zum Handeln drängte und die Gegenreformation mit seiner politischen Macht durchsetzte.

GROSSMÜNSTER ZÜRICH
Hier, am Großmünster in Zürich, predigte Zwingli seit 1522 die Reformation. Zwingli und Luther versuchten sich trotz theologischer Differenzen über die Ziele der Reformation zu verständigen.

TIZIAN, *ASSUNTA*
Tizians Gemälde der Assunta („die in den Himmel Aufgenommene“, 1516–1518) steht am Anfang einer Vielzahl ähnlicher Gemälde aus der Zeit der Gegenreformation. Die Schönheit und Entrücktheit der himmlischen Jungfrau flößte den Gläubigen Liebe und Respekt ein. Dasselbe Ziel verfolgten auch die sorgfältig in Szene gesetzten Auftritte geistlicher und weltlicher Herrscher und Herrscherinnen.

CALVIN
Jean Calvin machte 1541 die zur Schweizer Eidgenossenschaft gehörende Stadt Genf zu einer von der reformierten Kirche beherrschten Gemeinde. Der calvinistische Protestantismus, der sich deutlich von der Reformation Luthers und Zwinglis unterschied, breitete sich in Frankreich (Hugenotten), Westdeutschland (Reformierte), Holland, Schottland, England (Puritaner), Polen und Ungarn aus.

ZWINGLI
1523 gewann Huldrych Zwingli, ein Schüler des großen humanistischen Gelehrten Erasmus von Rotterdam, der vom Auftreten Luthers beeindruckt war, die mächtige Schweizer Stadt Zürich für die Reformation. Diese vollzieht sich in der Schweiz unabhängig von der lutherischen Reformation in Deutschland. Das zeitgenössische Bildnis zeigt Zwingli in der typischen Tracht eines Gelehrten.

Gespaltene Kirche

Um 1550 war Europa in katholische und protestantische Gebiete zerrissen. Die religiösen Gegensätze gerieten dabei immer mehr zum Vorwand für die Machtpolitik der Staaten. Spanien machte sich zum Vorkämpfer der katholischen Gegenreformation, zur Vormacht in Italien und zum wichtigsten Verbündeten der Katholiken in Deutschland. England unterstützte die calvinistischen Holländer gegen die spanische Herrschaft; Frankreich erlebte seit 1562 grausame Religionskriege (Hugenottenkriege), die kurz vor Beginn des 17. Jahrhunderts mit dem Sieg eines katholischen, aber von Rom unabhängigen Königtums endeten.

ZUR SCHAU GETRAGENER REICHTUM
Wertvoller Schmuck war nicht allein Papst und Kardinälen vorbehalten. Diese Kette trug vermutlich ein florentinischer Priester. Sie besteht aus vergoldeter Bronze und ist mit Edelsteinen besetzt. Der Perlmuttanhänger zeigt die Jungfrau Maria mit dem Jesuskind.

DIE HUGENOTTENKRIEGE
Um 1550 war nahezu die Hälfte Europas protestantisch geworden. Um ihre Stellung zu stärken, begann die katholische Kirche mit einer Gegenreformation. Die Folge waren 100 Jahre andauernde Religionskriege. In Frankreich führte die Angst vor den Hugenotten (französische Protestanten) am 24. August 1572 in der Bartholomäusnacht zu einem Blutbad, bei dem 3000 Hugenotten getötet wurden.

SCHICKSALSHAMMER
1517 publizierte der Mönch Martin Luther (1483–1546) seine 95 Thesen gegen die Bußpraxis, in denen er den Ablasshandel scharf kritisierte; er schlug sie an der Tür der Schlosskirche zu Wittenberg an. Luther wurde mit dem Kirchenbann belegt, seine Thesen aber verbreiteten sich rasch in ganz Deutschland und Europa und wurden zum Auslöser der Reformation.

DAUERHAFTE GÖNNERIN
Trotz der Religionskriege vergab die Kirche weiterhin Aufträge an namhafte Künstler. Eine der großartigsten Arbeiten war Michelangelos gewaltiges Deckengemälde in der Sixtinischen Kapelle im Vatikan in Rom. Dieses Detail zeigt eine altgriechische Sibylle (Prophetin).

WEIHRAUCHFASS
Während der katholischen Messe war die Luft erfüllt vom süßen Duft und Rauch, der aus den Weihrauchfässern quoll, die Ministranten den Priestern brachten. Dieser Brauch war aus dem antiken Griechenland und Rom übernommen worden.

Feinste Goldschmiedearbeit

GLANZVOLLE GLASUR

Die Gönnerschaft der Kirche regte die Entwicklung neuer künstlerischer Techniken an. So entwickelte man neue Tonglasuren. Seit 1441 blieb die Rezeptur der Emailglasuren 75 Jahre lang das Werkstattgeheimnis der Familie des Bildhauers Luca della Robbia. Sein Großneffe Giovanni schuf 1521 dieses Altarrelief mit der Geburt Christi.

BILDERSCHLACHT

Im Zuge der Reformation bekriegten sich Katholiken und Protestanten mit Flugblättern und Abbildungen, auf denen sie sich gegenseitig als böse oder irregeleitet darstellten, wie hier den Papst als Teufel.

Blau war die Farbe des Himmels und der Göttlichkeit.

Cherub mit gefalteten Händen

Gottvater blickt vom Himmel herab. Den Protestanten galten Abbildungen Gottes in Menschengestalt als Gotteslästerung.

Engel verkünden die Geburt Christi.

Steife Eleganz

Dieser Stich des Holländers Hans Holbein d.Ä. (1497–1543) zeigt eine typisch nordeuropäische Frauentracht.

Spanien war um die Mitte des 16. Jahrhunderts der mächtigste Staat Europas. Seine Kunst, seine Mode wurden auf dem ganzen Kontinent nachgeahmt. Sie waren geprägt von der im Vergleich zu der sinnenfrohen italienischen Renaissance steifen und ernsthaften, aber machtbewussten Haltung der Gegenreformation. Die Mode dieser Epoche gilt als eine der prunkvollsten und zugleich unbequemsten aller Zeiten. Das gilt bei den Männern für den dick wattierten „Gänsebauch" und die mit Pferdehaar und Wolle ausgestopfte Kniehose, die „Heerpauke". Die Halskrausen schränkten die Bewegungsfreiheit zusätzlich ein. Die Frauen trugen mit Knochen oder Fischbein versteifte Korsetts und straffe Mieder, mit denen die Taille eng geschnürt wurde, außerdem Reifröcke.

Auch im 16. Jh. waren Kinder wie Erwachsene angezogen.

FÜRSTLICH
Dieser Ausschnitt aus einem Gemälde von Robert Peake d.Ä. (frühes 17. Jh.) stellt Elisabeth von Böhmen dar. Ihr Oberkörper ist in ein enges Mieder gezwängt, das entweder am Kleid befestigt oder separat getragen wurde. Der untere Teil des Kleides ist über einen Reifrock gespannt. Elisabeth trägt außerdem eine offene Krause (Fächerkrause), wie sie für unverheiratete Frauen bei feierlichen Anlässen üblich war. Erstmals war es den Frauen erlaubt, ihre Schuhe zu zeigen.

SCHMUCKKÄSTCHEN
Dieses lederne Schmuckkästchen und die vier Goldringe darin stammen aus dem 16. Jh. Es war damals üblich, Wertgegenstände in solchen Schatullen aufzubewahren.

NACH MASS
Dieser norditalienische Schneider trägt die in der zweiten Hälfte des 16. Jh.s typische Kleidung des Mittelstands. Seine Hose (Heerpauke) war mit Rosshaar oder Wolle wattiert.

Mit Steppstich verziertes Wams

Ausschnitt aus einem Gemälde von Giovanni Moroni (1571)

HANDGESCHNEIDERT
Die kunstvolle Kleidung wurde von einzelnen Schneidern oder in kleinen Handwerksbetrieben in Handarbeit hergestellt.

NATURFARBEN
Die Farben für die prächtigen Kleider des 16. Jh.s wurden aus Pflanzen gewonnen. Die Stoffe wurden in großen Bottichen gefärbt und zum Trocknen auf Holzgerüste gehängt.

KASTENKLEID
Dieses Kleid im englischen Stil zeigt ein Extrem der Mode dieser Epoche. Der Reifrock war so breit wie die Schultern und gab dem Rock die Form eines Kastens.

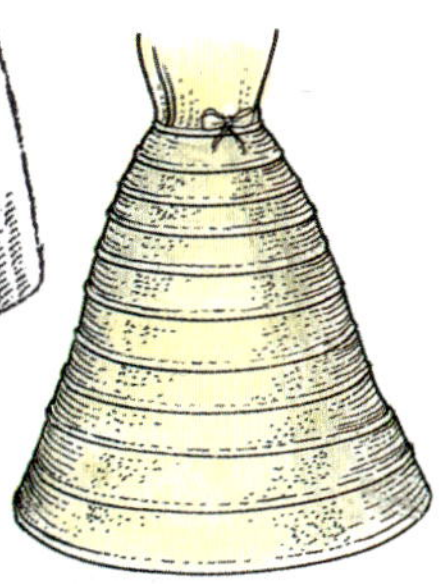

GLOCKE
Reifröcke kamen Mitte des 16. Jh.s in Spanien auf. Sie bestanden aus Unterröcken, die mit Reifen aus Fischbein, Draht oder Rohr versteift waren. Dieser Rock ist oben eng und unten glockenförmig weit.

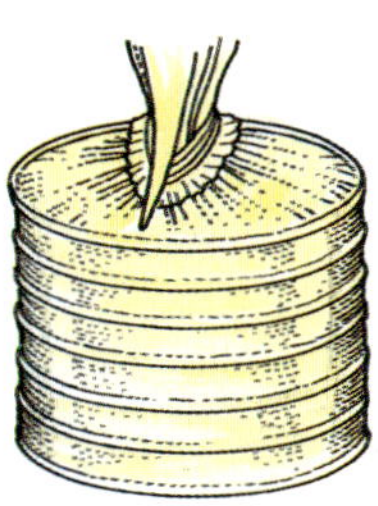

Die Reifen dieses Unterrocks haben alle den gleichen Durchmesser. Dadurch entsteht die Kastenform (siehe oben und links).

Diese Haubenform war nur in Deutschland Mode.

DEUTSCHE MODE
Dieser Mann hat über Wams und Beinlingen einen weit geschnittenen Mantel an. Seine Ehefrau trägt eine Ballonhaube.

Religionskonflikt in England

Das 16. Jahrhundert war eine Zeit erbitterter Religionskämpfe. Die Engländer gehörten zwei konkurrierenden Glaubensrichtungen an: dem Katholizismus und dem Protestantismus. 1534 brach Heinrich VIII. mit der katholischen Kirche und erklärte sich selbst zum Oberhaupt der anglikanischen „Kirche von England". Unter seinem Sohn Eduard VI. (1547–1553) wurde die anglikanische Kirche protestantisch. Während der Herrschaft Marias I. (1553–1558) kam es zu einer Rückkehr zum Katholizismus, doch Elisabeth I. (Regierungszeit: 1558–1603) erklärte den Protestantismus erneut zur Staatsreligion und stellte die anglikanische Kirche wieder her. Die Protestanten ihrerseits waren in staatskirchentreue Anglikaner und freikirchliche Puritaner aufgespalten.

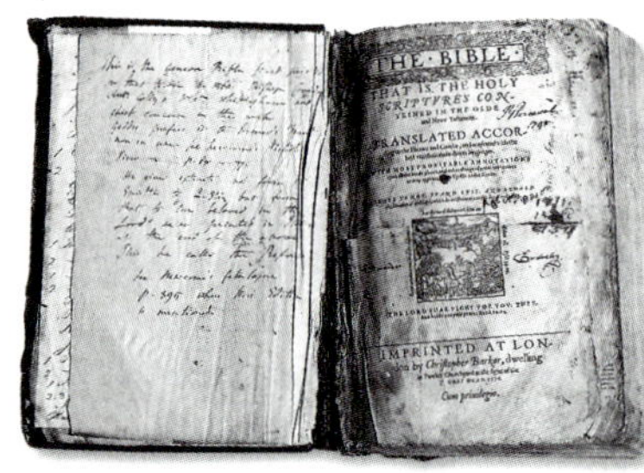

ENGLISCHE BIBEL
Die Katholiken hatten lateinische Bibeln, die Protestanten dagegen vertraten die Ansicht, jeder solle die Bibel in seiner eigenen Sprache lesen können. Als Maria I. den Thron bestieg, floh eine Gruppe englischer Protestanten nach Genf und verfasste dort die Bibelübersetzung, die auch Shakespeare kannte.

Maria als Himmelskönigin mit dem Jesuskind

HIMMELSKÖNIGIN
Katholiken beten vor Heiligenfiguren wie der der Muttergottes, die sie Himmelskönigin nennen. Die Protestanten kennen keine Heiligenverehrung. Sie betrachteten das Anbeten von Heiligenstatuen als Götzendienst. Unter dem protestantischen König Eduard VI. wurden Statuen wie diese in ganz England zerstört.

GEBETE ZÄHLEN
Als Rosenkranz bezeichnen die Katholiken eine bestimmte Abfolge von Gebeten. Die einzelnen Gebete werden an einer Kette aus Perlen abgezählt, die ebenfalls Rosenkranz genannt wird.

Christus am Kreuz

Lederschatulle

Weinkelch für die Kommunion

Flasche für den Wein

Teller für Brot oder Oblaten

BROT UND WEIN
Der katholischen Lehre zufolge wandeln sich beim Abendmahl (Kommunion) Brot und Wein in den Leib und das Blut Christi. Mit Schatullen wie der hier gezeigten, die alle für das Abendmahl wichtigen Gegenstände enthielten, suchten Priester im Geheimen praktizierende Katholiken auf. Das Abendmahl gibt es auch bei den Anglikanern, für sie haben Brot und Wein aber nur Symbolcharakter.

MARIA UND ELISABETH
Königin Maria I. – auch „die Blutige“ genannt – ließ etwa 290 Protestanten töten; ihre Glaubensbrüder feierten die Toten als Märtyrer, d.h. als Helden, die für ihren Glauben starben. Elisabeth I. wiederum ließ 193 Katholiken hinrichten, weil sie Anhänger des Papstes waren und daher als Verräter galten.

Eher schlichtes Kreuz

Das Lamm, ein Opfertier, steht für Christus, der sich nach dem christlichen Glauben opferte, um die Menschheit zu retten.

Reich verziertes katholisches Kreuz

An den vier Enden des Kreuzes sind die vier Evangelisten Matthäus, Markus, Lukas und Johannes zu sehen.

Ein Puritaner unterweist seine Familie.

PURITANISMUS
Die Puritaner bildeten eine Reformbewegung innerhalb der Kirche von England. Ihnen ging es darum, die anglikanische Kirche von katholischen Einflüssen freizuhalten. Bischöfe, prachtvolle Roben und aufwändige Rituale lehnten sie als „papistisch“ ab. Viele sprachen sich sogar gegen das Kreuz als christliches Symbol aus; vor allem reich verzierte Kreuze waren ihnen ein Gräuel.

VERSCHWÖRUNG
1587 ließ Königin Elisabeth I. die schottische Königin Maria Stuart hinrichten. Maria Stuart hatte seit 1568 in englischer Gefangenschaft gelebt, nachdem sie gestürzt worden und nach England geflohen war. Dort war sie zum Symbol des Widerstands der englischen Katholiken gegen Elisabeth geworden. Unterstützt vom Papst, der Elisabeth 1570 das Recht zum Regieren aberkannt hatte, hatten Verschwörer geplant, Elisabeth zu ermorden und Maria auf den Thron zu bringen.

GEMISCHTER GLAUBE?
Sowohl den Katholiken wie auch den Anglikanern galt das Kreuz als Symbol ihres Glaubens, katholische Kreuze waren jedoch aufwändiger verziert. Wie Shakespeare es mit der Religion hielt, ist nicht bekannt. Richard Davies, ein Autor des späten 17. Jh.s, behauptete, er sei als Papist (Katholik) gestorben. In Shakespeares Stücken finden sich Anklänge an den Katholizismus, z.B. Figuren, die bei Heiligen schwören. Das Stück *König Johann* dagegen ist sehr antikatholisch.

Das elisabethanische England

Unter der Herrschaft von Elisabeth I. nahm England einen enormen Aufschwung: Seine Schiffe trotzten auf den Weltmeeren denen der ersten Kolonialnation, Spanien, und brachten enorme Reichtümer von fremden Küsten ins Land; ein neuer Unternehmergeist breitete sich in den Städten aus, und der Dichter William Shakespeare (1564–1616) sprach das Publikum seiner Zeit mit Dramen an, die bis heute zu den meistgespielten der Theater gehören. Der Philosoph Francis Bacon (1561–1626) sah voraus, wie die Naturwissenschaften das Leben der Menschen verändern würden, und forderte Freiheit der Forschung gegen alle religiösen Vorurteile.

THEATER BEI HOFE
Elisabeth sah gern Theateraufführungen, besuchte jedoch nie öffentliche Schauspielhäuser. Stattdessen mussten die Schauspieler in ihren Schlössern Privatvorstellungen geben. Bevor Shakespeare Stücke schrieb, könnte er der Königin als Darsteller bei Hofvorstellungen aufgefallen sein.

MUTTER DES VOLKS
Auf diesem Porträt von Nicholas Hilliard trägt die 41-jährige Königin eine Brosche in Form eines Pelikans. Man glaubte damals, weibliche Pelikane nährten ihre Jungen mit dem eigenen Blut. Die Königin trug die Brosche zum Zeichen dafür, dass sie wie eine Mutter für ihr Volk sorgte.

GEHEIMREZEPTE
Die Damen bei Hofe mischten sich Salben und Lotionen, die die Haut von Sommersprossen und anderen „Makeln" befreien sollten. Zutaten waren Kräuter, Gewürze und Wein, man verwendete aber auch gesundheitsschädliche und sogar giftige Stoffe.

Kräuter und Gewürze sollten gegen Sommersprossen helfen.

In die Augen geträufelt, machte der Saft der giftigen Tollkirsche den Blick intensiver.

Gesichtswasser enthielten Zitronensaft und das giftige Quecksilber.

WILLIAM SHAKESPEARE
Der berühmteste Theaterdichter der Welt war ein Zeitgenosse der Königin Elisabeth. Sein Lebenslauf ist weitgehend unbekannt. Deshalb hat es viele Spekulationen über seine Identität gegeben. So ist behauptet worden, Shakespeare sei ein Pseudonym des Philosophen Francis Bacon gewesen.

BÜCHER FÜR UNTERWEGS
Auf Reisen führte die Königin stets Bücher mit. Auch ihre Höflinge waren belesen, manche betätigten sich sogar als Dichter. Sir Walter Raleigh z.B. verfasste für sie ein Gedicht: *The Ocean's Love for Cynthia.* Der Titel spielte auf ihren Kosenamen für Raleigh an: Sie nannte ihn „Water", also „Wasser". Cynthia ist ein anderer Name für die Mondgöttin Diana.

MIT SCHMUCK BEHÄNGT
Sowohl Männer als auch Frauen bei Hofe kleideten sich äußerst prunkvoll. Sie gaben große Geldsummen für Juwelen aus, mit denen sie ihre Kleidung von den Schuhen bis zur Kopfbedeckung schmückten. Manche Edelsteine hatten eine besondere Bedeutung: So galt z.B. ein zum Halbmond geschliffenes Juwel als Symbol der Unterwerfung unter die „Mondgöttin Elisabeth".

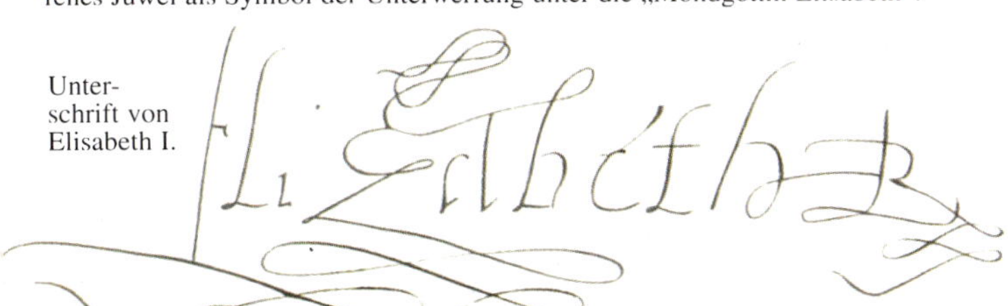

Unterschrift von Elisabeth I.

Unterschrift von Robert Devereux, Graf von Essex

HOCHMUT KOMMT VOR DEM FALL
Königin Elisabeths Favorit in den 1590er Jahren war Robert Devereux, Graf von Essex (1566–1601). Der hochmütige Graf erachtete die Gunst der Königin als selbstverständlich. 1601 führte er einen erfolglosen Aufstand an und wurde hingerichtet. Shakespeare spielt in seinem Stück *Viel Lärm um nichts* darauf an: „... wie Günstlinge, / Von Fürstenstolz gemacht, mit Stolz verschatten / Die Kraft, die sie erschaffen. ... "

KÖNIGLICHER UMZUG
Manchmal ließ sich Elisabeth von ihren Höflingen in einer überdachten Sänfte durch London tragen. So hatten auch die einfachen Bürger Gelegenheit, ihre Königin zu sehen. Dieser Holzschnitt aus dem 19. Jh. entstand nach einem Gemälde von Robert Peake aus dem Jahr 1601. Der Maler stellte die damals 68-jährige Königin als schöne junge Frau dar.

Kaperkrieg

Im Europa des 16. Jahrhunderts staunte man über die von den Spaniern entdeckten Schätze der Neuen Welt. Bald setzten viele Feinde Spaniens die Segel, um sich ihren Teil an der Beute zu sichern: zuerst die Franzosen, wenig später die Engländer unter Führung von Drake und Hawkins. Die Reichtümer der Neuen Welt wurden zum Teil des Machtkampfs zwischen dem katholischen Spanien und dem protestantischen England. Dabei waren die Grenzen zwischen „ehrenhaftem“ Krieg und Piraterie fließend. Goldgier ließ viele Kapitäne die schmale Grenze zwischen Kaperei und Piraterie überschreiten, und sie plünderten Schiffe jeder Nationalität.

SILBERSKLAVEN
Anfangs zwangen die Spanier die Einheimischen zur Arbeit in den Silberminen. Doch sie waren der Arbeit und den Schlägen, die sie antreiben sollten, nicht gewachsen. So holten sich die Spanier Sklaven aus Afrika.

ÜBERRASCHUNGSANGRIFF
Besonders leicht anzugreifen waren die Schatzflotten auf der ersten Etappe ihrer Reise. Sie mussten nämlich von der Karibik aus nördlichen Kurs steuern, um günstigen Wind für die Rückkehr nach Spanien zu bekommen. Die Kaperkapitäne lauerten ihnen daher vor der amerikanischen Küste auf.

FÜR FRANKREICH
Als Erste machten französische Schiffe erfolgreich Jagd auf spanische Schatzgaleonen. Der italienische Seefahrer Giovanni da Verrazano (um 1485–1528), der unter französischer Flagge segelte, kaperte 1522 drei Schiffe. Zwei waren mit Schätzen aus Mexiko beladen, das dritte mit Zucker, Fellen und Perlen. Am bekanntesten wurde Verrazano aber durch die Entdeckung der Bucht von New York im Jahr 1524.

STÜCK VON ACHTEN
Aus dem Gold und Silber der Neuen Welt prägten die Spanier Dublonen und „Stücke von Achten“, die später Piratenwährung wurden.

Kanonenrohr aus Bronze

WELTUMSEGLER
Der Siegeszug Francis Drakes (um 1540–1596) gegen die Spanier machte ihn zum Nationalhelden. Seitdem die Spanier 1568 sein Schiff angegriffen hatten, verfolgte er sie mit blindem Hass. Die Route seiner Seereise von 1585/86 ist auf dieser Landkarte eingezeichnet. Drake griff die spanische Stadt Vigo an und überquerte den Atlantik, um Spaniens Kolonien in der Neuen Welt zu überfallen.

GEFAHR IM VERZUG
Drakes erfolgreiche Verteidigung Englands gegen die spanische Armada im Jahr 1588 stärkte seinen Ruf als Held der Meere. Die Trommel, die ihn auf seinen Schiffsreisen begleitete, gibt es noch (rechts). Es heißt, sie lässt einen unheimlichen Trommelwirbel erschallen, wenn England Gefahr droht.

KAPERSCHIFF
Die ersten Kaperschiffe waren 50- bis 100-t-Barken mit 40 bis 50 Mann Besatzung. Später waren es Handelsschiffe von 100 bis 300 t wie dieses (um 1588). An Bord war es sehr eng, weil man zusätzliche Männer mitnahm für den Fall, dass gekaperte Schiffe nach Hause zu bringen waren.

PIRATEN ODER KAPERER?
Thomas Cavendish (um 1555–1592), Francis Drake und John Hawkins (1532–1595) waren in England gefeierte Kaperkapitäne. Sie besaßen Kaperbriefe, doch nur Cavendish beschränkte seine Angriffe auf Kriegszeiten. Außerhalb Englands galten alle drei als Piraten.

Ihre flachrumpfige, schlanke Form machte die Kaperschiffe wendiger als die spanischen Schiffe.

John Hawkins fuhr als einer der Ersten mit solch einer Galeone.

SANTO DOMINGO
Drakes Angriff auf Santo Domingo/Hispaniola, die spanische Hauptstadt in der Neuen Welt, brachte ihm wenig ein. Die Stadt war noch groß, aber ihre Blütezeit war vorbei und Drakes Beute daher gering. Sein späterer Überfall auf Cartagena/Kolumbien dagegen lohnte sich für ihn.

Die Kanonenkugeln ließen Holz splittern und Segel herabstürzen.

Kanonenkugeln (16. Jh.)

GALEONENSCHRECK
Bessere Seegeschütze waren für die englischen Kaperkapitäne ein bedeutender Vorteil gegenüber ihren spanischen Feinden. Die traditionelle spanische Kampftechnik war, das feindliche Schiff zu entern und dann wie an Land zu kämpfen. Aber zu Drakes Zeiten konnten Geschütze 20 kg schwere Kanonenkugeln bis zu 1,5 km weit schießen, sodass die Spanier selten nah genug zum Entern herankamen.

ENGLANDS FEIND
Philipp II. von Spanien herrschte über ein Reich, zu dem große Gebiete Europas und Amerikas gehörten. Er wollte England katholisieren und seinen Besitzungen einverleiben.

England gegen Spanien

Zwischen 1585 und 1604 lag das protestantische England mit dem katholischen Spanien unter König Philipp II. im Krieg. Der Krieg ließ in England patriotische Stimmung aufkommen, und so stieß die kriegerische Geschichte des Landes auf breites Interesse, auch beim Theaterpublikum. Shakespeare schrieb in den 1590er Jahren neun Dramen, in denen es um englische Geschichte, Könige, Kriege und Kämpfe um den Thron geht. Ein zentrales Thema ist das Bedürfnis nach Ordnung. Der Krieg, der Umstand, dass die Königin keine Erben hatte, die Gerüchte von katholischen Verschwörungen gegen sie und die drohende Gefahr eines Bürgerkriegs beunruhigten die Engländer.

Heinrich will seinen Thronanspruch vor dem Parlament vorbringen.

GOTTES WINDE
1588 nahm der Krieg eine für England gefährliche Wendung, als Philipp eine große Kriegsflotte, die Armada, aussandte. Doch die Armada wurde besiegt und auf der Rückfahrt durch Stürme zerstreut. Die Engländer sahen dies als Zeichen dafür an, dass Gott auf ihrer Seite stand.

Spanische Galeonen waren höher und schwerer zu lenken als englische Schiffe.

BERÜHMTE LETZTE WORTE
In *Richard II.* geht es um den Sturz König Richards II. durch Heinrich Bolingbroke, den späteren König Heinrich IV. In diesem Stück legt Shakespeare Bolingbrokes sterbendem Vater Gaunt seine schönste Lobrede auf England in den Mund: „Dies Volk des Segens, diese kleine Welt, / Dies Kleinod, in die Silbersee gefasst ... / Der segensvolle Fleck, dies Reich, dies England."

FETTER FALSTAFF
Sir John Falstaff ist ein betrunkener alter Ritter, der sich in Shakespeares zwei Stücken über Heinrich IV. mit dem jungen Prinzen Heinrich anfreundet. Es geht darin um Aufstände gegen Heinrich IV., dem der Mord an Richard II. politisches Unglück bringt. Als neuer König Heinrich V. distanziert sich der Prinz jedoch von Falstaff.

NUR MUT!
In *Heinrich V.*, einem Stück über Englands großen Sieg über Frankreich in der Schlacht bei Agincourt (1415), feuert König Heinrich V. seine Männer an: „Folgt eurem Mut, und bei diesem Sturm / Ruft: ‚Gott mit Heinrich! England! Sankt Georg!'"

„BLUTHUND“
In *Richard III.* mordet der Bösewicht Richard rücksichtslos, um König von England zu werden. Das Stück endet mit seinem Tod durch die Hand von Heinrich, Graf von Richmond, der die denkwürdigen Worte spricht: „Das Feld ist unser und der Bluthund tot.“

Luntenstöcke vom Wrack der 1545 gesunkenen *Mary Rose*

FEUER FREI!
Mit einem am Luntenstock befestigten brennenden Schnur feuerte man die Kanonen ab. Um 1580 besaß England die besten Kriegsschiffe Europas; ihre Kanonen schossen weiter und trafen genauer als die spanischen. Bei der Aufführung von Shakespeares historischen Stücken im Globe wurden echte Kanonen abgefeuert.

Sir Walter Raleigh führte das Pfeifenrauchen in England ein.

Elisabethanische Pfeifen und Raucherbedarf in einem Lederetui

AUS DEM NACHLASS
Diese Gegenstände sollen einem Helden aus dem Krieg gegen die Spanier gehört haben: Sir Walter Raleigh, der 1596 einen erfolgreichen Angriff auf die spanische Hafenstadt Cádiz führte. Raleigh war Offizier, Dichter, Forschungsreisender und Gründer der ersten englischen Siedlung in Nordamerika.

Modell einer spanischen Galeone

Die Galeonen waren mit Kanonen bestückt, die durch Geschützpforten an den Seiten des Schiffs abgefeuert wurden.

VERRÄTER
Der zweite Held des Angriffs auf Cádiz war Robert Devereux, Graf von Essex (hier von Isaac Oliver als junger Mann porträtiert). Raleigh und Essex, die Rivalen um die Gunst der Königin waren, ereilte schließlich das gleiche Schicksal: Sie wurden als Verräter geköpft.

Der Untergang der Armada

Siegesgewiss brach die spanische Flotte im Mai 1588 auf, um England zu erobern. *Armada Invencible* – die „unbesiegbare Kriegsflotte" – nannten die Spanier ihre 130 Kriegsschiffe. Doch ihre Waffen waren den Kanonen der Engländer unterlegen. Außerdem ließen diese brennende Schiffe auf dem Wasser treiben und zwangen dadurch die Schiffe der Armada, sich zu verteilen. Heftige Winde trieben die Spanier nach Norden und verhinderten so, dass sie Verstärkung aufnehmen konnten. Die Armada musste um Irland herumsegeln, um wieder nach Spanien zurückzukehren. Im Sturm erlitten fast 30 ihrer Schiffe an der Atlantikküste Schiffbruch. Vier Jahrhunderte später untersuchten Archäologen fünf dieser Wracks. Was sie dort fanden – von goldenem Geschmeide bis zu einfacher Takelage – gibt Aufschluss über die unglückliche Armada und die 11.000 spanischen Soldaten, die an britischen Küsten den Tod fanden.

SPANISCHER KÖNIG
König Philip II. von Spanien herrschte 1556–1598 über ein gewaltiges Reich, zu dem auch die Niederlande gehörten. Um seine Macht dort zu sichern, sollte die Armada die englische Unterstützung niederländischer Rebellen zum Erliegen bringen, ebenso die englische Piraterie gegen spanische Schiffe.

Gold- und Silbermünzen von einem Armadawrack

EINE BÖSE ÜBERRASCHUNG
Die Spanier hatten sich auf die übliche Art des Seegefechts eingestellt, bei dem man die feindlichen Schiffe enterte (bestieg) und an Bord Mann gegen Mann kämpfte. Die Engländer aber konnten mit ihren Kanonen die Spanier auf Distanz halten.

NEBEL STATT SONNE
Der Navigator der *Girona* hätte mit diesem Astrolabium den Kurs anhand des Sonnenstands bestimmen können. Doch die Schiffe mussten im Nebel heimsegeln, deshalb liefen viele durch Navigationsfehler auf Felsen.

AUF IN DEN KAMPF
Die spanische Flotte lief am 30. Juli 1588 in den Ärmelkanal ein. Englische Kriegsschiffe folgten ihr auf dem Fuß. Am 8. August kam es zur entscheidenden Schlacht bei Gravelines. Die Spanier verloren den Kampf, aber nur zwei Schiffe. Die meisten Verluste erlitten sie später – durch Schiffbruch.

Kurs, den die Armadaschiffe zu steuern versuchten

Reformation und Religionskriege

REISEKETTEN
Taucher fanden acht Goldketten im Wrack der *Girona*. Der Schmuck hatte praktischen Nutzen: Die Kettenglieder waren nicht verlötet; man konnte sie herauslösen und unterwegs als Zahlungsmittel benutzen.

Eingravierte Darstellung Johannes' des Täufers

GLÜCKSBRINGER
Als Taucher diesen goldenen Reliquienbehälter im Wrack der *Girona* fanden, enthielt er noch ein Agnus Dei (Wachsmedaillon mit aufgeprägtem Lamm als Symbol Christi). Solche aus Osterkerzen gefertigten und vom Papst gesegneten Glücksbringer sollten ihre Träger schützen.

Mit der Drahtschlinge wurde das Kreuz an einer Kette befestigt.

Das Kreuz war mit weißem Email überzogen.

JOHANNITERKREUZ
Dieses kunstvolle Goldkreuz gehörte wohl einem adligen Offizier an Bord der *Girona*. Für die spanischen Katholiken war die Armada auch in religiöser Mission unterwegs: England war protestantisch.

Unwetter, Nahrungs- und Wassermangel brachten die Armada in Not, als sie um Schottland herumsegelte.

Hier sank die Girona.

Schlacht von Gravelines

SCHUTZSYMBOL
Zu den wertvollsten Gegenständen vom Wrack der *Girona* gehört ein Salamander-Anhänger (hier eine Nachbildung). Weil man dem Salamander nachsagte, er könne unbeschadet durchs Feuer gehen, trug man ihn als Schutzfigur gegen Feuer.

Sklavenhandel

Die Spanier waren die Ersten, die Sklaven aus Afrika in ihre Kolonien in der Karibik brachten, damit sie ihre Zuckerrohrplantagen bewirtschafteten. Nachdem Engländer, Holländer und Franzosen den Spaniern Ende des 16. Jahrhunderts die Seeherrschaft im Atlantik weitgehend entrungen hatten, nahmen sie den lukrativen Sklavenhandel in ihre Hände. Im 17. und 18. Jahrhundert wurden Hunderttausende von Schwarzen, die von arabischen Sklavenhändlern, aber auch von schwarzen Potentaten zu den Häfen Westafrikas verschleppt worden waren, unter unmenschlichen Bedingungen nach Mittelamerika, ins südliche Nordamerika und ins portugiesische Brasilien verschifft. Auf der Rückreise brachten die Schiffe Zucker und Edelholz oder Baumwolle nach Europa – ein äußerst lukratives Geschäft.

GRAUSIGER KRAGEN
Solche Eisenkragen sollten Sklaven an der Flucht hindern. Zur Abschreckung drohten entflohenen Sklaven, die gefasst wurden, drakonische Strafen.

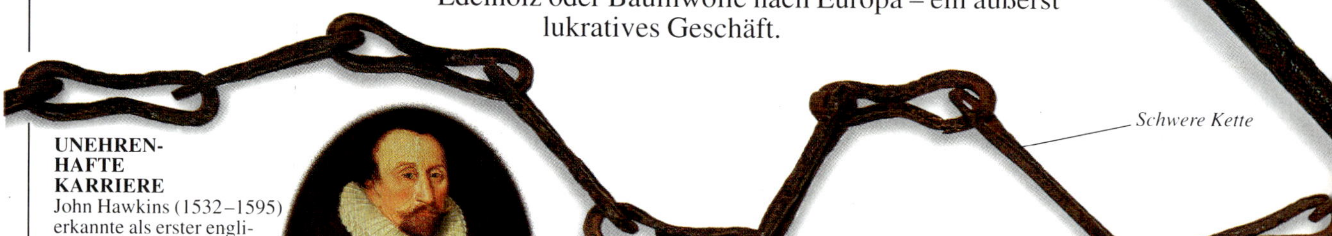

Schwere Kette

UNEHREN-HAFTE KARRIERE
John Hawkins (1532–1595) erkannte als erster englischer Kaperkapitän, dass der Sklavenhandel ein gutes Geschäft war. 1562 unternahm er die erste von insgesamt drei Fahrten als Sklavenhändler. Sie führte über Westafrika, wo er 300 Sklaven an Bord nahm, nach Hispaniola, wo er die menschliche Fracht verkaufte.

BILLIG
Europäische Sklavenhändler kauften die Sklaven afrikanischen Stammeshäuptlingen ab. Als Bezahlung dienten Billigwaren oder solche Ringe aus Eisen, Messing oder Kupfer (Manillen), die in Westafrika Zahlungsmittel waren.

Manillen

DREIECK DES SKLAVENHANDELS
Schiffe segelten mit Billigwaren an Bord von England oder Amerika nach Afrika, wo die Ladungen gegen Sklaven eingetauscht wurden. Weiter ging es in die Karibik. Auf Jamaika z.B. tauschte man die Sklaven gegen Zucker oder tropische Harthölzer; dann segelte man in den Heimathafen zurück. So machte man auf jeder Etappe der Reise Gewinn.

SKLAVEN-AUFSTAND
Da ein Schiff oft wesentlich mehr Sklaven als Besatzungsmitglieder an Bord hatte, fürchtete die Crew ständig einen Aufstand. Die Chancen, von einem Sklavenschiff zu entkommen, waren jedoch denkbar gering. Bessere Fluchtchancen hatten Sklaven auf den großen Plantagen.

Vier Eisenstangen standen vom Halseisen ab.

Enge und unmenschliche Lebensbedingungen auf einem Sklavenschiff (links)

TOTEN-SCHIFF
Da beim Transport immer Sklaven starben, pferchten die Händler möglichst viele in die Laderäume. Seuchen breiteten sich aus, und oft lagen Tote tagelang zwischen den Lebenden.

Die Haken sollten sich im Gestrüpp verfangen und so die Flüchtenden behindern.

ZU TODE GESCHUNDEN
Zuckerrohrschneiden bei Tropenhitze war mörderische Arbeit. Da man Europäern diese Schinderei nicht zumuten wollte, mussten afrikanische Sklaven die Arbeit verrichten. Viele arbeiteten sich buchstäblich zu Tode.

IN KETTEN
Rebellische Sklaven kettete man aneinander und ließ sie so ihre Arbeit verrichten.

Halseisen

BERÜCHTIGTER SKLAVENHÄNDLER
Piraten überfielen oft westafrikanische Sklavenhäfen. Dieser Stich zeigt den englischen Piraten Bartholomew Roberts (1682–1722) in Whydah vor seinen eigenen beiden Schiffen und elf aufgebrachten Sklavenschiffen. Roberts' Seeräuber-Laufbahn begann 1719, als der Hafen, in dem er gerade Sklaven verlud, von Piraten überfallen wurde, die ihn mit Gewalt an Bord ihres Schiffs pressten und bald zu ihrem Kapitän wählten.

Die Eisenstange war am Boden des Laderaums befestigt.

FUSSFESSELN
Die Sklaven waren an Bord der Schiffe angekettet. Damit verhinderte man Revolten und Selbstmorde. So konnten sich die Sklaven aber auch bei Piratenangriffen nicht zur Wehr setzen.

Das Eisen umschloss den Knöchel.

Meist waren mehrere Sklaven an eine Eisenstange gekettet.

Der eiserne „Halskragen" war eine Qual.

LIEBER PIRAT ALS SKLAVE
Piratenkapitäne nahmen gern entlaufene Sklaven auf, und manche Piratenmannschaften bestanden zu einem Drittel aus entflohenen Sklaven. Verglichen mit dem elenden Sklavenleben eröffnete das Überlaufen zu den Piraten angenehme Aussichten.

DER PREIS FÜR DEN ZUCKER
Die Arbeit auf den Zuckerplantagen von Antigua (Insel der Kleinen Antillen) war kaum so angenehm, wie dieses Bild glauben macht. Die Sklaven schufteten sechs Tage die Woche zehn Stunden täglich. Schlief jemand ein, riskierte er den Verlust von Gliedmaßen in einer Zerkleinerungsmaschine oder Verbrennungen am kochenden Sirup.

Lederpeitsche

Griffüberzug aus Stoff

Die Peitsche hing am Gürtel des Aufsehers.

HARTE STRAFEN
Sklaven, die von einer Plantage auf ein Piratenschiff flüchteten, entkamen einer Welt voll Grausamkeit. Kleinste Vergehen wurden mit der Peitsche bestraft und die Sklaven dabei nicht selten zu Krüppeln geschlagen.

Der Freiheitskampf der Niederlande

Das spanische Weltreich des frühen 16. Jahrhunderts war kein einheitlicher Staat. Der spanische König herrschte über Spanien mit seinen amerikanischen Kolonien, Portugal, Süditalien und die das heutige Belgien und Holland umfassenden Niederlande. Nur der kriegserfahrene Adel Kastiliens stand wirklich an der Seite des Königs, während die Ständeversammlungen des Adels, der Kirchenleute und der Bürger in Katalonien und Aragon, in Portugal, in Neapel und Sizilien sowie in den Niederlanden ihre eigenen althergebrachten Rechte geltend machten. In den Niederlanden trat zu der ständischen Opposition gegen den spanischen König der Religionskonflikt zwischen den vor allem in den nördlichen Niederlanden starken Calvinisten und den eher königstreuen Katholiken. Die holländischen Städte wehrten sich erfolgreich gegen die Armeen des von König Philipp II. entsandten Herzogs von Alba. 1579 ging aus der allgemeinen Ständeversammlung der Niederlande, den „Generalständen", die „Union" der nordniederländischen Provinzen hervor, deren Führer der „Statthalter" Prinz Wilhelm von Oranien war. Im Seehandel wie in der Seekriegsführung wurden die holländischen Städte unter Führung Amsterdams immer mächtiger und waren de facto schon lange unabhängig, als Spanien dies 1648 auch formal anerkannte.

KARL V.
Der Habsburger Karl V., seit 1516 spanischer König und seit 1519 Kaiser des Heiligen Römischen Reichs, war auch Erbe der ehemals zum Herzogtum Burgund gehörenden Niederlande. Aufgewachsen war er in Antwerpen. Bei seiner Abdankung 1556 waren die Niederlande bereits im Aufruhr gegen die spanisch-katholische Herrschaft.

Die Ordenskette des goldenen Vlieses, eines von den burgundischen Herzögen gestifteten Ritterordens

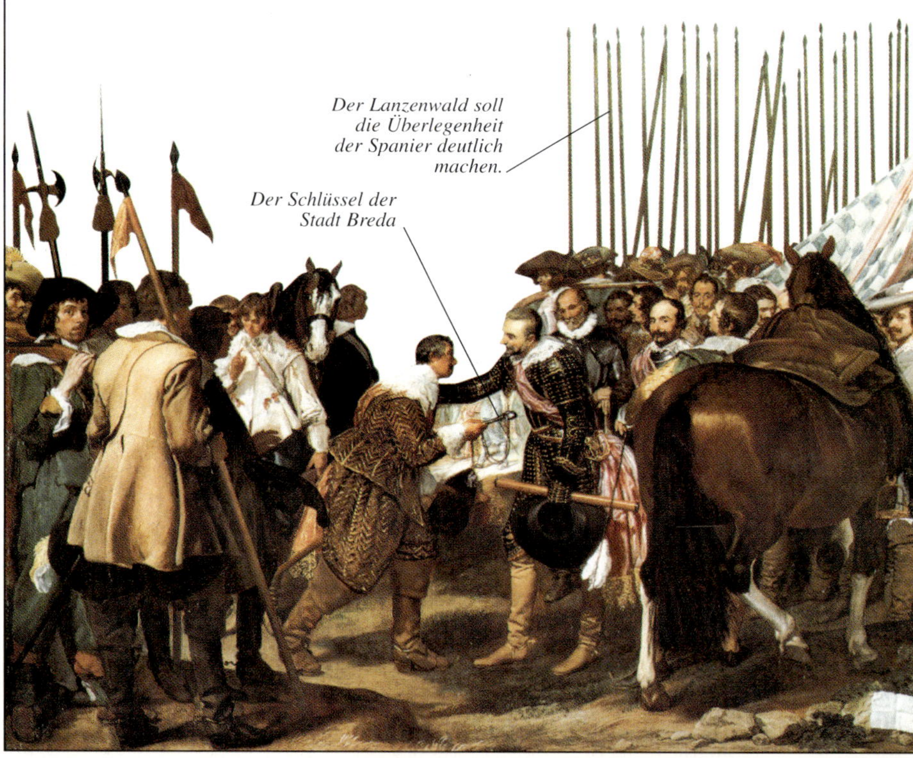

Der Lanzenwald soll die Überlegenheit der Spanier deutlich machen.

Der Schlüssel der Stadt Breda

DIE ÜBERGABE VON BREDA
In einem berühmten Gemälde hat der spanische Maler Velázquez den Augenblick am 2. Juni des Jahres 1625 festgehalten, in dem der niederländische Statthalter Justin von Oranien-Nassau dem spanischen Heerführer Spinola die Schlüssel der belagerten holländischen Stadt Breda aushändigt. Nach diesem letzten Erfolg mussten sich die Spanier aus Holland zurückziehen. Ihnen blieben nur die südlichen Niederlande, das heutige Belgien.

DER KINDERMORD VON BETHLEHEM
Der niederländische Maler Pieter Bruegel d. Ä. (um 1530–1569) siedelt den biblischen Kindermord von Bethlehem in einem niederländischen Dorf an. Das Bild erinnert an die Massaker, die spanische Söldner im Unabhängigkeitskrieg an der Bevölkerung begingen.

ZUSAMMENSCHLUSS DER GEUSEN
Der niedere Adel der Niederlande wurde von den Spaniern als „Geusen“, d.h. Lumpengesindel, verhöhnt. Die Niederländer nahmen dies als Ehrennahmen an. Dieses Gemälde aus dem 19. Jh. erinnert an den Zusammenschluss des niederländischen Adels gegen die Spanier 1566 in Brüssel. Aus diesem Zusammenschluss wurde 1579 die auf die nördlichen Niederlande beschränkte „Union“.

Ein „Geuse“ unterzeichnet den Pakt.

NIEDERLÄNDISCHER LÖWE
In den Jahren 1609–1621 herrschte Waffenstillstand im Spanisch-Niederländischen Krieg. Dies symbolisiert diese Landkarte in Gestalt des Löwen, des niederländischen Wappentiers, der ein versiegeltes Schwert hält. Die Landkarte umfasst sowohl die nördlichen als auch die südlichen Niederlande.

WILHELM VON ORANIEN
Das zeitgenössische Gemälde zeigt Wilhelm I. („der Schweiger“, 1533–1584) von Oranien-Nassau, Statthalter der Niederlande. Wilhelm von Oranien war der Anführer des mit den holländischen Städten eng verbundenen niederländischen Landadels im Freiheitskampf gegen die Spanier.

BELAGERUNG VON ANTWERPEN
1582 standen sich vor Antwerpen die spanische Armee und die niederländische unter Wilhelm von Oranien gegenüber. Die Spanier blieben siegreich, Antwerpen blieb spanisch-habsburgisch.

Das goldene Zeitalter Hollands

Im 17. Jahrhundert wurde die in den Städten Hollands aufblühende bürgerliche Kultur für große Teile Europas vorbildlich. Während im 16. Jahrhundert Antwerpen mit seinem großen Hafen so etwas wie die Kulturhauptstadt Nordeuropas gewesen war, wo sich die Einflüsse Italiens, der süddeutschen Städte, Frankreichs und der norddeutschen Hanse trafen, zogen im 17. Jahrhundert Amsterdam, Leiden, Haarlem und andere Städte der nördlichen, protestantischen Niederlande die fähigsten Köpfe der Zeit in ihre Mauern. Aus Antwerpen wegen ihres protestantischen, aus Spanien und Portugal wegen ihres jüdischen Glaubens exilierte Künstler und Gelehrte trugen ebenso wie die einheimischen Kaufleute dazu bei, Holland zu der in Handel, Wissenschaft und Kunst führenden Nation Europas zu machen. Das einzige Land, das Holland in dieser Zeit im Überseehandel Konkurrenz zu machen vermochte und einen ähnlichen Aufschwung nahm, war England; und so kam es zu Seekriegen zwischen England und Holland, an deren Ende die Holländer einsehen mussten, dass sie das kleinere Volk waren.

DIE MALKUNST
Jan Vermeer aus Delft zeigt auf diesem Bild einen Maler. Maler waren im 17. Jh. die führenden Propagandisten des holländischen „way of life". Die Lehrer Vermeers oder Rembrandts stammten aus Antwerpen, dem alten, aber unter spanischer Herrschaft verbliebenen Kulturzentrum der Niederlande.

OFFIZIERE EINER HOLLÄNDISCHEN BÜRGERGILDE
Dieses Gemälde von Franz Hals stellt die führenden Bürger einer holländischen Stadt dar. Sie sind nicht nur reiche Kaufleute, sondern auch Offiziere der Bürgerwehr. Kaufmännische und militärische Interessen gehen in dieser Zeit eng zusammen. Es gibt eine große Zahl ähnlicher Gemälde aus dem 17. Jh., auf denen die Angehörigen der Bürgerwehren porträtiert sind.

Gutes Essen demonstriert den Reichtum der Bürger.

Im Vordergrund ist der Altermann, der Gildemeister, zu sehen.

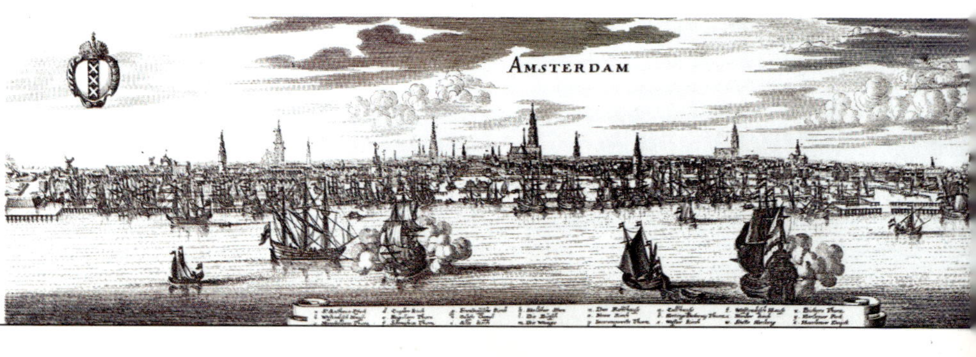

NIEDERLÄNDISCH-ENGLISCHE SEESCHLACHT
Im 17. Jh. waren die Engländer die einzigen wichtigen Konkurrenten der Holländer auf den Weltmeeren. In den Jahren 1652–1654, 1664–1667 und 1672–1674 kam es zu Seekriegen zwischen Holland und England, die damit endeten, dass die Engländer die Holländer als zur See gleichberechtigte Macht respektierten.

RÜCKKEHR AUS INDIEN
Dieses holländische Schiff kehrt reich beladen mit Gewürzen aus Hinterindien nach Holland zurück. Jedes Schiff, das unbeschadet aus Ostasien nach Holland zurückkehrte, brachte den Handelsherren enormen Profit. Aus festen Plätzen in Ostasien entwickelte sich damals das holländische Kolonialreich.

AMSTERDAM, RATHAUS
Als die Unabhängigkeit der Niederlande 1648 im Westfälischen Frieden bestätigt wurde, begannen die Amsterdamer sogleich mit dem Bau eines neuen Rathauses, das wie ein prächtiges barockes Königsschloss wirkt.

AMSTERDAM
Auf diesem Kupferstich von Matthäus Merian d. Ä. (1593–1650) ist das Zentrum Hollands, die mächtige Stadt Amsterdam, zu Beginn ihres Aufstiegs zu sehen.

REMBRANDT, *DIE ANATOMIE DES DOKTOR TULP*
Die modernen Naturwissenschaften blühten in Holland auf. Die wissenschaftliche Medizin begann hier mit anatomischen Vorlesungen – ein auch für Künstler faszinierender Vorgang, der hier vom bedeutendsten Maler Hollands im Bild festgehalten wird.

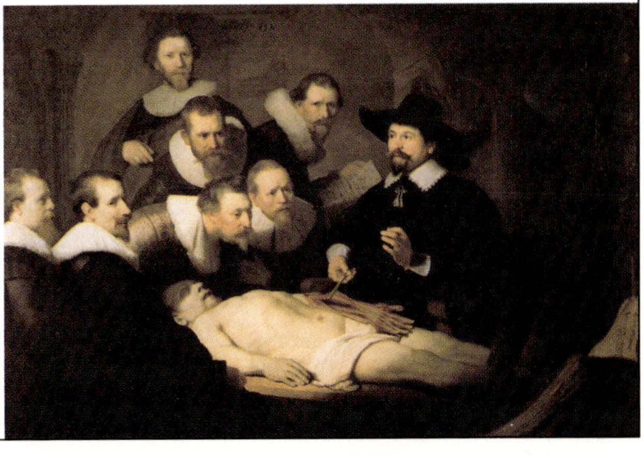

Das neuzeitliche Judentum

Während des Mittelalters wurden Juden in den meisten Teilen Europas gegenüber den Christen benachteiligt und waren immer wieder Verfolgungen ausgesetzt. In den arabisch beherrschten Gebieten Spaniens blühte dagegen die jüdische Kultur. Nach der Eroberung der ganzen Iberischen Halbinsel durch die Christen wurden die Juden jedoch verfolgt: 1492, im selben Jahr, als Kolumbus für die Spanier Amerika entdeckte, begann die systematische Vertreibung der Juden aus Spanien, wenig später auch aus Portugal. Die iberischen („sephardischen") Juden verteilten sich vor allem im östlichen Mittelmeerraum, wo sie von den osmanischen Türken verhältnismäßig tolerant behandelt wurden. Andere gelangten in die modernen, liberalen Städte Westeuropas wie Amsterdam, London oder Hamburg. Vor allem die Amsterdamer Juden trugen viel zum Aufschwung ihrer Stadt bei und entfalteten eine reiche jüdische – und weltliche – Gelehrsamkeit. Von hier aus gingen wichtige Impulse auch für die allmähliche Emanzipation der Juden Deutschlands und Mitteleuropas im 18. Jahrhundert aus.

RETTUNG IM SCHILFMEER
Die Bibel erzählt, dass die Nachfahren der Söhne Jakobs, die zwölf Stämme Israels, in Ägypten wie Sklaven behandelt wurden. Gott berief den Mose, um sein Volk aus der Sklaverei zu führen. Erst als zehn Plagen Ägypten heimgesucht hatten, ließ der Pharao die Israeliten ziehen. Doch er änderte seine Meinung und schickte ihnen seine Streitmacht hinterher. Aber da ließ Gott die Wasser des Meeres auseinanderweichen, sodass die Israeliten trockenen Fußes hindurchgelangten. Als die Ägypter ihnen nachsetzten, flutete das Wasser zurück und verschlang die ganze Streitmacht. Dieses Ereignisses gedenken die Juden alljährlich beim Pessach-Fest.

Der Name „Klagemauer" rührt daher, dass hier die Juden über die Zerstörung des Tempels klagen.

Aus aller Welt kommen Juden hierher, um zu beten.

DIE KLAGEMAUER
Die Klagemauer ist alles, was vom Jerusalemer Tempel erhalten ist: die Westmauer. Heute ist sie eine jüdische Wallfahrtsstätte, wo sich die Juden an den Tempel und seine Zerstörung erinnern. Auch in der frühen Neuzeit wurde die Ausübung des jüdischen Glaubens in Jerusalem und Palästina von den Türken geduldet.

BESCHNEIDUNG
Als Gott seinen Bund mit Abraham schloss, forderte er die Beschneidung aller männlichen Nachkommen als Zeichen des Bundes. Noch heute werden die jüdischen Jungen acht Tage nach der Geburt beschnitten. Der Torawickel (unten) wurde aus einem Beschneidungsmäntelchen gemacht.

Hebräische Schriftzeichen: „Möge er leben für die Thora, die Chuppa *und gute Taten."*

Bei der Hochzeit empfängt das Brautpaar unter dem Hochzeitsbaldachin, der Chuppa, *den Segen.*

Thorarolle

Die ersten Worte des Sch'ma Jisrael („Höre, Israel")

Der Davidstern, Symbol des Judentums

BAROCKE MESUSA
An der Tür frommer jüdischer Häuser hängt eine Mesusa, eine kleine Hülse mit 15 Versen der Heiligen Schrift, meist dem Sch'ma Jisrael („Höre, Israel"), dem jüdischen Glaubensbekenntnis. In der christlichen Bibel finden wir diese Worte im Buch *Deuteronomium (5. Mose* 6, 4 ff.) Gläubige Juden beten sie jeden Morgen und Abend. Sie sind zugleich Bekenntnis und Aufforderung zum entsprechenden Handeln.

Eine neunte Kerze („Dienstlicht") wird zum Anzünden der acht anderen benutzt.

An jedem der acht Festtage wird eine weitere Kerze angezündet.

CHANUKKA, DAS LICHTERFEST
Das Chanukka-Fest wird zur Zeit der Wintersonnenwende gefeiert. Es erinnert an den Sieg der Juden unter Judas Makkabäus über die Armee des Antiochus (164 v.Chr.). Die Makkabäer zogen in den Tempel ein und fanden nur noch einen kleinen Krug mit nicht entweihtem Öl, das nur für einen Tag Licht spenden konnte. Doch wundersamerweise brannte es acht Tage, bis neues Öl zubereitet war. Mehrere jüdische Feste erinnern daran, wie Gott seinem Volk die Treue hält.

SPINOZA
Baruch Spinoza (1632–1677), der Amsterdamer jüdischer Herkunft, war einer der bedeutendsten Philosophen der Frühaufklärung. Für ihn war Gott mit der Gesamtheit der Natur identisch, weshalb man ihm Atheismus vorwarf. Politisch lehrte er die Toleranz zwischen den Konfessionen.

Der Dreißigjährige Krieg

Weder in Frankreich noch in England wüteten die Religionskriege heftiger als in Deutschland. Der Dreißigjährige Krieg (1618–1648) begann als Aufstand des protestantischen Adels in Böhmen gegen den katholisch-habsburgischen Landesherrn, den in Wien residierenden Kaiser. Die Protestanten wurden von der „Union" protestantischer Fürsten aus dem ganzen Reich unterstützt, die Kaiserlichen von der katholischen „Liga", in der auch Bayern eine hervorragende Rolle spielte. Die Heere der Liga unter den Söldnerführern Tilly und Wallenstein waren bereits nahe daran, auch den protestantischen Norden Deutschlands zu unterwerfen, als 1630 Schweden unter König Gustav II. Adolf in den Krieg eingriff. Als 1635 auch Frankreich an der Seite Schwedens in den Krieg eintrat, um die Macht der Habsburger zu brechen, gerieten die katholischen Kräfte in die Defensive. Es dauerte aber noch bis 1648, dass beide Seiten zermürbt in den Westfälischen Frieden einwilligten. Aus dem Religionskrieg war ein Krieg zwischen Staaten geworden, und der Friede bedeutete eine Neugliederung Mitteleuropas entlang der Grenzen moderner Territorialstaaten. Am Ende des Gemetzels, das die Söldnerheere veranstaltet hatten, waren viele Gegenden in Deutschland fast entvölkert, die Städte mit ihrem ehemals blühenden Gewerbe verarmt und die Bauern verelendet. Erst gegen Ende des 18. Jahrhunderts war in Deutschland die Bevölkerungszahl und der allgemeine Wohlstand wieder auf dem Niveau von 1618.

KARDINAL RICHELIEU
Richelieu war von 1624 bis zu seinem Tod 1642 leitender Minister des französischen Königs Ludwig XIII. Er brach den Widerstand der Protestanten in Frankreich, der Hugenotten, verbündete sich dann aber mit den Protestanten Deutschlands im Dreißigjährigen Krieg, um den Einfluss Habsburgs zurückzudrängen.

FEUERWAFFEN
Im Dreißigjährigen Krieg begannen neben Kanonen auch Handfeuerwaffen eine Rolle zu spielen, dennoch wurde auch weiterhin mit dem Schwert gekämpft. Die Offiziere saßen zu Pferde, die Fußsoldaten wiederum waren mit langen Piken bewaffnet, mit denen sie auch Reiter auf Distanz halten konnten.

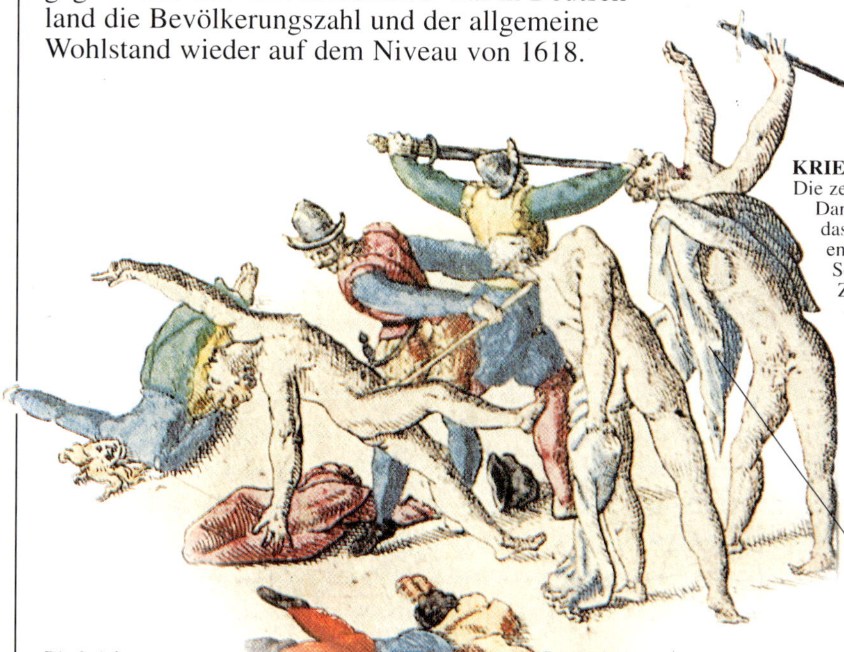

KRIEGSGRÄUEL
Die zeitgenössische Darstellung zeigt das Massaker einer entmenschten Soldateska an der Zivilbevölkerung – der Krieg wurde mit ungeheurer Brutalität ausgefochten.

Vor ihrer Ermordung wurden die Menschen ihrer Kleider beraubt.

Die Leiche eines Kindes

TILLY
Tilly war in der ersten Kriegsphase der wichtigste Führer der Truppen des Kaisers und der katholischen Liga. Ihm gelang es vorübergehend, das protestantische Norddeutschland zu erobern.

DER PRAGER FENSTERSTURZ
1618 warfen aufständische böhmische Adlige, Protestanten, die Statthalter des Kaisers aus einem Fenster der Prager Burg. Mit dem anschließenden Feldzug des Kaisers gegen die Aufständischen begann der Dreißigjährige Krieg.

Die aus dem Fenster Gestürzten kamen mit dem Leben davon.

SIMPLICISSIMUS
Eine Szene aus Hans Jacob Christoph Grimmelshausens Roman *Simplicissimus*, der die Wirrnisse in der Zeit des Dreißigjährigen Kriegs authentisch beschreibt.

WALLENSTEIN
Der böhmische Adlige aus protestantischer Familie Albrecht von Wallenstein wurde zum wichtigsten kaiserlichen Feldherrn des Kriegs. 1634 wurde er ermordet, als deutlich wurde, dass er nicht mehr nur für den Kaiser kämpfte.

DER WESTFÄLISCHE FRIEDE
1648 schlossen die Reichsfürsten, unter denen sich auch die Repräsentanten Schwedens, Dänemarks und Frankreichs befanden, in Münster und Osnabrück endlich Frieden. Es dauerte aber noch Jahrzehnte, bis Mitteleuropa sich von den Verwüstungen des Kriegs erholte.

Der Aufstieg Schwedens

Am 10. August 1628 sank die *Wasa*, der Stolz der königlichen schwedischen Flotte, auf ihrer Jungfernfahrt vor dem Hafen von Stockholm: Bei ihrem Bau war zu sehr auf die Zurschaustellung der schwedischen Seemacht und zu wenig auf Seetüchtigkeit Wert gelegt worden. Das Schiff trug den Namen der schwedischen Königsfamilie der Wasa, die unter Gustav II. Adolf das Land in Kriegen gegen Dänemark, Russland und Polen zur Vormacht im Ostseeraum gemacht hatte. Mit dem Eingreifen in den Dreißigjährigen Krieg wurde Schweden zur wichtigsten Macht im Ostseeraum und zur europäischen Großmacht – und blieb es bis zur Niederlage gegen das Russland Peters des Großen im Nordischen Krieg 1711.

KOPFLASTIGER FREIBORD
Das Gewicht der *Wasa* oberhalb der Wasserlinie war viel zu hoch. Im geschützten Hafen konnte sich das Schiff zunächst halten, doch schon eine kleine Bö brachte es zum Kentern.

LETZTE MAHLZEIT
Mit diesen Löffeln aßen sieben Matrosen ihren Haferbrei aus derselben Schüssel. Die Offiziere hatten Zinnteller.

NASSES GRAB
Taucher fanden 25 Skelette im Wrack der *Wasa* und in der näheren Umgebung. Viele befanden sich dort seit dem Untergang des Schiffs in unveränderter Lage – ein Mann war unter einem schweren Kanonenschlitten eingeklemmt. Die Taucher konnten auch Kleidung und Schuhe der toten Matrosen bergen. Im kalten Wasser der Ostsee mit seinem niedrigen Salzgehalt waren Stoff und Leder nicht verrottet. Manche Seeleute hatten in hölzernen Truhen an Deck – wo sie lebten, arbeiteten und schliefen – auch Kleidung zum Wechseln dabei.

GLÜCK IM UNGLÜCK
Die *Wasa* war für 145 Mann Besatzung sowie 300 Soldaten ausgelegt. Bei der Jungfernfahrt waren nur etwa 100 Mann an Bord, außerdem einige Frauen und Kinder. Beim Untergang ertranken mindestens 50 Menschen. Wäre die *Wasa* auf hoher See gesunken, hätte sich wohl kaum jemand retten können.

Reste roter Farbe auf den Zähnen

ENTDECKUNG UND BERGUNG DER *WASA*

Entdeckt wurde das Wrack der *Wasa* 1956 von dem schwedischen Ingenieur und Schifffahrtshistoriker Anders Franzén (1918–1993). Ein Taucher bestätigte die Lage, und Franzén begann eine Kampagne zur Bergung. Taucher zogen Hebetrossen unter dem Rumpf durch, und das Wrack wurde mit zwei Bergungspontons gehoben. Man verschloss die Stückpforten und andere Öffnungen wasserdicht und konnte so die *Wasa* leer pumpen und zur Restaurierung in ein Trockendock bringen.

LÖWENBUG

Die Entdeckung der *Wasa* beendete kontroverse Diskussionen darüber, wie man im 17. Jh. Kriegsschiffe gebaut hatte. Vor allem über die Bauart der Galionsdecks mit den Galionsfiguren herrschte Uneinigkeit. Ölgemälde aus jener Zeit zeigen Kriegsschiffe mit lang ausgezogenen und reich verzierten Galionsdecks, doch viele Nautikexperten meinten, dies wären übertriebene Darstellungen. Als man die *Wasa* fand, entdeckte man, dass sie tatsächlich eine solche Galion hatte. Sie war mit geschnitzten Skulpturen von 20 römischen Kaisern verziert.

Galionsdeck

SCHWERWIEGEND

Als Schmuck für die *Wasa* fertigten Holzschnitzer 500 Figuren und 200 andere Ornamente aus Eiche-, Kiefern- und Lindenholz. Die meisten Skulpturen zeigten Fabeltiere, Persönlichkeiten aus der Geschichte und biblische Gestalten. Einige Schnitzereien stellten Meerjungfrauen dar, von denen sich abergläubische Seeleute Schutz erhofften. Doch das Gewicht der vielen Skulpturen machte die *Wasa* kopflastig, was schließlich zum Kentern führte.

Goldbraun der Löwenmähne noch erkennbar

KÖNIGLICHES WAPPEN

Am Heck der *Wasa* hielten zwei gekrönte Löwen das schwedische Staatswappen. Dieses Ornament besteht aus 22 Einzelteilen. Wie viele andere Schnitzereien an Bord tragen auch diese noch Reste des Farbanstrichs und der Vergoldung.

DÜSTERES DECK

Das untere Geschützdeck der *Wasa* mit seinen dunklen Balken und Planken wurde sorgfältig rekonstruiert. Die Geschützschlitten wurden dort eingebaut, wo man sie fand. Die Kanonen, mit denen das Schiff ursprünglich ausgestattet war, waren schon im 17. Jh. von Tauchern entfernt worden.

Lehren aus den Religionskriegen

Frankreich

Die Religionskriege in Frankreich erreichten ihren Höhepunkt in dem Gemetzel an den am Hof von Paris versammelten Hugenotten während der „Bartholomäusnacht" von 1572. „Paris ist eine Messe wert", erklärte siebzehn Jahre später Heinrich IV., als er vor der Wahl stand, entweder auf seine protestantische Religion oder auf den französischen Thron zu verzichten. Er wurde katholisch, ließ den Protestanten aber im Edikt von Nantes 1598 die Freiheit, ihren Kult weiter auszuüben. Dies bedeutete, dass sich der Staat über die Religion stellte und sich dadurch zum Garanten des Friedens machte. Heinrichs Zeitgenosse Jean Bodin begründete diese neue Stellung des Staats in seiner Lehre von der „Souveränität". Aus der Lehre von der Souveränität des Staats und des ihn repräsentierenden Königs entwickelte sich der „Absolutismus" der königlichen Regierung.

DIE BARTHOLOMÄUSNACHT
Den grausamen Höhepunkt der Religionskriege in Frankreich stellt die Bartholomäusnacht des Jahres 1572 dar. Die Königinmutter Katharina von Medici ließ die Protestanten unter den zur Feier der Hochzeit des späteren Königs Heinrich IV. mit ihrer Tochter Margarete nach Paris gekommenen Adligen ermorden. Weitere Massaker schlossen sich an, insgesamt wurden fast 20.000 Protestanten ermordet.

JEAN BODIN
1576 erschien *De la république*, das Buch, in dem der einflussreiche Staatsmann Jean Bodin aus den Erfahrungen des Bürgerkriegs seine Lehre von der Souveränität entwickelte.

HEINRICH IV.
Mit Heinrich IV., der Frankreich von 1589 bis zu seiner Ermordung 1610 regierte, begann eine lange Periode des Friedens.

Der Harnisch weist den König als Feldherrn aus.

DIE HINRICHTUNG KARLS I.
Am 30. Januar 1649 wurde der Stuartkönig Karl I. auf Geheiß des Parlaments in London hingerichtet.

THOMAS HOBBES
Hobbes gehört zu den Begründern des modernen wissenschaftlichen Denkens. Politisch trat er für einen starken Staat ein, der den religiösen Bürgerkriegen ein Ende setzen konnte – im Namen welcher Religion, war ihm ziemlich gleich.

OLIVER CROMWELL
Als Führer des Parlamentsheers setzte sich Cromwell im englischen Bürgerkrieg durch und herrschte danach mit diktatorischen Vollmachten.

England

In England erreichten die religiösen Spannungen ihren Höhepunkt, nachdem König Karl I. das Unterhaus des Parlaments, die Ständeversammlung des ländlichen Adels und der Städte, aufgelöst hatte, um jede Opposition gegen die sich dem Katholizismus wieder annähernde Staatskirche zu brechen. 1642 brach der offene Krieg aus, der mit der Niederlage des Königs und seiner Enthauptung 1649 vorläufig endete, sich aber in der Auseinandersetzung zwischen den eine einheitliche Kirchenorganisation im ganzen Land anstrebenden calvinistischen Presbyterianern und den auf der Unabhängigkeit der Gemeinden bestehenden puritanischen *Independents* fortsetzte. Siegreich blieb das Heer des Führers der *Independents*, Oliver Cromwell, der Großbritannien 1653–1658 als „Lordprotektor", praktisch als Militärdiktator, beherrschte. Nach dem Tod Cromwells und der Abdankung seines Sohns gelangte als legitimer König Karl II. auf den Thron, ein Schüler des Philosophen Thomas Hobbes, der in seinem Buch *Leviathan* (1551) angesichts der Kriegsgräuel eine absolute souveräne, von allen religiösen Interessen unabhängige Herrschaft gefordert hatte. Karl II. gelang es jedoch nicht, eine unumschränkte Herrschaft durchzusetzen und die religiösen Spannungen zu beseitigen. Sein Sohn Jakob II. wurde in der *Glorious Revolution* von 1688 abgesetzt. Es folgte die auf Ausgleich und Zusammenarbeit mit dem Parlament bedachte Regierungszeit Wilhelms von Oranien. In dieser Zeit entstand auf der Grundlage des Prinzips religiöser Toleranz die Tradition des englischen Liberalismus, den zuerst der Philosoph John Locke (1632–1704) auch theoretisch begründete.

JOHN LOCKE
Nach seiner Rückkehr aus dem holländischen Exil mit der *Glorious Revolution* von 1688 setzte sich Locke für einen toleranten und liberalen Staat ein. Der moderne politische Liberalismus geht auf ihn zurück.

Der Kopf des Königs auf dem Richtblock

Der Scharfrichter von London

Barock und Absolutismus

Als König Heinrich IV. von Frankreich 1610 von einem religiösen Eiferer ermordet wurde, war das Königtum, das während der Religionskriege sehr an Einfluss verloren hatte, bereits wieder in hohem Ansehen: Der König stand über den religiösen Gruppierungen und über den Ständen von Adel, Klerus und Bürgertum. Kardinal Richelieu, der die Staatsgeschäfte für den unmündigen Sohn Heinrichs, Ludwig XIII., führte, ging noch weiter: Er unterwarf die letzten Bastionen der reformierten Hugenotten und ging zugleich gegen den alten Hochadel und die Ständeversammlungen, die Parlamente, vor: Der König sollte „absolut" herrschen, niemand sollte seine Entscheidungsfreiheit einengen.

Der Absolutismus Ludwigs XIV.

Als der alte Fuchs Richelieu und Ludwig XIII. gestorben waren, regierte erneut ein Kardinal, Mazarin, für einen unmündigen französischen König: Ludwig XIV. Im Fronde-Aufstand von 1648 bis 1653 versuchte der Adel noch einmal, sich gegen die absolute Königsmacht zu wehren, doch die Revolte wurde von Mazarin niedergeschlagen. Als Ludwig XIV. 1661 die Regierungsgeschäfte selbst übernahm, holte er die Angehörigen des Hochadels nach Paris und an seine neue prächtige Residenz in Versailles. Hier wurden sie in ein höfisches Ritual eingebunden, das tagtäglich der Verehrung des „Sonnenkönigs" galt.
Der Adel war noch immer ein wichtiger Machtfaktor im Land, aber es war undenkbar geworden, dass die Adligen sich gegen den König erhoben. Sie hatten der königlichen Verwaltung dienstbar zu sein oder wenigstens in der höfischen Repräsentation mitzuspielen. Diese neuen Rollen musste sich der alte Adel, der „Schwertadel", mit bürgerlichen Emporkömmlingen teilen, die sich in der Staatsverwaltung oft als tüchtiger erwiesen als die Angehörigen der alten Geschlechter. Aus den bürgerlichen Experten, die für ihre Verdienste geadelt wurden, entstand eine neue Adelsschicht, der Amtsadel. Der Darstellung königlicher Glorie dienten die neuen Prachtbauten in Versailles und Paris, die riesigen Parkanlagen (S. 133), in denen rationale Planung über die Willkür der Natur triumphierte, die Schauspiele, in denen die Größe antiker Herrscher gefeiert wurde, und die Aufführungen der Hofoper mit ihren Balletten (S. 128). Der barocke Pomp, der aus dem höfischen Leben so etwas wie eine ununterbrochene riesige Theatervorstellung machte (S. 132), war keine Erfindung des französischen Königshofs. Die Kunst, das einfache Volk mit großartigen Auftritten und Darstellungen zu beeindrucken, war zuerst von der katholischen Kirche während der Gegenreformation praktiziert worden. Priester und Prälaten vollzogen in kostbaren Gewändern unter den gewaltigen Kuppeln verschwenderisch ausgestatteter Kirchen, begleitet von himmlischer Chormusik und weit entrückt vom gemeinen Gläubigen, den Gottesdienst. Ähnlich wurden auch die öffentlichen Auftritte der großen Herren und Herrscherfamilien inszeniert. In solchen Auftritten hatten die Angehörigen der Adelsfamilien ihre fest umrissenen Rollen zu spielen, sie waren eingebunden ins Zeremoniell. Ein ausgeklügeltes und ziemlich steifes Hofzeremoniell hatte Spanien auf dem Höhepunkt seiner Macht ausgebildet (S. 96). Der französische Hof verarbeitete diese Vorbilder und entwickelte sie weiter. Die Verbindung von absoluter Königsherrschaft und barocker Pracht war nicht einfach ein teurer Luxus zur Unterhaltung des Königs, wie es die Aufklärer später oft darstellten; es handelte sich vielmehr um eine sehr effiziente Methode, Macht zu konzentrieren und Kontrolle auszuüben, ohne direkte Gewalt anzuwenden: Ludwig XIV. konnte es sich sogar leisten, den Anführer des Fronde-Aufstands, den „Großen Condé", zu rehabilitieren und zum Heerführer zu machen. Trotzdem musste der verschwenderische Aufwand des Hofs finanziert werden, dazu der wachsende Beamtenapparat und ein stehendes Heer. Ohne eine geordnete Verwaltung der Staatsfinanzen und ein funktionierendes Besteuerungssystem, wie sie Colbert, der Minister des „Sonnenkö-

Ludwig XIV. im Krönungsornat

nigs", in Frankreich einführte, wäre das nicht möglich gewesen. Das ganze Land wurde von der Wirtschaftstheorie dieser Zeit, dem Merkantilismus, als ein Haushalt angesehen, der mehr Waren auf den (Welt-)Markt bringen sollte, als er einführte. Von dem Außenhandelsüberschuss, der als Geld ins Land kommen sollte, konnte nach Ansicht der Merkantilisten der Staat finanziert werden. (Von der Überschussproduktion im eigenen Land lebten der Adel und die Kirche, die staatlicher Besteuerung heftigen Widerstand entgegensetzten.) Deshalb förderte der Staat die Produktion exportfähiger Güter – vor allem Luxuswaren – in Manufakturen; er unterstützte den Aufbau der Handelsmarine, damit nicht fremde Schiffe am Handel verdienten, und erwarb Kolonien, damit Kolonialwaren wie Zucker, Kaffee, Tabak und Baumwolle möglichst nicht vom Ausland eingekauft werden mussten. Wenn die Staatsfinanzen Frankreichs gegen Ende der Ära Ludwigs XIV. trotzdem zerrüttet waren, so lag dies an den Kriegen, die der König fortwährend führte. Ziel der Kriege war es nicht nur, den Ruhm des Königs zu mehren und die Vormachtstellung der österreichischen und spanischen Habsburger auf dem Kontinent zu brechen, sondern auch, in den Besitz der niederländischen Städte zu gelangen, um den Staat um wichtige Exportindustrien reicher zu machen und dem englischen Seehandel etwas entgegensetzen zu können. In diesem letzten Punkt scheiterte Ludwig XIV. Eher zur Schwächung Frankreichs trug auch bei, dass Ludwig das religiöse Toleranzedikt Heinrichs IV. widerrief und die katholische Reformbewegung der Jansenisten unterdrückte, um seine Macht auch auf eine einheitliche Kirchenorganisation stützen zu können; dies trieb viele der fähigsten Köpfe aus dem Land, die als hugenottische Flüchtlinge unter anderem der Entwicklung Brandenburgs Auftrieb gaben.

Herrschaftsformen in Europa

Der Absolutismus Ludwigs XIV. war das Vorbild für zahlreiche andere Staaten in Europa. Im Reich eiferten seit 1648 Dutzende kleine Fürsten dem Vorbild des Sonnenkönigs nach und ruinierten nicht selten die Wirtschaft ihrer sich erst allmählich vom Dreißigjährigen Krieg erholenden Länder mit aufwändigen barocken Schlossbauten und prunkvoller Hofhaltung. Der Kaiserhof in Wien hatte zwar seine eigenen Traditionen, aber die höfischen Moden aus Paris gingen auch an ihm nicht vorüber, ebensowenig an den Höfen Italiens, an deren Spitze oft ein habsburgischer Fürst stand; Dänemark entwickelte sich geradezu zu einem absolutistischen Musterland.

Der Fächer, Attribut der eleganten Dame

Doch nicht alle Staaten nahmen sich Frankreich zum Vorbild. In Schweden etwa konnten der Adel und sogar die freien Bauern bei den Regierungsgeschäften mitreden. In England hatte sich der Philosoph Thomas Hobbes während der Bürgerkriegswirren zwar nach einem allmächtigen Staat, einem „Leviathan" mit einem absolut regierenden Fürsten an der Spitze, gesehnt, der endlich Frieden stiftete, und damit ein theoretisches Fundament des Absolutismus geliefert; doch das Land entwickelte sich nach der *Glorious Revolution* von 1688 zu einer konstitutionellen Monarchie, in der die Staatsgewalt ebensosehr vom bürgerlichen und aristokratischen Parlament wie vom König ausging. Hier war es nicht der Staat, der beim Aufbau einer moderneren Wirtschaft die Initiative ergriff, sondern es waren dies die Bürger, und auch der englische Adel bemühte sich weniger um die Teilnahme am Hofleben als um die Verbesserung des Ertrags seiner von relativ unabhängigen Pächtern bewirtschafteten Ländereien. Ähnliche Verhaltensweisen herrschten auch in den republikanisch verfassten Niederlanden.

Eine ganz andere Entwicklung nahm Polen, wo der Staat zerfiel, nicht in einzelne Kleinstaaten wie das Reich, sondern in die Vielzahl der Güter einzelner Adliger. Diese waren Mitglieder des Adelsparlaments, des *Sejm*, und alle frei und unabhängig, doch ihre Bauern hielten sie in vollkommener Abhängigkeit. Sie sollten ihnen einen adligen Lebensstil ermöglichen, indem sie landwirtschaftliche Güter produzierten, die exportiert und gegen Luxusprodukte aus dem Westen eingetauscht werden konnten. Für eine Staatsverwaltung blieb dabei so gut wie nichts übrig. Polen wurde zunehmend zum Spielball fremder Mächte.

Auch im größten und aufgrund seiner Militärmacht zunehmend bedeutenden Fürstentum im Reich nach Österreich, Brandenburg-Preußen, lebte der Adel nicht wie in Westeuropa von den Geldabgaben mehr oder weniger freier Pächter, sondern von dem Überschuss, den seine unfreien Bauern auf ihren ausgedehnten Gütern erwirtschafteten. Doch an der Spitze

des Staats stand hier ein absoluter Fürst, der sich seit 1701 König nannte und mithilfe seiner Beamten auch vom Adel Steuern erhob, um seine Verwaltung und sein Heer zu unterhalten.
Russland folgte unter Peter dem Großen (S. 140f.) dem Vorbild des französischen Absolutismus; dennoch entwickelte es sich anders als Westeuropa, denn in dem großen Land, in dem der Handel zwischen Stadt und Land weitgehend fehlte, der die Voraussetzung für eine entwickelte Geldwirtschaft ist, hatte der Zar nur eine Möglichkeit, seine wichtigen Beamten und Offiziere zu entlohnen: mit Land samt den dazugehörigen leibeigenen Bauern. Da es kaum ein städtisches Unternehmertum gab, musste der Staatsapparat selbst mithilfe von Zwangsarbeit die Produktion von Rüstungsgütern, den Flottenbau oder den Bau von Sankt Petersburg (S. 142) bewerkstelligen.
Im Hinblick auf die Willkür der Staatsmacht ähnelte Russland dem Osmanischen Reich (S. 48), in dem der Sultan seine Untertanen weitgehend in Ruhe ließ, solange sie die Steuern abführten, die er für seinen Hof und das Militär brauchte. Dabei blieb das türkische Staatsvolk insofern privilegiert, als die Abgaben, von denen der Staat lebte, großenteils als Tribute aus den abhängigen Gebieten, vor allem auf dem Balkan, in die Staatskasse flossen.

Thomas Hobbes, englischer Philosoph (1588–1679)

Die Herausbildung der Großmächte des 18. Jahrhunderts

Das türkische Regierungssystem war auf die Dauer der rationaleren Verwaltung in den europäischen Staaten unterlegen. Dies erwies sich nach 1683, dem Jahr, als die Türken zum zweiten Mal (nach 1529) Wien belagerten (s. o.), um ihre Herrschaft auf dem Balkan zu festigen. Die Türken wurden zurückgeworfen, und bis zum Ende des Jahrhunderts eroberten die Österreicher Ungarn und Siebenbürgen. Peter der Große nutzte die Schwäche des türkischen Staats, um seinerseits große Teile der den Türken tributpflichtigen Gebiete in der Ukraine für Russland zu gewinnen.
Der Türkenkrieg festigte die Rolle Österreichs als europäische Großmacht neben Frankreich, das den Einfluss Österreichs im Reich während des Pfälzischen Erbfolgekriegs (1688–1697) vergeblich gegen eine Koalition der europäischen Mächte zu beseitigen versucht hatte. Auch in Italien blieb die Vorherrschaft der österreichischen Habsburger unangetastet. Die Niederlande hatte Frankreich in die Arme der größten Seemacht, England, getrieben, und die Engländer achteten auch darauf, dass die Franzosen im geschwächten Spanien keinen Einfluss gewinnen konnten.
Im Nordischen Krieg (1700–1721), den Schweden unter dem jungen König Karl XII. zur Festigung seiner während des Dreißigjährigen Kriegs erlangten Vorherrschaft im Ostseeraum vom Zaun brach, siegten die angegriffenen Russen unter Peter dem Großen mithilfe der verbündeten Polen unter ihrem deutschen König, August dem Starken von Sachsen, und der Brandenburger, die damit ebenfalls zur bedeutenden Macht an der Ostsee wurden.
Anfang des 18. Jahrhunderts hatten sich so die Machtzentren herausgebildet, die die Geschichte Europas für das ganze Jahrhundert bestimmen sollten: Frankreich und England als nicht nur in Europa, sondern weltweit konkurrierende Mächte, Österreich als neben Frankreich wichtigste Kontinentalmacht, Russland, das zu einem riesigen Staat zwischen Ostsee und Schwarzem Meer geworden war, und jetzt auch Brandenburg-Preußen, die neue Vormacht im Norden Deutschlands. Spanien, Schweden und das Osmanische Reich, die die Geschicke des Kontinents bis dahin entscheidend mitbestimmt hatten, hatten an Bedeutung verloren.
Zwischen den Machtzentren in Paris, London, Wien, Sankt Petersburg und Berlin entwickelten sich ausgeklügelte diplomatische Beziehungen, in denen sich auf gesamteuropäischer Ebene wiederholte, was es an den einzelnen Höfen an Intrigen und Machtkämpfen gab. Die Herrscher und ihre Gesandten rangen auf dem europäischen Parkett um Einfluss und spielten sich gegenseitig aus, ohne das höfische Protokoll zu verletzen und meist ohne brutale kriegerische Gewalt. Die Idee des Absolutismus, Macht lieber durch pompöse Inszenierungen und geistreiche Erpressungen auszuüben als durch unmittelbare Gewalt, hatte sich auch international durchgesetzt und bescherte Europa eine verhältnismäßig friedliche Phase seiner Geschichte.

Chronik

1547–1584 Iwan IV. („der Schreckliche“) erklärt sich zum Kaiser (Zar), macht sich die Kirche zum Verbündeten und diszipliniert mithilfe eines neu geschaffenen stehenden Heers die alte Herrschaftsschicht der Bojaren, die vielerorts durch einen neuen Amtsadel ersetzt wird. Er legt auf diese Weise die Grundlagen für den neuzeitlichen russischen Staat.

1610–1643 Ludwig XIII. König von Frankreich. Die Staatsgeschäfte leitet von 1624–1642 Kardinal Richelieu. Durchsetzung der absoluten Königsmacht; die letzten Festungen der Reformierten werden erobert und geschleift. Der Widerstand des alten Adels an der Spitze der Provinzen wird gebrochen. An die Stelle der alten Feudalgeschlechter treten hier Beamte des Königs, die Intendanten.

1635 Gründung der Académie Française durch Richelieu

1635–1648 Aus machtpolitischen Gründen nimmt Frankreich am Dreißigjährigen Krieg teil. Kämpfe gegen die Habsburger im Reich und in Spanien. Der Krieg gegen Spanien setzt sich bis 1659 fort.

1637 Descartes, *Discours de la Méthode*

1643–1715 Ludwig XIV. Bis 1661 führt Kardinal Mazarin als leitender Minister die Regierungsgeschäfte.

1648 Westfälischer Frieden: Ende des Dreißigjährigen Kriegs in Mitteleuropa. Schwächung des Reichs; die einzelnen Fürsten werden zu souveränen Herrschern, die meist dem absolutistischen Vorbild Frankreichs nacheifern.

1648–1653 „Fronde“-Aufstand des französischen Hochadels gegen den königlichen Absolutismus, Bündnis der Aufständischen mit Spanien. Von Mazarin im Bündnis mit dem England Cromwells niedergeworfen.

1650 René Descartes stirbt in Stockholm.

1659 Molière beginnt die Produktion seiner großen Komödien in Paris.

1661 Beginn der Selbstregierung Ludwigs XIV. Der hohe Adel wird an den Hof gebunden. Hofzeremoniell, Entmachtung des Parlaments. Rationale Fiskalpolitik des Ministers Colbert. Flotten- und Kolonialpolitik Frankreichs.

1665 Der Absolutismus wird in Dänemark gesetzlich verankert.

1667–1678 Expansionspolitik Frankreichs gegen die spanischen Niederlande und Holland, Teilerfolge. Bündnis mit den Türken gegen Habsburg

1671 Theaterwettstreit zwischen Corneille und Racine in Paris

1683 Die Türken belagern Wien und werden von Kaiser Leopold I. mithilfe der Polen geschlagen. Im „Großen Türkenkrieg“ werfen die Österreicher unter Prinz Eugen die Türken bis hinter Belgrad zurück. Im Frieden von Karlowitz verliert die Türkei Ungarn und Siebenbürgen an Österreich, das sich zu Österreich-Ungarn wandelt.

1685 Aufhebung des Edikts von Nantes. Auswanderung der Hugenotten

1688 *Glorious Revolution* in England. Wilhelm von Oranien wird als Wilhelm III. vom Parlament auf den Thron gebracht. In der *Bill of Rights* werden 1689 die Rechte der oppositionellen Katholiken und Dissenters festgeschrieben.

1688–1697 Pfälzischer Erbfolgekrieg: Der Versuch Ludwigs XIV., die Pfalz Frankreich einzuverleiben und dadurch den Zusammenhalt des vom habsburgischen Österreich dominierten Reichs gänzlich zu zerstören, scheitert angesichts einer internationalen Koalition unter der Führung Englands, die neben Österreich auch Brandenburg, Schweden, die Niederlande und Spanien umfasst. England engagiert sich auf dem Kontinent, um ein Übergewicht Frankreichs zu verhindern.

1689–1725 Peter der Große reformiert in Russland Militär und Verwaltung nach westlichem Vorbild. Russland wird europäische Großmacht.

1694 Gründung der Bank of England

1700–1721 Nordischer Krieg Schwedens unter Karl XII. gegen Russland, Dänemark, das unter August dem Starken mit Sachsen vereinte Polen und von 1715 an auch Brandenburg. Russland wird nach der Niederlage Schwedens europäische Großmacht.

1701 Kurfürst Friedrich von Brandenburg erwirbt „in Preußen“, d. h. außerhalb der Reichsgrenzen, die Königswürde. Brandenburg-Preußen auf dem Weg zur europäischen Großmacht

1703 Peter der Große gründet St. Petersburg.

1707 England und Schottland werden zu Großbritannien vereinigt.

1709 Ludwig XIV. geht im Sinne der katholischen Orthodoxie gegen die Jansenisten vor.

1714–1727 Mit Georg I. aus dem Haus Hannover beginnt die „georgianische“ Periode Englands.

1719 Händel wird Leiter der neuen Londoner Oper.

Defoe veröffentlicht den Roman *Robinson Crusoe*.

1721 Bach, *Brandenburgische Konzerte*. Der Hof in Berlin wird zu einem kulturellen Zentrum.

Türkentracht
Ende des 17. Jh.s

Höfischer Tanz

In aller Welt gehörten zum Leben am Hof der Mächtigen prunkvolle Theateraufführungen. Diese großartigen Schauspiele zeigten den Reichtum der Herrschenden und ihre Macht über viele Menschen. Besondere Hoftänze – königlich und gemessen in ihren Bewegungen und bei bedeutenden staatlichen Anlässen aufgeführt – untermauerten das Gefühl, dass der König anders ist als seine Untertanen, und stärkten die überlegene Stellung des Regenten. Hoftänze unterscheiden sich von anderen Tänzen. Sie sind hierarchisch und distanzieren die an der Quelle der Macht Sitzenden vom gemeinen Volk. Tänzerisches Ritual und theatralische Inszenierung des Alltags spielten kaum je eine größere Rolle als an den Höfen der Barockzeit.

Die Maske stellt den Drachenkönig Matsubara dar.

Die Maske besteht aus Holz, Lack und Menschenhaar.

BUGAKU-HOFTANZ
Bugaku und *Gagaku* aus Japan sind die älteste durchgängig gepflegte Hoftanz- und Hofmusiktradition der Welt. Manche heutigen Darsteller berufen sich auf eine Familientradition von 39 Generationen, d.h. 1200 Jahren. Manche Tänze stellen sagenhafte Schlachten dar, andere erzählen von Begegnungen mit übernatürlichen Wesen und mythischen Ungeheuern. Zum *Bugaku* gehören oft fantastische Gesichtsmasken.

PARADE ZUM 1. OKTOBER IN PEKING
In China erinnert der 1. Oktober an den Tag, an dem 1949 die Kommunistische Partei nach Jahren der Revolution die Macht ergriff und die Volksrepublik China gründete. Die Feierlichkeiten zu diesem Tag zeigen eine Liebe zur prunkvollen schauspielerischen Darstellung. Hier sieht man einen hervorragend synchronen, farbenprächtigen Fächertanz.

Bugaku-*Darsteller sind nach alter Tradition männlich, aber für Frauenrollen als Frauen zurechtgemacht.*

Für den Bugaku *verwendet man lange, reich verzierte Kimonos.*

STAATSSCHÄTZE
Bugaku ist ein würdevoller, gemessener Tanz mit einfachen symmetrischen Mustern. Über Jahrhunderte durften sich nur die Mitglieder des kaiserlichen Hofes, hohe Beamte und ihre Gäste am *Bugaku* erfreuen – die breite Öffentlichkeit darf erst seit dem 2. Weltkrieg zusehen. Heute betrachtet man die Hoftänze als Darstellung des japanischen Nationalcharakters, und 1995 ernannte man *Bugaku*-Tänzer und *Gagaku*-Musiker zu „lebenden Staatschätzen". *Gagaku* ist die Musik zum *Bugaku*.

Gemessene Schritte sind Kernelemente des Bugaku.

HOFTANZ IN GHANA

Von seinen Höflingen getragen, tritt der gewählte König der Aschanti in Ghana eindrucksvoll auf. Zu besonderen Anlässen tanzt der König vor seinem Volk – kraftvoll, aber langsam und würdevoll. Den königlichen Schirm lässt man ebenfalls zu den Trommeln „tanzen".

Edelsteinbesetzte goldene Aschanti-Ringe

Goldene Aschanti-Dolche

ASCHANTI-GOLD

Arabische Reisende beschrieben Ghana im 8. Jh. als „Goldland", und über Jahrhunderte war Gold das Zeichen der Aschanti. Noch heute tanzt ihr König schwer behangen mit Goldschmuck. Früher zierten die goldenen Köpfe heldenhafter Aschanti-Könige den königlichen Thron, und ein goldener Schemel symbolisierte die Einheit des Volks.

EUROPÄISCHER HOFTANZ

Im 16. Jh. wetteiferten europäische Fürsten um den aufwändigsten Hof und leerten ihre Schatzkammern für extravagante Schauspiele. 1581 richteten Caterina de' Medici und ihr Sohn Heinrich III. eine königliche Hochzeit mit einer Reihe von Hofbällen aus. Diese prunkvollen Bälle im Pariser Louvre setzten Maßstäbe.

SONNENEMBLEM

Ludwig XIV. ist als „Sonnenkönig" in die Geschichte eingegangen. 1653, im Alter von 15 Jahren, trat Ludwig in *Le ballet de la nuit* als aufgehende Sonne auf. 1654 stellte er in *Les noces de Pelée et de Thétis* den griechischen Sonnengott Apoll dar.

Kostüm mit Sonnenemblemen

TANZ AM HOF LUDWIGS XIV.

Ludwig XIV. zog den französischen Adel an seinen Hof nach Versailles. Der König galt als Liebhaber des Tanzes. In seiner Gegenwart zum Tanz aufgefordert zu werden war eine große Ehre und konnte der Karriere dienlich sein. Ludwig selbst tanzte oft vor. Die aufwändige Hofhaltung mit ihren Tänzen hatte machtpolitische Hintergründe. Solange die Adligen am Königshof weilten, waren sie finanziell und politisch von Ludwig abhängig.

Ludwig XIV. von Frankreich als aufgehende Sonne in *Le ballet de la nuit* (1653)

Ein Übermaß an Schleifen, Bändern und Volants bestimmte die französische Mode.

Kleider des Frühbarock

Das Modependel bewegte sich im 17. Jahrhundert zunächst zwischen der puritanischen Nüchternheit Englands und Hollands und dem übertriebenen Luxus des französischen Hofs. Zu Beginn des Jahrhunderts machte der steife spanische Stil einer etwas natürlicheren Mode Platz. Seit Frankreich dann unter Ludwig XIV. die politische Führung in Europa angetreten hatte, regierte die französische Mode in Europa ebenso selbstherrlich wie der „Sonnenkönig". Ab 1660 wurden Bänder, Volants und Federn in Hülle und Fülle getragen, wobei die Männer oft die Frauen übertrafen. Die Mode diente vor allem der Selbstdarstellung des Adels und war so wichtig, dass mancher Adlige sich um ihretwillen ruinierte. Dieser Aufwand führte dazu, dass die industrielle Fertigung von Luxuswaren, gerade in Frankreich, blühte.

MUSKETIERMODE
Diese Illustration aus dem Roman *Die drei Musketiere* von Alexandre Dumas vermittelt einen Eindruck vom Modetrend des 17. Jh.s: Kurze Mäntel, verzierte Kniehose, Stulpenstiefel, lange Haare, Spitzenkragen und breitkrempige Federhüte waren ein Muss für den „Kavalier" in England, Frankreich und Holland.

FEDERSCHMUCK
Mit diesem beinernen Stab aus dem 17. Jh. (Fundort London) wurden in den Modefarben gefärbte Federn in Form gebracht. Man schmückte damit Hüte und Fächer.

DER KEGELFÖRMIGE MANN
Der Mann auf diesem Gemälde des holländischen Malers Gerard Terborch (1617–1681) trägt eine Hose (*Rhingrave*), die die Engländer „Unterrockhose" nannten. Die Hosen, unter den Knien mit Spitzenmanschetten zusammengehalten, wurden immer stoffreicher, wirkten wie Röcke und waren mit Schleifenbändern verziert. Das kurze Wams ließ viel vom Hemd sehen, dessen Ärmel weicher und fließender wurden. Die steife Halskrause wurde durch die Fallkrause ersetzt.

STRENG UND EINFACH
Die Puritaner kleideten sich streng, wie es die protestantische und nonkonformistische Kirche verlangte. Auch die holländische Bürgerklasse trug Puritanerkleidung: runde Filzhüte, weiße Kragen und Kapuzencapes. Mit den „Pilgervätern" kam dieser Stil in die Neue Welt, wo er bis ins 19. Jh. tonangebend war.

Einschiffung der Pilgerväter nach Amerika

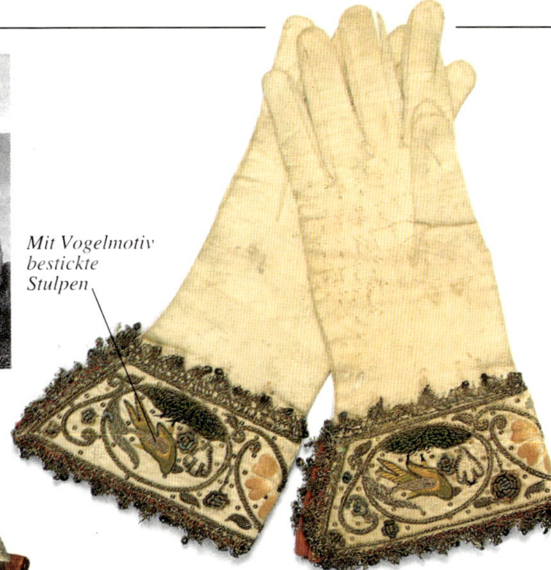

Mit Vogelmotiv bestickte Stulpen

STULPENHANDSCHUHE
Handschuhe – schon im 16. Jh. wichtige Accessoires – gewannen im 17. Jh. weiter an Bedeutung. Die Handschuhe aus weichem Leder mit aufwändig bestickten Stulpen wurden hauptsächlich in Spanien hergestellt wie diese weißen Lederhandschuhe aus dem Jahr 1670.

Der Fallkragen mit Spitzeneinfassung ersetzte die Halskrause.

VORNEHME LESER
Dieser Ausschnitt eines Bildes von Anthonie Palamedesz (1601–1673) zeigt, dass die steife Kleidung des 16. Jh.s von einer bequemeren Mode abgelöst worden war.

Gürtelschnalle

Hosenschnalle

Hosenschnalle

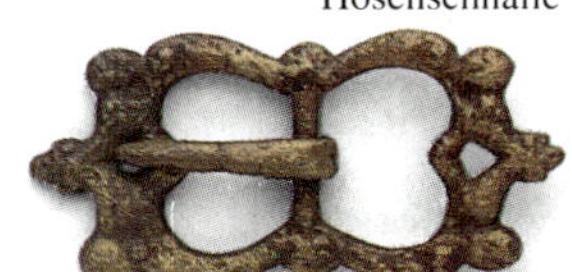

Gürtelschnalle

ALLES GESCHNALLT
Neben Schleifen, Bändern und Riemchen waren im 17. Jh. Schnallen aus den verschiedensten Materialien als dekorative Gürtel-, Riemen- und Hosenschnallen modisch unabdingbar. Ab etwa 1670 schloss man auch die Schuhe mit Schnallen.

FALTFÄCHER
Faltbare Fächer, die in China bereits 500 Jahre in Gebrauch gewesen waren, gelangten im 16. Jh. nach Europa. Dieser Fächer mit Etui stammt aus dem 17. Jh.

NICHT FUSSGERECHT
Dieser Kinderschuh aus Leder datiert aus dem frühen 17. Jh. und konnte am rechten oder am linken Fuß getragen werden.

HOHE ABSÄTZE
Im Lauf des 17. Jh.s wurden die Absätze immer höher, und die eckigen Schuhkappen wurden zunehmend länger.

Frankreichs „Grand Siècle“

Das 17. und frühe 18. Jahrhundert ist das „Grand Siècle“, das große Jahrhundert Frankreichs. Es ist die Zeit des höfischen Pomps, der unter dem „Sonnenkönig“ Ludwig XIV. (1643–1715) in seinem Schloss in Versailles seinen Höhepunkt erreichte. Das höfische Ritual war kein Selbstzweck, sondern diente der Einbindung und Kontrolle des an den Hof gezogenen Adels, der 1648–1653 im Fronde-Aufstand ein letztes Mal gegen den Absolutismus revoltiert hatte. Auch die traditionelle kriegerische Aggressivität des Adels wurde in die Bahnen der „Höflichkeit“ gelenkt. Dazu dienten nicht nur das Hofzeremoniell, sondern auch der Gottesdienst, die Dramen eines Corneille (1606–1684) und Racine (1639–1699) und die Opern Lullys (1632–1687), die Architektur eines an die klassischen, aber monumentalen Formen der römischen Kaiserzeit anknüpfenden Barock, nicht zuletzt der Exerzierdrill der disziplinierten Armee. Das französische Vorbild machte in ganz Europa Schule: So kam es, dass selbst die Kriege der Zeit, sogenannte Kabinettskriege, nach einer Art Zeremoniell geführt wurden, das sie weniger grausam machte als die Kriege anderer Epochen.

DIE SCHLAFKAMMER DES KÖNIGS IN VERSAILLES
Beim morgendlichen „Lever“, dem Aufstehen des Königs, hatten Angehörige des Hochadels ihre festgesetzten Rollen zu spielen: den König zu wecken, ihn anzukleiden usw. Sie waren damit in einen um die Person des Königs kreisenden Tagesablauf eingebunden.

Die Perücke erweckt den Schein jugendlicher Lockenpracht.

LUDWIG XIV. IM KRÖNUNGSORNAT
Auf diesem ausgeklügelten Bild des Hofmalers Hyacinthe Rigaud ist jedes Detail ein Symbol der Macht und Königswürde.

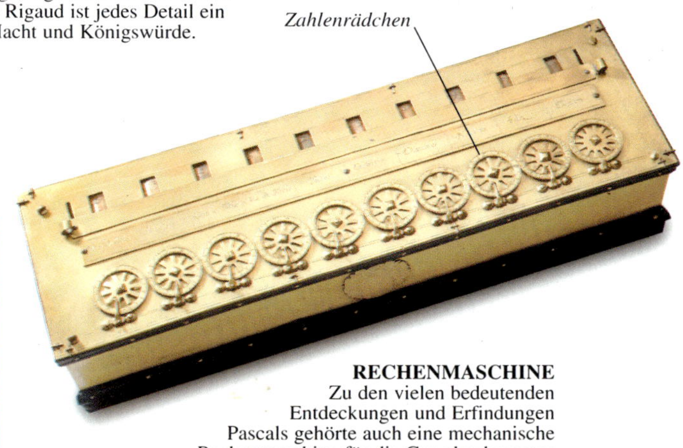

Zahlenrädchen

RECHENMASCHINE
Zu den vielen bedeutenden Entdeckungen und Erfindungen Pascals gehörte auch eine mechanische Rechenmaschine für die Grundrechenarten mit einem ausgeklügelten Zahnradgetriebe.

PIERRE CORNEILLE
Corneille (1606–1684) war der Schöpfer der klassischen französischen Tragödie, die dem Schicksal von Herrschern eine neue Größe gab. Natürlich diente auch die Tragödie der Erhöhung der Königsmacht.

SCHLOSS VERSAILLES
In Versailles schuf sich Ludwig XIV. ein Schloss, dessen symmetrische Architektur in einen riesigen geometrischen Park überging. Der Park wiederum griff in die umgebende Landschaft aus. Symbolisch war so das Schloss der Mittelpunkt, von dem die Ordnung des ganzen Landes ausging.

DIE OPER VON VERSAILLES
Da das höfische Leben selbst schon wie ein Schauspiel oder Ballett ablief, das gleichsam vor der Adelsöffentlichkeit gespielt wurde, hatte das Theater eine hervorragende Bedeutung, insbesondere die Oper, in der Musik und Ballett sich mit einer dramatischen Handlung verbanden.

MOLIÈRE
In Molières (1622–1673) bis heute viel gespielten Komödien werden vor allem die städtischen Bürger und die Gesellschaft des kleinen Adels aufs Korn genommen. Molière musste stets aufpassen, dass er keine allzu mächtigen Gegner auf den Plan rief. Meistens erfreute er sich allerdings der Gunst des Königs.

PORT ROYAL
Das Zisterzienserinnenkloster von Port Royal in Paris pflegte eine innerliche, bürgerliche Frömmigkeit. Die Anhänger von Port Royal wie der Maler Philippe de Champaigne, der diese Nonnen malte, oder Blaise Pascal traten für die von dem Bischof Jansen geforderte Kirchenreformbewegung (Jansenismus) ein. Die Jansenisten gerieten immer mehr in Gegensatz zur von den Jesuiten beherrschten offiziellen Kirche. Seit 1660 ging die Regierung gegen sie vor.

BLAISE PASCAL
Pascal (1623–1662) war der bedeutendste Mathematiker seiner Zeit und ein ebenso bedeutender Naturwissenschaftler und Philosoph.

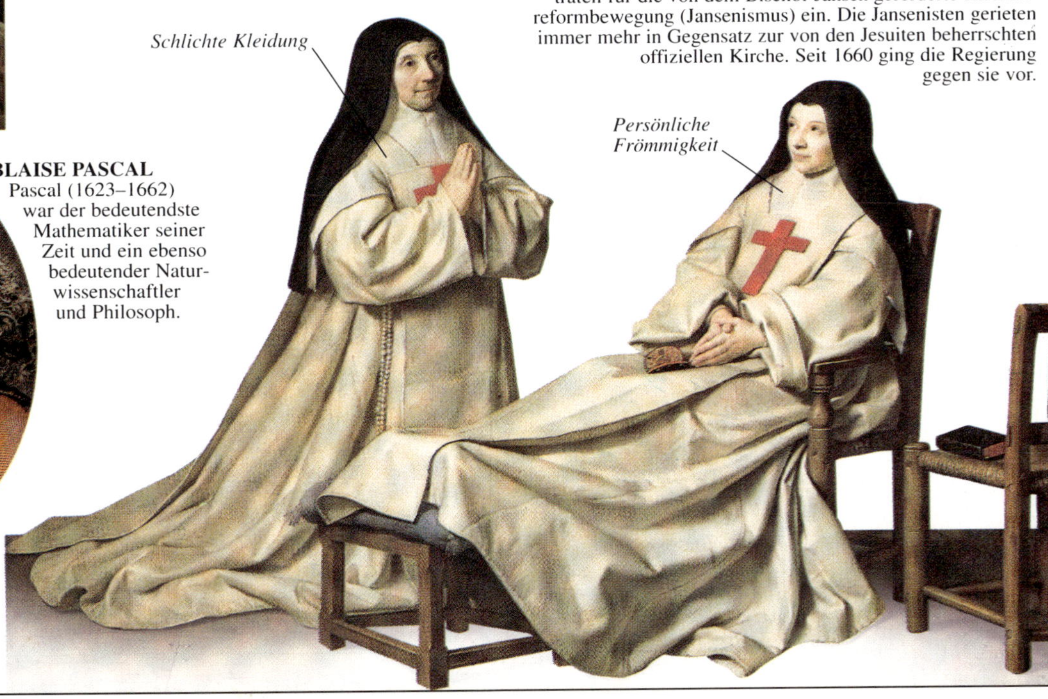

Barock und Absolutismus

Mode ist Macht

Brillen gab es bereits im 13. Jh. Da die meisten Leute nicht lesen konnten, galten Brillenträger als gebildet. Brillengestelle mit seitlichen Bügeln gibt es seit dem 18. Jh.

Nach der Mitte des 17. Jahrhunderts triumphierte die französische Mode vollends in ganz Europa. Der absolutistische König Ludwig XIV. hatte nicht nur die politische Macht, er bestimmte auch die Mode und das kulturelle Leben. So führte er am französischen Hof die Perücke ein – böse Zungen meinen, um seine eigene Kahlköpfigkeit zu verdecken. Die „Allongeperücke“ (langlockige, über die Schultern reichende Perücke) verlieh Würde und Autorität, und jeder „feine Herr“ trug sie. Das eigene Haar darunter war kurz geschnitten oder der Kopf ganz kahl geschoren. Die Männer der unteren Volksschichten trugen ihr eigenes Haar möglichst lang, da Perücken zu kostspielig und hinderlich bei der Arbeit waren.
Die Damenfrisuren erreichten nicht die Pracht der Männerperücken. In ganz Europa eiferte man der französischen Hofmode nach, am sklavischsten in den politisch ohnmächtigen deutschen Staaten.

DEUTSCHE HERREN
Die Kleidung dieser Männer entspricht der Mode um 1670. Beide tragen einen flachen, breitkrempigen Hut, aus dem sich später der Dreispitz entwickelte. Die Schuhe hatten eckige Kappen, und manchmal wurde das Oberleder umgeschlagen, sodass das Futter sichtbar wurde.

TRAUERZEIT
Wenn jemand starb, trugen die nächsten Verwandten ein Jahr lang Trauer: schwarze Kleidung und besonderen Schmuck. Bei Beerdigungen wurden Fingerringe mit Skelett-, Sarg- und Totenschädelmotiven an Verwandte verteilt.

Anhänger mit Skelettmotiv

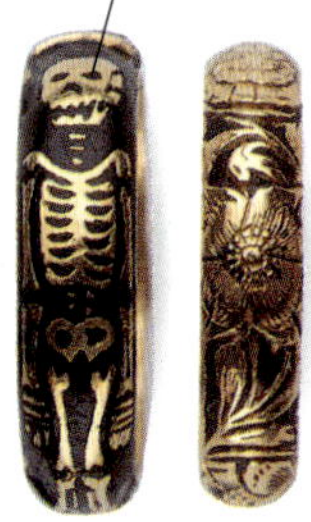

Trauerringe

KNOPF-SCHATULLE
Auswechselbare Knöpfe trug man an Manschetten, Ärmeln, Jacken, Westen und Schuhen. Oft waren die Knöpfe sehr kunstvoll gearbeitet, wie dieses Knopfset von 1680 zeigt.

BÜGELEISEN
Da man viel weißes Leinen trug, gab es auch viel zu bügeln. Dieses Bügeleisen wurde durch einen heißen Stein beheizt, den man in ein Fach im unteren Teil legte.

Allongeperücke mit zwei Wülsten

Halsbinde (Vorläuferin der Krawatte)

Der breite Ärmelaufschlag ist festgeknöpft.

PERÜCKENPRACHT
Um 1680 waren die Perücken sehr aufwändig. Obwohl voluminös und schwer, war die Allongeperücke ein Muss für den modischen Herrn (links). Manche Allongeperücken türmten sich über dem Scheitel zu zwei Wülsten (großes Bild links). Viele Männer verlängerten ihr eigenes Haar mit Haarteilen (rechts).

Elfenbeinkamm, um 1660

Kamm aus Knochen

BEINERNE KÄMME
Gegen Ende des 17. Jh.s frisierten und lockten die Frauen ihr Haar mit handgeschnitzten Kämmen, die meist aus Knochen oder Elfenbein bestanden.

SPAZIERGANG
Der gut gekleidete Herr hatte häufig einen Spazierstock oder einen Degen bei sich, der von einem Bandelier (Schultergürtel) gehalten wurde. Der rechts abgebildete Spazierstock stammt aus dem 17. Jh.

Mit Schnörkeln verzierter Elfenbeinknauf

DIE ERSTEN ANZÜGE
Im 17. Jh. tauchten anzugähnliche Kleidungsstücke in der Herrenmode auf, wie man an diesem Theaterkostüm sieht. Die lange Jacke (*Justaucorps*) wurde anfangs zugeknöpft, später offen getragen. Die Ärmel hatten breite geknöpfte Aufschläge. Dazu trug man eine Kniehose aus dem gleichen Stoff, die *Culotte*. Die Krawatte begann Halskrausen und -tücher zu ersetzen. Je nach religiöser und politischer Einstellung des Trägers wurde diese Zusammenstellung auch abgewandelt.

Die Kinder waren wie Erwachsene gekleidet.

DIE ERSTEN SCHÜRZEN
Bei der Hausarbeit schlugen die Frauen ihre Röcke zurück oder banden sich zum Schutz der Kleidung Stoffe um die Taille. Die Bauern trugen einfache Kleidung, kopierten aber gern die Mode der Oberklasse.

Der Orient

Die islamischen Länder vom Osmanischen Reich über Persien bis zum Mogulreich in Indien und zum Sultanat Marokko im äußersten Westen hatten mehr mit dem barocken Europa gemeinsam, als die Europäer etwa im 19. Jahrhundert wahrnehmen wollten: Die Kunst – von der Architektur bis zur Kleinkunst – empfing viele Anregungen aus Europa und gab viele Anregungen zurück. Der Kaffeegenuss kam aus dem Orient nach Europa, und noch Mozart machte Anleihen bei der türkischen Musik. Auch der Orient kannte seine Religionskonflikte (vor allem zwischen Sunniten und Schiiten), schwärmerische religiöse Bewegungen und philologische Gelehrsamkeit. Das Leben in einer Stadt wie Istanbul oder Fes unterschied sich nicht sehr von dem in Neapel oder Paris. Politisch spielte die Türkei mit im „Konzert" der europäischen Mächte; und der Sultan war noch weit mehr als etwa der französische König ein absoluter Herrscher. Allerdings verhinderte die unumschränkte Gewalt der orientalischen Herrscher auch den Aufstieg eines selbstbewussten Bürgertums; dies ist der Grund, weshalb die orientalischen Staaten seit dem 18. Jahrhundert nicht mehr mit der dynamischen Entwicklung Europas mithalten konnten.

RUF ZUM GEBET
Fünfmal täglich ruft der Muezzin („Gebetsrufer") die Gläubigen vom Minarett (Turm der Moschee) aus auf Arabisch zum Gebet. Sein Ruf beginnt mit „Gott ist sehr groß" und endet mit „Es gibt keinen Gott außer dem einzigen Gott".

GEBETSHALTUNGEN
Für das tägliche Pflichtgebet sind ganz bestimmte Worte und Handlungen vorgeschrieben. Vor dem Gebet ist eine Waschung vorzunehmen (oben links). Einige Teile des Gebets werden im Stehen gesprochen, andere in einer kniend-sitzenden Haltung. Im Verlauf des Gebets wirft sich der Gläubige zweimal nieder und berührt den Boden.

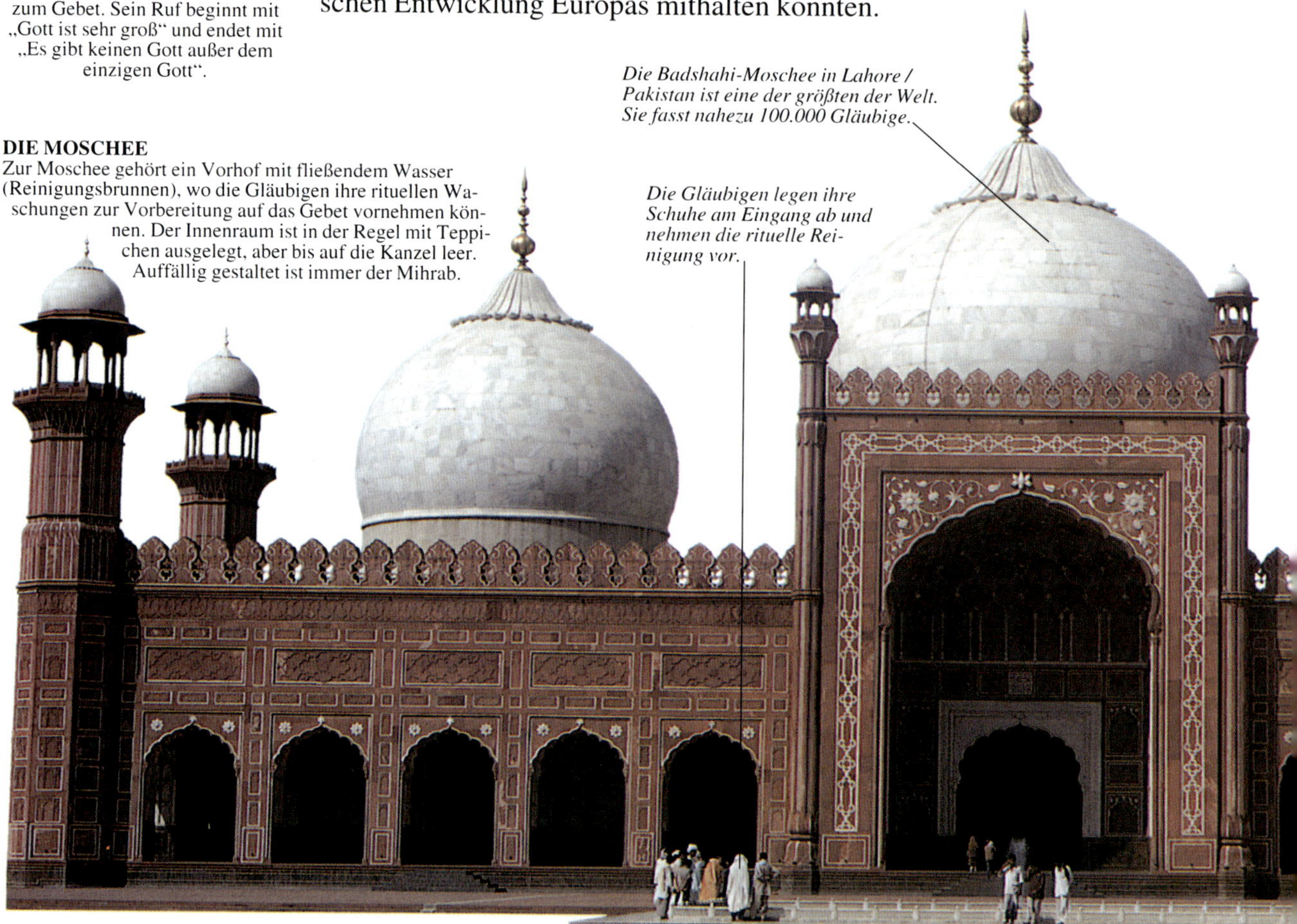

DIE MOSCHEE
Zur Moschee gehört ein Vorhof mit fließendem Wasser (Reinigungsbrunnen), wo die Gläubigen ihre rituellen Waschungen zur Vorbereitung auf das Gebet vornehmen können. Der Innenraum ist in der Regel mit Teppichen ausgelegt, aber bis auf die Kanzel leer. Auffällig gestaltet ist immer der Mihrab.

Die Badshahi-Moschee in Lahore / Pakistan ist eine der größten der Welt. Sie fasst nahezu 100.000 Gläubige.

Die Gläubigen legen ihre Schuhe am Eingang ab und nehmen die rituelle Reinigung vor.

SUFISMUS
Der Sufismus ist eine mystische Bewegung im Islam, die auf direkte Gotteserfahrung abzielt. Es gibt Sufi-Orden sowohl bei den Sunniten als auch bei den Schiiten. Am bekanntesten sind die „tanzenden Derwische" – Angehörige eines Bettlerordens, die sich durch Tanz in Ekstase (Verzückung) versetzen.

Allahu akbar –
Gott ist sehr groß.

Gebetsruf der Muezzins

Der Kompass weist die Richtung nach Mekka.

GEBETSTEPPICH
Wenn Moslems beten, wenden sie sich mit dem Gesicht in Richtung Mekka. Diese Richtung nennt man Kibla. Um sie herauszufinden, braucht man einen besonderen Kompass. Viele moderne Gebetsteppiche sind mit solch einem Kompass versehen. Die Gebetsteppichweberei ist in vielen islamischen Ländern, z.B. im Iran und in der Türkei, eine alte Kunst.

VORBETER
Hier werden die Gläubigen beim Gebet von einem Imam (mit Megafon) angeleitet. Das Gebet beginnt mit der ersten Koransure, es folgen die Worte „Gott hört auf den, der ihn preist" und das Glaubensbekenntnis, schließlich ein Gebet auf den Propheten. Zum Abschluss wünscht man einander das Heil und Erbarmen Gottes.

Die Schiitenstandarte trägt die Namen Gottes, Mohammeds und Alis.

SUNNITEN UND SCHIITEN
Es gibt zwei Hauptrichtungen des Islam, die Sunniten (90%) und die Schiiten (10%). Sie unterscheiden sich vor allem in ihrer Auffassung darüber, wie Gottes Wille zu erkennen ist. Die Sunniten folgen der *Sunna* und betrachten die Kalifen als die rechtmäßigen Nachfolger Mohammeds. Die Schiiten dagegen halten das für richtig, was die Imame verkündet haben, die Nachkommen von Mohammeds Tochter Fatima und seinem Schwiegersohn Ali.

Die Türken vor Wien

1529 endete ein Vorstoß der mit dem französischen König Franz I. verbündeten Türken durch Ungarn erst vor Wien. Die Stadt trotzte der türkischen Belagerung, aber das mit dem habsburgischen Kaiserhaus in Personalunion verbundene Ungarische Königreich, das Siebenbürgen und Kroatien umfasste, geriet für mehr als anderthalb Jahrhunderte unter türkische Herrschaft. In derselben Zeit drängten die Türken in der Ukraine Polen und Russen zurück und machten sich zu den Herren der Nordküste des Schwarzen Meers. Das Osmanische Reich war die wichtigste Macht im gesamten südöstlichen Europa geworden. Das Blatt wendet sich, als die Türken 1683, um einem Angriff der christlichen Mächte zuvorzukommen, Wien zum zweiten Mal belagern und von den kaiserlichen Truppen mit Hilfe des polnischen Königs Jan Sobieski geschlagen werden. Die Österreicher drängen die Türken nun bis an die Grenzen Ungarns zurück, während die Venezianer an der Adriaküste gegen sie vorgehen. Russland unter Peter dem Großen tritt der antitürkischen Allianz bei und dringt zum Schwarzen Meer vor. Bis 1699 ist ganz Ungarn wieder in der Hand der Habsburger, sogar auf dem Balkan ist die türkische Herrschaft nur noch locker. Österreich und Russland sind zu europäischen Großmächten geworden, während die Türkei zum „kranken Mann am Bosporus“ wird.

OBERES BELVEDERE
Das prächtige Obere Belvedere ließ sich der „Türkenbezwinger“ Prinz Eugen durch Lukas von Hildebrandt erbauen.

ÖSTERREICHISCHER SPION
Georg Kolschitzki, der für Österreich spionierte, ist hier in Türkenkleidung abgebildet. Derselbe Kolschitzki gründete 1688 in Wien das erste Caféhaus.

Fez, Pluderhose und Krummsäbel: die typische Ausstattung eines Türken

SCHLACHT AM KAHLENBERG
Am 12. September 1683 greift das polnische Entsatzheer unter Jan Sobieski in den Kampf um das belagerte Wien ein und führt den Sieg der christlichen Verbündeten herbei. Auf dem Kahlenberg oberhalb von Wien findet die entscheidende Schlacht statt. Das Bild zeigt die Erstürmung des Zelts des türkischen Befehlshabers Kara Mustafa.

MOKKATASSE
Den kostbaren türkischen Mokka genossen die Europäer aus feinen Tassen, die aus dem gerade erst erfundenen Material Porzellan gemacht waren.

FESTUNGSINSEL
Während des Kampfs um Wien streiten im östlichen Mittelmeer Türken und Venezianer um die Vorherrschaft. Das Bild zeigt eine venezianische Inselfestung vor dem Hafen von Nauplia in Griechenland.

CAFÉHÄUSER
Nach den Türkenkriegen wird der Genuss des von den Türken übernommenen Kaffees zur europäischen Mode. Überall schießen Caféhäuser wie Pilze aus dem Boden. Hier ein Leipziger Café um 1744.

SCHLACHT BEI BELGRAD
Im Türkenkrieg 1716–1718 schlägt der kaiserliche Heerführer Prinz Eugen von Savoyen die Türken. Die Österreicher ziehen sich zwar von Belgrad zurück, haben jedoch der türkischen Herrschaft auf dem Balkan einen empfindlichen Schlag versetzt. Fürstentümer wie Serbien beginnen Schritt für Schritt, sich von der Regierung in Istanbul zu lösen.

Der Aufstieg Russlands

Nachdem Iwan der Schreckliche die Zarenherrschaft mit brutalen Mitteln gefestigt und Russland nach außen gegen Polen und Türken stark gemacht hatte, kam es zu Thronwirren, aus denen das Adelsgeschlecht der Romanows 1613 siegreich hervorging. Der wichtigste Herrscher aus dieser Familie war Peter der Große (1672–1725). Ihm gelang es, im Norden die Schweden und im Süden die Türken zurückzudrängen. Sein Erfolg basierte vor allem auf der Öffnung Russlands für Einflüsse aus Westeuropa, u.a. von deutschen und holländischen Experten. Mit seinen Untertanen ging er allerdings unglaublich rücksichtslos um.

DIE ROMANOWS
1613 wurde der 16-jährige Michail Romanow zum Zaren gewählt. Das Haus Romanow regierte Russland über 300 Jahre lang. Im Februar 1917 endete ihre Herrschaft mit der Abdankung Nikolaus' II.

Krone aus Gold mit Perlen, Granaten und Türkisen

Besatz aus Zobelfell

KASANER KRONE
Diese Krone aus dem 16. Jh. – eine der ältesten Russlands – war die Galakrone Iwans IV. Sie soll aus Anlass der Vereinigung von Kasan mit Russland angefertigt worden sein.

IWAN DER SCHRECKLICHE
Die Herrschaft Iwans IV. (1533–1584) begann mit vielversprechenden Reformen und der Aufnahme von Handelsbeziehungen zu England. Doch nach dem Tod seiner Frau wandelte er sich zum Tyrannen, der sogar den eigenen Sohn im Streit erschlug.

BORIS GODUNOW
Mit Boris Godunow (um 1550–1605) endete die Herrschaft der Rurikiden. Er war äußerst unbeliebt; man verdächtigte ihn, die Ermordung des rechtmäßigen Thronerben veranlasst zu haben. Mit Godunows plötzlichem Tod 1605 begann die Zeit der Wirren.

Peter-und-Paul-Festung in St. Petersburg (1723)

PETER DER GROSSE
Peter I. verdrängte seine Halbschwester Sophia vom Thron und regierte von 1689 bis 1725. Er reiste als erster Zar ins Ausland, führte Reformen im Bildungswesen durch, gründete die russische Marine und ließ eine neue Hauptstadt bauen: St. Petersburg.

Porträt der Kaiserin in emaillierten Kupferrahmen

KATHARINA DIE GROSSE
Katharina, eine deutsche Prinzessin, wurde 1762 Kaiserin von Russland und regierte über 30 Jahre lang. Sie war die letzte von vier bedeutenden Kaiserinnen, die auf Peter I. folgten.

AUFSTAND DER DEKABRISTEN
Bauernaufstände gegen die Zaren waren keine Seltenheit. 1825 jedoch kam es zu einem Militärputsch der Adligen, der sog. „Dekabristen", gegen Nikolaus I. Der Aufstand scheiterte; fünf Anführer wurden hingerichtet und die übrigen Aufständischen zur Zwangsarbeit in Sibirien verurteilt.

Die fünf Dekabristenführer, die hingerichtet wurden

Aus Ketten, die man den Dekabristen in Sibirien anlegte, ist dieser Ring hergestellt.

Barock und Absolutismus

SCHWACHE KAISER, STARKE KAISERINNEN
Nach dem Tod Peters I. im Jahr 1725 regierten bis zum Ende des Jahrhunderts vier starke Kaiserinnen, u.a. Peters Tochter Elisabeth und die deutschstämmige Prinzessin Katharina. Beide erkämpften sich den Thron von ihren schwachen männlichen Vorgängern und waren beim Volk sehr beliebt. Unter Elisabeth und Katharina entstanden die prachtvollen Paläste und Gartenanlagen in und um St. Petersburg. Ein Beispiel für Elisabeths extravaganten Geschmack ist ihr aufwändig gearbeiteter Thron (oben).

GEHEIMPOLIZEI
Die Geheimpolizei des Zaren, die Dritte Abteilung (später *Ochrana*), schleuste Mitglieder in aufständische Organisationen ein und unterdrückte so Revolten.

ALEXANDER II.
Der größte Erfolg von Zar Alexander II. war die Bauernbefreiung 1861. Der um Reformen bemühte Herrscher fiel 1881 einem Sprengstoffanschlag zum Opfer. Sein Sohn Alexander III. regierte mit harter Hand und machte viele Reformen rückgängig.

DER LETZTE ZAR
1913 konnte Nikolaus II. auf 300 Jahre Herrschaft des Hauses Romanow zurückblicken. Nur vier Jahre später, nach Revolution und Bürgerkrieg, musste er abdanken. 1918 ermordeten die Bolschewiki den letzten russischen Zaren mit Frau und Kindern.

Petersburger Paläste

Gekreuzte Anker im Stadtwappen

Vergoldete Turmspitze

Stufengiebel mit Voluten ähnelt niederländischen Bauwerken.

Peter der Große ließ seine neue Hauptstadt St. Petersburg im Delta der Newa anlegen. Damit erfüllte er sich seinen Wunsch, Russland mit dem Blick auf die Ostsee ein „Fenster nach Europa“ zu geben. 1712 war die Stadt größtenteils erbaut, allerdings um den Preis vieler Menschenleben. St. Petersburg ist berühmt für seine Paläste und Türme, die zumeist von ausländischen Architekten im barocken und klassizistischen Stil errichtet wurden. St. Petersburg blieb die Hauptstadt der Zaren, bis die Bolschewiki nach der Oktoberrevolution von 1917 ihre Regierung 1918 wieder ins Herz des Landes, nach Moskau, verlegten.

ARCHITEKT RASTRELLI
Der Italiener Bartolomeo Rastrelli (um 1700–1771) war Hofarchitekt der Zarinnen Anna und Elisabeth. Er baute pompöse Paläste in dem für ihn typischen Stil des russischen Spätbarock. Unter Katharina II. fiel er in Ungnade, da sie den klassizistischen Stil bevorzugte.

Alexander-Säule erinnert an Sieg über Napoleon 1812.

EIS AUF DER FONTANKA
Die von Herrschaftshäusern gesäumte Fontanka ist einer von vier Flüssen und Kanälen, die von der Newa kommend das Stadtzentrum durchziehen. Im Winter friert die Fontanka zu und ist dann sogar für Fahrzeuge befahrbar.

STADTANLAGE
Flüsse und Kanäle prägen das Stadtbild von St. Petersburg. Durch das Zentrum verläuft die breite Newa. Eigene Stadtteile bilden die Wassiljew-Insel und die Hasen-Insel mit der Festung. Der Newski-Prospekt ist die wichtigste Verkehrs- und Einkaufsstraße.

PETER-UND-PAUL-FESTUNG
Die Festung, mit deren Bau 1703 begonnen wurde, war das erste Bauwerk der neuen Stadt. In ihrer Mitte erhebt sich die Kathedrale der Heiligen Petrus und Paulus, die mit ihrem hohen schlanken Turm als Wahrzeichen der Stadt gilt.

Im obersten Geschoss befanden sich die Dienstbotenzimmer.

DER WINTERPALAST
Als vierflügeliger Bau mit Innenhof wurde der Winterpalast 1762 fertig gestellt; er gilt als Rastrellis Meisterwerk. 1837 wurde er durch einen Brand zerstört, innerhalb eines Jahres aber originalgetreu wieder aufgebaut. Der im Auftrag von Zarin Elisabeth errichtete Palast war lange Hauptresidenz der russischen Monarchen und beherbergt seit der Oktoberrevolution das Eremitage-Museum.

KATHARINENPALAST

Diese Goldkuppeln gehören zur Kapelle des Katharinenpalastes, der Sommerresidenz der Zaren in Puschkin (früher: Zarskoje Selo) bei St. Petersburg. Der Architekt Rastrelli baute den Palast für Zarin Elisabeth um; benannt wurde er nach deren Mutter. Die Gartenanlagen des Schlosses entstanden unter Katharina II.

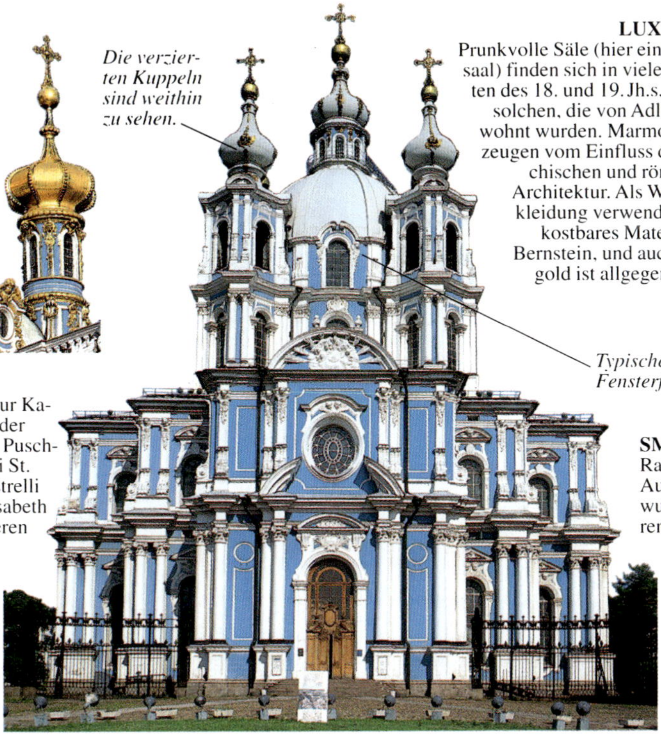

Die verzierten Kuppeln sind weithin zu sehen.

Typische Rastrelli-Fensterform

SMOLNY-KLOSTER

Rastrelli errichtete dieses Frauenkloster im Auftrag der Zarin Elisabeth. Fertig gestellt wurde es 1764, nach Elisabeths Tod. Während das Äußere des Palastes viele Verzierungen aufweist, ist das Gebäudeinnere schmucklos. Bereits kurz nach der Fertigstellung wurde der Bau unter Katharina II. in ein Internat für adlige Mädchen umgewidmet. Zwischen 1917 und 1918 diente er als Hauptquartier der Revolutionäre unter Lenin.

LUXURIÖS

Prunkvolle Säle (hier ein Speisesaal) finden sich in vielen Palästen des 18. und 19. Jh.s, auch in solchen, die von Adligen bewohnt wurden. Marmorsäulen zeugen vom Einfluss der griechischen und römischen Architektur. Als Wandverkleidung verwendete man kostbares Material wie Bernstein, und auch Blattgold ist allgegenwärtig.

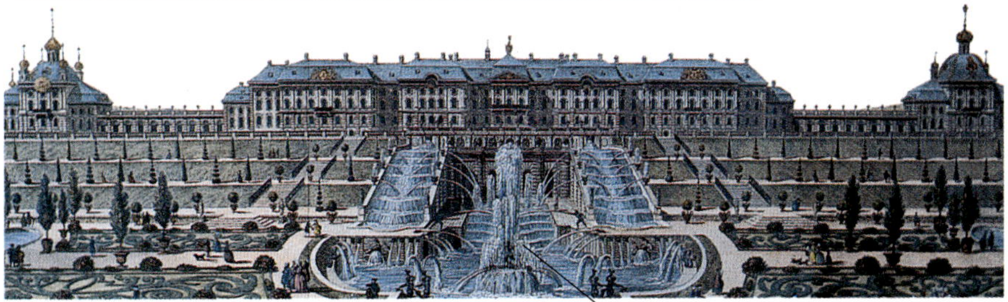

Die große Kaskade, später mit vergoldeten Statuen

PETERHOF

Der Peterhof am Finnischen Meerbusen war die bevorzugte Sommerresidenz Peters I. Palast und Gärten sind der Versailler Schlossanlage nachempfunden. Der 1714 begonnene Bau wurde später von Rastrelli vollendet. Im 2. Weltkrieg wurde der Peterhof zerstört, in späteren Jahren jedoch wieder wunderschön restauriert.

Statue im Peterhof

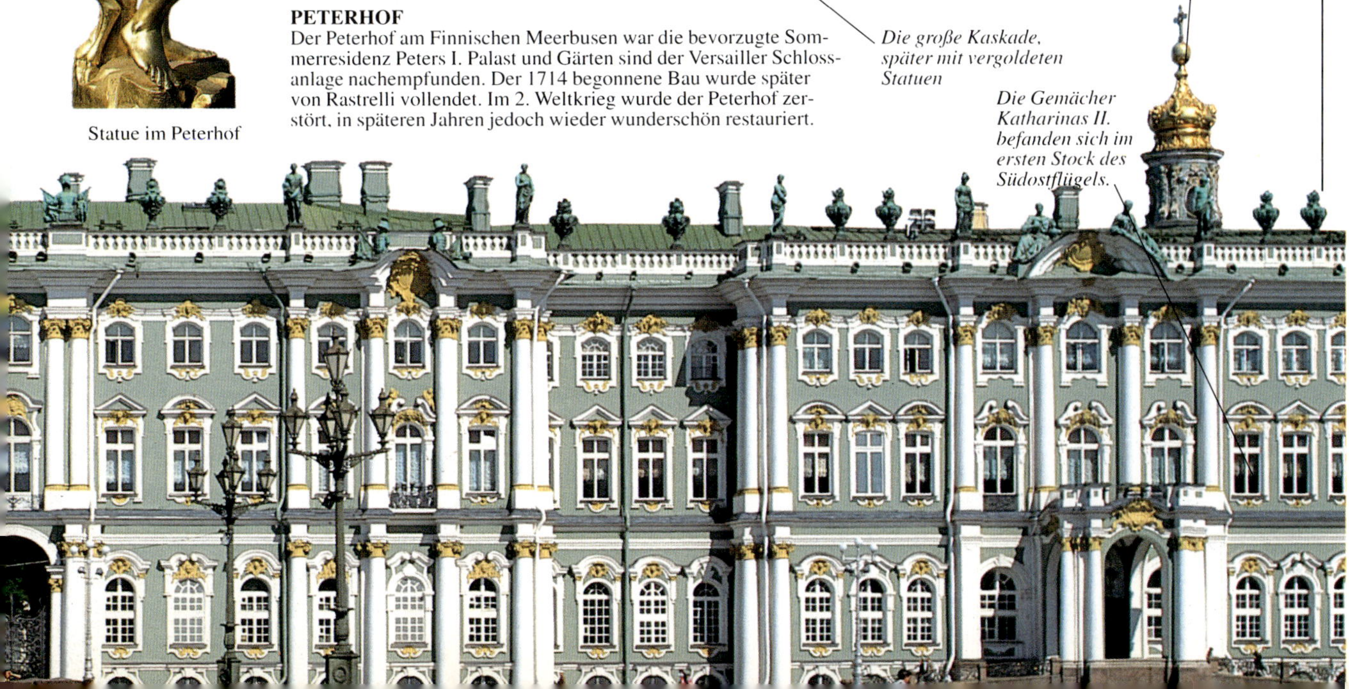

Goldkuppel der Palastkapelle

Die Gemächer Katharinas II. befanden sich im ersten Stock des Südostflügels.

Das Zeitalter der Aufklärung

So wie man das 17. Jahrhundert als das Zeitalter des Barock und des Absolutismus bezeichnet, so gilt das 18. Jahrhundert bis zur Französischen Revolution als das Zeitalter der Aufklärung. Das ist natürlich eine sehr grobe Einteilung. Bei genauerer Betrachtung stellt man fest, dass der Absolutismus sich erst in der ersten Hälfte des 17. Jahrhunderts durchsetzt (und durchaus nicht überall in Europa), dass er sich dafür aber über das ganze 18. Jahrhundert hinweg in großen Teilen Europas hält. Er bleibt dabei jedoch nicht unverändert, sondern entwickelt sich in Richtung eines „aufgeklärten Absolutismus" weiter. Die Aufklärung wiederum geht bereits im 17. Jahrhundert aus dem modernen Rationalismus in der Naturwissenschaft hervor, der in dem mechanischen Weltbild Isaac Newtons triumphierte (S. 29), entwickelt sich aber bis zur „Spätaufklärung" im letzten Drittel des 18. Jahrhunderts immer weiter.

Aufklärung kontra Hexenverfolgung

Es waren der Franzose René Descartes (1596–1650, S. 156) und der Engländer Thomas Hobbes, (1588–1679), die als Erste den Rationalismus der Naturwissenschaften zur Erklärung aller irdischen Phänomene heranzogen: Selbst die menschliche Wahrnehmung war für sie ein mechanisches Phänomen und das Denken nichts als angewandte Mathematik und Logik. Für die Kirche war solches Denken gefährlich, weil für die Glaubensebene der Religion in ihm kein Platz mehr war. Descartes verbrachte die beste Zeit seines Lebens im holländischen Exil und starb in Schweden; dennoch sollte der „cartesianische" Geist der Rationalität Frankreich nachhaltig prägen. Der erklärte Materialist Hobbes, der mit seiner Lehre von der Notwendigkeit absoluter Fürstenmacht (S. 123) dem Absolutismus eine rationalistische Grundlage gab, musste wie Descartes zeitlebens vor den Männern der Kirche auf der Hut sein. Seit dieser Zeit war die Verbindung von weltlicher und geistlicher Macht der größte Feind der Aufklärung. Es war aber diese Verbindung, die einen wichtigen Beitrag zur Entstehung der neuzeitlichen politischen und gesellschaftlichen Ordnung geleistet hatte: Sie erlaubte den Kirchen, ihre Macht zu festigen, weil sie gegen abweichende Meinungen mithilfe der staatlichen Gewalt vorgehen konnten, und sie erlaubte den Fürsten, mithilfe der Geistlichkeit ihre Untertanen zu disziplinieren und deren Gehorsam zur Gewissenspflicht zu machen. Staat und Kirche stilisierten den Fürsten zum strengen, aber gerechten Vater des Staates und erwarteten, dass jeder Familienvater in seinem kleinen Staat, der Familie, seinem Vorbild folgte. Ein Verhalten, das von dieser Linie abwich, wurde bestraft: Ketzer wurden verfolgt und notfalls verbrannt, und noch weit bis ins 18. Jahrhundert wurden so genannte Hexen grausam verfolgt (S. 150), Frauen, die sich tatsächlich oder scheinbar nicht in die Rolle einer dem patriarchalischen Familienoberhaupt gehorsamen Ehefrau, Mutter oder Tochter schickten. Die irdischen Strafen unterstrichen die Androhung ewiger Höllenqualen. Hexenprozesse gab es in katholischen wie in protestantischen Ländern, in der Alten wie in der Neuen Welt (S. 152). Die Hexenverfolgung wurde in England und in Preußen zu Beginn des 18. Jahrhunderts eingestellt, im gesamten Reich erst 1750; vereinzelt kam es in abgelegenen Gegenden auch danach noch zu Hexenverbrennungen.

René Descartes (Porträt von Frans Hals)

Aufklärung und der Aufstieg des Bürgertums

Der oft dogmatische Rationalismus der Frühaufklärung machte allmählich einer differenzierteren Aufklärung Platz: Der Engländer John Locke (1632–1704, S. 123) gab neben dem rationalen Denken auch den vielen Formen der Erfahrung Raum und engagierte sich für eine liberale Politik, in der die Toleranz und der Kompromiss die höchsten Tugenden waren, weil es für ihn keine rational feststellbare absolute Wahrheit gab. Lockes Empirismus, in dem Erkenntnis auf sinnlicher Erfahrung beruht, entwickelte sich unter seinem Schüler Shaftesbury (1671–1713) zum „Sensualismus", in dem die subjektiven Empfindungen des Einzelnen die hervorragende Rolle spielten. Populär wurde die neue „Empfindsamkeit" in ganz Europa durch die Romane Samuel Richardsons, deren Vorbild auch Rousseau mit seiner *Neuen Heloise* und Goethe mit seinem *Werther* folgten. Die Gebildeten Europas schwelgten nun in ihren privaten Gefühlen und Leidenschaften, die Liebesehe wurde gegenüber der Vernunftehe, die dem Vorbild der politischen Ehen der Herrscher folgte, populär. Mit der Empfindsamkeit traten allerdings auch irrationalistische gegenaufklärerische Strömungen zutage, wie das Beispiel des populären Geistersehers Emanuel Swedenborg oder des Betrügers Cagliostro (S. 155) zeigen.

Schandmaske für angebliche Hexen, 17. Jh.

Das Interesse an persönlichen Gefühlen, die in den neuen Romanen realistischer beschrieben waren als in den antikisierenden Schäferspielen, die die barocken Höfe zu unterhalten pflegten, war einer neuen Bildungsschicht zu verdanken, den Bürgern. Das waren die Angehörigen der Kaufmanns- und reichen Handwerkerfamilien in den Städten, aber auch die zahlreich gewordenen staatlichen Beamten. Manche dieser Bürger waren inzwischen wohlhabender als die Angehörigen des kleinen Adels, und mehr und mehr griffen Adlige und Bürger zur selben Lektüre.
Das höfische Barock wurde unter dem Einfluss bürgerlicher Kreise zum intimeren Rokoko (S. 158), die prunkvollen Perücken gerieten außer Mode, und nach der Mitte des Jahrhunderts machte sogar der „Haarbeutel" des Rokoko einer natürlichen Haartracht Platz. „Natürlichkeit" stand nach der Mitte des 18. Jahrhunderts auf der Tagesordnung, an die Stelle des „französischen Parks" nach dem Beispiel von Versailles, in dem die Landschaft den Regeln der Geometrie unterworfen war, tritt nun der „englische" Landschaftspark, in dem die Natur dazu gebracht wird, sich von der besten Seite zu zeigen und so „zu sich selbst" zu kommen. Die „edle Einfalt und stille Größe" (Winckelmann) des Griechentums wurde ebenso wiederentdeckt wie die vielgestaltige Einfachheit der Volkspoesie und -musik.
Neben der Lektüre verband auch umfangreiche Korrespondenz die an Wissenschaft und Literatur interessierten Kreise aus Adligen und Bürgerlichen in ganz Europa. Dies war nicht zuletzt der Verbesserung des Postsystems zu verdanken: Briefe gingen in kurzer Zeit zwischen Paris und St. Petersburg, Neapel und Edinburgh hin und her. Gerade in der Wissenschaft kam es durch den intensiven Austausch förmlich zu einer Explosion der Erkenntnisse. Buffon in Frankreich und Linné in Schweden systematisierten das zoologische und botanische Wissen, die Elektrizitätslehre entwickelte sich in Italien (Volta) und Frankreich (Coulomb) und triumphierte erstmals mit der Erfindung des Blitzableiters durch den Amerikaner Benjamin Franklin. Lomonossow in Russland und Lavoisier in Frankreich legten die Grundlagen der modernen Chemie.

Vorbild England

Vor allem in Großbritannien blühten „Wissenschaftliche Gesellschaften". Hier hatte David Hume (1711–1776) nachgewiesen, dass keine Wissenschaft sich aus sich selbst begründen kann, und damit Platz gemacht für weniger exakte Wissenschaften, als Mathematik und Mechanik es sind. Einer seiner Schüler, Adam Smith, entwickelte die moderne Lehre von der Volkswirtschaft, indem er nachwies, dass die Konkurrenz der Beteiligten an der Wirtschaft kein Schaden ist, sondern im Gegenteil zum Reichtum der gesamten Gesellschaft beiträgt. Smith wiederum war eingebunden in ein Netz von Freundschaften, dem nicht nur Hume, sondern auch der dichtende Naturforscher Erasmus Darwin (Großvater von Charles Darwin), der reiche Fabrikant geschmackvoller Töpferware Josiah Wedgwood und der Ingenieur James Watt angehörte, der die erste universal einsetzbare Dampfmaschine entwickelte. In dieser Zeit begann bereits die Industrialisierung Englands: Kanäle wurden gegraben, um Massengüter günstig transportieren zu können, die Kohle- und Eisenproduktion stieg schnell an; durch die Einhegungen (*enclosures*) des alten Gemeindelandes, das zum Privatbesitz der Gutsbesitzer erklärt wurde, wuchs der Anteil des mit modernen Produktionsmethoden bewirtschafteten Landes und zugleich die Zahl beschäftigungslos gewordener Bauern, die nun als Arbeitskräfte für die Industrie zur Verfügung standen.

Die französische Aufklärung

Die englische Aufklärung wurde zum Vorbild für die französische: Montesquieu entwickelte am Beispiel Englands, dass in einem aufgeklärten Staat Gesetzgebung, Rechtsprechung und ausführende Gewalt getrennt werden müssten, um Willkür zu verhindern, Rousseau entwarf nach dem Muster seiner Heimatstadt Genf und der puritanischen Gemeinschaften Englands das Bild einer idealen Demokratie, in der der Einzelne dasselbe will wie die Gemeinschaft aller Staatsbürger. Voltaire, ein Anhänger Lockes, kämpfte gegen die Einmischung der Kirche in die Belange der Bürger, und Diderot und d'Alembert fassten das Wissen und die Überzeugungen der Aufklärer in ihrer vielbändigen *Encyclopédie* zusammen.

Da die Aufklärung alle Bildungsschichten erreichte, ging sie auch an den Herrschern nicht vorüber: Ludwig XV. (1715–1774) und Ludwig XVI. (1774–1792) in Frankreich ließen die Aufklärer weitgehend gewähren, auch wenn die Kirche immer wieder Zensurmaßnahmen durchsetzte. 1764 wurde der allzu enge Schulterschluss zwischen Staat und Kirche durch das Verbot des Jesuitenordens beendet (drei Jahre später wurden die Jesuiten auch aus Spanien vertrieben; Portugal hatten sie bereits 1759 verlassen müssen). Die gleichmäßige Besteuerung des adligen Grundbesitzes und die Aufhebung der inneren Zölle, wie die aufgeklärten Staatsbeamten sie verlangten, konnte die Regierung nicht durchsetzen. Diese Maßnahmen wurden vor allem von den „Physiokraten" empfohlen, die in der landwirtschaftlichen Produktion die Basis des nationalen Reichtums sahen. Direkte Steuern hätten, so war ihre Überzeugung, staatliche Infrastrukturmaßnahmen erlaubt und zur Durchsetzung einer profitorientierten Landwirtschaft nach englischem Vorbild geführt. Der königliche Minister Turgot versuchte 1774–1776, eine solche Reform zu erzwingen, scheiterte jedoch am Widerstand des Adels und der Kirche. Als die Krone nach heftigen Finanzkrisen beschloss, unter dessen Nachfolger Necker, der zum Generalkontrolleur der Finanzen bestellt worden war, die Pläne Turgots wieder aufzunehmen und, um sie durchzusetzen, 1788 die „Generalstände", d.h. das allgemeine Parlament, einberief, wurde dies zum Auslöser der Französischen Revolution.

Aufklärung und Politik in Europa

Von Frankreich aus erreichte die Aufklärung Deutschland, Russland, Spanien, Italien und Skandinavien – Französisch wurde zur herrschenden Bildungssprache. Entschiedener als die französischen Könige versuchten die Herrscher Preußens, Russlands und Österreichs, Friedrich II. (der Große, 1740–1786), Katharina (die Große, 1762–1796) und Joseph II. (1765–1790), Ideen der Aufklärung in ihren Ländern durchzusetzen. Mit unterschiedlichem Erfolg: Friedrich gewährte zwar gern verfolgten Aufklärern wie Voltaire Asyl und sah sich nicht mehr wie Ludwig XIV. als Verkörperung des Staats, sondern als dessen „ersten Diener" an, doch verfolgte er einen zynischen Machiavellismus, wenn es um die Vergrößerung der Macht seines Staats ging. Er verfügte über einen hervorragenden Beamtenapparat und eine für die Größe des Landes außerordentlich starke Armee. Er hielt seinen Adel in strenger Disziplin und verlangte von ihm Abgaben, doch reservierte er für ihn die Militärkarriere und ließ die bäuerliche Leibeigenschaft unangetastet. Andererseits siedelte er freie Bauern in durch staatliche Maßnahmen neu gewonnenem Land an. Außerdem setzte er eine unabhängige Justiz durch und sorgte für strikte religiöse Toleranz.

Katharina wiederum lernte schon bald, dass aufklärerische Ideen wie die Befreiung der Bauern nicht dazu angetan waren, ihre Macht zu festigen, und belohnte ihre Gefolgsleute wie Peter der Große mit Land und dazugehörigen Leibeigenen. Immerhin verbesserte sie die staatliche Verwaltung. Joseph II. ging zwar nach dem Tod seiner Mutter, Maria Theresia, energisch daran, die Leibeigenschaft in seinen Territorien zu beseitigen, die riesigen Kirchengüter einzuziehen und religiöse Toleranz durchzusetzen, doch scheiterte er letztendlich weitgehend am Widerstand des Adels und der Kirche.

Zu einer wirklich erfolgreichen Aufhebung der Leibeigenschaft kam es in dieser Epoche nur im kleinen Dänemark.

Friedrich II. der Große, König von Preußen

Die Kriege der Aufklärungszeit

Wie Spieler am Kartentisch gingen die Herrscher der Aufklärungszeit und ihre führenden Staatsmänner in der Außenpolitik vor: Sie belauerten einander, schlugen zu, wenn die Gelegenheit günstig war, verbündeten sich mit diesem oder jenem Mitspieler, wenn dies günstig erschien, und stiegen aus, wenn der Einsatz zu hoch wurde. Der Einsatz, um den es ihnen ging, war der Reichtum ihres Staats, und das bedeutete damals vor allem Territorien, die es zu erwerben oder zu verteidigen galt, aber auch der Zugang zum Reichtümer versprechenden Überseehandel. Nationale Gefühle waren ihnen weitgehend fremd. Sie fühlten sich allein der Institution Staat verpflichtet und erwarteten von ihren Untertanen, für den Staat ihr Bestes zu geben, notfalls ihr Leben.

Frankreich konkurrierte mit England um den Zugang zu den überseeischen Reichtümern und damit um das Erbe der alten Seemächte Spanien und Portugal. Eine Schlüsselfrage war dabei, wer den größten Einfluss auf die nach wie vor bedeutende Seemacht Holland und auf die reichen österreichischen Niederlande hatte. Österreich verteidigte seine Stellung in den Niederlanden, musste jedoch überseeische Ambitionen aufgeben. Es bemühte sich auch, seinen bestimmenden Einfluss in Italien gegen Frankreich zu behaupten, nachdem die spanischen Bourbonen die ehemals habsburgischen Länder in Süditalien geerbt hatten.

Die Fürsten von Piemont-Savoyen, die den Titel eines Königs von Sardinien führten, nutzten die Konkurrenz zwischen Österreich, Frankreich und Spanien in Italien, um ihre eigene Machtbasis zu erweitern. Das Fürstentum sollte zur Keimzelle des künftigen italienischen Nationalstaats werden.

Österreich war auch auf dem Balkan aktiv: Es nutzte die Schwäche des Osmanischen Reichs, um – zunächst im Bündnis mit Russland – sein Territorium und seine Einflusszone auf dem Balkan zu erweitern. Russland wiederum drängte die Türken nach und nach aus der gesamten Ukraine zurück und griff auf den Balkan aus, wo es in Konkurrenz zu Österreich trat. Im Norden baute es gegen Schweden seine Positionen im Baltikum und in Finnland aus und blieb die führende Macht in der Ostsee. Die Engländer achteten allerdings darauf, dass sie nicht auf den Gedanken kamen, die Kontrolle über die dänischen Meerengen anzustreben, die ihrer Flotte den freien Zugang zu den Weltmeeren gesichert hätte. Zunehmenden Einfluss nahmen die Russen auf das innenpolitisch zerrissene Polen – argwöhnisch beobachtet von Österreich und Preußen, den anderen großen Nachbarstaaten Polens. Dies sollte gegen Ende des Jahrhunderts zu der in drei Etappen erfolgenden Teilung Polens zwischen Russland, Preußen und Österreich führen: 1795 war Polen von der Landkarte verschwunden.

Die Politik Englands wiederum war darauf angelegt, den großen Konkurrenten Frankreich zu schwächen, der mehrmals mit einer Invasion Englands drohte. Die Feinde Frankreichs – Österreich, Preußen oder Spanien –, waren in der Regel die Freunde Englands. Aber auch den allzu schnellen Aufstieg anderer Mächte wie Russland versuchte England zu bremsen.

Der unberechenbarste Faktor in diesem Spiel der Mächte war Brandenburg-Preußen, die jüngste und kleinste unter den europäischen Großmächten. Deren junger König Friedrich II. nutzte gleich nach seiner Thronbesteigung 1740 die Unruhe, die dadurch entstanden war, dass in Österreich-Ungarn zur gleichen Zeit eine Frau, Maria Theresia, die Herrschaft ergriffen hatte, die wegen ihres Geschlechts keinen Anspruch auf die Kaiserwürde erheben konnte. Friedrich unterstützte den Anspruch des bayerischen Kurfürsten Albrecht auf die Kaiserkrone und marschierte 1740 in der reichen österreichischen Provinz Schlesien ein. Dabei war Frankreich, das den österreichischen Einfluss in Europa zurückdrängen wollte, sein Verbündeter. England wiederum unterstützte die Österreicher und nutzte die Gelegenheit, Frankreich in Übersee einige Stützpunkte wegzunehmen. Außerdem konnte es verhindern, dass Frankreich in den österreichischen Niederlanden (Belgien) Fuß fassen konnte. Nach diesem ersten Schlesischen Krieg folgte 1744–1745 der zweite. Preußen behielt Schlesien, musste aber den Gemahl Maria Theresias, Franz I. von Lothringen, als Kaiser anerkennen.

Die Österreicher waren nicht gewillt, den Verlust Schlesiens hinzunehmen. Nach langer diplomatischer Vorbereitung hatten sie Frankreich, Russland, Schweden und eine Reihe von Reichsfürsten auf ihre Seite gebracht. Preußen wurde nur durch das ferne England unterstützt. Durch einen Überraschungsangriff kam Friedrich den Plänen der antipreußischen Koalition zuvor. Damit begann der Siebenjährige Krieg (1756–1763).

Friedrich II. gelang es durch eine Reihe militärischer Glanztaten, sich der feindlichen Übermacht zu erweh-

ren. Preußen wäre jedoch unweigerlich auf die Rolle eines unbedeutenden kleinen Reichsfürstentums zurechtgestutzt worden, wenn nicht 1762 die Zarin Elisabeth, eine erbitterte Feindin Friedrichs, gestorben und ein Verehrer der friderizianischen Aufklärung, Peter III., auf den russischen Thron gelangt wäre. Ohne Russland konnte Österreich militärisch nicht die Oberhand erlangen, zumal Frankreich nach der Niederlage gegen die Engländer im Krieg um die nordamerikanischen Kolonien (S. 164) kriegsmüde geworden war. Dieser Kolonialkrieg war vielleicht folgenreicher als der Krieg in Mitteleuropa, denn er führte für Frankreich zum Verlust Kanadas und des östlichen Louisiana am Mississippi. Fast ganz Nordamerika war damit in englischer Hand. Doch als die Amerikaner 1775 begannen, für ihre Unabhängigkeit von England zu kämpfen (S. 172), hatten sie in Frankreich einen sicheren Verbündeten.
In Preußen, wo sich Friedrich II. nach seiner glücklichen Behauptung im Siebenjährigen Krieg friedlicher Aufbauarbeit widmete, lebte der Philosoph Immanuel Kant, der mit seiner *Kritik der reinen Vernunft* von 1781 die Philosophie der Aufklärung vollendete, indem er Rationalismus und Empirismus vor dem Hintergrund der politischen Ideen Rousseaus zusammenbrachte: Wissenschaftliche Wahrheit ist Kant zufolge dort feststellbar, wo die Menschen sich gleichberechtigt und frei über sie verständigen können. 1795 legte Kant seine Ideen in *Zum ewigen Frieden* nieder, in der Hoffnung darauf, dass die aufklärerischen Prinzipien, die sich in der Französischen Revolution Geltung verschafft zu haben schienen, zu einer Weltgemeinschaft freier und aufgeklärter Menschen führen würde. Doch davon war die Menschheit noch weit entfernt.

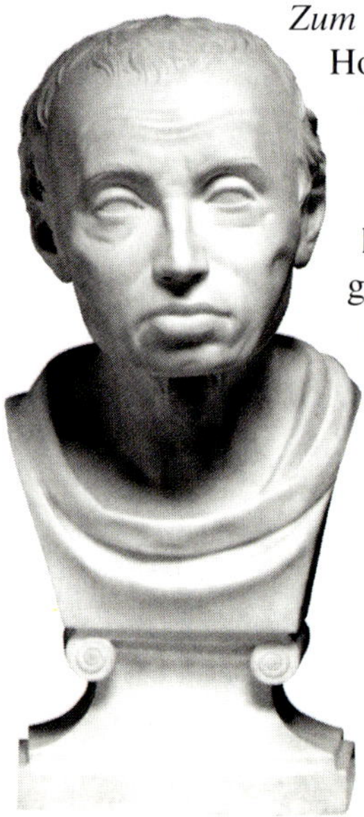

Immanuel Kant, zeitgenössische Büste

Chronik

1650	René Descartes stirbt in Stockholm.
1690	John Locke begründet in seiner *Abhandlung über den menschlichen Verstand* den Empirismus.
1692	Hexenprozesse in Salem, Massachussets
1699	Shaftesbury, *Über die Tugend*
1701–1714	Spanischer Erbfolgekrieg zwischen Frankreich und verbündeten Reichsfürsten einerseits und England, Österreich und den Niederlanden andererseits. Er endet mit der Bestätigung der bourbonischen Erbfolge in Spanien, das dennoch nie mit Frankreich unter einer Krone vereinigt werden darf; in Italien werden dagegen die Rechte der Habsburger erweitert; der eigentliche Gewinner des Kriegs ist England.
1714	Leibniz' *Monadologie*
1715–1774	Ludwig XV. König von Frankreich
1717	Prinz Eugen erobert Belgrad; 1718 wird der Sieg Österreichs im Zweiten Türkenkrieg besiegelt: Österreich wird zur beherrschenden Macht auf dem Balkan.
1727	Georg II. aus dem Haus Hannover wird König von England. Im Parlament herrschen die liberalen *Whigs*, geführt von Robert Walpole, dem ersten gegenüber dem König weitgehend unabhängigen Premierminister.
1729	Bach, *Matthäuspassion*
1733–1738	Polnischer Erbfolgekrieg: Russland nimmt entscheidenden Einfluss auf die Thronfolge.
1740–1780	Maria Theresia herrscht in Österreich und Ungarn (seit 1745 als „Kaiserin" – formal ist ihr Mann, Franz I., der Kaiser). Von 1740 bis 1748 Österreichischer Erbfolgekrieg, weil die Thronfolge Maria Theresias von vielen Reichsfürsten nicht anerkannt wird.
1740–1786	Friedrich II. (der Große) König von Preußen
1740–1742	Erster Schlesischer Krieg: Preußen erobert im Bündnis mit Bayern und Frankreich (dem es um die österreichischen Niederlande geht) Schlesien; England tritt an der Seite Österreichs in den Krieg ein und erobert französische Besitzungen in Übersee.
1741–1762	Elisabeth, Gegnerin Friedrichs II. von Preußen, ist Kaiserin von Russland.
1744–1745	Zweiter Schlesischer Krieg: Preußen verteidigt im Bündnis mit Frankreich gegen Österreich erfolgreich Schlesien, muss aber Franz I. als Kaiser anerkennen.
1748	Montesquieu, *De l'esprit des lois* (dt. *Vom Geist der Gesetze*): Theorie der Gewaltenteilung
1749	Swedenborg, *Arcana Coelestia* (dt. *Himmlische Geheimnisse*) Buffon beginnt in Paris seine umfangreiche *Naturgeschichte der Tiere* zu veröffentlichen.
1750	Ende der Hexenprozesse in ganz Deutschland
1751	Band 1 der *Encyclopédie* Diderots und d'Alemberts erscheint.
1752	Benjamin Franklin erfindet den Blitzableiter.
1756–1763	Siebenjähriger Krieg. Preußen, das sich durch ein Bündnis mit England Frankreich zum Feind gemacht hat, sieht sich einer großen Koalition aus Österreich, Russland, Sachsen, Frankreich und Schweden gegenüber. Friedrich II. wird aus seiner gegen Ende des Krieges prekären Lage befreit, als Zarin Elisabeth 1762 stirbt und Peter III., ein Bewunderer Friedrichs, ihr auf

den Thron folgt. Preußen behält Schlesien und wird endgültig zur europäischen Großmacht.

In derselben Zeit Englisch-Französischer Krieg in den Kolonien, der mit der Eroberung Kanadas durch Großbritannien endet.

1759 Voltaire, *Candide*; Kampf gegen die katholische Kirche

1760 Georg III. besteigt den englischen Thron.

1761 Tod des „empfindsamen" englischen Romanschriftstellers Samuel Richardson

1762 Rousseau, *Über den Gesellschaftsvertrag*

Winckelmann, *Anmerkungen über die Baukunst der Alten*: Theoretische Begründung des Klassizismus

Glucks Oper *Orpheus und Euridike* steht für eine neue „klassische" Einfachheit. Es folgen seine „Reformopern".

Der „Haarbeutel" des Rokoko kommt aus der Mode.

In Russland wird Katharina II. nach der Ermordung ihres Mannes Peter III. Kaiserin.

1764 Verbot des Jesuitenordens in Frankreich

1765–1790 Kaiser Joseph II., überzeugter Anhänger der Aufklärung. Bis 1780 ist er Mitregent seiner Mutter Maria Theresia.

1767 Ausweisung der Jesuiten aus Spanien (aus Portugal waren sie bereits 1759 vertrieben worden).

1769 Richard Arkwrights Spinnmaschine in England

James Watt lässt seine verbesserte Dampfmaschine patentieren.

1770 Holbach, *System der Natur*: Materialistische Naturphilosophie

Mit dem Tod von Tiepolo und Boucher geht die große Zeit der Rokoko-Malerei zu Ende.

1772 Erste Teilung Polens: Russland, das schon zuvor beherrschenden Einfluss in Polen hatte, verständigt sich mit Preußen; darauf sichert sich Österreich, das zuletzt noch gegen den russischen Expansionsdrang auf dem Balkan mit der Türkei paktiert hatte, seinen Teil. Polen verliert ein Drittel seines Territoriums.

Lessings antiabsolutistisches Trauerspiel *Emilia Galotti*

1774 Goethes *Werther* wird ein internationaler Erfolg.

Lavoisier formuliert das Gesetz von der Erhaltung der Masse bei chemischen Reaktionen (vielleicht auf Anregung des russischen Wissenschaftlers Lomonossow). Entstehung der modernen Chemie. 1777 beschreibt Lavoisier die Verbrennung als Oxidation.

1774–1792 Ludwig XIV. König von Frankreich

1776 Unabhängigkeitserklärung der USA

Adam Smith begründet mit seinem Hauptwerk *An Inquiry into the Nature and Causes of the Wealth of Nations* (dt. *Untersuchung über die Natur und die Ursachen des Nationalreichtums*) die moderne Volkswirtschaftslehre.

Tod von Smiths Mentor Hume, der gegenüber einem totalen Anspruch der Wissenschaft auf Erkenntnis Skepsis angemeldet und so dem *common sense* seine Bedeutung zurückgegeben hat. Hume war der Begründer der spätaufklärerischen Philosophie in England.

1778 Herder sammelt in Deutschland internationale Volkslieder; die Romantik kündigt sich an.

1778–1779 Bayerischer Erbfolgekrieg. Preußen vereitelt den Versuch Österreichs, seine Stellung im Reich durch Erwerb eines Teils des bayerischen Erbes zu stärken.

1781 Aufgeklärte Reformen Josephs II. in Österreich: Abschaffung der Leibeigenschaft, Religionsfreiheit, Abschaffung der Folter; nur teilweise durchgesetzt.

Kant: *Kritik der reinen Vernunft*

1784 David malt den *Schwur der Horatier*, ein Plädoyer für die Rückkehr republikanischer Tugenden

1786 Mozart, *Figaros Hochzeit* nach einem antiabsolutistischen Theaterstück von Beaumarchais

1793 Zweite Teilung Polens zwischen Russland und Preußen. Polen verliert seine östlichen Landschaften an Russland, Preußen besetzt u.a. Danzig und Posen.

1795 Dritte Teilung Polens zwischen Russland, Preußen und Österreich. Das polnische Königreich existiert nicht mehr.

Hexenjagd

SATANS DIENER
In der frühen Neuzeit galt für die Kirche alle Zauberkunst als Teufelswerk und jeder, der damit zu tun hatte, als Verbündeter des Satans. Auf diesem Stich aus dem 16. Jh. sieht man eine Hexe und einen Zauberer als Diener eines monströsen Teufels auf einem Thron.

Das 16. und 17. Jahrhundert war in Europa keineswegs nur das Zeitalter des Aufbruchs zu einer neuen universalen Weltsicht und wissenschaftlichem Denken; es war auch die Zeit von religiösem Fanatismus und finsterem Aberglauben. Und es war eine Zeit des Geschlechterkriegs, in dem Männer das in Zeiten des Wohlstands und Friedens gewachsene Selbstbewusstsein der Frauen mit Gewalt zurückzudrängen versuchten. In einer Zeit religiöser Wirren und brutaler Kriege ließen auch aufgeklärte Fürsten die fanatischen Dunkelmänner gewähren, die „Hexen" für jedwedes Unglück verantwortlich machten. Die Hexenverfolgung war für sie oft ein willkommenes Ventil für den Volkszorn. Erst gegen Ende des 17. Jahrhunderts machten die Kirchen aller Konfessionen Front gegen den Hexenwahn.

TAPFERER GEGNER
Der Arzt Johann Weyer (1515–1588) war einer der wenigen, die es wagten, sich gegen den Hexenwahn zu stellen. Er prangerte die unter Folter erzwungenen Geständnisse an und war überzeugt, dass viele sog. Hexen zwar irregeleitet, jedoch harmlos und unschuldig waren.

FEUERTOD
Diese Illustration aus einer Flugschrift aus Derneburg aus dem Jahr 1555 zeigt die Verbrennung von Hexen bei lebendigem Leib (eine damals häufige Hinrichtungsart). Am Himmel erscheint der Teufel in Drachengestalt, um sich die Seelen der Hexen zu holen.

TOD DURCH DEN STRANG
1589 wurden drei Hexen nach einem berüchtigten Prozess in Chelmsford/England gehängt. Viele Verurteilungen stützten sich auf Aussagen von Kindern oder auf erzwungene Geständnisse.

Die starre Form macht Kieferbewegungen fast unmöglich.

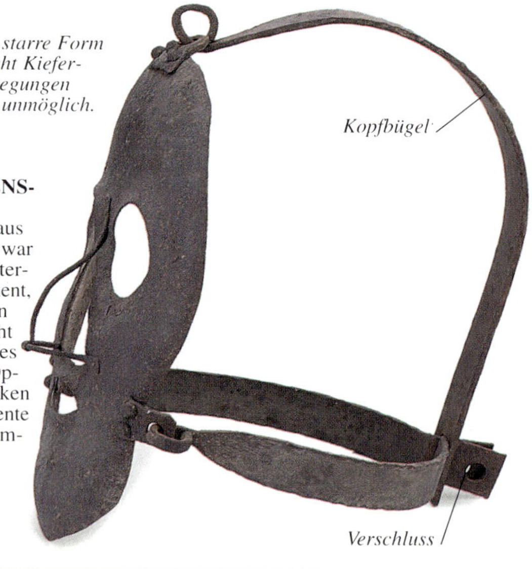

Kopfbügel

Verschluss

SCHRECKENSMASKE
Diese Maske aus Roheisen war ein Folterinstrument, das man über Gesicht und Kopf des unseligen Opfers zog und im Nacken fest verschloss. Es diente dazu, Nörgler, Verleumder und der Hexerei verdächtige Personen möglichst schmerzhaft zum Schweigen zu bringen und zu demütigen.

Das Zeitalter der Aufklärung

HEXENKRAGEN
Die Grausamkeit der Hexenverfolgung äußerte sich auch in Instrumenten wie diesem. Man legte es dem Opfer um den Hals und verschloss es mit Metallfedern. Dann befestigte man einen langen Stab daran und schleifte die vermeintliche Hexe unter dem Gespött der Bevölkerung durch die Straßen.

NAGELKAMMER
Dieses Folterinstrument (hier eine Nachbildung in Bronze) trug den Namen „Eiserne Jungfrau von Nürnberg“. Man stieß die angebliche Hexe hinein und schloss hinter ihr die mit langen, spitzen Nägeln besetzte Tür. Kaum eine Angeklagte überlebte diese Prozedur.

WASSERPROBE
Hexen, so hieß es, könnten nicht ertrinken, weil sie vom reinen Wasser abgestoßen würden. Also fesselte man die Angeklagte und testete ihre „Schwimmfähigkeit“. Ertrank sie, war sie unschuldig, schwamm sie oben, war sie eine Hexe.

EIFRIGER HEXENJÄGER
Matthew Hopkins (gest. 1647) war Englands berüchtigtster Hexenjäger. Er soll innerhalb von 14 Monaten mehr Hexen an den Galgen gebracht haben als alle seine „Kollegen“ in den vorangegangenen 160 Jahren. Seine Berühmtheit währte zum Glück nur kurz.

HEXENWAAGE
Der hier als Nachbildung gezeigte Eisenstuhl aus Plymouth/England diente zur Überführung von Hexen. Die Angeklagte wurde darauf festgebunden und gegen zwei Bände der Bibel aufgewogen. War sie leichter als die Heilige Schrift (was häufig der Fall war), galt sie als Hexe.

MUNDSPERRE
Ein barbarisches Folterwerkzeug der Hexenjäger war diese Schraube, die den Mund des Opfers weit aufzwang. Manchmal wurde den gepeinigten Angeklagten literweise Wasser oder andere Flüssigkeiten eingeflößt, um ein Geständnis zu erzwingen.

Die Hexenprozesse von Salem

Der Hexenwahn Europas griff auch auf die Kolonien in Nordamerika über, wo er 1692 in dem Dorf Salem in Massachusetts in seiner schlimmsten Form ausbrach. Die Siedler lebten in ständiger Furcht vor feindlichen Übergriffen der Franzosen und vor Indianerüberfällen. Die Hysterie begann, als sich einige junge Mädchen spaßeshalber mit volkstümlicher Zauberei beschäftigten – und dies zu einer Zeit, als viele Menschen glaubten, Hexerei sei teuflisch und böse. Die Mädchen täuschten Anzeichen sonderbarer Krankheiten vor und begannen einige Dorfbewohner der Hexerei zu beschuldigen. Ganz Salem wurde davon angesteckt, und so endete, was ursprünglich vielleicht nur Wichtigtuerei war, mit 141 Verhaftungen und 20 Hinrichtungen. Tragischerweise wurden nur diejenigen getötet, die abstritten Hexen, zu sein.

IM NAMEN DES GESETZES
Als sich die Hysterie ausweitete, rief man die Salemer Mädchen auch in benachbarte Orte, um dort Hexen zu identifizieren. Auf dieser Illustration wird eine alte, hinkende Frau abgeführt – ein leichtes Opfer für die Hexenjäger.

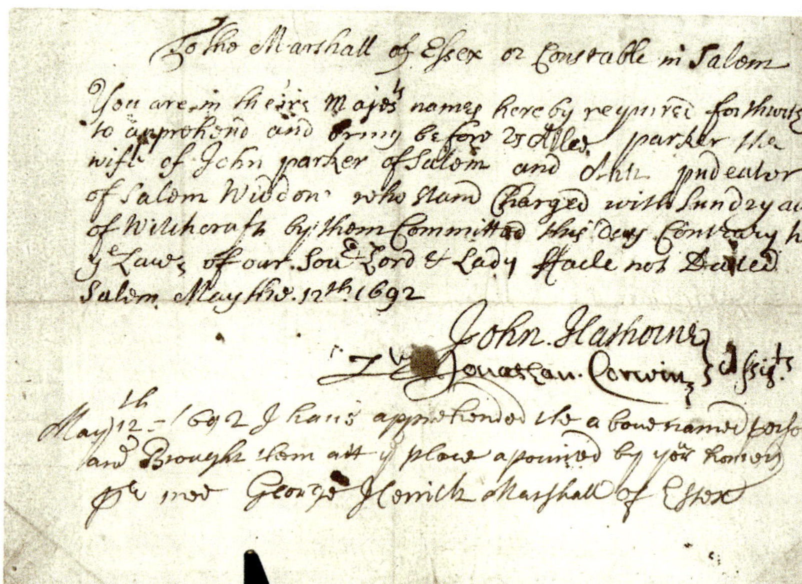

To the Marshall of Essex or Constable in Salem

You are in their Majts names hereby required forthwith to apprehend and bring before us Alles parker the wife of John parker of Salem and Ann pudeator of Salem Widdow who stand charged with Sundry acts of Witchcraft by them Committed this day contrary to ye Laws of our Sovr Lord & Lady faile not Dated Salem May the 12th 1692

John Hathorne
Jonathan Corwin } Assists

May 12th 1692 I have apprehended ye above named persons and brought them att ye place appointed by your honors
pr me George Herrick Marshall of Essex

ORIGINALDOKUMENT
Links ist der Haftbefehl für Ann Pudeator zu sehen, die gerichtlich verurteilt und am 22. September 1692 als Hexe gehängt wurde. Die Justizirrtümer von Salem waren unentschuldbar, und besonders verwerflich waren die Aussagen der Mädchen zu angeblich übernatürlichen Vorgängen. Vier Jahre danach entschuldigten sich die Geschworenen öffentlich für ihre Beteiligung an der Tragödie.

Der Schatten des unbeweglichen Zeigers zeigt die Uhrzeit an.

FÜR SCHULDIG BEFUNDEN
Diese Sonnenuhr aus Messing gehörte John Proctor, der am 19. August 1692 gehängt wurde. Sein Vergehen bestand darin, dass er sich weigerte, an Hexen zu glauben, die Hexenjagd verurteilte und Kritik an den Anklägern übte.

„SIE IST EINE HEXE!"
Die meisten Salemer Prozesse spielten sich folgendermaßen ab: Die Angeklagten wurden den Mädchen gegenübergestellt. Daraufhin gebärdeten sich Letztere sehr überzeugend, als erlitten sie Todesqualen. Die Mädchen behaupteten, die Angeklagten erschienen ihnen als Geister und riefen Dämonen herbei, um sie zu quälen.

JAGD AUF HEXEN
Das Theaterstück *Hexenjagd* (1953) des amerikanischen Dramatikers Arthur Miller handelt von den Vorgängen in Salem. Es spiegelt die Ängste der antikommunistischen „Hexenjagd" der 1950er Jahre in den USA wider. Die abgebildete Szene stammt aus einer Aufführung des National Theatre in London im Jahr 1990.

STUMMES MAHNMAL
Diese Fotografie aus dem Jahr 1850 zeigt das Denkmal von Rebecca Nurse, die 1621 in Yarmouth/England geboren wurde und eine angesehene Salemer Bürgerin war. Sie wurde als Hexe angeklagt, zum Tod verurteilt und am 19. Juli 1692 gehängt, obwohl sie zur Zeit der Anklage bettlägerig war und bis zuletzt ihre Unschuld beteuerte.

Hier war eine Stickkünstlerin am Werk.

FEINARBEIT
Diese kunstvolle Stickerei wurde 1665 von Mary Hollingsworth aus Salem angefertigt. Sie heiratete später Philip English, der wie viele seiner Mitbürger der Hexerei und des bewussten Schadenzaubers an den hysterischen Mädchen angeklagt wurde. Glücklicherweise entging er einer Verurteilung.

Magie und Wissenschaft

Die Grenzen zwischen Magie und Wissenschaft waren in der frühen Neuzeit fließend. Wissenschaftler wie Newton waren im Privatleben schwärmerisch religiös, aufgeklärte Fürsten hörten auf den Rat ihrer Hofastrologen, und nicht wenige Scharlatane machten sich die Gutgläubigkeit reicher Zeitgenossen zunutze.

TRAGISCHES ENDE
Dieses Porträt zeigt Anna Boleyn (1507–1536), die zweite der sechs Ehefrauen König Heinrichs VIII. von England. Da sie ihm keinen männlichen Erben gebar, wurde er ihrer überdrüssig. Er behauptete, sie hätte seine Liebe durch Hexerei gewonnen, und ließ sie enthaupten. Anna Boleyn hatte einen sechsten Finger an einer Hand, was als Hexenmal gedeutet wurde.

ALTERNATIVER MEDIZINER
Der berühmte Schweizer Arzt Paracelsus (1493–1541) war praktizierender Alchimist und Magier. Zwar lehnte er die Zauberei um ihrer selbst willen ab, er schätzte jedoch die Heilkraft von Kräutern und Mineralien und vertrat sehr moderne, ganzheitliche Ansichten, wie Geist und Körper zusammenwirken.

Lederbezogenes Holzbehältnis

BLICK IN DIE ZUKUNFT
Dieser Spiegel aus Obsidian entstammt angeblich der Azteken-Kultur des Alten Mexiko. Er gehörte Dr. John Dee (1527–1608), einem Astrologen und Magier, den Königin Elisabeth I. von England hoch schätzte. Der Spiegel diente ihm – wie eine Kristallkugel – zum Wahrsagen.

RÄTSELREIME
Der berühmte französische Heilkundige und Okkultist Nostradamus (1503–1566), der hier als Karikatur dargestellt ist, prophezeite in seinen rätselhaften Gedichten angeblich die Französische Revolution, den Aufstieg Napoleons und Hitlers und den Weltuntergang (im 38. Jh.).

HEXENVERFOLGUNG AUF SCHOTTISCH
Dieser Holzschnitt zeigt die „Hexen von North Berwick“, die man im 16. Jh. der Hexerei anklagte. Sie wurden verurteilt, gefoltert und verbrannt, weil sie angeblich einen Sturm herbeigerufen hatten, in dem König Jakob I. umkommen sollte.

OPFER DES HEXENWAHNS
Das Porträt zeigt Urbain Grandier, einen französischen Priester des 17. Jh.s. Er wurde der Hexerei angeklagt, gefoltert und in Loudun auf dem Scheiterhaufen verbrannt.

GESCHÄTZTER SEHER
Der englische Seher und Astrologe William Lilly (1602–1681) wurde von König Karl I. hoch geschätzt. Die Astrologie galt damals als anerkannte Wissenschaft. Lilly verfasste zahlreiche Schriften über Magie und Geisterbeschwörung.

ABENTEURER UND ZAUBERER
Der italienische Abenteurer Alessandro di Cagliostro (1743–1795) besaß angeblich Kräfte, die ihm beim Glücksspiel zu einem Vermögen verhalfen. Die Kirche missbilligte ihn als Seher, Heiler und Zauberer und ließ ihn lebenslang einsperren.

KÖNIGLICHE VERWÜNSCHUNG
Karoline von Braunschweig (1768–1821), die Ehefrau König Georgs IV. von England, fühlte sich von ihrem Gatten vernachlässigt. In ihrem Groll formte sie ihn aus Wachs nach, spickte die Figur mit Nadeln und Dornen und verbrannte sie im Kamin.

EIN GAUNER
Der französische Alchimist Graf von St. Germain (18. Jh.) gilt als einer der bekanntesten Schwindler seiner Zunft: Er behauptete, er könnte 2000 Jahre alt werden, und gewann so viele gutgläubige, reiche Kunden.

Aufklärung und Politik

Die Philosophie der Aufklärung verbindet auf unterschiedliche Weise den Rationalismus – das Vertrauen auf die Kräfte des menschlichen Verstands – mit dem Empirismus, der Überzeugung, dass nur das als wahr gelten kann, was in der Erfahrung und im Experiment von den menschlichen Sinnen auch „wahrgenommen" wird. Der Franzose René Descartes, der lange Zeit im holländischen Exil zubringen musste, weil in Frankreich seine Lehren verfolgt wurden, gilt bis heute als der wichtigste Vertreter des Rationalismus. Für ihn sind die Gesetze der Natur und des Denkens dieselben. Descartes' Ideen haben vor allem Frankreich zutiefst geprägt. Eine Gegenposition vertrat der Empirismus, für den alle Erkenntnis auf sinnliche Erfahrung zurückgeht. Als der wichtigste Empirist der Epoche gilt der Engländer John Locke (S. 123). Der wichtigste Propagandist der Lockeschen Aufklärung auf dem Kontinent wurde der französische Philosoph und Publizist Voltaire. Voltaire musste wie Locke das Exil wählen – in der Republik Genf –, um frei publizieren zu können, doch seine Schriften wurden, wie überall in Europa, auch in Frankreich diskutiert. Die philosophische Debatte der Aufklärung brachte der im abgelegenen preußischen Königsberg lebende Immanuel Kant zu einem vorläufigen Abschluss.

IMMANUEL KANT
Kant (1724–1804) verbrachte sein ganzes Leben im ostpreußischen Königsberg. Durch viele Besucher und eine umfangreiche Korrespondenz war er jedoch über die Neuerungen in ganz Europa gut informiert.

MORGENSPAZIERGANG
Das dem englischen Landadel angehörige Paar auf einem Gemälde des Engländers William Gainsborough verkörpert das soziale Ideal der Aufklärung: freier Grundbesitz, eine von Liebe und Verständnis getragene Ehe, Eleganz und die Sorge um die Verbesserung der Landwirtschaft, der der morgendliche Gang über das Gut auch gilt.

DESCARTES
Der Franzose René Descartes (1596–1650) war der Begründer des Rationalismus, auf dem die Aufklärung mit beruht: „Ich denke, also bin ich", befand er, denn Denken und Sein sind in einer aufgrund mathematischer Gesetzmäßigkeiten organisierten Welt dasselbe.

HUME
Der Schotte David Hume (1711–1776) wies nach, dass keine Erfahrungen und Denkgesetze absolut sicher sind. Durch seine Skepsis gegenüber der Wissenschaft wurden die Alltagserfahrung und der gesunde Menschenverstand wieder aufgewertet. Humes Skeptizismus war der Ausgangspunkt für die Überlegungen Kants, wie trotzdem gesicherte Erkenntnis möglich ist.

ROUSSEAU
Der aus Genf stammende Jean-Jacques Rousseau (1712–1778) polemisierte gegen die, wie er fand, widernatürliche Ordnung der Gesellschaft. Die Menschen sollten einfach und ihren Fähigkeiten und Neigungen entsprechend leben und die Kinder entsprechend erzogen werden. Wenn sie zu einem natürlichen Leben zurückgefunden hätten, würden die Menschen alle gleich sein und im Einklang miteinander ohne aufgezwungene Herrschaft handeln.

MOZART
Auch die Kunst Wolfgang Amadeus Mozarts (1756–1791) ist von der Aufklärung geprägt. So feiert er in der *Zauberflöte* die Erlösung der in eine falsche Künstlichkeit verfallenen Menschheit durch eine Priesterschaft der Vernunft. Er selbst war Mitglied in dem aufklärerischen Geheimbund der Illuminaten.

VOLTAIRE
Der produktivste unter den Aufklärungsphilosophen war Voltaire, der bereits beim morgendlichen Ankleiden seinem Sekretär zu diktieren begann. Voltaire richtete sich vor allem gegen den Einfluss der Kirche – was ihm die Vertreibung aus Frankreich einbrachte. Eine Zeit lang lebte er bei dem in vielen Fragen gleich gesinnten preußischen König Friedrich II. in Potsdam.

Voltaire im Nachthemd

Kants politische Philosophie

Kant gab dem Rationalismus und dem Empirismus gleichermaßen Recht, gelangte aber – damit folgte er dem großen schottischen Skeptiker David Hume – zu dem Schluss, dass keine Wahrheit absolute Geltung beanspruchen kann; es sei denn, es stellt sich heraus, dass die Grundsätze des wissenschaftlichen Erkennens wirklich für alle Menschen gleichermaßen gelten. Wenn alle Menschen dieselben natürlichen Fähigkeiten haben, dann müssen sie auch die Gelegenheit haben, sie zu entwickeln.

Mit dem Genfer radikalen Aufklärer Jean-Jacques Rousseau fordert Kant deshalb eine Republik freier und gleicher Menschen, in der die wichtigsten, nämlich von der Natur vorgegebenen, Wahrheiten für alle gelten, weil alle dieselben Chancen haben, an der Bestimmung dieser Wahrheit mitzuwirken. Kant formuliert damit die Ideale der Französischen Revolution: Alle Menschen sind frei und gleich und schaffen in brüderlichem Einvernehmen ihre gemeinsame Welt; diese erkennen sie mit denselben Maßstäben, und in ihr handeln sie nach derselben Moral.

„STRASSENMODE“
Die Kleidung der einfachen Leute unterschied sich vom verschwenderischen Stil der Reichen. Sie war aus Wolle oder Baumwolle, einfach und meist selbst gemacht oder aus zweiter Hand.

Eleganz des Rokoko

Das 18. Jahrhundert war eine Zeit der höfischen – und von den Bürgern bereitwillig nachgeahmten – Eleganz in der Kleidung und in den Umgangsformen. Die Damen, die oft eine sehr selbstständige Rolle spielten, waren empfindsam oder von koketter Raffinesse, die Herren draufgängerisch, zynisch, aber oft auch sentimental. Man spielte Schäfer und Schäferin, um der Sehnsucht nach den reinen Gefühlen eines verklärten Landlebens Ausdruck zu geben, beließ es aber beim Spiel und nutzte es für die Künste der Verführung. Die Natürlichkeit blieb künstlich und hoch kultiviert.

Seidenbrokat mit Blumenmuster

Die Spitzenmanschetten konnten zum Waschen abgenommen werden.

NEGLIGÉGEWAND
Diese Rückansicht eines Contouche-Kleides aus Seidenbrokat von 1770 zeigt die vom Halsausschnitt abwärts fallenden Falten. Statt Korsett trugen die Frauen jetzt ein vorn geschlossenes Mieder, das hinten geschnürt wurde. Der vorn offene Rock enthüllte einen passenden Unterrock.

Rückansicht eines Kleids

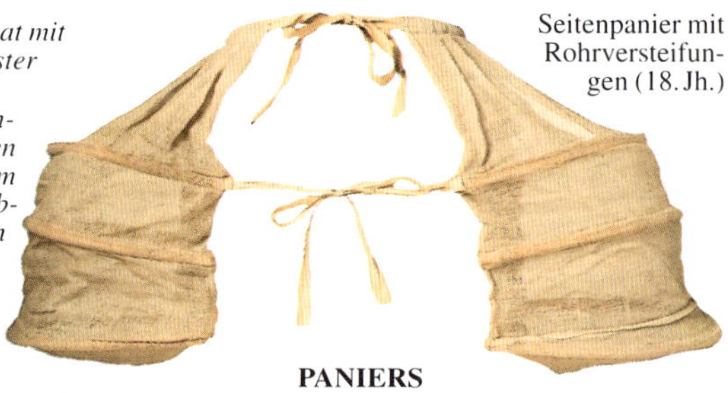

Seitenpanier mit Rohrversteifungen (18. Jh.)

PANIERS
Kleider wie das links abgebildete brauchten in der Hüfte eine Verstärkung. So kamen um 1718 in Frankreich die Paniers (frz. „Körbe“) auf. Sie mussten vor allem für weite Kleider sehr robust sein.

Öffnung für die Hände

VERSTECKTE TASCHEN
Erst seit dem 19. Jh. näht man Taschen in die Kleidung. Davor behalf man sich mit Beuteln, die mit einem Band um die Taille gebunden wurden. Durch einen Schlitz im Rock konnte man in die Taschen greifen.

SCHMUTZSCHUTZ
Dieser grüne Brokatschuh von 1740 ist zusammen mit seinem Überschuh erhalten geblieben. Der Überschuh schützte vor Schmutz und Nässe.

Haken zum Einhängen am Gürtel

Lederne Herrentasche

Damenportemonnaie aus Leder

Satinbeutel für Damen

(GELD)BEUTEL
Um die Jahrhundertwende wurden Handtaschen bei Frauen wie bei Männern zu unverzichtbaren Accessoires. Manche Männer trugen Geldbeutel, die am Gürtel befestigt wurden.

FRANZOSEN ALS TRENDSETTER
Viele Modeneuheiten kamen aus Frankreich. Man sagte, dass der neueste französische Trend, wenn er nach England gelangte, in Paris schon wieder unmodern war.

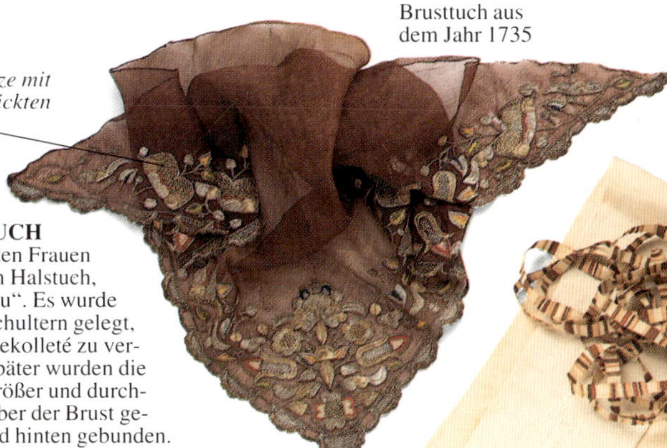

Brusttuch aus dem Jahr 1735

Seidengaze mit handgestickten Blumen

HALSTUCH
Die meisten Frauen trugen ein Halstuch, das „Fichu“. Es wurde um die Schultern gelegt, um das Dekolleté zu verhüllen. Später wurden die Tücher größer und durchsichtig, über der Brust gekreuzt und hinten gebunden.

Strümpfe wurden mit Bändern über dem Knie befestigt.

HERRENSTRÜMPFE
Mitte des 18. Jh.s waren die Strümpfe nicht mehr so bunt wie früher und meist aus Wolle.

Die üppigen Allongeperücken (S. 134–135) wurden um 1720 durch Knotenperücken (wie diese „à la Catogan“) ersetzt.

Unter breiten Ärmelaufschlägen wurden Spitzenmanschetten sichtbar.

Lange Weste

SAMTANZUG
Solch einen sog. *Justaucorps* aus Samt trug ein junger gut situierter Herr zu Anfang des 18. Jh.s. Der Rock hat vorn Knöpfe, wurde aber meist offen gelassen. Eine lange Weste und bequeme Kniehosen mit breitem Hosenlatz vervollständigten das Bild. Als die Westen kürzer wurden und mehr von den Kniehosen zu sehen war, wurden diese enger.

Aufgeklärter Absolutismus

Seit etwa dem zweiten Drittel des 18. Jahrhunderts drangen die Ideen der Aufklärung bis in die Regierungen der europäischen Staaten vor. Im Frankreich Ludwigs XV. (1715–1774) und Ludwigs XVI. (1774–1792) konnte es geschehen, dass ein für die Polizei oder die Zensur zuständiger Minister beim Abendessen mit den Aufklärern zusammenkam, die er von Amts wegen verfolgte; absolute Herrschaft war oft reine Staffage.

Friedrich II. (der Große) von Preußen (1740–1786, S. 147) bekannte sich offen als Aufklärer und holte den in Frankreich verfolgten Freigeist Voltaire an seinen Hof. Seine Macht wollte er als „erster Diener des Staats“ zu nichts als dem Wohl seines Landes ausüben. Auf der Ebene des Staats versuchte er dasselbe zu bewirken wie viele Grundbesitzer der Zeit auf ihren Domänen: durch kluge wirtschaftliche Maßnahmen den Wohlstand der bäuerlichen Bevölkerungsmehrheit und ihr Bildungsniveau zu heben, dem Ideal nach, um sie dadurch auch zu selbstbewussteren Staatsbürgern zu machen, in der Praxis aber auch, um mehr und besser ausgebildete Soldaten zu bekommen. Ein Musterstaat des aufgeklärten Absolutismus war das von Goethe als erstem Minister geleitete kleine Herzogtum Sachsen-Weimar: Auf der Basis allgemeinen Wohlstands sollten hier die Künste und Wissenschaften aufblühen. Kaiser Joseph II. war noch mehr als der „alte Fritz“ von den Idealen der Aufklärung durchdrungen, doch seine „Revolution von oben“ scheiterte großenteils am Widerstand der konservativen Stände in Österreich und Ungarn.

GOETHE ALS WEIMARISCHER MINISTER
In unterschiedlichen Funktionen diente Goethe seinem Freund, dem Herzog Carl August von Sachsen-Weimar. Als leitender Minister versuchte er mit wechselndem Erfolg, aufklärerische Reformideen umzusetzen.

MADAME POMPADOUR
Die Marquise de Pompadour war die einflussreiche Maitresse (Geliebte) des französischen Königs Ludwig XV. Sie war eine große Freundin der Aufklärung.

KATHARINA DIE GROSSE
Die russische Kaiserin (1762–1796) war eine Anhängerin der französischen Aufklärung. Sie versuchte sogar, Voltaire nach Russland zu holen. Katharina konnte allerdings kaum eine ihrer Reformideen in der Praxis umsetzen, weil sie viel zu sehr mit dem Erhalt ihrer Macht beschäftigt war.

JOSEPH II.
In den Jahren 1780–1790, in denen Joseph nach dem Tod seiner Mutter Maria Theresia allein regieren konnte, ging der Kaiser in Österreich und Ungarn energisch Reformen im Sinn der Aufklärung an. Die Juden wurden befreit, die Gemeinden sollten sich selbst verwalten. Vor allem die Einziehung der riesigen Ländereien der Kirche machte ihm aber so viele Feinde, dass er einen Teil seiner Reformen zurücknehmen musste.

NECKER
Der Pariser Bankier Jacques Necker versuchte zuerst in den Jahren 1776–1781 die zerrütteten französischen Staatsfinanzen mit rationalen Methoden in Ordnung zu bringen. 1788 wurde er erneut berufen und ging daran, durch die Einberufung der Generalstände mit der Unterstützung der Bürger die Macht der Kirche und des Adels zurückzudrängen. Daraus entwickelte sich die Französische Revolution.

MARIA THERESIA
Maria Theresia von Österreich, die hier mit ihrem Gemahl, Kaiser Franz I., und dem Thronfolger Joseph zu sehen ist, herrschte in den habsburgischen Erblanden von 1740 bis 1780. Sie blieb der alten Ordnung, vor allem der Kirche, stärker verbunden als ihr Gegenspieler, der preußische König Friedrich II.

Kabinettskriege des 18. Jahrhunderts

Die Kriege des 18. Jahrhunderts waren schrecklich für die Soldaten: arme Bauernburschen, die mit einem Handgeld in die Armee gelockt oder gewaltsam rekrutiert worden waren. Sie wurden so lange gedrillt, bis sie ein willenloses Werkzeug der adligen Offiziere und der Feldherren waren und notfalls auch bereitwillig als „Kanonenfutter“ dienten. Dennoch waren die Schrecken der Kriege dieser Zeit begrenzt, denn es ging um die Macht der Staaten, der Regierungs-„Kabinette“, und nicht um tiefgreifende soziale Konflikte wie in den Religionskriegen zuvor und in den Revolutionskriegen danach. War eine militärische Entscheidung gefallen, so setzten sich die Regierungsvertreter zusammen und gingen mit Sieg oder Niederlage um wie Spieler am grünen Tisch. Am Anfang des Jahrhunderts war es der Spanische Erbfolgekrieg (1700–1714), der an vielen Fronten zwischen den Hauptmächten des Kontinents, den Franzosen und den österreichischen Habsburgern, sowie zwischen Franzosen und den Seemächten England und Holland um die Frage geführt wurde, ob die Habsburger oder die französische Königsfamilie der Bourbonen zu Recht den spanischen Thron beanspruchten. Der Krieg endete mit einem Kompromiss. Der zweite ganz Europa und darüber hinaus auch die Neue Welt beschäftigende Krieg war der Siebenjährige Krieg (1756–1763). Diesmal waren Frankreich und Österreich, gemeinsam auch mit Schweden und Russland, verbündet gegen Preußen, das Österreich Schlesien abgenommen hatte. Preußen wiederum wurde von England unterstützt, das die Gelegenheit nutzte, Frankreich seine Kolonien in Nordamerika abzunehmen.

BARRY LYNDON
In seinem Roman *Barry Lyndon* schildert der englische Romancier William M. Thackeray das Schicksal eines Burschen, der zur Armee gepresst wird und im Krieg ohne Gewissensbisse mehrfach die Fronten wechselt. Stanley Kubrick stellt in seiner Verfilmung des Romans die Kriege der Zeit sehr realistisch dar.

FRIEDRICH II.
In dieser heroisierenden Darstellung aus dem 19. Jh. ist Friedrich II. von Preußen zu sehen, wie er vor der Schlacht von Leuthen am 4. Dezember 1757 eine Ansprache an seine Offiziere hält. Friedrich wird die Schlacht gegen die Österreicher gewinnen, aber noch viel Glück brauchen, um erfolgreich aus dem Siebenjährigen Krieg hervorzugehen.

VOR HAVANNA
Das Gemälde zeigt die Seeschlacht, in der die Engländer während des Siebenjährigen Kriegs gegen die mit den Franzosen verbündeten Spanier den Zugang zum Hafen von Havanna auf Kuba erzwingen. Bei Kriegsende steht den Briten der Handel mit ganz Lateinamerika offen.

DIE SCHLACHT VON HÖCHSTÄDT
1704 schlagen die Engländer unter Marlborough und die Österreicher unter Prinz Eugen in der entscheidenden Schlacht des Spanischen Erbfolgekriegs die Franzosen. Der patriotische Stich aus dem 19. Jh. zeigt Marlborough, wie er einen zurückweichenden General zum Angriff auffordert.

Solange Affen sich auf dem Felsen tummeln, soll Gibraltar angeblich britisch bleiben.

DER FELSEN VON GIBRALTAR
Dank ihres Siegs im Spanischen Erbfolgekrieg konnten die Engländer 1713 den Felsen von Gibraltar in strategisch wichtiger Lage am Eingang zum Mittelmeer Spanien abnehmen. Sie bauten ihn zu einer gewaltigen Festung aus.

BLENHEIM PALACE
Das gewaltige Schloss Blenheim ließ John Churchill, Herzog von Marlborough, der siegreiche englische Heerführer im Spanischen Erbfolgekrieg, 1705–1722 für sich erbauen. Es zeigt die Bedeutung des mächtigsten Manns in England während der Regierung der Königin Anna.

Krieg in der Neuen Welt

Der Britisch-Französische Kolonialkrieg 1754–1763 war eng mit dem Siebenjährigen Krieg in Europa verbunden und Teil eines weltweiten Machtkampfs zwischen den beiden Großmächten. In Amerika kämpfte die kleine Truppe aus Franzosen und Indianern gegen eine Übermacht britischer Siedler und Soldaten aus Übersee. In den Jahren zuvor hatte es lediglich kleinere Gefechte gegeben, doch jetzt zählten die Armeen Tausende. Eine neue Generation von Amerikanern, darunter der aus Virginia stammende George Washington, machten in diesem Krieg wichtige militärische Erfahrungen. Anfangs gewannen die Franzosen wichtige Gefechte. So besiegten sie 1755 den eigens nach Amerika entsandten General Edward Braddock. Dann aber fielen die französischen Stellungen eine um die andere. Nach dem Pariser Frieden 1763 übernahm Großbritannien die Führungsrolle in Amerika. Nur sporadische Indianeraufstände wie die Pontiac-Rebellion störten gelegentlich noch den Frieden.

GROSSER STRATEGE
William Pitt, 1756–1761 britischer Außenminister, war der strategische Kopf der Feldzüge, die das französische Kanada schließlich an die Briten fallen ließen.

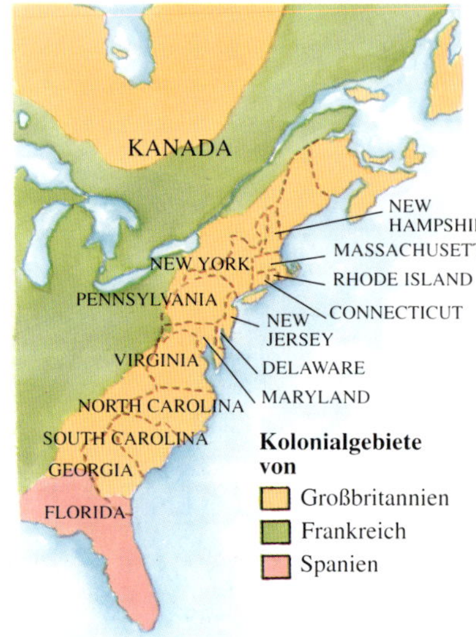

BRITISCH-AMERIKA
Durch ihre Niederlage im Britisch-Französischen Kolonialkrieg wurde die Macht der Franzosen gebrochen. Riesige Gebiete Nordamerikas gehörten nun zum wachsenden Reich des englischen Königs Georg III. Jetzt strebten die Siedler westwärts.

Der junge Washington

George Washington führte als Milizoberst Truppen aus Virginia und erreichte den Rückzug der Franzosen aus dem Ohiotal. Obwohl er erst 26 war, unterstellte man ihm eine britische Brigade. Damit war er der einzige in Amerika geborene Offizier, der im Krieg einen so hohen Rang erreichte.

Oberst George Washington (um 1772)

Schreibzeug eines Offiziers

GEMETZEL AUF DER BRADDOCK'S ROAD
1755 wurde der britische General Edward Braddock nach Amerika entsandt, um Fort Duquesne einzunehmen. Der arrogante Oberbefehlshaber wusste nichts über den Kampf in der Wildnis, und seine 1400 Mann starke Rotröcke-Armee wurde von den franko-indianischen Truppen in einen Hinterhalt gelockt und wäre fast ausgelöscht worden, hätte nicht der junge Washington den Rückzug der Überlebenden organisiert. Unter den fast 1000 Gefallenen war auch Braddock selbst, nach dem die Straße, unter der er sein Grab fand, benannt wurde.

DER FALL QUEBECS
Die letzte Bastion der französischen Armee in Kanada, die Stadt Quebec, ragt scheinbar uneinnehmbar über dem Sankt-Lorenz-Strom. Im September 1759 ruderten britische Truppen unter General James Wolfe an Land, erklommen auf einem unbewachten Pfad die Höhe und besiegten die Franzosen unter Marquis de Montcalm. Beide Kommandeure starben im Kampf.

REGIMENTSROCK
Diesen britischen Uniformrock trug Major John Dagworthy vom 44. Grenadierregiment, das im Britisch-Französischen Kolonialkrieg kämpfte.

BLEIBENDE ERINNERUNGEN
Diese bei Fort Ticonderoga, einer 1759 den Briten überlassenen französischen Festung am Champlain-See, gefundene Kanonenkugel ist eine von Hunderten, die Franzosen und Briten im Kolonialkrieg verschossen.

„Pfeile des Königs" hießen die Kanonenkugeln in königlichem Besitz.

Französische Kanonenkugel mit der Bourbonenlilie

Der Pontiac-Aufstand

Einige amerikanische Ureinwohner, die mit den Franzosen gekämpft hatten, wollten die britische Herrschaft nicht annehmen. Unter Führung des Ottawa-Häuptlings Pontiac griff ein Bund östlicher Indianerstämme im Mai 1763 mehrere britische Garnisonen an und belagerte Fort Detroit. Die Krieger brannten die Hüttendörfer nieder und vertrieben Tausende Einwohner. Doch der britisch-kolonialen Übermacht mussten sie sich schließlich ergeben und 1766 Frieden schließen.

Tomahawkpfeife zum Rauchen und Kämpfen

RÜCKKEHR DER GEFANGENEN
Der Pontiac-Aufstand kam für die Briten, die die französischen Außenposten im sog. alten Nordwesten übernommen hatten, überraschend. Indianische Kriegertrupps nahmen viele Siedler gefangen. Der siegreiche britische Kommandeur Oberst Henry Bouquet traf sich mit Oberhäuptlingen der Shawnee und Delaware, um die Freilassung der Gefangenen auszuhandeln.

Das Zeitalter der Revolutionen

Ein halbes Jahrhundert lang, von 1775 bis 1848, wird die Welt der Europäer, Nord- und Südamerika und Russland eingeschlossen, immer wieder von revolutionären Unruhen erschüttert, die einen tiefgreifenden Wandel begleiten: den von der agrarischen zur industriellen, jedenfalls aber kapitalistisch geprägten Wirtschaft, den von der Herrschaft des in der landwirtschaftlichen Produktion verwurzelten Adels zur Herrschaft der bürgerlichen Kapitalisten, den von der mehr oder weniger absoluten Herrschaft des Staats zur Teilhabe des Volks an der Macht, bisweilen sogar zur Demokratie. Den Anfang in dieser Entwicklung macht nicht Europa, sondern Nordamerika mit der Amerikanischen Revolution 1775–1783, die zur Entstehung einer neuen Nation, der Vereinigten Staaten von Amerika, und der ersten modernen Demokratie führt. Noch radikaler ist die Umwälzung, die in den Jahren 1789 bis 1799 in Frankreich stattfindet und in den folgenden anderthalb Jahrzehnten durch Napoleon mit Waffengewalt in ganz Europa verbreitet wird. Aus dem Gegensatz zwischen der Französischen Revolution und Napoleon auf der einen Seite und den bedrohten alten Regimes in Europa auf der anderen Seite, die die Ideen der Revolution teilweise im eigenen Land umsetzen müssen, um überleben zu können, entsteht ein neues politisches Phänomen, das die europäische Geschichte und die Weltgeschichte bis zur Gegenwart entscheidend prägen wird: der Nationalismus. Dieser Nationalismus geht ein Bündnis ein mit den aus der Aufklärung stammenden Ideen des Liberalismus und der Demokratie.

Die Niederlage Napoleons gegen die alten Mächte Europas führt nicht zum Ende der demokratischen Ideen der Revolution, obwohl die Regierungen der Siegerstaaten die Zustände von vor 1789 zu restaurieren versuchen. Dies erweist sich in den Revolutionen und nationalen Aufständen in Spanien, Italien, Lateinamerika und Griechenland in den 1820er Jahren und schließlich 1830, als von Paris aus eine revolutionäre Welle halb Europa ergreift. Nur in England gelingt in dieser Zeit ein weitgehend friedlicher Wandel in Richtung Demokratie.

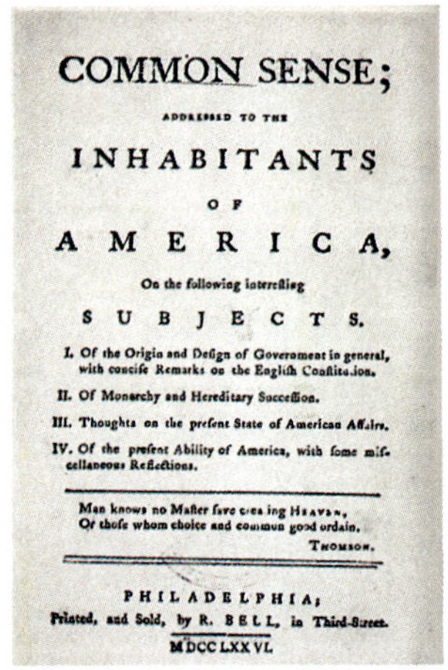

COMMON SENSE;

ADDRESSED TO THE

INHABITANTS

OF

AMERICA,

On the following interesting

SUBJECTS.

I. Of the Origin and Design of Government in general, with concise Remarks on the English Constitution.

II. Of Monarchy and Hereditary Succession.

III. Thoughts on the present State of American Affairs.

IV. Of the present Ability of America, with some miscellaneous Reflections.

Man knows no Master save creating Heaven,
Or those whom choice and common good ordain.

THOMSON.

PHILADELPHIA;
Printed, and Sold, by R. BELL, in Third-Street.
MDCCLXXVI.

Thomas Paines Schriften trugen entscheidend zur revolutionären Volksbewegung in Amerika bei.

Die letzte große revolutionäre Welle, die 1848 ebenfalls von Frankreich ausgeht, steht am Beginn der nationalstaatlichen Neuordnung Europas, die 1871, nach der Gründung Italiens und des Deutschen Reichs, zum Abschluss kommt; sie steht aber auch am Beginn der organisierten Arbeiterbewegung, die mit der Durchsetzung der Herrschaft des kapitalistischen Bürgertums einhergeht.

Die Amerikanische Revolution

Der Ablauf der Amerikanischen Revolution folgt einem Grundmuster, das sich auch bei anderen erfolgreichen Revolutionen wie der Französischen beobachten lässt: Dieser typische Ablauf beginnt damit, dass die Bewohner des Landes sich von der Regierung ungerecht behandelt und ihre guten alten Rechte beschnitten sehen. Die Notabeln kommen in ihren traditionellen Versammlungsgremien zusammen und legen ihre Forderungen schriftlich nieder, gleichzeitig kommt es zu Unmutsäußerungen in der Bevölkerung. Als die Regierung alle Forderungen vom Tisch wischt und Gewalt gegen die unbotmäßige Bevölkerung einsetzt, kommt es zum bewaffneten Aufstand. Die Regierung verstärkt ihre Unterdrückungsmaßnahmen, was dazu führt, dass die Versammlung der Volksvertreter der alten Regierung ihre Legitimität abspricht. Die Unruhen sind inzwischen zum Freiheitskrieg geworden, in dessen Verlauf sich die Forderungen der Bevölkerung radikalisieren. Nach dem militärischen Sieg der Revolution verliert sich der radikale revolutionäre Impuls, eine gemäßigte Regierung etabliert sich.

In den dreizehn britischen Kolonien an der amerikanischen Ostküste (S. 174) sind es britische Bürger, die sich darüber empören, dass ihnen Steuern auferlegt werden, über die sie nicht im Parlament von Westminster haben mit abstimmen können – sie sehen sich damit zu Bürgern zweiter Klasse degradiert (S. 176).

Gegen die englischen Truppen im Land organisieren die Amerikaner unter George Washington ihre eigene Armee. 1775 kommt es zu ersten Kampfhandlungen. 1776 erklärt der Kongress der Abgeordneten der dreizehn Kolonien die Unabhängigkeit vom britischen Mutterland und nimmt eine Menschenrechtserklärung im Sinne der Aufklärung an (S. 178). Der Unabhängigkeitskrieg weitet sich aus; Frankreich und Spanien treten an die Seite der Aufständischen; die Idee der Demokratie wird nicht zuletzt durch die Agitation von Thomas Paine (S. 176) zum Allgemeingut. Die amerikanische Bevölkerung bietet alle Kräfte auf, um ihren Truppen zum Sieg zu verhelfen, was schließlich auch gelingt: 1781 wird England zur Anerkennung der amerikanischen Unabhängigkeit gezwungen. Es dauert jedoch noch bis 1789, bis die Verfassung der Vereinigten Staaten angenommen ist, in der die demokratischen Rechte des Volks festgeschrieben sind, ohne dass die Großgrundbesitzer und Sklavenhalter des Südens wie Washington oder Jefferson, der Vater der Verfassung, ihre besondere Stellung verlieren.

Die Französische Revolution

Der Erfolg der Revolution in Amerika trug erheblich zum Selbstbewusstsein des „Dritten Stands", der einfachen Bürger, in Frankreich bei. Als Anfang 1789 die Generalstände zusammentreten, um über neue Steuern zu beraten, sind die bürgerlichen Abgeordneten nicht damit einverstanden, dass ihre Stimmen nur halb so viel wiegen sollen wie die der Vertreter des Adels und des Klerus; sie verlassen die Ständeversammlung, konstituieren sich als Nationalversammlung und erklären diese mit dem „Ballhausschwur" (S. 181) als allein für die gesamte Nation zu sprechen berechtigt. Das Volk von Paris erstürmt die Bastille, das verhasste Staatsgefängnis (ebd.), die Bauern in den Provinzen revoltieren gegen den ländlichen Adel, setzen Schlösser in Brand und machen sich an vielen Orten praktisch zu Eigentümern des Bodens, den sie bearbeiten. Da die Truppen im eigenen Land unzuverlässig sind und der König, dessen Autorität von den Revolutionären nicht grundsätzlich in Frage gestellt wird, taktiert, agitieren französische Adlige, die nach England und Deutschland emigriert sind, für eine bewaffnete Intervention in Frankreich. Die Revolution ist gezwungen, ihre eigene Verwaltung und Armee aufzubauen, und finanziert dies durch die Einziehung der Kirchengüter, auf deren Wert Papiergeld ausgegeben wird. Die radikalen Jakobiner erlangen zunehmend Gewicht in der Nationalversammlung und der neu gewählten Gesetzgebenden Versammlung, obwohl deren Abgeordnete noch nach Zensuswahlrecht, also nur von den wohlhabenden Bürgern, gewählt worden sind. Die Lage spitzt sich zu, als der König zu fliehen versucht (S. 181) und Österreich und Preußen 1792 gegen Frankreich mobilmachen. Der König wird gefangen genommen, Verschwörungstheorien machen die Runde, und im September kommt es in Paris zu einem Massaker an den Gegnern der Revolution, großenteils Priestern, die sich weigern, den Eid auf die Verfassung zu leisten. Die Invasion der österreichischen und preußischen Truppen wird von dem schlecht ausgerüs-

Die Hinrichtung Ludwigs XVI. 1793

teten, aber für seine Sache begeisterten Revolutionsheer zurückgeschlagen.
Doch die Revolutionsgegner im Ausland rüsten weiter und schüren den gegenrevolutionären Widerstand in Frankreich selbst. Die Revolution radikalisiert sich weiter. 1793 wird König Ludwig XVI. hingerichtet (S. 181) und Frankreich zur Republik erklärt. Die gemäßigten unter den Revolutionsanhängern, die Girondisten, werden verhaftet; der von Radikalen, zuerst Danton, dann Robespierre (S. 183) und seinen Jakobinern beherrschte Wohlfahrtsausschuss regiert das Land mit diktatorischen Vollmachten. In kürzester Zeit wird ein riesiges Soldatenheer ausgehoben, und bald darauf beginnt das Terrorregime Robespierres, unter dem tatsächliche und vermeintliche Konterrevolutionäre in Paris zu Tausenden unter der Guillotine hingerichtet werden. In den Provinzen werden Erhebungen der Revolutionsgegner brutal niedergeworfen. Auf dem Höhepunkt des Terrors, am nach dem neu eingeführten Revolutionskalender 9. Thermidor des Jahres II der Republik (27. Juli 1794), wird Robespierre von Gegnern gestürzt, die von der Sache der Revolution überzeugt, aber des Terrors gründlich überdrüssig sind. Für sie braucht die Republik jetzt vor allem eine effiziente Verwaltung und Wirtschaft sowie eine gut geführte Armee. Unter der neuen Regierung der „Thermidorianer" erringen die Revolutionsarmeen an allen Fronten Erfolge, nicht zuletzt, da sie von der Bevölkerung in den besetzten Gebieten meist begeistert empfangen werden. Der Geist des radikalen Jakobinismus flackert nur noch einmal kurz auf, in der sozialrevolutionären Verschwörung Babeufs gegen die Herrschaft der Reichen 1797, die rasch unterdrückt wird. Unter den Führern der Revolutionsarmeen tut sich ein General besonders hervor: Napoleon Bonaparte, der 1796–1797 triumphal Italien erobert (S. 180). Er erhält danach den Auftrag, die Herrschaft Englands, das sich an die Spitze der Revolutionsgegner gestellt hat, im Mittelmeer zu brechen. Von einer ruhmreichen, doch gescheiterten militärischen Expedition nach Ägypten (ebd.) zurückgekehrt, stürzt Bonaparte im Staatsstreich des 18. Brumaire (9. November 1799, S. 183) die Direktoriatsregierung und macht sich zum Ersten Konsul. Energische Reformen im Inneren und militärische Erfolge festigen seine Herrschaft; 1804 krönt Bonaparte sich zum Kaiser der Franzosen, Napoleon I.
Napoleon besiegt 1805 seine wichtigsten Gegner auf dem Kontinent, Österreich und Preußen, so entscheidend, dass eine napoleonische Friedenszeit anzubrechen scheint. Das Römische Reich Deutscher Nation löst sich auf, Napoleon herrscht direkt oder indirekt in Deutschland, in den Niederlanden, in Italien und auf der Iberischen Halbinsel. Doch England schlägt die französische Flotte bei Trafalgar (S. 187) und facht den Guerillakrieg der spanischen und portugiesischen Opposition gegen die französische Vorherrschaft in diesen Ländern an (S. 186). Im geschlagenen Preußen werden Minister, Generäle und Wissenschaftler an die Spitze der staatlichen Institutionen berufen, die noch vor kurzem mit der Französischen Revolution sympathisiert haben und nun Preußen gründlich reformieren (S. 190). Der russische Kaiser, Alexander I., bleibt unabhängig und verfolgt seine eigenen Ziele. Insbesondere weigert er sich, sich an der „Kontinentalsperre" Napoleons gegen England zu beteiligen, einem Handelsembargo, das die erste Handelsmacht der Welt in die Knie zwingen soll – und tatsächlich empfindlich trifft. 1812 entschließt sich Napoleon deshalb zum Krieg gegen Russland. Er zieht bis nach Moskau, muss aber den Rückzug antreten, da die Russen Moskau in Brand setzen und alles dafür tun, die Versorgung der Großen Armee Napoleons zu unterbinden. Der Rückzug wird zu einem Desaster, da die Russen im harten Winter die geschwächten Truppen Napoleons immer wieder angreifen (S. 187). Preußen, durch seine inneren Reformen gestärkt, verbündet sich im folgenden Jahr mit Russland, die deutsche Jugend schließt sich voll nationaler Begeisterung in den „Befreiungskriegen" dem Kampf gegen die verhasst gewordene französische Herrschaft an. Österreich stößt zu der antifranzösischen Allianz hinzu, England unterstützt die Verbündeten nach Kräften.
1813 wird Napoleon bei Leipzig in

Napoleon setzt sich 1804 die Kaiserkrone auf.

der blutigsten Schlacht der Epoche (ca. 90.000 Tote und Verwundete) geschlagen und zieht sich über den Rhein zurück; 1814 fällt Paris, und Napoleon wird nach Elba verbannt. Als er nach knapp einem Jahr wieder in Frankreich landet und eine neue Armee zusammenzieht, sind seine Gegner schnell zur Stelle und fügen ihm 1815 bei Waterloo nahe Brüssel seine letzte Niederlage zu (S. 186).

Restauration und Revolutionen in Europa und Lateinamerika

Der Wiener Kongress (S. 190), der nach der Niederlage Napoleons zusammentritt, versucht das Rad der Zeit zurückzudrehen, indem er die alten Herrscherfamilien wie die französischen Bourbonen wieder in ihre alten Rechte einsetzt und ihre Territorien weitgehend wiederherstellt. Die Herrscher Europas, voran Nikolaus I. von Russland, gründen eine „Heilige Allianz", die im Namen von Religion und Tradition die angestammten, legitimen Herrschaftsverhältnisse gegen „Usurpatoren" wie Napoleon zu verteidigen entschlossen ist. Dem kommt der romantische Zeitgeist (S. 188) entgegen, der die Einheit von Volk und Herrscher, wie sie angeblich seit dem Mittelalter überkommen ist, für geheiligt ansieht. Allerdings stoßen die Herrscher ihre „Völker", das heißt die jungen Nationalbewegungen, immer wieder vor den Kopf, wenn sie rein staatliche und dynastische Interessen für wichtiger erachten als die nationalen. Auch die aufklärerisch-liberalen Ideen, die bei den Revolutionen in Amerika und Frankreich Pate gestanden hatten, sind vielfach noch lebendig.
In Lateinamerika (S. 190) hat die revolutionäre Abspaltung vom spanischen Mutterland bereits während der napoleonischen Herrschaft in Spanien begonnen, in Spanien selbst kommt es 1821 zu einer Revolution der liberalen Kräfte gegen die erneuerte bourbonische Königsherrschaft und die Kirche (S. 187), der sich Teile Italiens anschließen. Die Revolution wird in Spanien von französischen, in Italien von österreichischen Truppen beendet. Erfolgreicher ist der Aufstand gegen die Türken in Griechenland (1821–1829). Er wird von Intellektuellen in ganz Europa, die von einer romantischen Schwärmerei für die Antike erfüllt sind, begeistert unterstützt. Trotz ihrer Bedenken wegen der Gefahr eines Überspringens der revolutionären Stimmung auf das eigene Land nützen die Großmächte Russland, England und Frankreich die Gelegenheit,

Im März 1848 erreichten die Demonstrationen der Demokraten in Berlin, dass der König eine Verfassung versprach. Später nahm der König sein Versprechen zurück.

das Osmanische Reich weiter unter sich aufzuteilen. In Russland verschwören sich im Dezember 1825 junge Intellektuelle und liberale Offiziere gegen den Zaren, doch die „Dekabristen" („Dezemberleute") enden auf dem Schafott oder in Sibirien (S. 190).
In England setzen die Liberalen 1832 eine Parlamentsreform durch, dank derer auch die jungen Industriestädte mit ihrer stark gewachsenen Bevölkerung eine angemessenere Vertretung im Parlament erhalten.

Die Revolutionen von 1830 und 1848

Im Juli 1830 geht das Volk von Paris wieder auf die Barrikaden (S. 190). Das rückwärts gewandte Regime Karls X. wird gestürzt, und die bürgerlichen Kräfte, deren wirtschaftliche Macht ein entscheidender Faktor dieses Umsturzes ist, bringen den „Bürgerkönig" Louis Philippe auf den Thron. Es erweist sich, dass der Modernisierungsschub, den die Französische Revolution bewirkt hat, nicht folgenlos geblieben ist. Wenig später führt die Revolution in Brüssel zur Auflösung des vom Wiener Kongress erfundenen Staatsgebildes der Vereinigten Niederlande. Aus den südlichen Niederlanden wird Belgien. Die Revolution in Polen, die vor allem gegen die russische Herrschaft gerichtet ist, wird von Russland blutig niedergeworfen. Die Solidarität mit Polen wird zum einigenden Band zwischen den Liberalen Europas; Russland hat sich für sie als das Zentrum aller Rückschrittlichkeit erwiesen. In Deutschland, wo die politisch-agitatorische Literatur des „Vormärz" aufblüht, und Italien fühlen sich die nationalliberalen Kräfte bestärkt.
Louis Philippe in Frankreich gelingt es nicht, die Interessen der Finanzbourgeoisie, auf die er sich stützt,

mit denen des industriellen Bürgertums und des jungen Industrieproletariats zu verbinden. So wird er im Februar 1848 durch eine Revolution in Paris gestürzt, die sich weiter radikalisiert und zu sozialistischen Experimenten führt. Das Bürgertum und Kleinbürgertum der Provinz setzt im Juni den Einsatz des Militärs gegen die Umtriebe der Sozialisten in Paris durch; am Ende des Jahres kommt es zu Wahlen, aus denen Louis Napoléon, ein Neffe Napoleons I., als Sieger hervorgeht. Der napoleonische Mythos erweist sich als stark genug, die zerrissene Nation vorläufig zu einen. 1852 wird sich Louis Napoléon als Napoleon III. zum neuen Kaiser der Franzosen machen. Die Februarrevolution in Paris wird im März zum Auslöser für revolutionäre Erhebungen in Berlin (S. 190), Wien und München, denen weitere in Budapest, Mailand und Prag folgen. In Deutschland geben die Fürsten den Massenprotesten zunächst nach und tolerieren die Nationalversammlung in der Frankfurter Paulskirche (ebd.). Doch während in der Paulskirche Liberale und Konservative, „Kleindeutsche", die für ein Deutschland unter der Führung Preußens unter Ausschluss Österreichs plädieren, und „Großdeutsche", die dem Kaiser in Wien die Führung Deutschlands überlassen wollen, miteinander streiten, holen die Herrscher zum Gegenschlag aus. Der preußische König schlägt das Angebot aus, auf den Beschluss eines demokratisch gewählten Parlaments hin deutscher Kaiser zu werden, und die Truppen Österreichs und Preußens stellen 1849 gegen schwache Revolutionstruppen die alte Ordnung wieder her. In Italien ist es österreichisches Militär, das den Aufstand der nationalen und liberalen Kräfte niederwirft, in Ungarn sind es die vom österreichischen Kaiser herbeigerufenen Russen. Scheinbar ist wieder Ruhe eingekehrt in Europa, doch den alten Herrschern und ihrer adligen Gefolgschaft ist klar geworden, dass sie nur im Bündnis mit dem Bürgertum überleben können. Und für dieses Bündnis gibt es ein gutes Argument: die Bedrohung durch das industrielle Proletariat, das 1848 zum ersten Mal gezeigt hat, dass es organisiert auftreten kann.

Chronik

1765 Die britischen Untertanen der dreizehn nordamerikanischen Kolonien rebellieren gegen die gestiegene Steuerlast und die Zölle auf die Einfuhr von Waren, über die sie nicht im Parlament von Westminster mitbestimmen können. „No taxation without representation" ist ihr Slogan.

1773 Der Unmut kulminiert in der *Boston Tea Party*, bei der aus Protest eine große Ladung Tee in den Bostoner Hafen gekippt wird.

1774 Ein Kongress der Abgeordneten der Kolonien in Philadelphia lehnt jede Besteuerung ohne Zustimmung der Amerikaner ab. Als die Briten gegen diese Unbotmäßigkeit starke Truppen aufbieten, organisiert George Washington 1775 mithilfe des Franzosen Lafayette und des Preußen von Steuben eine amerikanische Armee.

1776 Unabhängigkeitserklärung der dreizehn Kolonien an der Ostküste Nordamerikas und Erklärung der Menschenrechte durch den Kongress in Philadelphia. Der intellektuelle Kopf der amerikanischen Unabhängigkeit ist Thomas Jefferson; Thomas Paine sorgt durch seine demokratische Agitation für den Rückhalt der Revolution bei der Masse der Bevölkerung.

1776–1783 Amerikanischer Unabhängigkeitskrieg. 1778 treten Frankreich, 1779 auch Spanien an der Seite der USA in den Krieg ein, während England den Holländern den Krieg erklärt, die durch ihren Handel die USA unterstützen. Benjamin Franklin organisiert als Diplomat in Europa diese Unterstützung. Nach der Niederlage der Briten bei Yorktown 1781 erkennt Großbritannien die Unabhängigkeit der Amerikaner an, die 1783 in Versailles offiziell bestätigt wird.

1789 Verfassung der USA: Die gesetzgebende Gewalt liegt bei dem aus Senat und Repräsentantenhaus bestehenden Kongress, die Exekutive beim Präsidenten. Die Gerichte sind unabhängig. In den inneren Entscheidungen bleiben die Bundesstaaten selbstständig.

Beginn der Französischen Revolution: Die vom König wegen der staatlichen Finanzkrise in Versailles einberufenen Generalstände spalten sich, da der Dritte (bürgerliche) Stand nicht damit einverstanden ist, dass seine Stimmen nur halb so viel wiegen sollen wie jeweils die von Adel und Klerus. Die Abgeordneten des Dritten Stands erklären sich zur Verfassunggebenden Nationalversammlung. Angesichts der drohenden gewaltsamen Auflösung der Nationalversammlung geht in Paris das Volk auf die Straße und erstürmt am 14. Juli das Staatsgefängnis, die Bastille. Es folgt eine Bauernrevolution in den Provinzen, bei der viele Landadlige aus ihren Schlössern vertrieben werden. Die alten feudalen Vorrechte des Adels werden abgeschafft. Der Adel beginnt ins Ausland (England und Deutschland) zu emigrieren und für eine Intervention ausländischer Truppen in Frankreich zu agitieren.

Erklärung der Menschen- und Bürgerrechte nach amerikanischem Vorbild.

Die Nationalversammlung beschließt gegen den Widerstand radikaler Revolutionäre wie Marat und Robespierre ein Wahlrecht, das zunächst die Wohlhabenden bevorzugt.

Eine rationalistische Verwaltungsgliederung Frankreichs in etwa gleich große Departements statt der historischen Provinzen wird beschlossen; die Kirchengüter werden eingezogen.

1790 Die Kirchengüter werden für den Verkauf freigegeben; ihr voraussichtlicher Verkaufswert wird als Staatsvermögen angesehen und in Form von „Assignaten"

(Papiergeld) in Umlauf gegeben. Die Geistlichen werden zu Staatsbeamten gemacht und müssen einen Eid auf die Verfassung leisten. Widerstand der Kirche

1791 Ludwig XVI. unternimmt einen Fluchtversuch ins Ausland und wird verhaftet.

Die Verfassung tritt in Kraft, die Frankreich zur konstitutionellen Monarchie macht. Der König leistet einen Eid auf die Verfassung. Die Gesetzgebende Versammlung wird gewählt und löst die Nationalversammlung ab.

Die Gesetzgebende Versammlung gerät zunehmend unter den Einfluss der radikalen Jakobiner.

1792 Angesichts der Rüstung Österreichs und Preußens für eine Intervention in Frankreich erklärt die Gesetzgebende Versammlung Österreich den Krieg. Es beginnt der Erste Koalitionskrieg (bis 1797) gegen Österreich und Preußen. Der Krieg sorgt für eine Festigung der revolutionären Stimmung. Am 11. Juli wird angesichts militärischer Niederlagen „das Vaterland in Gefahr" erklärt. Vor Valmy kommt die Offensive der antifranzösischen Koalition zum Stehen. In einer Gegenoffensive erreichen die Revolutionstruppen den Rhein. Angesichts der Drohungen der Gegner Frankreichs, die Autorität des Königs in Frankreich mit Gewalt wiederherzustellen, wird Ludwig XVI. in Paris gefangen gesetzt. Verschwörungsgerüchte machen die Runde, Danton und Marat putschen die Pariser Bevölkerung weiter auf. Es kommt zu den Septembermorden, denen etwa 1600 Menschen zum Opfer fallen. Angesichts dieses Massakers lässt die Sympathie mit der Revolution im Ausland nach.

Ein allgemeines Wahlrecht wird anstelle des Zensuswahlrechts beschlossen, und Wahlen zum Nationalkonvent werden durchgeführt, der deutlich radikaler ist als die Gesetzgebende Versammlung. Der Nationalkonvent schafft das Königtum ab. Mit dem 22. September beginnt das Jahr 1 der Republik.

Fraktionskämpfe im Konvent zwischen gemäßigten Girondisten und radikaler Bergpartei (Montagnards). Die Radikalen treffen sich im Klub der Jakobiner in Paris.

1793 Januar: Ludwig XVI. wird hingerichtet. Angesichts dieses unerhörten Vorgangs treten England, das Reich, Holland, Spanien, Sardinien, Neapel und Portugal der Koalition gegen Frankreich bei. Eine Seeblockade der Engländer führt zu Hunger und wirtschaftlichem Stillstand. Die militärischen Rückschläge haben die Schreckensherrschaft der Jakobiner zur Folge.

März: Das Revolutionstribunal, das auf der Stelle über Leben und Tod entscheiden kann, wird eingeführt, die Güter der Emigranten werden eingezogen.

April: Als Exekutive des Nationalkonvents wird der Wohlfahrtsausschuss eingerichtet, zunächst unter Danton.

Juni: Verhaftung der Girondisten, der gemäßigten Mitglieder des Konvents. Erhebungen in den Provinzen gegen die radikale Revolution.

Juli: Ermordung Marats durch Charlotte Corday

Robespierre verdrängt Danton vom Vorsitz des Wohlfahrtsausschusses.

August: „Levée en masse", Volksbewaffung gegen den äußeren Feind

September: Beginn des revolutionären Terrors unter Robespierre. Oft reichen Verdächtigungen, um jemanden unter die Guillotine zu bringen. Dem Terror werden bis zum „Thermidor" etwa 14.000–15.000 Menschen zum Opfer fallen, darunter weit mehr einfache Leute als Adlige.

Die Festsetzung von Höchstpreisen für Lebensmittel führt vielfach zu deren Verknappung. Geheime Vorräte müssen deshalb angezeigt werden.

Oktober: Hinrichtung von Marie Antoinette, der Gemahlin Ludwigs XVI.; zahreiche Girondisten fallen der Guillotine zum Opfer.

Der von England unterstützte Aufstand gegen die Revolution in der Vendée im Südwesten Frankreichs und einigen großen Städten wird brutal niedergeworfen. Ein junger Hauptmann der Artillerie, Napoleon Bonaparte, tut sich bei der Belagerung der Hafenstadt Toulon hervor.

November: Einführung des Kults der Vernunft oder des Vaterlandskults, später des „höchsten Wesens", der den christlichen Gottesdienst ersetzen soll.

1794 März: Danton wird mit seinen Anhängern verhaftet und am 5. April guillotiniert.

Juni: Höhepunkt des Terrors

Juli: Am 9. Thermidor (27. Juli) wird Robespierre gestürzt und am folgenden Tag mit seinen engsten Anhängern hingerichtet. Ende des Terrors

1794–1795 Die Revolutionsarmeen erobern Holland und errichten dort die Batavische Republik. England nutzt die Gelegenheit, um sich holländische Kolonien (Ceylon, Kap) anzueignen.

1795–1799 Bürgerliche Regierung des Direktoriums in Frankreich

1796 Vordringen der französischen Armeen gegen Österreich. Während sie in Süddeutschland geschlagen werden, triumphiert Napoleon Bonaparte in Italien, freudig begrüßt von der Mehrzahl der Italiener.

1797 Einrichtung der Cisalpinischen und der Ligurischen Republik in Italien durch Napoleon, Frieden von Campoformio mit Österreich, das Belgien abtritt.

Niederschlagung der kommunistischen Verschwörung Babeufs in Paris

1798 Französische Truppen dringen nach Rom vor und nehmen den Papst gefangen. Gründung der Helvetischen Republik in der Schweiz

1798–1799 General Bonaparte setzt nach Ägypten über. Seine Flotte wird allerdings bei Abukir von den Engländern unter Nelson zerstört. Die Türkei, auf deren Gebiet sich die nun abgeschnittenen französischen Truppen befinden, verbündet sich mit ihrem Erzfeind Russland gegen Frankreich.

1799–1802 Zweiter Koalitionskrieg gegen Frankreich, diesmal angeführt durch England unter dem energischen Premierminister William Pitt d.J. Russland, die Türkei und Österreich sind die wichtigsten Bundesgenossen.

1799 Am 18. Brumaire (9. November) stürzt Bonaparte, aus Ägypten zurückgekehrt, das Direktorium und erlangt praktisch diktatorische Macht in Frankreich.

1799–1804 Regierung des „Konsulats" in Frankreich, mit Bonaparte als Erstem Konsul

1801/1802 Die Friedensschlüsse von Lunéville und Amiens beenden den Zweiten Koalitionskrieg. Frankreichs Vorherrschaft auf dem Kontinent wird bestätigt.

Eine Volksabstimmung macht Bonaparte zum Konsul auf Lebenszeit.

1801–1825 Alexander I. russischer Kaiser. Zunächst aufgeklärt und liberal gesinnt, wird er nach 1819 zum reaktionären Romantiker. Erfolgreiche imperiale Politik Russlands

1803 Reichsdeputationshauptschluss: Unter dem Einfluss Frankreichs werden die deutschen Territorien neu zugeschnitten und die meisten geistlichen Fürstentümer aufgeteilt. Den größten Zugewinn hat Preußen, das sich zuletzt loyal gegenüber den Franzosen gezeigt hat.

1804 Der *Code Napoléon*, das große Gesetzeswerk Napoleon Bonapartes, tritt in Frankreich und den besetzten Gebieten in Kraft.

Bonaparte krönt sich nach einer Volksabstimmung als Napoleon I. zum Kaiser.

1805 Dritter Koalitionskrieg Englands, Russlands, Österreichs und Schwedens gegen Napoleon. Sieg Nelsons bei Trafalgar über die französisch-spanische Flotte. Sieg Napoleons bei Austerlitz über die Österreicher und Russen

1806 Franzosenfreundlicher Rheinbund der west- und süddeutschen Fürsten; Kaiser Franz II. legt angesichts der Zersplitterung des römisch-deutschen Reichs die römische Kaiserkrone nieder und erklärt die römische Kaiserwürde für erloschen, um Napoleons Zugriff darauf zu verhindern. Hinfort ist er nur noch (als Franz I.) Kaiser von Österreich. Das Reich ist aufgelöst.

1806–1807 Russisch-Preußischer Krieg gegen Napoleon. Niederlage der Preußen bei Jena und Auerstedt. Napoleon zieht in Berlin ein. Hier verhängt er im „Dekret von Berlin" die Kontinentalsperre, die den englischen Handel mit ganz Europa unterbinden soll. 1807 dringt Napoleon nach Ostpreußen vor und schließt Frieden mit Zar Alexander I.

Die Engländer versenken die dänische Flotte, um gegen die Kontinentalsperre den Zugang zur Ostsee zu behalten.

1808–1814 Krieg Napoleons in Spanien und Portugal, nachdem er beide Länder besetzt hat, um die Kontinentalsperre auch hier durchzusetzen. Die Engländer unterstützen den Guerillakrieg der *Junta* gegen die Franzosen.

ab 1807 Preußische Reformen: Nach der Niederlage gegen Napoleon berufen König Friedrich Wilhelm III. und sein Erster Minister, Freiherr vom Stein, fähige Leute, oft ehemalige Sympathisanten der Französischen Revolution, in Regierung und Verwaltung. 1807 wird die Leibeigenschaft aufgehoben, 1808 die kommunale Selbstverwaltung eingeführt. Unter vom Steins Nachfolger Hardenberg folgen Gewerbefreiheit, Säkularisation und die Emanzipation (rechtliche Gleichstellung) der Juden. Wilhelm v. Humboldt und der Philosoph Fichte reformieren das Bildungssystem.

1809 Österreich versucht noch einmal, Napoleons Vorherrschaft abzuschütteln, unterliegt aber bei Wagram. Im Frieden von Wien muss es eine empfindliche Reduzierung seines Staatsgebiets hinnehmen.

Russland erobert Finnland von Schweden, das wiederum Norwegen annektiert.

1810 Napoleon heiratet aus dynastischen Gründen die österreichische Kaisertochter Marie Louise.

1810–1825 Befreiungskriege in Lateinamerika gegen die spanische Vormundschaft. Entstehung der modernen Staaten des südamerikanischen Subkontinents

1812–1814 Krieg Großbritanniens gegen Amerika

1812 Napoleon zieht gegen Russland, das die Kontinentalsperre ignoriert. Napoleon erreicht das von den Russen geräumte Moskau, muss sich jedoch zurückziehen, um die Versorgung seiner Armee sicherzustellen. Die Russen zermürben auf ihrem Rückmarsch die Franzosen in Guerillataktik.

1813 Preußen verbündet sich mit Russland und England gegen Napoleon. Der deutsche Nationalismus wird geschürt. Der Kampf gegen Napoleon wird zu „Befreiungskriegen". Nach ersten Erfolgen gegen Napoleon tritt Österreich dem Bündnis Russlands, Preußens und Englands bei. In der „Völkerschlacht bei Leipzig" wird Napoleon geschlagen.

1814 Die Truppen der Verbündeten ziehen siegreich in Paris ein. Napoleon wird nach Elba verbannt. Ludwig XVIII., Bruder Ludwigs XVI., wird nach dem Willen der Sieger König von Frankreich.

Beginn des Wiener Kongresses, der sich bemüht, die vorrevolutionäre Ordnung in Europa wiederherzustellen. Beherrschende Figur des Kongresses ist der Leitende Minister Österreichs, Metternich.

1815 Napoleon kehrt nach Frankreich zurück, wird aber bei Waterloo durch die Engländer und Preußen geschlagen. Napoleon wird auf die einsame Atlantikinsel St. Helena verbannt, wo er 1821 stirbt.

Schaffung des Deutschen Bunds. Die neue Gebietseinteilung in Deutschland begünstigt vor allem Preußen.

Auf Initiative Kaiser Alexanders I. von Russland wird zwischen Russland, Österreich und Preußen die „Heilige Allianz" zur Erneuerung der christlich-legitimen Ordnung in Europa geschlossen. Ihr schließen sich fast alle europäischen Staaten an, einschließlich Frankreichs; in England ist nur der König bzw. Regent (Georg IV. für Georg III.) Mitglied.

1817 Wartburgfest der deutschen Burschenschaften: Die Studenten stehen an der Spitze der nationaldemokratischen Bewegung. Mehrere deutsche Staaten tragen dem liberalen Zeitgeist durch ständische Verfassungen Rechnung (so Bayern und Baden 1818, Württemberg 1819). Der preußische König weigert sich, die versprochene Verfassung zu erlassen.

1819 Karlsbader Beschlüsse: Auf Betreiben Österreichs werden im ganzen Deutschen Bund nationalistische und liberale Umtriebe unterdrückt; verschärfte Zensur.

1820–1823 Eine liberale Revolution in Spanien unter Rafael del Riego wird durch französische Truppen niedergeworfen. Spanien bleibt innerlich zerrissen.

1820–1830 Georg IV. in England König, nachdem er zuvor schon die Regentschaft (*Regency*) für den kranken Georg III. geführt hat. Gemäßigt konservative und liberale Regierungen.

1821 Im Gefolge der spanischen Revolution, die auf Neapel übergegriffen hat, Aufstand in Piemont. Mit österreichischer Hilfe wird hier die alte Ordnung wiederhergestellt. Die revolutionär-liberalen Geheimbünde der *Carbonari* bleiben in Italien aktiv.

1821–1829 Der Unabhängigkeitskrieg der Griechen gegen das Osmanische Reich wird von den liberalen Kreisen in ganz Europa begeistert unterstützt. Ausschlaggebend sind die Interessen Englands, Russlands und Frankreichs, im östlichen Mittelmeer Fuß zu fassen. Die europäschen Mächte garantieren 1830 die Unabhängigkeit Griechenlands.

Russland nützt die Schwäche des Osmanischen Reichs, um seinen Einfluss auf dem Balkan und im Kaukasus auszuweiten.

1824–1830 Karl X. versucht, in Frankreich die alten Rechte des Adels und der Kirche wiederherzustellen, und stößt dabei auf erheblichen Widerstand.

1825 Nach der Thronbesteigung durch Nikolaus I. (bis 1855) in Russland Dekabristenaufstand westorientierter und liberaler junger Adliger, meist Offiziere. Die Revolte wird niedergeschlagen.

1830 Julirevolution in Frankreich. Der liberale Bourbone Louis Philippe, der „Bürgerkönig", wird zum Haupt einer konstitutionellen Monarchie, die Trikolore wieder Nationalflagge. Royalisten und Republikaner bekämpfen sich weiter. Wirtschaftlicher Aufschwung

Erhebungen auch in Italien, die von österreichischen Truppen niedergeschlagen werden.

Die Revolution in Brüssel führt zur Auflösung der 1815 geschaffenen, von Holland dominierten Vereinigten Niederlande. Entstehung des modernen Belgien.

Die Polnische Revolution, die vor allem ein Aufstand gegen die russische Herrschaft ist, wird vom russischen Militär blutig unterdrückt. Polnische Emigration in Westeuropa. Russland wird zum bevorzugten Hassobjekt der Liberalen Europas.

1830–1837 Wilhelm IV. König von England und Hannover. 1832 kommt es zu einer wichtigen Parlamentsreform, durch die auch die industrialisierten Großstädte eine angemessene Vertretung erlangen. Weitere Liberalisierung ist die Folge.

1833 Gründung des Deutschen Zollvereins unter Führung Preußens bei Ausschluss Österreichs

1837–1901 Victoria Königin in England, ab 1876 auch Kaiserin in Indien.

1840–1861 Friedrich IV. von Preußen. Anfänglich Träger liberaler Hoffnungen, entwickelt er sich zum romantischen Schwärmer für die alte Ordnung in Europa. Preußen wird zu einem Zentrum der Kunst des Klassizismus und der Romantik.

1847–1848 Sonderbundskrieg in der Schweiz: Der von den kontinentalen Großmächten unterstützte Sonderbund katholischer Kantone wird durch Bundestruppen aufgelöst; die Schweiz wird zum weitgehend demokratischen Bundesstaat.

1848 Unruhen in Italien führen zur Einführung von Verfassungen in Sizilien, Sardinien und in der Toskana.

Februarrevolution in Paris, Sturz Louis Philippes. Starke sozialistische Kräfte in der Pariser provisorischen Regierung, allgemeines gleiches Wahlrecht.

Im Juni wird ein Arbeiteraufstand unter Führung von Blanqui vom Militär niedergeworfen. Im Dezember wird der Populist Louis Napoléon zum Präsidenten gewählt. (Er löst 1851 die Nationalversammlung auf und lässt sich 1852 als Kaiser Napoleon III. bestätigen.)

Märzrevolution in Wien und Berlin, Unruhen in München u.a.; im Mai Zusammentritt der Deutschen Nationalversammlung in der Frankfurter Paulskirche. Metternich wird zum Rücktritt gezwungen; Erzherzog Johann von Österreich wird zum Reichsverweser gewählt.

Die Revolution in Mailand, von Sardinien unterstützt, wird ebenso wie die in Venedig von Österreich niedergeschlagen (bis 1849).

Im Juni tschechisch-nationalistischer Pfingstaufstand in Prag, der von österreichischen Truppen niedergeschlagen wird. Marx und Engels geben in Köln die radikal-republikanische *Neue Rheinische Zeitung* heraus (bis Mai 1849).

Oktober: Ein Aufstand in Wien wird vom Militär niedergeworfen. Berlin vom Militär besetzt.

In Ungarn seit April revolutionäre Regierung unter Kossuth, die sich auf die magyarische Volksgruppe stützt. Bauernbefreiung

1849 Reichsverfassung nach heftigen Fraktionskämpfen zwischen „Großdeutschen" und „Kleindeutschen" verabschiedet: Es soll zu einer konstitutionellen Monarchie unter preußischer Führung kommen. Doch Friedrich Wilhelm IV. lehnt die ihm angetragene Kaiserwürde ab.

Ein Aufstand in Dresden im Mai wird mit preußischer Hilfe niedergeworfen; Aufstände in Baden und in der Pfalz werden von Bundestruppen unter preußischer Führung unterdrückt. Auflösung der Frankfurter Nationalversammlung

In Ungarn wird die Herrschaft des jungen österreichischen Kaisers Franz Joseph (seit 1848) nicht anerkannt. Kossuth wird Reichsverweser. Im Juni wird die ungarische nationale Revolution durch von Wien herbeigerufene russische Armeen niedergeworfen.

DIE DREIZEHN KOLONIEN
Die amerikanischen Kolonien, die sich gegen die britische Herrschaft erhoben, lagen an der Atlantikküste. Hier sind die von Europäern und Afrikanern 1660 bewohnten Gebiete dargestellt: 1660 (dunkelgrün), 1700 (heller grün) und 1760 (ganz hellgrün).

Die nordamerikanischen Kolonien

Nach dem Ende des Britisch-Französischen Kolonialkriegs 1763 herrschte in den dreizehn britischen Kolonien, die an der Versorgung der Truppen verdient hatten, Frieden und Wohlstand. 1775 gab es mehr als 2.700.000 Siedler, und Philadelphia war mit 30.000 Einwohnern eine führende Stadt im britischen Empire. Die Häfen New York, Boston und Charleston erlebten ebenfalls eine Blütezeit, doch die meisten Menschen waren Bauern, und landwirtschaftliche Produkte waren die Hauptexportartikel. Es gab kaum Industrie, und so mussten Fertigwaren wie Textilien, Hüte und Eisenerzeugnisse aus Großbritannien importiert werden. Jede Kolonie wählte eine gesetzgebende Versammlung (*Assembly*), der Gouverneur wurde meist vom König ernannt. Viele Kolonien druckten ihr eigenes Geld. Die Siedler waren stolz auf ihre britische Staatsbürgerschaft, doch viele Jahre lang hatte man sie sich selbst überlassen. Nun, wo man mit Frankreich Frieden geschlossen hatte und Kanada im Besitz der britischen Krone war, wollte die britische Regierung die wachsenden amerikanischen Kolonien wieder stärker kontrollieren.

Die Neuengland-Kolonien

Die vier nordöstlichen Kolonien – Massachusetts, Connecticut, Rhode Island und New Hampshire – lebten von Landwirtschaft, Seefahrt, Fischerei und Schiffbau. Boston war der Hauptseehafen, Newport in Rhode Island wuchs schnell. Das unter dem Namen Maine bekannte unbesiedelte Gebiet lieferte Bäume, die als Schiffsmasten Verwendung fanden. In Neuengland gab es viele freie Arbeiter und Handwerker, Sklaven dagegen kaum.

TAGEBUCH EINES KAPITÄNS
Seeleute und Schiffe aus Neuengland schätzte man in aller Welt. Kapitän Ashley Bowen aus Marblehead/Massachusetts hielt seine Reiseerlebnisse schriftlich und in Zeichnungen fest.

DER MITTELPUNKT DES HAUSES
In dieser Küche eines Hauses in Massachusetts versammelte sich eine Siedlerfamilie zu den Mahlzeiten und zum Gebet. Abends ging man am Kamin Handarbeiten nach und reparierte Werkzeuge und Lederwaren.

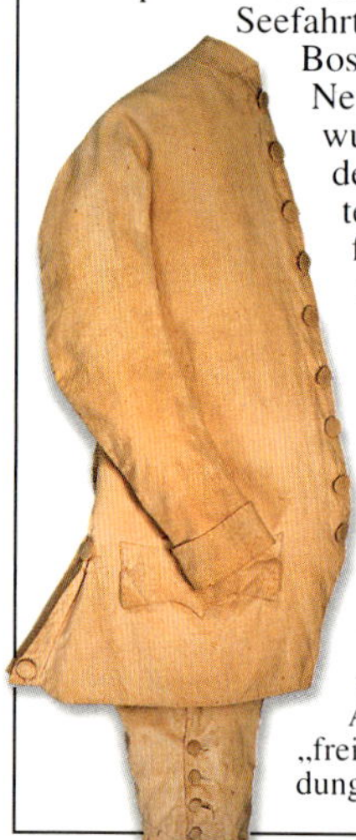

ZEICHEN DER FREIHEIT
Junge Männer gingen oft sieben Jahre bei einem Meister in die Lehre, um von ihm ein Handwerk zu lernen. Zum Abschluss ihrer Lehrzeit wurden sie „freigesprochen“ und erhielten neue Kleidung wie in Rhode Island diesen Anzug.

Die mittleren Kolonien

New York, New Jersey, Pennsylvania und Delaware hatten zwei große Städte: Philadelphia und New York. Philadelphia war eine der größten Städte des Königreichs, ein blühendes Handels- und Wirtschaftszentrum und ein Zentrum der Musik und Kunst. New Yorks schöner Hafen war einer der geschäftigsten im Reich und ein Zentrum des Handels mit den Indianern. Die meisten Einwohner der mittleren Kolonien lebten jedoch auf kleinen Farmen.

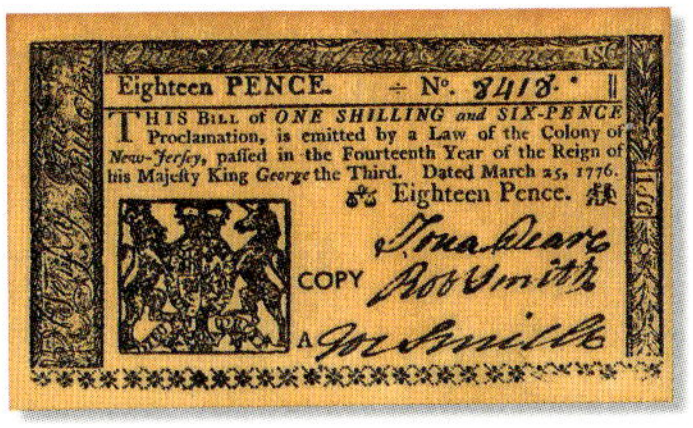

Eine 18-Pence-Banknote aus New Jersey (1776)

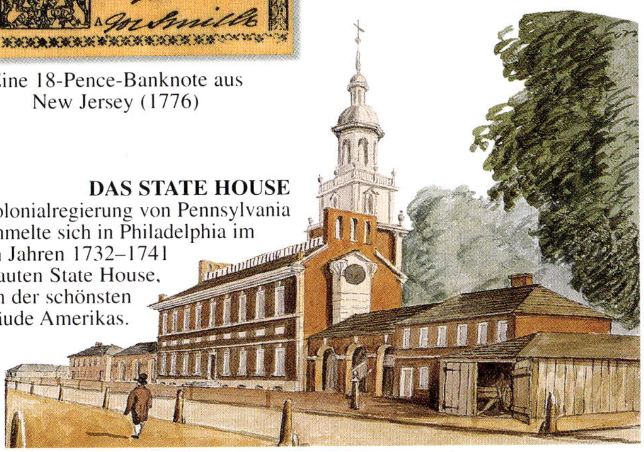

DAS STATE HOUSE
Die Kolonialregierung von Pennsylvania versammelte sich in Philadelphia im in den Jahren 1732–1741 erbauten State House, einem der schönsten Gebäude Amerikas.

QUÄKERFARM
Diese Darstellung einer wohlhabenden Farm im Pennsylvania des 18. Jh.s zeigt, wie Familienmitglieder und Saisonarbeiter geschäftig bei der Arbeit sind: Sie pflügen die Felder und versorgen Pferde und Vieh. Ende des 18. Jh.s lebten die meisten Siedler auf kleineren oder größeren Farmen.

Die südlichen Kolonien

Die meisten Weißen in Maryland, Virginia, North und South Carolina sowie Georgia lebten auf kleinen Gehöften, doch wirtschaftlich und gesellschaftlich bestimmend waren große Plantagen. Um einträgliche Produkte anzubauen – vor allem Tabak, Indigo und Reis –, waren die Plantagen auf die Zwangsarbeit von tausenden von Sklaven angewiesen. Allein Virginia hatte 200.000 Sklaven afrikanischer Abstammung, das war fast die Hälfte der Bevölkerung. Die beiden größten Städte waren Charleston und Baltimore.

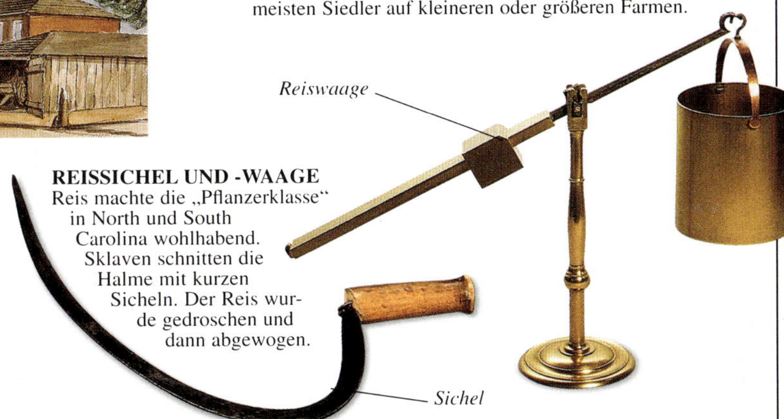

REISSICHEL UND -WAAGE
Reis machte die „Pflanzerklasse“ in North und South Carolina wohlhabend. Sklaven schnitten die Halme mit kurzen Sicheln. Der Reis wurde gedroschen und dann abgewogen.

VIRGINIAS HAUPTSTADT
Williamsburg, die Hauptstadt Virginias, war politisch bedeutender als Philadelphia, aber nicht so groß. Die Architektur seiner öffentlichen Gebäude war jedoch beeindruckend.

SKLAVENQUARTIERE
Die Sklavenfamilien auf den großen Plantagen im Süden lebten in Hütten, oftmals aber auch zusammengepfercht in großen Baracken, in denen es kaum Privatsphäre gab. Das Essen wurde meist draußen am offenen Feuer gekocht.

Auf dem Weg zur Revolution

PATRICK HENRY
Der radikale Volksvertreter aus Virginia sprach König Georg III. jegliches Recht auf die Regierung Amerikas ab und rief die Kolonien zum Krieg auf: „Gebt mir die Freiheit, oder gebt mir den Tod."

Um Massachusetts für die „Boston Tea Party" zu bestrafen, bei der 1773 als Indianer verkleidete Amerikaner aus Protest gegen die Besteuerung durch England eine Schiffsladung Tee in den Hafen von Boston geworfen hatten, reagierte das englische Parlament 1774 mit harten Sanktionen für die Kolonie. Der Hafen von Boston wurde geschlossen und das Recht von Massachusetts auf Selbstverwaltung beschnitten. Farmer, Handwerker und Kaufleute aus anderen Kolonien unterstützten Boston mit Geld und Nahrungsmitteln, und in Philadelphia wurde der sog. Erste Kontinentalkongress abgehalten. Auf ihm wurde ein Handelsboykott gegen Großbritannien beschlossen, der andauern sollte, bis das englische Parlament seine „unerträglichen Gesetze" zurückgezogen hätte. Gleichzeitig berief man 1775 einen zweiten Kongress nach Philadelphia ein. Sollte der König bis dahin nicht positiv auf die Petition reagiert haben, wollte man Maßnahmen treffen. Als Benjamin Franklin aus London nach Massachusetts zurückkehrte, hielt er eine bewaffnete Auseinandersetzung für unausweichlich.

Die Raleigh-Taverne

1774 wollten die Repräsentanten Virginias gegen die britischen Zwangsgesetze stimmen, doch der Gouverneur des Königs verweigerte ihnen den Zutritt zum Parlamentsgebäude von Williamsburg. So zogen sie zur nahe gelegenen Raleigh Tavern (auf dem Wirtshausschild fälschlich Ralegh Tavern) und beschlossen einen Boykott englischer Waren, die Bewaffnung der Kolonie und die Entsendung von Delegierten zum Ersten Kontinentalkongress.

Schild der Raleigh Tavern

Schnupftabakdose

ZINNGESCHIRR
Ein Großteil des Tavernengeschirrs in den Kolonien, von solchen Trinkkrügen über Teller bis zu kleinen Kästchen, bestand aus Zinn, das mit Blei oder Kupfer legiert war.

Zinnkrug

Kriegsvorbereitungen

Die Büchsenmacher fertigten Musketen für den bewaffneten Widerstand gegen die britische Unterdrückung. Wenn man den Abzug betätigte, schlug bei diesen Steinschlossmusketen ein Feuerstein wie bei einem Feuerzeug Funken. Diese entzündeten das Pfannenpulver, wodurch die Kugel abgefeuert wurde. Waffen und Munition wurden in abgelegenen Gebäuden vor den Soldaten des Königs versteckt.

SCHMIEDE DER FREIHEIT
Die amerikanischen Büchsenmacher waren Meister in der Herstellung langläufiger Jagdgewehre, doch die Soldaten benötigten kurzläufige Musketen mit Bajonett. Musketen konnte man schneller laden als ein Jagdgewehr, und Bajonettangriffe dichter Truppenverbände waren in den Armeen des 18. Jh.s wesentlich für den Erfolg.

Musketenfeuersteine

Papierhülse mit Kugel und Schießpulver

SPINNEN UND WEBEN FÜR DIE FREIHEIT
Die Frauen der Patrioten boten England die Stirn, indem sie Garn spannen und Tuche webten, die sonst aus England eingeführt wurden. Die Frauen, die sich „Töchter der Freiheit" nannten, förderten so die Unabhängigkeit der Kolonien.

Nicht nur Politiker

Benjamin Franklin aus Philadelphia machte sich einen Namen als Schriftsteller, Verleger und Naturwissenschaftler. In jungen Jahren arbeitete er als Drucker in London, später war er dort Kolonialrepräsentant. Nachdem seine Bemühungen um eine Verständigung zwischen England und den Kolonien gescheitert waren, kehrte er 1775 zurück, überzeugt, dass ein Krieg unausweichlich war.

Benjamin Franklin

VEREINT ODER TOT
In dieser Zeichnung stellte Franklin die Kolonien als Teile einer Schlange dar. So in Stücke geschnitten, hat die Schlange keine Überlebenschance. Gemeinsam aber sind die Kolonien stark.

Diese Druckerpresse bediente Franklin in einer Londoner Druckerei.

Die Unabhängigkeitserklärung

Im Juni 1776 waren die Kolonien bereit zur Unabhängigkeit, doch man brauchte ein offizielles Dokument, das die Gründe für die Trennung von England darlegte. Der Zweite Kontinentalkongress, der in Philadelphia zusammenkam, beauftragte einen fünfköpfigen Ausschuss mit der Formulierung eines entsprechenden Schriftstücks. Thomas Jefferson erarbeitete den Entwurf. Großen Einfluss hatte zu jener Zeit Thomas Paines Flugschrift *Common Sense* (Gesunder Menschenverstand), in der er eine unabhängige Regierung der Kolonien als Naturrecht darstellte. Der dem Kongress vorgelegte Entwurf enthielt auch eine Liste von Beschwerden gegen die britische Regierung, u.a. gegen die Stationierung von Truppen und die Zwangsbesteuerung der Amerikaner. Die 56 Abgesandten nahmen noch einige kleinere Änderungen vor, dann wurde am 4. Juli die Unabhängigkeitserklärung einstimmig angenommen. Im August war das offizielle Dokument unterschriftsreif, und Kongresspräsident John Hancock setzte stolz seinen Namen in besonders großen Buchstaben darunter.

THOMAS JEFFERSON
Der 33-jährige Jefferson formulierte die Vorlage für die Unabhängigkeitserklärung so geschickt, dass das Dokument eine einigende Wirkung auf die Kolonien hatte.

Schublade mit Papier, Feder und Tinte

JEFFERSONS SCHREIBTISCH
Fernab vom heimischen Arbeitszimmer in Virginia brachte Jefferson den Entwurf der Unabhängigkeitserklärung an diesem tragbaren Schreibtisch zu Papier. Die kleine Schublade enthält alle notwendigen Schreibutensilien.

FREIHEITSARBEIT
Benjamin Franklin (links) und John Adams (Mitte), Mitglieder des Unabhängigkeitserklärungsausschusses, halfen Jefferson (rechts) bei der Formulierung des Entwurfs. Der Boden ist übersät mit verworfenen Seiten. Die Männer arbeiteten hart an den bedeutsamen Worten.

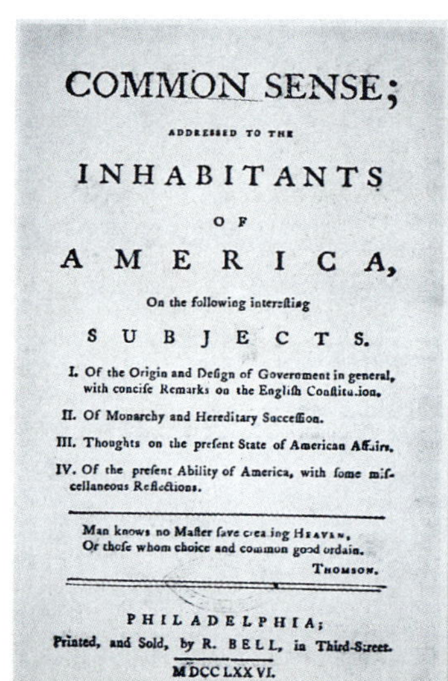

COMMON SENSE;
ADDRESSED TO THE
INHABITANTS
OF
AMERICA,
On the following interesting
SUBJECTS.

I. Of the Origin and Design of Government in general, with concise Remarks on the English Constitution.
II. Of Monarchy and Hereditary Succession.
III. Thoughts on the present State of American Affairs.
IV. Of the present Ability of America, with some miscellaneous Reflections.

Man knows no Master save creating Heaven,
Or those whom choice and common good ordain.
THOMSON.

PHILADELPHIA;
Printed, and Sold, by R. BELL, in Third-Street.
MDCCLXXVI.

COMMON SENSE
1776 schürte Thomas Paines 50-seitige Streitschrift den Freiheitswillen der Amerikaner. Beredt behauptete er darin, dass die amerikanischen Kolonien keinerlei Nutzen aus ihrem Mutterland zögen, vielmehr beute das Mutterland die Kolonien aus. Die Kolonien müssten sich zu einer unabhängigen Republik zusammenschließen.

KONGRESSVORLAGE
Am 1. Juli 1776 legten die fünf für den Entwurf einer Unabhängigkeitserklärung verantwortlichen Ausschussmitglieder (auf diesem Bild von John Trumbull von links: John Adams, Roger Sherman, Robert Livingston, Thomas Jefferson und Benjamin Franklin) Kongresspräsident John Hancock (sitzend) das fertige Dokument vor.

DER VERSAMMLUNGSRAUM
Der Raum in der Independence Hall in Philadelphia, in dem der Kongress zusammentrat, um die Unabhängigkeitserklärung zu verabschieden, war viel kleiner, als John Trumbulls Gemälde glauben macht. Präsident Hancock saß hinten in der Mitte, die Delegierten an im Raum verteilten Tischen.

KONGRESS-SCHREIBZEUG
Die Delegierten benutzten zur Unterzeichnung der Unabhängigkeitserklärung die Federn dieses silbernen Schreibzeugs.

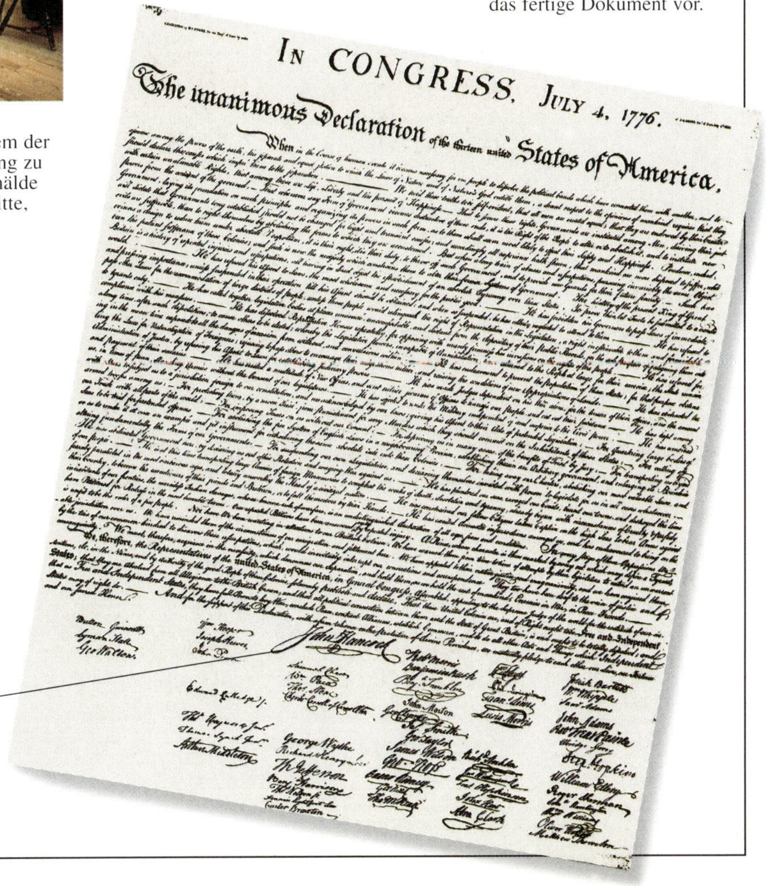
IN CONGRESS, JULY 4, 1776.
The unanimous Declaration of the thirteen united States of America.

John Hancocks Unterschrift

DIE UNABHÄNGIGKEITSERKLÄRUNG
Die von den Delegierten aller Staaten unterzeichnete Unabhängigkeitserklärung war überschrieben mit „Im Kongress, 4. Juli 1776" und trug den Untertitel „Einstimmige Erklärung der dreizehn Vereinigten Staaten von Amerika".

Die Französische Revolution

GENERAL TOUSSAINT LOUVERTURE
Die Ideen der Französischen Revolution springen auch auf die Kolonien über. So kommt es auf Haiti zu einer Revolution der schwarzen Plantagenarbeiter gegen die weißen Grundbesitzer. Sie wird von Toussaint Louverture angeführt.

Die Französische Revolution beginnt keineswegs als radikaler Schritt in die Zukunft. Vielmehr erinnert sich die königliche Regierung, die in akuter Finanznot ist, der alten Institution einer Ständeversammlung, um Unterstützung für die Erhebung neuer Abgaben zu erhalten. Die Generalstände, die im Mai 1789 zum ersten Mal seit 1614 zusammentreten, sind nach Adel, Geistlichkeit und Bürgern gegliedert. Alle drei Stände haben das gleiche Gewicht, obwohl die Bürger doppelt so viele Abgeordnete stellen wie jeweils die anderen. Damit findet sich der „dritte Stand" nicht ab, da er sich als Repräsentant des ganzen Volks fühlt. Unterstützt auch von einer Reihe Adliger und Geistlicher, erklärt er sich zur Nationalversammlung, wenig später zur Verfassungsgebenden Versammlung, und macht sich damit praktisch zum Souverän.

Am 14. Juli stürmt das Volk von Paris das Staatsgefängnis, die Bastille, kurz darauf brechen fast überall in Frankreich Bauernrevolten aus, die ein Ende der Privilegien des Adels durchsetzen. Adel und Geistlichkeit werden entmachtet. Die Menschen- und Bürgerrechte werden verkündet, „Freiheit, Gleichheit, Brüderlichkeit" wird zum Wahlspruch der Revolution. Unter dem Eindruck der Bedrohung aus dem Ausland, wo emigrierte Adlige die Regierung zum Eingreifen in Frankreich auffordern, radikalisiert sich die Revolution. In der Gesetzgebenden Versammlung erringen die Jakobiner, die jeden Kompromiss mit dem alten Regime ablehnen, die Oberhand, und während die Revolution gegen die Bedrohung von außen in den Krieg zieht, werden in Paris im September 1772 zahlreiche Geistliche und Adlige ermordet. Ludwig XVI. wird verhaftet und am 21. Januar 1793 durch die Guillotine hingerichtet. Frankreich ist Republik.

GEORGES-JACQUES DANTON
Georges-Jacques Danton war der charismatische politische Führer der radikalen Bergpartei. 1793 wurde er zum ersten Vorsitzenden des „Wohlfahrtsausschusses". Wenig später von dem bürokratischen Doktrinär Robespierre gestürzt, endete er 1794 unter der Guillotine.

DIE STÄNDEGESELLSCHAFT
Die politische Karikatur aus der Anfangszeit der Revolution zeigt, wie der Bauer die Vertreter der parasitären Stände des Adels und des Klerus auf seinem Rücken tragen muss.

DER BALLHAUSSCHWUR
Am 20. Juni 1789, drei Tage, nachdem sich der Dritte Stand zur Verfassunggebenden Versammlung erklärt hat, finden sich seine Abgeordneten aus der Versammlung der Generalstände ausgeschlossen. Der König hat ihren Beschluss für ungültig erklärt. Die Abgeordneten ziehen nun in das Ballhaus von Versailles um und bekräftigen in einem feierlichen Schwur ihren Vorsatz, Frankreich grundlegend neu zu ordnen.

STURM AUF DIE BASTILLE
Am 14. Juli 1789 stürmten von der revolutionären Unruhe ergriffene Pariser Bürger mit Waffen, die sie vorher gewaltsam erbeutet hatten, das verhasste Staatsgefängnis: die Bastille. Die Besatzung der Bastille leistete Widerstand, musste sich aber der wütenden Volksmenge ergeben.

VERHAFTUNG DES KÖNIGS
Am 22. Juni 1791 wird Ludwig XVI. in Varennes nahe der Grenze zu den österreichischen Niederlanden in einem Gasthaus verhaftet. Damit ist seine Flucht ins Ausland vereitelt.

DIE HINRICHTUNG LUDWIGS XVI.
Am 21. Januar 1793 wird der „Bürger Capet“, wie der bereits im Vorjahr abgesetzte König nun heißt, mit der Guillotine (Fallbeil) hingerichtet. Zuvor ist ihm ein Prozess wegen seiner landesverräterischen Beziehungen zu den Emigranten im Ausland gemacht worden.

Das Zeitalter der Revolutionen

Die Revolutionskriege und der Aufstieg Napoleons

DIE ERMORDUNG MARATS
Am 13. Juli 1793 ermordete die Royalistin Charlotte Corday Marat, einen der Führer der radikalen Bergpartei. Aus dem Tod Marats macht der geniale Propagandist der Revolution und später Napoleons, Jacques Louis David, ein eindrucksvolles Bild im strengen klassizistischen Stil der Zeit.

Nach der Hinrichtung des Königs nimmt der Druck auf die Revolution zu, deren Machtzentrum seit dem April 1793 der zuerst von Danton (S. 180) und seit Juli von Robespierre beherrschte Wohlfahrtsausschuss ist. In der Provinz kommt es zu ausgedehnten Aufständen der Königstreuen, die mit Gewalt niedergeschlagen werden; im Ausland rüsten die alten Mächte zu Feldzügen gegen Frankreich. Die Antwort der Revolution ist die „Levée en masse", die massenhafte Aushebung von Soldaten, deren schärfste Waffe ihre Begeisterung für die revolutionäre Sache ist. Während im Inneren die „Schreckensherrschaft" der Jakobiner Robespierres Tausende von Opfern fordert, erweist sich die Volksarmee Frankreichs nach außen als zunehmend erfolgreich gegen die traditionellen Armeen, deren Soldaten nur unter Zwang an die Front gehen. Der Export ihrer Ideen mit militärischen Mitteln hält die Revolution am Leben. Als Robespierre am 9. Thermidor revolutionärer Zeitrechnung (27. Juli) 1794 gestürzt und wenig später hingerichtet wird, bedeutet dies, dass das Bürgertum die Macht nicht mehr länger den Volksmassen überlässt, sondern sich auf eine inzwischen disziplinierte Armee stützen kann. Diese setzt gegen Preußen die Rheingrenze durch und erobert die Niederlande. 1796 dringt der junge General Napoleon Bonaparte über die Alpen nach Italien vor und wird dort als Befreier begrüßt. Nach diesem Erfolg zieht Bonaparte 1798 bis nach Ägypten und Syrien.

NAPOLEON
Das heroisierende Gemälde von Jacques Louis David zeigt Napoleon auf seinem Zug über die Alpen nach Italien.

Der Aufstieg Napoleons

Obwohl er im Orient gegen die Engländer scheiterte, kehrte Bonaparte 1799 wie ein Sieger nach Paris zurück. Er wurde zum Ersten Konsul und bald darauf zum Konsul auf Lebenszeit ernannt. 1804 schließlich krönte er sich zum Kaiser der Franzosen. Die Revolution war damit beendet, doch manche ihrer Ideen wirkten im napoleonischen Kaisertum fort.

ROBESPIERRE
Gern ließ er sich „der Unbestechliche" nennen, der Jakobiner Robespierre, der seit dem Sturz Dantons (S. 180) dem Wohlfahrtsausschuss vorstand. Unter ihm wurde die Revolution zur Terrorherrschaft. Am 9. Thermidor 1794 wurde er gestürzt. Fortan regierte ein „Direktorium".

DER 18. BRUMAIRE
Am 18. Brumaire revolutionärer Zeitrechnung (9. November) 1799 stürzt Napoleon Bonaparte das Direktorium und lässt sich zum Ersten Konsul ernennen. Das (spätere) Gemälde zeigt den dramatischen Höhepunkt des Staatsstreichs mit Bonaparte im Mittelpunkt.

DIE MARSEILLAISE
Dieses Gemälde aus dem späten 19. Jh. zeigt Rouget de Lisle, den Schöpfer der Marseillaise, wie er 1792 in Straßburg zum ersten Mal die Hymne der Revolution singt, die die revolutionären Armeen Frankreichs begleiten sollte und bis heute die französische Nationalhymne geblieben ist.

NAPOLEON KRÖNT SICH
Am 2. Dezember 1804 krönt Bonaparte sich selbst zum Kaiser der Franzosen, Napoleon I. Sein Hofmaler David hat die prächtige Szene auf einem riesigen Gemälde festgehalten, von dem hier ein Ausschnitt zu sehen ist.

Die Infanterie

Fußsoldaten, die Infanterie, bildeten das Rückgrat der Armeen zur Zeit Napoleons. Infanterieregimenter traten in lang auseinandergezogenen Linien gegeneinander an; entsprechend sprach man von „Linienregimentern“. Sie waren nach Ort oder Region ihrer Herkunft oder den sie kommandierenden Obersten benannt. Die einfachen Soldaten wurden aufgrund einer Wehrpflicht ausgehoben wie in Frankreich oder mit Geld angeworben wie in England. Anders als während der Kabinettskriege des 18. Jahrhunderts spielte jetzt eine wichtige Rolle, dass die Soldaten überzeugt waren, auf der richtigen Seite für eine gute Sache zu kämpfen. Persönlicher Einsatz war wichtiger als erzwungene Disziplin.

Tschako

Nationalkokarde (farbiges Hoheitszeichen, hier als Metallimitation)

Tschakoplakette mit Reichsadler und Regimentsnummer

Initialen des Besitzers

NÄHZEUG
Dieses Etui, in dem Nadeln, Faden und andere Nähutensilien verstaut waren, wurde aus alten Uniformstücken gefertigt und ist mit den Farben des 93. Highlanderregiments aus Schottland bestickt. Für unterwegs wurde das Nähzeug zusammengerollt und im Gepäck verstaut, im Lager konnte man es an den Bettpfosten hängen.

DER SYMBOLISCHE SCHILLING
Sobald ein Rekrut Geld vom Werbesergeanten angenommen hatte, konnte er sich nur vor Gericht durch Zahlung von einem Pfund Sterling wieder freikaufen.

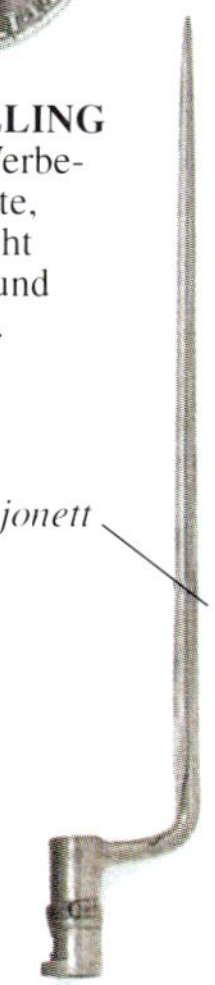

Bajonett

Winkel am Oberarm für fünf Jahre gute Führung

Korporalstreifen

INFANTERIEUNIFORM
Diese Uniform wurde von einem Korporal des französischen 21. Infanterieregiments zur Zeit Napoleons getragen. Den Rang des Korporals ließen die Streifen am Unterarm erkennen. Infanteristen waren Fußsoldaten. Ihre Schuhsohlen waren mit Nägeln beschlagen, damit sie der starken Belastung besser widerstanden.

DIE WERBETROMMEL RÜHREN
Wenngleich nach einem Gesetz von 1704 arbeitslose gesunde Männer für den Militärdienst verpflichtet werden konnten, war die englische Armee auf Freiwillige angewiesen. Ein Werbesergeant oder -offizier zog in Begleitung eines Trommlers durch die Stadt und lockte Rekruten mit Geld, Schnaps und Essen.

DEN MARSCHALLSTAB IM TORNISTER ...
... habe jeder seiner Soldaten, versprach Napoleon. Tatsächlich konnten nun auch einfache Männer aus dem Volk in hohe militärische Ränge aufrücken.

Messingknöpfe mit der Regimentsnummer 21

FELLEISEN
Die Tasche eines französischen Infanteristen bestand aus Fell, was sie robuster machte als eine haarlose Ledertasche. Sie enthielt Kleidung zum Wechseln und persönliche Dinge. Ein Paar Ersatzschuhe oder ein Mantel konnten außen aufgeschnallt werden.

Im Kampf trug man locker sitzende Hosen über engen Kniehosen.

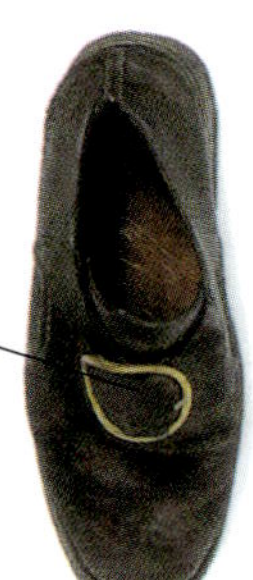

Messingschnalle

Nietnägel machten die Schuhe haltbarer.

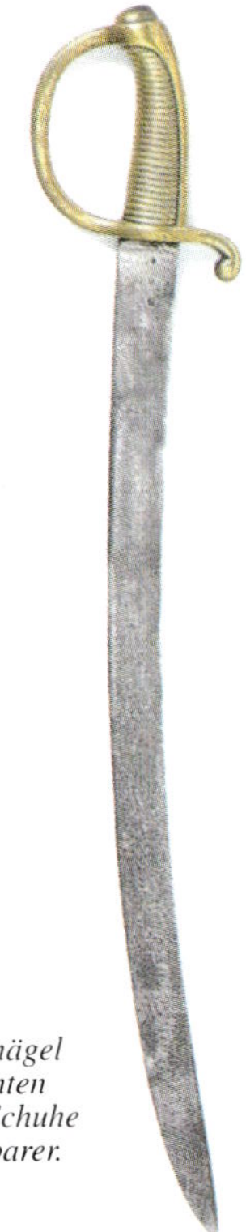

KURZSCHWERT
Die meisten französischen Infanteristen trugen ein Kurzschwert. Es war in der Schlacht nur begrenzt von Nutzen, aber man konnte damit Feuerholz machen oder es als Kesselstange am Lagerfeuer verwenden.

Diese Charleville-Muskete war die häufigste Waffe der französischen Infanterie.

PATRONENTASCHE
Diese Tasche wurde mit dem breiten Lederriemen, in dem auch das Bajonett steckte, über der linken Schulter getragen. An der Unterseite war eine Kappe festgeschnallt.

FUSSSOLDATEN
Infanteristen kämpften zu Fuß. Ihre Uniformen mussten sie vor Wind und Wetter schützen, aber auch Freund und Feind eindeutig kennzeichnen – die Engländer trugen Rot, die Franzosen Blau.

WETTERFEST
Die Infanteristen trugen bei nasskaltem Wetter warme, lange Röcke. Diese Soldaten der *First British Foot Guards* werden hier mit vollem Marschgepäck gezeigt, zu dem auch Kochgeschirr gehört.

Nationalismus gegen Napoleon

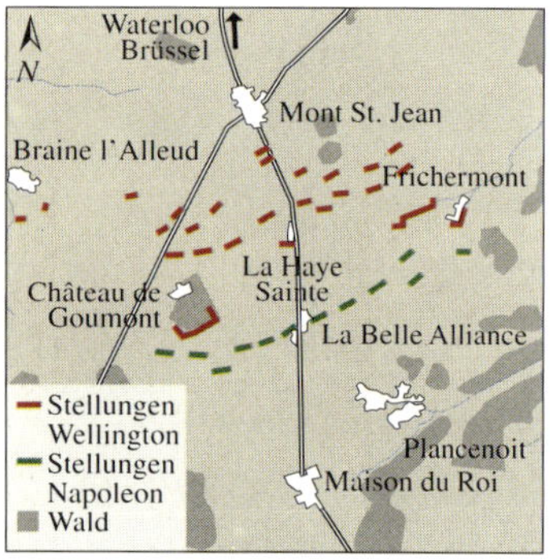

WATERLOO
Bei Waterloo, nicht weit von Brüssel, verlor Napoleon am 18. Juni 1815 seine letzte Schlacht gegen die verbündeten Engländer und Preußen.

Napoleon war angetreten, die menschheitsumfassenden Ideen der Französischen Revolution zu verbreiten. Tatsächlich aber wurde seine militärische Machtentfaltung immer mehr als französischer Imperialismus empfunden. Die Engländer feierten ihren Seesieg über die Franzosen bei Trafalgar 1805 als nationalen Triumph; für Russland, Österreich und Preußen waren ihre Niederlagen bei Austerlitz (1805) und Jena und Auerstedt (1806) nationale Niederlagen, die die Herrschenden mit Appellen an die Loyalität ihrer Untertanen und teilweiser Gewährung demokratischer Freiheiten beantworteten. In Spanien organisierten die Anhänger des alten Systems einen grausamen Guerillakrieg gegen die französische Besatzung und fanden dabei die Unterstützung eines großen Teils der Bevölkerung. Als Napoleon mit seinem Feldzug gegen Russland 1812 scheitert, rufen in Deutschland Leute wie der Philosoph Fichte und der „Turnvater" Jahn zu Aufständen auf, die als „Befreiungskriege" in die deutsche Geschichte eingehen; im Oktober 1813 unterliegen die Franzosen schließlich in der „Völkerschlacht" bei Leipzig den Russen, den Österreichern und der neu organisierten preußischen Armee. Die Verbündeten setzen den napoleonischen Armeen nach und ziehen im März 1814 siegreich in Paris ein. Napoleon wird nach Elba verbannt. Während der Wiener Kongress die nachnapoleonische Ordnung Europas plant, versucht der Kaiser der Franzosen noch einmal, eine große Armee zu sammeln, wird aber am 18. Juni 1815 bei Waterloo endgültig von den Engländern unter Wellington und den Preußen unter Blücher geschlagen.

FICHTE
1808 hielt der Philosoph Johann Gottlieb Fichte, zuvor ein begeisterter Parteigänger der Französischen Revolution, in Berlin seine *Reden an die deutsche Nation*. In ihnen rief er im Namen einer „sittlich" überlegenen deutschen Nation zum Kampf gegen Napoleon auf. Diese Reden fanden in ganz Deutschland enormen Widerhall.

BLÜCHER UND WELLINGTON
Dies Gemälde aus dem späten 19. Jh. feiert den gemeinsamen Sieg der Engländer unter Wellington und der Preußen unter Blücher bei Waterloo mit der heroisierenden Darstellung der Begegnung beider Heerführer auf dem Schlachtfeld.

TRAFALGAR
Im Oktober 1805 trafen vor Kap Trafalgar an der spanischen Atlantikküste die vereinigten Flotten Frankreichs und Spaniens auf die von Nelson befehligte englische Flotte. Obwohl Wellington in der Schlacht fiel, blieben die Engländer siegreich; ihre Seeherrschaft im Atlantik und im Mittelmeer war seitdem unangefochten. Nelson wurde zum englischen Nationalhelden.

GOYA, *EL TRE DE MAYO*
Wie kein anderer stellte der spanische Maler Francisco de Goya die schrecklichen Seiten des Kriegs dar. Hier die Erschießung spanischer Aufständischer durch die Truppen der von Frankreich abhängigen Regierung. Die Aufständischen wurden von England unterstützt.

DER ÜBERGANG ÜBER DIE BERESINA
Im Sommer 1812 war Napoleon gegen Russland gezogen und hatte bereits im September Moskau erreicht. Doch die Russen setzten die Stadt in Brand. Da seine Truppen nicht versorgt werden konnten, trat Napoleon den Rückzug an, der durch fortwährende russische Überfälle zur Katastrophe wurde. Ende November erlitt die „Große Armee" Napoleons beim Übergang über den Fluss Beresina besonders schwere Verluste.

Andreas Hofer

Das französische Erschießungskommando

ANDREAS HOFER
1809 versuchte Österreich vergeblich, die Vorherrschaft Napoleons zu beseitigen. Es konnte dabei auch auf die Tiroler Bauern zählen, die sich nicht damit abfinden wollten, dass sie nun auf Geheiß Napoleons zu Bayern gehören sollten. Ihr Führer Andreas Hofer wurde gefangen genommen und 1810 im italienischen Mantua von den Franzosen hingerichtet. Er blieb ein Volksheld.

Klassizismus und Romantik

Seit der Renaissance hatte sich die europäische Literatur und Kunst unentwegt mit der Antike auseinandergesetzt. In der Zeit der Französischen Revolution wurde die „edle Einfalt und stille Größe“ (so der in ganz Europa einflussreiche deutsche Altertumsforscher Winckelmann) der Antike in ganz Europa und Amerika zum kulturellen Leitbild. Die Sittenstrenge der Griechen und der Römer zur Zeit der römischen Republik wurden zum Gegenbild gegen die verschwenderische Kultur des Rokoko. Napoleon entdeckte dann den Monumentalstil des römischen Kaiserreichs für die politische Propaganda wieder. In der bescheiden gewordenen Zeit nach 1815 wurde aus dem prunkvollen „Empire“-Stil Napoleons in Deutschland das bürgerliche „Biedermeier“. In derselben Zeit breitete sich in ganz Europa die romantische Bewegung aus, die dem universalen Klassizismus die Rückbesinnung auf nationale und regionale christliche Traditionen entgegensetzte. Der Optimismus der Aufklärung machte vielfach einem neuen Interesse für das private Leben und die Nachtseiten der menschlichen Seele Platz.

Hegel am Katheder in Berlin

HEGEL
Der Philosoph Georg Friedrich Hegel war der Meinung, dass nach der Französischen Revolution und der Herrschaft Napoleons überall eine von Vernunft und Recht geprägte bürgerliche Gesellschaft entstanden sei, die den Gipfel und das Ende der weltgeschichtlichen Entwicklung darstelle. Seine Schüler – wie Karl Marx – fanden allerdings, dass die Welt noch weit von ihrem Idealzustand entfernt sei.

ARC DE TRIOMPHE
Nach seinen ersten Siegen als Kaiser ließ Napoleon vor dem Louvre in Paris einen Triumphbogen nach römischem Vorbild errichten. Er stellte sich damit in die Tradition der römischen Kaiser. Später begann er an der Place de l'Étoile einen viel monumentaleren Triumphbogen, der erst lange nach seinem Sturz vollendet wurde. Das antike Maß wurde damit gesprengt.

KINDER
Diese von dem norddeutschen Maler Philipp Otto Runge Anfang des 19. Jh.s gemalte Szene dokumentiert das neue Interesse an der Intimität der Familie nach den politischen Aufregungen in der Zeit der Revolution und Napoleons.

BRITISH MUSEUM
Das Britische Museum in London, 1823–1855 als Tempel klassischer Bildung erbaut, wurde zum Vorbild vieler Museumsbauwerke in der gesamten westlichen Welt.

SCHINKEL
Der Berliner Baumeister Friedrich Schinkel (1781–1841) schuf klassizistische ebenso wie neugotische Bauwerke und bereitete dadurch den eklektischen (willkürlich auswählenden) Historismus des späteren 19. Jh.s vor. Hier sein strenger Entwurf für die neugotische Friedrichswerdersche Kirche in Berlin.

DIE BRÜDER GRIMM
Wilhelm und Jacob Grimm erforschten die Geschichte der deutschen Sprache und sammelten Märchen und Sagen. Ihnen ging es um die Herstellung eines gemeinsamen Erbes des deutschen Volks. Für sie war dies ein Beitrag zu einem demokratischen Bewusstsein.

DAS PANTHEON
Das Pantheon in Paris wurde schon vor der Revolution im klassizistischen Stil als Kirche erbaut. Während der Revolution wurden die Fenster zugemauert, um das Gebäude einem antiken Tempel ähnlicher zu machen; aus der Kirche wurde die Ruhmesstätte der „großen Männer" Frankreichs.

FLÖSSER BEIM KARTENSPIEL
Die Ideen der Romantik erreichten auch Nordamerika. Dieses Gemälde zeigt die Kultur der einfachen Leute vor dem Hintergrund einer noch weitgehend unberührten Landschaft – stimmungsvoll, wie die Landschaftsmaler Europas es vorgemacht hatten.

Restauration und Revolutionen 1815–1848

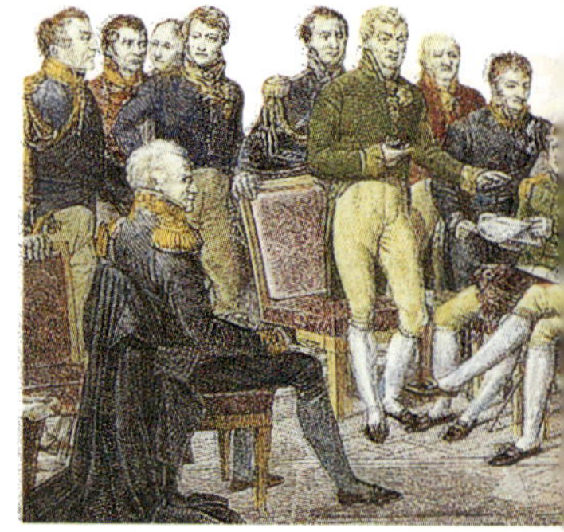

DER WIENER KONGRESS
Nach dem Sturz Napoleons verhandelten die europäischen Mächte in Wien über eine Neuordnung Europas, die vor allem eine Wiederherstellung der Verhältnisse vor der Französischen Revolution sein sollte.

Vom September 1814 bis zum Juni 1815 beraten in Wien die Abgesandten der Mächte, die über Napoleon gesiegt haben: England, Österreich, Russland und Preußen, bald auch zusammen mit den Vertretern des in Frankreich wieder an die Macht gebrachten Königtums. Es geht um die Ordnung Europas. Grenzen werden, vor allem in Deutschland, neu gezogen, die alten Herrschaftsverhältnisse von vor der Französischen Revolution weitgehend wiederhergestellt („restauriert“) und viele Vorkehrungen getroffen, um das revolutionäre Gedankengut auszulöschen. Dazu dienen – vor allem in den am meisten rückwärts gewandten Mächten Russland, Österreich und Preußen, die eine „Heilige Allianz“ bilden – eine strenge Zensur und ein ausgebautes polizeiliches Spitzelwesen. Als 1820 in Spanien eine liberale Revolte ausbricht, wird sie mithilfe französischer Truppen niedergeschlagen. Dies verhindert jedoch nicht, dass die südamerikanischen Kolonien Spaniens sich unter Führung von Simon Bolívar unabhängig machen und sich liberale Verfassungen geben. Der Aufstand junger, westlich-liberal orientierter Offiziere, der „Dekabristen“, in Russland 1825 erleidet ein ähnliches Schicksal wie die Revolte in Spanien. Als sich 1821 griechische Patrioten gegen den Sultan in Konstantinopel erheben, schwärmt das ganze liberale Europa vom „Freiheitskampf der Hellenen“. Diesmal sind auch die Regierungen auf der Seite der Revolutionäre, denn vor allem für England und Russland ist der Unabhängigkeitskampf Griechenlands eine gute Gelegenheit, die Vorherrschaft der Türken im östlichen Mittelmeer zu brechen. 1830 schließlich gehen die Pariser Bürger auf die Barrikaden, um das restaurierte absolute Königtum der Bourbonen endgültig zu stürzen. Und die Agitation für die Beteiligung des Volks an der Macht geht weiter: 1848 wird auch der „Bürgerkönig“ Louis Philippe gestürzt und der Versuch gemacht, eine echte Demokratie zu errichten. Das Signal aus Paris erreicht binnen kürzester Zeit Wien, Berlin, München und Budapest. Bis 1849 wird die Revolution in Deutschland, Österreich und Ungarn gewaltsam niedergeschlagen. Das Parlament in der Frankfurter Paulskirche, das eine weitgehend demokratische Verfassung für ganz Deutschland entwirft, bleibt Episode.

ALEXANDER HERZEN
Der 1812 geborene Schriftsteller versuchte zeit seines Lebens in Russland für die modernen Ideen von Demokratie und sozialer Reform zu wirken, musste aber die größte Zeit seines Lebens im Exil zubringen. Er starb 1870 in Paris.

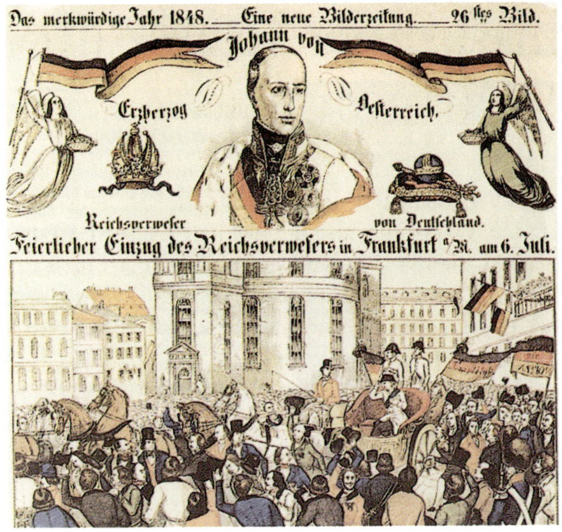

PAULSKIRCHEN-VERSAMMLUNG
Im Juli 1848 zog Erzherzog Johann feierlich in Frankfurt am Main ein, nachdem er von den in der Paulskirche versammelten demokratisch gewählten Abgeordneten zum Reichsverweser gewählt worden war.

METTERNICH
Das Bild zeigt den ersten Minister Österreichs zusammen mit seinen Partnern, dem Briten Lord Castlereagh und dem Preußen Harden, auf dem Wiener Kongress. Metternich war der führende europäische Staatsmann in der Restaurationszeit nach 1815.

MÄRZ 1848 IN BERLIN
Im März 1848 erreichten die Demonstrationen der Demokraten in Berlin, dass der König eine Verfassung versprach. Später nahm der König sein Versprechen zurück.

DIE FREIHEIT AUF DEN BARRIKADEN
Das Gemälde von Delacroix feiert den Sieg der Republikaner während der Barrikadenkämpfe in Paris im Juli 1830. Die die Republik symbolisierende Frauenfigur stürmt den Bürgern von Paris voran.

DAS MASSAKER AUF CHIOS
Das Gemälde von Delacroix, das ein Massaker türkischer Truppen auf der griechischen Insel Chios zeigt, trug zur Solidarisierung der westeuropäischen Intelligenz mit dem Unabhängigkeitskrieg der Griechen bei.

Wirtschaft und Gesellschaft im 19. Jahrhundert

Nichts hat Europa und Nordamerika im 19. Jahrhundert so geprägt wie die Industrialisierung, die in Großbritannien bereits im 18. Jahrhundert begann und sich im 19. Jahrhundert über ganz Europa ausbreitete. Gegen Ende des Jahrhunderts konnten West- und Mitteleuropa als industrialisiert gelten, auch wenn es immer noch große Regionen gab, in denen die landwirtschaftliche Produktion vorherrschte. Der Westen der Iberischen Halbinsel allerdings, Süditalien, der Balkan und Russland kannten lediglich vereinzelte industrielle Inseln, städtische Zentren, in denen das Industriezeitalter Einzug gehalten hatte.
Die Industrialisierung ging mit Veränderungen in der Gesellschaftsstruktur einher, die einschneidender waren als je zuvor in der Geschichte seit der Verbreitung von Ackerbau und Viehzucht in der Jungsteinzeit und seit der Bildung der ersten Staaten.
Es entstand eine neue Bevölkerungsschicht: die Industriearbeiterschaft (S. 204), die gegen Ende des 19. Jahrhunderts die Bevölkerungsmehrheit in den fortgeschrittensten Ländern wie England stellte; zugleich stiegen die bürgerlichen Kapitalisten und Unternehmer zur führenden Klasse in der Gesellschaft auf und verdrängten mehr oder weniger radikal den Adel von dieser Position. Und so wie der Adel noch im 18. Jahrhundert die Kultur der Gesellschaft als Ganze geprägt hatte, waren die wohlhabenden Bürger jetzt das kulturelle Leitbild. Ihre realistische, praktische Lebenseinstellung, ihre Moral eines ordentlichen Familienlebens (S. 210) und kaufmännischer Ehrlichkeit prägten das Privat- und Geschäftsleben der ganzen Gesellschaft; ihr Sicherheitsbedürfnis bestimmte die öffentliche Ordnung (S. 214), und ihr Geschmack, ihr Wunsch nach Anerkennung, ihre Sehnsucht nach etwas Glanz und Abenteuer im nüchternen Leben bestimmten den herrschenden Geschmack in der Literatur, in der Musik, in der bildenden Kunst und in der Mode (S. 216ff.).
Der Rahmen, in dem sich die bürgerliche Kultur entfaltete, war die Nation (S. 238ff.). Sie vereinte die Bewohner eines gemeinsamen Staats oder eine Bevölkerung, die in einem gemeinsamen Staat zu leben wünschte.
Der Staat als Herrschafts- und Verwaltungsinstitution hatte gegenüber dem wirtschaftlichen Leben und der bürgerlichen Kultur an Bedeutung verloren; allerdings griff er immer wieder in die Wirtschaft und die sozialen Auseinandersetzungen ein – auf dem europäischen Kontinent stärker als in England oder Amerika. Die bürgerliche Öffentlichkeit in Form von Presse, Korrespondentennetzen, Literatur und öffentlichen Versammlungen nahm wiederum über Wirtschaftsverbände, Gewerkschaften, Parteien und weltanschauliche Vereinigungen zunehmend Einfluss auf die staatlichen Entscheidungen. Fast in jedem Land gab es mehr oder weniger demokratisch gewählte parlamentarische Versammlungen, die zwischen dem Willen der Öffentlichkeit und der staatlichen Exekutive, die fast überall noch durch Monarchen repräsentiert wurde, vermittelte.

Der französische Romancier Honoré de Balzac, einer der großen Chronisten seiner Zeit

Industrialisierung

Die Industrialisierung war ein hochkomplexer Vorgang, der sich keineswegs auf die Umsetzung technischer Erfindungen wie die Dampfmaschine reduzieren lässt. Vorformen der modernen Industrie waren im 18. Jahrhundert in ganz Europa verbreitet: die Manufaktur und das Verlagssystem. In Manufakturen wurden im 17. und 18. Jahrhundert, oft auf staatliche Initiative, spezialisierte Handwerker zusammengefasst, die arbeitsteilig Rüstungs- oder Luxusgüter herstellten. Im Verlagssystem, das vor allem in der Textilproduktion (S. 199) eine wichtige Rolle spielte, kauften kapitalistisch rechnende Unternehmer einzelnen Handwerkern ihre Produkte ab und versorgten sie mit Rohstoffen wie Wolle und Baumwolle; zuweilen liehen sie ihnen auch Maschinen. Die scheinbar unabhängigen Produzenten wurden darüber von den „Verlegern“ zunehmend abhängig. Im England des späten 18. Jahrhunderts begannen einzelne Unternehmer zuerst in der keramischen und der Textilindustrie, die Vorteile des Manufaktur- und des Verlagssystems zu kombinieren, indem sie Werkstätten einrichteten, in denen aus dem Umland zusammengezogene Arbeitskräfte arbeitsteilig produzierten. Verbesserte Verkehrswege, zuerst Kanäle, dann auch Eisenbahnen (S. 200), erlaubten es, Rohstoffe und Fertigwaren schneller auf den nationalen und auf den internationalen Markt zu bringen, der dank der Kolonien gewaltig gewachsen war. Maschinen wie die Spinnmaschine und der mechanische Webstuhl machten es möglich, die Produktion um ein Mehrfaches zu erhöhen; Dampfmaschinen wurden entwickelt, die die mechanischen Geräte der Textilfabriken beschleunigt antrieben; die Kohleproduktion für die Befeuerung der Dampfmaschinen wuchs, und dort, wo Kohlegruben und Eisenerzminen benachbart waren, entstand eine Industrie für die Herstellung eiserner Maschinen. Dies alles wäre nicht möglich gewesen, wenn nicht gleichzeitig eine Revolution in der Landwirtschaft stattgefunden hätte: Die alten Dorfgemeinschaften mit ihrem Gemeindeland waren aufgelöst und durch die Großbetriebe des Landadels und seiner Pächter abgelöst worden. Diese versuchten nun, mithilfe des Einsatzes von Maschinen mit möglichst wenig Arbeitern die größtmögliche Menge von Lebensmitteln und industriellen Rohstoffen (wie Wolle) für den Markt zu produzieren. Eine große Zahl von Bauern und Landarbeitern wurde auf diese Weise „freigesetzt“; sie wurden meist zu Industriearbeitern und konnten durch die verbesserte landwirtschaftliche Produktion ernährt werden, obwohl diese mit weniger Arbeitskräften als zuvor auskam. Der zunehmende Wohlstand führte wiederum zu einem erheblichen Bevölkerungswachstum.

Das enorme Wachstum der Produktivität in der industriellen Revolution wäre nicht möglich gewesen, wenn erfolgreiche Grundbesitzer und städtische Händler nicht schon in den Jahrhunderten zuvor ein Geldkapital angesammelt hätten, das sie nun in die junge Industrie investierten. Auch deshalb wurde England zum Mutterland der modernen Industrie, denn hier hatten Geldwirtschaft und Handelsreichtum lange Tradition.

Baumwollspinnerei in England

Auf dem Kontinent hinkte die industrielle Entwicklung hinter der in Großbritannien her. Hier war es oft der Staat, der die Wirtschaft förderte, bis hin zu sozialistischen Experimenten wie den „Nationalwerkstätten“ in Frankreich während der Revolution von 1848. Staatliche Schutzzölle gaben etwa in Deutschland oder den USA der einheimischen Industrie die Chance, sich ohne die mörderische Konkurrenz billiger englischer Waren zu behaupten und sich dadurch zu entwickeln. In Deutschland waren es im letzten Viertel des 19. Jahrhunderts vor allem die Banken, die das Kapital vieler kleiner Anleger zusammenfassten und die Gründung auf dem Weltmarkt konkurrenzfähiger Industrien ermöglichten. In Russland blieb bis zum Ende des 20. Jahrhunderts der Staat die einzige Kraft, die die Industrialisierung vorantrieb. Diese blieb deshalb den staatlichen Interessen verhaftet, vor allem denen der militärischen Rüstung, und vernachlässigte die Konsuminteressen des Volks. Die russischen Bauern wurden zwar 1861 endlich befreit, aber sie hatten wenig Interesse daran, mehr zu produzieren, weil es kaum erschwingliche Waren gab, die sie im Austausch gegen ihre Erzeugnisse hätten erwerben können.

Technischer Fortschritt und Industrialisierung

Vom Beginn der Industrialisierung an gingen die Entwicklung der Produktionstechnologie und die der Verkehrstechnologie Hand in Hand. Die Dampfmaschine, zuerst im Bergbau und in der Textilindustrie genutzt, wurde bald auch zum Antrieb von Eisenbahnen und Dampfschiffen, den neuen Verkehrsmitteln. Mit der Indust-

Die legendäre *Rocket* von Stephenson, dem Erfinder der Dampflokomotive

rialisierung wuchs auch das Bedürfnis nach Kommunikation: Das Postwesen wurde verbessert, der elektrische Telegraf wurde erfunden und verband ab 1866 in Sekundenschnelle sogar die industriellen Zentren Europas und Nordamerikas.
Die Industrialisierung begann mit der Produktion textiler Massengüter, der die von eisernen Maschinen folgte; die großen Weltausstellungen in London und Paris (S. 234) führten aller Welt die Leistungsfähigkeit der Industrie in den fortgeschrittensten Nationen vor Augen.
Auf die Zeit des Gusseisens folgte die Epoche des Stahls; in der zweiten Hälfte des 19. Jahrhunderts entwickelte sich auch eine elektrotechnische und chemische Industrieproduktion.
Hier wurden die jungen Industrienationen Deutschland und USA führend. Frankreich geriet ins Hintertreffen der industriellen Entwicklung, stand jedoch dank seines agrarischen Reichtums an der Spitze der internationalen Finanzwirtschaft: Mit französischem Geld wurde der Suezkanal gebaut (von dem vor allem die Briten profitierten), und Franzosen investierten in das Eisenbahnnetz Russlands.
Die Entwicklung der zivilen Produktion ging einher mit einem technologischen Wettlauf in der Rüstungsindustrie, in der jede der großen Nationen führend sein wollte (S. 236).

Karl Marx in seinen späteren Jahren, als er das *Kapital* schrieb

Die Arbeiterbewegung

Wie die bürgerlich-revolutionäre Bewegung begann auch die Arbeiterbewegung mit Revolten im Namen angestammter Rechte: Bauern, die schon seit Generationen im Nebenerwerb Textilien hergestellt hatten, protestierten gewaltsam gegen die Konkurrenz der Maschinen, wie die maschinenstürmenden Ludditen in England zu Beginn des 19. Jahrhunderts oder die schlesischen Weber 1844 (S. 208). Und zu Arbeitern abgestiegene Handwerksgesellen stellten sich an die Spitze der in ganz Europa und den USA aufkommenden aufrührerischen Handwerker- und Arbeitervereine.
In England eint der Protest gegen die hohen Brotpreise die Industriearbeiter mit großen Teilen des Bürgertums; denn die Getreideschutzzölle, die zu den hohen Preisen führen, dienen allein der ländlichen Aristokratie, zu deren Vorteil sie 1815 nach dem Ende der napoleonischen Kontinentalsperre eingeführt worden sind. Um der staatlichen Politik eine andere Richtung zu geben, müssen die Mehrheitsverhältnisse im Parlament verändert werden, bei dessen Wahl bisher die ländlichen Stimmbezirke begünstigt waren. Das gelingt in mehreren Schritten. Allerdings geht dem Bürgertum die Forderung nach einem allgemeinen gleichen Wahlrecht, wie sie seit 1838 die Chartisten erheben, zu weit, denn dann hätten die Arbeiter möglicherweise das Parlament in ihre Hände gebracht. Um den Unwillen der Arbeiter zu besänftigen, ist die liberale Bourgeoisie Englands dagegen bereit, die sozialen Missstände im Land zu mildern (S. 206ff.). Eine entscheidende Neuerung ist die Einführung des 10-Stunden-Tags 1847 und die Begrenzung der Kinder- und Frauenarbeit.
Während in England die Integration der Industriearbeiterschaft in die Gesellschaft Schritt für Schritt vollzogen wird, knüpfen die frühen französischen Sozialisten wie Fourier und Proudhon (S. 209) an Ideen der Französischen Revolution an und entwerfen revolutionäre Projekte einer vom Staat geregelten egalitären Industriegesellschaft. In der Revolution von 1848 werden einige dieser Ideen durch den Sozialistenführer Louis Blanc, der der revolutionären provisorischen Regierung angehört, für kurze Zeit verwirklicht.
Die Revolution von 1848 gibt der Arbeiterbewegung international großen Auftrieb. Bereits an ihrem Vorabend haben Karl Marx (S. 209), ein Schüler Hegels (S. 188), und Friedrich Engels (S. 209), ein in England tätiger deutscher Unternehmersohn, ihr *Kommunistisches Manifest* veröffentlicht. Darin nehmen sie für das Proletariat, also die Arbeiterschaft, in Anspruch, dass es die einzige Klasse sei, die nicht wie zuvor Adel und Bürgertum über andere herrschen wolle. Die Herrschaft des Proletariats werde deshalb das Ende jeder Herrschaft herbeiführen; und sie werde den Kommunismus schaffen, die Gemeinschaft freier und gleicher Menschen, in der es nicht mehr das Privateigentum gibt, das in der bürgerlichen Gesellschaft

zur Ungleichheit und zur Herrschaft des Menschen über den Menschen führt. In Deutschland versuchen Marx und Engels, die bürgerliche Revolution in eine proletarische überzuleiten, müssen aber zusehen, wie auch die bürgerliche Revolution erstickt wird. Auch nach dem Ende der 1848er Revolution bleibt die Idee einer proletarischen Revolution noch wach. In London führt sie 1864 anlässlich einer Sympathiekundgebung der Arbeiter mit der polnischen Revolution dieses Jahres zur Gründung der I. Internationale, einer internationalen, revolutionär gesinnten Arbeiterorganisation. Doch da die Aussicht auf eine erneute Revolution immer mehr schwindet, zerstreitet sich die Internationale; die Anarchisten unter dem russischen Revolutionär Bakunin (S. 208) werden ausgeschlossen, der Sitz der Internationale wird nach New York verlegt, und schließlich löst sie sich auf. Marx arbeitet unterdessen an der wissenschaftlichen Analyse der Funktionsweise des Kapitals; 1867 erscheint der erste Band von *Das Kapital*, das den Arbeiterführern eine Argumentationsplattform gibt, mit der sie ihren bürgerlichen Gegnern nicht länger unterlegen sind. Jeder Arbeiter, argumentiert Marx, schafft mit seiner Arbeit einen größeren Wert, als er als Lohn erhält. Die Differenz zwischen Lohn und dem Wert der fertig produzierten Ware, der Mehrwert, wandert in die Tasche des Kapitalisten, der ihn entweder verprassen oder zur Vermehrung seines Kapitals nutzen kann. Es gibt aber keinen gerechten und vernünftigen Grund, warum alleine der Kapitalist über die Verwendung des Mehrwerts entscheiden soll und nicht diejenigen, die ihn durch ihre Arbeit geschaffen haben.

1871 scheint sich in Paris nach der Niederlage Napoleons III. im Krieg gegen Deutschland noch einmal eine Chance auf eine proletarische Revolution zu ergeben. In der belagerten Stadt organisieren die Sozialisten unter der Führung von Auguste Blanqui eine Notwirtschaft, in der es kaum noch Unterschiede zwischen Unternehmensherren und Arbeitern gibt. Das Experiment wird von der französischen Provinzbourgeoisie, die das Militär gegen die *Commune* antreten lässt, brutal unterdrückt. (Aus Dankbarkeit für die gelungene Niederwerfung des proletarischen Aufstands werden die Bürger Frankreichs die gewaltige Kirche Sacre-Cœur auf dem Montmartre in Paris errichten.)

1875 vereinigen sich in Deutschland die Marxisten mit den Anhängern des populären Arbeiterführers Lassalle zur Sozialistischen Arbeiterpartei (seit 1890: Sozialdemokratische Partei) Deutschlands (S. 208). Die SPD ist marxistisch ausgerichtet, sucht aber die „proletarische Revolution" mit parlamentarischen Mitteln zu verwirklichen. Dem Vorbild der rasch stärker werdenden SPD folgen Arbeiterparteien in ganz Europa, vor allem in Frankreich, Österreich und Russland. 1889 wird in Paris die II. Internationale der sozialistischen Parteien gegründet, die bis heute besteht. Die SPD und ihre Schwesterparteien überstehen die Verfolgung durch ihre Regierungen gestärkt. Ihr Einfluss auf die Politik wächst, doch als es beim Ausbruch des Ersten Weltkriegs (S. 332ff.) für die sozialistischen Parteien Europas um die Entscheidung zwischen Nationalismus und „proletarischem Internationalismus" geht, erweist sich der Nationalismus als die stärkere Kraft.

Der Aufstieg des Nationalismus

Der nationale Gedanke, der in den Befreiungskriegen gegen Napoleon in ganz Europa populär geworden war, wurde durch den Wunsch der Menschen beflügelt, einer mächtigen Gemeinschaft anzugehören, die ihnen das Gefühl gab, selbst wichtig und möglichst wichtiger als andere zu sein. So erschöpfte sich die National-

Englische Arbeiterin, Mitte des 19. Jh.s

bewegung nicht darin, wie in Italien (1861) und Deutschland (1871) die einer gemeinsamen Kultur angehörigen Menschen in einem Staat zu vereinigen. Der eigene Staat sollte auch noch mächtiger sein als andere. Die Regierungen entdeckten, dass ihre Völker im Namen der nationalen Größe bereit waren, Opfer zu bringen und die sozialen Auseinandersetzungen im Inneren hintanzustellen. Sie bedienten den Nationalismus durch militärische Abenteuer und schürten den nationalen Stolz auf die wissenschaftlichen, kulturellen und wirtschaftlichen Errungenschaften der eigenen Nation. Sogar eine der wichtigsten wissenschaftlichen Neuerungen seit der Aufklärungszeit, die Evolutionstheorie von Charles Darwin (S. 228ff.), wurde politisch umgemünzt: Wenn in der Natur nur die fähigsten Arten überlebten, so sollte für die Nationen gelten, dass nur die kämpferischsten unter ihnen auf die Dauer einen „Platz an der Sonne", wie es unter dem deutschen Kaiser Wilhelm II. hieß, haben könnten. Gegen Ende des 19. Jahrhunderts wurden aus Nationen sogar scheinbar biologisch definierte „Rassen", und diejenigen, die sich nicht ganz und gar in die nationale Gemeinschaft einordnen wollten – wie die traditionell kosmopolitisch denkenden und agierenden Juden –, wurden zu Feinden der Nation und zu einer gesonderten, verachtenswerten Rasse erklärt. Der Fall des Hauptmanns Dreyfus, der wegen seiner jüdischen Herkunft diskriminiert wurde, erregte die ganze französische Nation. Der liberalen Öffentlichkeit unter Führung des Romanciers Émile Zola gelang es dieses Mal noch, die kleinbürgerlichen Ressentiments der nationalistischen Armeeoffiziere und ihrer Gesinnungsgenossen in der Bevölkerung in die Schranken zu weisen. Der Rassismus der europäischen Nationen und der Amerikaner gegenüber den kolonialisierten Völkern Afrikas, Asiens und Amerikas, die Idee der legitimen Herrschaft des „weißen Mannes" war jedoch überall in Europa akzeptiert. Der Nationalismus bewahrte die Staaten Europas und Amerika vor inneren Zerreißproben zwischen den Klassen, der herrschenden Bourgeoisie und dem Proletariat der Industriearbeiter, aber er führte zu Aggressionen nach außen. In den Kriegen des 20. Jahrhunderts sollte sich dies auf schreckliche Weise erweisen.

Karikatur auf Charles Darwin, den Schöpfer der Evolutionstheorie

Chronik

1705	Newcomens Dampfmaschine wird im englischen Bergbau eingesetzt.
1736–1819	James Watt. Er entwickelt die Dampfmaschine so weiter, dass sie in großem Stil nutzbar wird. Seine Lebenszeit deckt sich mit der ersten Industrialisierungswelle in England.
1769	Richard Arkwright erfindet die Spinnmaschine.
1807	Robert Fulton richtet auf dem Hudson die erste Dampfschifffahrtslinie ein.
1811/12, 1816	Aufruhr der Ludditen in England, Textilarbeiter, die die ihren Lebensunterhalt bedrohenden Maschinen zerstören
1814	Gasbeleuchtung in London eingeführt
1815	Einführung von Getreideschutzzöllen in England, die die Landwirtschaft vor der kontinentalen Konkurrenz nach dem Wegfall der Kontinentalsperre Napoleons schützen sollen. Weil sie die Lebensmittel verteuern und nur der mächtigen Minderheit der Agrarier dienen, richtet sich die bürgerliche und proletarische politische Agitation gegen sie.
1818	Erste Überquerung des Atlantik mit einem Dampfschiff.
1824	Zulassung von Gewerkschaften in England Höhepunkt der Auswanderung aus England nach den USA; in den 30er und 40er Jahren folgt eine Welle der Auswanderung aus Deutschland.
1830	Eröffnung der Eisenbahnstrecke Liverpool-Manchester
1832	Parlamentsreform in England: Stärkung des industriellen Bürgertums
1833/34	Gründung des Deutschen Zollvereins: Schutzzollpolitik
1837–1901	Victoria Königin in England; bürgerliches „viktorianisches“ Zeitalter
1838	Beginn der Chartistenbewegung in England: Forderung nach allgemeinem gleichem Wahlrecht, das auch die Arbeiterschaft an der Macht beteiligen würde
1844	Erste Telegrafenlinie zwischen Baltimore und Washington, USA Weberaufstand in Schlesien
1846	Abschaffung der Getreideschutzzölle in England
1847	10-Stunden-Tag in England
1848	Marx und Engels verfassen das *Kommunistische Manifest* Nach der Februarrevolution in Frankreich tritt der Sozialistenführer Louis Blanc in die provisorische Regierung ein, Nationalwerkstätten sollen das „Recht auf Arbeit“ durchsetzen. Im Juni wird der Aufstand der Arbeiter in Paris blutig niedergeworfen. Im August/September „Erster Allgemeiner Arbeiterkongress“ in Berlin, beeinflusst durch Marx, der in der *Rheinischen Zeitung* für die Fortsetzung der Revolution durch das Proletariat agitiert.
1851	Erste Weltausstellung in London; Großbritannien präsentiert sich als das führende Industrieland der Welt.
1855	Weltausstellung in Paris, kapitalistischer Aufschwung in Frankreich
1859	Darwin veröffentlicht sein Buch *Über den Ursprung der Arten.*
1861	Aufhebung der Leibeigenschaft in Russland unter dem Eindruck der Niederlage im Krimkrieg. Freie Bauern sollen Russland zur industriellen Entwicklung verhelfen.
1861–1865	Amerikanischer Bürgerkrieg (Sezessionskrieg). Proklamation der Sklavenbefreiung durch Lincoln 1862. Die industriellen Nordstaaten gewinnen.
1864	Gründung der „Internationalen Arbeiter Association“, der I. Internationale, in London unter bestimmendem Einfluss von Marx
1866	Erste transatlantische Telegrafenverbindung
1867	Marx veröffentlicht den ersten Band seiner Analyse *Das Kapital.* Wahlrechtsreform in England; auch ein großer Teil der Arbeiter kann nun wählen
1869	Eröffnung des mit französischem Kapital gebauten Suezkanals unter den Klängen von Verdis *Nabucco;* der Kanal nützt vor allem Großbritannien.
1871	Der Aufstand der sozialistischen Kommune in Paris nach der Niederlage Frankreichs im Krieg gegen Deutschland wird vom Militär brutal unterdrückt; Verbot der internationalen Arbeitervereinigungen in Frankreich
1873	Der „Gründerkrach“ in Deutschland beendet (bis 1894) den wirtschaftlichen Aufschwung der „Gründerzeit“ nach dem gewonnenen Krieg gegen Frankreich.
1875	Auf dem Parteitag in Gotha vereinigen sich Marxisten und Lassalleaner zur Sozialistischen Arbeiterpartei Deutschlands (seit 1890 Sozialdemokratische Partei, SPD), die bald zur führenden Arbeiterpartei Europas wird.
1878–1890	Unter den von Bismarck erlassenen Sozialistengesetzen arbeiten die Sozialdemokraten im Untergrund
1879	Elektrische Beleuchtung in New York durch Edison eingeführt
seit 1883	Bismarcks Sozialgesetzgebung, die für Europa vorbildlich wird
1889	Gründung der II. (sozialistischen) Internationale in Paris
1894	Beginn der Dreyfus-Affäre in Frankreich. Auseinandersetzung des liberalen Bürgertums und der Sozialisten mit dem national-reaktionären und antisemitischen Kleinbürgertum und Bürgertum

Die erste Industrienation

Das nach Königin Victoria (1837–1901) benannte „Viktorianische Zeitalter“ in Großbritannien war vom Aufschwung der Industrie geprägt. Die Industrielle Revolution hatte im 18. Jahrhundert begonnen und neue Maschinen und neue Energiequellen gebracht, vor allem Dampfenergie. Dampfmaschinen konnten die Arbeit vieler Menschen verrichten, und so entstanden Fabriken, die Güter in Massenproduktion fertigten. Neue Industriezweige erzeugten neue Produkte und neue Berufe. Die Geschwindigkeit, mit der die Veränderungen erfolgten, war je nach Region unterschiedlich, doch wurde Großbritannien im Viktorianischen Zeitalter zur ersten und mächtigsten Industrienation der Welt.

Eisenverhüttung

Die Erfindung des Hochofens, der mit Kohle statt mit Holzkohle beheizt wurde, machte ab 1828 die Eisenverhüttung billiger, und der 1839 von James Nasmyth erfundene dampfbetriebene Hammer bearbeitete Eisen mit hoher Präzision. So konnte man Eisenwaren von Bahnschienen bis hin zu Maschinen erstellen.

The Shingling Hammer (Der Dampfhammer) von William McConnell

Rohstoffe

Kohle und Eisen ermöglichten die Industrielle Revolution. Kohleöfen verdampften Wasser, und mit dem Dampf wurden Maschinen angetrieben. Mithilfe der Dampfmaschinen stellte man Eisen und Stahl her, trieb Lokomotiven und Schiffe an. Die Kohleförderung in Großbritannien schnellte von 30,5 Mio. t im Jahre 1836 auf 150 Mio. t im Jahre 1890 in die Höhe.

Großbritannien hatte reiche Kohlevorkommen.

Eisenerz

Kelle zum Abschöpfen von Verunreinigungen aus der Eisenschmelze

Durch Hämmern geformter schmiedeeiserner Stab

Eisenbarren

Aus Eisen fertigte man neue Maschinen.

STAHLZEITALTER

Roheisen ist aufgrund seines hohen Kohlenstoffgehalts spröde. Deshalb wird bei der Stahlherstellung der Kohlenstoffgehalt durch Sauerstoffzufuhr („Frischen“) gesenkt. 1856 entwickelte Henry Bessemer das saure Windfrischverfahren. Er hatte erkannt, dass der Sauerstoff der zugeführten Luft mit dem Kohlenstoff des Eisens verbrannte und dabei genügend Wärme erzeugte, damit das Eisen flüssig blieb. 1864 bauten P.E. Martin und die Gebrüder Siemens einen Schmelzofen, in dem flüssiger Stahl produziert werden konnte (Siemens-Martin-Verfahren).

Baumwollspinnereien

Die Mechanisierung begann in der Textilindustrie. Im 18. Jh. ersetzten Spinnmaschinen und mechanische Webstühle nach und nach das Spinnrad und den Handwebstuhl. Die neuen Maschinen wurden bis in die 1790er Jahre hinein durch Wasser angetrieben, danach nutzte man Dampfenergie. Die Baumwollindustrie wurde in England zum bedeutendsten Industriezweig, die Erzeugnisse wurden bald weltweit verkauft.

AM FLIESSBAND
Vor der Industriellen Revolution wurden Stoffe in Heim- und Handarbeit gefertigt. Mit der Mechanisierung wurde die Textilherstellung in Spinnereien oder Fabriken verlagert. In Lancashire wuchsen Baumwollspinnereien wie Pilze aus dem Boden, in Yorkshire Wollwebereien. Die neuen Fabriken waren düster und freudlos, der gewaltige Maschinenpark wurde von Frauen und Kindern bedient. 1850 machten Baumwoll- und Wollerzeugnisse 60% des britischen Exports aus.

Weberschiffchen

Musselin und Kattun

Landwirtschaft

Trotz der Industrialisierung behielt die Landwirtschaft im 19. Jh. große Bedeutung. Man verbesserte die Anbau- und Erntemethoden, doch die Mechanisierung hielt nur langsam Einzug. In den 1830er Jahren jedoch begehrten ver-zweifelte Landarbeiter gegen die Einführung neuer Dreschmaschinen auf. Dampfpflüge wurden erst 1850 erfunden.

Kartoffelsetzer

Sichel

Wurzelschere

Eiserne Handgeräte und von Pferden gezogene Maschinen blieben bis in die 1870erJahre weit verbreitet.

Dampfgetriebene Dreschmaschinen nahmen den Landarbeitern Arbeitsplätze weg.

LANDWIRTSCHAFTLICHE BLÜTE
Ab 1800 wuchs die britische Bevölkerung rapide, und die steigende Nachfrage nach Nahrungsmitteln führte zu einem landwirtschaftlichen Boom in den 1850ern. Großgrundbesitzer und Bauern erzielten hohe Gewinne, doch die Landarbeiter lebten in bitterer Armut. So wanderten viele in die neuen Industriestädte ab.

Polnische Briefmarke mit einer Lokomotive von Robert Stephenson

Siegeszug der Dampflok

Der Engländer George Stephenson (1781–1848), der „Vater der Eisenbahn“, erkannte die zukunftsweisende Bedeutung der Dampflokomotiven. Mit seinem Sohn Robert gründete er 1823 in Newcastle die erste Lokomotivfabrik der Welt und verkaufte seine Dampfloks in viele Länder. Ihre Kraft, die einfache und robuste Bauart und ihre Zuverlässigkeit verhalfen der Dampflok zu einem Siegeszug. Nicht nur in England, sondern auch auf dem europäischen Kontinent und in Nordamerika wuchs das Schienennetz mit atemberaubender Geschwindigkeit. Bereits um 1850 waren fast alle großen Städte durch Eisenbahnstrecken miteinander verbunden.

DAMPFKRAFT FÜR DAS VOLK
Auf der Strecke Stockton–Darlington wurde 1825 der erste öffentliche Güterverkehr mit Dampflokomotiven in Betrieb genommen. Fahrgäste wurden vorerst weiter mit Pferdekutschen befördert. Ab 1833 übernahmen Loks auch den Personenverkehr.

„DER BESTE FREUND VON CHARLESTON“
Die erste erfolgreich in den USA eingesetzte Dampflokomotive, *Best Friend of Charleston*, nahm 1830 ihren Dienst auf und sorgte für die erste regelmäßige Bahnverbindung des Landes.

Freikarte (Elfenbeingravur), um 1830

Eisenbahndirektoren bekamen lebenslang gültige Freifahrkarten.

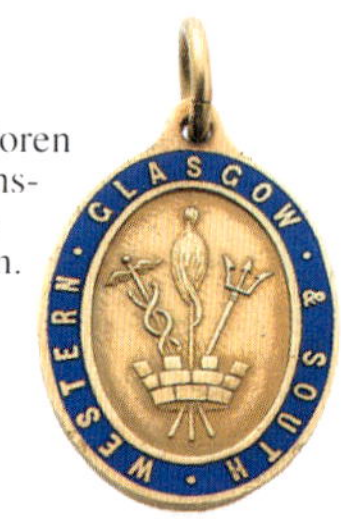

Gold-Email-Freifahrplakette, um 1850

DIE SCHNELLE *NOVELTY*
Mehrfach wurden Wettrennen veranstaltet, um festzustellen, welcher Loktyp sich am besten für die neue Linie Liverpool–Manchester eignete. Riesige Menschenmengen verfolgten die Wettrennen, bei denen die „Novelty“ gewann. Sie erwies sich später als sehr pannenanfällig.

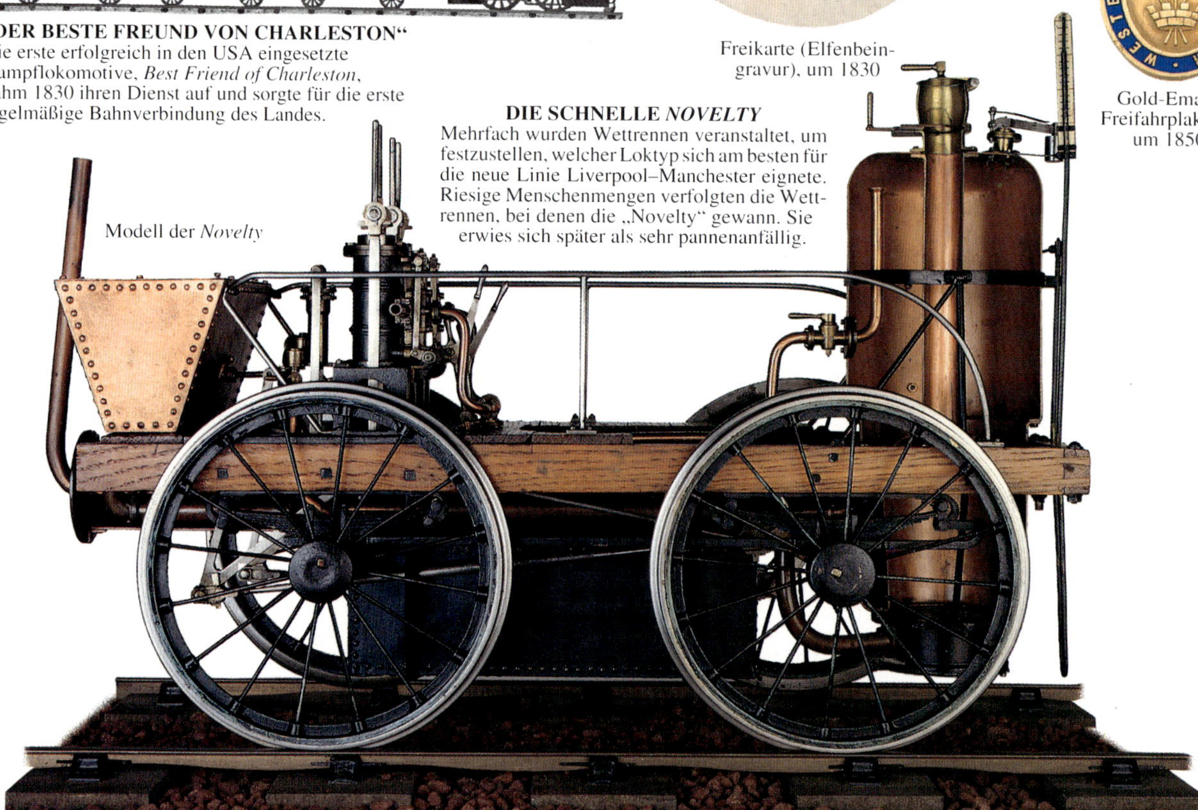

Modell der *Novelty*

EUROPA UNTER DAMPF

Nach dem Erfolg der Liverpool-Manchester-Linie fuhren bald in ganz Europa Dampfloks. Die erste deutsche Eisenbahn verkehrte 1835 zwischen Nürnberg und Fürth, die Linie Leipzig–Dresden (rechts) wurde 1839 eröffnet.

DURCH DIE WEITEN AMERIKAS

Seit Mitte des 19. Jh.s dampften Personenzüge auch durch die USA. Amerikanische Lokomotiven hatten ein charakteristisches Aussehen: große Stirnlampen, hölzerne „Kuhfänger" und bronzene Signalglocken.

Robert Stephenson

ENTWICKLUNG DES EISENBAHN-STRECKENNETZES

	1850	1860	1880	1910
Groß-britannien	10.653 km	16.787 km	28.854 km	37.717 km
Deutsch-land	6044 km	11.633 km	33.838 km	63.062 km
Russland	600 km	1600 km	24.000 km	76.250 km
USA	15.100 km	53.400 km	164.700 km	460.900 km

SIEGESZUG DER LOKOMOTIVE

Die *Rocket* ist eine der berühmtesten Lokomotiven der Welt. Sie gewann 1829 das Rennen auf der Liverpool–Manchester-Linie bei Rainhill. Zum letzten Mal wurde eine „Pferde-Lokomotive" angemeldet, aber nicht mehr zum Wettbewerb zugelassen. Der Siegeszug der Dampflok war unaufhaltsam.

Die *Rocket* (Rakete), Stephensons Lokomotive von 1829

Baumwolle für alle

PREISGÜNSTIGER
Seit dem 19. Jh. werden Baumwollstoffe auf mechanischen Webstühlen in Massenproduktion hergestellt.

Die Umsetzung naturwissenschaftlicher Entdeckungen und technischer Erfindungen des 18. Jahrhunderts führte im 19. Jahrhundert zur Mechanisierung im Textil- und Druckgewerbe. Mit dampfmaschinenbetriebenen Webstühlen konnte man schneller und billiger Stoffe produzieren als bisher, mit Walzendruck die Stoffe schneller und im größeren Maßstab bunt bedrucken als zuvor mit Holzklischees. Jetzt konnte sich jeder bedruckte Baumwollstoffe leisten. Moderne Webstühle in England und Frankreich verarbeiteten so viel Baumwolle, wie die USA erzeugten. Dank der sinkenden Preise wuchs der Markt für Baumwollkleidung rapide.

Ausschnitt aus einem Gemälde von John Smart aus dem Jahr 1806.

EMPIRE
Die Französische Revolution (1789–1799) beeinflusste auch die Mode. Die Brokatkleider und gepuderten Perücken des 18. Jh.s machten leichten Hemdkleidern mit hoher Taille Platz, die ohne Korsett oder Unterrock getragen wurden (Chemisentracht).

ÜBERSCHUHE
Diesen Überschuh aus dem frühen 19. Jh. könnte die rechts abgebildete Dame zum Schutz ihrer Schuhe vor Straßenschmutz und Nässe getragen haben.

HAUBEN
Viele Frauen trugen drinnen wie draußen Hauben, die je nach Familienstand und Alter unterschiedlich waren.

NÄHGÜRTEL
Die Frauen trugen manchmal eine Châtelaine, einen Gürtel aus Metallgliedern (Gold, Silber oder Stahl) zum Anhängen von Schlüsseln, Nähutensilien, Riechsalz, Fächern usw.

BAUMWOLLKLEID
Die freizügigen Empirekleider wurden bald durch einen etwas strengeren Stil abgelöst, wie das abgebildete Kleid von 1825 zeigt. Die Taille saß noch relativ hoch, aber Korsett und Unterröcke kamen wieder; die Ärmel waren lang und die Ausschnitte züchtiger. Ab 1827 wurden die Kleider an Ärmeln und Saum weiter, und langsam entwickelten sich daraus die Krinolinenkleider.

AUSBEUTUNG
Schnell wechselnde Moden und steigende Nachfrage ließen im 19. Jh. die industrielle Konfektionsfertigung entstehen. Es wurden zumeist Frauen beschäftigt, die gegen geringes Entgelt und oft unter schlechten Bedingungen arbeiteten.

PARISER SCHICK
Anfang des 19. Jh.s trugen die Männer in Frankreich taillierte Gehröcke und Zylinder mit seitlich hochgebogener Krempe. Die Ebenholzspazierstöcke der Herren waren mit kunstvoller Schnitzerei verziert.

Üppiges Blumenmuster

Schlaufen zum Anknöpfen an der Hose

HOSENTRÄGER
Hosenträger gibt es seit dem 18. Jh. Die frühen Modelle wie dieses vom Beginn des 19. Jh.s bestanden aus zwei Einzelriemen, die man über die Schultern legte. Seit Mitte des 19. Jh.s sind die Riemen am Rücken miteinander verbunden.

Handgestickte Blumen

HANDSCHUHE
Im 19. Jh. trugen Mann und Frau auch im Haus Handschuhe. Die Etikette verlangte, dass Damen ihre Hände immer verhüllten. Diese ziegenledernen Handschuhe waren für draußen gedacht.

Diesen Fächerbezug ziert ein handkolorierter Druck.

Stäbchen aus Ebenholz

PAPIERFÄCHER
Fächer wurden sowohl zur Zierde als auch zum Luftzufächeln verwendet – sehr wichtig für Damen mit engem Korsett.

HÜBSCH UND NÜTZLICH
Handtaschen gewannen im 19. Jh. nicht nur als Schmuckgegenstand, sondern vor allem zum Aufbewahren von Parfüm, Taschentuch, Fächer usw. an Bedeutung.

Beutel mit Zugkordel

Aufgestickte Weinreben

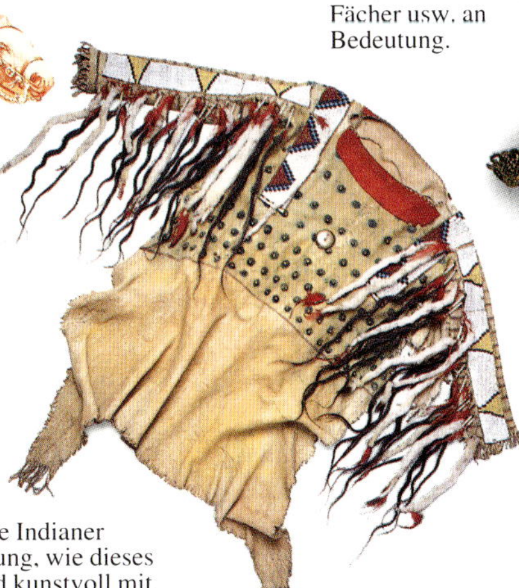

COWBOYS UND INDIANER
Amerikanische Cowboys trugen bei der Arbeit Überhosen *(Chaps)* und Handschuhe aus Leder. Die Indianer verzierten ihre Lederkleidung, wie dieses Schwarzfußindianer-Hemd kunstvoll mit Haaren, Fell, Federn und Metallknöpfen.

SCHALS
Schals und Tücher gehörten im 19. Jh. zur Grundgarderobe der Frau. Zuerst waren sie aus Kaschmirwolle und kamen aus Indien. Später wurden schottische Paisley-Schals (rechts) aus Seide, Baumwolle oder Wolle populär.

Eine neue soziale Klasse

Das Leben war hart für die Menschen in der ersten Hälfte des 19. Jahrhunderts, vor allem im industriell am weitesten entwickelten England. Es gab neue Formen von Arbeit, und erstmals gingen die Menschen in Fabriken und Gießereien arbeiten. Die Löhne waren niedrig, die Arbeitsbedingungen schlecht. Andere Arbeiter waren in Bergwerken und Werkstätten beschäftigt. Es gab neue, stärker spezialisierte Berufe und eine strikte Trennung der Arbeiten für Frauen und Männer. Ab den 1850er Jahren erfolgte eine Belebung von Handel und Gewerbe, und die Arbeitsbedingungen besserten sich.

Arbeiter

Durch die Mechanisierung starben einige traditionelle Männerberufe wie z.B. der des Webers (am Handwebstuhl) aus. Ab der Mitte des 19. Jh.s gab es dann neue Lehrberufe, z.B. als Kesselschmied im Schiffs- und im Maschinenbau. Die Männer in diesen Industriezweigen zählten mit den Bergleuten und Eisenbahnern zur sog. „Arbeiteraristokratie". Ungelernte Arbeiter wie Dockarbeiter und Kettenschmiede standen sich wesentlich schlechter.

WEDER GESUND NOCH SICHER
Da es keine Arbeitsschutzgesetze gab, waren Fabriken und Gießereien gefährliche Orte. Immer wieder kam es zu Unfällen, und manch einer wurde chronisch krank und arbeitsunfähig. Es gab weder Renten noch Sozialfürsorge, sodass Arbeitslosigkeit Armut bedeutete.

Stahlbaumonteure waren gelernte Arbeiter.

Stahlbaumonteure reparierten Werkzeuge und Loren und fertigten Stücke aus Gusseisen.

Der Deckel wurde als Tasse benutzt.

In solchen Kesseln kochten sich die Arbeiter über einem Feuer Tee.

Brotdose mit Brot und Tunke (Fett)

Die Arbeiter nahmen ihre Verpflegung von zu Hause mit.

Manchmal gab es Kerzen als Lohn.

DER ARBEITSTAG
Heutzutage haben die meisten Werktätigen einen 8-Stundentag. Im England des 19. Jh.s liefen die Maschinen in den Fabriken pausenlos, und die Arbeiter schufteten nach einem oft langen Fußweg zur Arbeit bis zu 18 Stunden. Ab den 1830er Jahren kämpften Reformer wie Richard Oastler für den 10-Stunden-Tag.

Die Vorschriften waren streng und begünstigten meist den Arbeitgeber.

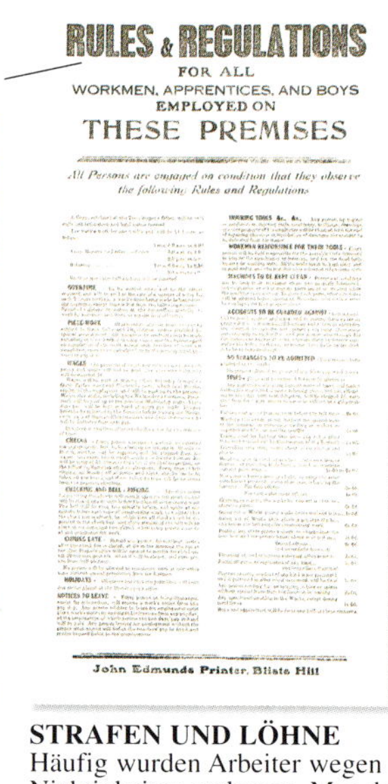

KINDERARBEIT
Tausende von Kindern arbeiteten im 19. Jh. in den englischen Bergwerken und Fabriken. Sie machten über ein Viertel der werktätigen Bevölkerung aus. In den Bergwerken arbeiteten vor 1842 schon Vierjährige unter Tage. In den Fabriken und Hüttenwerken putzten Kinder unter den laufenden Maschinen. Unfälle, auch mit tödlichem Ausgang, waren an der Tagesordnung.

STRAFEN UND LÖHNE
Häufig wurden Arbeiter wegen Nichtigkeiten entlassen. Manche Arbeitgeber bezahlten mit Waren statt mit Geld oder mit Wertmarken, die nur in den firmeneigenen Geschäften eingelöst werden konnten.

Arbeiterin

Frauen arbeiteten als Dienstmädchen, Näherinnen und in den Textilfabriken. Die Textilarbeiterinnen standen sich am besten. Dennoch wurden Frauen schlechter entlohnt als Männer. Manche Männer waren gegen Frauenarbeit, weil sie befürchteten, dass auch ihre eigenen Löhne sinken würden.

Näherinnen nähten bis zu 15 Stunden am Tag in Handarbeit.

Die Hände der Näherinnen waren zerstochen, wund und bluteten oft.

In den Werkstätten arbeiteten viele Näherinnen auf kleinstem Raum.

Pennys

Kochbuch

DOPPELBELASTUNG

Nach einem langen Arbeitstag außer Haus mussten die Arbeiterinnen zu Hause noch die Familie versorgen. Manche Zeitgenossen forderten, dass verheiratete Frauen zu Hause bleiben sollten, doch viele konnten sich das einfach nicht leisten.

Früher arbeiteten ganze Familien, auch Frauen und Kinder, in den Bergwerken.

FRAUEN UNTER TAGE

Der Gedanke daran, dass Frauen zusammen mit Männern in den Bergwerken arbeiteten, war den Menschen im England des 19. Jh.s wegen der Gefahren, aber auch aufgrund von moralischen Bedenken ein Gräuel. Daher durften ab 1842 Frauen und Kinder nicht mehr unter Tage arbeiten. Einige Frauen arbeiteten bis in die 1880er Jahre noch über Tage: Sie sortierten und zerschlugen z.B. das Erz.

BIS DIE FINGER BLUTEN

Näherinnen wurden sehr schlecht bezahlt und mussten von früh bis spät Kleider für die Reichen nähen. Der englische Dichter Thomas Hood (1799–1845) beschrieb in seinem Gedicht *Song of a Shirt* (Lied eines Hemdes), wie sie mit zerstochenen Fingern und geröteten Augen an ihrem Nähzeug saßen.

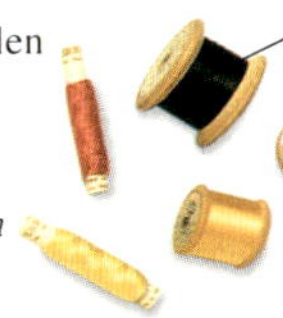

Garnspulen (19. Jh.)

Vor der Erfindung der Nähmaschine 1851 wurde jedes Kleidungsstück von Hand genäht.

LEBENSBEDINGUNGEN

Als die Industriestädte wuchsen, wurden im Eilverfahren billige Arbeiterwohnungen gebaut. In den schmalen Reihenhäuschen war es beengt, und es gab weder fließendes Wasser noch Toiletten: eine Brutstätte für Krankheiten. Rauch und Abgase der umliegenden Fabriken verpesteten die Luft.

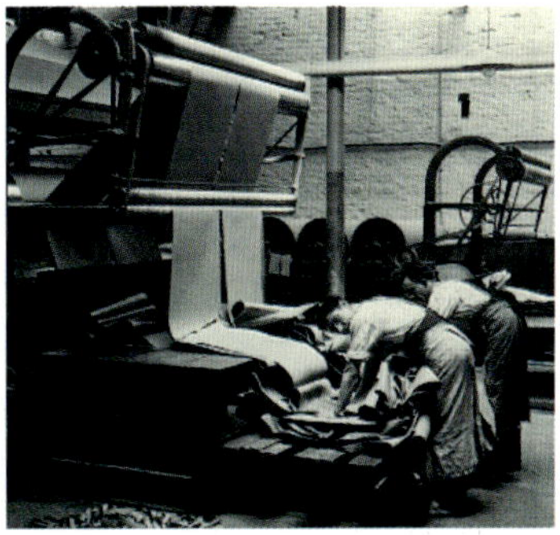

ARBEITSREFORMEN

Anfang des 19. Jh.s hielten viele Fabrikanten eine Arbeitszeitverkürzung oder die Verbesserung der Arbeitsbedingungen für geschäftsschädigend. Amtliche Untersuchungen brachten unmenschliche Bedingungen ans Licht und führten zu schrittweisen Verbesserungen.

1833
Beschäftigungsverbot in Fabriken und Hüttenwerken für Kinder unter 9 Jahren, Nachtarbeitsverbot für unter 18-Jährige

1842
Frauen und Kinder unter 10 Jahren dürfen nicht mehr unter Tage arbeiten.

1844
9- bis 13-Jährige dürfen nicht länger als 6,5 Stunden pro Tag arbeiten, 13- bis 18-Jährige und Frauen nicht länger als 12 Stunden. Gefährliche Maschinen müssen überwacht werden.

1847
Frauen und Jugendliche dürfen nicht mehr als 10 Stunden pro Tag in den Fabriken arbeiten.

1864–1878
Arbeitsschutzgesetze für verschiedene Industriezweige

Soziale Reformen

Im England des 19. Jahrhunderts herrschten große gesellschaftliche Unterschiede. Durch die Industrialisierung entstand eine wohlhabende Mittelklasse, die von Handel und Gewerbe lebte. Ein gewaltiges Heer von Menschen aber gehörte der ebenfalls neuen Arbeiterklasse an, von denen viele unter erbärmlichen Bedingungen leben mussten. Armut und Elend waren weit verbreitet. Zwar gab es entsprechende staatliche Untersuchungen, doch die Probleme waren nicht einfach zu lösen. Manch wohlhabender Bürger war der Ansicht, die Regierung solle sich nicht einmischen. Der Druck der Öffentlichkeit erzwang dann aber doch soziale Reformen.

Warner

In den 1840ern schrieben u.a. Friedrich Engels und Henry Mayhew über die grauenvollen Lebensbedingungen der Arbeiterklasse in Manchester und London. In den 1890ern schätzten die Reformer Charles Booth und Seebohm Rowntree, dass mindestens 20% der Bevölkerung nicht genug zum Leben hatten.

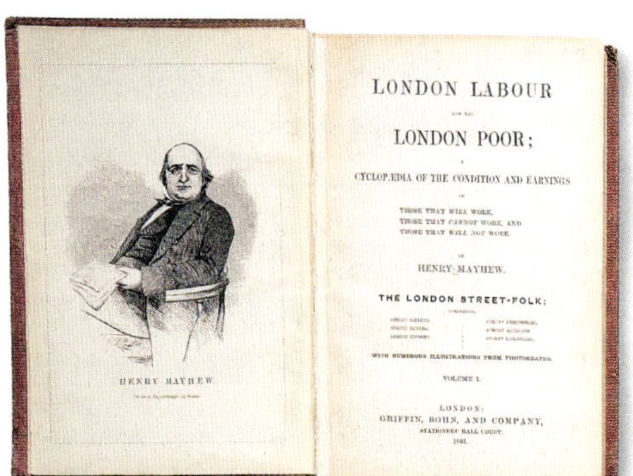

DIE ARMEN VON LONDON
In seiner Studie *Arbeit und Armut in London* (1851–1862) beschrieb Henry Mayhew das Leben der Armen – so von den „Schmutzfinken", Kinder, die im Schlamm der Themse nach Verwertbarem stocherten.

Menschenfreunde

Unter dem Namen Philanthropen (Menschenfreunde) bekannte Einzelpersonen aus dem Mittelstand widmeten ihr Leben der Hilfe für die Armen. Sie trieben Geld auf, errichteten Suppenküchen und Unterkünfte und brachten die Probleme an die Öffentlichkeit. Oft war ihre Arbeit religiös motiviert.

ARMEE FÜR DIE ARMEN
1865 gründete der Methodistenpastor William Booth, entsetzt über die Armut im Londoner Osten, die „Christliche Mission", später als Heilsarmee bekannt. Die religiöse Gruppe war militärisch organisiert. Sie bot den Notleidenden Unterkunft, Kleidung und Essen.

Heilsarmee-Haube

Sozialarbeiterinnen

Viele Frauen aus der Mittelklasse organisierten sich in Wohltätigkeitsvereinen und halfen, wo es nötig war. Doch manchmal trauten die Armen weder ihnen noch den männlichen Philanthropen.

Die Quäkerin Mrs. Fry liest Insassen im Gefängnis von Newgate vor.

Medizin und Gesundheit

1842 zeigte ein Bericht des englischen Sozialreformers Edwin Chadwick, dass mehr als die Hälfte der britischen Städte kein sauberes Wasser hatten. Tausende starben an Cholera. Langsam begannen die Menschen den Zusammenhang zwischen Schmutz und Krankheiten zu begreifen, und es wurden Reformen im Gesundheitswesen durchgeführt.

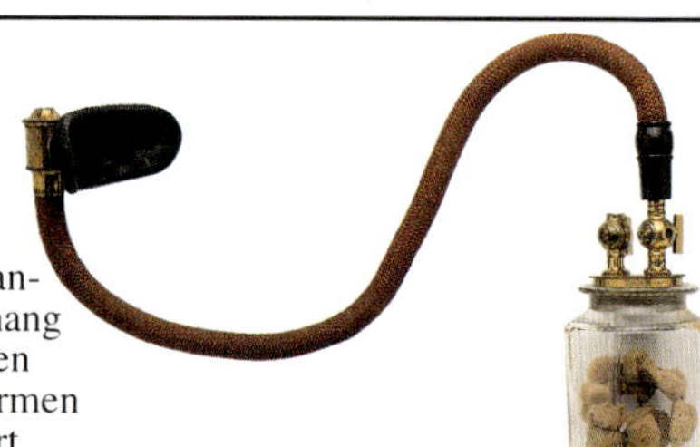

1846
ÄTHERMASKE
Ursprünglich führte man Operationen ohne Narkose durch. 1846 betäubte ein amerikanischer Zahnarzt seine Patienten mit Äther. Bald nutzten alle Chirurgen das neue Narkosemittel.

1855
STETHOSKOP
1819 hatte der französische Arzt René Laënnec ein Rohr zum Abhören des Herzschlags erfunden. 1855 war daraus ein Stethoskop entwickelt worden, das heutigen Geräten schon recht ähnlich ist.

MODELLUNTERKÜNFTE
Viele Reiche nahmen sich der Slums und der Obdachlosen an. Octavia Hill sanierte Elendsviertel. 1866 stiftete der amerikanische Bankier George Peabody den Armen Londons 100.000 Pfund für neue Wohnungen mit Gärten. Der Philanthrop Thomas John Barnardo gründete Heime für notleidende Kinder. Doch letztendlich konnten Einzelne nicht allzu viel ausrichten.

Peabody Square im Stadtteil Westminster

Peabodys Häuser waren hell und luftig.

Weibliche Gefangene nahmen ihre Kinder mit ins Gefängnis, damit sie nicht auf der Straße endeten.

ELIZABETH FRY
Die Quäkerin Elizabeth Fry war schockiert über die erbärmlichen Bedingungen, unter denen die Frauen im Gefängnis von Newgate lebten, und gründete einen Verein, der den weiblichen Strafgefangenen Arbeit beschaffte und sich des Unterrichts ihrer Kinder annahm.

Reformen

Schließlich sah sich auch die Regierung zu Maßnahmen gezwungen. Lord Shaftesbury kämpfte im Parlament für eine gesetzliche Regelung der Fabrikarbeit. 1875 wurde ein Gesundheitsgesetz verabschiedet; andere Gesetze verbesserten die Arbeits- und Lebensbedingungen.

Lord Shaftesbury kämpfte für Fabrikgesetze, gründete Schulen für die Armen und setzte sich für junge Schornsteinfeger ein.

GEFÄHRLICHE KLETTEREIEN
Einige Jungen arbeiteten als Schornsteinfeger in den Häusern der Reichen. Sie mussten den Kamin hinaufklettern, um den Ruß zu entfernen. Viele erstickten oder zogen sich schwere Verbrennungen zu. Charles Kingsleys Roman *Wasserkinder* (1863) machte ihr Leid bekannt.

Besen eines Schornsteinfegers

Die meisten Menschen in den Arbeitshäusern waren arbeitslos oder alt.

ARBEITSHÄUSER
Manche glaubten, die Armen wären selbst an ihrem Elend schuld. Wer nicht für sich sorgen konnte, wurde in ein sog. Arbeitshaus eingewiesen, wo es bewusst hart zuging. Familien wurden getrennt, das Essen war schlecht, die Arbeit stumpfsinnig. Allmählich sah die Regierung jedoch die Notwendigkeit für sinnvolle Hilfe, und 1908 gab es die ersten staatlichen Renten und Zuwendungen.

1864
ZAHNARZT-BOHRER
1860 brachte die Erfindung des aufziehbaren Bohrers eine deutliche Verbesserung der zahnärztlichen Behandlung. Einmal aufgezogen, arbeitete er bis zu zwei Minuten.

1867
DESINFEKTIONSSPRAY
In den 1850ern wies der französische Chemiker Louis Pasteur nach, dass Bakterien Krankheiten verursachen. 1867 benutzte der englische Arzt Joseph Lister Karbolspray, um Wunden und Instrumente zu desinfizieren.

1880

ENDOSKOP
Im 19. Jh. entwickelten Ärzte Endoskope, mit denen man ohne größere Schnitte in den Körper blicken kann. Dieses Instrument stammt von 1880.

Arbeiterbewegung

Mit der Industrialisierung und der Entstehung der Arbeiterschaft als der am meisten benachteiligten großen Klasse der Gesellschaft beginnt auch die Geschichte der Arbeiterbewegung. Zuerst im England der 1830er Jahre entstand mit den Chartisten eine organisierte Massenbewegung der Arbeiter, die gegen ihre soziale Deklassierung kämpften. Der Chartismus wurde gewaltsam unterdrückt; er prägte jedoch das Bewusstsein vieler Arbeiter, und seine Ideen lebten in der Arbeiterpresse und in der Gewerkschaftsbewegung fort. In Frankreich entstanden in der radikaldemokratischen Tradition des Jakobinismus Entwürfe für eine „sozialistische" Organisation der Gesellschaft, die gerechter sein sollte als der Kapitalismus. Karl Marx forderte während der Revolution von 1848 in dem zusammen mit seinem Freund Friedrich Engels verfassten *Kommunistischen Manifest* eine klassenlose Gesellschaft unter Führung der Arbeiterschaft, des „Proletariats", der einzigen Klasse, die kein Interesse hat, eine andere auszubeuten. Nach dem Scheitern der Revolution verfasste er im Londoner Exil das *Kapital*, eine wissenschaftliche Analyse des Kapitalismus, die dessen irreparable Schwächen aufzeigen sollte. Der Marxismus wurde zur ideologischen Grundlage der Sozialdemokratie, die sich seit den 1860er und 1870er Jahren von Deutschland aus in vielen Ländern Europas verbreitete und zu einem wichtigen politischen Machtfaktor wurde.

BAKUNIN
Der russische Revolutionär Michail Bakunin war der führende Kopf der anarchistischen, d.h. keinerlei Herrschaft anerkennenden Bewegung. Die Anarchisten, die von Marx bekämpft wurden, fanden vor allem in Südeuropa und Amerika Anhänger.

DIE SCHLESISCHEN WEBER
1844 kam es unter den Webern Schlesiens, die in Heimarbeit für kapitalistische Aufkäufer ihrer Waren (Verleger) arbeiteten, zu einer Hungerrevolte, die von preußischen Truppen unterdrückt wurde. Das zeitgenössische Gemälde agitiert gegen das soziale Unrecht.

DIE CHARTISTEN

In England ging es der Arbeiterbewegung vor allem darum, ein allgemeines gleiches Wahlrecht zu erkämpfen und an den Parlamentswahlen teilnehmen zu können. Die Chartisten, wie die Männer dieser Bewegung genannt wurden, wurden mit Gewalt unterdrückt. Dennoch fanden ihre Forderungen auch im Bürgertum immer mehr Anhänger. Das Bild zeigt eine Chartistendemonstration 1838.

STREIKVERSAMMLUNG

Als wirksamste Waffe der Arbeiter gegen die kapitalistischen Fabrikbesitzer erwies sich die kollektive Arbeitsverweigerung, der Streik. Streiks mussten gut organisiert sein, damit sie wirkungsvoll waren. Gewerkschaften nahmen diese Arbeit in die Hand und wurden neben den politischen Parteien zur wichtigsten Organisationsform der Arbeiterbewegung.

KARL MARX

Nachdem Marx 1848 in Deutschland für eine soziale Revolution agitiert hatte, musste er nach London ins Exil gehen. Hier versuchte er, die junge Arbeiterbewegung international zu organisieren, und schrieb seine Analyse des Kapitalismus, *Das Kapital*.

FRIEDRICH ENGELS

Engels war der wichtigste Weggenosse und der beste Freund von Karl Marx. Nach dessen Tod 1883 trug er entscheidend zur Entstehung der sozialdemokratischen Parteien in Europa bei.

PROUDHON

Der sozialistisch gesinnte französische Maler Courbet porträtierte den radikalen Sozialisten Pierre-Joseph Proudhon im Kreis seiner Familie, um zu zeigen, dass der Sozialismus allen Menschen ein gutes Leben bescheren sollte.

PHALANSTÈRE

Der französische Frühsozialist Charles Fourier träumte von freien Kommunen, in denen die Menschen gemeinsam leben und arbeiten sollten, den „Phalanstères". Der Stich zeigte den Entwurf für das Gebäude eines Phalanstère, der an das Schloss von Versailles erinnert.

Die bürgerliche Familie

Wie im viktorianischen England war die bürgerliche Familie prägend für die gesamte Gesellschaft der Epoche. Mit der zunehmenden Trennung von häuslichem Leben und Arbeit wurde das Zuhause immer mehr zu einem Ort der Zuflucht aus dem harten Geschäftsleben. Die Mittelschicht entwickelte ein Idealbild des Familienlebens: friedlich, harmonisch und bieder. Die Frauen sorgten für Behaglichkeit, sie waren die „Engel des Hauses", wie es ein Dichter darstellte. Dieses Ideal galt anfangs vor allem für wohlhabendere Familien, doch später übernahmen es alle Schichten, und der Einfluss dieses Familienideals reicht bis in die heutige Zeit.

Kinder

Im 19. Jh. waren die Familien oft recht groß – sechs bis sieben Kinder waren nicht ungewöhnlich. Die Kinder wurden von ihren Eltern streng erzogen, und man erwartete von ihnen, dass sie sich still und gehorsam zeigten.

Die Schachteln passen ineinander.

Schlangen und Leitern, ein Brettspiel

Handbemaltes mechanisches Zinnspielzeug

KINDERSTUBE
Kindermädchen kümmerten sich um die Kleinen. Der Tag bestand aus Unterricht, Spielen, Spaziergängen und Mahlzeiten. Gehorsam war oberstes Gebot. Die Kinderzimmer waren voller Puppen, Puppenhäuser, Kreisel, Schaukelpferde, Zinnsoldaten und Bücher.

Kugelfangspiel

Ziel ist es, die Kugel in den schmalen Becher zu bekommen, ohne sie zu berühren.

Im 19. Jh. heizte man in England mit Kohlefeuern.

Von Frauen erwartete man im Haus wie außer Haus förmliche Kleidung.

Häusliches Leben

Unterhaltung war ein wichtiger Bestandteil des Familienlebens. Die Familien verbrachten viele Stunden im Salon, wo sie Gäste empfingen, musizierten, lasen, Spiele spielten und sich miteinander unterhielten.

Journal mit einer Kurzgeschichte

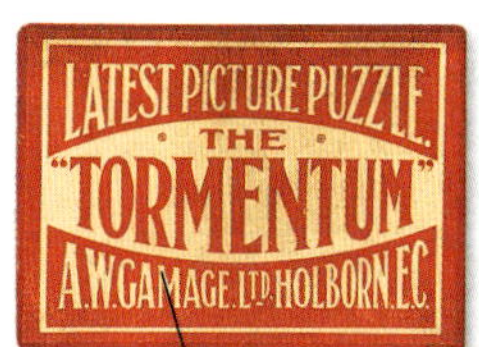

Die ganze Familie versuchte sich an Puzzles.

HÄUSLICHER ZEITVERTREIB
Im Zeitalter vor der Erfindung des Fernsehers vertrieb man sich die Zeit im Haus mit Spielen. Beliebt waren Kartenspiele, Wortspiele wie Scrabble, Geschicklichkeitsspiele und Brettspiele. Die einzelnen Familienmitglieder lasen sich auch gegenseitig aus populären Romanen mit biederem Inhalt vor.

Weihnachtskerzen

Weihnachtskarten

Es entstand der Brauch, Weihnachtskarten zu schicken.

FROHE WEIHNACHTEN
Im 19. Jh. wurde Weihnachten zum wichtigsten Fest der Familie. Prinz Albert brachte den Brauch, einen Weihnachtsbaum zu schmücken und sich zu beschenken, aus Deutschland mit. Tausende englischer Familien nahmen dies begeistert auf. 1846 tauchten die ersten Weihnachtskarten in den Geschäften auf.

Familienrollen

In den reichen Bürgerhäusern war der Vater das Familienoberhaupt. Er musste arbeiten gehen und die Familie ernähren. Der Platz der Frau war zu Hause. Bis 1882 gehörte der Besitz einer verheirateten Frau ihrem Mann. Ihre Rolle war die der guten Ehefrau und Mutter; Erwerbsarbeit war für sie vielfach verpönt. Seit den 1840erJahren kämpften einige Frauen aus der Mittelschicht für größere Freiheiten.

FROMM UND ANSTÄNDIG
Beten und Bibellesen spielten im Viktorianischen Zeitalter eine wichtige Rolle. Am Sonntag ging die ganze Familie in die Kirche, und abends las der Vater laut aus der Bibel vor. Benimmbücher klärten über das Verhalten in allen Situationen des Lebens auf.

Außer Haus trugen die Herren Zylinder und Spazierstock.

Spazierstock

Die Frauen schützten sich mit Schirmen vor der Sonne.

HAUSMUSIK
In jedem Salon stand ein Klavier. Alle jungen Frauen lernten das Klavierspiel, und am Abend versammelte sich die Familie und sang bekannte Lieder. Die Frauen spielten, und die Männer sangen.

Home Sweet Home (Trautes Heim) von Walter Dendy Sadler

Sticken galt als geeigneter Zeitvertreib für Frauen.

Kinder sind wie kleine Erwachsene förmlich gekleidet.

Polizei

Sicherheit und Ordnung waren die Voraussetzung für die Durchsetzung des bürgerlichen Lebensstils im 19. Jahrhundert. Der „Schutzmann an der Ecke“ bürgte für ein ruhiges Dasein in den bürgerlichen Wohnbezirken. Polizei hielt Verbrecher und Trunkenbolde, Bettler oder Prostituierte in Schach, Elemente, die sich den bürgerlichen Vorstellungen nicht anpassen wollten oder konnten. Gelegentlich wurde die Polizei auch dazu herangezogen, proletarische Revolten oder Streiks gewaltsam zu beenden. Dank der Polizei konnten aber auch an den meisten Orten in Europa die Menschen jederzeit unbesorgt und unbewaffnet ihr Haus verlassen – anders als in den Jahrhunderten zuvor. So kam es, dass der Polizist bei einem Großteil der Bevölkerung beliebt war.

Hoher Kragen als Schutz gegen Erdrosseln

Am Gürtel waren Knüppel und Laterne befestigt.

Diese Binde trug der Polizist beim Einsatz.

Weiße, leichte Hose für den Sommer

UNIFORMIERT
Sir Robert Peel war von 1822 bis 1830 britischer Innenminister. Er gründete die Metropolitan Police am Scotland Yard. Die nach ihm benannten Polizisten („Peelers“ oder „Bobbys“) trugen die links gezeigte adrette Uniform.

Säbel und Scheide trugen die „Peeler“ nur bei feierlichen Anlässen am Gürtel.

RATSCHEN UND PFEIFEN
Holzratschen benutzten die Polizisten, um Alarm zu schlagen. Trillerpfeifen wurden ursprünglich nur von Hotelportiers verwendet, um Droschken herbeizurufen. Mit zunehmendem Straßenlärm jedoch wurden ab 1880 Trillerpfeifen auch für die Polizei unentbehrlich.

Polizeilaterne

Die Knüppel der „Peeler“ hießen im Volksmund „Nussknacker“.

Doppellaufpistole eines Bow Street Runners *(1763)*

ALLZEIT BEREIT
Um 1750 hatte die Kriminalität in London so stark zugenommen, dass Sir Henry Fielding, Friedensrichter am Bow Street Court (dem Londoner Polizeigericht), sechs Männer als Straßenpatrouille einsetzte. Diese „Bow Street Runners“ genannte Truppe stand Tag und Nacht bereit, um binnen 15 Min. die Verfolgung eines Straftäters im gesamten Stadtgebiet aufzunehmen. Die Einheit wurde später vergrößert, 1829 jedoch wieder aufgelöst.

Der Zylinder war so stabil, dass man sich sogar darauf stellen konnte, um z.B. über eine Mauer zu schauen.

POLIZEIGRÜNDER
1667 gründeten Louvois (links) und La Reynie die Pariser Polizei. Zugleich schaffte La Reynie die sog. *cours des miracles* ab, die bis dahin in französischen Städten als Schlupfwinkel dienten, in denen sich Diebe und anderes Gesindel vor dem Gesetz verstecken konnten. La Reynie ließ außerdem in Paris Streifenbeamte zu Fuß und zu Pferd patrouillieren.

GELÄUTERTER GANOVE
Nach seiner Haftentlassung im Jahr 1809 bot der berüchtigte französische Ganove François-Eugène Vidocq an, als Spion für die Polizei zu arbeiten. Er tat sich mit anderen Ex-Häftlingen zusammen, die Kenntnisse aus ihrer kriminellen Vergangenheit beisteuerten, und baute auf diese Weise ein Netz von Informanten auf.

DER STARKE ARM DES GESETZES
Tom Smith war in den 1850er Jahren eine wohlbekannte Persönlichkeit im Londoner West End. Er war 1,96 m groß und wog über 130 kg. Angeblich bereitete er Raufereien allein durch sein Auftreten ein Ende.

Zylinder

Uniformkragen mit Kennzahl des Polizisten

Polierte Knöpfe

Diese Hosen wurden bei jedem Wetter getragen.

Amtsstab mit Krönchen aus Metall

KENNZEICHEN
In England trugen Polizei- und Justizbeamte bei der Durchführung von Haftbefehlen als Erkennungsmerkmal einen Amtsstab (engl.: *tipstaff*) bei sich und bekamen deshalb den Beinamen „Tipstaff".

Sheriffstern

Pinkerton-Detektivplakette

Bundessheriffstern

DIENSTMARKEN
Gesetzeshüter tragen zum Beweis ihrer Autorität und ihrer Befugnisse stets ein Erkennungszeichen. Insbesondere Ermittlungsbeamte, die Durchsuchungen durchführen und Verhaftungen vornehmen, müssen sich jederzeit ausweisen können.

Pinkerton (in Verkleidung) nimmt im Zug einen Dieb fest.

PINKERTON GREIFT EIN
Der Schotte Allan Pinkerton kam um 1840 in die USA. 1850 gründete er in Chicago das Detektivbüro „Pinkerton's National Detective Agency". Eine seiner Meisterleistungen war die Vereitelung eines Mordanschlags auf den amerikanischen Präsidenten Abraham Lincoln.

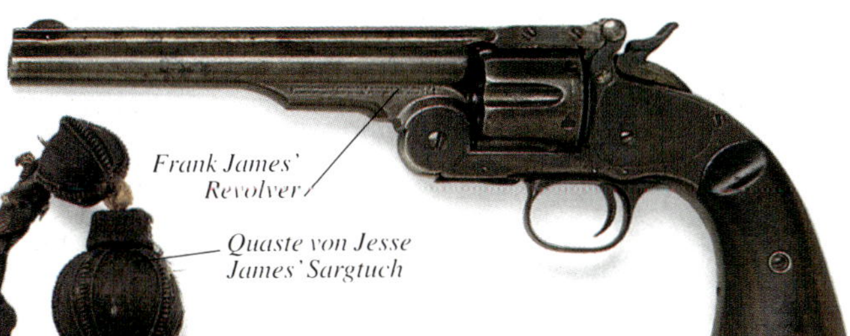

Frank James' Revolver

Quaste von Jesse James' Sargtuch

BERÜHMT-BERÜCHTIGT
Jesse James gehört zu den wohl bekanntesten Banditen in der Geschichte der USA. Zwischen 1866 und 1892 überfielen er und sein Bruder Frank mit ihrer Bande zahlreiche Banken, Postkutschen und Züge und töteten dabei mindestens zehn Menschen. Im April 1882 wurde Jesse James von dem Banditen Bob Ford erschossen, der die $ 10.000 Belohnung kassieren wollte, die auf seinen Kopf ausgesetzt waren.

Diese Kugeln steckten in einem Baum bei Jesse James' Versteck.

Ein Stück von Jesse James' Sarg

Gerechtigkeit und Strafe

AM PRANGER
Bereits in der Antike war es in Rom und Griechenland üblich, Straftäter öffentlich zur Schau zu stellen. Im Mittelalter wurden Menschen, die ein Verbrechen begangen hatten, auf dem Marktplatz mit Hals und Händen im Pranger eingeschlossen oder auf einem Karren durch die Stadt gezogen. Die Bevölkerung bewarf sie mit Schlamm und fauligem Gemüse, mitunter sogar mit Steinen.

Das moderne Rechtssystem der westlichen Länder geht auf das 19. Jahrhundert zurück. Seit dieser Zeit gilt das Prinzip der Gleichheit aller Bürger vor dem Gesetz, das Prinzip, dass nur bestraft werden kann, was gesetzlich verboten ist, und das Prinzip, dass jedermann das Recht auf einen fairen Prozess hat, in dem er sich durch einen rechtskundigen Anwalt vertreten lassen kann. Seit dieser Zeit erst versucht die Rechtssprechung auch, möglichst jeden schweren oder angezeigten Rechtsverstoß zu ahnden. Während in früheren Zeiten nur von Zeit zu Zeit ein Verbrecher zur Abschreckung öffentlich bestraft oder hingerichtet wurde, füllten sich im 19. Jahrhundert die neuen großen Gefängnisbauten mit Häftlingen.

Der blau gekleidete Häftling wird festgehalten.

CHINESISCHES RECHT
Das Bild oben zeigt eine chinesische Gerichtsszene (16. Jh.). Schon damals hatte China ein gut funktionierendes Rechtssystem, das sich auf den berühmten Philosophen Konfuzius (6./5. Jh. v. Chr.) stützte.

Strouds Schachspiel in seinem Buch über die Anatomie der Vögel

ZEITVERTREIB
Während seiner 54-jährigen Haft beschäftigte sich der Amerikaner Robert Stroud mit Krankheiten von Kanarienvögeln. Er wurde zu einem Experten auf diesem Gebiet und schrieb mehrere Fachbücher. Sein Beiname lautete „Vogelmensch von Alcatraz“.

LYNCHJUSTIZ
Lynchen ist das unrechtmäßige Töten eines Täters durch eine aufgebrachte Menge, die befürchtet, er könnte sich seiner Bestrafung entziehen.

DER TODESRICHTER
Im US-Staat Arkansas hatte das Verbrechen stark überhand genommen, als Präsident Ulysses Grant 1875 Isaac Charles Parker zum Bundesrichter von Fort Smith ernannte. Parker war zuvor in der Gegend tätig gewesen, in der Jesse James „agierte“, und hegte eine tiefe Abneigung gegen Rechtsbrecher. Innerhalb von 21 Jahren fällte er über 120 Todesurteile.

Ein Barrister ist ein englischer Rechtsanwalt, der vor höheren Gerichten plädiert.

VOR GERICHT
Die meisten Rechtsordnungen sehen vor, dass ein Angeklagter sich vor Gericht von einem Rechtsanwalt verteidigen lassen kann. Der Staatsanwalt vertritt die Gegenseite. Beide bringen ihre Argumente vor und anschließend trifft der Richter seine Entscheidung. Bei sehr schwerwiegenden Delikten verkündet ein Geschworenengericht seinen Schuldspruch, und der Richter verhängt das Strafmaß.

RANDALE VOR GERICHT
Diese Szene zeigt ein englisches Polizeigericht zu Beginn des 19.Jh.s. Die randalierenden Männer vor dem Richter wurden wohl wegen Trunkenheit festgenommen. Heute verhindern ausgebildete Sicherheitskräfte, dass Vorfälle dieser Art allzu häufig vorkommen, außerdem kann der Richter wegen ungebührlichen Verhaltens vor Gericht Strafen verhängen.

Die Handschellen, die man Ketchum anlegte

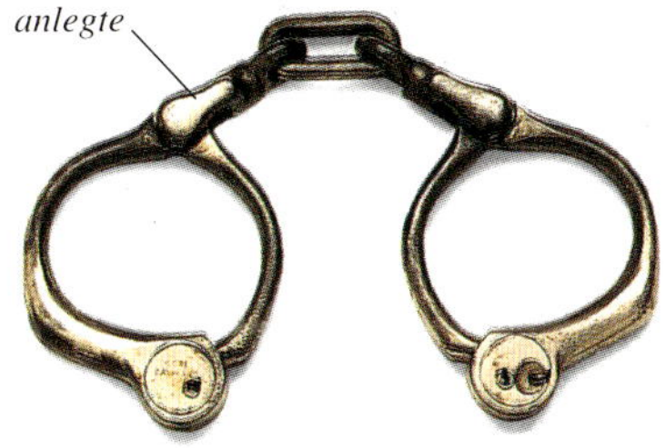

EINE FESTUNG
Diese Gürtelschnalle gehörte zur Uniform eines Gefängniswärters von Alcatraz. Aufgrund der strengen Bewachung und der gefährlichen Strömungen um die Gefängnisinsel konnten nur drei Häftlinge jemals von dort entkommen.

BLACK JACK KETCHUM
Ketchum wurde 1866 in New Mexico/USA geboren. Er führte eine Bande, die sich auf Eisenbahnüberfälle spezialisierte, jedoch nur wenig Erfolg hatte. Ketchum war als Trinker und Revolverheld bekannt. Bei einer Schießerei wurde er verhaftet und für den Mord an Sheriff Edward Farr gehängt.

Häftlingsnummer

Solche Hemden trugen die Häftlinge von Alcatraz.

ALCATRAZ
Alcatraz, das berüchtigtste Gefängnis der Welt, steht auf einer Felseninsel in der San Francisco Bay/USA. Ursprünglich war es ein Militärgefängnis, und von 1934 bis 1963 diente es als Bundesgefängnis für Schwerstverbrecher. Berühmte Insassen von Alcatraz waren Al Capone und Robert Stroud (genannt der „Vogelmensch von Alcatraz“). Heute ist das ehemalige Zuchthaus eine Touristenattraktion.

Bürgerliche Kunst

Die Kunst des viktorianischen England gibt am besten wieder, wie die Bürger im Europa des 19. Jahrhunderts die Welt sehen wollten. Die Architekten bauten prachtvolle Bahnhöfe, Verwaltungsgebäude und Museen mithilfe neuer Baumaterialien und neuer Fertigungstechniken. Auch die Gemälde spiegeln die Themen der damaligen Zeit wider: romantische Bilder von Familien mit Kindern und Tieren und detailgetreue, realistische Darstellungen des Alltagslebens, historische oder mythologische Szenen. Ein neues, aufregendes Medium, um Eindrücke festzuhalten, war die Fotografie.

Neugotik

Die wirtschaftlichen Errungenschaften der Zeit sollten auch in der Architektur zum Ausdruck gebracht werden. Die Architekten griffen auf die mittelalterliche Gotik mit ihren Spitzbögen und filigranen Elementen zurück, der sie jedoch mehr klassische Klarheit verliehen. Für die viktorianische Mittelschicht war dies der einzige ihren christlichen Werten angemessene Baustil.

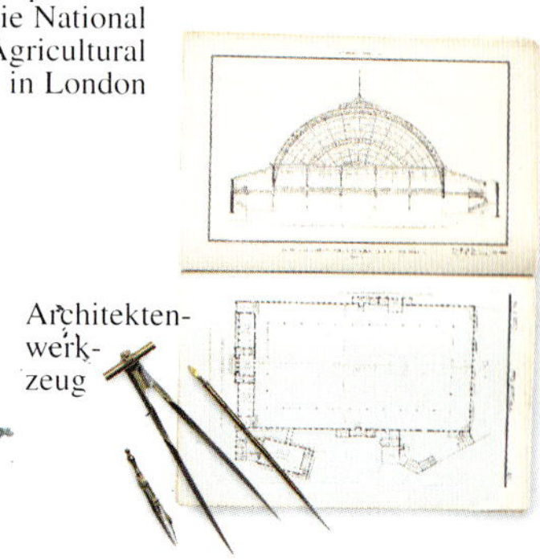

Baupläne für die National Agricultural Hall in London

Architektenwerkzeug

VIKTORIANISCHE BAUTEN
Der neugotische Stil prägte gleichermaßen Privathäuser wie öffentliche Gebäude und Bahnhöfe. Noch heute zeugen der Londoner Bahnhof St. Pancras und das Londoner Parlamentsgebäude vom Glanz jener Zeit.

Die Glocke im Uhrturm trägt den Spitznamen „Big Ben".

Westminster Palace (Houses of Parliament) ist ein Paradebeispiel für die englische Neugotik.

1834 wurde das Palastareal von Westminster durch ein Feuer zerstört; an gleicher Stelle entstand ab 1840 das Parlamentsgebäude nach Plänen von Charles Barry und Augustus Welby Pugin.

Die bildenden Künste

Die Bürger liebten sentimentale Bilder wie Frank Bramleys *A Hopeless Dawn* (Eine hoffnungslose Dämmerung), aber auch die farbenprächtigen Alltagsdarstellungen von William Frith. Bekannte englische Maler der Zeit sind John Everett Millais, William Holman Hunt, Edward Burne-Jones und Walter Sickert.

The Lady of Shalott (1888) von J.W. Waterhouse

Das Thema des Bilds geht auf die Sage von König Artus zurück.

PRÄ-RAFFAELITEN
1848 schlossen sich die Maler Millais, Hunt, Dante Gabriel Rossetti, der Kunstkritiker John Ruskin und andere zusammen und nannten sich nach den Vorläufern des italienischen Malers Raffael (1483–1520) Präraffaeliten. Ihre Bilder nahmen Themen aus Dichtung, Religion und Mittelalter auf.

KUNST FÜR ALLE
Bis zum 19. Jh. war Kunst nur etwas für die Aristokratie. Die Adligen gaben Werke für ihre Privatsammlungen in Auftrag. Nun baute man Kunstgalerien wie die im Bild oben (James Hayllar: *The Picture Gallery*, dtsch. Die Gemäldegalerie), in denen Menschen aus allen sozialen Schichten sich Kunstwerke ansehen konnten.

FOTOGRAFIE
In den 1830ern erfand William Fox Talbot ein erfolgreiches Entwicklungsverfahren für Fotos. Die ersten Kameras waren einfache Kästen. Belichtet wurden Platten. 1888 brachte George Eastman eine Boxkamera mit Rollfilm auf den Markt, den man zur Entwicklung ins Labor schicken konnte.

Nassplattenkamera

Chemikalien und Negativ

BELEHREND
Die Menschen im 19. Jh. hatten ein Faible für Bilder, die eine Moralgeschichte erzählten. Die düsteren Gemälde von Augustus Egg z.B. waren sehr beliebt. Sie zeigten, wie Untreue oder Trunksucht eine Familie zerstören konnten.

Robert Martino: *Past and Present No. 3* (Vergangenheit und Gegenwart Nr. 3, 1858): Waisenkinder nach dem Tod ihres Vaters

Sepia-Abzüge

Familien posierten vor förmlichem Hintergrund für Porträtaufnahmen.

William Morris

KUNSTHANDWERK
William Morris war ein Anhänger des Sozialismus und Mitglied der Präraffaeliten. In seinen Schriften und als Architekt wandte er sich gegen die Hässlichkeit, die Massenproduktion und die soziale Ungerechtigkeit der Industriegesellschaft. 1861 gründete er kunstgewerbliche Werkstätten, in denen Männer und Frauen auf traditionelle Art Tapeten, Möbel, Silberwaren und Stoffe von bestechender Schlichtheit herstellten, gleichermaßen schön wie nützlich.

Keramikfliese im Morris-Stil

Ironischerweise erfreuten sich Morris' Entwürfe so großer Beliebtheit, dass sie vielfach kopiert und auch als Massenware hergestellt wurden.

William-Morris-Tapete

Noch heute finden William-Morris-Muster Freunde.

Ein neues Lesepublikum

Wie alle Europäer jener Zeit waren die Engländer der viktorianischen Epoche begeisterte Leser. Sie verschlangen Romane, Sachbücher, Zeitungen, Illustrierte, Groschenhefte, Sagen und Geschichtserzählungen, Reiseführer und sogar Comics. Da es weder Radio noch Fernsehen gab, waren Bücher das wichtigste Unterhaltungsmedium. Bessere Bildungsmöglichkeiten führten zu einer größeren Nachfrage nach Büchern, und der 1814 eingeführte Dampfdruck senkte die Herstellungskosten. Die Eisenbahn brachte Bücher und Zeitschriften in alle Landesteile. Bahnhofsbuchhandlungen und eine wachsende Zahl von Bibliotheken machten Bücher einer größeren Öffentlichkeit zugänglich.

Eine belesene Nation

Der Bildungsstandard nahm im 19. Jh. zu. Lesen und Schreiben waren auch Bestandteil der Kultur der Arbeiterklasse. Wer keine reguläre Schule besucht hatte oder besuchen konnte, brachte sich das Lesen selbst mithilfe örtlicher Arbeitervereine oder anderer Verbände bei.

ÖFFENTLICHE BÜCHEREIEN
Zunächst konnten nur Reiche Büchereien nutzen. Selbst die gebührenfreie Bücherei des Britischen Museums schloss, bevor die Arbeiter Feierabend hatten. Mancherorts organisierten Arbeiter eigene Büchereien, auch Industrielle und Philanthropen stifteten Bibliotheken. Ein Gesetz von 1850 ermöglichte es den Gemeinden, Büchereien mit Steuergeldern zu finanzieren.

Charles Dickens

Der wohl populärste englische Romanschriftsteller der Zeit war Charles Dickens. Seinem ersten Erfolgsroman *Die Pickwicker* (1837) folgten *Oliver Twist* (1839) und noch viele weitere. Als Kind hatte Dickens die Armut kennen gelernt. Er schrieb mit Mitgefühl und Humor über soziale Ungerechtigkeiten.

Illustriertes Fortsetzungsheftchen von *Oliver Twist*

MONATLICHE FOLGEN
Dickens' Romane wurden als Fortsetzungen in Magazinen veröffentlicht, ehe sie als Buch herauskamen. Nach jeder Folge warteten die Leser ungeduldig auf die nächste. Bei seinen Dichterlesungen in Großbritannien und den USA füllte er ganze Säle.

Charles Dickens an seinem Schreibtisch

Dickens benutzte eine Schreibfeder.

Dickens' Romanfiguren Mr. Micawber, Fagin, Bill Sykes, Nancy und andere ziehen auch heutige Leser in ihren Bann.

Charlotte Brontë

Für jeden etwas

Im England des 19. Jh.s gab es Literatur für jeden Geschmack, von Mary Gaskells *Mary Barton* (1848), einer bewegenden Geschichte aus dem industriellen Norden, bis zu Gruselromanen wie Bram Stokers *Dracula* (1897) und den Meisterwerken des psychologischen Realismus von George Eliot (mit richtigem Namen Mary Ann Evans). Zudem lasen die Menschen damals gern romantische Gedichte, Reiseberichte und historische Bücher.

Sherlock Holmes ist einer der größten Detektive der Literatur.

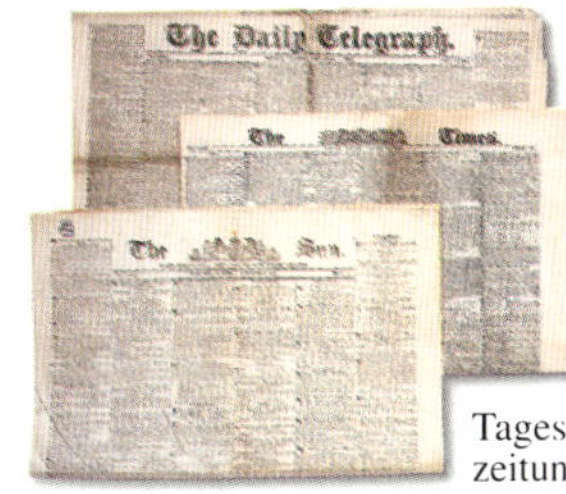

Tageszeitungen

POPULÄRE PRESSE

Die *Times* gab es schon seit 1785, doch sie war teuer und für die Oberschicht geschrieben. Zeitungen wurden besteuert, und ihr Inhalt unterlag strengen Gesetzen. 1855 wurde nach einem langen Kampf um die Pressefreiheit die Zeitungssteuer abgeschafft, und Zeitungen wurden billiger. Bald las sie jeder – vom *Daily Telgraph*, der ersten billigen Zeitung, bis zur mehr auf sensationelle Schlagzeilen ausgerichteten *Daily Mail*. Nach 1850 erschienen auch lustige oder spannende Comics für Kinder.

DIE GESCHWISTER BRONTË

Charlotte, Anne und Emily Brontë aus Yorkshire schrieben romantische Romane. Charlottes berühmtestes Werk ist *Jane Eyre* (1847), Emilys *Die Sturmhöhe* (1847), Annes *Wildfell Hall* (1848). Damit ihre Romane veröffentlicht wurden, schrieben die Brontës unter männlichen Pseudonymen.

Illustration aus *Tess von D'Urbervilles*

KRIMINALROMANE

In seinem 1868 erschienenen Roman *Der Monddiamant* schickt Wilkie Collins Sergeant Cuff als ersten Polizeiermittler auf Spurensuche. In den 1890ern versetzte Arthur Conan Doyle seine Leserschaft mit den Abenteuern des Sherlock Holmes in Spannung.

THOMAS HARDY

Hardy porträtiert in seinen Werken die dem Untergang geweihte Landschaft seiner Heimat. Die frühen Romane wie *Am grünen Rand der Welt* (1874) fanden großen Anklang. *Tess von D'Urbervilles* (1891) und *Juda, der Unberühmte* (1895), die menschliche Beziehungen sehr realistisch darstellen, schockierten seine Zeitgenossen jedoch.

Aus Dickens' Werken können wir viel über seine Zeit lernen.

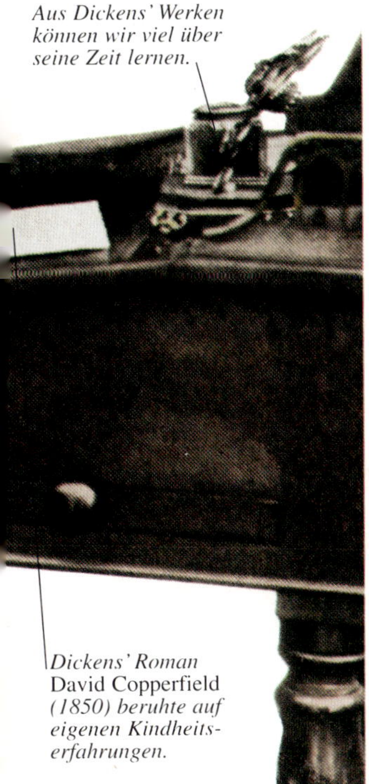

Dickens' Roman David Copperfield *(1850) beruhte auf eigenen Kindheitserfahrungen.*

Kinderbücher

Im England des 19. Jh.s erschienen immer mehr Kinderbücher: Geschichten, die den Kindern sagten, wie sie sich verhalten sollten; aber auch vergnügliche Nonsens-Verse wie die von Edward Lear. Zu den bekanntesten Kinderbüchern jener Zeit zählen Robert Louis Stevensons *Die Schatzinsel* (1883), *Das Dschungelbuch* (1894, 1895) von Rudyard Kipling und Anna Sewells *Black Beauty* (1877).

Alice

Alice wird größer, nachdem sie aus einem Fläschchen getrunken hat.

LEWIS CARROLL

Die erste Fantasy-Geschichte für Kinder, *Alice im Wunderland* (1865), schrieb Lewis Carroll (echter Name Charles Dodgson) für die Tochter eines Freundes. Die Geschichte moralisierte nicht und war damals sehr beliebt.

Zeichnung von Kate Greenaway

WORTE UND BILDER

In den 1860er Jahren gehörten Bilderbücher in jedes Kinderzimmer der Mittelschicht. Kate Greenaway malte wundervolle Illustrationen für unterschiedlichste Bücher, von Fibeln bis zu eigenen Gedichtbänden. Meist zeigten sie Kinder.

Literatur, Musik und Politik

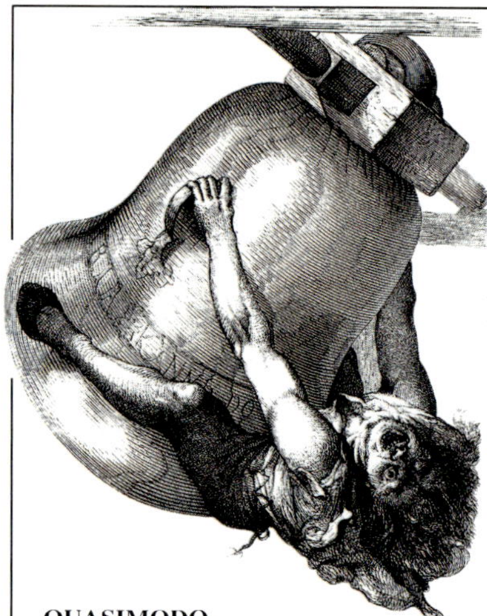

Ähnlich wie in England erlangten Romane auch in Frankreich durch die Veröffentlichung in preiswerten Fortsetzungen enorme Popularität. Was Dickens für England, war hier Honoré de Balzac (1799–1850); seine sich aus vielen Romanen zusammensetzende „menschliche Komödie" ist ein gewaltiges kritisches Panorama der bürgerlichen Gesellschaft des 19. Jahrhunderts. Victor Hugo (1802–1885) wurde trotz seiner Gegnerschaft zu Napoleon III. begeistert gelesen, und Émile Zola wurde nicht nur durch seine realistischen Romane berühmt, sondern auch durch seine politische Intervention während der Dreyfus-Affäre 1897, in der er den Antisemitismus des Militärs anprangerte. Während in England und Frankreich die Romanliteratur das wichtigste Medium war, in dem das Selbstverständnis der Bürger sich widerspiegelte, spielte in Deutschland und Italien die Oper eine vergleichbare Rolle. Richard Wagner (1813–1883) trug mit seiner Wiederentdeckung der nordischen Mythologie zum entstehenden nationalen Selbstverständnis der Deutschen (und zum deutschen Antisemitismus) bei, während Giuseppe Verdi (1813–1901) zum Helden der italienischen Unabhängigkeitsbewegung, des *Risorgimento*, wurde.

QUASIMODO
Quasimodo, der Glöckner von Notre Dame, wurde zu einer der bekanntesten literarischen Figuren des 19. Jh.s. Sein Schöpfer Victor Hugo genoss große Popularität und wurde für Kaiser Napoleon III. ein gefürchteter Gegner.

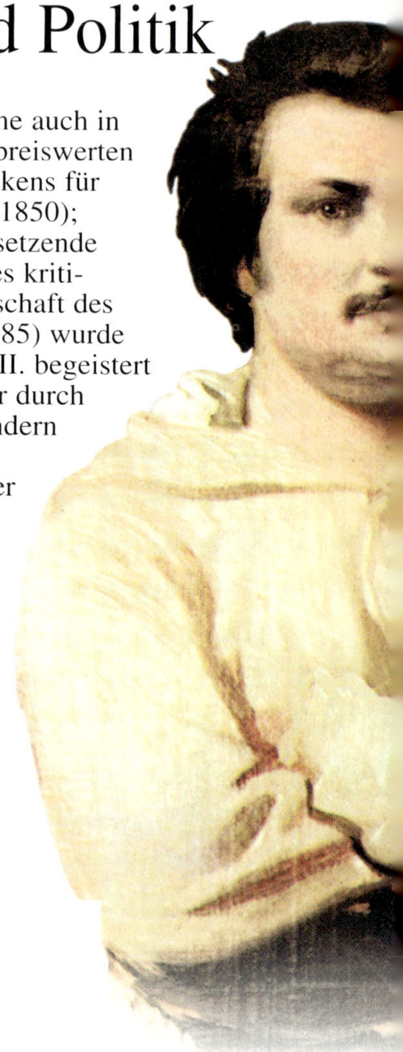

MANET
Während die Malerei der französischen Impressionisten unpolitisch blieb, beobachtete Edouard Manet (1832–1883) auch die politischen Ereignisse. Dies Bild (Ausschnitt) zeigt die Erschießung Kaiser Maximilians in Mexiko 1867.

FLAUBERT
Gustave Flaubert (1821–1880) beobachtete genau die bürgerliche und kleinbürgerliche Gesellschaft seiner Zeit und deckte ihre Schwächen gnadenlos auf. Am berühmtesten wurde sein Roman *Madame Bovary* (1856), in dem die benachteiligte Rolle der Frau im 19. Jh. angeprangert wird.

NANA
In seinem Roman *Nana*, dessen Heldin eine Courtisane ist, geißelt Émile Zola (1840–1902) die Doppelmoral des französischen Bürgertums. Der Roman wurde gerade wegen seines pikanten Themas ein großer Erfolg.

RIGOLETTO
Mit seiner Oper *Rigoletto* agitierte Verdi gegen die Willkürherrschaft der kleinen Fürsten, die in Italien bis 1860 herrschten. Die Oper gehört bis heute zu den meistgespielten. Das Bild vom Anfang des 20. Jh.s zeigt den berühmten Tenor Enrico Caruso in der Titelrolle.

DAUMIER
In der Pariser satirischen Zeitschrift *Charivari* veröffentlichte der Maler und Grafiker Honoré Daumier seit den 30er Jahren des 19. Jh.s seine Karikaturen. Berühmt sind seine Bilder von Juristen, die die Überheblichkeit dieses Stands aufs Korn nehmen.

VERDI
Mit Opern wie *Rigoletto* oder *Nabucco* griff Giuseppe Verdi (1813–1901) in die politischen Auseinandersetzungen seiner Zeit zugunsten der politischen Einigung Italiens und einer liberalen Verfassung ein. Die Aufführungen seiner Opern wurden zu politischen Demonstrationen.

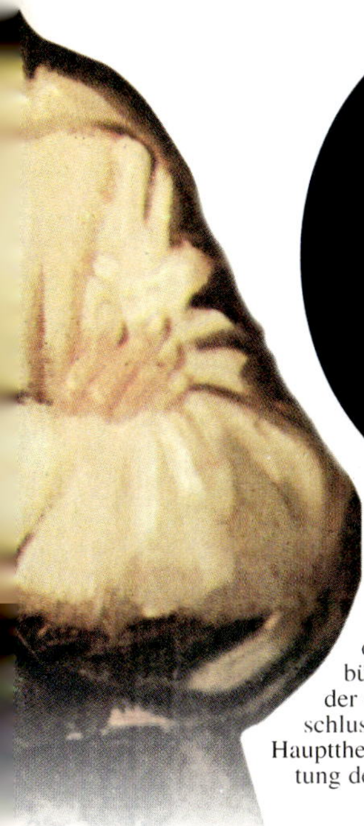

BALZAC
Mit dem gewaltigen Romanzyklus der *Menschlichen Komödie* schuf Honoré de Balzac ein realistisches Panorama der bürgerlichen Gesellschaft Frankreichs in der ersten Hälfte des 19. Jh.s, das weit aufschlussreicher ist als viele historische Werke. Hauptthema ist die alles durchdringende Bedeutung des Geldes für die moderne Gesellschaft.

RICHARD WAGNER
Wagner (1813–1883) schuf einen völlig neuen Musik- und Opernstil und machte die nordische Mythologie, vor allem im *Ring des Nibelungen,* zum Thema. Wagner wurde zum Helden des deutschen Nationalismus in der zweiten Hälfte des 19. Jh.s. Seine Opern gehören neben denen Verdis bis heute zu den meistgespielten.

BAYREUTH
Mithilfe des bayerischen Königs Ludwig II., der ihn über die Maßen bewunderte, errichtete Wagner in Bayreuth ein allein der Aufführung seiner Werke vorbehaltenes Festspielhaus, das zu einer regelrechten Wallfahrtsstätte wurde.

Russische Schriftsteller

Im 19. Jahrhundert erlangte die russische Literatur Weltgeltung. Mit den Gedichten und Erzählungen von Alexander Puschkin und Michail Lermontow begann eine große Tradition, die mit Gogols Erzählungen und den Romanen von Tolstoi und Dostojewski ihre Fortsetzung fand; der letzte große Schriftsteller des 19. Jahrhunderts war Anton Tschechow. Fast alle russischen Schriftsteller wurden Opfer der Zensur und politischer Verfolgung unter dem zaristischen Regime. Nicht besser erging es denen, die die große Erzähltradition Russlands im 20. Jahrhundert fortsetzten, wie Michail Bulgakow, Boris Pasternak und Alexander Solschenizyn: Sie wurden vom Sowjetregime verfolgt.

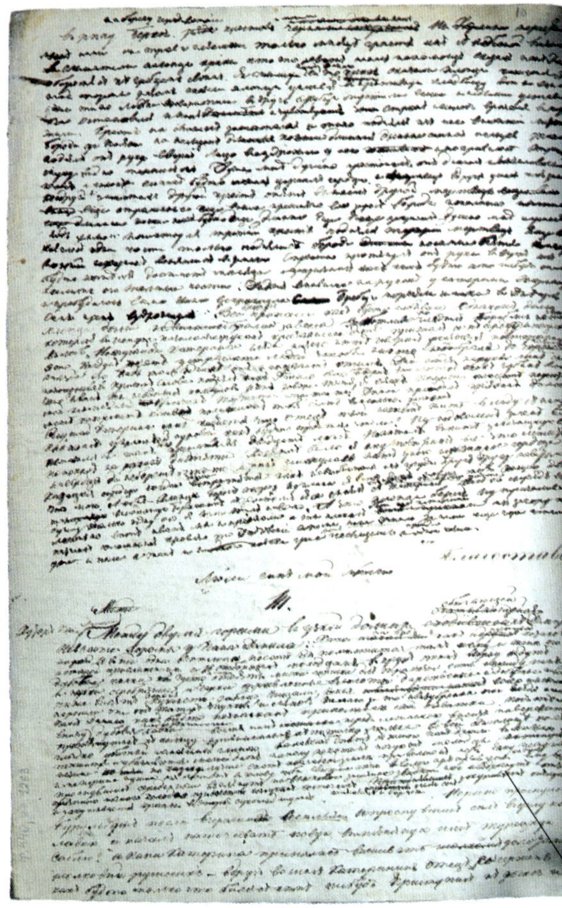

Manuskript zur Erzählung Die schreckliche Rache, *der Geschichte eines verdammten Geschlechts*

Mit dieser Feder schrieb Gogol Die toten Seelen.

NIKOLAI GOGOL
Gogol (1809–1852) schrieb Dramen, Novellen und Erzählungen, in denen er folkloristische, groteske und humoristische Elemente verband. Themen Gogols waren u.a. die Kosaken und das ukrainische Bauernleben. Seine größten Erfolge waren *Der Revisor*, eine Komödie über Provinzpolitiker, und *Die toten Seelen*, ein tiefsinniger Roman über Großgrundbesitzer und Leibeigene. Das Manuskript zum zweiten Band verbrannte Gogol kurz vor seinem Tod, von schweren Zweifeln über den Sinn seiner literarischen Tätigkeit gequält. Damit ging der Welt ein Meisterwerk verloren.

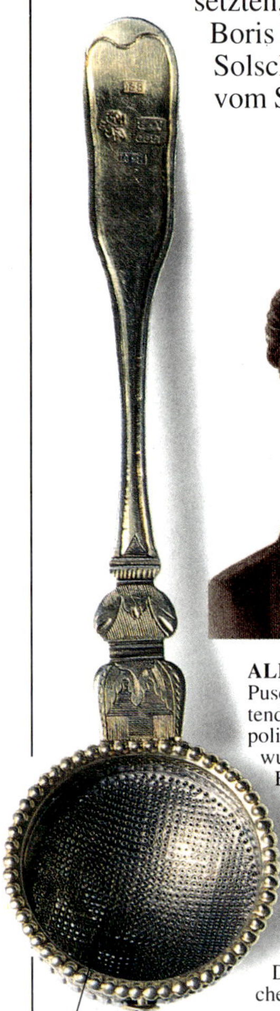

Puschkins silbernes Teesieb

ALEXANDER PUSCHKIN
Puschkin (1799–1837) gilt als bedeutendster russischer Dichter. Wegen politischer und satirischer Schriften wurde er 1824 verbannt. In seinem Exil betreute ihn seine frühere Amme, der er das Gedicht *Kamerad in schweren Tagen* widmete. Zu seinen bedeutendsten Werken zählen *Boris Godunow*, ein historisches Theaterstück, der Versroman *Eugen Onegin* und *Der eherne Reiter*, ein Epos über die große Flut von St. Petersburg. Die meisten Russen kennen zahlreiche seiner lyrischen Gedichte auswendig. Puschkin starb mit nur 37 Jahren an den Verletzungen, die er im Duell mit dem Franzosen d'Anthès erlitten hatte.

FJODOR DOSTOJEWSKI
Dostojewski (1821–1881) zählt zu den größten Erzählern der Weltliteratur. Eines seiner bedeutendsten Werke ist der Roman *Schuld und Sühne*. 1849 wurde er als Mitglied eines Geheimbundes verhaftet und zum Tod verurteilt, dann jedoch begnadigt und zu vier Jahren Zuchthaus nach Sibirien verbannt. Seine Erfahrungen verarbeitete er in dem Roman *Aufzeichnungen aus einem Totenhaus*.

Tschechow und *Die Dame mit dem Hündchen*

ANTON TSCHECHOW

Tschechow (1860–1904), der eigentlich Arzt war, gilt als Meister der Kurzgeschichte von bisweilen umwerfender Komik. Häufig beschreibt er aber auch die tragischen Aspekte des menschlichen Zusammenlebens. Herausragend ist *Die Dame mit dem Hündchen*, eine Geschichte, die in Jalta spielt, wo der an Tuberkulose leidende Tschechow eine Zeit lang lebte. Weltbekannt sind seine Theaterstücke *Die Möwe* und *Der Kirschgarten*.

Filmszene aus *Doktor Schiwago* (1965)

BORIS PASTERNAK

Unter Stalin übersetzte Pasternak (1890–1960) Werke von Shakespeare und Goethe. Für seinen Bürgerkriegsroman *Doktor Schiwago*, der 1957 im Ausland erschien, erhielt er den Literaturnobelpreis. Aufgrund des Werks wurde er aus dem sowjetischen Schriftstellerverband ausgeschlossen.

Mandelschtams satirisches Gedicht

Das kyrillische Alphabet hat 33 Buchstaben.

OSIP MANDELSCHTAM

Zu den bedeutenden russischen Literaten der ersten Hälfte des 20.Jh.s gehört Osip Mandelschtam (1891–1938), dessen Gedichte von großer Kenntnis der klassischen Antike zeugen. Wegen eines satirischen Gedichts über Stalin wurde er zur Zwangsarbeit im Arbeitslager verurteilt. Er starb 1938 in Sibirien.

LEO TOLSTOI

Werke wie *Krieg und Frieden* und *Anna Karenina* machten Tolstoi (1828–1910) zu einem der bedeutendsten russischen Schriftsteller. Aufgrund seiner Moraltheologie, die das einfache naturnahe Leben propagierte, geriet er in Konflikt mit der russisch-orthodoxen Kirche, die ihn später ausschloss. 82-jährig verließ er seine Familie im Streit und starb kurz darauf auf einer Reise.

Filmszene aus *Ein Tag im Leben des Iwan Denissowitsch* (1971)

ALEXANDER SOLSCHENIZYN

Solschenizyn (geb. 1918) kam gegen Ende des 2. Weltkriegs für seine Kritik an Stalin ins Arbeitslager. Seine Erfahrungen verarbeitete er in dem Roman *Ein Tag im Leben des Iwan Denissowitsch*, der 1962 erschien.

Auch so kann man Insekten fangen.

Naturforscher

Die wissenschaftliche Erforschung der Natur war seit Ende des 18. Jahrhunderts nicht allein das Anliegen akademischer Gelehrter, sondern eine Sache, derer sich das gebildete Bürgertum insgesamt mit Begeisterung annahm. Viele Naturforscher, die sich damals in unbekannte Gebiete vorwagten, hatten nur ein Ziel: neue Tier- und Pflanzenarten ausfindig zu machen. Die ersten Entdecker hatten zwar schon eingehende Schilderungen der faszinierenden fremdländischen Fauna und Flora gegeben, ihre wissenschaftliche Beschreibung begann aber erst am Ende des 18. Jahrhunderts. Sie erweiterte unser Wissen von der Erde außerordentlich. Den Forschern, die tatsächlich das Glück hatten, neue Arten zu entdecken, brachte sie außergewöhnlichen Ruhm.

HENRY BATES
Der große Naturforscher studierte mehrere Jahre Naturgeschichte, ehe er 1848 Alfred Wallace (unten rechts) in die Regenwälder am Amazonas begleitete. Elf Jahre lang erforschte er dort Insekten in Gebieten, die vor ihm kein Europäer betreten hatte.

MIKROSKOPISCHE SICHT
Mit diesem Mikroskop untersuchte Charles Darwin Insekten und andere Kleinlebewesen. Was er hier sah, half ihm bei der Entwicklung seiner Evolutionstheorie.

ARTENSCHIFF
1831 sandte die Britische Marine die *Beagle* auf Erkundungsfahrt in den Südatlantik und Südpazifik. Wie üblich war ein Naturforscher mit an Bord: der 22-jährige Charles Darwin, der viele Tierarten sammelte und nach Hause mitnahm.

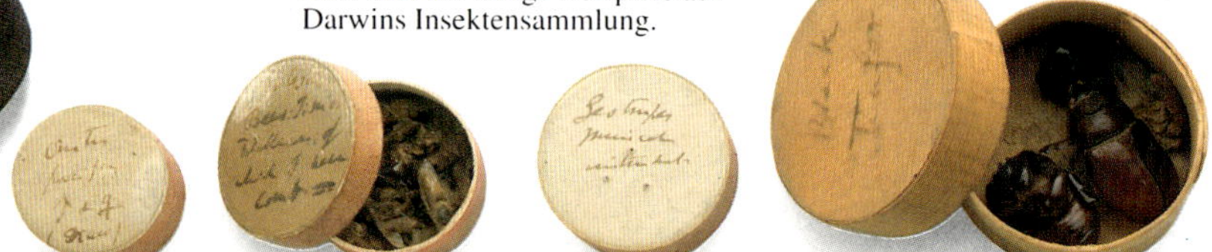

KRABBELTIERE
Dies sind nur einige Beispiele aus Darwins Insektensammlung.

Chloroform-
flasche aus
Messing

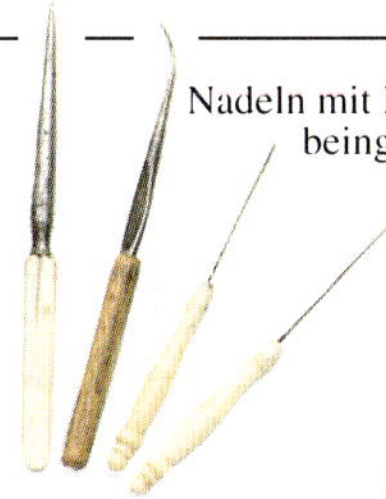

Nadeln mit Elfen-
beingriffen

BANKS FALTER
Joseph Banks war ein wohlhabender Hobbyforscher. Er nahm an Kapitän Cooks Expedition teil, die den Auftrag zur Erkundung der Südsee hatte. Von der Reise brachte Banks unter anderem eine herrliche Schmetterlingssammlung mit.

GIFT UND NADELN
Mit Chloroform töteten Insektensammler schnell und schmerzlos ihre Opfer. Dann spießten sie die Tiere auf Nadeln.

FEINES GEFÄNGNIS
Mit solchen leichten Netzen fingen die Naturforscher Insekten. Durch die feine Gaze wurden die zarten Beine und Flügel nicht beschädigt.

MARY KINGSLEY
Im viktorianischen England des 19. Jh.s blieben anständige Damen zu Hause. Nicht so Mary Kingsley. Sie verließ Heim und Heimat, um die Tierwelt Westafrikas zu erforschen. Ihre Forscherkollegen respektierten ihr Engagement, und ihre Arbeit wurde hoch geschätzt.

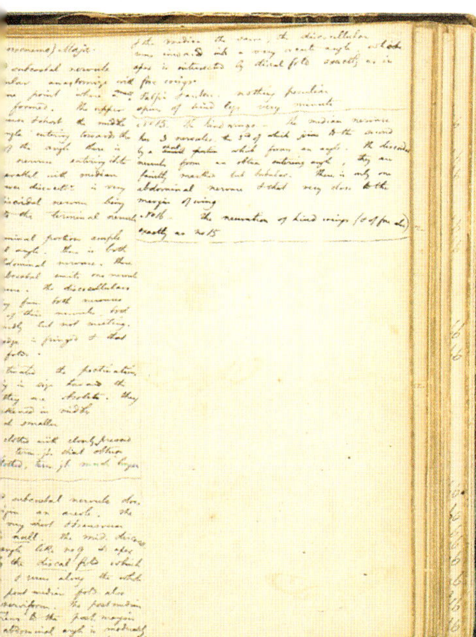

FLASCHENFISCH
Von jeder neu entdeckten Art nahmen Mary Kingsley und ihre Kollegen ein Belegexemplar mit nach Hause. Sie interessierte sich vor allem für Fische. Diesen in Spiritus eingelegten Nilhecht brachte sie vom Ogowe mit.

BEWUNDERNSWERTE BUCHFÜHRUNG
Henry Bates führte über alle Insektenarten, die er entdeckte, genau Buch. Wie diese beiden Seiten, so ist das ganze Buch mit wunderschönen Illustrationen und exakten Beschreibungen gefüllt. Von den 8000 Insektenarten waren 600 Schmetterlinge.

ALFRED WALLACE
Alfred Wallace unternahm ausgedehnte Reisen, um neue Arten zu entdecken, die die Theorien seines Freundes Charles Darwin belegen sollten. 1848 ging er mit Henry Bates für vier Jahre nach Südamerika. 1854–1862 sammelte er neue Insektenarten in Indonesien.

Pflanzensammler

Ähnlich wie das Sammeln von Käfern und Schmetterlingen war auch das Sammeln oder Pressen von Pflanzen im 19. Jahrhundert ein verbreitetes Hobby. Auf der Suche nach neuen Pflanzen in unbekannten Gebieten der Erde verband sich für die Botaniker der Nervenkitzel des Abenteuers mit dem Reiz der wissenschaftlichen Forschung. In Fachzeitschriften dokumentierten sie ihre Entdeckungen.

HUMBOLDT UND BONPLAND
Anfang des 19. Jh.s bereisten Alexander von Humboldt und Aimé Bonpland Südamerika, um dort geologische und botanische Studien zu betreiben. Die Abbildung zeigt sie in ihrem Lager im Urwald.

Trieb einer *Cinchona*-Pflanze

Chinarinde: Aus ihr gewinnt man Chinin.

MEDIZINBAUM
Bis zur Mitte des 19. Jh.s forderte die Malaria jährlich viele Todesopfer. Bei einem Aufenthalt in Peru sammelte Bonpland (oben rechts) Teile verschiedener *Cinchona*-Pflanzen. Später entdeckte man in der Rinde von *Cinchona*-Bäumen (Chinarinde) einen Stoff, mit dem sich die Malaria erfolgreich bekämpfen ließ: Chinin.

GEPRESSTE PFLANZEN
Allan Cunningham brachte im 19. Jh. diese gepressten Eukalyptusblätter von Australien nach England. In einem Miniatur-Glashaus transportierte er später lebende Pflanzen.

BÄRTIGER BOTANIKER
Joseph Hooker war einer der führenden Botaniker und Entdecker in der zweiten Hälfte des 19. Jh.s. Er beteiligte sich an der Arktisexpedition von James Ross und sammelte in Asien viele neue Pflanzenarten.

Sarcococca hookeriana

Hookers Botanisiertasche

HOOKERS SAMMLERRANZEN
Auf allen seinen ausgedehnten Reisen trug Hooker stets diesen Lederranzen, in dem er alle Pflanzen sammelte, die ihn interessierten. Einige davon sind nach ihm benannt, wie z.B. die abgebildete *Sarcococca hookeriana*.

Hevea brasiliensis

DURCH DEN DSCHUNGEL Naturforscher mussten sich auch durch unzugängliche Gebiete kämpfen.

FLORA ARCTICA nannte William Parry seine Aufzeichnungen über die arktische Pflanzenwelt. Auf fünf Entdeckungsreisen in die Arktis (1818–1827) sammelte und untersuchte Parry eine Vielzahl von Pflanzen. Seine ausführlichen Beschreibungen machten ihn einer breiten Öffentlichkeit bekannt.

GUMMIBÄUME Die Spanier fanden die ersten Gumnibäume in Südamerika. Die Indios rockneten deren Saft und machten Spielbälle daraus. Die Art *Hevea brasiliensis* entdeckte der französische Forscher La Condamine. Im 19. Jh. and man viele Verwendungsmöglichkeiten für Gummi, und die Nachfrage stieg sprunghaft.

BANKS' HIBISKUS Joseph Banks war der erste große Naturforscher. Mit Kapitän Cook segelte er 1768 in die Südsee. Er hatte zwei Botaniker, einen Astronomen, einen Zeichner und vier Diener angestellt. Aus Polynesien brachte Banks diesen Hibiskus mit, aus dessen innerer Rinde die Eingeborenen „Baströckchen" machten.

Charles Darwin

Charles Darwin (1809–1882) begründete mit seinem Werk *Die Entstehung der Arten* die Evolutionstheorie. Er war nicht der Erste, der sich Gedanken über Evolution machte, aber derjenige, der dem Evolutionsgedanken zum Durchbruch verhalf und ihn durch eine Vielzahl von Belegen untermauerte. Anfang des 19. Jahrhunderts war Evolution ein sehr unpopuläres Thema in England. Lamarcks Evolutionsidee hatte im Frankreich der Revolutionszeit u.a. deshalb Zustimmung gefunden, weil sie die Autorität der Kirche und die des Königs infrage stellte. In England fürchtete man ähnliche Entwicklungen. Der Londoner Zoologieprofessor Robert Grant verlor seinen Lehrstuhl, weil er Lamarcks Gesetze der Entwicklungsgeschichte öffentlich vertreten hatte. Robert Chambers' Buch *Natürliche Geschichte der Schöpfung des Weltalls, der Erde und der auf ihr befindlichen Organismen* löste einen Skandal aus. Wegen dieser Stimmung hielt sich Darwin so lange wie möglich zurück. 1858 veröffentlichte Alfred Wallace unabhängig von Darwin seine Vorstellungen von einer natürlichen Auslese. Dies war für Darwin der Anstoß, sein Buch endlich herauszubringen.

Fernrohr von Bord der *Beagle*

Darwins Kompass

AUF-ZEICHNUNGEN
Darwin war ein guter Beobachter und machte sorgfältige naturkundliche Aufzeichnungen. Neben den Beobachtungen schrieb er auch seine Überlegungen zu deren wissenschaftlicher Bedeutung auf.

Charles Darwin

Die *Beagle*

Von 1831 bis 1836 segelte Darwin als Naturforscher an Bord der *Beagle* um die Welt. In Südamerika und auf den Galapagosinseln verblüfften ihn viele Eigentümlichkeiten der Pflanzen- und der Tierwelt. Später erkannte er sie als Ergebnisse der Evolution. Die Seereise selbst war für Darwin kein Vergnügen: Er litt furchtbar unter Seekrankheit.

Eines von Darwins Notizbüchern

ZURÜCKHALTUNG
Weder zu Beginn seiner Reise auf der *Beagle* noch an deren Ende war Darwin ein Evolutionist. Erst in den Jahren danach nahm dieser Gedanke allmählich Gestalt an. Darwin vertrat seine Theorie undogmatisch und wog die Argumente seiner Gegner sorgfältig ab. So gewann er die Achtung und die Unterstützung vieler Naturforscher, sogar einiger, die ihn anfangs abgelehnt hatten.

LANDGANG
Darwin hatte auf der Reise Lyells Buch *Geologie oder Entwicklungsgeschichte der Erde und ihrer Bewohner* bei sich. Darin führt Lyell aus, dass die geologischen Merkmale der Erde durch langsam wirkende Kräfte entstanden sind, die auch heute noch aktiv sind (Aktualitätsprinzip). Darwin verbrachte viel Zeit an Land, und seine geologischen Untersuchungen bestätigten Lyells Theorie.

Einwohner von Feuerland begrüßen die *Beagle*.

Bekehrt

Darwin war begeisterter Naturkundler. Da alle Professoren für Naturkunde Theologen waren, studierte Darwin Theologie. Als er das Angebot bekam, auf Forschungsreise zu gehen, beschloss er, nicht Geistlicher, sondern Naturforscher zu werden.

Einige Käfer aus Darwins Sammlung

ERASMUS DARWIN
Charles Darwins Großvater Erasmus Darwin (1731–1802) war Arzt, Dichter und Botaniker. Er war mit Wissenschaftlern und Unternehmern befreundet, die alte Vorstellungen hinterfragten und daher Misstrauen erregten. Schon vor Lamarck schrieb Erasmus Bücher, in denen evolutionäre Gedanken anklingen. Darwins Vater, ein erfolgreicher Arzt, scheint sich für diese Ideen nicht interessiert zu haben.

Erasmus Darwin

Schere zum Sezieren

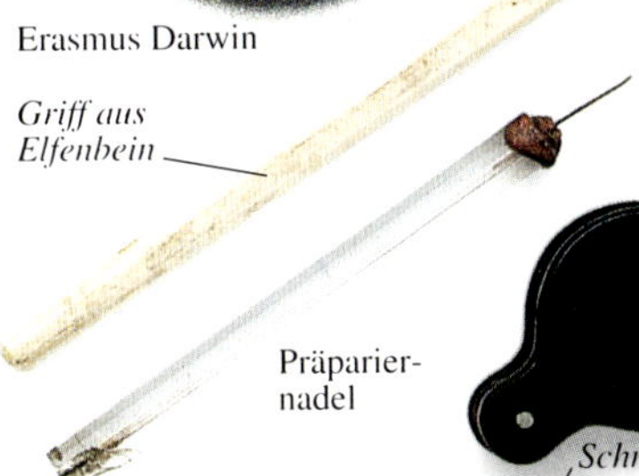

Griff aus Elfenbein

Präpariernadel

Vergrößerungsglas

Linse

DER KÄFERSAMMLER
Während seiner Studienzeit in Cambridge sammelte Darwin mit Begeisterung Käfer. Auch in anderen Tiergruppen kannte er sich aus. Er besaß große Kenntnisse in Botanik und Geologie, sodass er als erfahrener Naturbeobachter an Bord der *Beagle* ging.

ALLES ÜBER WÜRMER
Nach der Veröffentlichung von *Die Entstehung der Arten* wandte Darwin sich anderen Themen zu. Für ihn waren die kleinsten Details der Lebewesen genauso wichtig wie große Theorien. In einem späteren Buch behandelte er die Regenwürmer – zur Freude der Karikaturisten.

Eine Karikatur aus der satirischen Zeitschrift *Punch*

Schmetterlingsflügel

Käfer und Mikroskoppräparat aus Darwins Besitz

DER BOTANIKER
In Gewächshäusern seines Wohnsitzes Down House züchtete Darwin Kletterpflanzen, Insekten fressende Pflanzen und Orchideen. Er untersuchte Orchideenblüten und machte einige bemerkenswerte Entdeckungen zu deren Bestäubung. Andere Forscher schickten ihm Pflanzen oder Samen zu. Einige dieser Päckchen sind noch erhalten (rechts). Selbst ohne sein Buch *Die Entstehung der Arten* wäre Darwin als Naturforscher berühmt geworden.

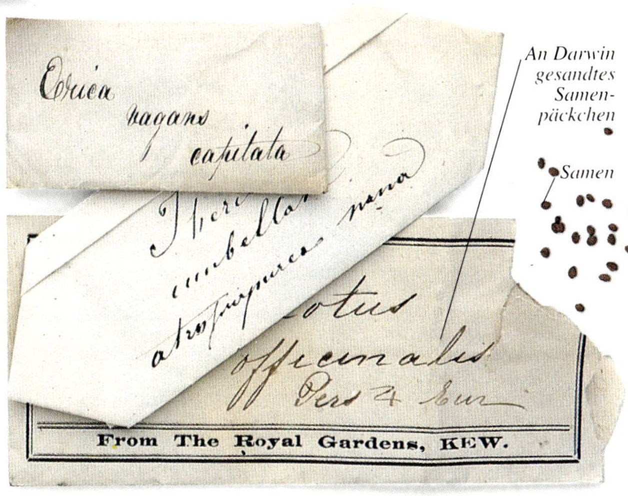

An Darwin gesandtes Samenpäckchen

Samen

Der Kampf ums Dasein

Trotz ihrer wissenschaftlichen Begründung ist Darwins Evolutionstheorie ein Kind ihrer Zeit, der bürgerlichen Epoche. Thomas Malthus hatte 1798 das Buch *Versuch über die Bedingung und die Folgen der Volksvermehrung* veröffentlicht. Darin wies er nach, dass die Anzahl der Lebewesen in stärkerem Maße anwächst als die Nahrungsquellen, und schloss daraus, dass auch im Falle des Menschen Hunger und Krankheiten sinnvoll die Bevölkerungszahl regulieren. Als Darwin im Jahr 1838 Malthus' Buch las, kam ihm die Idee von der natürlichen Auslese und dem allgegenwärtigen Kampf ums Dasein in den Sinn, mit der er alle seine früheren Beobachtungen erklären konnte. Schon bald machten sich politische Propagandisten Darwins Theorie zunutze, um brutalen Wettbewerb, Unterdrückung und Krieg zu rechtfertigen. Der „Sozialdarwinismus" postulierte, dass in der kapitalistischen Ellenbogengesellschaft nur wenige an die Spitze gelangen können, angeblich die geeignetsten; der Rassismus des späten 19. Jahrhunderts erklärte die Völker zu biologischen Einheiten, die im Kampf ums Dasein andere Völker zu verdrängen und zu vernichten berechtigt seien.

GESETZ GEGEN DIE ARMEN
Thomas Malthus (1766–1834) war Pfarrer und dann Professor für Geschichte und Ökonomie. Aufgrund seiner Thesen wurde den Armen die Wohlfahrtshilfe gestrichen, es sei denn, sie arbeiteten in gefängnisähnlichen Arbeitshäusern, wo Ehegatten getrennt wurden. Arme Leute durchzufüttern verschlimmerte laut Malthus die Armut noch, weil die Armen dann noch mehr Kinder bekamen.

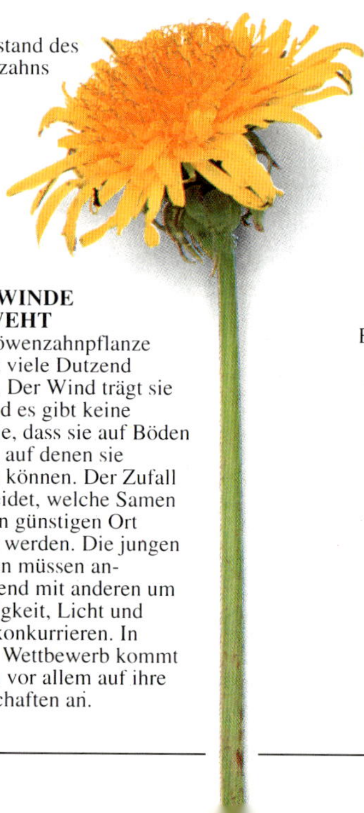

Blütenstand des Löwenzahns

Haarkrone als Schwebehilfe

Blütenstand mit reifen Samen

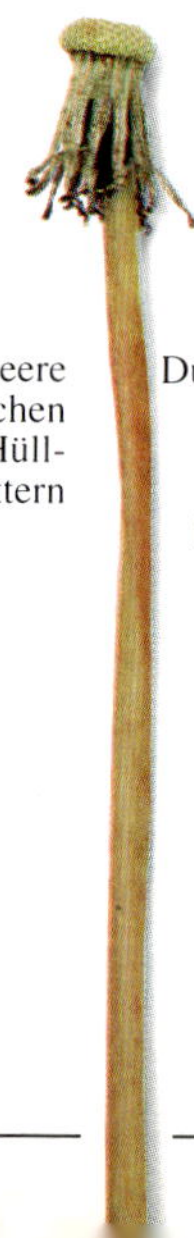

Leere Körbchen mit Hüllblättern

Dutzende Samen vom selben Blütenstand

VOM WINDE VERWEHT
Jede Löwenzahnpflanze erzeugt viele Dutzend Samen. Der Wind trägt sie fort, und es gibt keine Garantie, dass sie auf Böden landen, auf denen sie keimen können. Der Zufall entscheidet, welche Samen an einen günstigen Ort geweht werden. Die jungen Pflanzen müssen anschließend mit anderen um Feuchtigkeit, Licht und Raum konkurrieren. In diesem Wettbewerb kommt es dann vor allem auf ihre Eigenschaften an.

KAMPF UM PLATZ
Beim Brüten sind Seevögel wie diese Basstölpel besonders leicht angreifbar. Sie nisten daher gern auf Felseninseln, wo es keine Ratten und Füchse gibt, die die Eier oder die Jungen fressen könnten. Günstige Nistplätze sind Mangelware. Der Kampf um einen guten Nistplatz ist ein Beispiel für den „Kampf ums Dasein“.

JÄGER UND BEUTE
Ein hungriger Eisbär verfolgt einen flinken Polarfuchs. Nahrung zu bekommen ist ein wesentlicher Teil des Kampfs ums Dasein, nicht selbst gefressen zu werden ein anderer.

Junge Frösche zu Beginn ihres Landlebens

BLUTRÜNSTIGE NATUR
Der Dichter Alfred Lord Tennyson begann 1833 mit seiner Elegie *In Memoriam*. „Rot an Zahn und Klaue“ heißt es darin über die Natur. Diese Formulierung wurde zum Symbol der Ablehnung der natürlichen Auslese. Viele Menschen taten so, als habe Darwin den „Kampf ums Dasein“ erfunden. Dabei hatte er ihn nur beschrieben.

Eier

Froschlaich

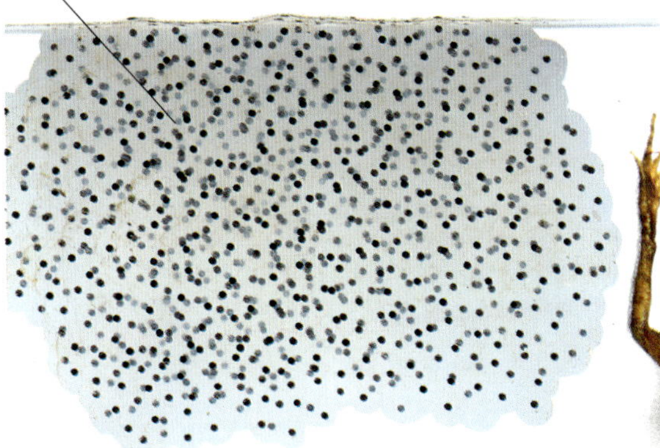

ZAHLENSPIEL
Ein Frosch legt jährlich Hunderte von Eiern. Wenn aus allen Eiern erwachsene Frösche entstünden, die sich wieder fortpflanzten, würden wir nach zehn Jahren knietief durch Frösche waten. Tatsächlich werden die meisten Eier und Kaulquappen durch Pilzbefall oder von Räubern getötet. Von den wenigen Dutzend Fröschchen, die übrig bleiben, leben nur ein oder zwei lange genug, um sich fortzupflanzen.

Erwachsener Frosch

Post

Nicht nur neue Maschinen und Verkehrsmittel waren Voraussetzungen für den industriellen Aufschwung des 19. Jahrhunderts, sondern auch die Verbesserung der Kommunikation durch das Postwesen. Als immer mehr Menschen lesen und schreiben konnten, vor allem nach der Erfindung des Buchdrucks, entstanden in vielen Ländern private und öffentliche Postsysteme. Ihre Dienste waren jedoch zu Beginn sehr teuer, und meist zahlte der Empfänger für den Brief. Im 19. Jahrhundert änderte sich die Situation: Die Dienste wurden erschwinglicher, und die Postsysteme weiteten sich aus: So gab es z.B. 1789 in den USA nur 75 Postämter, und 1901 war ihre Zahl bereits auf 77.000 angestiegen! Der beschleunigte Briefverkehr diente nicht nur dem Geschäft, sondern prägte das Privatleben, in dem Briefe eine zentrale Rolle spielten.

MITTELALTERLICHER BOTE
Diese Illustration aus dem 15. Jh. zeigt, wie Sire de Rochechouart eine Botschaft des Königs von Frankreich entgegennimmt. Das ganze Mittelalter über fungierten Boten als Überbringer von Nachrichten zwischen Herrschern und z.B. ihren Feldherren. Nur reiche Leute konnten sich damals die Dienste der Boten leisten.

Die Nachricht von der Wahl Abraham Lincolns zum Präsidenten wurde per Pony Express verbreitet.

PONY EXPRESS
Der berühmte Pony Express bediente in den Jahren 1860/61 die Gegend zwischen St. Joseph/Missouri und Sacramento/Kalifornien. Der Postdienst bestand aus einer Kette schneller Reiter, die alle 20 km die Pferde wechselten. Für die längste Strecke ihres Zuständigkeitsbereiches (3000 km) brauchten die Reiter zehn bis 15 Tage, ein für damalige Verhältnisse enorm schnelles Postsystem.

POSTKUTSCHE
Als die Menge an Postsendungen zunahm, setzte man Kutschen wie diese (um 1780) ein. Straßenräuber stellten eine ständige Bedrohung dar, und den Kunden legte man ans Herz, bei Geldsendungen die Banknoten durchzuschneiden und jede Hälfte separat zu verschicken. Mit dem Aufkommen der Eisenbahn verloren die Postkutschen an Bedeutung.

Hier saß der Kutscher und hielt nach Räubern Ausschau, die es auf Wertgegenstände oder Geld in Postsendungen abgesehen hatten.

PENNY BLACK
Die erste Briefmarke der Welt, die Penny Black, wurde 1840 in Großbritannien ausgegeben. Sie zeigt das Profil der Königin Viktoria. Die Marke diente als Beleg für die geleistete Vorauszahlung der Briefbeförderung (Wert: 1 Penny). Die Penny Black ist bei Sammlern sehr begehrt.

Einwurf in den Briefkasten

Nach Regionen sortierte Post

Transport über Land oder per Flugzeug

Ankunft im Hauptsortieramt

Per Postschiff auf die Insel

Zustellung am Hausbriefkasten

DIE REISE EINES BRIEFES
Ein Brief soll sein Ziel erreichen, selbst wenn der Empfänger auf einer abgelegenen Insel lebt. Postbedienstete und Transportmittel sorgen dafür, dass dies funktioniert. Die eingeworfenen Briefe werden nach Regionen sortiert, verschickt, nach Zustellbezirken (Orten) sortiert und dann vom Briefträger zugestellt.

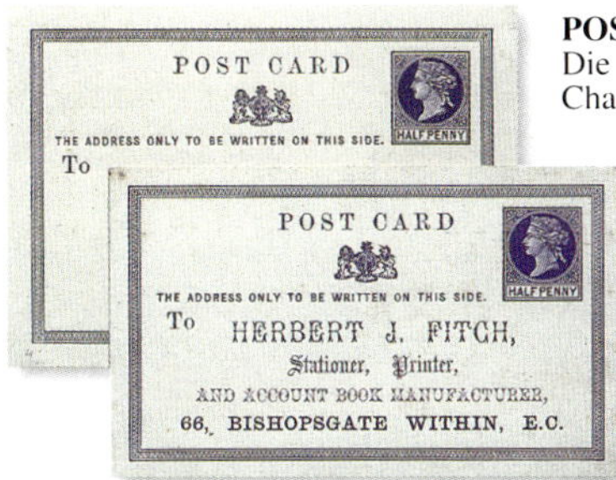

POSTKARTEN
Die Postkarte wurde 1861 von John P. Charlton aus Philadelphia erfunden, der die Rechte an den Schreibwarenhändler Harry L. Lipman verkaufte. Lipman gab Postkarten mit einem Bild auf der einen Seite und Platz für die Adresse und eine kurze Mitteilung auf der anderen heraus. Heute werden jährlich Millionen Ansichtskarten verschickt, vor allem von Urlaubern.

LUFTPOST PER LUFTSCHIFF
1911 wurde mit der Einführung der Luftpost die Transportzeit nach Übersee im Vergleich zur Beförderung per Schiff enorm verringert. Dieses Bild erinnert an die Ankunft eines Zeppelins in Tokio im Jahr 1929.

BRIEFTRÄGER
Vor über 200 Jahren wurde die Post in manchen Ländern von Kindern zu Pferde ausgeliefert – und das bei Wind und Wetter. Kinder waren leichte Opfer für Straßenräuber, und wenn sie illegale Post austrugen, konnten sie zu Zwangsarbeit verurteilt werden. Die größte Bedrohung für die Postboten unserer Zeit sind bissige Hunde!

Französischer Briefkasten

BRIEFKÄSTEN
Der britische Schriftsteller Anthony Trollope (1815–1882) war ein Förderer der Post und verantwortlich für das erste nationale Briefkastennetz 1853. Bald gab es in vielen anderen Ländern Briefkästen, in die man frankierte Briefe einwerfen konnte. In den USA wurden sie 1858 aufgestellt, doch es dauerte eine Weile, bis die Postkunden bereit waren, ihre Briefe den Kästen an der Straße anzuvertrauen.

Amerikanischer Briefkasten

Weltausstellungen

Die Zeit von der Mitte des 19. Jahrhunderts bis etwa 1870 war gekennzeichnet durch atemberaubendes wirtschaftliches Wachstum. Großbritannien sandte seine Waren in alle Länder und wurde zur sprichwörtlichen „Werkstatt der Welt". Um die Erfolge der industriellen Revolution zu feiern und weiter zu fördern, trieb Prinz Albert, der Gemahl von Königin Victoria, das Projekt einer Weltausstellung in London voran. Sie fand mit großem Erfolg 1851 statt. 1855 folgten Paris, 1862 nochmals London, 1867 wiederum Paris, dann Wien (1873) und Philadelphia (1876).

Joseph Paxton

Ein Kristallpalast

Zentrum der Weltausstellung in London war die Ausstellungshalle. Das von Joseph Paxton entworfene Gebäude aus Eisen und Glas nannte man bald nur noch „Kristallpalast". Später wurde die Halle vom Hyde Park nach Südlondon umgesetzt, wo sie stand, bis sie 1936 abbrannte.

Dauerkarte für die Weltausstellung

MIT DER BAHN
Die neuen Eisenbahnen setzten Sonderzüge von den Industriestädten nach London ein, sodass die Arbeiter die Ausstellung besuchen konnten. Viele kamen mehrmals.

Die Halle wurde aus vorgefertigten Elementen zusammengesetzt, die man mit dem Zug aus den Fabriken zum Hyde Park transportierte.

Die Elemente wurden zusammengenietet, -geschraubt oder -gesteckt.

Das Gebäude war 550 m lang und an der breitesten Stelle 140 m breit.

Der Kristallpalast war das erste große Gebäude mit öffentlichen Toiletten.

BESUCHERSTRÖME
Über 6 Mio. Besucher kamen zur Londoner Weltausstellung. An den billigen „Schillingtagen" stauten sich Menschen und Kutschen auf dem Weg zum Ausstellungsgelände. Die Einnahmen wurde auf Wunsch Prinz Alberts in neue Museen, Hochschulen und ein Konzerthaus, die Royal Albert Hall, investiert.

Glanzvolles Spektakel

Am 1. Mai 1851 eröffneten Königin Victoria und Prinz Albert die Londoner Weltausstellung im eigens errichteten „Kristallpalast" im Londoner Hyde Park. Die halbjährige Ausstellung war ein voller Erfolg. Die Presse rühmte sie als das größte Spektakel aller Zeiten.

IN DER AUSSTELLUNGSHALLE
Die Hauptausstellungshalle im Kristallpalast hatte gewaltige Ausmaße. Über 9.300 m² Ausstellungsfläche wölbte sich in 19 m Höhe eine Glaskuppel. Vom mit Statuen geschmückten Zentrum gelangte man zu Ständen auf unterschiedlichen Ebenen. Es gab mehr als 100.000 Ausstellungsstücke zu sehen.

Erfindungen des Industriezeitalters

Seit Mitte des 19. Jh.s begeisterten sich die Menschen in den industrialisierten Ländern für die technischen Erfindungen, die in immer größerer Zahl verwirklicht wurden.

1844
MORSETELEGRAF
1837 meldeten die englischen Physiker Wheatstone und Cooke einen Telegrafen mit Buchstaben und Zeiger zum Patent an. 1844 erfindet der Amerikaner Samuel Morse einen Morsetelegraf mit Punkt-Strich-Code .

1855
DRUCKTELEGRAF
Der Drucktelegraf revolutionierte die Nachrichtenübermittlung. 1839 setzte man ihn erstmals bei der Bahn ein, 1855 wurden damit in alle Welt Nachrichten übermittelt.

1873
SCHREIBMASCHINE
Die erste brauchbare Schreibmaschine wurde 1868 entwickelt. 1873 kamen die ersten Büroschreibmaschinen in den Handel und begannen Federhalter und Tinte abzulösen. Um 1900 waren die meisten Schreibkräfte Frauen.

In Hülle und Fülle

Die Besucher konnten sich an einer nie da gewesenen Fülle von Ausstellungsstücken erfreuen. Entlang der Galerien waren Stände mit den neuesten Errungenschaften aus Landwirtschaft und Technologie aufgebaut. Es gab sogar kleine Nachbildungen der Docks von Liverpool und der Eisenwerke von Coalbrookdale.

INDUSTRIE ALLER VÖLKER
Obgleich mehr als die Hälfte der Ausstellungsstücke britisch waren, stellte die Weltausstellung ein internationales Ereignis dar. Über 30.000 Aussteller aus aller Welt nahmen teil, und aus vielen Ländern reisten Besucher an. Die französische Abteilung erregte besonderes Aufsehen, ebenso der chinesische Stand (oben).

Gewerbe und Kunst

Prinz Albert wollte mit der Weltausstellung zeigen, dass eine Industrienation gleichermaßen schöne wie nützliche Dinge herstellen konnte. Die Tausende von Ausstellungsstücken waren in vier Hauptgruppen unterteilt: Rohstoffe, Maschinen, Industriegüter und schöne Künste. Die Maschinen erregten am meisten Aufsehen, doch es gab auch viele Kunstwerke und kunstgewerbliche Produkte zu bewundern.

Deckblatt des Ausstellungsführers

Dekorative französische Uhr

Teasdales Rettungsboot

ESSEN UND TRINKEN
Das Angebot reichte von belegten Broten über Eis bis zu Tee und Kaffee. Die junge Firma Schweppes verkaufte Erfrischungsgetränke, und eine dampfbetriebene Eismaschine produzierte Eis.

JUWELEN UND MASCHINEN
Die Ausstellungsstücke reichten vom berühmten Kohinoor-Diamanten bis zu James Nasmyths gewaltigem Dampfhammer. Auch eine Druckmaschine wurde gezeigt. Sie konnte 5000 Exemplare der *Illustrated London News* in einer Stunde drucken. Königin Victoria bewunderte vor allem eine Medaillenpresse.

1879
TELEFON
Alexander Bell meldete 1876 das Telefon zum Patent an. 1879 stellte der Amerikaner Thomas Edison dieses Wandtelefon her, und in London öffnete die erste Telefonzentrale. Um 1900 gab es in Großbritannien 210.000 Telefone.

1881
ELEKTRISCHES LICHT
1879 erfand der Amerikaner Thomas Edison die Glühbirne. Elektrische Straßenbeleuchtung kam 1881 auf. Weil aber die Gaslaternen billiger waren, blieben sie bis 1914 verbreitet.

1888
PLATTENSPIELER
Edisons Fonograf von 1877 zeigte, dass man Töne aufnehmen konnte. Den Plattenspieler erfand allerdings der Amerikaner Emile Berliner. Innerhalb weniger Jahre hielt das Gerät Einzug in die Häuser der Wohlhabenden.

Rüstungstechnik

UNIONSTRUPPEN
Unionssoldaten in der Schlacht von Antietam (17. September 1862). Dieses Gefecht zwischen der Unionsarmee und der konföderierten Nordvirginia-Armee war mit 22.000 Toten und Verwundeten der bis dahin blutigste Tag in der amerikanischen Geschichte.

Ab Mitte des 19. Jahrhunderts veränderte die Technik die Kriegsführung. Die Gewehre wurden durch Laufprofilierung genauer, und mit den neuen Hinterladern konnte man mehr Schüsse in kürzerer Zeit abgeben. Schwarzpulver wurde durch nicht rauchendes Pulver ersetzt, und neue Sprengstoffe verbesserten die Wirksamkeit von Granaten. Maschinengewehre wurden zu den wichtigsten Waffen der Infanterie. Die Feuerkraft dieser Waffen ließ die Schlachtfelder bald seltsam leer erscheinen: Im Ersten Weltkrieg (1914–1918) suchten ganze Armeen Zuflucht in Schützengräben. Die Technik des Industriezeitalters änderte so den Charakter des Kriegs.

MIT HINTERLADERN IN DIE SCHLACHT
Im Deutsch-Französischen Krieg (1870–1871) kämpften die Infanteristen beider Seiten erstmals mit Hinterladern, und es gab hohe Verluste, bis die Deutschen eine neue Taktik entwickelten: Einige Soldaten feuerten, die anderen preschten vor, um dann von weiter vorn zu feuern.

FLAK-MUNITION
Um 1900 verfügten mehrere Armeen über Schnellfeuergeschütze. Die „Bumm-Bumm-Kanonen" genannten Geschütze wurden später zur Flugabwehr eingesetzt.

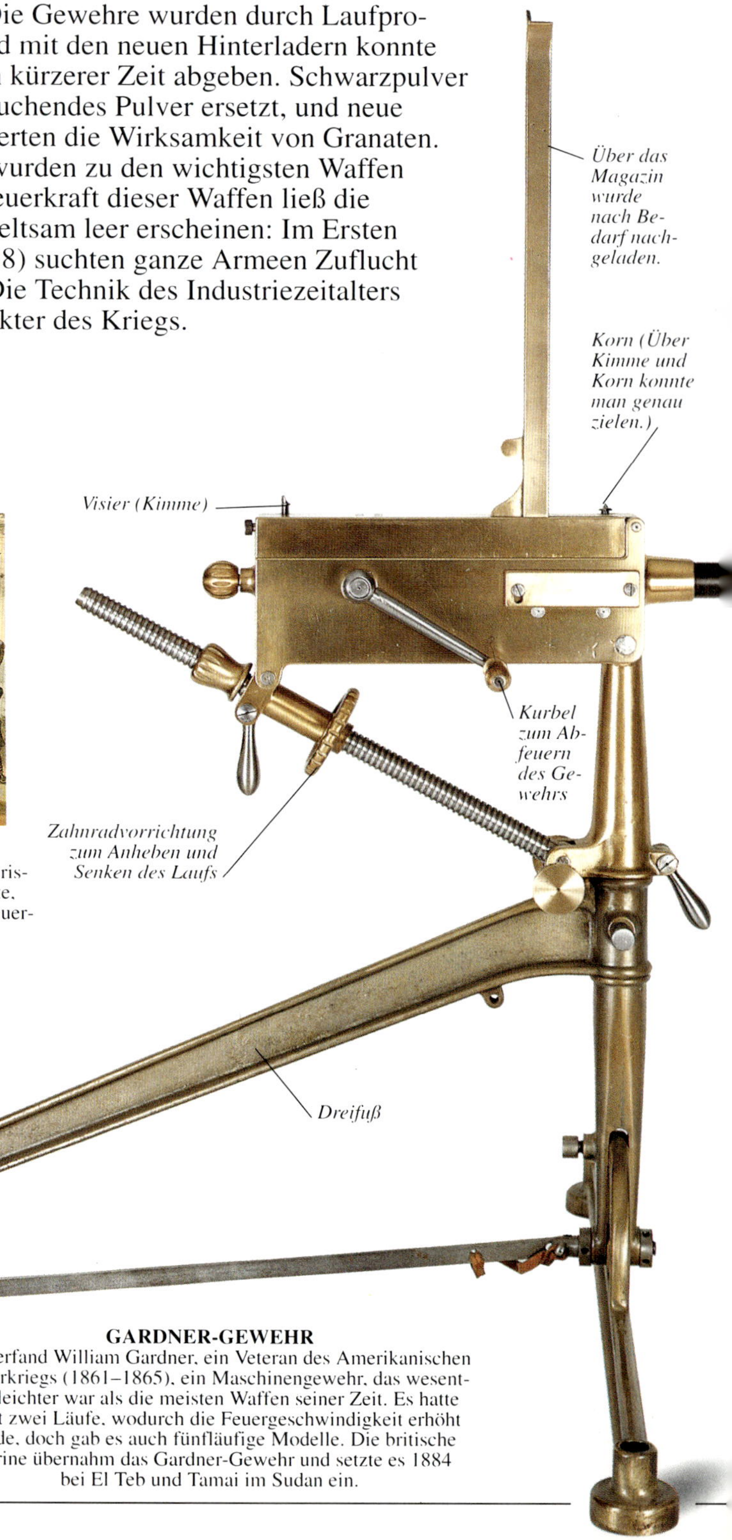

GARDNER-GEWEHR
1874 erfand William Gardner, ein Veteran des Amerikanischen Bürgerkriegs (1861–1865), ein Maschinengewehr, das wesentlich leichter war als die meisten Waffen seiner Zeit. Es hatte meist zwei Läufe, wodurch die Feuergeschwindigkeit erhöht wurde, doch gab es auch fünfläufige Modelle. Die britische Marine übernahm das Gardner-Gewehr und setzte es 1884 bei El Teb und Tamai im Sudan ein.

LEE-ENFIELD-GEWEHR
1902 übernahm die britische Armee das Kaliber .303 Lee-Enfield-Repetiergewehr mit abnehmbarem Magazin, das beste und genaueste Gewehr seiner Zeit mit mindestens 15 Schuss in der Minute und 1100 m Reichweite.

Schwertbajonett

PATRONENGURT
Munition aus rauchlosem Schießpulver in Metallhülsen war einfach zu transportieren und zu verstauen.

US-Kavalleristen im Kampf gegen Indianer in den 1870er Jahren

INDIANERKRIEGE
In den 1870ern verwendete die US-Kavallerie Springfield-Karabiner, die nach jedem Schuss geladen werden mussten. Die Indianer aber hatten im Tausch gegen Felle die überlegenen Winchester-Repetiergewehre erworben.

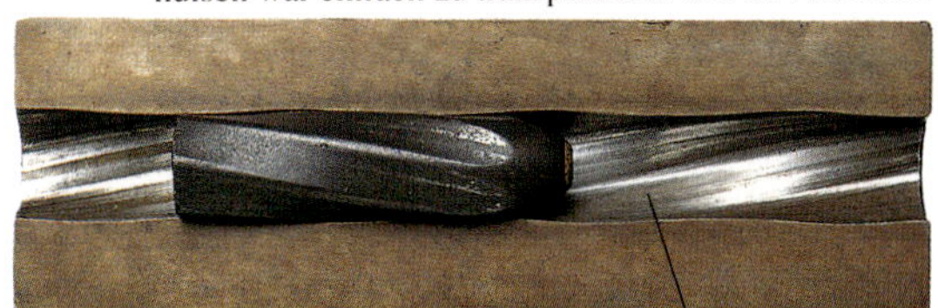

PROFILIERTER LAUF
Das Laufprofil einer Waffe bestimmt die Art und Weise, wie die Kugel durch den Lauf beschleunigt wird. Es gab viele Systeme. Einige britische Waffen, die die Konföderierten im Amerikanischen Bürgerkrieg verwendeten, hatten das hier abgebildete Whitworth-Hexagonalsystem.

DIE SCHLACHT VON FORT WAGNER
Die Sklaverei war mit ein Grund für den Amerikanischen Bürgerkrieg, denn im Norden war sie verboten, während der Süden auf die Arbeitskraft der Plantagensklaven angewiesen war. In der Unionsarmee des Nordens gab es Regimenter mit schwarzen Soldaten, die von weißen Offizieren befehligt wurden, darunter das freiwillige Schwarzenregiment, das am 18. Juli 1863 Fort Wagner im Hafen von Charleston angriff. Der Angriff war erfolglos, und 1500 Mann starben.

ROBERT E. LEE
Lee (1807–1870) kommandierte im Amerikanischen Bürgerkrieg die Konföderiertenarmee der Südstaaten. Er verteidigte Nordvirginia, verhinderte die Einnahme der Südstaatenhauptstadt Richmond und drang zweimal in Nordstaatenterritorium vor.

Das Zeitalter der Nationalstaaten

Die zweite Hälfte des 19. Jahrhunderts und der Anfang des 20. Jahrhunderts waren so etwas wie das „klassische Zeitalter" des Nationalstaats. Dieser hatte sich im Zeitalter der Revolutionen von 1775 bis 1848 gegen den Fürstenstaat, der sich um die ethnische Zusammensetzung seiner Untertanen wenig zu scheren pflegte, herausgebildet und durchgesetzt. Die Vereinigung von „Volk" – als in der Geschichte entstandener Sprach-, Werte-, Kulturgemeinschaft – und Staat – als Einheit von Wirtschaft und Verwaltung sowie als waffengeschütztes Bollwerk gegen die aus fremden Nationen bestehende Außenwelt – im Nationalstaat erschien fast allen Europäern des 19. Jahrhunderts und zunehmend auch den Völkern außerhalb Europas als erstrebenswert. Um die Symbole der nationalen staatlichen Einheit – Flaggen, Hymnen, nationale Gedenkstätten und die Staatsoberhäupter – entwickelte sich ein Kult, der zuweilen religionsähnliche Züge trug. Die Identifikation des Einzelnen mit „seiner" Nation wuchs oft zu einer nationalistischen Begeisterung, die manche Regimes sich in skrupelloser Weise zunutze machten und die zu machtpolitischen internationalen Konflikten von bis dahin nicht gekannter Heftigkeit führten. In den Katastrophen der vom Nationalismus ausgelösten Weltkriege des 20. Jahrhunderts und im faschistischen Wahn, die Nation zu einer biologischen Einheit verschmelzen zu können, verlor mit dem Nationalismus schließlich auch die Idee des Nationalstaats ihren Nimbus als einzig sinnvolle politische Organisationsform der Völker der Welt.

Nationwerdung, Staat und Demokratisierung

Die Nationen Europas und der Welt sind in langen geschichtlichen Prozessen entstanden, die bis heute noch nicht überall abgeschlossen sind. Nationwerdung bedeutet in den meisten Fällen die Entwicklung des Zusammengehörigkeitsgefühls der Bevölkerung eines Staats und der Identifikation mit diesem Staat. Dieses Zusammengehörigkeitsgefühl geht einher mit der Möglichkeit für die Staatsbürger, an den staatlichen Entscheidungen mitzuwirken. Die Entstehung der Nationen ist damit unlösbar mit der Entwicklung mehr oder weniger demokratischer Strukturen verbunden. Der staatliche Rahmen, in dem die Bevölkerung eines Landes zur Nation werden konnte, bestand vielfach schon vor der eigentlichen Entstehung der Nation. Das gilt etwa für die „klassischen" Nationen Frankreich und Großbritannien. In anderen Fällen musste sich eine Bevölkerung, die sich als Nation begriff, den Staat für die Nation erst schaffen, wie in Deutschland und Italien. In wieder anderen Fällen sprengten die Nationalbewegungen einzelner Völker den staatlichen Rahmen, in dem sie vorher mit anderen Völkern zusammenlebten, wie im Fall des Osmanischen Reichs, Österreich-Ungarns und des Russischen Reichs.

Die Herausbildung der einzelnen Nationen

Mit der Niederlage Napoleons 1815 hatte die Idee der Französischen Revolution, eine Nation allein auf der Grundlage von Freiheit, Gleichheit und Brüderlichkeit ohne Ansehen der ethnischen Herkunft (und gesellschaftlichen Stellung) der einzelnen Bürger aufzubauen, ihre Anziehungskraft verloren; Frankreich (S. 186), das in die Grenzen des alten Königreichs zurückverwiesen worden war, begriff sich als Nation der Menschen französischer Sprache in Europa, vergaß aber nicht, dass „Nation" auch Teilhabe aller Staatsbürger am Staat bedeutete, und setzte diese in den Revolutionen von 1830 und 1848 durch (S. 190). In Anlehnung an das französische Vorbild entstand in Deutschland, Mitteleuropa und Italien nach der Befreiung von Napoleon eine nationale Bewegung, die

Der englische Premierminister Lord Palmerston im Parlament

nicht zuletzt durch die Romantik (S. 188) vorangetrieben wurde, die die Kulturtraditionen der Völker erforschte und ihnen ein neues Selbstbewusstein gab. Die Herrscher Preußens, Russlands und anderer Länder machten sich besonders die romantische Idee der Einheit des Volks mit seinem angestammten Herrscherhaus zu Eigen. Sie sahen sich allerdings – so 1825 in Russland, 1830 und vor allem 1848 in Deutschland (S. 190) – mit einem Volk konfrontiert, das seinen Anteil an dieser Einheit forderte.

England hatte den Ideen der Französischen Revolution am erfolgreichsten Widerstand geleistet, doch auch hier breitete sich der Wunsch nach einer Einheit von Staat und Volk immer weiter aus. Die junge Schicht des industriellen Bürgertums und bald auch die Arbeiterschaft forderten Teilhabe an der Macht durch das Parlament und erhielten sie Schritt für Schritt bis zum Ende des Jahrhunderts. Engländer, Schotten und Waliser waren an dieser Entwicklung mit gleichen Rechten beteiligt und wurden darüber zu Briten (S. 246). Lediglich die Iren fühlten sich benachteiligt und entwickelten immer stärker eine eigene nationale Identität.

Ihren großen Siedlungskolonien Kanada, Australien und Neuseeland (S. 290ff.) gewährten die Briten bis zum Ende des 19. Jahrhunderts immer weitergehende Selbstverwaltungsrechte, die schließlich zur Unabhängigkeit führten. Die Ausbildung einer jeweils eigenen nationalen Identität dieser Länder war allerdings erst im 20. Jahrhundert abgeschlossen.

In Skandinavien entwickelten sich die alten Staaten Dänemark (S. 264) und Schweden (S. 268) früh zu modernen Nationen, während das in seiner Geschichte nacheinander von Dänemark und Schweden beherrschte Norwegen (S. 266) erst spät zu seiner eigenen Identität fand; in Island (ebd.) war der Prozess der Nationwerdung erst in der Mitte des 20. Jahrhunderts abgeschlossen. In Finnland (S. 268) musste sich die Nationalbewegung gegen die russische Bevormundung lange Zeit mühsam verteidigen, bevor sie mit dem Untergang des Zarenreichs im Ersten Weltkrieg triumphierte.

In Spanien und Portugal (S. 276) scheiterte die liberale Nationalbewegung immer wieder an der alten Herrschaftsschicht der Großgrundbesitzer, die die Teilhabe des Volks an der Staatsmacht bekämpfte. So kam es, dass in Katalonien und im Baskenland, wo die Industrialisierung am weitesten fortgeschritten und deshalb das moderne Bürgertum am stärksten war, separatistische Nationalbewegungen entstanden, die mit der spanischen konkurrierten.

Giuseppe Garibaldi,
der italienische Freiheitsheld

In Italien (S. 260) und Deutschland (S. 250) führte die nationale Bewegung zur Gründung neuer Staaten: In Italien hatten sich nach der Restauration der alten Monarchien durch den Wiener Kongress immer wieder die nationalen Kräfte erhoben, so 1830 und 1848, und die Idee eines italienischen Nationalstaats in der bürgerlichen Bevölkerung fest verankert. Dies gab dem wichtigsten Einzelstaat Italiens, Sardinien-Piemont, die Möglichkeit, seine eigene Machtbasis zu erweitern. Camillo Cavour, der piemontesische Kanzler, machte sich die Erfolgsabhängigkeit des populistischen Regimes Napoleons III. zunutze, um Frankreich zu einem Bündnis gegen das mit Preußen um die Vorherrschaft in Deutschland ringende Österreich zu nötigen. Mit französischer Hilfe werden die Österreicher in Norditalien 1859 geschlagen, die reiche Lombardei wird mit Piemont vereinigt. Das Übrige tun Volkserhebungen in den Fürstentümern Mittelitaliens, die deren Anschluss an das Königreich Piemont-Sardinien erzwingen, und die revolutionären Freischärler unter Giuseppe Garibaldi: In einem Handstreich vertreiben sie Franz II., König von Neapel und Sizilien; der Papst begibt sich unter französischen Schutz; Viktor Emanuel II. von Sardinien wird 1861 König von Italien. 1866 erwirbt Italien als Bundesgenosse Preußens in dessen Krieg gegen Österreich auch Venetien; 1870, nach Abzug der Franzosen aus Rom, gelangt auch der letzte Teil des Kirchenstaats an Italien, Rom wird italienische Hauptstadt.

Was Cavour für den König von Sardinien, ist Bismarck für den König von Preußen: Auch er nutzt die nationale Begeisterung für die Ausdehnung der Macht seines Herrn, König Wilhelm I. 1864 nimmt er die Einverleibung des Herzogtums Schleswig in den dänischen Einheitsstaat zum Anlass, um den großen

Rivalen Preußens im Deutschen Bund, Österreich, zu einer gemeinsamen Militäraktion gegen Dänemark zu nötigen. Das bisher von Dänemark regierte Schleswig-Holstein wird nach dem Sieg ein preußisch-österreichisches Protektorat, aber Preußen hat in Norddeutschland die bessere Ausgangsposition im urdeutschen Machtkampf. Österreich wie Preußen versuchen die deutschen Fürsten jeweils auf ihre Seite zu ziehen, doch Preußen siegt im Krieg von 1866 gegen Österreich. Dabei hat es die nationale Stimmung auf seiner Seite, denn Österreich kann sich unmöglich von seinen nichtdeutschen Gebieten, die den Großteil des Kaiserreichs ausmachen, trennen, während Preußen eine rein deutsche Macht ist – abgesehen von der relativ kleinen polnischen Bevölkerung seiner östlichen Gebiete. Preußen okkupiert das Königreich Hannover sowie Hessen nördlich des Mains und zieht die Fürsten der übrigen norddeutschen Staaten auf seine Seite. Es entsteht der Norddeutsche Bund. Eine weitgehend demokratische Verfassung wird im Bund eingeführt, die die Idee eines Reichs unter preußischer Führung für die Bürger ganz Deutschlands attraktiv macht. Nur das mächtige Frankreich Napoleons III., das einen gleichrangigen deutschen Einheitsstaat zu verhindern sucht, steht jetzt der Einigung Deutschlands noch im Weg. Bismarck sucht deshalb die Entscheidung und provoziert 1870 den Krieg mit Frankreich, in den auch die süddeutschen Staaten Hessen, Bayern, Baden und Württemberg sogleich eintreten. Die deutschen Armeen gewinnen den Krieg. Napoleon III. wird gefangen genommen, und im Schloss von Versailles wird 1871 das Deutsche Reich gegründet, mit dem preußischen König Wilhelm I. als Kaiser und Bismarck als Kanzler. Der Deutsche Reichstag wird demokratisch gewählt, hat allerdings nur eingeschränkte Macht gegenüber dem Kaiser und dem Rat der Fürsten. Die meisten Deutschen sind jedoch begeistert von ihrem Nationalstaat, zumal das Deutsche Reich in kurzer Zeit zum neben England führenden Industriestaat Europas wird. Als verhängnisvoll sollte sich die Okkupation von Elsass und Lothringen durch das Reich 1871 erweisen: Diese Gebiete waren zwar im Sinne der romantischen Nationalidee ethnisch deutsch, weil sie schon im Mittelalter zu Deutschland gehört hatten und die Volkssprache Deutsch war; im Sinne der französischen Nationalidee aber waren sie französisch, weil sie als französische Provinzen an der Revolution teilgenommen und sich als Teil der Republik bewährt hatten; außerdem war Französisch dort seit langem die Bildungssprache. Die Bevölkerung Elsass-Lothringens selbst war gespalten zwischen französischer und deutscher Identität.

Der Verlierer der italienischen und deutschen Nationwerdung war Österreich-Ungarn (S. 254). Österreich und Ungarn waren seit Jahrhunderten eng verknüpft, und beide für sich genommen waren bereits Vielvölkerstaaten. Seit der frühen Neuzeit gehörten zu Österreich das Königreich Böhmen (Tschechien), Mähren und Slowenien mit ihrer slawischen Bevölkerung, später war Galizien mit seiner teils polnischen, teils von polnischen Adligen beherrschten ukrainischen Bevölkerung dazugekommen. Der ungarische Adel hatte sich gegenüber Österreich zunehmend selbstständig gemacht und herrschte über die rumänische und deutsche Bevölkerung Siebenbürgens sowie über die slawischen Kroaten. In der Revolution von 1848 hatten sich die Tschechen gegen die Österreicher erhoben, die Ungarn aber ihre Revolution ohne Teilhabe der nichtungarischen Völker durchgeführt, die zu ihrem Königreich gehörten. Die ungarische Revolution wurde damals unterdrückt, doch 1867 war Ungarn wieder so stark, dass es eine Zweiteilung des bis dahin von Österreich beherrschten Reichs in das kaiserliche Österreich und das königliche Ungarn erzwang. „Kaiserlich und königlich" (k.u.k.) hieß hinfort alles, was das Gesamtreich anbetraf. Aber nur der Kaiser und die Armee waren noch wirklich „kakanisch". Während im österreichischen Reichsteil vor allem die Tschechen auf Autonomie drangen, hatten die Ungarn die nichtungarischen Völker in ihrem Reichsteil (darunter Kroaten und Rumänen) fest im Griff. Und Österreich konnte die zu seinem Reichsteil gehörigen Völker nicht in einem födera-

Otto von Bismarck, der Architekt des deutschen Nationalstaats

tiven System an der Macht beteiligen, wenn es nicht ins Hintertreffen gegen das einheitlich auftretende Ungarn gelangen wollte. Immerhin räumte es 1906 der Bevölkerung in seinem Gebiet das allgemeine gleiche Wahlrecht für das Parlament in Wien ein, während Ungarn bei einem Zensuswahlrecht blieb, weil sonst das Staatsvolk der Magyaren in der Minderheit gewesen wäre.

Bereits vor dem dem Ersten Weltkrieg war das übernationale Staatengebilde Österreich-Ungarn nahe daran, den Nationalbewegungen zum Opfer zu fallen; den Weltkrieg, der noch einmal das Zusammenrücken der Nationalitäten erzwang, überlebte es nicht. Dabei gab es in Europa ein Beispiel dafür, dass auch ein ethnisch nicht einheitlicher Staat zu einer stabilen Nation werden konnte: die Schweiz (S. 258). Hier war es die lange Geschichte gemeinsamer Unabhängigkeitskämpfe und demokratischer Entwicklung, die ethnischen Italienern, Franzosen und Deutschen die Gewissheit gab, einer gemeinsamen Nation anzugehören.

Schon lange vor Österreich-Ungarn zerfiel ein anderer großer Vielvölkerstaat, der weit über Europa hinausreichte: das Reich der osmanischen Türken (S. 138). Und der Zerfall der Türkei wäre noch schneller vorangeschritten, wenn die europäischen Großmächte, voran Russland und Österreich-Ungarn, nicht eifersüchtig darüber gewacht hätten, dass keine unter ihnen ein zu großes Stück vom türkischen Kuchen in Form von Gebieten und Einflusssphären erhielt. Nach dem Ende des Krimkriegs erlangte zuerst Rumänien (S. 256), das von russischen Truppen „befreit", dann aber von Österreich besetzt worden war, die De-facto-Unabhängigkeit unter Aufsicht aller Großmächte; nur formell blieb es noch „der Pforte", d.h. der Regierung des Sultans in Konstantinopel, tributpflichtig. Nach dem Russisch-Türkischen Krieg von 1877 erlangte Rumänien neben dem seit langem selbstverwalteten Serbien (S. 256) die volle Unabhängigkeit; mit Montenegro und dem zunächst noch der Pforte tributpflichtigen Bulgarien (ebd.) entstanden damals zwei neue russlandfreundliche Staaten. Österreich-Ungarn besetzte daraufhin Bosnien und die Herzegowina. In der in ihrem Bestand bedrohten Türkei ergriff 1908 die „jungtürkische" Bewegung die Macht, die sich im Sinne des europäischen Nationalismus allein auf die ethnischen Türken als Staatsnation stützte. Dies verhinderte nicht, dass die Türkei nach dem Balkankrieg von 1912 fast ganz von der europäischen Landkarte verschwand: Griechenland (S. 256) erwarb seinen makedonischen Landesteil, Serbien das Gebiet des heutigen Staats Mazedonien; aufgrund des italienischen Wunsches auf eine eigene Einflusssphäre auf dem Balkan entstand Albanien. Die neuen Staaten waren höchst instabil: Griechen, Albaner, Bulgaren, Rumänen und Türken waren auf dem ganzen Balkan verstreut und die jeweiligen „Staatsvölker" noch weit davon entfernt, ein klares Nationalbewusstsein zu besitzen, da sprachlich-ethnisch, geschichtlich und religiös begründete Nationalideen miteinander konkurrierten. So verwundert es nicht, dass bereits 1913 ein neuer Balkankrieg ausbrach, der zu veränderten Grenzen führte. Der Balkan blieb das „Pulverfass Europas"

k.u.k. österreichisch-ungarische Flagge

Das riesige russische Reich (S. 270ff.) entwickelte sich erst langsam vom autokratischen Fürstenstaat zu einem Nationalstaat im Sinne des westlichen Europa. Erst nach dem Krimkrieg begann mit der Bauernbefreiung von 1861 die Einbeziehung der großen Bevölkerungsmehrheit, eben der Bauern, in den Kreislauf der russischen Volkswirtschaft, wurde ein Teil der Bauernschaft allmählich in die entstehende regionale Selbstverwaltung einbezogen. Von den städtischen Zentren gingen Initiativen aus, das Selbstbewusstsein der Bauern zu heben. Während die russische Bevölkerung den Zaren als das wichtigste Symbol ihrer nationalen Einheit empfand, gab es in Finnland und im Baltikum, vor allem aber in Polen, russlandfeindliche Nationalbewegungen. Auf den polnischen Aufstand von 1863, der in Westeuropa mit Sympathie verfolgt wurde, reagierte Russland mit der Entmachtung des polnischen Adels, der die Nationalbewegung anführte, durch die Befreiung der Bauern und durch eine Politik der Russifizierung, ohne aber den nationalistischen Widerstand endgültig brechen zu können. Auf die russische Revolution von 1905, die von Liberalen, Sozialdemokraten und bauernfreundlichen „Volkstümlern" angeführt wurde und in der die Polen eine wichtige Rolle spielten, reagierte das Zarenregime mit der erstmaligen Einberufung eines Parlaments, der

Duma, die die Mitwirkung der Bevölkerung an der Regierung garantieren sollte. Die Duma wurde wieder abgeschafft, als sie dem zaristischen Regime gefährlich zu werden drohte; die Regierung unter Ministerpräsident Stolypin förderte den russisch-ethnischen Nationalismus (mit starken antijüdischen Untertönen), um den Staat zu stabilisieren.

Jenseits des Atlantik, in den USA (S. 282), war der Prozess der Nationwerdung, des *nation building,* mit der erfolgreichen Revolution nicht zu Ende. In immer neuen Wellen strömten europäische Neubürger ins Land. Diese trieben nicht nur die Besiedlung des Westens (S. 284) voran (die auch zur Eroberung großer Gebiete von Mexiko führte), sondern wurden vor allem als Arbeitskräfte in der Industrie beschäftigt, die in den nördlichen Staaten aufblühte. Im Süden dagegen herrschte die traditionelle Plantagenwirtschaft mit schwarzen Sklaven vor, wo vor allem Baumwolle für den Export nach Europa angebaut wurde. Wirtschaftlich und in seiner Haltung zur Sklavenfrage war das Land zweigeteilt. Dies äußerte sich politisch darin, dass sich die „Konföderation" der Südstaaten von der „Union" lossagte, als 1861 Abraham Lincoln, ein entschiedener Gegner der Sklaverei, von der im Norden lebenden Bevölkerungsmehrheit zum Präsidenten gewählt wurde. Truppen der Union versuchten diese „Sezession" (S. 286) zu beenden, und es kam zu einem erbittert geführten Bürgerkrieg, der erst 1865 mit der Niederlage der Konföderierten endete. Mit dem Sieg der Union war endgültig klargestellt, dass die USA kein Staatenbund waren, sondern ein Bundesstaat. Die wirtschaftliche Entwicklung ebnete nach dem Bürgerkrieg die Gegensätze zwischen Nord und Süd ein, die Amerikaner begannen sich als Angehörige der einen Nation „Amerika" zu fühlen. Der amerikanische Nationalismus wurde dadurch beflügelt, dass die USA schon bald stark genug waren, den Einfluss der Europäer in Süd- und Mittelamerika zurückzudrängen und zur Hegemonialmacht auf dem gesamten amerikanischen Doppelkontinent aufzusteigen.

In den Staaten Lateinamerikas herrschten meist instabile Regierungen der alten Großgrundbesitzerkaste. In den größten Staaten der Region, in Argentinien, Brasilien und Mexiko (S. 278), schritt jedoch die Nationwerdung durch die Beteiligung größerer Teile der Bevölkerung am Staatswesen voran. In Argentinien kommt es dank einer Einwanderungswelle aus Europa gegen Ende des 19. Jh.s zu einer rasanten Erschließung des Landes, die an die Eroberung des Westens der USA erinnert. In Brasilien wird nach der Sklavenbefreiung 1889 die Kaiserherrschaft gestürzt und ein föderativer Bundesstaat errichtet, dank dessen die Modernisierung des Landes wenigstens regional vorankommt, und in Mexiko erreicht die indianischstämmige Bevölkerungsmehrheit mit der Revolution von 1911 eine Umverteilung des Bodens und die Teilhabe am Staat.

Das erste asiatische Land, in dem sich die Idee des Nationalstaats durchsetzt, ist Japan (S. 296). Seit 1868 entmachtet die von Kaiser Meiji geführte Regierung im Bündnis mit dem Stadtbürgertum systematisch die alte feudale Herrschaftsschicht der Samurai mit dem Shogun an der Spitze, der bis dahin die Regierung des Landes de facto geführt hatte. Verwaltungs- und Militärreformen nach europäischem Vorbild werden durchgeführt, und die japanische Industrie entwickelt sich in atemberaubendem Tempo. Mit dem Sieg im Russisch-Japanischen Krieg von 1905 reiht sich Japan unter die großen Weltmächte ein.

Auch in China bildet sich eine nationalistische Elite heraus, der es 1911 gelingt, das alte Regime der Mandschu-Kaiser zu stürzen (S. 308). Hier sollte es allerdings noch bis weit in die zweite Hälfte des 20. Jahrhunderts dauern, bis aus dem riesigen, innerlich zerrissenen und von kolonialen Ansprüchen bedrohten Land eine einheitliche Nation werden konnte.

Internationale Konflikte

Der Prozess der Entstehung der modernen Nationen führte zu einem neuen Typ internationaler Konflikte, weil nicht mehr wie etwa im 18. Jahrhundert nur die Machtinteressen der Regierungen einzelner Staaten zu Spannungen und militärischen Auseinandersetzungen führten, sondern weil auch die Ansprüche, die aus den nationalen Empfindungen

Der amerikanische Präsident Abraham Lincoln

der Völker selbst erwuchsen, immer wieder von Regierungen ausgenutzt wurden, die durch die Bedienung nationalistischer Ressentiments ihre Macht zu stabilisieren hofften.
So war Napoleon III. durch Volksabstimmungen an die Macht gelangt und suchte die nationalistischen Wünsche nach außenpolitischer Stärke zu befriedigen, um sich an der Macht zu halten. Dies führte zuweilen zu abenteuerlichen politischen Aktionen. Napoleon III. fiel dem eigenen Ehrgeiz zum Opfer, als er den deutschen Einigungsprozess aufzuhalten versuchte. Die 1871 über Frankreich siegreichen Deutschen meinten – gegen den Rat Bismarcks übrigens –, das französische Elsass-Lothringen okkupieren zu müssen, und machten sich dadurch die französische Nation zum Feind. Das Frankreich der Dritten Republik suchte gegen Deutschland ausgerechnet mit dem autokratischen Russland das Bündnis.
Italien wiederum hatte ähnliche gegen Frankreich gerichtete Interessen wie Deutschland und das von diesem immer stärker abhängige Österreich-Ungarn, es blieb aber ein unsicherer Bündnispartner, weil die italienischen Nationalisten es nicht verwinden konnten, dass die italienischsprachigen Gebiete der Provinz Trient und Istriens noch nicht vom fremden österreichischen Joch „erlöst" waren.
Russland, das sonst als Hort der Reaktion betrachtet wurde, galt unter den „slawischen Brüdern" auf dem Balkan als Befreier. Auf die Versuche Österreich-Ungarns, dem Wachsen des russischen Einflusses Einhalt zu gebieten, antwortete Russland mit der Unterstützung der „panslawistischen" Bewegung, um sich den slawischen Völkern der Doppelmonarchie als Befreier zu empfehlen. Das Deutsche Reich wurde von Österreich-Ungarn in einen Gegensatz zu Russland getrieben, teilte jedoch mit Russland das Interesse an der Niederhaltung der polnischen Nationalbewegung, weil auch in seinen Grenzen eine starke polnische Minderheit lebte.
Bündnisse und Geheimbündnisse zwischen den Nationen wurden geschlossen und zuweilen auch wieder gelöst. Fast jede Nation versuchte alle anderen auszustechen.
Gegen Ende des 19. Jahrhunderts verschärften sich die nationalen Gegensätze durch die imperialistische Konkurrenz auf dem Weltmarkt und den Wettlauf Großbritanniens, Frankreichs, Deutschlands, Italiens, Russlands, Japans und der USA um koloniale Einflussgebiete. Fast überall wurde aus nationalem Stolz nationalistischer Hochmut: „Chauvinismus", wie es für Frankreich hieß, „Jingoismus" in England und „Hurra-Patriotismus" in Deutschland.

Chronik

1837–1901 Victoria Königin in England, ab 1876 auch Kaiserin in Indien

1845–1848 Die USA erobern Texas, Neumexiko und Kalifornien von Mexiko, nachdem amerikanische Siedler diese Gebiete bereits weitgehend in Besitz genommen haben.

1848–1916 Franz-Joseph I. österreichischer Kaiser

1852–1870 Napoleon III. Kaiser der Franzosen

1853–1856 Krimkrieg Frankreichs, Englands, Sardiniens und der Türkei gegen Russland, um das russische Vordringen gegen die Türken aufzuhalten. Nach großen Verlusten willigt der russische Kaiser Alexander II., der 1855 auf den Thron gelangt (bis 1881), in einen Frieden ein. Sardinien erwirbt sich das Wohlwollen Englands und Frankreichs gegenüber einer Eingung Italiens unter seiner Führung.

1859 Krieg Sardiniens und Frankreichs gegen Österreich in Italien: Sardinien-Piemont hat das Bündnis mit Frankreich erreicht, indem es Napoleon III. Gebietsgewinne (Savoyen und Nizza) in Aussicht stellt. Die Österreicher werden bei Solferino geschlagen. Die Lombardei wird mit Sardinien vereinigt.

1860 Die italienische Nationalbewegung, die während des Kriegs gegen Österreich in den bis dahin von Österreich abhängigen Fürstentümern Toskana und Modena und Teilen des päpstlichen Gebiets die Regierung übernommen hat, weigert sich, den Vorkriegszustand wiederherzustellen. Der Volksheld Garibaldi zieht mit seinen Freischärlern von Sizilien nach Neapel. Die Truppen des Kirchenstaats und Neapels werden von Sardinien besiegt; in Volksabstimmungen erklären sich die Staaten Italiens für einen gemeinsamen Staat unter Führung Sardiniens. Lediglich ein Teil des Kirchenstaats und das österreichische Venetien bleiben noch von Italien getrennt. Ein italienisches Parlament wird gegründet, und König Viktor Emanuel II. von Sardinien nimmt 1861 den Titel eines Königs von Italien an.

1861 Bauernbefreiung in Russland, um nach der Niederlage im Krimkrieg die wirtschaftliche Entwicklung im Zarenreich voranzubringen, das zu dieser Zeit mit der Amurgrenze seine endgültige Ausdehnung im fernen Osten erreicht.

1861–1865 Sezessionskrieg in den USA aufgrund des Gegensatzes in der Sklavenfrage: Die industrialisierten Nordstaaten (Union) wenden sich gegen die Sklavenhaltung, die den Südstaaten (Konföderation) mit ihrer Plantagenwirtschaft notwendig erscheint. 1862 erklärt Präsident Lincoln die Sklaven für frei. In einem verlustreichen Krieg werden die Südstaaten durch die wirtschaftlich überlegenen Nordstaaten besiegt. Die USA werden endgültig von einem Bund relativ unabhängiger Staaten zum Bundesstaat.

1861–1888 Wilhelm I. ist preußischer König, seit 1871 deutscher Kaiser. Die Regierungsgeschäfte führt seit 1862 Otto von Bismarck.

1862 In der Folge des Krimkriegs kommt es zur Vereinigung der Fürstentümer der Moldau und der Walachei und schließlich zur Gründung des praktisch unabhängigen Rumänien (seit 1866 konstitutionelle Monarchie).

1863 Der Aufstand in Polen gegen die russische Herrschaft wird brutal unterdrückt. Russland reagiert auf die Unabhängigkeitsbestrebungen mit Maßnahmen zugunsten der Bauern und dem Versuch der kulturellen Russifizierung Polens.

1864 Deutsch-Dänischer Krieg. Als Dänemark das Herzogtum Schleswig mit seiner großenteils deutschsprachigen Bevölkerung, das von jeher zu Dänemark gehört, aber mit dem zum Reich gehörenden Holstein aufgrund alter Verträge unteilbar ist, ganz und gar in Dänemark integriert, erklären Österreich und Preußen im Namen des Deutschen Bunds Dänemark den Krieg und marschieren dort ein. Dänemark muss Schleswig-Holstein abtreten. Österreich und Preußen, die um die Vorherrschaft im Deutschen Bund streiten, geraten in eine Auseinandersetzung über Schleswig-Holstein.

Genfer Konvention zur Humanisierung des Kriegs, Gründung des Internationalen Roten Kreuzes. Treibende Kraft ist der Schweizer Philanthrop Henri Dunant, dessen Bemühungen durch das Elend der Verwundeten auf dem Schlachtfeld von Solferino fünf Jahre zuvor ausgelöst worden sind.

1866 Preußisch-Österreichischer Krieg: Preußen, das die Mehrheit der Bevölkerung in Deutschland hinter sich weiß, dringt auf den Ausschluss Österreichs aus dem Deutschen Bund; Österreich macht im Namen der Bundesfürsten zusammen mit Bayern, Sachsen u.a. gegen Preußen mobil, Preußen tritt aus dem Bund aus und erklärt Österreich den Krieg. Bei Königgrätz werden die österreichischen Truppen von Preußen entscheidend geschlagen. Schleswig-Holstein wird preußisch. Preußen annektiert in der Folge das Königreich Hannover und Hessen mit Frankfurt und gründet den Norddeutschen Bund, der die übrigen Fürstentümer nördlich des Mains unter seiner Führung zusammenfasst.

Italien tritt an der Seite Preußens in den Krieg gegen Österreich ein und erwirbt Venetien.

1867 Ausgleich zwischen Österreich und Ungarn, Geburtsstunde der k.u.k. (kaiserliche und königliche) Monarchie. Beide Länder sind in der Monarchie gleichberechtigt und werden in Personalunion vom österreichischem Kaiser regiert, der zugleich ungarischer König ist. Die anderen Nationen des Reichs bleiben von den beiden Staatsvölkern abhängig.

Bismarck wird Kanzler des Norddeutschen Bundes, der eine einheitliche Verfassung erhält.

Parlamentsreform in Großbritannien: Ausdehnung des Wahlrechts auf alle städtischen Wohnungsbesitzer (seit 1884 sind auch die ländlichen Wohnungsbesitzer, und damit praktisch alle Haushaltsvorstände, wahlberechtigt). Weitere Liberalisierung der Innenpolitik

1868–1912 Meiji-Ära in Japan. Beseitigung des Shogunats und feudaler Herrschaftsformen, zentralistische Regierung mit dem Kaiser an der Spitze, Reformen von Verwaltung und Militär, rapide Industrialisierung.

1869 In den USA erste Eisenbahn bis zum Pazifik: Erschließung des Westens.

Kanada wird Dominion, d.h. selbst verwaltetes englisches Herrschaftsgebiet.

1870 Beginn der europäischen Einwanderung (vor allem aus Italien) nach Argentinien. Aufschwung des Landes

Nach dem Abzug französischer Truppen, die bis dahin die päpstliche Regierung geschützt haben, aus Rom gelangt auch der Kirchenstaat an Italien. Rom wird italienische Hauptstadt. Die Vereinigung Italiens, das „Risorgimento", ist vollendet. Dennoch sprechen italienische Nationalisten weiter von „unerlösten" (*irredentà*) Gebieten, den nach wie vor österreichischen Provinzen Trient und Istrien.

Ausbruch des Deutsch-Französischen Kriegs, den Bismarck provoziert – angesichts der Haltung Napoleons III., der die Entstehung eines deutschen Nationalstaats mit Misstrauen verfolgt. Die süddeutschen Staaten stellen sich an die Seite Preußens. Die deutschen Truppen nehmen Napoleon III. bei Sedan gefangen und belagern Paris.

1871 Gründung der Dritten Republik (erster Präsident: Adolphe Thiers), die als Erstes die Revolution der Pariser Kommune niederschlägt. Die konservativ-nationalistischen Regierungen Frankreichs bleiben deutschfeindlich und versuchen das nationale Selbstbewusstsein durch Erfolge in der Kolonialpolitik zu stärken.

Gründung des Deutschen Reichs im Schloss von Versailles. Preußens Wilhelm I. wird deutscher Kaiser.

Das Deutsche Reich ist ein Bundesstaat. Der Reichstag wird nach allgemeinem gleichem Wahlrecht gewählt; die Regierung ist aber nicht diesem Parlament, sondern dem Kaiser verantwortlich. Neben dem Reichstag fungiert der Bundesrat, die Versammlung der Fürsten und freien Städte.

Das Reich annektiert Elsass-Lothringen und erzwingt große Reparationszahlungen von Frankreich.

1873 Die Kaiser von Russland, Österreich und Deutschland schließen ein Bündnis, das Deutschland gegen die französischen Revanchewünsche sichert.

1875–1885 Nach Thronwirren, die der Auslöser des Deutsch-Französischen Kriegs von 1870–1871 waren, und einer republikanischen Episode stabilisiert sich Spanien unter Alfons XII.

1877–1878 Russisch-Türkischer Krieg: Russland erreicht die Unabhängigkeit Serbiens, Montenegros und Rumäniens von den Türken; Bulgarien wird autonom, steht aber unter russischer Kontrolle. Die Verstärkung des russischen Einflusses auf dem Balkan ist gegen die Interessen Österreichs (das Bosnien und Herzegowina okkupiert) und Englands, das einen russischen Vorstoß zum Mittelmeer fürchtet.

1878 Auf dem Berliner Kongress gelingt Bismarck der Ausgleich zwischen den Interessen Russlands einerseits, Englands und Österreichs andererseits auf dem Balkan.

Österreich-Ungarn besetzt Bosnien-Herzegowina.

1879 „Zweibund“ Österreichs und Deutschlands gegen Russland

1881 Nach der Ermordung Alexanders II. folgt ihm Alexander III. (bis 1894) auf den Zarenthron.

Pogrome gegen die Juden im Zarenreich führen zu einer Auswanderungswelle von Juden nach Westeuropa und Nordamerika.

1882 „Dreibund“ Deutschlands, Österreichs und Italiens gegen Frankreich

1887 Bismarck schließt einen geheimen „Rückversicherungsvertrag“ mit Russland, der im Fall eines österreichischen Angriffs auf Russland die deutsche, im Fall eines französischen Angriffs auf Deutschland die russische Neutralität sichert.

1888 „Dreikaiserjahr“: Nach dem Tod Wilhelms I. besteigt Friedrich III. den preußischen und den deutschen Kaiserthron, stirbt jedoch wenig später. Darauf wird Wilhelm II. deutscher Kaiser.

1889 Sturz des Kaisertums in Brasilien, da die Kaiserfamilie nach der Deklaration der Sklavenbefreiung ihre Unterstützung durch die großen Plantagenbesitzer verliert. Brasilien wird föderative Republik.

1890 Erzwungener Rücktritt Bismarcks aufgrund seines Gegensatzes zu Kaiser und Reichstag

1892 Russisch-französisches Bündnis gegen den Dreibund

1894–1917 Nikolaus II. Kaiser von Russland

1898 Im Spanisch-Amerikanischen Krieg verliert Spanien Puerto Rico, Guam und die Philippinen an Amerika, das bei dieser Gelegenheit Wake Island und Hawaii annektiert. Kuba wird formal unabhängig.

1901 Australien wird als Bundesstaat selbst verwaltetes britisches Dominion.

1901–1910 Edward VII. König von England

1904 Englisch-französische „Entente“ (Verständigung)

Beginn des Russisch-Japanischen Kriegs

1905 Nach der Niederlage Russlands gegen Japan Revolution in Russland und Polen, bei der die Sozialdemokraten eine große Rolle spielen. Das daraufhin zugestandene Parlament (Duma), in dem Liberale und Sozialdemokraten die Mehrheit zu erringen drohen, wird wiederholt aufgelöst. Seit 1906 diktatorische Regierung des Ministerpräsidenten Stolypin; erneute Agrarreform

Auflösung der Union Schwedens mit Norwegen

1906 In der österreichischen Hälfte Österreich-Ungarns wird das allgemeine gleiche Wahlrecht eingeführt, in Ungarn nicht.

1907 Neuseeland wird selbstständiges Dominion. Es ist das erste Land der Welt, das das Frauenwahlrecht eingeführt hat (1893).

1908 Die Jungtürkische Revolution in der Türkei erzwingt die Wiederinkraftsetzung der bereits seit 1876 existierenden Verfassung; Versuch der Modernisierung des Staats

1911 Die Jungchinesische Revolution westlich orientierter Nationalisten unter Sun Yat-sen, die zum Sturz der Mandschu-Dynastie führt, soll zur Modernisierung Chinas führen.

Beginn der Revolution in Mexiko gegen das Regime der Großgrundbesitzer und für eine mexikanische Nation

1912 Erster Balkankrieg Serbiens, Montenegros, Griechenlands und Bulgariens gegen die Türkei. Das Osmanische Reich wird fast ganz vom Balkan zurückgedrängt.

Das Gesetz über die Selbstverwaltung Irlands (*Home Rule*) innerhalb Großbritanniens bleibt zunächst blockiert.

1913 Zweiter Balkankrieg um die Aufteilung der Kriegsbeute von 1912

Großbritannien

Der *Union Jack*, die Flagge Großbritanniens, veranschaulicht, dass drei alte Königreiche – England, Schottland und Irland – um 1800 zu einer modernen Nation zusammenwuchsen. England und Schottland waren schon seit 1606 endgültig unter einer Krone vereinigt, und Irland wurde 1801 zum Teil des „Vereinigten Königreichs", doch das Selbstverständnis Großbritanniens als Nation war erst ein Ergebnis der siegreichen Kriege gegen Napoleon. Die Engländer hatten sich schon lange zuvor als ein einziges Volk empfunden, das sich um König und Parlament scharte, in Schottland dagegen bekämpften sich lange Zeit proenglische und national-schottische Fraktionen, während in Irland nur die aristokratische Oberschicht sich mit England einig fühlte. Im Lauf des Aufschwungs Großbritanniens zur ersten Macht des Industriezeitalters und zur kolonialen Weltmacht verschwanden die Gegensätze zwischen den einzelnen Teilländern zugunsten eines überschwänglichen britischen Nationalgefühls.

KÖNIGLICHES BEGRÄBNIS
Leichenzug der Königin Elisabeth I. (1603): Man sieht die Banner von England, Irland, Wales, Chester und Cornwall.

TOD AUF DEM SCHLACHT-FELD
Dieses Gemälde vom Tod des Majors Pierson in der Schlacht von St. Helier zeigt die vor 1801 gebräuchliche Unionsflagge.

Einfache weiße Diagonalstreifen zeigen, dass die Flagge vor 1801 entstand. Eine ungenaue Diagonalstreifenanordnung ist ein häufiger Fehler, diese Fahne wurde wohl auf einem Schiff angefertigt.

FRÜHE VERSION
Die Kommandoflagge von Lord Howe wehte am 1. Juni 1794 in einer Seeschlacht über seinem Schiff, der *HMS Queen Charlotte*.

RETTET DIE FAHNEN
Britische Soldaten bringen ihre Fahnen in Sicherheit (Schlacht von Inkerman, Krimkrieg). Regimentsfahnen sollen nie in die Hand des Feindes fallen.

Die rote Hand ist das traditionelle Emblem von Ulster.

Diese auf dem Wappen von Ulster basierende Flagge wurde von 1953 bis 1972 benutzt, bis Nordirland unter britische Direktverwaltung kam.

FAHNENTRÄGER
Der Fähnrich, der jüngste Offizier im Regiment, trug die Fahne. Sein Titel leitet sich von dieser Tätigkeit ab. Hier ein Fähnrich des 75. Highlander Regiments (Gemälde, 19.Jh.).

Obwohl der Bund mit Irland 1921 gelöst wurde, verblieb das Patrickskreuz in der Flagge.

Weiße Diagonalstreifen für Schottland

Blauer Hintergrund für Schottland

Weißer Hintergrund für England

England

Schottland

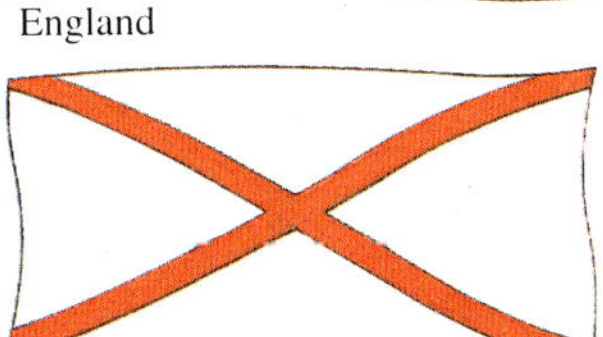

Irland

DREI FLAGGEN IN EINER
Das englische Georgskreuz und das schottische Andreaskreuz sind sehr weit verbreitet, das Patrickskreuz wird jedoch von den Flaggen von Ulster und Eire verdrängt.

DER „UNION JACK"
Die korrekte Bezeichnung der britischen Nationalflagge ist *Union Flag* („Unions-Flagge"), doch bekannter ist sie als *Union Jack*. Ein *Jack* ist eine Gösch, die auf dem Schiffsbug am Göschstock aufgezogen wird, doch darf nur die Königin von der Flagge in dieser Weise Gebrauch machen. Auf dem Schiff des Flottenadmirals weht sie am Hauptmast. Ansonsten gilt der *Union Jack* nur an Land. Der Oberbefehlshaber der Armee führt die Flagge ebenfalls.

MODE
In den 1960ern diente der *Union Jack* als Motiv für Modeartikel.

FLIEGERFLAGGE
Diese Fahne wurde 1918 speziell für die Luftwaffe (*Royal Air Force*) entworfen. Die heute gebräuchliche Flagge der Luftwaffe entstand zwei Jahre später.

BRITISCHE BULLDOGGE
Im Burenkrieg und im 1. Weltkrieg war der *Union Jack* als patriotisches Symbol weit verbreitet.

Frankreich

TRIUMPHALE RÜCKKEHR
Napoleon trug eine Kokarde (Hutabzeichen) mit den Farben der Trikolore, als er 1815 in Paris einritt.

Das traditionelle Königsbanner Frankreichs war weiß mit goldenen Lilien. Während der Französischen Revolution entstand die „Trikolore“ (die „dreifarbene“ Flagge). Sie wurde zum Vorbild für die meisten Flaggen der modernen Nationalstaaten. Die Trikolore der siegreichen Revolutionsarmeen war auch die Flagge Napoleons, und nach dem Intermezzo der Restauration des bourbonischen Königshauses (1815–1830) tauchte die Trikolore wieder auf den Barrikaden der Revolutionen von 1830 und 1848 auf. Auch Kaiser Napoleon III. behielt die Trikolore als nationales Symbol bei. Sie blieb es auch unter der Dritten Republik (1871–1944) und danach bis heute. Der französische Nationalismus blieb mit der Trikolore in der Französischen Revolution verwurzelt: Er orientierte sich nie in erster Linie an einer „völkischen“ Zugehörigkeit, sondern an der Teilhabe an den Idealen von Freiheit, Gleichheit und Brüderlichkeit und an der glorreichen französischen Geschichte.

FAHNENTRÄGER
Ein Soldat Napoleons trägt die Trikolore, gekrönt von einem Adler, der dem Regiment vom Kaiser verliehen wurde.

FÜR DIE REVOLUTION
Diese Flagge, an Bord des Schiffes *L'Amérique* für die Schlacht am 1. Juni 1794 angefertigt, trägt die Aufschrift: „Matrosen, Republik oder Tod“.

DIE KÖNIGLICHE LILIE
König Karl V. führte die *fleur de lis* als Emblem. Sie schmückt hier sein Gewand, die Kuvertiure des Pferdes und das Banner des Trompeters.

WIEDER MONARCHIE
Zwischen 1815 und 1830 regierten nochmals die Bourbonen. Sie benutzten eine vereinfachte Form des Königswappens wie auf dieser Standarte.

TAG DER BASTILLE
Lafayette, ein französischer General, der auch im Amerikanischen Unabhängigkeitskrieg kämpfte, bei der Feier zum ersten Jahrestag des Sturms auf die Bastille: Das Bild zeigt Trikoloren und andere Fahnen.

DIE TRIKOLORE
Der blaue und der rote Streifen der Trikolore rühren möglicherweise von den Pariser Stadtfarben her, während Weiß die Farbe der Bourbonendynastie war. Diese Flagge diente als Vorbild für viele andere, da ihre Farbkombination als Freiheitssymbol gilt.

GESCHENK DES KAISERS
Napoleon I. verlieh viele mit Adlern verzierte Fahnen. Diese schenkte er seiner Kaiserlichen Garde während des Exils auf Elba. Das persönliche Emblem des Herrschers war die Biene.

DIE FREIE FRANZÖSISCHE FLAGGE
Die Fahne der freien französischen Schiffe trug im 2. Weltkrieg das Lothringer Kreuz mit dem Doppelbalken, das Emblem Charles de Gaulles.

Deutschland

DEUTSCHER ADLER
Der schwarze, doppelköpfige Adler im deutschen Staatswappen ist hier als Glasmalerei zu sehen, zusammen mit dem Wappen Lübecks.

1806 wurde im Rahmen der napoleonischen Neuordnung Europas das alte Deutsch Reich aufgelöst. Der Kaiser in Wien war von nun an nur mehr ein österreichischer Kai ser, der sich nicht zuletzt für diejenigen seiner Gebiete interessierte, die jenseits der alten Reichsgrenzen in Osteuropa, auf dem Balkan und in Italien lagen. Sein größter Konkurrent im neu geschaffenen Deutschen Bund war der König von Preußen. Es hatte jedoch eine Zeit begonnen, in der nicht allein Könige und Kaiser über das Schicksal ihrer Untertanen bestimmten. Die Bevölkerung der deutschen Länder begann sich unter dem Eindruck der zu „Befreiungskriegen“ erklärten Kämpfe ihrer Fürsten gegen Napoleon als eine einzige Nation zu fühlen, zusammengehalten durch die gemeinsame Sprache und die Reichstradition. Nach dem Vorbild der Trikolore schufen sich die deutschen Patrioten ihre schwarz-rot-goldene Flagge. Schwarz-Rot-Gold war auch die Fahne der Revolution von 1848. Nach ihrem Scheitern führte Preußen bis 1871 unter Ausschluss Österreichs einen deutschen Nationalstaat mit militärischen Mitteln herbei. Reichsflagge wurden die Farben Schwarz-Weiß-Rot.

LÖWE
Löwe aus einem Wappen des 15. Jh.s

MARINE
Die Reichskriegsflagge wurde 1903–1921 benutzt. In der Oberecke sieht man die Nationalflagge mit dem Eisernen Kreuz, einem preußischen Emblem.

FLUG DER ADLER
Adler und Wappen kennzeichnen diese Fahne als die des Kaiserlichen Kronprinzen im 1. Weltkrieg. Sie wurde nur gehisst, wenn er persönlich anwesend war.

EIN KUSS FÜR DIE FLAGGE
Ein deutscher Soldat ehrt die Flagge. Solche patriotischen Bilder wurden im 1. Weltkrieg vielfach auf Postkarten gedruckt.

Heute ist die schwarz-rot-goldene Trikolore die Flagge des seit dem 3. Oktober 1990 wiedervereinten Deutschlands. Vor 1990 führte die DDR-Flagge zusätzlich das Staatswappen im Zentrum. Das goldene Wappenschild mit schwarzem, einköpfigem Adler wird ausschließlich von der bundesdeutschen Regierung benutzt.

SCHWARZ-ROT-GOLD
Am 8. Mai 1949 wurde in der Bundesrepublik Deutschland die schwarz-rot-goldene Trikolore offiziell wieder eingeführt. Die Farben entstammen der Uniform, die das Lützow-Freikorps 1814 trug (schwarz und rot mit Goldbesatz); die Form der Trikolore kam später hinzu. Diese Flagge wurde 1848 in Frankfurt für ein geeintes Deutschland bestimmt. Ebenso wurde sie zur Zeit der Weimarer Republik, 1919–1933, verwandt. Im Mai 1948 führte die spätere DDR diese Fahne wieder ein – als Symbol des neuen Deutschland. Daraufhin nahm auch Nachkriegs-Westdeutschland die Farben Schwarz-Rot-Gold wieder auf. Diese beiden Versionen waren bis zur Wiedervereinigung im Jahre 1990 parallel in Gebrauch

Wappen der ehemaligen Deutschen Demokratischen Republik

DIE OPPOSITION *unten*
Der kommunistische Rote Frontkämpfer Bund gebrauchte während des Kampfs gegen die Naziherrschaft rote Fahnen.

STURMTRUPP
Die Nationalsozialisten benutzten Fahnen und Banner bei allen Gelegenheiten – von Parteiversammlungen bis zu Militärparaden. Das Hakenkreuz erschien auch auf den Standarten der SA (Sturmabteilung) zusammen mit dem Adler und dem Leitspruch „Deutschland erwache".

Bismarcks Reichsgründung

BISMARCK
Otto von Bismarck war seit 1862 preußischer Ministerpräsident. 1867 wurde er auch Kanzler des Norddeutschen Bunds und 1871 Reichskanzler. Er war der Architekt der deutschen Einigung. 1890 wurde er von Kaiser Wilhelm II. entlassen. Er starb 1898.

Preußen war um die Mitte des 19. Jahrhunderts der mit Abstand wichtigste Staat in Deutschland. Er verfügte nicht nur über die größte Armee und einen gut organisierten Beamtenapparat, sondern auch über die dynamischsten Industriegebiete, vor allem im Rheinland. Das deutsche Bürgertum, dessen Revolution 1849 gescheitert war, setzte mehr und mehr seine Hoffnung darauf, dass Preußen die Einheit Deutschlands herbeiführen und es zu einer wirtschaftlichen und militärischen Kraft machen würde, die nicht hinter Frankreich oder England zurückstand. Der preußische Ministerpräsident (seit 1862) Otto von Bismarck ging mit Umsicht und Rücksichtslosigkeit daran, dieses mächtige Reich tatsächlich zu schaffen. Die Gelegenheit zu einem ersten Schritt dazu ergab sich 1864 in der Auseinandersetzung mit Dänemark und Schleswig-Holstein. Unter allgemeiner nationaler Begeisterung der Deutschen wurden die Dänen von den verbündeten Preußen und Österreichern besiegt. Preußen betrieb nun die Annexion Schleswig-Holsteins und machte sich bewusst Österreich zum Feind. 1866 kommt es zum Krieg Preußens gegen Österreich, den Preußen gewinnt. Preußen annektiert das Königreich Hannover und die nordhessischen Staaten und gründet den Norddeutschen Bund. Für einen deutschen Nationalstaat gibt es jetzt nur noch eine Option: die „kleindeutsche Lösung" unter Ausschluss Österreichs. Die einzige Macht, die die Gründung eines deutschen Reichs jetzt noch verhindern kann, ist das misstrauisch den Machtzuwachs Preußens betrachtende Frankreich. Um Napoleon III. in Hinsicht auf eine militärische Invention zuvorzukommen, provoziert Bismarck 1870 den Deutsch-Französischen Krieg, an dem auch die süddeutschen Staaten teilnehmen. Nach der Niederlage Frankreichs 1871 wird in Versailles das deutsche Kaiserreich proklamiert.

SEDAN
Der spektakulärste Sieg der Deutschen im Deutsch-Französischen Krieg war der bei Sedan im September 1870. Napoleon III. geriet in Gefangenschaft und musste sich dem preußischen König Wilhelm I. ergeben. Im deutschen Kaiserreich wurde fortan jeder 2. September als „Sedanstag" gefeiert. Das Bild zeigt den gefangenen französischen Kaiser.

KÖNIGGRÄTZ
Die Schlacht bei Königgrätz in Böhmen entschied am 3. Juli 1866 den Preußisch-Österreichischen Krieg. Das zeitgenössische Bild zeigt, wie preußische Infanteristen (rechts) einen österreichischen Angriff abwehren.

DIE DÜPPELER SCHANZEN
Die Erstürmung der Düppeler Schanzen durch preußische Truppen am 18. April 1864 brachte die Entscheidung im Deutsch-Dänischen Krieg. Die Dänen mussten auf Schleswig und Holstein verzichten. Ersteres wurde von Preußen besetzt, letzteres von Österreich.

ERÖFFNUNG DES NORDDEUTSCHEN REICHSTAGS
Der nach dem Sieg Preußens über Österreich 1866 errichtete Norddeutsche Bund erhielt mit dem Norddeutschen Reichstag ein demokratisch gewähltes, allerdings nur begrenzt entscheidungsbefugtes Parlament.

KAISERPROKLAMATION
Nach dem Sieg der deutschen Truppen über Frankreich wurde am 18. Januar 1871 der preußische König Wilhelm I. in Anwesenheit der übrigen deutschen Fürsten im Spiegelsaal des Schlosses von Versailles zum deutschen Kaiser ausgerufen. Im Mittelpunkt des Gemäldes steht bezeichnenderweise nicht der Kaiser, sondern Bismarck.

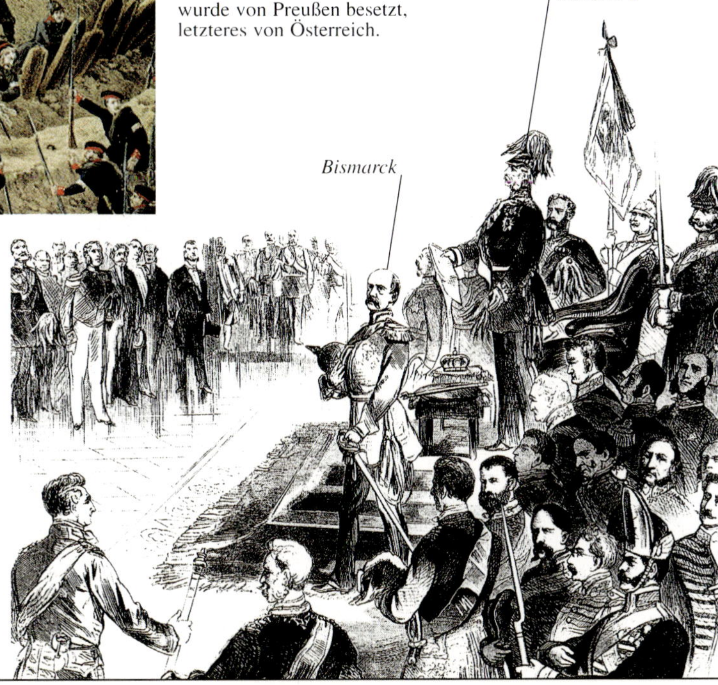

k.u.k.-FAHNE
Auf der österreichisch-ungarischen Fahne standen die mit Kronen gezierten Wappen Österreichs (links) und Ungarns gleichberechtigt nebeneinander.

Österreich-Ungarn

Bis zum Ende des Ersten Weltkriegs gab es neben der Schweiz und dem Osmanischen Reich der Türken nur einen Staat in Europa, der kein Nationalstaat war, sondern mehrere Nationen vereinte: Österreich-Ungarn, scherzhaft auch „Kakanien" genannt, weil auf allen offiziellen Dokumenten das Kürzel „k.u.k." für „kaiserlich und königlich" zu lesen war. Der Kaiser in Wien (von 1848 bis 1916 war dies Franz Joseph I.) war zugleich König von Ungarn; es gab Regierungen und Parlamente in Wien und Budapest, aber auch gemeinsame Institutionen, zu denen vor allem das Militär gehörte. Österreich wie Ungarn waren ihrerseits Vielvölkerstaaten: Österreichische Untertanen waren nicht nur deutsche Österreicher, sondern auch Tschechen, Polen, Ukrainer, Slowenen und Italiener; ungarische Untertanen waren außer Ungarn auch Slowaken, Rumänen, Siebenbürger und Burgenländer Deutsche sowie Kroaten. Wien war eine pulsierende multikulturelle Metropole, wo in Kunst und Wirtschaft neben deutschen Österreichern auch die deutschsprachigen Juden aus Osteuropa den Ton angaben. Seit Ende des 19. Jahrhunderts breitete sich das Gedankengut des Nationalismus in der Doppelmonarchie aus. Ungarn wurde mit Österreich, wo das Machtzentrum der Doppelmonarchie lag, völlig gleichgestellt, doch umso mehr fühlten sich vor allem die slawischen Völker benachteiligt. Sie wurden in ihrem Unabhängigkeitsstreben von Russland unterstützt, das sich als Schutzmacht aller slawischen Völker fühlte. Dies trug zum Ausbruch des Ersten Weltkriegs bei, nach dessen Ende die Großmacht Österreich-Ungarn von den Landkarten verschwand.

ÖSTERREICH UND UNGARN
Die Karte zeigt, welche Gebiete zum österreichischen (gelb) und welche zum ungarischen Teil (grün) der Doppelmonarchie gehörten. Lediglich das 1908 annektierte Bosnien-Herzegowina wurde gemeinsam regiert. Die habsburgischen Besitzungen in Italien gingen bis auf Trient und Triest durch die italienische Einigung verloren.

KAISER FRANZ JOSEPH I.
Franz Joseph war von 1848 bis zu seinem Tod 1916 österreichischer Kaiser und ungarischer König. Seine Person garantierte den Zusammenhalt der Doppelmonarchie. Nach der Niederlage Österreichs gegen Preußen 1866 spielte der österreichische Kaiser in der deutschen Politik keine Rolle mehr.

SISSI
Die beliebte Kaiserin Elisabeth („Sisi" oder „Sissi"), eine bayerische Prinzessin, wurde 1898 von einem italienischen Anarchisten in Genf ermordet.

RINGSTRASSENARCHITEKTUR
Ende des 19. Jh.s wurden in Wien die alten Stadtwälle geschleift. An ihre Stelle traten an der neu angelegten Ringstraße repräsentative öffentliche und private Bauten, die vom Reichtum der Stadt zeugten.

BUDAPEST
Der Bau des monumentalen neugotischen Parlamentsgebäudes an der Donau in Budapest unterstrich den Anspruch Ungarns auf Eigenständigkeit.

DAS TSCHECHISCHE NATIONALMUSEUM
Der Riesenbau des tschechischen Nationalmuseums am Wenzelsplatz in Prag symbolisierte den Anspruch der Tschechen auf nationale Eigenständigkeit.

Denkmal des mittelalterlichen tschechischen Königs Wenzel

GUSTAV KLIMT
Wien war um die Wende zum 20. Jh. eines der führenden Zentren von Kunst und Kultur in der Welt. Der „Sezessionsstil" Gustav Klimts und seiner Freunde stand für die internationale künstlerische Avantgarde. Zur selben Zeit wirkten in Wien Siegmund Freud und Schriftsteller wie Arthur Schnitzler.

Balkanstaaten

Griechische Eleganz und Schönheit in der Vorstellung des 19. Jh.s

Die Ideen des Nationalismus führten seit Beginn des 19. Jahrhunderts immer wieder zu Unruhen auf dem Balkan und zu einer Reihe kriegerischer Auseinandersetzungen und Grenzveränderungen. Die Völker waren nicht in säuberlich gegeneinander abgegrenzten Territorien zu Hause, sondern untereinander gemischt. So gab es griechisch albanische und türkische Minderheiten fast überall in der Region. Zu allem Überfluss überschnitten sich auf dem Balkan die Interessen Russlands und Österreich-Ungarns, aber auch Englands und Frankreichs, die sämtlich ihren Anteil am Erbe des sich auflösenden Osmanischen Großreichs beanspruchten. Den Anfang mit der Gründung neuer Nationalstaaten machten mithilfe der Westmächte die Griechen, die sich in den Jahren von 1821 bis 1830 ihre Unabhängigkeit erkämpften. Nur noch nominell von der „Pforte" (d.h. von Konstantinopel) abhängig waren bald auch Serbien, Montenegro und die rumänischen Fürstentümer der Moldau und Walachei. Sie wurden 1878 endgültig für unabhängig erklärt, Bulgarien erhielt einen Autonomiestatus. In den Balkankriegen von 1912 und 1913 ging es vor allem um die Grenzen des unabhängig gewordenen Bulgariens.

FREIHEITSFLAGGEN
In den Jahren 1991/92 erlangten drei jugoslawische Teilrepubliken ihre Unabhängigkeit. In Kroatien wurde das traditionelle rot-weiß karierte Staatswappen wiederbelebt.

BULGARIEN
Das gerade unabhängig gewordene Bulgarien stellt sich auf dieser Postkarte als fortschrittliche europäische Nation dar, mit Flagge, Postorganisation und Fahrrad.

Die kroatische Flagge wird gehisst, um die veränderten Staatsgrenzen anzuzeigen. Die Gebietsansprüche Kroatiens sind auf erbitterten serbischen Widerstand gestoßen.

RUMÄNIEN
Im komplizierten Staatswappen mussten alle Teile des Landes angemessen repräsentiert sein.

Die griechischen Farben am Königspalast zu Athen

HELD DER GRIECHEN
Der Dichter Lord Byron unterstützte den Freiheitskampf der Griechen leidenschaftlich und nahm auch selbst daran teil (um 1820). Er starb in Missolonghi/Griechenland im April 1824 und wurde zum Nationalhelden.

FRÜHE GRIECHISCHE FLAGGE
Diese Briefmarke zeigt eine frühe Form der griechischen Flagge. Blau und Weiß haben als Nationalfarben eine lange Tradition.

Das Kreuz erinnert an die religiöse Motivation der Freiheitsbewegung.

Blau und Weiß sind traditionelle griechische Farben; sie sind aber auch die Wappenfarben des bayerischen Herrschergeschlechts der Wittelsbacher, das mit Otto I. (1832–1862) den ersten griechischen König stellte.

Flagge Griechenlands

Flagge Jugoslawiens seit 1918

TREFFEN DER VERBÜNDETEN
Bei dieser Demonstration in Saloniki 1916 sieht man die griechische Flagge zusammen mit den Flaggen Italiens, Frankreichs, Hollands und der britischen Roten Flagge.

RUSSISCHER EINFLUSS
Der 1. Weltkrieg, der 1914 seinen Ausgang vom Balkan nahm, führte zum Zusammenbruch Österreichs und zur Vereinigung Kroatiens, Bosniens und der Herzegowina sowie Montenegros mit Serbien zum neuen Staat Jugoslawien, der das 20. Jh. jedoch nur nominell überdauern sollte. Die Farben Blau-Weiß-Rot der jugoslawischen Flagge seit 1918 erinnern an die Farben Russlands. Es sind die Farben der panslawischen Bewegung, die ihren Rückhalt im mächtigsten slawischen Reich hatte. Auch das Weiß-Grün-Rot der bulgarischen Flagge stellt eine Abwandlung der Farben Russlands dar, dessen Kampf gegen die Türken das Land seine Existenz verdankte.

Die Schweiz

WILHELM TELL
Das Denkmal des Schweizer Nationalhelden in Altdorf im Kanton Uri aus dem Jahr 1895

Die Ursprünge der Schweiz liegen im späten Mittelalter, als sich ein Bund („Eidgenossenschaft") freier Landschaften und Städte bildete, um die Absicht der österreichischen Habsburger zu vereiteln, ihr Gebiet zu feudalisieren und in ihren territorialen Staat zu integrieren. Mit dem Ende des Dreißigjährigen Kriegs scheidet die Schweiz endgültig aus dem Reich aus. Noch ist sie allerdings nur ein lockerer Bund souveräner Staaten, von denen die Republik Bern der weitaus mächtigste ist. Das ändert sich mit der Eroberung der Schweiz durch Napoleon (1798), der das Land zu einem zentral verwalteten Einheitsstaat macht. 1815 erhalten die Kantone einschließlich der inzwischen selbstständig gewordenen, zuvor von ihnen abhängigen Gebiete ihre Unabhängigkeit zurück; die Schweiz wird für immer während neutral erklärt. Unter dem Eindruck der Julirevolution von 1830 in Paris geben sich die meisten Kantone liberale, demokratische Verfassungen. Die katholischen Kantone der Innerschweiz empfinden die Liberalisierung und die mit ihr verbundene Forderung nach einer Verwandlung des Staatenbunds in eine föderative Republik als Bedrohung. Ihr Widerstand wird im „Sonderbundskrieg" von 1848 gebrochen. Seitdem ist die Schweiz ein einziger demokratischer Staat – wenn auch mit weitgehender Autonomie der Kantone in inneren Angelegenheiten. Auf dieser Grundlage hat sich ein ausgeprägtes Schweizer Nationalgefühl entwickelt, trotz der Zugehörigkeit der Bevölkerung zu unterschiedlichen Sprachkulturen, der deutschen, französischen und italienischen.

Bern

REGIONALE BANNER
Die meisten Schweizer Kantone benutzen ihre heraldischen Banner auch als Kantonsflagge, die Flagge gleicht dem Wappen des Kantons. Die Berner Flagge zeigt einen Bären, die von Uri einen Auerochsen (daher der Name Uri). Während im Luzerner Wappen die Streifen waagerecht angeordnet sind, stehen sie auf der Flagge senkrecht.

Luzern

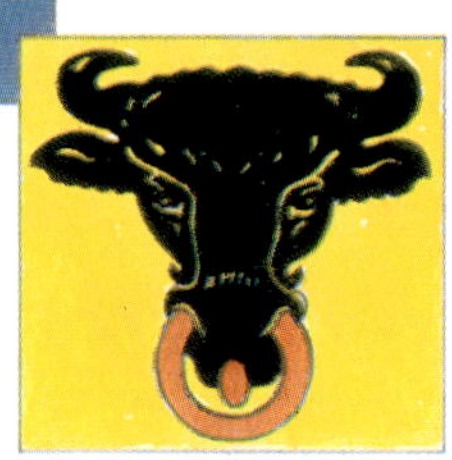

Uri

HEIMATSTOLZ
Fahnenaufzug auf der Mont-Blanc-Brücke in Genf. Zu erkennen sind die Flaggen der Kantone Thurgau, Bern, Fribourg, Glarus und Graubünden.

NATIONALHELD
Eine Legende erzählt, Arnold von Winkelried habe in der Schlacht bei Sempach den Sieg über Österreich ermöglicht, indem er so viele feindliche Speere packte, wie er vermochte. So schlug er eine Lücke in die Reihen der Österreicher. Die nachdrängenden Schweizer siegten (1386).

WAPPENTIERE
Tiere kommen in schweizerischen Wappen oft vor. Hier ein Steinbock (Glasfenster auf Burg Chillon). Der Bock ziert heute noch das Wappen des Kantons Graubünden.

TREUE WACHT
Bunt gefärbt ist die Uniform der Schweizergarde im Vatikan.

EINE ZWEITE SCHWEIZ?
Nach dem 1. Weltkrieg und erneut nach dem 2. versuchten die siegreichen Alliierten, Österreich nach dem Vorbild der Schweiz in einen demokratischen und auf immer neutralen Staat zu verwandeln. Unterschiedliche geschichtliche Voraussetzungen verhinderten jedoch, dass das nationale Selbstbewusstsein der Österreicher sich ähnlich mit der Idee der Neutralität verband wie das der Schweizer.

Flagge der Schweiz

Das Schweizer Kreuz ähnelt dem Symbol des Roten Kreuzes – die Schweizer Flagge war das Vorbild.

FOLGT DEM BÄREN
Eine große Bärenfigur in Bern: Darstellung des Lokalemblems

NATIONALFLAGGEN
Die Flagge der Schweiz ist nach der Dänemarks und der der Niederlande die älteste Nationalflagge der Welt. Eine Legende erzählt, das blutbefleckte Gewand Herzog Leopolds V. habe den Anstoß für diese Fahne gegeben. Denn nur in der Mitte, wo der Gürtel saß, sei der Stoff weiß geblieben. Die Flagge der Schweiz wurde erst 1848 offiziell angenommen.

Italien

HELD DES RISORGIMENTO
Garibaldi und seine „Rothemden" führten 1860 die Bewegung zur Einigung Italiens an.

Wie in Deutschland führte auch in Italien, das in zahlreiche Staaten aufgeteilt war, die oft unter fremdem Einfluss standen, die napoleonische Besatzung zum Erwachen eines Nationalgefühls und zur Entstehung einer liberal-demokratischen Bewegung. Schon 1820/1821 kam es unter dem Eindruck der liberalen Revolte in Spanien zu revolutionären Aufständen in Neapel und Piemont. Sie wurden mit österreichischer Hilfe niedergeschlagen. Doch die *Cabonari* (Köhler), wie sich die Angehörigen der liberalen Geheimbünde nannten, agitierten im Untergrund weiter. 1847 stellt sich das Königreich Sardinien, dessen wichtigster Staatsmann Camillo Cavour (1810–1861) ist, an die Spitze der italienischen Unabhängigkeits- und Einheitsbewegung, des *Risorgimento*. Sardinien unterstützt 1848 die Revolution in Mailand gegen Österreich, wird aber geschlagen. Cavour gelingt es jedoch, in den folgenden Jahren die Unterstützung Frankreichs zu erlangen und 1859 Österreich zu schlagen. Die Lombardei wird frei. Nationalistische Freischärler unter Giuseppe Garibaldi überrennen anschließend Süditalien und Sizilien und besiegen mit savoyischer Unterstützung auch die Truppen des Papstes. 1861 nimmt Viktor Emanuel II. von Sardinien den Titel eines italienischen Königs an. Nur ein Teil des Kirchenstaats und Venetien sind noch nicht „erlöst", wie es in der Sprache des Nationalismus heißt. 1866 wird Italien für seinen Eintritt in den Krieg Preußens gegen Österreich mit Venetien belohnt; 1870 fällt nach einer Volksabstimmung auch Rom mit dem Kirchenstaat an Italien und wird zur nationalen Hauptstadt.

PETERSSCHLÜSSEL
Diese Flaggen wurden vor 1870 benutzt. Die gekreuzten Schlüssel, Symbol des hl. Petrus, und die Tiara, die Papstkrone, erscheinen auch auf der heutigen Flagge des Vatikanstaats.

SYMBOLE DER EINHEIT
Schild und Krone Savoyens, kombiniert mit italienischen Flaggen, bildeten ein patriotisches Symbol.

IN AFRIKA ERBEUTET
Diese italienische Nationalflagge wehte nach dem italienischen Einmarsch 1936 über der Zitadelle von Gondar/Äthiopien. In Äthiopien versuchte Italien damals, sich als Kolonialmacht zu etablieren.

DER LÖWE VON SAN MARCO
Die Flagge Venedigs trug den Löwen, und eine Löwenflagge weht heute noch über dem Marktplatz.

Die italienische Trikolore entstand unter dem Einfluss des französischen Revolutionsregimes in Italien. 1848 ist sie die Fahne der Revolution.

DIE ITALIENISCHE TRIKOLORE
Die Farben der italienischen Flagge wurden als Symbole für die Tugenden Glaube, Hoffnung und Wohltätigkeit gedeutet, sie sind der französischen Trikolore nachempfunden. Grün und Weiß sind auch die Farben Mailands. Auch eine über die Landesgrenzen hinaus bekannte italienische Spezialität greift die Farben Grün, Weiß und Rot auf: die nach einer italienischen Königin benannte Pizza Margherita.

SYMBOL DER LINKEN
Hier sind Hammer und Sichel mit den Farben Italiens vereint – als Symbol der Kommunistischen Partei Italiens.

VERBÜNDETE
England, Frankreich und Italien waren Verbündete im 1. Weltkrieg. Dieses Propagandabild zeigte ihre Soldaten mit Flaggen, unter der Parole „Alle gegen die Deutschen“. Die britischen Soldaten werden mit der roten Seeflagge gezeigt, ein häufiger Irrtum.

CAMILLO CAVOUR
Was Bismarck für Deutschland, war Cavour, der piemontesische Kanzler (1810–1861), für Italien: der Architekt der nationalen Einigung. Und so wie es Bismarck mehr um die Macht seines Herrn, des preußischen Königs, ging als um die nationale Sache, so war Cavour der loyale Kabinettschef König Viktor Emanuels II. von Sardinien, der dank Cavours erfolgreicher Politik 1861 zum ersten König von Italien wurde.

Die Niederlande und Belgien

WILHELM VON ORANIEN
Die Farben des Hauses Oranien schmückten die ersten holländischen Flaggen.

Der Unabhängigkeitskrieg der Niederlande gegen Spanien am Ende des 16. Jahrhunderts führte zur Trennung der „Generalstaaten", wie die nördlichen Niederlande sich nannten, von den weiterhin spanisch beherrschten südlichen Niederlanden, dem heutigen Belgien. Die Niederlande mit den Handelsstädten Hollands an der Spitze entwickelten sich im 17. Jahrhundert zum wohlhabendsten Land Europas. Sein Reichtum führte freilich zu einer erbitterten Konkurrenz mit England und territorialen Begehrlichkeiten Frankreichs. Während der Revolutionskriege wurden die Niederlande zur „Batavischen Republik", danach zu einem Königreich von Napoleons Gnaden. Durch den Wiener Kongress wurden die nördlichen Niederlande wieder mit den südlichen vereinigt. Die nördlichen und die südlichen Niederlande wuchsen jedoch nicht zusammen; zu groß war der Gegensatz zwischen dem protestantisch geprägten Norden und dem katholischen, agrarischen und von französischer Kultur und Lebensart dominierten Süden. 1830 kam es zum Bruch, der durch eine revolutionäre Erhebung in Brüssel ausgelöst wurde. Belgien wurde ein eigenständiges Königreich und dank der frühen Industrialisierung in den wallonischen Landesteilen bald zu einem der fortschrittlichsten Länder Europas.

TROPHÄEN AUS SPANIEN
Von den Holländern erbeutete spanische Flaggen wurden im Rittersaal zu Den Haag (Versammlungsort der Generalstaaten) aufgehängt. Die meisten waren Marineflaggen und trugen das rote Kreuz Burgunds.

BELGISCHES STAATSWAPPEN
Der goldene Löwe auf schwarzem Grund steht für Brabant, ist aber seit Belgiens Unabhängigkeit 1830 auch in dessen Wappen zu finden. Das Motto bedeutet „Einigkeit macht stark". Rund um den Kranz stehen die Fahnen der Provinzen.

FLAGGE DER FREIHEIT
1796 wurde Holland zur Batavischen Republik und nahm eine Flagge an, die neben den Trikolorefarben die personifizierte Freiheit zeigt mit den Emblemen der Republik: Axt, Rutenbündel und Freiheitshut. Diese Flagge führte Admiral de Winter bei der Schlacht von Damperdown (1797) mit sich.

Flaggenschwenken bei einer königlichen Hochzeit

Langedijk Zeeland Friesland

STOLZ DER STÄDTE
Jede niederländische Stadt und Provinz hat ihre eigene Flagge. Der holländische Löwe ziert die Flagge der Provinz Zeeland, Seerosenblätter die Fahne Frieslands.

Die rot-weiß-blaue Fahne der Niederlande ist eine der ältesten Nationalflaggen überhaupt; sie kam bereits während des niederländischen Unabhängigkeitskriegs gegen Spanien im 16. Jh. auf. Sie ziert die Schiffsmasten auf vielen Gemälden der holländischen Alten Meister.

Flagge der Niederlande

Flagge nur für den Gebrauch an Land

Flagge Belgiens

BELGISCHE PARADE
Auf diesem Brüsseler Platz haben schon viele Veranstaltungen mit Fahnen und Flaggen stattgefunden.

ROT-WEISS-BLAU UND SCHWARZ-GOLD-ROT

Seit dem frühen 17. Jh. weht die rot-weiß-blaue Trikolore über den Niederlanden, außer als Holland Teil des französischen Kaiserreichs war und zur Zeit der Batavischen Republik. Doch erst 1937 bestätigte man diese Flagge offiziell. – Die belgische Trikolore entstand während des Kampfes gegen die Holländer 1830 und besaß zunächst eine horizontale Form. Die Farben entstammen dem Wappen Brabants und finden sich auch in den Wappen der Provinzen. Die vertikale Flaggenform gilt seit Januar 1831.

Der *Danebrog* auf einer Weihnachtskarte (19. Jh.).

Dänemark

Dänemark gehört zu den ältesten europäischen Nationen. Seit der Wikingerzeit waren die dänischen Könige die mächtigsten Herrscher in Skandinavien und im Ostseeraum. Erst im Mittelalter mussten sie sich diese Macht mit den Städten der Hanse teilen. Von 1380 bis 1814 herrschte der dänische König in Personalunion über Norwegen, vom 14. bis zum 16. Jahrhundert auch über Schweden. Island und Grönland, alte Siedlungsgebiete der Wikinger, gehörten ebenfalls zu Dänemark. Seit dem 16. Jahrhundert kämpfte das Land gegen Schweden um die Vorherrschaft im nordischen Raum. Schweden ging aus diesem Kampf als Sieger hervor, doch Dänemark blieb eine der führenden Seemächte Europas mit Verbindungen bis in die Karibik. Als die Engländer 1814 die Auslieferung der dänischen Flotte erzwangen bedeutete dies das Ende der dänischen Seemacht. Das als lutherisches Land stark von deutscher Kultur geprägte Dänemark wandte sich im 19. Jahrhundert England zu, vor allem unter dem Eindruck der deutschen Nationalbewegung in den von Dänemark regierten Herzogtümern Schleswig und Holstein, die 1864 zur Eroberung der Herzogtümer durch die Truppen des Deutschen Bundes führten. Bis zum Ende des Ersten Weltkriegs blieb auch das dänisch besiedelte Nordschleswig zur Empörung der Dänen Teil des Deutschen Reichs.

FRÜHER URSPRUNG
Die dänische Flagge erschien zuerst im Wappen des Königs Waldemar IV. Atterdag (1340–1375). Der königliche Schild sieht heute noch genauso aus.

SPLITTFLAGGE
Ein Siegel des frühen 15. Jh.s zeigt die dänische Splittflagge. Sie wird bei offiziellen Anlässen und zur See gehisst.

Dragonerstandarte aus der Zeit Christians IV. (1588–1648)

Musketierflagge aus der Zeit Christians VII. (1766–1808), verwandt im Krieg gegen Napoleon

Flagge der Infanterie aus der Zeit Christians IV.

ARMEEFAHNEN
Dänemarks Armeefahnen haben eine lange Tradition. Viele tragen das dänische Kreuz. Die Infanterie führt in der Oberecke die Nationalflagge sowie eine geballte Faust, die aus einer Wolke Blitze schleudert. Das Motto lautet: „Schrecken der Feinde". Während die Musketierfahne das dänische Kreuz trägt, zeigt die Dragonerflagge die Siegesgöttin.

FLAGGE DER FÄRÖER
Seit 1931 besitzen die Färöer-Inseln eine eigene Flagge, die den Flaggen Dänemarks und Islands ähnelt. Offiziell wurde sie 1948 angenommen (Gebrauch nur an Land gestattet).

MODERNE FARBEN
Heutige Militärflaggen leiten sich von der dänischen Nationalflagge ab.

Die dänische Flagge, der *Danebrog*, taucht bereits im 14. Jh. als Königsfahne auf. Bis heute wird dieses Zeichen der nationalen Identität der kleinen Nation Dänemark nicht nur an öffentlichen Gebäuden, sondern auch von Privatleuten vielfach gehisst.

DER DANEBROG
Die dänische Flagge ist auch als *Danebrog* bekannt. Trotz ihres hohen Alters wurden die exakten Ausmaße erst 1848 festgelegt. Die Flaggen Islands, der Färöer und Norwegens, vielleicht auch Schwedens und Finnlands, leiten sich von ihr ab. Sie sind in ihren Proportionen allerdings verschieden.

HOCH DIE FAHNEN
Die Dänen sind auf ihre Flagge stolz und zeigen sie überall. Selbst in Schrebergärten (links) ist sie zu finden. Die jungen Fans oben gehen „dänisch" geschminkt.

Bild auf einer Bierdose: der *Danebrog* über Gartenlauben

IN DER EISWÜSTE
Grönland, eine dänische Insel mit Selbstverwaltung, nahm 1985 eine eigene Flagge an. Die Darstellung der über dem Polarkreis aufgehenden Sonne in den dänischen Farben war als Sieger bei einem Wettbewerb ausgezeichnet worden.

DAS SKANDINAVISCHE KREUZ
Das Kreuz im Wappen Dänemarks beeinflusste den Entwurf der norwegischen und isländischen Flagge.

Norwegen und Island

Ein norwegisches Nationalbewusstsein entstand erst im 19. Jahrhundert, nachdem 1814 im Zuge der Neuordnung Europas nach der Ära Napoleons die seit dem Mittelalter bestehende Herrschaft des dänischen Königs über Norwegen durch eine Union Norwegens mit Schweden abgelöst wurde. Das hieß de facto, dass Norwegen in Abhängigkeit von Schweden geriet. Dagegen formierte sich die vom Storting, dem norwegischen Parlament, angeführte Nationalbewegung, die 1905 nach einer Volksabstimmung die völlige Unabhängigkeit des Landes durchsetzte. Das kleine abgelegene Island blieb unterdessen dänische Kolonie; doch auch hier, in einem Land mit eigener Sprache und kultureller Tradition, rührte sich vom 19. Jahrhundert an ein eigenständiges Nationalbewusstsein. 1913 setzten die Isländer eine Selbstverwaltung unter dänischer Oberhoheit durch. Vollständige Unabhängigkeit erhielt Island erst 1944, als Norwegen noch von der deutschen Wehrmacht besetzt war.

STANDARTE
Diese prächtige, in Trondheim gefertigte Kavalleriestandarte des späten 17. Jh.s zeigt Stickerei auf rotem Damast. Die Form erinnert an andere europäische Militärfahnen.

Kavalleriestandarte

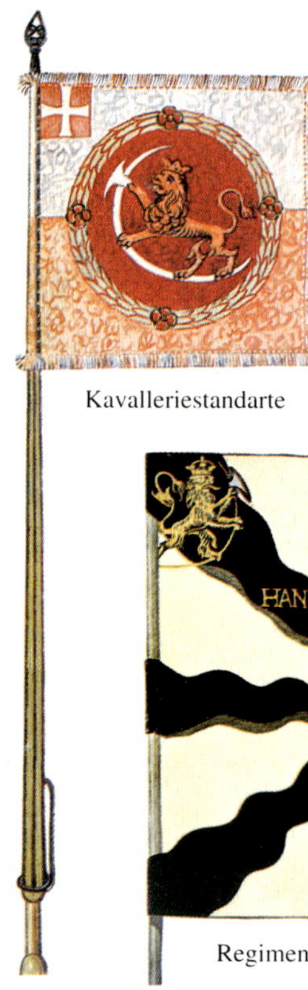

Kavalleriestandarte

DER FEIND VOR DEN TOREN
Zwei norwegische Fahnen – eine Kavalleriestandarte und eine Regimentsfahne aus dem 17. Jh.: beide mit dem Wappen Norwegens, das einen Löwen mit langstieliger Axt zeigt. In der Oberecke der Standarte sieht man das Kreuz Dänemarks (bis 1814 war Norwegen dänisch). Die Regimentsfahne gehörte Hannibal Sehested und trägt dessen Motto „Hannibal vor den Toren", eine Anspielung auf den berühmten kathargischen Feldherrn.

Regimentsfahne

EROBERUNG DES SÜDPOLS
Als erster Mensch am Südpol richtete Roald Amundsen dort die norwegische Flagge auf (14. Dezember 1911). Er und seine Mannschaft hatten auf Skiern bis zum Pol 55 Tage gebraucht. Das Gepäck wurde mit Hundeschlitten transportiert. Als einen Monat später Amundsens Rivale Scott am Pol eintraf, fand er die norwegische Flagge vor. Männer wie Amundsen trugen viel zum Selbstbewusstsein der jungen norwegischen Nation bei. Norwegische Seefahrer befuhren alle Weltmeere und begründeten Norwegens Tradition als eine der wichtigsten Seehandelsnationen des 20. Jh.s.

SCHWALBENSCHWANZ
Die Seeflagge Islands besitzt eine Schwalbenschwanzform, eine im skandinavischen Raum verbreitete Flaggenform.

Die Flagge Norwegens entstand 1821 nach der Abtrennung von Dänemark und der Union mit Schweden. Sie erinnert an die Flagge Dänemarks mehr als an die Schwedens und nimmt mit den Farben Blau-Weiß-Rot die republikanischen Farben der Französischen Revolution wieder auf – so enthält sie ein politisches Programm.

Flagge Norwegens

Flagge Islands

ISLÄNDISCHER NATIONALSTOLZ

Die an die Flagge der norwegischen Unabhängigkeit angelehnte isländische Flagge wurde seit 1918 offiziell gezeigt und 1944 zur Nationalflagge. Wichtiger als die Fahne war für das isländische Nationalbewusstsein aber die Wiederentdeckung der altisländischen mittelalterlichen Literatur – der Heldenlieder der *Edda* –, die in den nordischen Ländern einzigartig ist. Island entwickelte sich im 20. Jh. zu einem einzigartigen Literaturland.

Schweden und Finnland

SCHWEDISCHES WAPPEN
Flaggen und Heraldik besitzen in Schweden eine lange Tradition. Hier ist ein Soldat mit langem Lanzenwimpel und dem mittelalterlichen Staatswappen zu sehen.

Ein schwedischer Ritter des 14. Jh.s im Schmuck heraldischer Embleme

Im 16. Jahrhundert empörten sich die Adligen Schwedens gegen den dänischen König, der seine Oberhoheit über das Land dazu benutzen wollte, es in ein einheitlich dänisch-schwedisches Staatswesen zu integrieren. Unter der vom Adel gestützten Königsdynastie der Wasa machte sich Schweden von Dänemark unabhängig und wurde unter Gustav II. Adolf während des Dreißigjährigen Kriegs zur Vormacht in Nordeuropa. Im Nordischen Krieg (1700–1721) ringt Schweden mit Russland um die Vorherrschaft im gesamten Ostseeraum und unterliegt: Das Baltikum wird russisch, aber Schweden behält Finnland. 1809 jedoch, während der napoleonischen Kriege, fällt Finnland an Russland. Für das finnische Nationalbewusstsein ist die Ablösung von Schweden die Befreiung von jahrhundertelanger Bevormundung; bald aber lehnen die Finnen sich auch gegen die russische Herrschaft auf. Der Zusammenbruch des Zarenreichs 1917 öffnet ihnen endlich den Weg zur staatlichen Selbstständigkeit.

Schweden, bis dahin ein verhältnismäßig armes Bauernland, wird seit Mitte des 19. Jahrhunderts industrialisiert und ist zu Beginn des 20. Jahrhunderts ein liberales Land, in dem die sozialdemokratische Arbeiterbewegung erheblichen Einfluss hat.

GUSTAV WASA
König Gustav I. von Schweden entstammte dem Hause Wasa und regierte von 1496 bis 1560. Er kämpfte gegen die Dänen, die er 1523 besiegte. Er galt als gerechter und frommer Herrscher.

SCHONEN
Dieses südschwedische Gebiet versuchte autonom zu werden und führte eine in Schweden recht bekannte Flagge. Bis 1658 stand Schonen unter dänischer Verwaltung, die Farben der Flagge leiten sich von denen Dänemarks und Schwedens ab.

ÅLAND-INSELN
Diese Flagge (um 1920) repräsentiert eine Inselgruppe, die zu Finnland gehört, aber hauptsächlich von Schweden bewohnt wird. Blau und Gelb der schwedischen Fahne sind mit Rot und Gelb aus dem Wappen der Insel kombiniert.

Das traditionelle Wappen Schwedens auf einer Militärfahne

Das schwedische gelbe (goldene) Kreuz auf blauem Grund ist als Feldstandarte seit 1533 nachweisbar, das schwedische Wappen mit goldenen Kronen auf blauem Grund sogar seit dem 14. Jh. Das „skandinavische Kreuz", das die historischen Gemeinsamkeiten von Dänemark, Schweden, Finnland, Norwegen und Island zum Ausdruck bringt, geht auf den dänischen *Danebrog* zurück.

Flagge Schwedens

Flagge Finnlands

NATIONALFLAGGEN

Während des Zusammenschlusses mit Norwegen (1814–1905) trug die schwedische Flagge in der Oberecke ein „Kennzeichen des Bundes". Die heutige Flagge entstand aufgrund des Flaggengesetzes von 1906. Finnlands Flagge entstand im 19. Jh., wurde aber erst 1918 offiziell angenommen. Blau und Weiß als Staatsfarben gibt es seit 1860. Das skandinavische Kreuz setzte sich gegen andere Vorschläge zur Flaggengestaltung durch.

AUF SEE
In Schweden ist diese Flaggenform auf See gebräuchlich. Ähnlich ist die königliche Flagge mit dem Königswappen in der Mitte.

DAS FINNISCHE WAPPEN
Eine Briefmarke mit dem Wappen Finnlands: ein Löwe, der ein Krummschwert mit Füßen tritt, sowie neun Rosen.

Russland

TREFFEN DER VERBÜNDETEN
Dieses Gemälde erinnert an das französisch-russische Bündnis von 1893. Es zeigt einige der vorrevolutionären Flaggen.

Das neuzeitliche Russland ist weitgehend die Schöpfung Peters des Großen. Mit Umsicht und skrupelloser Gewalt zugleich modernisierte er das Land, gründete die neue, nach Westen gerichtete Hauptstadt St. Petersburg und schuf eine Flotte nach holländischem Vorbild. Mit den modernsten Schiffstypen wurde auch eine Kollektion von Flaggen nach holländischem Vorbild importiert. Keine Flagge und kein Wappen aber symbolisierte die russische Nation so sehr wie der Zar selbst. Während die Russen selbstverständlich zu „Väterchen Zar" aufsahen, so war dies weniger selbstverständlich in den Gebieten, in denen russischer und polnischer Einfluss sich durchdrangen wie in der Ukraine. Polen selbst, dessen größter Teil seit 1815 von Russland beherrscht wurde, empörte sich in zwei großen Aufständen, 1830 und 1863, gegen die russische Bevormundung. Auch die baltischen Länder entwickelten gegen Russland ihren eigenen Nationalismus.

PETER DER GROSSE
Er regierte 1682–1725. Der Zar begründete Flotte und Flaggen des Kaiserreichs Russland.

JEDEM SEINE FLAGGE
Sowohl vor als auch nach der Revolution gab es in Russland Flaggen für jede Regierungsabteilung. Hier eine Auswahl:
1. Hilfstruppen der Marine
2. Finnland-Zollhaus
3. Zollbehörden
4. Vizeadmiral
5. Stabschef Kriegsmarine
6. Hafenkommandantur
7. Verteidigungsminister
8. Hydrografisches Amt
9. Admiralität des Kronprinzen
10. Admiralität des Zaren
11. Admiralität

AUF IN DEN KRIEG!
General Dragomiroff küsst die russische Flagge vor seinem Aufbruch nach Japan 1904. Solche patriotischen Gesten waren damals sehr beliebt.

ROT AUF SILBER
Um im Ausland sofort erkannt zu werden, führen Diplomatenlimousinen in der Regel die jeweilige Nationalflagge. Hier schmückt die rote Fahne der ehemaligen UdSSR die Kühlerfigur eines *Rolls Royce*.

HAMMER UND SICHEL
Mit Ende der Russischen Revolution wurde die Union der Sozialistischen Sowjetrepubliken gegründet. Die UdSSR existierte von 1922 bis zu ihrem Zerfall im Jahr 1991. Die 15 Teilrepubliken hatten alle rote Flaggen, die ähnlich aussahen wie die 1923 zur Nationalflagge erhobene Flagge. Hammer und Sichel symbolisierten die Arbeiter- und Bauernklasse, der rote Stern den Führungsanspruch der Kommunistischen Partei.

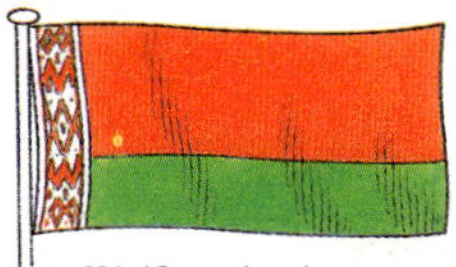
Weißrussland

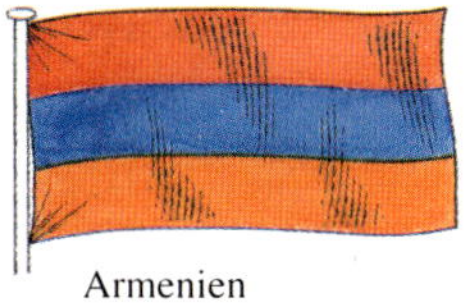
Armenien

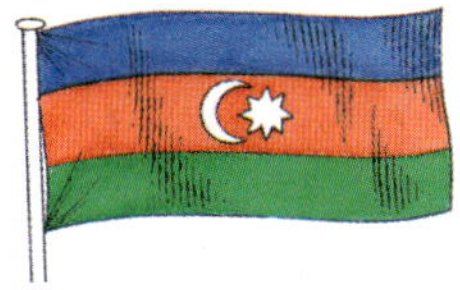
Aserbaidschan

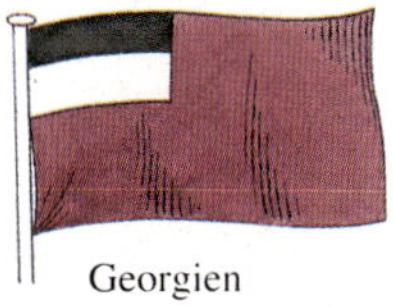
Georgien

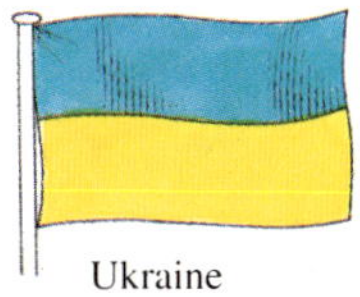
Ukraine

Moldawien

STAATEN VOR DER UDSSR
In den Jahren zwischen dem Untergang des Zarenreichs und der Gründung der UdSSR riefen einige Staaten ihre Unabhängigkeit aus. Mit ihrer neuen Unabhängigkeit seit August 1991 tauchten die ehemaligen Nationalflaggen wieder auf.

WIEDER UMTAUFEN
Als sich die kommunistischen Strukturen auflösten, gaben die Einwohner Leningrads ihrer Stadt den alten Namen zurück: St. Petersburg. Von Peter dem Großen erbaut, war sie 1924 nach dem Begründer der Kommunistischen Partei, Wladimir Iljitsch Lenin, benannt worden.

DIE WIEDERKEHR DER TRIKOLORE
Nach der Abkehr vom Kommunismus und dem Zerfall der UdSSR in unabhängige Staaten führte Russland die traditionelle weiß-blau-rote Trikolore wieder ein.

Tadschikistan

Usbekistan

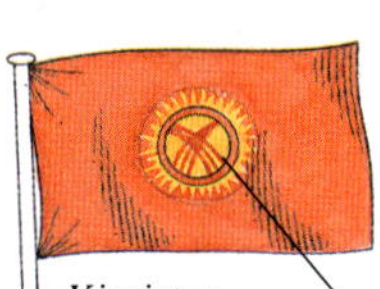
Kirgistan

Stilisierte Sonne und Filzzelte der nomadischen Vorfahren

ZENTRALASIATISCHE RENAISSANCE
Die heutigen Grenzen der fünf moslemischen Staaten in Zentralasien wurden zur Zeit des russischen Großreichs festgelegt. Mit der vollständigen Unabhängigkeit wurden neue Staatswappen eingeführt, teilweise sind noch die Embleme der ehemaligen UdSSR in Gebrauch.

Turkmenistan

Kasachstan

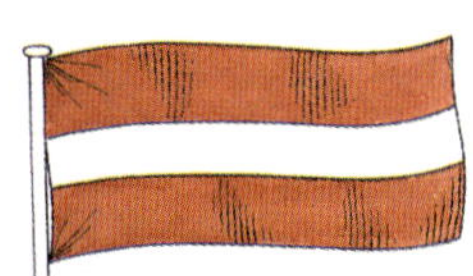
Lettland

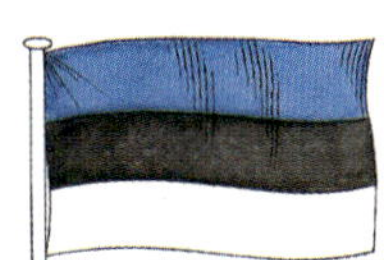
Estland

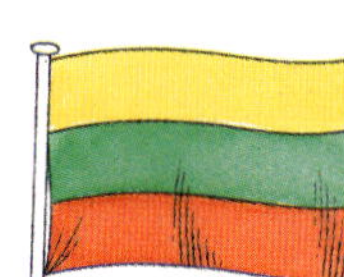
Litauen

DIE BALTISCHEN STAATEN
Die Unabhängigkeit der drei baltischen Staaten wurde unmittelbar nach dem Untergang des Kommunismus anerkannt und die Nationalflaggen aus der Zeit vor der Einverleibung durch die UdSSR wurden wieder eingeführt.

Ein Reich wächst

Im Lauf seiner Geschichte hat sich Russland nahezu ständig vergrößert: Zwischen 1600 und 1900 kamen täglich im Durchschnitt 130 km^2 hinzu! Ohne natürliche Grenzen nach Westen und Osten war das Land immer wieder Invasionen ausgesetzt. Die Herrscher verlagerten deshalb die Grenzen immer weiter nach außen, um das verletzliche „Herz“ des Landes zu schützen. Ende des 18. Jahrhunderts hatte sich Russland Sibirien einverleibt, außerdem die westliche Ukraine, Litauen, Polen und die tatarische Krim. 1809 kam Finnland hinzu, und noch in der ersten Hälfte des 19. Jahrhunderts folgten die Kaukasusländer Georgien, Armenien und Aserbaidschan sowie große Gebiete Mittelasiens.

Helmspitze Bogdan Chmelnizkis, des Anführers der ukrainischen Kosaken

GRÜNDER DER RUSSISCHEN MARINE
In den Niederlanden und England informierte sich Zar Peter der Große über Schiffsbautechnik und gründete danach die russische Marine. Im Großen Nordischen Krieg gegen Schweden (1700–1721) eroberte er schwedisches Gebiet in Südfinnland, das Sumpfland, auf dem er später die neue Hauptstadt St. Petersburg errichten ließ, sowie das heutige Estland und Lettland und gewann so Zugang zur Ostsee. Auch die Halbinsel Kamtschatka sowie die Kurilen-Inseln im Pazifik fielen unter seiner Herrschaft an Russland.

Porzellanbecher mit Bildnis des Generals Bagration

DIE SCHLACHT VON BORODINO
Im Juni 1812 marschierte der französische Kaiser Napoleon mit 500.000 Soldaten in Russland ein. Nach zwei Monaten war er bis zum Dorf Borodino vorgedrungen, wo es zu einer verlustreichen Schlacht kam, bei der auch einer der brillantesten russischen Generäle, der georgische Fürst Pjotr Bagration, umkam. Die Russen unter Marschall Michail Kutusow zogen sich zurück, und Napoleon drang bis Moskau vor, musste aber nach dem Brand der Stadt im Oktober den Rückzug antreten.

Kanonen dieses Typs wurden bei der Schlacht von Borodino eingesetzt.

RIESENREICH
Um 1914 erstreckte sich das russische Reich vom Nordpolarmeer bis ans Kaspische Meer und von der Ostsee bis an den Pazifik und war damit das größte Land der Welt. Die Bevölkerung setzte sich aus zahlreichen Volksgruppen zusammen. Das riesige Reich, das auch Finnland und Polen einschloss, war in Provinzen gegliedert und wurde von St. Petersburg aus regiert.

Belagerung von Sewastopol (1854–1855)

DER KRIMKRIEG
Im Krimkrieg (1853–1856) kämpfte Russland gegen Großbritannien, Frankreich und die Türkei. Trotz eines Siegs über die Türken und der langen Verteidigung von Sewastopol erlitten die Russen eine Niederlage. Im Friedensvertrag konnte Russland zwar die Krim behalten, seine Stellung am Schwarzen Meer war jedoch geschwächt.

FREIE ZARENTREUE
Die ersten Kosaken waren entflohene Leibeigene, die sich in den Grenzgebieten Südrusslands und der Ukraine niederließen und dort in selbst verwalteten Gemeinschaften lebten. Nachdem sie vom zaristischen Regime die Zusicherung erhielten, dass ihre Unabhängigkeit respektiert würde, unterstützten sie den Zaren.

NACH ALASKA
Die erste russische Expedition nach Alaska, das von Sibirien nur durch eine Meerenge getrennt ist, fand 1741 statt. 1789 folgte eine geheime Mission des Engländers Joseph Billings, der in russischen Diensten stand. 1867 verkauften die Russen Alaska an die USA.

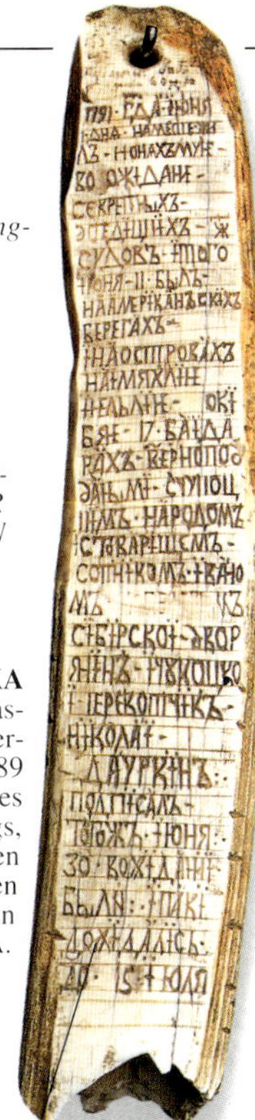

Billings' Brief vom Juli 1791 (in Walrosszahn geschnitzt) beschreibt die Landung an der Küste Alaskas.

Koasakenschwert (*Schaschka*)

EROBERUNG SIBIRIENS
Mit seinem Sieg über die Tataren bei Kasan gewann Iwan der Schreckliche Zugang zu den Bodenschätzen Sibiriens. Der Kosakenführer Jermak drang 1581 nach Westsibirien vor (rechts ein Gemälde von Surikow, 1895) und besiegte mit nur 840 Donkosaken die dort ansässigen Stämme.

Pferde zogen die Kanone in Schussposition.

KOSAKENKRIEGER
Die Uniform der Kosaken bestand aus einem Schaffellmantel und einer hohen Pelzmütze. Bewaffnet waren sie mit einem Schwert (*Schaschka*, rechts) und einer Lanze. Sie taten Dienst in Militäreinheiten, die für ihre Tapferkeit und ihre Reitkunst berühmt waren.

NAPOLEONS NIEDERLAGE
1812 besetzten die Franzosen Moskau, doch ein verheerender Brand zerstörte die Stadt. Nach nur einem Monat musste sich Napoleon geschlagen geben. Auf dem Rückzug erfroren und verhungerten 90% seiner Soldaten. Drei Jahre später war Alexander I. beim Wiener Kongress maßgeblich an der Neuordnung Europas beteiligt.

Leben in Unterdrückung

Bis weit ins 19. Jahrhundert hinein lebten die meisten russischen Bauern als Leibeigene auf dem Grund und Boden ihrer Herren. Diese hatten in ihnen sichere, billige Arbeitskräfte, denn ohne ihre Einwilligung durften sie ihre Scholle nicht verlassen. Bis 1649 hatten die Leibeigenen an einem Tag im Jahr das Recht, ihren „Besitzer" zu verlassen (Abzugsrecht); danach wurde auch dies abgeschafft. Erst 1861, nach der vernichtenden Niederlage Russlands im Krimkrieg, konnten sich die Bauern freikaufen. Dies sollte die Leistung der Landwirtschaft erhöhen und Arbeitskräfte für neue Industriezweige freisetzen. Dennoch blieb Russland wirtschaftlich rückständig, und die neue Freiheit brachte den Bauern wie den Industriearbeitern kaum Verbesserung ihrer Lebensumstände.

DIE BOJAREN
Bis ins 18. Jh. unterschieden sich Zar und Adlige in Kultur, Sprache und Religion nicht von den Bauern. Unter Peter dem Großen änderte sich dies: Als er die Adligen zwang, ihre Bärte abzurasieren und westliche Kleidung zu tragen, bildete sich eine Kluft zu den Landbewohnern.

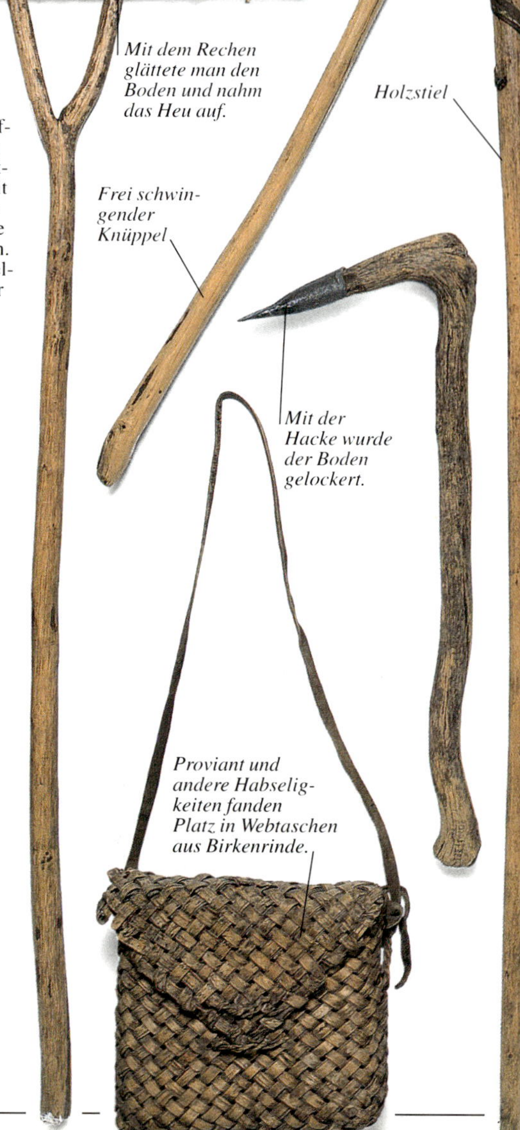

Mit dem Dreschflegel schlug man die Körner aus den Ähren.

Mit dem Rechen glättete man den Boden und nahm das Heu auf.

Holzstiel

Frei schwingender Knüppel

Mit der Hacke wurde der Boden gelockert.

Proviant und andere Habseligkeiten fanden Platz in Webtaschen aus Birkenrinde.

BÄUERLICHES GERÄT
Bis ins 20. Jh. benutzte man zur Landbestellung Gerätschaften aus Holz, die sich seit dem Mittelalter kaum verändert hatten. Die Großgrundbesitzer mit ihrem „Heer" billiger Arbeitskräfte sahen keinen Anlass, die Anbaumethoden zu verbessern. Nur wenige, wie der Schriftsteller Leo Tolstoi, setzten sich für Neuerungen ein.

BAUERNHÄUSER
Dörfer aus nahezu identischen Blockhäusern (*Isba* genannt) findet man noch heute in Russland; Strohdächer sind jedoch selten geworden. Eine *Isba* hat im Innern einen großen Raum für die ganze Familie, der von einem Kachelofen beheizt wird. In kalten Winternächten schlafen die Bewohner auf der Ofenbank.

DER BAUERNZAR
Entflohene Leibeigene zogen nach Süden und schlossen sich den Kosaken an, die in selbst verwalteten Gemeinschaften Landwirtschaft auf eigene Rechnung betrieben. 1773 gab sich der Kosake Jemeljan Pugatschow als Peter III., der totgeglaubte Ehemann Katharinas der Großen, aus. Er strebte einen bäuerlichen Kosakenstaat an und führte einen zunächst erfolgreichen Aufstand im Wolga- und Ural-Gebiet. Nachdem er Kasan erobert hatte, bedrohte er Moskau. Ende 1774 wurde er verhaftet und in diesem Käfig nach Moskau gebracht, wo er 1775 hingerichtet wurde.

BÄUERLICHES LEBEN
Vor 1917 bestand die Bevölkerung Russlands zu 80% aus Bauern. Sie waren größtenteils Analphabeten, verfügten jedoch über großes handwerkliches Geschick. Die Bauern lebten in streng reglementierten Dorfgemeinschaften, sog. *Mir*. Den Dorfältesten oblag das Eintreiben von Steuern, die Beilegung von Streitigkeiten und die Landverteilung.

Die Sichel diente zum Schneiden von Gras und Getreide, z.B. Weizen.

Weite Sommerbluse aus Leinen mit Schnürkragen

Den Stoff für ihre farbenfrohen Wollröcke webten die Bäuerinnen selbst.

Im Winter trug man mehrere Röcke übereinander.

BAUERNBEFREIUNG
Im März 1861 feierte man im ganzen Land die Aufhebung der bäuerlichen Leibeigenschaft durch Zar Alexander II. Rund 50 Mio. Russen erhielten dadurch ihre persönliche Freiheit, wurden aber an das *Mir*-System als Umverteilungsgenossenschaft gebunden. Viele Bauern fühlten sich betrogen und waren weiterhin unzufrieden mit ihrer Lage.

Handgeflochtene Schuhe aus Birkenrinde

TRADITIONELLE KLEIDUNG
Bäuerinnen trugen gewöhnlich Rock und Bluse oder einen *Sarafan*. Männer waren mit Hosen, Leinenhemden und einem Kaftan bekleidet. Für den Sommer hatte man Schuhe aus Birkenrinde *(Lapti)*, für den Winter Filzstiefel *(Walenki)* und außerdem Schaffellmäntel, bei denen das Fell innen getragen wurde. Daneben gab es verzierte Festtagskleidung, die in der Familie weitervererbt wurde.

Spanien und Portugal

Die große Zeit Spaniens war das 16. Jahrhundert, als es ein Weltreich beherrschte, das einen großen Teil von Amerika umfasste, zu dem aber auch Süditalien und die Niederlande gehörten. Die spanischen Könige stützen ihre Herrschaft vor allem auf die Kastilier und beseitigten die alten Sonderrechte anderer Landschaften wie Aragon, Katalonien und das baskische Navarra. Im 18. Jahrhundert ging der politische Einfluss Spaniens in Europa zurück; die wirtschaftliche Entwicklung des Landes stockte. Während der napoleonischen Kriege wurde das Land zum Spielball der Machtpolitik Frankreichs und Englands. Danach verlor es mit seinen südamerikanischen Besitzungen eine der Quellen seines Reichtums. Die liberale Revolution von 1820 wurde von französischen Truppen niedergeschlagen; in der Folge blieb Spanien innenpolitisch zerrissen. Portugal, das von 1580 bis 1640 vom spanischen König beherrscht wurde, teilte weitgehend das Schicksal des Nachbarlands: den Niedergang von der frühkolonialen Herrlichkeit des 16. Jahrhunderts zur Rückständigkeit, die bis tief ins 20. Jahrhundert dauerte.

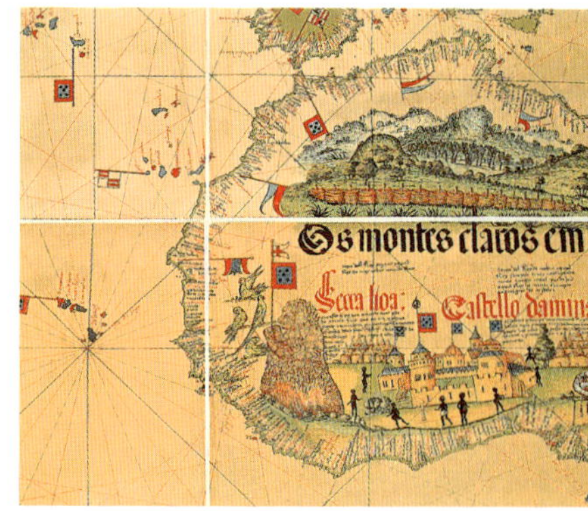

EINE FRÜHE KOLONIE
Eine Karte der Küste von Guinea (1502) zeigt eine alte Form der portugiesischen Flagge. Die blauen Schilde mit weißen Scheiben heißen *quinas*, die gelben Kastelle auf rotem Grund nannte man „Bord Kastiliens“.

ZUR SEE
Dieses Bild der Armada (1588) zeigt die spanischen Farben.

ABNUTZUNG DURCH WIND
Die spanische Seeflagge von 1785: rot und gelb mit dem gekrönten Wappen von Kastilien und Leon. Da das Wappen sonst nach links versetzt erscheint, muss die Flagge rechts gekürzt worden sein, wahrscheinlich aufgrund von Materialverschleiß.

ALT UND NEU
Portugals Flagge von 1830 ist von der heutigen Form sehr verschieden, nur die blauen Schilde werden noch weiter geführt. Die Flagge der Azoren leitet sich von der alten portugiesischen Flagge ab und trägt einen Falken (portug. *açor*).

DIE SPANISCHE FLAGGE?
Diese rot-gelbe Flagge ist nicht die spanische Nationalflagge, sondern die internationale Signalflagge für den Buchstaben Y.

Gelb und Rot, die spanischen Farben, sind die alten Farben Kastiliens und Aragons. In ihrer heutigen Form tauchte die spanische Flagge in den Kriegen gegen Napoleon auf, in denen sich in Spanien ein Nationalgefühl im modernen Sinne verbreitete.

Flagge Spaniens

Rot: die Revolution

Grün: die Farbe Heinrichs des Seefahrers (1394–1460)

Die Planetenbahnen: Emblem Heinrichs des Seefahrers

Flagge Portugals

MODERNE FLAGGEN

Die Staats- und Marineflagge Spaniens enthält das Staatswappen, die Nationalflagge nicht. In Portugal wird die Flagge mit dem Wappen dagegen für alle Zwecke benutzt. In beiden Fällen zeigt sich das Wappen zum Flaggenmast hin versetzt. Die Heraldik beider Länder kennt das goldene Kastell Kastiliens, auf der portugiesischen Flagge erscheint es im Bord.

Fünf blaue Schilde erinnern an Alfons Heinrich, der Portugal als unabhängiges Königreich begründete.

SEPARATISTEN-FAHNE

Spanien ist eine Nation, die ethnisch nicht so einheitlich ist wie etwa Deutschland. So sieht man überall im Baskenland (Nordspanien) die *Ikurrina*, die baskische Fahne, besonders seit der Autonomieerklärung des Landes. Sie ist der britischen Flagge abgeschaut, trägt aber grüne und weiße Kreuze auf rotem Grund.

Lateinamerika

AUF DEN SPUREN DER AHNEN
Mexiko greift in seinem Staatswappen auf eine aztekische Legende von der Gründung des Landes zurück. Das Wappen steht im Zentrum der Nationalflagge (Trikolore) Mexikos.

Während das Mutterland von den Truppen Napoleons besetzt war, begann in den spanischen Kolonien in Südamerika 1810 ein Aufstand der weißen (kreolischen) Bevölkerung gegen die alte Kolonialmacht. Simón Bolívar im Norden und San Martín im Süden des Subkontinents führten die Unabhängigkeitsbewegung im folgenden Jahrzehnt zum Erfolg. Es entstanden im Süden die Staaten Argentinien und Chile; die von Bolívar geschaffene „großkolumbische" Föderation zerbrach nach kurzer Zeit in die Einzelstaaten Venezuela, Kolumbien, Ecuador, Peru und Bolivien. Die riesige portugiesische Kolonie Brasilien, die während der napoleonischen Besetzung des Mutterlands zum Königtum erhoben worden war, blieb nach 1815 faktisch selbstständig und erklärte sich 1822 zum unabhängigen Kaiserreich. 1889 wurde der Kaiser gestürzt, nicht zuletzt, weil er die Befreiung der schwarzen Sklaven vorantrieb, und Brasilien wurde zur Republik.

ARGENTINIEN
Die Symbole des argentinischen Staatswappens gehen auf die Französische Revolution zurück.

Während Brasilien immerhin für lange Jahrzehnte Kaiserreich war, hatte Mexiko nur für drei Jahre, von 1863 bis 1867, einen Kaiser, den Habsburger Maximilian. Er war von Napoleon III. auf den Thron gebracht worden. Napoleon wollte aus Mexiko ein Bollwerk gegen den Expansionsdrang der USA machen, die dem Land zuvor mit Texas und Kalifornien mehr als die Hälfte seines Staatsgebiets abgenommen hatten, doch vermochte er sich gegen die mächtigen Nordamerikaner nicht durchzusetzen.

Die Staaten Lateinamerikas waren seit dem frühen 19. Jahrhundert politisch instabil; parlamentarische Regierungen wechselten sich mit Militärjunten ab; die indianische Bevölkerung, die in den Andenstaaten und in Mexiko die Mehrheit stellte, und die schwarze Bevölkerung Brasiliens blieben an den Rand der Gesellschaft gedrängt. Zwischen den einzelnen Staaten kam es mehrfach zu Grenzkriegen, und England, Frankreich sowie zunehmend die USA mischten sich in die Innenpolitik der Länder Lateinamerikas ein.

VIVA MARIA
In François Truffauts bekanntem Film mit Brigitte Bardot und Jeanne Moreau wird die mexikanische Revolution von 1911 zu einem Volksfest.

SIMÓN BOLÍVAR
Bolívar (1783–1830) gilt als der Befreier Südamerikas von der spanischen Herrschaft. Er fühlte sich den Idealen der Französischen Revolution verpflichtet, musste aber einsehen, dass zunächst nur ein diktatorisches Regime Südamerika vor völliger Anarchie bewahren konnte.

ZAPATA
Emiliano Zapata (1879–1919) war der populärste Führer der indianischen Kleinbauern in der mexikanischen Revolution von 1911. Bis 1914 setzte sich die Revolution durch.

DIE FLAGGE SÃO PAULOS
An der Gründung der Republik Brasilien (1888) hatte der Staat São Paulo entscheidenden Anteil. Seine Flagge, vom Sternenbanner inspiriert, sollte sogar Nationalflagge werden.

Venezuela

Brasilien

Diese Wimpel zeigen die Farben Venezuelas (Gelb, Rot und Blau Mirandas, eines Bundesstaats Venezuelas) und Brasiliens (Grün, bei Unabhängigkeit eingeführt).

SAN MARTÍN
José de San Martín war der Befreier Argentiniens und Chiles von der spanischen Kolonialherrschaft.

Briefmarke mit Flagge Paraguays

BRUDERKRIEG
Die Flagge Brasiliens in der Schlacht von Sam-Borja, 1865, im Krieg gegen Paraguay. Die Flagge war grün mit goldenem Wappen.

FAHNE DER HILFSBEREITSCHAFT
Frauen der englischen Kolonie in Rosario, Argentinien, fertigten diese Fahne an. Sie trägt die Unterschriften von 750 Spendern für einen Fonds zur Versorgung verwundeter Soldaten des 1. Weltkriegs.

Gauchos

Was die Cowboys für die USA, waren für Argentinien und Uruguay die Gauchos, die auf den Steppenböden der endlosen Pampa riesige Rinderherden hüteten. Wie die Cowboys wurden sie zu nationalen Symbolfiguren, weil sie für die Eroberung der Weiten des Hinterlandes standen, aber auch, weil ihre Arbeit eine wichtige Quelle des nationalen Reichtums war. Vor allem seit der Erfindung des Fleischextrakts in den 60er Jahren des 19. Jahrhunderts und dann seit der Einführung von Kühlschiffen konnte der Wert, den die Rinder darstellten, exportiert und gegen Waren aus Europa eingetauscht werden. Mit wachsendem Wohlstand wurde gerade Argentinien gegen Ende des Jahrhunderts zu einem der wichtigen Einwanderungsländer für Europäer, vor allem aus Italien.

ARBEITSKLEIDUNG MIT STIL

Ab Mitte des 19. Jh.s änderte sich einiges in der Kleidung der Gauchos. Die weit geschnittenen langen *bombachas* ersetzten die sackartigen *chiripàs*, die wie eine Art Windel über langen Hosen getragen wurden. Und ein flacher, breitkrempiger Hut löste den hohen Hut mit schmaler Krempe ab. Erhalten blieben der Poncho aus Wolle oder Baumwolle und der mit Münzen verzierte breite Gürtel.

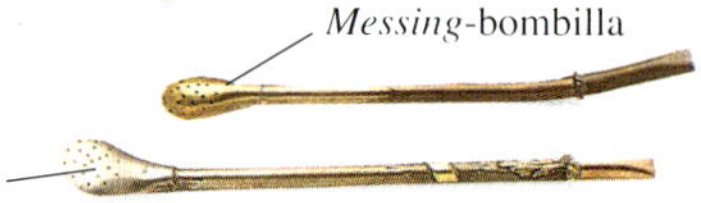

TEEPAUSE

Zu Hause und auf der Weide trinken Gauchos immer noch Mate, den koffeinhaltigen Kräutertee der südamerikanischen Indios. Mate wird in kleinen Kürbisschalen zubereitet und mit silbernen Röhrchen, den *bombillas*, getrunken. Heute haben die Gauchos heißes Wasser in Thermosflaschen mit Lederhülle dabei.

Silber-*facón* in einfacher Lederscheide

Manchmal wurde der facón *auch im Stiefel getragen.*

Moderner brasilianischer Parade-*facón* mit Zinngriff und -scheide

IMMER GRIFFBEREIT
Das Gaucho-Messer, der *facón*, musste beim Erlegen und Häuten von Tieren und bei der Essenszubereitung immer zur Hand sein. Es wurde hinten seitlich in den Gürtel gesteckt. Die Messer hatten oft einen versilberten Griff und eine verzierte Scheide. Bei gewalttätigen Auseinandersetzungen galten Schießeisen als unmännlich. Bis Ende des 19. Jh.s kämpfte man mit dem *facón*.

SELBST GEMACHT
Ursprünglich ritten die Gauchos barfuß. Beinschützer (*botros de potro*) aber stellten sie selbst aus weichem Fohlenleder her. Fohlen wurden oft nur deswegen geschlachtet. Die verärgerten Rancher forderten daher seit 1850 ein Verbot selbst gemachter Stiefel.

Boleadoras mit drei Kugeln

Mit Pferde-Rohleder umwickelte Steine

Geflochtene Schnur aus Pferde-Rohlederriemen

AUF NANDUJAGD
Die Nachfrage der Modebranche nach Nandufedern machte im 19. Jh. die Jagd auf diese südamerikanische Straußenart für Gauchos profitabel. Mit ihren (Ein- oder Zwei-Kugel-)*boleadoras* kreisten sie einen Schwarm ein und jagten die flugunfähigen Vögel dann einzeln. Manche Gauchos setzten zum Ärger der Rancher die Pampa in Brand, um Nandus aufzuscheuchen.

TÖDLICHE KUGELN
Indios lehrten die Gauchos den Gebrauch der *boleadoras*. Drei geflochtene Rohlederriemen (1–3 m lang) werden an einem Ende zusammengebunden. Am anderen befestigt man lederumwickelte Steine oder Kugeln aus Metall oder Holz. Schwingt man die Kugeln und schleudert sie einem fliehenden Tier zwischen die Beine, bringt man es zu Fall, und es verheddert sich in den Riemen. Größe und Zahl der verwendeten Kugeln hängen von der Größe des Jagdwilds ab.

Kunstvoll gearbeitete Gürtelschnallen gehörten zur stilvollen Gauchokleidung.

Traditioneller Münzenschmuck am cinturon *(Gauchogürtel)*

SILBERSCHMUCK
Gauchos liebten Silbermünzen ebenso wie reich verzierte Gürtelschnallen. Manche trugen statt eines auffälligen Gürtels die schlichte *faja*, eine lange Bauchschärpe aus Wolle.

WER WAR DER ERSTE?
Der erste Mensch am Nordpol war Robert Peary. Er hisste dort das Sternenbanner. Doch Frederick Cook bestritt seine Ansprüche energisch.

Die Vereinigten Staaten

Die Entwicklung der Vereinigten Staaten zur Nation erfolgte in mehreren Etappen. Die erste war der Unabhängigkeitskrieg nach der Unabhängigkeitserklärung der 13 britischen Kolonien an der Ostküste 1776. Es folgte die Erschließung der Weiten des amerikanischen Westens und deren Besiedlung gegen den Widerstand der indianischen Urbevölkerung, der Bürgerkrieg von 1861–1865 um die Befreiung der schwarzen Sklaven auf den Plantagen der Südstaaten, schließlich die rapide Industrialisierung in der zweiten Hälfte des 19. Jahrhunderts, die zur Masseneinwanderung aus den verschiedensten Gegenden Europas führte. Die Amerikaner waren kein Volk mit gemeinsamen alten kulturellen Traditionen, und doch fühlten sie sich zusammengehörig, als Bewohner eines aufstrebenden Landes mit „unbegrenzten Möglichkeiten". Die USA wurden zum „Schmelztiegel" der Völker und Rassen, unter denen die Schwarzen jedoch lange benachteiligt blieben. Die nationalen Symbole, voran das Sternenbanner, spielten bei der Entstehung des amerikanischen Nationalgefühls eine große Rolle.

CORNWALLIS ERGIBT SICH BEI YORKTOWN
Dieses Gemälde zeigt die Flaggen der USA und Frankreichs (des Verbündeten der Amerikaner), wie sie 1781 wahrscheinlich aussahen.

DIE CAMBRIDGE-FLAGGE
Entworfen für Washingtons Armee aus Europäern, wurde sie auch „Kontinentalflagge" genannt.

STARS AND STRIPES
Dies ist die bekannteste Variante des ersten Sternenbanners.

FLAGGE DER SÜDSTAATEN
Dies ist die moderne Form. Im Bürgerkrieg wurde eine quadratische Variante benutzt.

EIN SÜDSTAAT
Der Bundesstaat Mississippi führt seit dem Ende des Bürgerkriegs die Südstaatenfahne als Teil einer eigenen Flagge.

WIE ES BEGANN
So sah die erste Flagge des Südstaatenbunds beim Ausbruch des Bürgerkriegs aus. Sie wurde am 12. April 1861 über Fort Sumpter, North Carolina, gehisst.

FLAGGE DER AMERIKANISCHEN LEGION
Die Flagge von Streitkräften, die sich aus in Kanada lebenden amerikanischen Staatsbürgern rekrutierten (1. Weltkrieg). Sie wurde der Legion von Kanadierinnen amerikanischer Abstammung geschenkt und ist mit vergoldeten Fransen und Quasten verziert.

BUNDESSTAATEN
Jeder amerikanische Bundesstaat hat seine eigene Flagge sowie ein Wappen oder ein Siegel. Das Wappen in der Mitte dieser Fahne aus Illinois (sie wird bei einer Parteiversammlung geschwenkt) ist dem Staatssiegel entnommen.

Das Sternenbanner ist in den USA allgegenwärtig. Es ist neben der Institution des Präsidenten und der Verfassung das wichtigste Symbol für die Zusammengehörigkeit aller Amerikaner trotz aller Unterschiede in Abstammung, Rasse und Religion.

DAS STERNENBANNER
Zunächst sollte jeder Stern und jeder Streifen einen Bundesstaat repräsentieren. Doch 1818 wurde beschlossen, es bei 13 Streifen zu belassen und nur die Zahl der Sterne zu erhöhen, sobald ein neuer Staat hinzukam. Die jetzige Form gilt seit dem 4. Juli 1960, als Hawaii zum 50. Bundesstaat wurde. Seit 1777 hat sich die Zahl der Sterne 26-mal verändert. Keineswegs aber repräsentiert ein bestimmter Stern einen bestimmten Bundesstaat.

SYMBOL EINER NATION *oben*
Die Flagge darf für fast alles benutzt werden – von der Werbung für Kriegsanleihen bis zur Reklame für Speiseeis. Stets jedoch bleibt sie ein patriotisches Symbol für alle Amerikaner. „Uncle Sam“ gilt als Verkörperung der USA und ist immer mit Sternen und Streifen bekleidet.

IN DEN USA ENTWORFEN
Diese afroamerikanische Trikolore wird auch „Fahne der Schwarzenbefreiung“ genannt. Die Christenflagge, 1897 von Charles Overon entworfen, soll alle Konfessionen repräsentieren.

IWO JIMA
Ein berühmtes Foto, auf dem Soldaten die US-Flagge auf der bis dahin japanischen Pazifikinsel Iwo Jima hissen (2. Weltkrieg), diente als Vorbild für ein Nationaldenkmal. So entstand eine ungewöhnliche Verbindung einer Steinskulptur mit einer Stofffahne.

AUF DEM MOND
Eine der Funktionen der Nationalflagge ist es, Eroberungen – auch wissenschaftliche und friedliche – zu dokumentieren.

Die Erkundung des Westens

Im Jahr 1803 kaufte die US-Regierung Frankreich ein großes Gebiet im Westen ab, das Louisiana genannt wurde, und beauftragte ein Jahr darauf zwei Männer mit der Erkundung der Neuerwerbung. Die von Merriwether Lewis und William Clark geführte Expedition war zwei Jahre lang zur Pazifikküste unterwegs. Als Dolmetscherin begleitete sie Sacajawea, eine Shoshone-Frau, die den besuchten Indianern klar machte, dass sie in friedlicher Absicht kamen. In den folgenden 90 Jahren brachen viele weitere Expeditionen in den Westen auf; sie suchten nach den Quellen der Flüsse, durchquerten die Wüste des Südwestens und erkundeten die Gebirgszüge. Kartenzeichner, Landvermesser, Wissenschaftler, Künstler und Fotografen nahmen daran teil. John Wesley Powell, von 1881 bis 1884 Leiter des neu gegründeten Landvermessungsamts der USA, förderte die Erforschung des Westens und seiner wichtigen Gewässer.

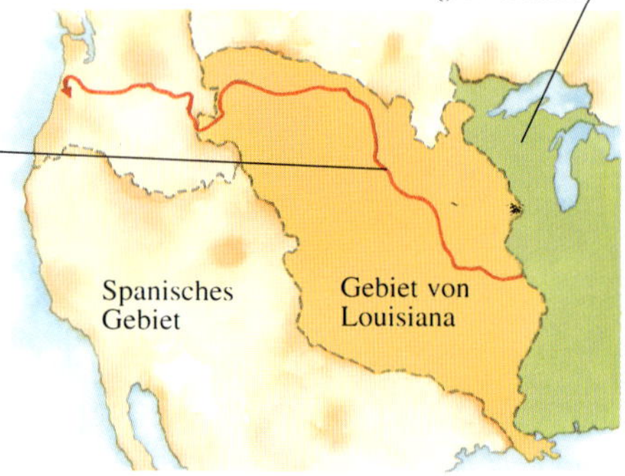

DER WEG NACH WESTEN
Die Expedition von Lewis und Clark folgte dem Lauf des Missouri flussaufwärts nach Westen zu seinem Oberlauf, überquerte die Rocky Mountains und erreichte schließlich die Mündung des Flusses Columbia in den Pazifik.

Lewis

Clark

Lewis und Clark

Präsident Thomas Jefferson schickte die Expedition von Lewis und Clark auf eine 12.800 km lange Reise in die unbekannte Wildnis des Westens. Die Expedition verlieh den amerikanischen Ansprüchen auf wesentliche Teile des Gebiets westlich des Mississippi Nachdruck.

Kompass von Lewis und Clark

FRIEDENSMEDAILLEN
Jeffersons Porträt und das Motto „Frieden und Freundschaft" zierten diese 1801 geprägte Medaille, die Lewis und Clark an die Indianer verschenkten.

STOLZ, ABER FRIEDLICH
In kriegerischer Aufmachung und Kriegskanus kamen Indianer 1805 der Expedition von Lewis und Clark entgegen. Die Dolmetscherin Sacajawea verständigt sich in Zeichensprache mit den Insassen eines herannahenden Kanus.

FRÉMONTS TRIUMPH
Eine Briefmarke zu Ehren von John Frémonts Expedition, die die Rocky Mountains erforscht und vermessen hatte, kam 1842 heraus. Von 1846 bis 1847 leitete Frémont eine Freiwilligentruppe im Kampf um die Loslösung Kaliforniens von Mexiko.

FELSEN AM OBEREN COLORADO
Der Künstler Thomas Moran (1837–1926), der 1871 an einer geologischen Expedition teilnahm, war von den intensiven Lichteffekten an den Felsen am Oberlauf des Colorado beeindruckt. Morans Kunstwerke regten die Regierung dazu an, große Teile der westlichen Gebiete zu Nationalparks zu erklären.

NATUR- UND SPRACHFORSCHER
Der Forschungsreisende und Landvermesser John Wesley Powell (1834–1902), der die Sprachen der Indianer studierte, unterhält sich mit dem Paiute-Häuptling Tau-gu. Die Paiute lebten im Großen Becken, zu dem Nevada, der Westen von Utah und Teile von Kalifornien und Oregon gehören. Ein in dieser Gegend künstlich angelegter See erhielt zu Ehren des Forschers den Namen Lake Powell.

KAMERA DER LANDVERMESSER
Diese sperrige Kamera mit ihrem Stativ wog über 30 kg; bei der Expedition von Powell 1872 durch den Grand Canyon war sie mit im Gepäck.

GEFÄHRLICHE AUFNAHMEN
Ein kühner Fotograf macht bei einer Landvermessung im Jahr 1880 von Glacier Point aus ein Bild vom Wasserfall Yosemite Falls in Kalifornien. Fotografen gingen für ein interessantes Foto oft hohe Risiken ein.

Fernrohr der Forschungsreisenden

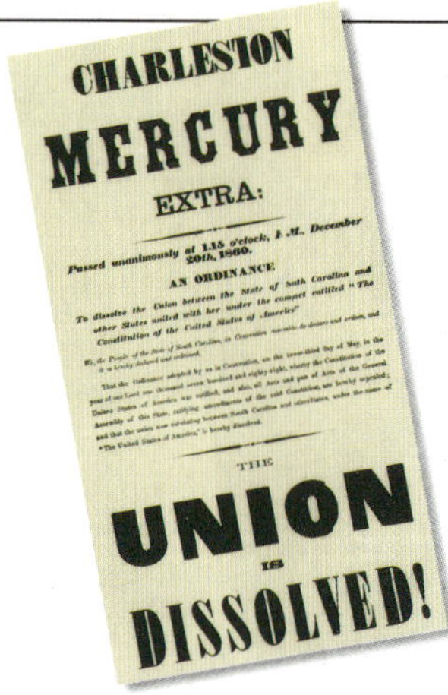

GESCHICHTSTRÄCHTIGE SCHLAGZEILE
Dieses Extrablatt des *Charleston Mercury* erschien am 20. Dezember 1860 und informierte die Bürger von Charleston über die Abspaltung von der Union, noch ehe die Nachricht nach Washington gelangt war.

KONFÖDERIERTENSIEGEL
Dieses Zinnsiegel ist eine Kopie des Großsiegels der Konföderierten, des offiziellen Stempels der neuen Konföderiertenregierung.

Der Sezessionskrieg

Die Befürworter der Sklaverei aus den Südstaaten waren verärgert, als 1860 Abraham Lincoln zum Präsidenten gewählt wurde. Die radikalen Südstaatenvertreter befürchteten, dass sie auf die Regierung nun keinen Einfluss mehr hätten. In South Carolina, wo es mehr Sklaven als weiße Bürger gab, stimmten die Wähler für die Trennung (Sezession) des Staats von der Union. Im Dezember 1860 erklärte eine Sezessionsversammlung in Charleston South Carolinas Unabhängigkeit von den Vereinigten Staaten. Miliz und Bürger beschlagnahmten Staatseigentum. Major Robert Anderson wollte mit einer kleinen Einheit Fort Sumter, eine Backsteinfestung mitten im Hafen von Charleston, für die Union halten. Die Sezessionisten aber waren fest entschlossen, dieses Fort einzunehmen. Im Januar, Februar und März fuhren sie schwere Geschütze rund um das Fort auf, die verhinderten, dass Schiffe Nachschubgüter ins Fort brachten. In dieser Zeit lösten sich auch andere Südstaaten aus der Union. Im März bildeten diese Staaten in Montgomery/Alabama einen eigenen Staatenbund, den sie Konföderierte Staaten von Amerika nannten. Am 11. April eröffneten konföderierte Kanonen das Feuer auf Fort Sumter. Mit diesen Schüssen begann der Amerikanische Bürgerkrieg, der mit großer Erbitterung bis zum Sieg der Union 1865 ausgefochten wurde.

VERGESSENER VIZEPRÄSIDENT
Alexander Stephens aus Georgia, der Vizepräsident der Konföderierten, geriet schnell in Vergessenheit. Seine Wähler nannten ihn „Klein Aleck", denn er war klein, sehr dünn und kränklich.

REBELLENPRÄSIDENT
Im März 1861 wurde Jefferson Davies vom konstituierenden Kongress in Montgomery/Alabama zum vorläufigen Präsidenten der „Konföderierten Staaten von Amerika" gewählt. Im Februar 1862 bestätigten die Wahlbürger der Südstaaten ihn dann für sechs Jahre im Amt. Der Sieg der Union 1865 beendete dann aber seine Amtszeit. Als man ihn fragte, ob er das Amt des Präsidenten übernehmen wolle, sagte er, er wolle den Konföderierten als General dienen. Kriegserfahrung hatte er in den Indianerkriegen und im Krieg gegen Mexiko gewonnen.

DIE TRENNUNG
Die Bürger von Charleston jubelten, als ihre gesetzgebende Versammlung den Austritt aus der Union erklärte. Auch in den Nordstaaten berichteten die Zeitungen über die Feiern in der sog. Institute Hall, in der die Abstimmung stattfand. Später nannte man diesen Saal dann *Secession Hall.*

EINE FLAGGE VON FORT SUMTER
Diese kleine Fahne wehte während der Bombardierung durch die Konföderierten über Ford Sumter. Am 12. April wurde sie von einer konföderierten Granate heruntergerissen. Ein Unionssoldat befestigte sie unter heftigem Beschuss wieder am Fahnenmast.

ERINNERUNG AN DEN KAMPF UM FORT SUMTER
Diese Kanonenkugel wurde im Gefecht zwischen den Unionisten auf Fort Sumter und den Konföderierten im Kampf um das Fort abgefeuert. Das Artilleriefeuer richtete erstaunlich wenig Schaden an in Charleston, und es wurde auch niemand getötet.

Massive guss-eiserne Kugel

Diese Kanonenkugel der Konföderierten war für Fort Sumter bestimmt. Sie landete allerdings in Charleston.

BEAUREGARDS SOUVENIR
Nach dem Fall von Fort Sumter ließen sich die Südstaatler fotografieren und nahmen sich etwas vom Fort als Erinnerungsstück mit. Für den Südstaatengeneral Pierre Gustave Toutant Beauregard, der den Angriff auf das Fort befehligt hatte, wurde ein Stück vom Flaggenmast in einen Spazierstock umgearbeitet.

KANONENFEUER AUF FORT SUMTER
Um 4.30 Uhr am 11. April 1861 gab General Beauregard den Feuerbefehl auf Fort Sumter. Major Robert Anderson, seine 85 Soldaten und 43 Arbeiter schossen mit 48 Kanonen zurück. Am Nachmittag des 12. April wurde die Flagge der Union eingeholt, am 13. April ergab sich das Fort offiziell. Die Verteidiger des Forts wurden auf Schiffe nach New York gebracht, wo sie bei ihrer Ankunft als Helden gefeiert wurden.

Die Indianerkriege

KRIEGSKEULE DER SIOUX
Die aus einem Hirschgeweih geschnitzte Keule erinnert an einen Wasservogel. Der Maler George Catlin erwarb sie 1830 auf seiner Reise durch die Great Plains.

Im Westen stießen die Weißen regelmäßig mit Indianern zusammen, die durch den Einwandererzustrom gezwungen wurden, immer weiter auszuweichen. Ein Aufstand der Sioux vertrieb 1862 Tausende von Siedlern aus Minnesota und wurde zum Auftakt einer Reihe von Kriegen. An den zahlreichen Konflikten zwischen Indianern und Weißen in den 1880er Jahren waren so gut wie alle Stämme beteiligt, von den Apache im Südwesten bis hin zu den Yakima in Oregon. Am Rosebud Creek in Montana lieferten sich Indianer und Soldaten eine Schlacht, die unentschieden ausging. Wenig später schlossen sich mehrere Stämme zusammen, um die Kavallerie am Little Big Horn in Montana vernichtend zu schlagen. Dies blieb der größte Sieg der Indianer; die Kampfkraft der Kavallerie wurde verstärkt, und die meisten Stämme mussten sich schließlich ergeben. Am Fluss Wounded Knee in South Dakota umzingelten Soldaten 1890 eine Gruppe von Sioux und eröffneten auf sie das Feuer. 300 Männer, Frauen und Kinder starben bei diesem Massaker.

VERTRIEBEN
Siedler im südlichen Minnesota verließen 1862 nach heftigen Angriffen von Santee-Sioux ihre Häuser. Bis die US-Armee in diesem Konflikt siegte, starben 800 Zivilisten und Soldaten. Ungefähr 2000 Indianer wurden gefangen genommen.

VORSPIEL ZU LITTLE BIG HORN
Die über 1200 US-Soldaten konnten Mitte Juni 1876 am Rosebud-Fluss nur knapp einer Niederlage entgehen; Cheyenne und Sioux hatten ungefähr die gleiche Anzahl Krieger aufbringen können. Wenige Tage später wurden Custers Truppen geschlagen.

GEGENWEHR
Von 600 Sioux und Cheyenne umzingelt, verschanzten sich 50 Scouts und Kavalleriesoldaten 1868 auf Beecher's Island und hielten drei massiven Angriffen stand, bei denen sie auch den Cheyenne-Anführer Roman Nose töteten. Die Soldaten schienen besiegt, bis ihnen Kompanien des 10. Regiments zur Hilfe kamen.

AUS DER SICHT DES SIEGERS
In dieser Zeichnung stellte der Sioux Red Horse die Vernichtung der 264 Männer von Lieutenant Colonel George A. Custers Abteilung des 7. Kavallerieregiments dar. Bei der Schlacht, die 1876 am Little Big Horn in Montana stattfand, war Red Horse einer der Anführer.

Winchester-Gewehr, das ein Krieger am Little Big Horn dabei hatte

DIE APACHEN KOMMEN!
Ein Reiter benachrichtigt einen Rancher in Arizona vom Kommen der Apachen. Der Künstler Frederic Remington nahm 1886 im Südwesten an Feldzügen gegen die Apachen teil.

Wounded Knee

Die letzte „Schlacht" der Indianerkriege war das Massaker an Männern, Frauen und Kindern der Sioux, das sich 1890 am Fluss Wounded Knee in South Dakota ereignete. Die Soldaten wollten den Sioux ihre Waffen abnehmen, als Schüsse fielen. Daraufhin feuerten die Soldaten auf die Indianer. Schätzungen zufolge starben 300 Indianer und 64 Soldaten.

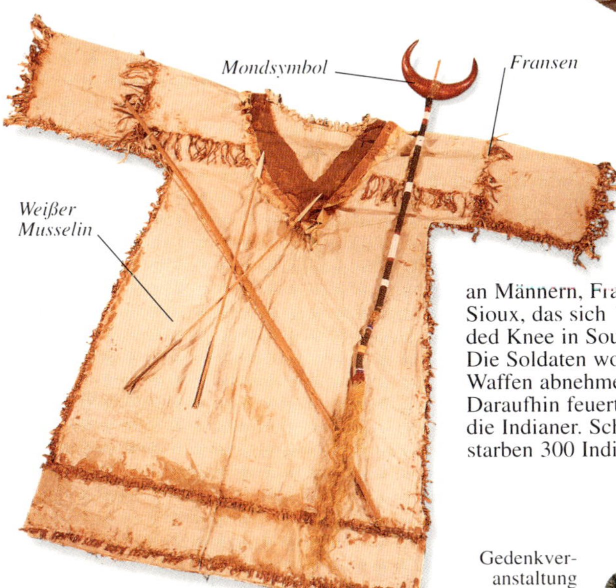

GEISTERTANZHEMD
Zwischen 1870 und 1890 folgten Indianer mehrerer Stämme der Geistertanzbewegung, die den Triumph der Indianer über die Weißen verhieß. Ihre Anhänger trugen Symbole von Sonne, Mond und Sternen, die Schutz bieten sollten, sowie mit mythologischen Zeichen verzierte Hemden.

MASSENGRAB
Soldaten sehen zu, wie Totengräber die Leichen der Opfer von Wounded Knee in einem Massengrab bestatten.

Gedenkveranstaltung bei Wounded Knee (1994)

STAATSWAPPEN NEUSEELANDS
Im Schild befindet sich oben links das Kreuz des Südens. Die Krone ersetzt seit 1953 die Helmzier. Die Schildhalter tragen die Flagge Neuseelands bzw. einen Maorispeer. Hinter dem Spruchband liegen Farnblätter.

Kanada und Neuseeland

Die großen britischen Siedlungskolonien Kanada, Australien und Neuseeland sind erst spät in den Kreis der modernen Nationalstaaten getreten. Kanada, dessen Osten von französischen Siedlern bewohnt war, geriet infolge des französisch-englischen Kriegs von 1756 bis 1763 unter britische Herrschaft. Die britische Oberhoheit war auch infolge des Unabhängigkeitskriegs der Vereinigten Staaten nie gefährdet; das britische Element wurde vielmehr durch die Einwanderung loyaler Untertanen der britischen Krone aus den USA gestärkt. Während in Kanada wie in den USA der Westen bis zum Pazifik nach und nach erschlossen wurde, sorgte die britische Verwaltung dafür, dass das frankofone Unterkanada (Quebec) von dem durch Briten besiedelten Oberkanada getrennt blieb. 1867 wurde Kanada als Dominion (britisches Herrschaftsgebiet) in weitgehende Selbstverwaltung entlassen, zum mit Großbritannien gleichberechtigten Mitglied der britischen Völkerfamilie wurde es erst 1926. In der Zwischenzeit hatte die Industrialisierung das Land weitgehend verändert. Zu einem vorbehaltlosen Miteinander des englisch- und französischsprachigen Bevölkerungsanteils ist es bis heute nicht gekommen. Auch in Neuseeland standen britische Siedler einer selbstbewussten Bevölkerung gegenüber, die schon im Land war: den aus Polynesien stammenden Maori. Die Rechte beider Bevölkerungsteile wurden im Vertrag von Waitangi (1840) gegeneinander abgesteckt, blieben aber lange Zeit blutig umkämpft. Trotzdem kam es zu einer weitgehenden Vermischung der britischen Einwanderer mit der angestammten Bevölkerung. Neuseeland war übrigens das erste Land der Welt, in dem das Frauenstimmrecht bei Wahlen eingeführt wurde: im Jahr 1893, noch bevor das Land als britisches Dominion 1907 seine faktische Unabhängigkeit erreichte.

Emblem zur 200-Jahr-Feier (1784–1984) der Provinz Ontario, Kanada

BRITISCHES BANNER
Die englische Rote Flagge mit dem Schild der Provinz auf der Flugseite bildet die Fahne Ontarios. Der Schild mit den gelben Ahornblättern datiert von 1868, offiziell gibt es die Flagge seit 1965. Sie betont die Verbindung zwischen Kanada und Großbritannien.

MIT ENGLAND VERBUNDEN
Kanada führte die Rote Flagge mit dem kanadischen Schild in beiden Weltkriegen. Das Staatswappen enthält noch immer den *Union Jack*.

FRANZOSENFAHNE
Das Banner von Quebec, die Lilienflagge, entstand aus einem Vorläufer im 19. Jh. und repräsentiert die französischsprachige Bevölkerung Kanadas. Die Lilien und das weiße Kreuz auf blauem Grund erinnern an die Flagge des vorrevolutionären Frankreichs.

GLANZ DER SONNE
Die untergehende Sonne auf dem Banner von Britisch-Kolumbien erinnert an die geografische Lage der Provinz als westlichster Staat und spielt auf das Motto des Staatswappens an: *Splendor sine occasu* („Glanz, der nie vergeht").

Die heutige kanadische Flagge mit dem Ahornblatt als neutralem Emblem wurde erst 1965 nach langen Debatten zwischen Anglo- und Frankokanadiern eingeführt und ersetzt seitdem die alte Flagge mit dem *Union Jack*. Sie ist das Symbol einer aus beiden Bevölkerungsgruppen entstehenden Nation.

Flagge Kanadas

Kanadas Wahrzeichen, das Ahornblatt

Flagge Neuseelands

Weiß umrandete Sterne heben sich deutlicher ab.

ÜBERGABE
Der Vertrag von Waitangi (1840) machte die Maoris zu britischen Untertanen.

NATIONALFLAGGEN
Die Blaue Flagge Neuseelands wurde 1902 für den Gebrauch zu Lande und zur See angenommen. Die Maoris benutzen an Land die Rote Flagge, da Rot ihre traditionelle Farbe ist. Seit Kanada 1965 seine Flagge annahm, sind Australien, Neuseeland und Tuvalu die einzigen Länder des Commonwealth, deren Nationalflaggen noch den *Union Jack* enthalten. Die Flagge Kanadas zeigt ein Ahornblatt – traditionsreiches Symbol dieses waldreichen Landes. Die Flagge gilt zur See und an Land.

Australien

ENTDECKER TASMANIENS
1642 entdeckte Abel Tasman die nach ihm benannte Insel (früher Van-Diemens-Land). Er reiste im Auftrag der Niederländischen Ostindien-Gesellschaft und führte darum auch die holländische Trikolore mit sich.

Kriminalität ist nicht erblich, lässt sich aus der Entwicklung Australiens seit dem späten 18. Jahrhundert schließen, denn zu Beginn der in dieser Zeit einsetzenden britischen Besiedlung diente das Land der „Entsorgung" von Kriminellen aus Großbritannien, die in der Wildnis des riesigen Fünften Kontinents selbst für ihren Unterhalt sorgen mussten. Die Besiedlung nahm ihren Ausgang von der von Captain James Cook 1770 gegründeten Kolonie Neusüdwales um das bald aufblühende Sydney. Weitere Kolonien waren Tasmanien und Westaustralien; Victoria mit seiner Hauptstadt Melbourne löst sich 1851 von Neusüdwales, wenig später auch Queensland. Um dieselbe Zeit wird Südaustralien besiedelt. Um 1813 beginnt die Erforschung des weitgehend aus Wüsten bestehenden Landesinneren. Erst 1901 begründen die Kolonien einen Bundesstaat nach amerikanischem Vorbild, der 1907 zum unabhängigen Dominion der britischen Völkerfamilie wird. Die australische Urbevölkerung der Aborigines setzt der Eroberung des Kontinents durch die Weißen keinen nennenswerten Widerstand entgegen und beginnt erst in der zweiten Hälfte des 20. Jahrhunderts seine Rechte einzufordern. Um diese Zeit hat das weiße Australien, das in den Weltkriegen an der Seite der Briten kämpfte, seine nationale Identität zwischen britischer Tradition und Anlehnung an die pazifische Vormacht USA gefunden.

DIE EUREKA-FAHNE
Ursprünglich repräsentierte diese Fahne die Ballarat-Reformliga von 1854, eine Vereinigung von Goldgräbern, die für ein gerechteres Schürflizenzsystem sowie für das allgemeine Wahlrecht kämpften. Diese Flagge wehte über einer Palisade, hinter der mehr als 500 Bergleute den staatlichen Truppen Widerstand leisteten. Obwohl sie bald unterlagen, konnte die Liga ihre Forderungen durchsetzen. So steht die Eureka-Fahne heute für Demokratisierung und erfreut sich in Australien großer Popularität, auch als republikanisches Symbol.

Sterne fünf- oder achtstrahlig

Grundlage der Gestaltung: die Flagge von Neusüdwales (1831)

FLAGGE DER EINHEIT
Die Bundesflagge stand für die Idee, die sechs australischen Staaten zu einer unabhängigen Nation zusammenzuschließen, was erst am 1. Januar 1901 erreicht wurde. Während der beiden letzten Jahrzehnte des 19. Jh.s propagierten der Bund Australischer Eingeborener und die Australische Bundesstaatliche Liga diese Idee unter jener Flagge.

PATRIOTENSPORT
Einer dieser Bumerangs ist mit Motiven der australischen Flagge geschmückt.

Die australische Flagge stellt mit dem *Union Jack* die britische Tradition dar und mit dem Kreuz des Südens die durch die geographische Lage gegebene besondere Identität des Landes, das einen ganzen Erdteil umfasst.

Der Union Jack erinnert an die Verbindung des Commonwealth mit Großbritannien.

Stern des Commonwealth

Crux Australis (*„Kreuz des Südens"*)

DER SIEGER
Genau 32.823 Entwürfe waren beim Wettbewerb für eine australische Nationalflagge (1900) eingegangen. Fünf davon hatten unabhängig voneinander das gleiche Motiv. Es wurde im Februar 1903 zunächst für Fahrzeuge zugelassen und im April 1954 als Nationalflagge angenommen. Die Flagge zeigt den *Union Jack* (für die Verbindung mit Großbritannien), das „Kreuz des Südens" (für Australien) und den Stern des Commonwealth (für das bundesstaatliche System). Die offiziellen Nationalfarben sind aber Grün und Gelb. Viele Vorschläge zur Änderung der Flagge enthalten diese Farben.

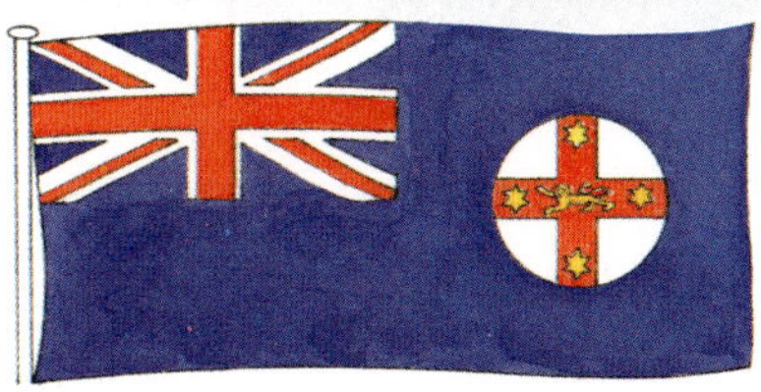

Neusüdwales

Queensland

Westaustralien

Südaustralien

Tasmanien

Victoria

DIE FLAGGE DER ABORIGINES
Diese Flagge wurde zum Symbol der Ureinwohner Australiens. Schwarz steht für die Aborigines, der gelbe Kreis für die Sonne, Rot für die australische Erde.

STAATSFLAGGEN
Jeder australische Bundesstaat besitzt eine Flagge, die auf der britischen Blauen Dienstflagge basiert und auf der Flugseite das jeweilige Emblem zeigt. Diese leiten sich von den Staatswappen ab. Südaustralien passte sein Wappen dem Flaggenemblem an. Der Gouverneur eines jeden Bundesstaats führt seine eigene Flagge. Entstehungsdaten: Tasmanien, Westaustralien 1875, Neusüdwales, Queensland 1876, Südaustralien 1904. Das Nordterritorium bekam später seine eigene Flagge.

Der Fünfte Kontinent

TÖDLICHER RÜCKWEG
1860 brachen Robert Burke und John Wills von Melbourne aus auf, um Australien zu durchqueren. Bei Coopers Creek ließen Burke, Wills und zwei andere Männer jedoch Vorräte und Begleittrupp zurück und erreichten allein die Nordküste. Doch auf dem Rückweg fanden beide den Tod.

„DAS MEER!"
1862 führte John Stuart einen Trupp von Adelaide nach Norden. Eines Tages drehte sich der Mann an der Spitze um und rief: „Das Meer!" Überraschend schnell hatten sie ihr Ziel erreicht.

Als erster Europäer landete der Holländer Dirk Hartog 1616 an der Westküste Australiens. Aber erst nach den Entdeckungsfahrten von James Cook und Matthew Flinders erhielt man in Europa eine klare Vorstellung von den Ausmaßen des Fünften Kontinents. 1788 legten die ersten Siedler in der Botany Bay an. Neuansiedlungen beschränkten sich lange Zeit auf die Küstenregion, da kein Weg durch die Blauen Berge westlich von Sydney bekannt war. Erst 1813 unternahmen John Blaxland, William Lawson und William Wentworth einen erfolgreichen Versuch: Anstatt durch die Täler zu ziehen, überquerten sie die Bergkämme und fanden so den Weg in das dahinter liegende üppige Weideland. Abenteuerlustige wagten es nun auch, in die Wüsten im Inneren des Kontinents vorzudringen, aber mancher verlor dabei sein Leben. Diesem Schicksal entging Peter Warburton nur knapp – ein pensionierter Polizeibeamter, der 1873 als erster Weißer die Wüsten in der Nähe der späteren Siedlung Alice Springs durchquerte.

STURT MACHT RAST
Die ersten Siedler stießen auf Flüsse, die vom australischen Bergland ins Landesinnere flossen. Hauptmann Charles Sturt sollte sie 1828 erforschen. Über 1600 km weit folgte er den Flusstälern bis zum Meer und entdeckte hervorragendes Weideland. Sein Versuch, das Innere des Kontinents zu durchqueren, scheiterte jedoch an der glühenden Hitze.

Vermessungskette

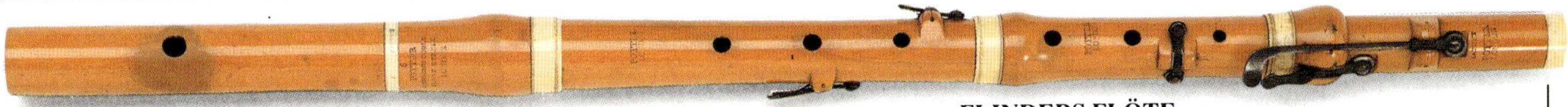

FLINDERS FLÖTE
Auf dieser Flöte hat Matthew Flinders wohl auch auf langen Seereisen gespielt.

ZEITVERTREIB
Bei der Umsegelung Australiens hatte Flinders sein Backgammon-Spiel dabei. Auf langen Reisen luden die Kapitäne ihre Offiziere zu Gesellschaftsabenden ein, bei denen sie auch spielten. Auch seine Katze Trim nahm Flinders mit an Bord. Das Tier ertrank jedoch auf der Heimfahrt vor der französischen Küste.

MATTHEW FLINDERS
1798 erhielt der englische Marineoffizier Matthew Flinders den Auftrag, Tasmanien (Van-Diemens-Land) zu erkunden. Er umsegelte und kartografierte die Insel – ebenso wie drei Jahre später Australien. Danach war die Ausdehnung des Kontinents endgültig bekannt.

KAPITÄNSKISTE
Auf die Reise nahm Flinders nur so viel persönliches Gepäck mit, wie in diese Kiste passte. Weil an Bord wenig Platz war, musste jeder sich einschränken.

VERMESSUNGS-KETTE
Als Australien besiedelt wurde, waren die Feldmessgeräte recht einfach. Man vermaß Land mit 20 m langen Ketten (links). Wenn die Entdecker einen günstigen Ort für einen Hafen oder eine Siedlung fanden, vermaßen sie ihn sorgfältig für später.

Westliche Darstellung einer Japanerin aus dem 19. Jh.

Japan

Japan war neben den USA die erste nichteuropäische Nation, die schon im 19. Jahrhundert im Konzert der modernen Großmächte mitzuspielen begann. Das Land hatte bereits eine vielhundertjährige eigenständige Tradition, als es im 16. Jahrhundert durch portugiesische Seefahrer erstmals mit der europäischen Zivilisation bekannt wurde. Japan übernahm damals europäische Kriegstechniken, schloss aber seine Grenzen. Erst die Entsendung eines amerikanischen Geschwaders unter dem Kommandanten Perry im Jahr 1853 führte zu einer Öffnung: 1854 wurde mit den USA ein Freundschafts- und Handelsvertrag abgeschlossen, später folgten ähnliche Verträge mit den europäischen Großmächten. In der Folge wurden die mittelalterlichen Institutionen der Samurai-Herrschaft und des Schogunats (der erblichen Kanzlerschaft) abgeschafft. In der sich anschließenden „Erneuerung der Meji-Zeit“ begann eine Industrialisierung nach westlichem Vorbild. Als die japanische Flotte 1905 die russische in der Korea-Straße besiegte, war Japan in Ostasien als Großmacht etabliert.

EHREN-SACHE
Der *Samurai* trug seine Flagge auf dem Rücken. Sie war mit dem *mon*, dem heraldischen Familiensymbol, geschmückt.

PHÖNIX AUS DER ASCHE
Engländer erbeuteten 1945 diese japanische Flagge, die zwei Phönixe mit einem *mon* zeigt. In der östlichen Welt symbolisiert der Phönix die Sonne.

DIE AUFGEHENDE SONNE
Am 3. November 1889 wurde diese Flagge für den Gebrauch bei Marine und Heer angenommen. Nach dem Ende des 2. Weltkriegs abgeschafft, wurde sie im Juni 1954 für die Seestreitkräfte wieder eingeführt und bildet die Grundlage für die Admiralsflaggen Japans. Das abgebildete Exemplar stammt aus dem 2. Weltkrieg.

SIEG!
Das „Banner der aufgehenden Sonne“ wehte auf den japanischen Schiffen bei der Schlacht von Tushima (1905), als die russische Flotte besiegt wurde.

Die Sonnenscheibe, seit jeher mit der Figur des Tennos verknüpft, ist ein uraltes religiöses Symbol in Japan. Die japanische Nationalflagge symbolisiert somit immer auch die Macht des Kaisers. Das gilt bis heute, auch wenn die amerikanischen Sieger 1945 den religiösen Kult des Tennos untersagten und das japanische Nationalgefühl gewissermaßen verweltlichten.

Das Rot der Sonnenscheibe wird als kuenai *oder zinnoberrot definiert.*

DAS SONNENBANNER
Japans Nationalflagge mit ihrem einfachen Symbol wurde 1855 erstmals auf See gehisst, 1860 nach Amerika gebracht und 1870 zur Grundlage der Regimentsfarben erklärt. 1872 ließ man sie zum Privatgebrauch zu. Die Farbe Weiß soll für Rechtschaffenheit und Reinheit stehen, Rot für Sicherheit, Heiligkeit und Wärme. So symbolisiert die Flagge das japanische Ideal *Akaki kiyoki tadashiki naoki makoto no kokoro* („Hell, rein, gerecht und guten Herzens").

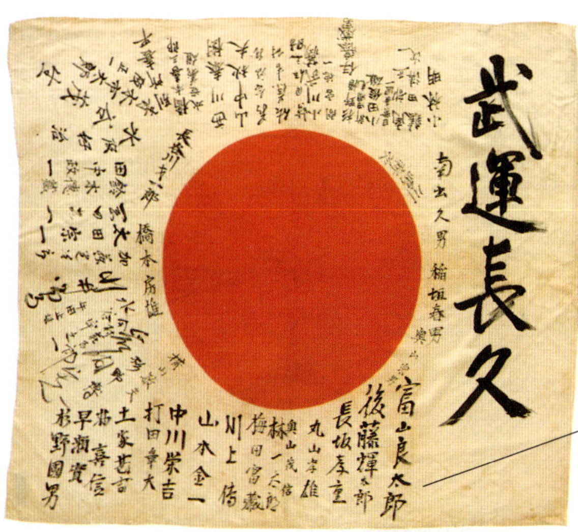

Aufschrift von innen nach außen zu lesen

SOLDATENGEBETE
Im 2. Weltkrieg trugen viele Soldaten Flaggen mit aufgemalten Gebeten, oft von der eigenen Familie verfasst. Die Sonnenscheibe blieb dabei stets unbeschrieben. Manch eine dieser Flaggen landete als Souvenir in der Hand des Feinds.

ZUR EHRE DES KAISERS
An Fest- und Feiertagen werden Flaggen gern hervorgeholt. Das japanische Zeichen für einen Feiertag sind zwei gekreuzte Fahnen. Hier wird der Kaiser begrüßt, der auch eine persönliche Flagge besitzt. Sie zeigt eine stilisierte goldene Chrysantheme auf rotem Grund.

Imperialismus und Belle Époque

Empire, Imperium, nannten die Briten des späteren 19. Jahrhunderts stolz das Weltreich, das sie geschaffen hatten. Es reichte von der Pazifikküste Kanadas über die Kapkolonie in Südafrika und das bevölkerungsreiche Indien bis nach Australien und Neuseeland. Kaum ein Hafen der Welt wagte es, sich britischen Schiffen zu verschließen, britische Kaufleute handelten in China wie in Südamerika, und an allen Küsten gab es befestigte britische Stützpunkte (S. 302).
Der Reichtum Großbritanniens beruhte darauf, dass britische Waren in aller Welt günstig verkauft wurden und Konkurrenz so weit wie möglich ausgeschlossen wurde. So verhinderten die Briten den Aufbau einer Textilindustrie in Indien, um den riesigen Markt für ihre Textilwaren zu erhalten. Der Wohlstand erlaubte vielen Briten ein bequemes Leben und trug dazu bei, dass die wissenschaftliche, technische, kulturelle und soziale Entwicklung in der Heimat rapide voranschritt. Dies war den Briten Opfer wert: Britische Soldaten und Matrosen kämpften an allen Ecken der Welt für den freien Handel mit britischen Waren. So führten sie 1840–1842 und 1857–1860 Krieg gegen China (S. 308), um den profitablen britischen Opiumhandel zwischen Indien und China zu schützen und den chinesischen Markt für britische Waren zu öffnen; so kämpften britische Soldaten im Krimkrieg 1853–1856 (S. 306) gegen Russland an der Seite der Franzosen, um zu verhindern, dass Russland die britische Vorherrschaft im Mittelmeer durch die Eroberung der „Pforte", d.h. des Bosporus und der Dardanellen, bedrohte; so warfen die von der East India Company gerufenen Truppen 1858 den großen Aufstand in Indien nieder (S. 303), nach dem Britannien genötigt war, eine aufwändige Kolonialverwaltung zu errichten; so riskierte Großbritannien 1882 den Konflikt mit Frankreich, als es den von den Franzosen gebauten Suezkanal, die kürzeste Verbindung zwischen dem Mutterland und Indien, übernahm und damit auch die Vorherrschaft in Ägypten; so unterdrückten sie den Burenaufstand von 1880 und fügten, nachdem im Burengebiet die reichsten Diamantenvorkommen der Welt gefunden worden waren, die Burenstaaten mit dem Burenkrieg 1899–1902 (S. 306) endgültig in ihr Reich ein. Nachdem um 1900 auch ein großer Teil Afrikas britische Kolonie geworden war, hatte das Empire seine größte Ausdehnung erreicht.
In der Zwischenzeit war Großbritannien jedoch vielfache Konkurrenz von Staaten erwachsen, die ebenfalls große Industriemächte geworden waren.

Der Wettlauf um kolonialen Einfluss

Die Niederländer erwarben in Niederländisch-Indien (Indonesien) einen ähnlichen Reichtum wie die Briten in Indien, doch sie waren ein zu kleines Volk, um als Militärmacht mit Großbritannien konkurrieren zu können; dasselbe galt erst recht für Belgien, dessen König den riesigen Kongo im Herzen Afrikas 1885 als Privatbesitz erwarb. Anders aber war es mit Frankreich, der Macht, die schon seit dem 17. Jahrhundert mit England um die Vormacht in den Ländern jenseits der Ozeane gekämpft hatte. Frankreich besaß die militärischen und industriellen Voraussetzungen, seinen Einfluss weltweit geltend zu machen. Aus Südamerika, wo Napoleon III. versucht hatte, Mexiko zur Basis seiner überseeischen Macht zu machen, musste Frankreich sich unter dem Druck der USA 1867 zurückziehen. Doch es gelang den Franzosen, Indochina zu unterwerfen und von dort auch in Südchina Macht auszuüben. Weiterhin setzten sie sich im westlichen Nordafrika, in Tunesien und Algerien, fest. Die Unterwerfung Marokkos durch Frankreich stieß auf den Widerstand Italiens und vor allem Deutschlands, aber die Briten ließen den Franzosen hier freie Hand, nachdem sie dem französischen Einfluss in Ägypten ein Ende gesetzt hatten. Schließlich erwarb

Afrikanischer Soldat der deutschen Kolonialtruppen im 1. Weltkrieg

Frankreich ein riesiges Kolonialreich in Westafrika, am Kongo und in Madagaskar, dessen Verwaltung und Sicherung allerdings kaum weniger Mittel verschlang, als es einbrachte. Immerhin hatte nun auch Frankreich ein Imperium, das es nach Großbritannien als die zweite der imperialistischen Mächte auswies.
Die jungen europäischen Großmächte Italien und Deutschland mochten hinter der kolonialen Expansion Großbritanniens und Frankreichs nicht zurückbleiben: Italien erwarb Libyen, wo Frankreich ihm freie Hand ließ, weil Italien auf Ansprüche in Marokko verzichtete, eignete sich Eritrea und die somalische Küste an und träumte davon, Eritrea und Somalia über Abessinien (Äthiopien) mit Libyen zu einem großen italienischen Kolonialreich in Afrika zu verbinden. Das Deutsche Reich griff auf die Gebiete Afrikas zu, die noch nicht an andere Kolonialmächte vergeben waren: Kamerun und Togo am Golf von Guinea sowie Südwestafrika und Ostafrika, das heutige Tansania. Außerdem wurde die Reichsflagge in abgelegenen Gebieten der Südsee gehisst. Wichtiger war, dass Deutschland sich auch in China mit Kiautschou einen wichtigen Stützpunkt sicherte. Als die europäischen Großmächte, die USA und Japan 1900 gegen den antikolonialistischen Boxeraufstand in China vorgingen und Peking besetzten, marschierten deutsche Truppen vorneweg.
Russland machte von Sibirien aus seinen Einfluss in Nordchina geltend und geriet dabei in Konflikt mit dem aufstrebenden Japan, das Korea in Abhängigkeit gebracht hatte und zunehmend Interessen in China hatte. Nach der Niederlage im Russisch-Japanischen Krieg 1905 mussten die Russen Korea und den beherrschenden Einfluss in der nordchinesischen Mandschurei Japan überlassen, im Iran teilten sie sich die Vormachtstellung mit Großbritannien.
Zu den jüngeren unter den imperialen Mächten gehörten auch die USA, die sich zunächst gegen den Einfluss der Europäer in Lateinamerika wandten. 1898 vertrieben sie die Spanier aus Kuba und Puerto Rico, und um die Jahrhundertwende erklärten sich die USA unter Präsident Theodore Roosevelt zum Polizisten des ganzen amerikanischen Doppelkontinents. 1903 eigneten sie sich das Gebiet an, in dem sie den Panamakanal bauen wollten, und sorgten für die Abtrennung des neuen Staats Panama von Kolumbien. Mit der Eroberung der Philippinen, ebenfalls 1898, erhoben sie ihren Anspruch als Seemacht im Pazifik, was sie vor allem in Gegensatz zu Japan brachte.
Trotz aller Konkurrenz im Pazifik, in China oder in Afrika und Südamerika waren die Gegensätze der Großmächte am stärksten in Europa, und hier vor allem auf dem Balkan. Hier erschloss sich deutsches Industriekapital mithilfe Österreich-Ungarns neue Märkte. Dies beunruhigte nicht nur Russland, das seit langem mit Österreich-Ungarn um die Vorherrschaft auf dem Balkan rang, sondern auch die Briten und Franzosen. Deutschland hatte zudem die Türkei eng an sich gebunden; es interessierte sich für Palästina, und durch die Deutsche Bank wurde die Bagdadbahn finanziert, die Konstantinopel mit dem Irak verbinden sollte. Die Deutschen sahen sich bereits auf dem Weg zum Indischen Ozean – und zu den Ölquellen am Persischen Golf. England aber hatte hier seine eigenen Interessen, und es wäre möglicherweise zum Eklat gekommen, wenn Deutschland 1913 nicht eingelenkt hätte und die geplante Verlängerung der Bagdadbahn zum Hafen Basra aufgegeben und den Briten den größeren Teil der Ölkonzessionen im Irak eingeräumt hätte; die traditionelle Mittelmeermacht Frankreich sah indessen ihre Interessen in Syrien bedroht. Italien versuchte, von der Konkurrenz der übrigen Großmächte zu profitieren, eignete sich 1911 die Inseln der Dodekanes mit Rhodos an und erreichte 1912 die Gründung Albaniens als unabhängigen Staat unter seiner Aufsicht. Unterdessen brach der Erste Balkankrieg aus, der zur Okkupation fast des ganzen übrig gebliebenen europäischen Teils der Türkei durch das von Russland unterstützte Serbien, Bulgarien und Griechenland führte. Nicht zuletzt aufgrund der Einmischung der Großmächte zerbrach das Bündnis von 1912, und es kam 1913 zum nächsten Krieg, der die Spannungen auf dem Balkan nicht beseitigte.

Königin Victoria

Die Aufteilung des türkischen Staats, die in Europa 1913 abgeschlossen wurde, war praktisch schon vor Beginn des Ersten Weltkriegs auch für seine asiatischen Teile beschlossene Sache, unklar war nur, wer welchen Teil der Beute ergattern würde.
Der deutsch-britische und deutsch-französische Gegensatz im Vorderen Orient war eng mit dem Konflikt auf dem Balkan verknüpft und trug wie dieser zum Ausbruch des Ersten Weltkriegs bei.

Die Belle Époque und der Untergang der Titanic
Nichts versinnbildlicht besser die Zerbrechlichkeit der westlichen Zivilisation im Zeitalter des Imperialismus als der Untergang des riesigen Passagierdampfers *Titanic* in der Nacht zum 15. April 1912 (S. 318). Das riesige Schiff hielt alle technischen Bequemlichkeiten einer Zeit bereit, in der elektrische Beleuchtung und Automobile, Motorflugzeuge, Telefon (S. 324), Amateurfotografie (S. 326) und Filmvorführungen (S. 328) bereits zum Alltag gehörten und in der die Ingenieure immer neue technische Meisterleistungen vollbrachten. Die *Titanic* beherbergte ein internationales Publikum, das sich trotz aller nationalistischen Sticheleien, die es unter den Passagieren gegeben haben dürfte, seiner Zugehörigkeit zur westlichen Zivilisation bewusst war, wie sie sich in den Olympischen Spielen, in einer internationalen Musik und Literatur ausdrückte. Man war, jedenfalls in der 1. Klasse, mit internationaler, d.h. französischer Eleganz gekleidet (S. 322), man speiste und trank gut, hörte Musik, tanzte und machte geistreich Konversation. Man genoss das Dasein in vollen Zügen, es war eine schöne Zeit, eben die *belle époque*. Manche der Passagiere werden über die Leistungen der Polarforscher (S. 314ff.), Wüstendurchquerer und Flugpioniere oder über die Forderungen der Suffragetten nach dem Frauenwahlrecht diskutiert haben, die gebildeteren werden sich über die neuesten Entwicklungen in der Malerei und Bildhauerei erregt haben, in der die Avantgarde von Expressionisten, Fauvisten und Kubisten gerade dabei war, radikal mit der Tradition zu brechen, über die neuesten Tendenzen in der Musik, die keinen geringeren Bruch darstellten, über das neue physikalische Weltbild Albert Einsteins und Max Plancks oder über die verblüffende Entdeckung Sigmund Freuds, dass das Unbewusste das Leben der Menschen weit stärker bestimmt als bewusste Einsichten (S. 331).
Allerdings haben sich solche Unterhaltungen gewiss von den Gesprächen in der 3. Klasse der *Titanic* (S. 320) unterschieden, in der die ärmeren Passagiere untergebracht waren. Hier ging es nicht zuletzt um die Aussichten der Auswanderer, die sich in Amerika eine neue Existenz aufbauen wollten und mit gemischten Gefühlen auf die Verhältnisse in der Alten Welt zurückschauten. Die Klassen der Passagiere waren strikt voneinander getrennt, so wie die europäische Gesellschaft der Zeit eine Klassengesellschaft mit geringen Aufstiegschancen war.
Es galt als ausgemacht, dass die gerade erst fertig gestellte *Titanic* nicht nur das luxuriöseste, sondern das sicherste jemals gebaute Schiff war, und es sollte auch bewiesen werden – dies war der Ehrgeiz des Kapitäns, eines Burenkriegsveteranen, und der Reederei –, dass es eines der schnellsten war. Dies würde den Ruhm von Kapitän und Schiffseignern mehren und die Überlegenheit der britischen Nation über alle anderen Nationen beweisen. Es war dieser Ehrgeiz, besser zu sein, größer, prächtiger, schneller als die anderen, der dazu führte, dass die *Titanic*, zu schnell, um rechtzeitig abdrehen zu können, und zu groß für kurzfristige Manöver, einen Eisberg rammte und unterging. Etwa fünfzehnhundert Menschen ertranken im kalten Nordatlantik, natürlich vor allem Passagiere der 3. Klasse und Schiffsarbeiter, nur knapp halb so viele konnten gerettet werden.
Die europäischen Nationen glichen der *Titanic*, und ihre Katastrophe begann kaum mehr als zwei Jahre nach deren Untergang.

Die *Titanic*, zeitgenössisches Werbeplakat

Chronik

1840–1842	Erster Opiumkrieg Englands gegen China, um die freie Einfuhr von Opium aus Indien nach China zu erzwingen; Hongkong wird britische Kolonie.
1853–1856	Krimkrieg Frankreichs und Englands gegen Russland zur Verhinderung eines russischen Zugangs zum Mittelmeer
1857–1860	Zweiter Opiumkrieg Großbritanniens und Frankreichs gegen China. Die Öffnung des chinesischen Markts für europäische Waren wird erzwungen.
1858	Nach der Niederwerfung eines Aufstands in Indien übernimmt der britische Staat die Verwaltung von der East India Company.
1867	Mit der Erschießung Kaiser Maximilians endet der Versuch Napoleons III., mithilfe einer Marionettenregierung in Mexiko den Einfluss der USA in Lateinamerika zurückzudrängen.
1871	Der amerikanische Journalist Stanley findet den englischen Forscher Livingstone im Inneren Afrikas.
	Darwin, *Die Abstammung des Menschen*
1876	Königin Victoria wird zur Kaiserin von Indien proklamiert.
	Edison konstruiert ein für die Serienproduktion brauchbares Telefon.
1879	Edison entwickelt die erste kommerziell nutzbare Glühlampe.
	Siemens baut die erste elektrische Lokomotive.
1881	Burenaufstand in Südafrika gegen die Briten. Die Burenrepubliken behalten ihre innere Autonomie.
1881	Frankreich besetzt Tunesien.
1882	Großbritannien besetzt Suez und beendet den französischen Einfluss in Ägypten.
	Edison baut in New York das erste Kraftwerk.
	Robert Koch entdeckt den Tuberkelbazillus.
1883	Frankreich setzt sich in Indochina fest; die Briten erweitern ihre afrikanischen Besitzungen.
	Gottlieb Daimler erwirbt ein Patent für Automobil-Verbrennungsmotoren.
1884–1885	Gründung deutscher Kolonien in Afrika (Togo, Kamerun, Südwestafrika, Ostafrika) und im Pazifik
1885	Frankreich erobert Madagaskar und dehnt seine Besitzungen im tropischen Afrika aus.
	Der belgische König erwirbt die riesige Kongo-Kolonie als Privatbesitz, die erst ab 1908 vom belgischen Staat verwaltet wird.
1888	George Eastman erfindet den Rollfilm, der das Fotografieren populär macht.
1889	Bau des Eiffelturms in Paris
1890	Deutschland tauscht mit Großbritannien Sansibar gegen Helgoland ein; die Briten beginnen den kolonialen Aufbau in Kenia und Uganda.
	Deutsch-Türkisches Handelsabkommen. Der Plan des Baus der Bagdadbahn mit deutscher Unterstützung erregt das Misstrauen Großbritanniens.
1896	Erste Olympische Spiele der Neuzeit in Athen
1897	Dieselmotor
1898	Deutschland, Russland und England besetzen wichtige chinesische Hafenstädte (Kiautschou, Port Arthur, Weihaiwei)
	Gründung des Deutschen Flottenvereins: Beginn der Konkurrenz mit England in der Flottenstärke
	Die Amerikaner erobern im Spanisch-Amerikanischen Krieg u.a. Puerto Rico und die Philippinen, Kuba wird selbstständig.
1899–1902	Burenkrieg in Südafrika. Die Briten unterwerfen mit großem militärischem Aufwand die Burenrepubliken. Das Deutsche Reich sympathisiert mit den Buren.
1900	Der antikolonialistische Boxeraufstand in China wird von den europäischen Großmächten, den USA und Japan gemeinsam niedergeworfen.
	Sigmund Freud, *Traumdeutung*
	Max Planck begründet die Quantentheorie.
um 1900	Entstehung des neuen Mediums Film
1901	Marconi gelingt die Übertragung von Funksignalen über den Atlantik.
1902	Italien und Frankreich einigen sich über ihre Interessengebiete in Nordafrika: Frankreich erhält freie Hand in Marokko, Italien in Libyen.
1903	Die USA erreichen von Kolumbien die Abtretung des Gebiets für den Bau des Panamakanals. Dies führt zur Abtrennung Panamas von Kolumbien.
	Die Brüder Wright unternehmen den ersten bemannten Motorflug.
1904–1905	Der Russisch-Japanische Krieg um den Einfluss in Korea und China wird von Japan gewonnen.
1905	Einstein formuliert seine Spezielle Relativitätstheorie.
	Beginn des Expressionismus in Deutschland und des Fauvismus in Frankreich.
1905/1906	Erste Marokkokrise: Deutschland versucht vergeblich, die koloniale Expansion Frankreichs in Marokko zu verhindern. Großbritannien unterstützt Frankreich.
1908	Frauenstimmrecht in Dänemark
1909	Peary erreicht den Nordpol.
	Erfindung des Kunststoffs Bakelit
um 1910	Picasso und Braque entwickeln den Kubismus in der Malerei.
1910	Kandinsky malt das erste abstrakte Gemälde.
1911	Zweite Marokkokrise: Kanonenbootpolitik Deutschlands gegen Frankreich vor Marokko bleibt ergebnislos.
	Amundsen erreicht als Erster den Südpol.
	Arnold Schönberg entwickelt die Theorie der Zwölftonmusik.
1911–1912	Italienisch-Türkischer Krieg nach der Okkupation Tripolitaniens und der Cyrenaika durch Italien; Italien besetzt die Dodekanes mit Rhodos und betreibt die Unabhängigkeit Albaniens, das italienisches Einflussgebiet wird.
1912	Untergang der *Titanic*
1912–1913	Erster Balkankrieg
1913	Fließbandproduktion bei Ford in Detroit
1914	Höhepunkt der Suffragettenbewegung in England

Das britische Empire

Als Königin Victoria 1837 den Thron bestieg, herrschte Großbritannien bereits über Teile von Indien, Kanada, Australien und Neuseeland und besaß eine Vielzahl von Kolonien in Übersee. Dieses „britische Empire" war bis zur Zeit Victorias ständig gewachsen. Seit dem 17. Jahrhundert hatte Großbritannien zunehmend an Einfluss in Übersee gewonnen. Im Wettbewerb mit anderen Staaten wie Deutschland oder Belgien versuchte England seit den 1870er Jahren, vor allem auch in Afrika neue Märkte und Macht zu gewinnen. Mit Beginn des 20. Jahrhunderts war die Ausdehnung des Reichs praktisch abgeschlossen. Königin Victoria herrschte über fast ein Viertel der Weltbevölkerung, und das britische Empire war das größte Imperium aller Zeiten.

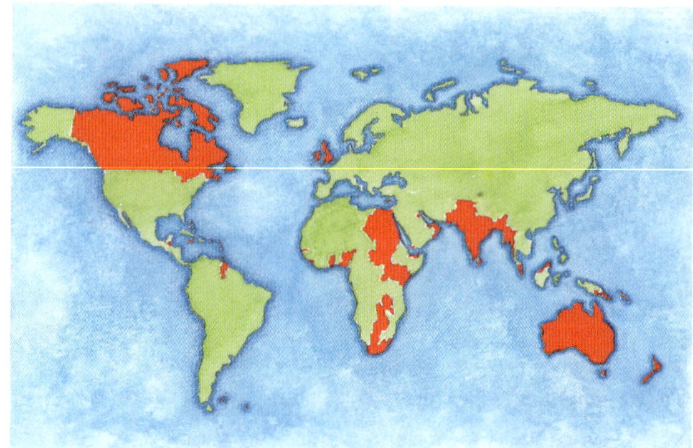

HANDELSIMPERIUM
Das britische Empire umfasste ein Viertel der Erde. Zum Reichsgebiet (hier rot dargestellt) zählten sog. „Dominions" (Herrschaftsgebiete) mit Selbstverwaltung wie Australien und Kanada und strategisch wichtige Inseln wie Singapur oder Hongkong. Das Reich gründete auf Handel. England importierte Rohstoffe wie Baumwolle, Tee und Kautschuk und führte Fertigerzeugnisse von Werkzeugen bis Lokomotiven in die von ihm kontrollierten Gebiete aus.

Kronjuwel

Indiens Reichtümer, die exotischen Menschen und Landschaften und die langjährigen Beziehungen zu Großbritannien machten das Land für die Briten zu einem „Juwel in der Krone", wie Königin Victoria sagte. Seit der Errichtung von Handelsstationen durch die Ostindiengesellschaft im 17. Jh. war der Einfluss Englands immer weiter gewachsen. Eine anglo-indische Armee und ein gewaltiges Herr aus englischen und indischen Beamten regierten das riesige Land.

Der Suezkanal war eine wichtige Verbindung zwischen England und dem Osten.

Britisches Handelsschiff

Der Suezkanal wurde von dem französischen Ingenieur Ferdinand de Lesseps gebaut.

ÖSTLICH VON SUEZ
1869 wurde der Suezkanal eröffnet, der das Mittelmeer mit dem Indischen Ozean verbindet, und damit der Weg nach Indien für britische Schiffe erheblich verkürzt. 1875 erwarb der britische Premierminister Benjamin Disraeli für 4 Mio. Pfund Sterling vom ägyptischen Vizekönig einen Anteil von 40% der Aktien am Suezkanal. 1882 besetzte England Ägypten und kontrollierte den Kanal nun vollends.

Der Sepoy-Aufstand in Indien 1857

INDISCHE REBELLION
Die britische Expansionspolitik und die Missachtung der religiösen Bräuche in den eroberten Ländern beschworen häufig Konflikte herauf. 1857 stellten sich indische Soldaten (als *sepoys* bekannt) gegen ihre Oberbefehlshaber, und es kam zu einem blutigen Aufstand. 1885 begann mit der Gründung des Indischen Nationalkongresses der Kampf um die Unabhängigkeit.

Weihnachten in Indien (1881) von E.K. Johnson

Indien bot britischen Verwaltungsfachkräften und Kaufleuten gute berufliche Chancen.

Einige Inder arbeiteten als Diener bei den Briten.

Viele Inder fürchteten, die Briten wollten sie zum Christentum zwingen.

Die Briten bauten in Indien und Ceylon auf großen Plantagen Tee an.

Kampf um Afrika

In den 1880ern war Afrika der einzige von Europa nicht vollständig kolonisierte Kontinent. Um 1900 begann ein Kampf um die Vormachtstellung. Großbritannien gewann mehr Kolonien als die anderen imperialistischen Nationen wie Deutschland und Frankreich: Kenia, Uganda, Nigeria und Südafrika mit Rhodesien (Simbabwe).

David Livingstone

MISSIONARE
Rudyard Kipling beschwor die „Pflicht des weißen Mannes" den Völkern des Empires gegenüber. Missionare reisten durch Afrika und Asien und predigten das Christentum, bauten aber auch Schulen und Krankenhäuser. Der schottische Forscher und Missionar David Livingstone erforschte von 1841 bis zu seinem Tod 1873 in Afrika die Sambesi-Region und lebte unter den dort ansässigen Stämmen.

Livingstones Kompass und Lupe

Diese Insekten wurden von Naturforschern im Amazonasgebiet in Südamerika gezeichnet.

FORSCHUNG
Britische Forschungsreisende zogen durch bislang unbekannte Länder. John Speke und Samuel Baker entdeckten die Nilquelle, Mary Kingsley reiste durch Westafrika. Sie schickten Berichte und Fundstücke nach Hause, die in neuen Institutionen wie der Royal Geographic Society untergebracht wurden.

LETZTER BLICK AUF ENGLAND
Auf diesem Gemälde von Ford Madox Brown (1860) verlässt ein Paar England. Seit Mitte des 19. Jh.s wanderten Tausende Briten in der Hoffnung auf ein besseres Leben in die Kolonien aus. Vor allem Iren flohen vor dem Hunger und der Armut in ihrem Land.

Kaiserin von Indien

BEHÜTET
Tropenhelme waren zur Zeit der britischen Herrschaft in Indien ein so alltäglicher Anblick, dass sie zu einem Symbol der britischen Herren wurden.

In den hundert Jahren nach dem Sieg der Engländer über die von Frankreich unterstützten bengalischen Truppen bei Plassey 1757 dehnten die Briten ihre wirtschaftliche, politische, militärische und gesellschaftliche Macht in Indien aus. Sie schlugen Aufstände nieder, und 1858 wurde das Land Teil Großbritanniens. Königin Victoria, die 1877 zur Kaiserin von Indien proklamiert wurde, regierte es von London aus. Die Industriellen in England verdienten daran, dass sie billige Rohstoffe aus Indien einkauften und teure Industrieprodukte in der Kolonie verkauften. Die britische Herrschaft ließ das reiche Indien verarmen, politische Rechte wurden den Indern verwehrt. Doch sie einte das Land auch, Eisenbahnen wurden gebaut und ein zentralisiertes Verwaltungs- und Rechtswesen eingeführt.

KAISERIN VICTORIA
Am 1. Januar 1877 wurde in Delhi in einer feierlichen Zeremonie Königin Victoria zur „Kaiserin von Indien" erklärt. Der Generalgouverneur Indiens wurde Vizekönig und oberster Beamter Englands in Indien.

DER TIGER VON MYSORE
Die Tigerjagd war wie zuvor für die Maharadschas nun für die Briten ein beliebter Zeitvertreib. Diese Spielzeugorgel stellt einen Tiger dar, der einen britischen Soldaten verschlingt. Der Tiger soll Tipu Sultan darstellen, der Mysore im 18. Jh. als letzte Bastion gegen die Briten verteidigt hatte.

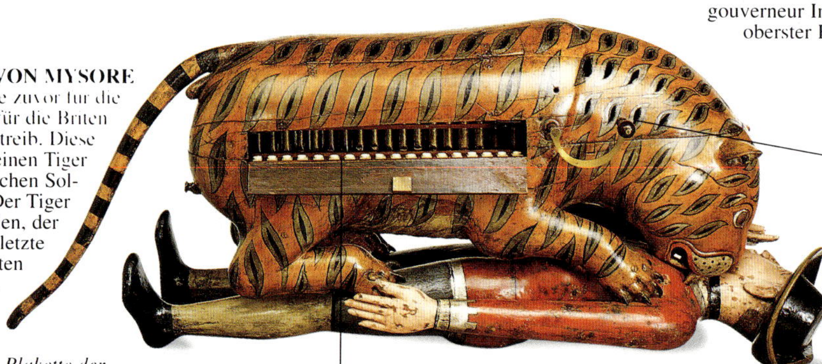

Öffnungen der Orgelpfeifen

Tasten im Bauch des Tigers

Plakette der Indischen Eisenbahn

BAHN-VERBINDUNGEN
Die erste Dampflok der britischen Eisenbahn in Indien startete 1853 in Bombay. Um 1880 waren etwa 15.000 km Schienen verlegt. Die Ingenieure ließen sich auch von steilen Bergen nicht abhalten, sodass auch das 2100 m hoch gelegene Shimla einen Bahnhof bekam.

ENGLISCHE SITTE
Die typisch englische Sitte des „High Tea", des Fünfuhrtees mit kleinen Leckereien, bürgerte sich bei vielen vornehmen Indern ein. Diese Keksdose (Anfang 20. Jh.) zeigt Keksliebhaber vom Maharadscha bis zum Armeegeneral.

SOMMERRESIDENZ

Jeden Sommer zog die gesamte britische Bevölkerung Delhis in das kühlere Bergstädtchen Shimla. Die „Königin der Berge" wurde zur Sommerresidenz der Engländer. In der 1888 von Lord Dufferin gebauten Residenz des Vizekönigs (oben) fanden Bälle für über 800 Menschen statt. 1903 standen 1400 Häuser von Europäern auf den Hügeln. Die Inder durften nur am Fuß der Berge leben, im „überfüllten Kaninchenbau", wie Rudyard Kipling schrieb.

DAS LEBEN EINER MEMSAHIB

Die englischen Frauen der britischen Offiziere in Indien hatten viele indische Diener(innen), vom Kindermädchen über Köche, Schneiderinnen, Dienstmädchen bis zu Gärtnern. Die sog. Memsahibs verbrachten ihre Zeit damit, im schwülen Klima Indiens das vornehme englische Leben neu zu erschaffen.

Ein Durzee *(Schneider) nimmt die Aufträge seiner Herrin entgegen.*

Indische Seide war bei den Damen besonders beliebt.

DER DELHI *DURBAR* 1903

Als Eduard VII. 1903 zum König von England gekrönt wurde, organisierte der indische Vizekönig, Lord Curzon, eine pompöse, *durbar* genannte Zeremonie mit Elefantenparade durch die Straßen Delhis. Solche Veranstaltungen sollten den indischen Untertanen Macht und Glanz des britischen Empire verdeutlichen.

Alt-Delhi in den Hintergrund gedrängt

Reich verzierte Elefanten tragen die neuen Herrscher.

Imperialistische Kriege

Seit Mitte des 19. Jahrhunderts versuchten die großen europäischen Mächte und die USA in wechselnden Koalitionen ihre nationalen Interessen weltweit durchzusetzen. Besonders erfolgreich waren die Briten. Die Schrecken des Krimkriegs schockierten die britische Öffentlichkeit, aber abgesehen von diesem Krieg, den England mit seinen Verbündeten gegen Russland führte, waren britische Truppen im 19. Jahrhundert vor allem damit beschäftigt, irgendwo auf der Welt Aufstände niederzuschlagen. Sie kämpften gegen die Maori in Neuseeland, gegen die Jamaikaner in der Karibik und zerschlugen brutal den Aufstand in Indien. Niederlagen in Afrika durch die Sudanesen bei Khartum 1885 und die Zulu in Südafrika 1879 lösten eine Welle des Patriotismus aus. 1899 sah sich Großbritannien in den als Burenkrieg bekannten grausamen Vernichtungskrieg in Südafrika verwickelt.

Der Burenkrieg

In dem 1899 in Südafrika zwischen den Buren (holländischen Siedlern) und Großbritannien begonnenen Krieg um die an Bodenschätzen reichen Republiken Transvaal und Oranjefreistaat erzielten anfangs die Buren Erfolge. Unter dem Jubel einer Fahnen schwenkenden Öffentlichkeit schickte Großbritannien Verstärkungseinheiten. Sie eroberten von den Buren gewonnene Gebiete zurück, und schließlich mussten die Buren sich geschlagen geben. 1902 wurden die Republiken dem britischen Empire einverleibt.

Britische Truppen bei Kimberley

MILITÄRTECHNIK
Die Armeen des 19. Jh.s waren auf Pferde als Transportmittel angewiesen. Bajonette blieben üblich, doch es gab einige tödliche Neuerungen in der Waffentechnologie: Hinterlader, rauchfreies Pulver und Schnellfeuer-Maschinengewehre veränderten den Charakter des Kriegs. Mit Hinterladern wie dem Martini-Henry waren die Briten der angestammten Bevölkerung überlegen.

Die neuen Waffen wurden von der Laufrückseite geladen.

Neue Entwicklungen im Bereich der Telegrafie und Fotografie brachten erstmals den Menschen in der Heimat die Kriegsrealität nahe.

Der Krimkrieg

Im Krimkrieg sollte die russische Expansion in von den Türken kontrollierte Gebiete verhindert werden. 1854 kamen britische, französische, türkische und sardinische Truppen zum Angriff auf Sewastopol auf die Krimhalbinsel. Der Krieg endete 1856 mit der Niederlage der Russen.

Beide Seiten musste schreckliche Verlust hinnehmen.

DIE BELAGERUNG VON SEWASTOPOL
Die alliierten Truppen besiegten die Russen bei Alma und belagerten dann fast ein Jahr die russische Festung Sewastopol. Bei den Schlachten von Balaklawa und Inkerman (oben) vereitelten die Alliierten russische Versuche, die Belagerung zu durchbrechen. Zeitungsberichte brachten die Öffentlichkeit wegen der Dauer, der Gräuel und der schlechten Organisation des Kriegs auf.

In den 1870er Jahren wurden langläufige Hinterlader eingeführt.

Britische Truppen im Burenkrieg

EIN SCHLECHT ORGANISIERTER KRIEG

Der Krimkrieg war schlecht vorbereitet, die Befehle waren widersprüchlich, und die Versorgung der Truppen war katastrophal. In der Schlacht von Balaklawa führten konfuse Befehle zu einem heroischen, aber selbstmörderischen Angriff der britischen Kavallerie gegen eine übermächtige russische Artillerie. Fast die halbe Kavallerie wurde getötet oder verwundet.

Britische Vorderladerkanone

Fünf Soldaten waren nötig, um die Kanone vorzubereiten und abzufeuern.

Schießpulver und Kanonenkugel wurden in den Lauf gestopft.

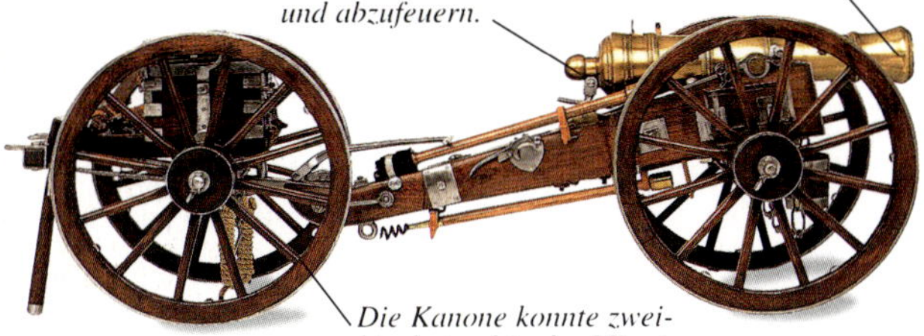

Die Kanone konnte zwei- bis dreimal in der Minute 2,7 kg schwere Kugeln bis zu 1 km weit schießen.

KÖNIGLICHE MARINE

Die Engländer waren stolz auf ihre Marine, die größte und mächtigste der Welt. Die industrielle Entwicklung veränderte auch den Kampf auf See: Seit den 1880ern ersetzten dampfbetriebene Panzerschiffe (mit Eisenummantelung) die hölzernen Segelschiffe. Es gab eigene Marineuniformen, und die Marinelaufbahn galt als sehr prestigeträchtig. Oft wurden die britischen Schlachtschiffe unter dem Jubel der Öffentlichkeit in Krisengebiete geschickt.

Die Kampfanzüge waren gelblich braun.

TOMMIES

Um 1890 hatte der einfache britische Soldat eine neuartige Bedeutung gewonnen und einen Spitznamen erhalten: Tommy. Tarnfarbene Uniformen (nach dem indischen Wort für Staub „Khakis" genannt) ersetzten die auffälligen roten Uniformröcke.

Viktoriakreuz

Königin Victoria setzte diesen Orden 1856 ein.

Das Viktoriakreuz besteht aus der Bronze russischer Kanonen aus dem Krimkrieg.

SOLDATEN DER KÖNIGIN

Großbritanniens stehende Armee war recht klein, und die einfachen Soldaten wurden schlecht behandelt. Ab den 1860ern erfolgten aufgrund des Entsetzens, das der Krimkrieg erregt hatte, Reformen. Brutale Praktiken wie das Auspeitschen wurden geächtet. Königin Victoria nahm sich ihrer Armee und „ihrer" Soldaten an. Sie verlieh höchstpersönlich Orden an Soldaten aller Dienstgrade und führte das Viktoriakreuz als Tapferkeitsorden ein.

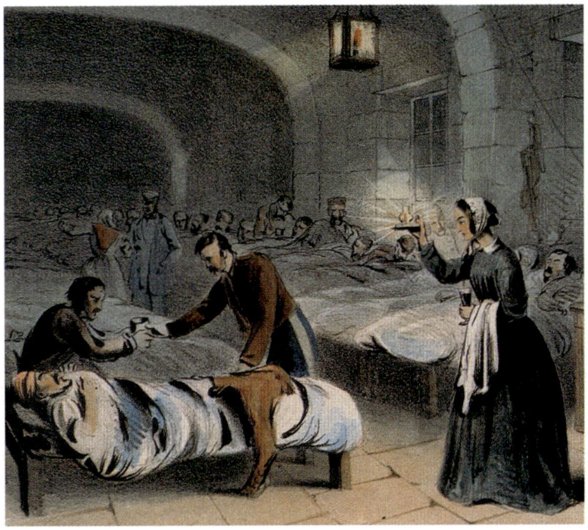

FELDLAZARETTE

Im Krimkrieg starben mehr Soldaten an Infektionskrankheiten als an ihren Verwundungen. Die medizinische Versorgung war katastrophal, Hygiene unbekannt, Amputationen wurden ohne Narkose durchgeführt. 1855 kam die englische Krankenpflegerin Florence Nightingale mit einer Hand voll Krankenschwestern im türkischen Skutari an. Gegen alle Widerstände führte sie Hygienemaßnahmen ein und errichtete das erste funktionierende Militärhospital. Sie war eine Wegbereiterin der modernen Krankenpflege.

Das Ende des chinesischen Kaiserreichs

In den letzten 268 Jahren des chinesischen Kaiserreichs regierten die Mandschu, mongolische Fremdherrscher. China erlebte in den ersten 150 Jahren der Mandschu- oder Qing-Dynastie (1644–1912) eine Glanzzeit. Die Kaiser Kangxi (1662–1722) und Qianlong (1736–1795) waren aufgeklärte Herrscher, die die chinesische Kunst und Kultur förderten und den Staatsdienst aufrechterhielten. Sie fürchteten allerdings auch, dass Veränderungen zu einem Aufstand führen könnten, und hielten daher an veralteten Traditionen fest. Erstmals in der Geschichte fiel China in seiner technischen Entwicklung hinter andere Länder zurück. Großbritannien, Frankreich, Russland und später auch Japan pressten der geschwächten Qing-Regierung Handelskonzessionen ab. 1839 versuchte ein chinesischer Beamter in Kanton, die Einfuhr von Opium zu unterbinden, das englische Schiffe als Tauschware gegen Tee aus Indien ins Land brachten. Es kam zum Ersten Opiumkrieg und schließlich zu einem Friedensschluss, in dem China Hongkong an England abtreten und größere Handelsrechte gewähren musste. Bald setzten Russland, Japan, Deutschland und die USA ähnliche Verträge durch, während Frankreich sich im benachbarten Indochina festsetzte. Nach dem Boxeraufstand von 1900 war China in Interessensphären der Großmächte aufgeteilt.

WEISER HERRSCHER
Der zweite Qing-Kaiser, Kangxi, festigte die Herrschaft der Mandschu in China. Er war ein weiser Herrscher, der die chinesische Kultur respektierte. Kangxi nahm auch chinesische Gelehrte in den Staatsdienst auf und gewann so Sympathien.

KUNSTGÖNNER
Kangxis Enkel Qianlong regierte lange und erfolgreich. Er war ein großer Liebhaber und Förderer der chinesischen Kunst. In seinem Palast sammelte er viele Bilder und Kunstgegenstände wie diesen Elefanten.

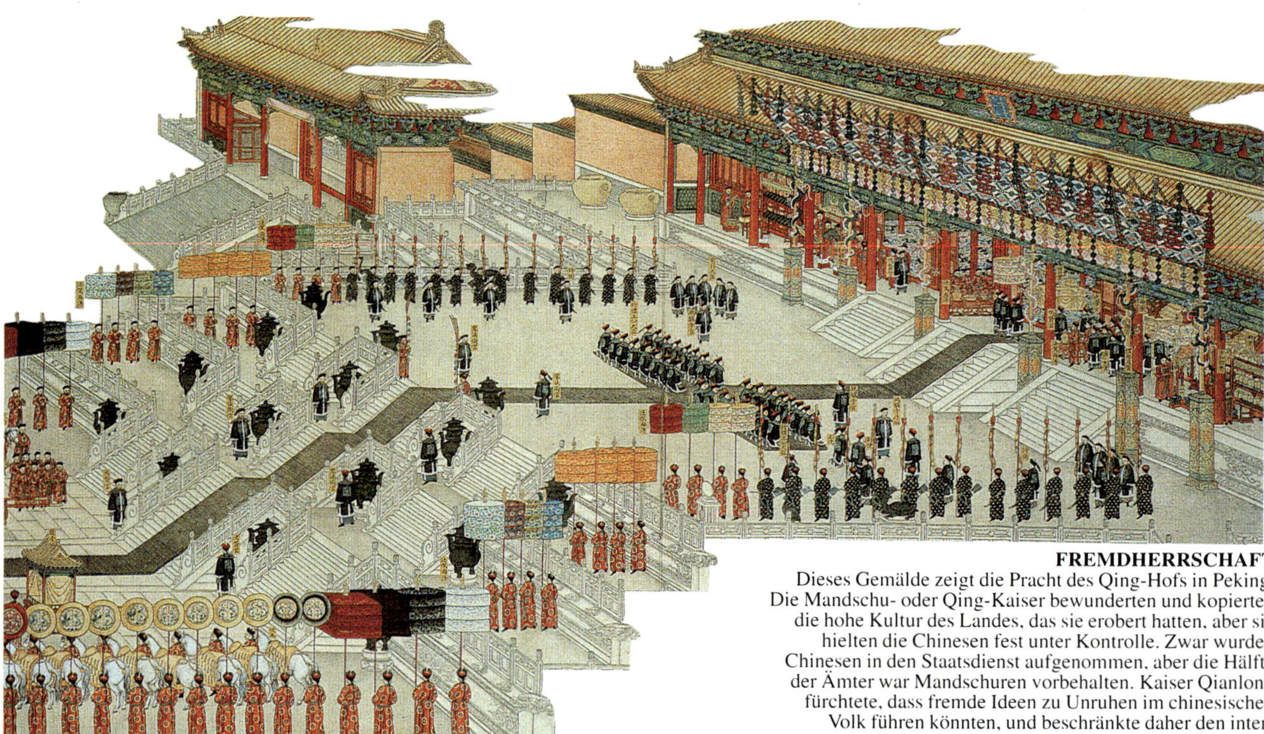

FREMDHERRSCHAFT
Dieses Gemälde zeigt die Pracht des Qing-Hofs in Peking. Die Mandschu- oder Qing-Kaiser bewunderten und kopierten die hohe Kultur des Landes, das sie erobert hatten, aber sie hielten die Chinesen fest unter Kontrolle. Zwar wurden Chinesen in den Staatsdienst aufgenommen, aber die Hälfte der Ämter war Mandschuren vorbehalten. Kaiser Qianlong fürchtete, dass fremde Ideen zu Unruhen im chinesischen Volk führen könnten, und beschränkte daher den internationalen Handel.

Boxer-Rebellen

BOXERAUFSTAND
Die „Boxer", der chinesische Geheimbund der „Faustkämpfer für Recht und Einigkeit", richteten sich gegen Missionare und ausländische Geschäftsleute. Ein Aufstand 1900 in Peking wurde von einer internationalen Streitmacht niedergeschlagen.

MIT ALLEN MITTELN
Dieses ungemein kostbare Zepter schenkten die Franzosen Kaiser Qianlong. Die europäischen Großmächte kämpften mit allen Mitteln um Marktanteile und Territorien in China. Frankreich nahm 1887 Vietnam, Laos und Kambodscha ein, ehemals von China abhängige Länder.

DER OPIUMKRIEG
1839 versuchte Kommissar Li Zexu, in der Hafenstadt Kanton den Opiumhandel zu unterbinden. Doch die Engländer schickten Kanonenboote. Nach längeren Kämpfen musste die Mandschu-Regierung 1842 Frieden schließen und mehrere Häfen für den europäischen Handel freigeben. Außerdem ging die Insel Hongkong an England. Wenig später musste China auch an Frankreich und Russland Geld zahlen und Land abtreten.

Knauf in Form eines heiligen Pilzes

Das Zepter ist mit Edelsteinen besetzt.

DROGENHANDEL
Die Qing-Kaiser verboten den Opiumhandel, als die Engländer die Droge in gewaltigen Mengen auf den Markt brachten. Die Briten tauschten Opium aus Indien gegen Tee und Luxusgüter, weil in China kein Markt für britische Erzeugnisse bestand.

Opiumpfeife (19. Jh.)

Qing-Glückwunschsymbole

DER LETZTE KAISER
Puyi (1909–1912) kam im Alter von drei Jahren auf den Thron. Drei Jahre später riefen Revolutionäre die Republik aus und zwangen ihn zur Abdankung. Er durfte weiter in der Verbotenen Stadt leben, doch die Bedingungen wurden härter. 1924 floh Puyi in eine japanische Kolonie. Als die Japaner 1931 in die Mandschurei einmarschierten, setzten sie Puyi als Marionettenkaiser ein. Nach dem 2. Weltkrieg wurde er in China verhaftet. 1959 ließ man ihn frei, seine letzten Jahre verbrachte er in Peking.

Der Schwarze Erdteil

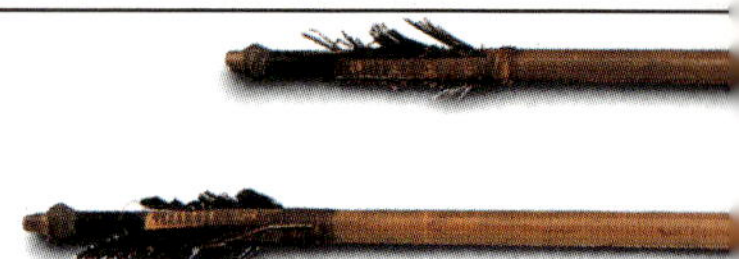

Für die Europäer war Afrika bis ins 19. Jahrhundert der geheimnisvolle Schwarze Erdteil. Während Seefahrer Karten der Ozeane anlegten und Entdecker andere Kontinente erforschten, blieb das Innere Afrikas unbekannt. Denn zu viele Gefahren lauerten dort: Tropenkrankheiten, die für Europäer tödlich verliefen, wilde Tiere wie Löwen und Krokodile und kriegerische afrikanische Stämme, die sich durch die weißen Eindringlinge bedroht fühlten. Seit der Mitte des 19. Jahrhunderts aber wurden die Geheimnisse Afrikas langsam gelüftet. Jetzt konnte die Medizin die schlimmsten Tropenkrankheiten heilen, und mit modernen Gewehren konnte man auch große Wildtiere erlegen und die „Eingeborenen“ in Schach halten. Einige Entdecker zogen entlang der Wasserläufe ins Landesinnere, wo sie die großen Seen und die Quellen des Nils entdeckten. Andere durchquerten die weiten Ebenen Afrikas. Wieder andere drangen als Missionare tief in den Urwald vor.

„DR. LIVINGSTONE, NEHME ICH AN?“
So begrüßte der amerikanische Journalist Henry Stanley David Livingstone, als er ihn nach langer Suche 1871 im Dorf Udschidschi am Tanganjikasee fand. Seit 1866 war der Missionar, Forscher und Kämpfer gegen den Sklavenhandel verschollen gewesen.

JOHN HANNING SPEKE
Speke unternahm mehrere Expeditionen durch Ostafrika. 1858 erreichte er mit Richard Burton den Tanganjikasee. Er zog allein weiter und entdeckte den Viktoriasee. 1862 kehrte er zurück, um zu beweisen, dass der Nil aus dem Viktoriasee entspringt.

PROTOTYP DES TROPENHUTS
Diesen Hut trug Stanley, als er Livingstone suchte. Viele Afrikaforscher trugen solche Hüte zum Schutz vor der Tropensonne.

FLORA UND FAUNA
Speke interessierte sich auch für Pflanzen und Tiere, beschrieb und zeichnete sie. Hier sind einige Zeichnungen von Nashörnern zu sehen.

Das Weiße Nashorn ist heute vom Aussterben bedroht.

MASKERADE
Der englische Offizier Sir Richard Burton sprach Arabisch und 28 weitere Sprachen. Als Araber verkleidet, reiste er durch das unerforschte Südasien und Ostafrika. Auch in Zentralafrika und Südamerika machte er viele Entdeckungen.

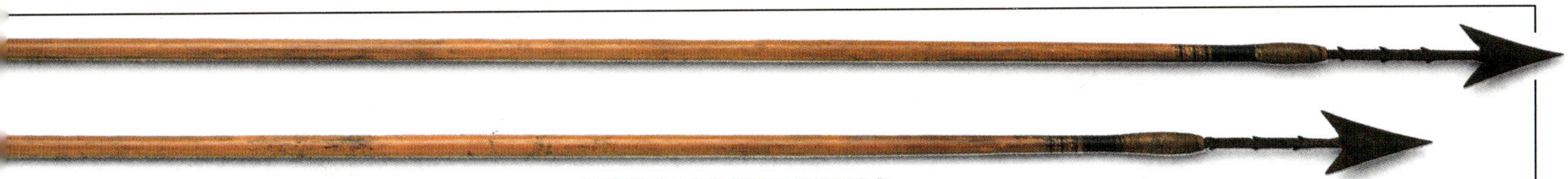

PFEILE AUS DEM KONGO
Diese tödlichen Pfeile schossen Pygmäen auf Livingstones Boot, als er den Sambesi befuhr.

ACHTUNG: FLUSSPFERDE!
Wie andere Entdecker war auch Livingstone viel mit dem Boot unterwegs, weil er zu Wasser schneller vorankam. Aber Flussfahrten waren auch gefährlich. Als ein Flusspferd eines seiner Boote umstieß, gingen viele Ausrüstungsgegenstände verloren.

Livingstones Kompass

Livingstones Lupe

Livingstones Federhalter

LIVINGSTONES BLAUE MÜTZE
Diese Mütze trug Livingstone, als Stanley ihn fand. Livingstone liebte das „Vergnügen, in einem wilden, unerforschten Land zu reisen“. Er blieb auch nach seiner Begegnung mit Stanley am Tanganjikasee, bis er 1873 an Malaria starb.

LANDKARTE DER FANTASIE
Descaliers Karte stammt aus dem 16. Jh. Afrika war bereits ganz umsegelt. Die Küste ist ziemlich genau wiedergegeben. Aber das unbekannte Innere des Kontinents hat der Zeichner mit seiner Fantasie ausgefüllt: Die Quelle des Nils wurde erst 300 Jahre später entdeckt.

GROSSER KNALL
Dieses Elefantengewehr gehörte Samuel Baker, dem späteren Gouverneur des Sudans, der mit seiner Frau viele Reisen nach Afrika machte, um die Nilquelle zu entdecken. 1864 entdeckte er den Albertsee.

Die Kolonialreiche

Gegen Ende des 19. Jahrhunderts kam es zwischen den europäischen Mächten zu einem Wettlauf um die Aufteilung des gesamten Globus. Das größte Kolonialreich in Asien und Ozeanien besaß Großbritannien mit dem „Kronjuwel“ Indien und beherrschendem Einfluss in Südchina wie in Persien. Dazu kamen die eng mit dem Mutterland verbundenen Siedlungskolonien Australien und Neuseeland. In Afrika beherrschten die Briten fast den gesamten Osten von Ägypten mit dem Suezkanal als Nadelöhr auf dem Seeweg nach Indien über den Sudan und Kenia bis hinunter nach Südafrika. Die Franzosen dagegen waren die wichtigste Kolonialmacht in Westafrika von Algerien und Marokko bis zum Golf von Guinea; in Asien war ihnen das reiche Indochina zugefallen. Als eine der jüngsten unter den Kolonialmächten konnte sich das Deutsche Reich noch einige große Kolonien in Afrika sichern wie Kamerun und Tanganjika (heute Tansania); es setzte sich auch in China (Tsingtau) fest und hatte sein eigenes Gebiet im Pazifik. Von strategisch größerer Bedeutung war für Deutschland freilich sein wachsender Einfluss auf das Osmanische Reich. Für Italien blieb noch das Wüstenland Libyen, Somalia und, als Einflusszone, Äthiopien (Abessinien). Russland wiederum kolonisierte die Länder des Kaukasus und Innerasiens. Die nordchinesische Mandschurei musste es nach seiner Niederlage gegen Japan 1905 an die Japaner abtreten, die sich nun anschickten, ebenfalls zur Kolonialmacht zu werden. Mit Indonesien besaßen die Niederländer, deren Einfluss in Asien seit dem 16. Jahrhundert von den Briten zurückgedrängt worden war, immer noch eine Kolonie, deren Bevölkerung um ein Vielfaches größer war als die eigene. Die benachbarten Philippinen fielen 1898 von Spanien an die USA, die ihren Einfluss auf den Pazifik auszudehnen begannen. Als letzte koloniale Landnahme der Europäer erbeutete der belgische König, praktisch als Privatbesitz, den riesigen Kongo im Herzen Afrikas.

CECIL RHODES
Rhodes (1853–1902) ist der Prototyp eines imperialistischen Politikers. Er wusste die Landnahme im südlichen Afrika (nach ihm wurde die Kolonie Rhodesien benannt) für Großbritannien mit seinen eigenen Interessen im Diamantengeschäft gut zu verbinden.

ASKARI
Askari hießen die schwarzen Hilfstruppen der deutschen Kolonialstreitmacht in Ostafrika. Dieses Foto stammt aus dem 1. Weltkrieg, in dem die Askari an der Seite der Deutschen gegen die Briten kämpften.

DIE KOLONIALREICHE UM 1914

1 GROSSBRITANNIEN
- 1a Kanada (Dominion mit Selbstverwaltung)
- 1b Britisch-Honduras
- 1c Jamaika
- 1d Britisch-Guayana
- 1e Britisch-Ostafrika (Ägypten, Sudan, Kenia)
- 1f Goldküste (heute: Ghana)
- 1g Nigeria
- 1h Britisch-Südafrikanische Union, Nord- und Südrhodesien und andere)
- 1i Britisch-Somaliland
- 1j Britisch-Westafrika (Gambia und Sierra Leone)
- 1k Aden
- 1l Britisch-Indien
- 1m Malaya

SPANISCH-AMERIKANISCHER KRIEG 1898
Das Bild zeigt die Landung amerikanischer Soldaten auf Kuba, wo die Amerikaner die spanische Herrschaft beendeten. Offiziell unabhängig, blieb Kuba danach de facto ein amerikanisches Protektorat.

BAHNHOF DER BAGDADBAHN
1903 begann die Türkei mit deutscher Hilfe den Bau einer über 3000 km langen Bahnlinie von Anatolien bis Bagdad. Vor allem die Briten betrachteten die Ausdehnung des deutschen Einflusses in den ölreichen Irak mit großem Misstrauen.

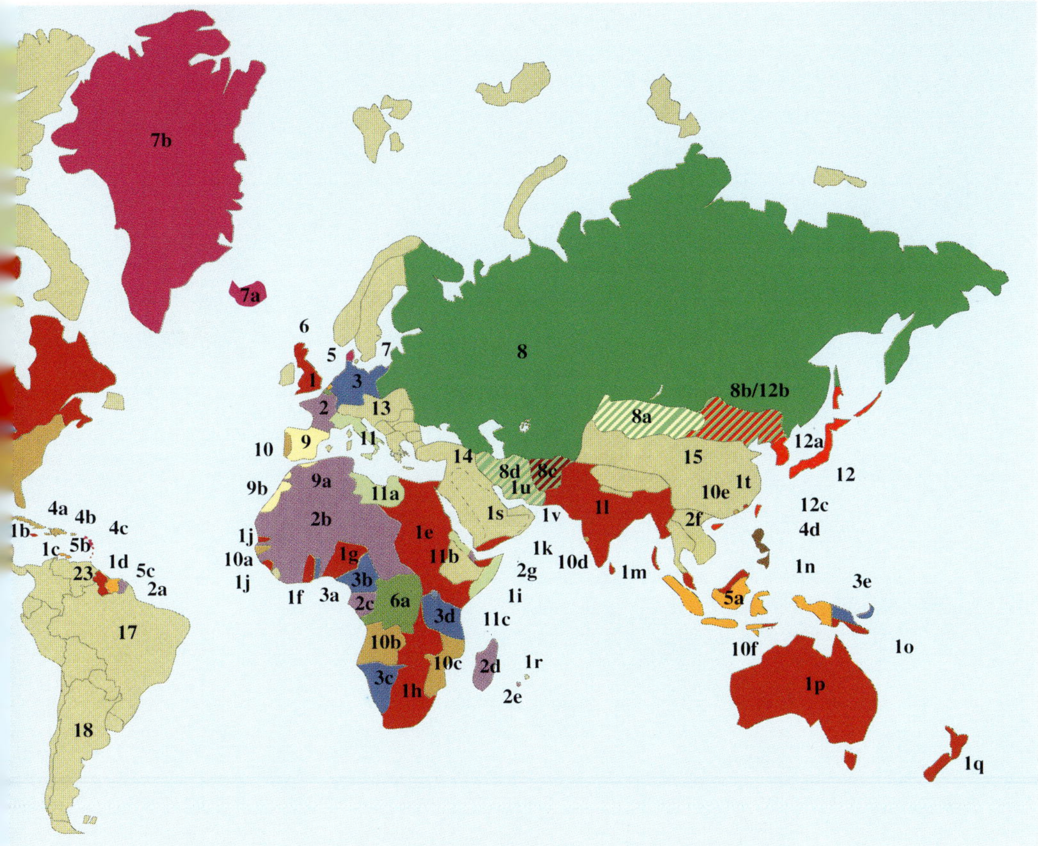

AUFTEILUNG DER WELT
Die Karte veranschaulicht, dass gerade einmal ein Dutzend Kolonialnationen am Vorabend des 1. Weltkriegs die Erde unter sich aufgeteilt hatten.

1n Britische Besitzungen auf Borneo
1o Britisch-Neuguinea
1p Australien (Dominion mit Selbstverwaltung)
1q Neuseeland (Dominion mit Selbstverwaltung)
1r Mauritius
1s Piratenküste
1t Hongkong
1u Süd-Persien (brit. Einflussgebiet)
1v Afghanistan (brit. und russ. Einflussgebiet)

2 FRANKREICH
2a Französisch-Guayana
2b Französisch-Westafrika
2c Französisch-Äquatorialafrika
2d Madagaskar
2e Réunion
2f Französisch-Indochina
2g Französisch-Somaliland

3 DEUTSCHES REICH
3a Togo
3b Kamerun
3c Deutsch-Südwestafrika
3d Deutsch-Ostafrika
3e Kaiser-Wilhelm-Land und Bismarck-Archipel

4 VEREINIGTE STAATEN VON AMERIKA
4a Kuba
4b Haiti
4c Puerto Rico
4d Philippinen

5 NIEDERLANDE
5a Niederländisch-Indien (Borneo)
5b Niederländische Antillen
5c Niederländisch-Guayana

6 Belgien
6a Belgisch-Kongo

7 DÄNEMARK
7a Island
7b Grönland

8 RUSSISCHES REICH
8a Mongolei (russ. Einflussgebiet)
8b Mandschurei (russ. und jap. Einflussgebiet in China)
8c Afghanistan (russ. und brit. Einflussgebiet)
8d Nord-Persien (russ. Einflussgebiet)

9 SPANIEN
9a Spanisch-Marokko
9b Rio de Oro

10 PORTUGAL
10a Portugiesisch-Guinea
10b Angola
10c Portugiesisch-Ostafrika (Mozambik)
10d Goa
10e Macao
10f Osttimor

11 ITALIEN
11a Libyen
11b Eritrea
11c Italienisch-Somaliland

12 JAPAN
12a Korea
12b Mandschurei (jap. und russ. Einflussgebiet in China)
12c Formosa (jap. Außenbesitzung)

13 ÖSTERREICH-UNGARN
(mit annektierten Balkangebieten)

14 OSMANISCHES REICH

15 CHINA
(mit kolonialen Einflusssphären Englands, Frankreichs, der USA, Deutschlands, Russlands und Japans)

16 MEXIKO
(unter starkem US-Einfluss)

17 BRASILIEN
(europ. und US-Einfluss)

18 ARGENTINIEN
(v.a. brit. Einfluss)

Zum Nordpol

Bei der Entdeckung der Polregionen ging es nicht um die Erschließung neuer Kolonialterritorien; dennoch war der Wettlauf zu den Polen stets auch eine Frage des nationalen Prestiges. Die unwirtliche und gefährliche Arktis war das Ziel vieler Expeditionen im 19. Jahrhundert. Marineoffiziere führten sie an, kartierten das Zielgebiet und machten Aufzeichnungen. Ihre stabil gebauten Schiffe hielten dem Druck des Eises stand und waren mit Vorräten für mehrere Jahre voll gepackt. Die Mannschaften sammelten Gesteinsproben und beobachteten die Tierwelt. Oft gingen sie dazu auf den öden Inseln an Land. 1909 erreichte der arktiserfahrene amerikanische Marineoffizier Robert Peary als Erster den Nordpol.

SIEGER AM POL
„Endlich am Pol!", schrieb Peary in sein Tagebuch. „Mein Traum und Ziel der letzten 20 Jahre ist erreicht." Am späten Nachmittag des 6. April 1909 langte Robert Peary mit seinen Leuten nach einem Kräfte zehrenden Marsch am Nordpol an, der inmitten einer riesigen Eismasse im Polarmeer liegt. Begleitet hatten ihn sein Freund Matthew Henson und vier Inuit: Ooqueah, Ootah, Egingwah und Seegloo.

KLEIDUNG AUS SEEHUNDFELL
Anfangs trugen die Europäer in der Arktis noch Kleidung aus Wolle, die nicht ausreichend gegen die Kälte schützte. Später ließen sie sich Kleidung wie die Inuit machen: Kapuzen und Handschuhe aus Seehundfell hielten die beißenden Winde ab und retteten viele vor Erfrierungen.

Acht-Mann-Zelt

Gestell zum Eissägen

ARKTIS-TRANSPORTER
Polarforscher müssen Lebensmittel und Ausrüstung über Schnee und Eis transportieren. Für die schwere Fracht eignen sich stabile und große Transportschlitten, die aber so leicht sein müssen, dass Männer und Hundegespann sie über Berg und Tal ziehen können.

Kapuze aus Seehundfell

Handschuhe aus Seehundfell

This Boat is left for Captain Parry and his party on their return from attempting to reach the North Pole.

It is particularly requested that she may not be removed; as they will probably be much in want of her.

HM Ship Hecla, May 15th 1827.

NACHRICHT IM EWIGEN EIS
Als es noch keine Funkverbindungen gab, waren die Expeditionen oft monatelang von der Zivilisation abgeschnitten. 1827 brachen William Parry und seine Begleiter von ihrem Schiff *Hecla* zum Nordpol auf. Dieser Zettel sollte verhindern, dass andere das herrenlose Schiff mitnahmen.

TRANSPORTSCHLITTEN
Es war mühsam, die beladenen Schlitten zu ziehen. Die Männer teilten sich die Aufgabe mit Huskys (Schlittenhunden).

Teekessel

Kochgeschirr

Spirituskocher

Die Ladung ist in eine Segeltuchplane eingepackt.

Netz für zusätzliches Gepäck

Spitzhacke

Schneeschaufel

Landvermesser

Wettlauf zum Südpol

Im Jahr 1910 unternahm der Brite Robert Scott (1868–1912) seine zweite Antarktisexpedition. Neben dem Ziel, den Wettlauf zum Südpol zu gewinnen, verfolgte er wissenschaftliche Interessen. Auf Motorschlitten, mit Hunden und Ponys und schließlich mit von ihnen selbst gezogenen Schlitten kämpften sich Scott und seine Begleiter Wilson, Bowers, Oates und Evans durch unwegsames Gelände zum Südpol. Dort flatterte allerdings seit dem 14. Dezember 1911 die norwegische Flagge: Roald Amundsen hatte den Südpol als Erster erreicht. Auf dem Rückweg wurde das Wetter schlechter, Hunger und Kälte schwächten die Männer, und keiner überlebte. Sie verloren den Wettlauf und ihr Leben, ihre wissenschaftlichen Erkenntnisse aber waren ein Markstein in der Antarktisforschung.

NÄHZEUG
Dieses Nähzeug gehörte Dr. Wilson aus Scotts glückloser zweiter Expedition von 1910 bis 1912. Kleidungsstücke aus Baumwolle und Segeltuch mussten unter den harten Bedingungen immer in Schuss gehalten werden.

Kleines, leichtes Reiseset

Ein Spiegel an der Seite wirft Licht in das Gerät.

Eine Lupe vergrößert das Bild im Gerät.

Stativschraube

SPANNUNGSGELADEN
Mit diesem Elektrometer konnte Scott in der Antarktis winzige Schwankungen der atmosphärischen Elektrizität messen. Wenn Erde und Atmosphäre unterschiedlich elektrisch geladen waren, bewegte sich ein kleiner Spiegel im Gerät. Diese Bewegung konnte mithilfe eines feinen Fadens registriert werden.

BASISLAGER
An diesem Tisch in seiner Hütte im Basislager schrieb Scott sein Tagebuch, Briefe und Berichte, studierte Landkarten und plante seinen Weg zum Pol. Extreme Kälte und trockene Luft haben die Hütte im Zustand von 1910 erhalten.

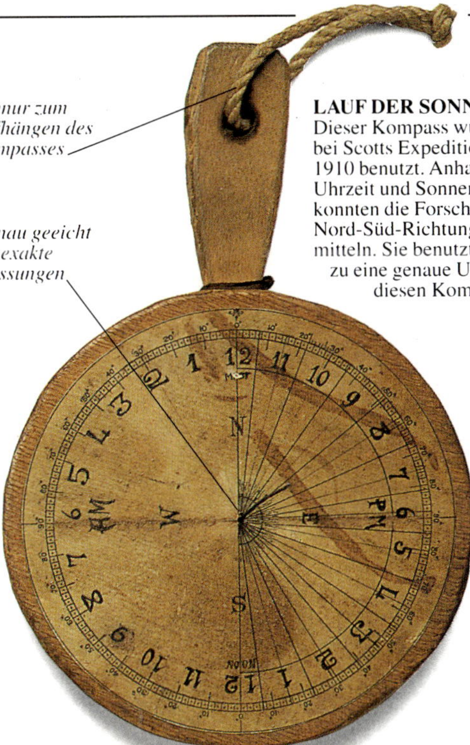

Schnur zum Aufhängen des Kompasses

Genau geeicht für exakte Messungen

LAUF DER SONNE
Dieser Kompass wurde bei Scotts Expedition von 1910 benutzt. Anhand von Uhrzeit und Sonnenstand konnten die Forscher die Nord-Süd-Richtung ermitteln. Sie benutzten dazu eine genaue Uhr und diesen Kompass.

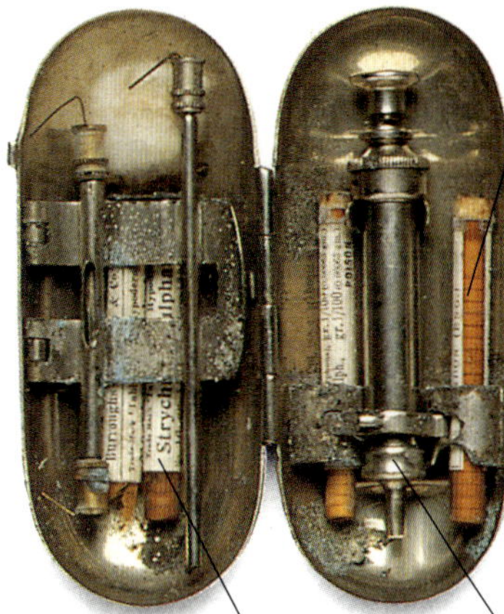

TASCHEN-LAZARETT
Jede Polarexpedition hatte eine medizinische Grundausrüstung. Verletzungen und Erfrierungen mussten schnell behandelt werden.

Schmerzmittel wie Morphium und Kokain

Gifte wie Strychnin wurden für medizinische Zwecke benutzt.

Spritze zur Verabreichung genauer Medizindosen

NEULAND
Mit der *Terra Nova*, einem ehemaligen schottischen Walfänger, brach Scott zu seiner letzten Expedition in die Antarktis auf. Auf der Ross-Insel schlug er sein Basislager auf.

Das hauptsächlich aus Messing hergestellte Instrument wird nicht vom Magnetfeld beeinflusst.

LETZTES LAGER
Dieser Grabhügel bedeckt die Leichname von Scott, Wilson und Bowers. Sie starben, völlig erschöpft vom Transport ihrer Ausrüstung und 15 kg schwerer geologischer Funde, nur 18 km vom rettenden Depot entfernt.

Der Sieger

Der Norweger Roald Amundsen (1872–1928) wählte einen anderen Weg zum Südpol als Scott. Er begann seine Reise näher am Südpol und schlug sein Basislager bei Framheim auf dem Ross-Schelfeis auf. Seine Expedition war besser vorbereitet und besser organisiert für einen schnellen Marsch. Seine Männer waren hervorragende Skiläufer und Navigatoren. Sie benutzten Hunde als Zugtiere und später auch als Notproviant. Außerdem hatten sie mehr Nahrung dabei.

FLAGGE IM WIND
Amundsen brach am 20. Oktober 1911 über den zuvor völlig unerforschten Axel-Heiberg-Gletscher zum Südpol auf. Er erreichte den Pol am 14. Dezember, über einen Monat vor Scott. Amundsen unternahm weitere Polarexpeditionen und überflog 1926 mit dem Luftschiff *Norge* den Nordpol. 1928 kehrte er von einer Rettungsexpedition nicht wieder zurück.

Luxusdampfer

Die Weiterentwicklung der Dampfschiffe Ende des 19. Jahrhunderts machte es möglich, schneller als je zuvor von einem Erdteil zum anderen zu reisen. Riesendampfer wurden gebaut, die Tausende von Passagieren über die Meere befördern konnten. Ein regelmäßiger Linienverkehr wurde eingerichtet. Die ersten Jahrzehnte des 20. Jahrhunderts waren das goldene Zeitalter der großen Liniendampfer. Den Erste-Klasse-Passagieren boten die Dampfer einen Luxus, der sich mit dem der besten Hotels an Land messen konnte. Die großen Reedereien und Schifffahrtsnationen wetteiferten um das „Blaue Band“, die Trophäe für die schnellste Überfahrt über den Atlantik. Am erfolgreichsten war darin die britische Cunard Line. Die großen Dampfer dienten auch dem nationalen Prestige: Jede Nation wollte das größte, schnellste, prachtvollste Schiff besitzen.

DEUTSCHER CHAMPION
Dem Turbinendampfer *Bremen* der Linie Norddeutscher Lloyd gelang es auf seiner Jungfernfahrt 1929, der *Mauretania* der Cunard Line nach 20 Jahren das „Blaue Band“ zu entreißen.

SCHIFFSCAFÉ
Das Foto zeigt das Promenadendeck-Café auf der *Empress of Australia* der Canadian Pacific Line (1930er Jahre).

BADESPASS
Die *Olympic* (1911), das Schwesterschiff der *Titanic*, war der erste Dampfer mit Swimmingpool unter Deck. Später besaßen die Luxusliner meist Hallen- und Freibäder.

RIESENPUZZLE
Mit diesem Holzpuzzle wollte die Cunard Line die gewaltige Größe ihrer *Queen Mary* verdeutlichen. Der Londoner Trafalgar Square nimmt sich neben ihr klein aus. 1935 war die *Queen Mary* das größte Schiff der Welt. Sie war 310 m lang, 36 m breit, hatte einen Tiefgang von fast 12 m und bot 2000 Fahrgästen Platz. Über 10 Mio. Nieten wurden in ihrem Rumpf verarbeitet und 16 km Teppich verlegt. Heute dient der Riesendampfer an einem Pier im kalifornischen Long Beach als Museum und Hotel.

FEST-STIMMUNG
Wenn ein großer Dampfer ablegte, hielten die Fahrgäste oft das eine Ende einer Luftschlange, Freunde am Kai das andere in der Hand, bis sie riss.

AUF DEM TELLER
Dieser Wandteller erinnert an den Stapellauf der *Lusitania* (1906). Das Schwesterschiff der *Mauretania* war „schöner als Salomons Tempel und groß genug, seinen Harem zu beherbergen". 1915 wurde sie von einem deutschen U-Boot versenkt, wobei 1198 Menschen ums Leben kamen.

WERBUNG
Mit solchen Plakaten warben Schifffahrtsgesellschaften für ihre Dampfer. Dieses zeigt die *Aquitania* im New Yorker Hafen.

ATLANTIKLINER
Die *Mauretania* war von 1907 bis 1929 Trägerin des „Blauen Bandes" und damit das schnellste Transatlantik-Passagierschiff. In 25 Jahren Dienstzeit überquerte die „große alte Dame des Atlantiks" 538-mal den Ozean. Das 376-köpfige Hotelpersonal kümmerte sich um 560 Passagiere 1., 475 2. und 1300 3. Klasse. 366 Besatzungsangehörige waren für Schiff und Maschinen zuständig.

STREICHHÖLZER
Die White Star Line nutzte jede Gelegenheit zur Eigenwerbung. So verkaufte sie auch Streichhölzer mit ihrem Logo. Diese Schachtel wurde mit noch immer lesbarer Aufschrift vom Meeresgrund geborgen.

Reisen 3. Klasse

In der Nacht vom 14. auf den 15. April 1912 sinkt der britische Luxusdampfer *Titanic*. Die meisten der Opfer, die die Katastrophe unter den 1324 Passagieren fordert, sind Passagiere der 3. Klasse. Diese wirklich internationale Mischung von Menschen kam aus ganz Europa und war auf dem Weg in ein neues Leben in Amerika. Mehr als 100 der Passagiere der 3. Klasse waren Iren, die ihr von Unruhen heimgesuchtes Land über Queenstown, den traditionellen Hafen der Auswanderer, verlassen hatten. Viele waren niemals zuvor auf See gewesen, kaum einer hatte nennenswerte Habseligkeiten, und alle verließen Europa mit gemischten Gefühlen – Bedauern, dass sie ihre Heimat und ihre Lieben verlassen mussten, und gespannte Vorfreude auf das, was sie in der Neuen Welt erwartete. 220 Kabinen an Bord beherbergten Familien, während Einzelpersonen nach Geschlechtern getrennt untergebracht waren: Frauen in Kabinen im Heck, Männer in einem großen Schlafsaal im Bug.

DIE AUFENTHALTSRÄUME
Mit Kiefernholz getäfelt und mit stabilen Bänken, Tischen und Stühlen ausgestattet, waren der Aufenthaltsraum sowie das Raucherzimmer die Gemeinschaftsräume, die den Passagieren der 3. Klasse zugänglich waren. Hier unterhielten sie sich, spielten Gesellschaftsspiele, lasen und rauchten. An den Abenden wurde gesungen und getanzt.

Robuste Bänke aus Teakholzlatten

„Wir waren Auswanderer, meine Eltern hatte eine Kneipe in London ... wir wollten nach Kansas, wo mein Vater einen Tabakladen kaufen wollte."

MILLVINA DEAN

Diese Lederreisetasche wurde aus dem Wrack der Titanic *geborgen und restauriert.*

ALLES IN EINER TASCHE
Anders als die Passagiere der 1. und 2. Klasse reisten die der 3. Klasse mit leichtem Gepäck, denn sie besaßen kaum etwas.

AN DECK
Vom Wind gepeitscht und vom Rauch aus den Schornsteinen eingehüllt, boten die den Passagieren der 3. Klasse zugewiesenen Achterdecks dennoch eine willkommene Abwechslung zu den überfüllten Kabinen und Speisezimmern unten im Schiff. Als die *Titanic* Queenstown verließ, spielte Eugene Daly auf dem Achterdeck zum Abschied auf seinem Dudelsack eine irische Volksweise.

THIRD CLASS.
TABLE TICKET, FIRST SITTING.
TREDJE KLASS BORDSBILJETT. Första Servering.
D[illegible]TE KLASSE TISCH KARTE. Erste Servierung.
KOLMANNEN LUOKAN PÖYTÄ PILETTI. Ensimmäinen Tarjous

IM WECHSEL
Um alle im Speisesaal verköstigen zu können, der nur für 473 Menschen Platz bot, mussten die Passagiere der 3. Klasse in Schichten essen. Sie erhielten ein Ticket, auf dem die Essenszeiten angegeben waren. Wer seine Zeit verpasste, musste hungern.

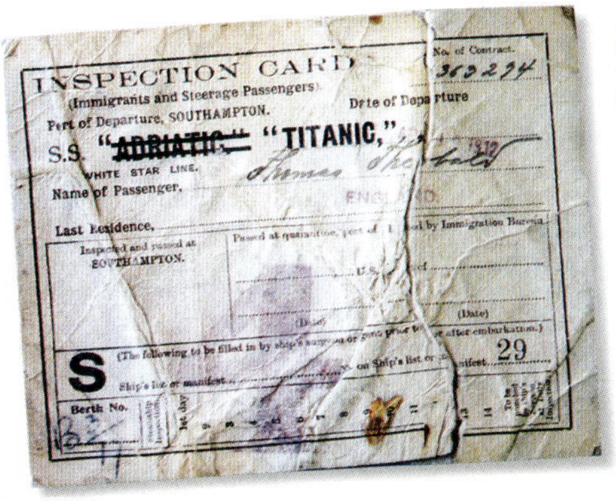

INSPECTION CARD
(Immigrants and Steerage Passengers).
Port of Departure, SOUTHAMPTON.
No. of Contract. 363294
Date of Departure 1912
S.S. "~~ADRIATIC~~" "TITANIC,"
WHITE STAR LINE.
Name of Passenger, Thomas Theobald
Last Residence, ENGLAND
Inspected and passed at SOUTHAMPTON.
Passed at quarantine, port of ... by Immigration Bureau
(Date) (Date)
S (The following to be filled in by ship's surgeon or agent prior to or after embarkation.)
Ship's list or manifest ... on Ship's list or manifest 29
Berth No.

KONTROLLKARTE
Jeder Auswanderer erhielt eine grüne Kontrollkarte, auf der Ausreiseort (Southampton, Cherbourg oder Queenstown) und das Land des letzten Wohnsitzes vermerkt waren. Dieses Dokument sollte den Einwanderungsbehörden in New York die Arbeit erleichtern. Thomas Theobalds Kontrollkarte (links) zeigt, dass er von der *Adriatic* auf die *Titanic* umgebucht worden war. Das kostete ihn das Leben.

DIE FAMILIE GOODWIN
Wie viele andere große Familien wollten Frederick und Augusta Goodwin mit ihren sechs Kindern (Baby Sidney nicht auf dem Foto) von London nach Amerika auswandern. Sie gelangten zu spät zu den Booten und verloren alle ihr Leben.

Speisesaal

Vierbettkabine

ZWEI MONATSLÖHNE
Dieses Werbeplakat für die Überfahrt, die nie stattfand – die Rückreise der *Titanic* nach England –, zeigt, was ein Ticket 3. Klasse kostete: 36,25 Dollar, das entsprach für die meisten Passagiere der 3. Klasse zwei Monatslöhnen.

MANNESZIER
Die Anfang des 19. Jh.s so beliebten Bärte und Schnurrbärte erforderten eine aufwändige Pflege.

Schick der Belle Époque

Das erste Jahrzehnt des 20. Jahrhunderts, in Frankreich Belle Époque („schöne Zeit") genannt, war eine Zeit des Wandels. Während reiche Frauen sich in Paris mit der neuesten Mode eindeckten, sparten arme Leute ihre letzten Pfennige, um nach Amerika auszuwandern. Die Einwandererfrauen und -mädchen machten als billige Arbeitskräfte den Aufschwung der amerikanischen Textilindustrie möglich. Die Oberklasse trug luxuriöse Kleidung mit Federn, Spitzen und Perlen, die Mädchen der Arbeiter- und Mittelklasse mussten sich ihren Lebensunterhalt und ihre schlichten Kleider hart erarbeiten. Dabei dachten viele dieser jungen Frauen voller Sehnsucht an ein Gemälde von Charles Dana Gibson, das die amerikanischen Langhorne-Schwestern darstellte. Die „Gibson Girls" wurden weltbekannt als Sinnbild für den Glamour der Epoche und das Ideal des amerikanischen Mädchens.

EINKAUFSBUMMEL
In den vornehmen Warenhäusern zeigten Tag für Tag elegante Damen ihren Reichtum und ihre neueste Garderobe.

EXTRA-ÄRMEL
Ärmel wurden oft separat verkauft. Man konnte sie dann an verschiedene Kleidungsstücke heften.

SCHICK FÜRS BETT
Durch maschinelle Herstellung wurde Spitze billiger und zierte bald viele Kleidungsstücke, u.a. auch Nachtwäsche wie diese Bettjacke.

Silberkette mit Amethysten, kleinen Perlen und grünen Granatsteinen (in der Originalschatulle)

PERLEN
Zur Vervollständigung der eleganten Abendkleidung war Schmuck unerlässlich. Besonders beliebt waren Perlen und Schmuck in Insekten- und Blumenform.

Die zehn Perlenreihen dieses Halsbands werden von Silberspangen zusammengehalten.

JETSET
Die elegante Welt verbrachte im frühen 20. Jh. den Winter am liebsten in Monte Carlo oder anderen Mittelmeerbadeorten.

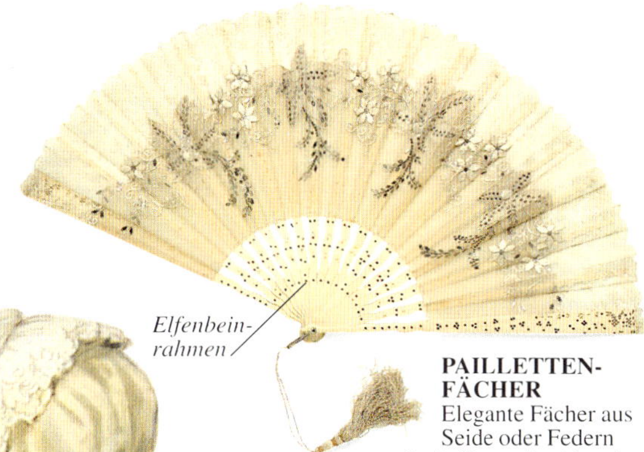

PAILLETTEN-FÄCHER Elegante Fächer aus Seide oder Federn vervollständigten die Abendgarderobe. Dieser Seidenfächer ist mit winzigen Pailletten bestickt.

OHNE BAUCH Seit 1902 diente das Korsett dazu, den Leib nach hinten zu drücken, sodass der Körper von der Seite die von der Mode diktierte S-Form beschrieb.

STRENGE ANMUT Diese Frauen tragen typische extravagante Abendkleider im Stil der Gibson Girls. Man erkennt deutlich die zu Beginn des 20. Jh.s moderne, seltsam verdrehte S-Form. Die Kleider bestanden oft aus zarten Stoffen, und die Dame von Welt zog sich mindestens viermal täglich um.

Das Telefon

Zu den technischen Neuerungen, die um die Wende des 19. zum 20. Jahrhundert den Alltag in den industrialisierten Ländern veränderten, gehörte das Telefon. Das Prinzip der Informationsvermittlung durch Elektrizität hatte sich bereits durch den Siegeszug der Telegrafie durchgesetzt, doch diese Technik war etwas von Grund auf Neues. Eine Vielzahl von Erfindern war daran beteiligt, das Telefon zu entwickeln und funktionstüchtig zu machen. Doch im Zeitalter des Nationalismus war es wichtig, einen bestimmten Erfinder möglichst aus der eigenen Nation dingfest zu machen. So stand für die Briten fest, dass das Telefon 1876 von Graham Bell erfunden wurde, während die Deutschen behaupteten, Philipp Reis sei ihm bereits 1861 zuvorgekommen (dessen elektrische Sprachübermittlung allerdings noch sehr unvollkommen war), und die Amerikaner fanden, ein brauchbares Telefon gebe es erst, seit ihr Thomas Alva Edison 1876 das Kohlenkörper-Mikrofon dazu entwickelt habe.

IM GESPRÄCH
Alexander Graham Bell (1847–1922) erfand das Telefon, nachdem er als Sprachlehrer mit Gehörlosen gearbeitet hatte. Hier führt er gerade das erste Telefongespräch – von New York nach Chicago.

EINE VERBINDUNG WIRD HERGESTELLT
Diese beiden Männer benutzen frühe Telefonapparate Edisons. Links erkennt man die heute noch übliche Form und rechts einen Apparat mit getrenntem Mikrofon und Lautsprecherteil. Alle Verbindungen wurden von der Vermittlung hergestellt.

ALLES IN EINEM
Die ersten Telefone, darunter auch Bells *Box-Telephone* von 1876/77, hatten ein trompetenförmiges Mikrofon, das gleichzeitig als Lautsprecher diente. Wenn man in das Mikrofon sprach, wurden die Schallwellen über eine Membran in elektrische Impulse umgewandelt. Beim Empfänger lief der Vorgang umgekehrt ab.

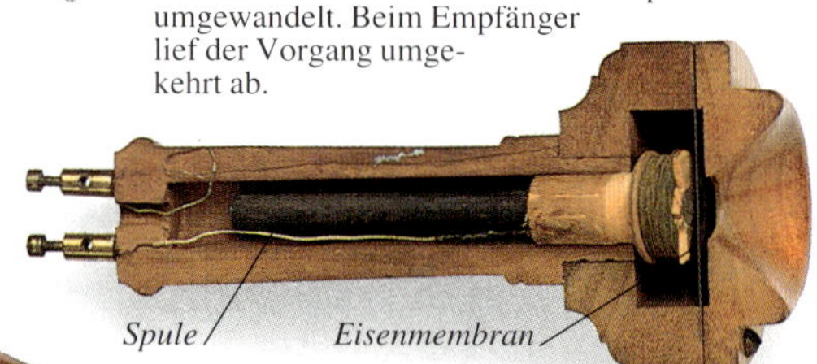

HÖRER
In diesem Hörer von 1878 erzeugte eine eiserne Membran die Schallwellen. Elektrischer Strom, der durch eine Spule floss, versetzte sie in Schwingung.

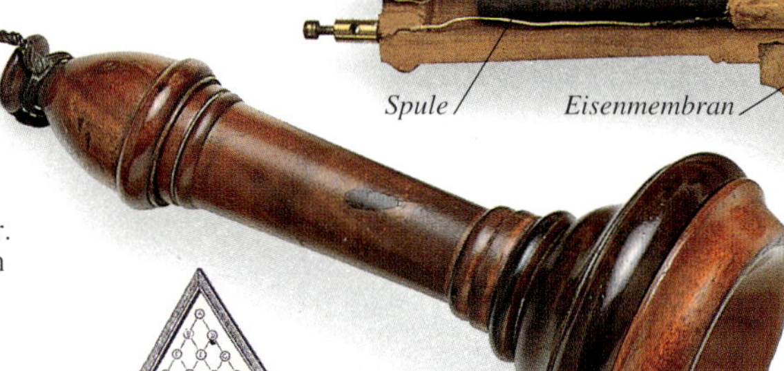

NICHT EINHÄNGEN!
Thomas Edison entwickelte 1877 getrennte Mikrofon- und Lautsprechereinheiten. Hängte man den Hörer an den vorgesehenen Haken, wurde die Leitung unterbrochen.

Der Telegraf

Telegrafen übermitteln Signale über ein langes Kabel. Mit den ersten Telegrafen koordinierten Eisenbahngesellschaften den Zugverkehr. Auch Großstädte waren durch Telegrafenleitungen verbunden.

NEUESTE NACHRICHTEN
Mit der Morsetaste (links) kann man lange und kurze Signale erzeugen. Beim System von Cooke und Wheatstone (rechts) deuteten elektrisch betriebene Nadeln auf verschiedene Buchstaben.

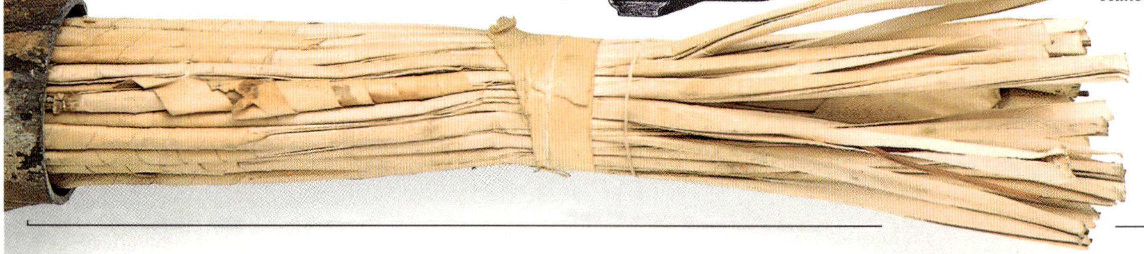

ANSCHLUSS
Die ersten Telefonleitungen bestanden aus Kupfer. Für Überlandleitungen verwendete man aber verzinkte Eisendrähte.

ES KLINGELT
Dieser Wandapparat von 1879 ist eine Erfindung von Thomas Alva Edison. Auch Mikrofon und Lautsprecher stammen von Edison selbst. Der Benutzer musste eine Kurbel betätigen, ankommende Gespräche wurden mit einer Glocke angezeigt.

WIEDERHOLEN SIE BITTE DIE NUMMER!
Die ersten Telefonverbindungen wurden per Hand hergestellt. Die Telefonisten in der Vermittlung ließen sich die Telefonnummern der beiden Partner geben und stöpselten die gewünschte Verbindung.

SPRECHEN UND HÖREN
Nach 1885 kam der kombinierte Telefonhörer mit eingebautem Mikrofon und Lautsprecher in Gebrauch, zuerst aus Metall, nach 1929 aus Kunststoff.

FREIE WAHL
Viele Telefone der 1920er und 1930er Jahre besaßen Wählscheiben, mit denen man die gewünschte Verbindung selbst herstellen konnte.

FERNGESPRÄCH FÜR SIE!
Telefone mit einer Gabel gibt es seit den 1890er Jahren. Dies hier stammt von 1937, als es bereits eine Telefonverbindung zwischen London und New York gab.

Fotografie

IN DER BLACK BOX
Die „Camera obscura" (lat.: „dunkle Kammer") war zunächst nur ein dunkler Raum oder Kasten mit einer kleinen Öffnung auf einer Seite und einer hellen Leinwand gegenüber, auf die Bilder projiziert wurden. Die Lochblende wurde im 16. Jh. durch eine Linse ersetzt.

Ein gutes Beispiel für die Veränderung der Welt durch technische Erfindungen und ihre kommerzielle Verbreitung stellt die Fotografie dar. Die Grunderfindung, Bilder mit einer Lochkamera mit Linse einzufangen und auf einem lichtempfindlichen Bildträger festzuhalten, geht bereits auf die zwanziger Jahre des 19. Jahrhunderts zurück; es dauerte aber bis Ende des Jahrhunderts, dass Fotoapparate mit Rollfilmen für ein breites Publikum zugänglich wurden. Um dieselbe Zeit gelang es auch, mithilfe der lithografischen Drucktechnik Fotografien in Zeitschriften und Büchern massenhaft zu vervielfältigen. Das Foto wurde zu einem wichtigen Informations- und Propagandamedium. Seit Mitte des 19. Jahrhunderts sind wichtige historische Ereignisse – zu den frühesten gehören der Krimkrieg und der amerikanische Bürgerkrieg – fotografisch dokumentiert.

KONKURRENZKAMPF
1841 hatte der Engländer Fox Talbot sein Verfahren der Calotypie zur Vollendung gebracht, nachdem er es bereits zwei Jahre zuvor als Reaktion auf Daguerres Erfolg angekündigt hatte. Talbots Methode lieferte ein Negativbild, von dem positive Abzüge gemacht werden konnten.

Die Daguerreotypie

Joseph Nicéphore Niepce machte die erste bis heute erhaltene Fotografie. Im Jahr 1827 beschichtete er eine Zinnplatte mit Bitumen und belichtete sie in einer Kamera. Wo Licht einfiel, wurde das Bitumen unlöslich, der Rest wurde abgelöst. Zurück blieb ein sichtbares Bild. 1839 verbesserte sein ehemaliger Partner Jacques Daguerre das Verfahren. Die so hergestellten Bilder hießen Daguerreotypien.

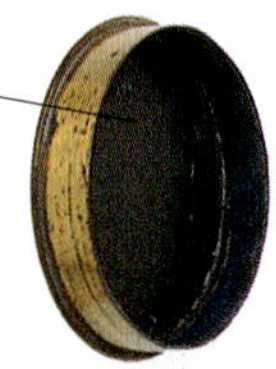

Verschluss

Einstellrad zum Scharfstellen

VORSICHT, AUFNAHME!
Bei den Kameras wurde zunächst das Motiv durch ein Loch in der Rückwand der Kamera anvisiert, dann die lichtempfindliche Platte in die Kamera eingeführt und der Verschluss für eine bestimmte Zeit geöffnet, um die Platte zu belichten.

Plattenhalter

DAGUERRES VERFAHREN
Zur Herstellung einer Daguerreotypie benötigte man eine versilberte, mit Joddampf lichtempfindlich gemachte Kupferplatte. Sie wurde in einer Kamera belichtet, in Quecksilberdampf entwickelt und schließlich mit einer starken Salzlösung fixiert.

Blendenringe

Objektiv mit Fassung

Zusammenklappbare Daguerre-Kamera

DIE RICHTIGE EINSTELLUNG
Auswechselbare Objektive und verschieden große Blendenringe, wie bei dieser zusammenklappbaren Daguerre-Kamera aus der Zeit um 1840, ermöglichten es, nahe und weit entfernte Motive bei verschiedenen Lichtverhältnissen abzubilden.

SCHWERE LAST
Vergrößerungen waren zunächst unbekannt, sodass man für große Bilder auch große Fotoplatten brauchte. Zur Ausrüstung der Fotografen gehörten ein Zelt als Dunkelkammer, Wasserflaschen, Chemikalien und eine Reihe von Fotoplatten. Alles zusammen wog oft mehr als 50 kg.

Die Nassplatte

1851 erfand Frederick Scott Archer eine neuartige Fotoplatte. Er mischte sirupöses Kollodium mit Kaliumjodid und beschichtete damit Glasplatten. Die Platte wurde mit einer Silbernitratlösung bestrichen, in die Kamera eingeführt und noch in feuchtem Zustand entwickelt. Man erhielt gestochen scharfe Bilder, und die Belichtungszeit betrug weniger als 30 Sek. Das Verfahren war zwar etwas umständlich, aber die Ergebnisse waren ausgezeichnet.

Chemikalien für das Nasskollodiumverfahren

Negativ auf einer Nassplatte

Plattenhalter

CHEMIKALIEN *oben rechts*
Die gläsernen Nassplatten wurden mit einem Gemisch aus Silbersalz und klebrigem Kollodium beschichtet. Man entwickelte die Platten in Pyrogallol und fixierte sie mit Natriumthiosulfat. Die Chemikalien wurden in kleinen Flaschen aufbewahrt.

VOLL IM BILDE
Diese Kamera für Nassplatten wurde auf einem Stativ befestigt. Den hinteren Teil mit dem Plattenhalter konnte man verschieben, um die Bildgröße zu variieren und das Bild scharf einzustellen. Die Feineinstellung besorgte man mit einem Einstellrad am Objektiv.

Die moderne Fotografie

Nach 1870 beschichtete man die Fotoplatten mit einer lichtempfindlichen Schicht aus Silberbromid und Gelatine. Noch lichtempfindlicheres Fotopapier ermöglichte bald die schnelle und einfache Herstellung von Abzügen in der Dunkelkammer. 1888 stellte der Amerikaner George Eastman eine kleine, leichte Kamera mit einem Rollfilm her.

Filmtransportschlüssel

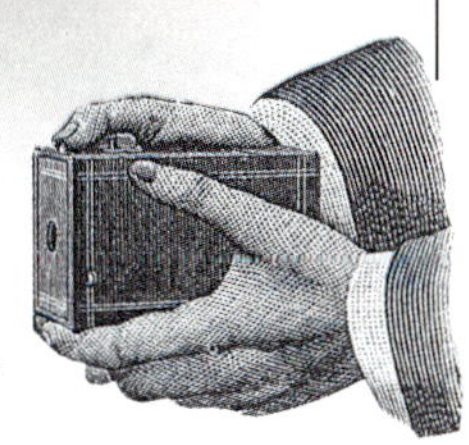

FOTOGRAFIEREN FÜR JEDERMANN
1888 kam George Eastmans Brownie-Box-Kamera auf den Markt. Damit war die Amateur-Fotografie geboren. Nach jedem Schnappschuss musste der Film per Hand ein Stück weitertransportiert werden.

Sucher

Filmtransportrad

Objektiv

SLR-Kamera

VERSTECKTE KAMERA *rechts*
In den 1920er Jahren entwickelten deutsche Kamerahersteller, wie etwa Carl Zeiss, eine kleine Präzisionskamera. Diese einäugige Spiegelreflexkamera (SLR = Single Lens Reflex) ist in vieler Hinsicht Vorläuferin einer ganzen Generation moderner Kameras.

DER ROLLFILM
Bei Eastmans frühen Papierfilmen musste man nach der Entwicklung die Negative abziehen und einzeln auf Glasplatten kleben, bevor man Abzüge machen konnte. 1889 kam der transparente Zelluloidfilm auf den Markt. Die entwickelten Filmstreifen konnte man nun direkt als Negative verwenden.

DAS BIOGRAPH-MÄDCHEN
Hollywoods erster Star war Florence Lawrence. Bis 1910 spielte sie nur für das Biograph Studio, das sie stets als *Biograph Girl* ankündigte. Dann ließ sie sich abwerben und wurde unter ihrem eigenen Namen berühmt.

Die Stummfilmära

Aus der Fotografie entwickelte sich um 1900 der Film und damit ein Massenmedium, das das ganze 20. Jahrhundert prägen sollte. Die Erfindung des Films war eine solche Sensation, dass die Zuschauer allein dafür Eintritt bezahlten, jemanden über die Leinwand gehen oder tanzen zu sehen. Als die anfängliche Begeisterung abflaute, richteten Filmgesellschaften u.a. in New York und Philadelphia Atelierstudios ein, um mit Tageslicht kurze theaterstückähnliche Filme zu drehen. Aber an der amerikanischen Ostküste spielte die Sonne, auf die man als Lichtquelle angewiesen war, nicht immer mit. In Kalifornien fanden die Filmemacher dann, was sie suchten: ein verträumtes Städtchen bei Los Angeles mit billigen Grundstücken, niedrigen Löhnen und Sonne jeden Tag – Hollywood. Außerdem bot die Umgebung des Orts eine unglaubliche landschaftliche Vielfalt. Hollywood wuchs schnell: 1910 hatte es noch 5000 Einwohner, zehn Jahre später schon 35.000.

Florence Lawrence

UNTER DER SONNE KALIFORNIENS
Bei Hollywood fanden die Filmleute Wüsten für Wildwestfilme, aber auch Alpenpanoramen oder sanfte Hügellandschaften vor. Innenaufnahmen konnten vor Kulissen unter der ständig scheinenden Sonne gedreht werden, was hohe Beleuchtungskosten sparte.

KEINE SOMMERFRISCHE
Der Aufwand für Stummfilme war gering. Für Außenaufnahmen wie diese Picknickszene mit Mary Pickford in *Daddy Langbein* (1919) benötigte man nur Schauspieler, Regisseur, Kameramann und ein paar Assistenten. Doch es wurde hart gearbeitet: Um neun Uhr morgens war Drehbeginn, zwei Stunden vorher waren alle da – an sechs Tagen in der Woche.

Traditionsgemäß haben die Hauptdarsteller und der Regisseur eines Films Klappstühle, die ihren Namen tragen.

DER REGISSEURSTUHL
Zur Zeit des Stummfilms ging es beim Drehen sehr laut zu. Denn solange es noch keine Tonaufzeichnungen gab, saß der Regisseur in seinem Klappstuhl und schrie dem Kameramann und den Schauspielern seine Anweisungen durch ein Megafon zu.

Solch ein Klappstuhl eignet sich für den Transport zu ständig wechselnden Drehorten.

GEFÜHLSAUSDRUCK
Schlechte Stummfilme verwendeten viele Zwischentitel, gute Regisseure dagegen nutzten das mimische Talent der Schauspieler. Die Darsteller mussten alles durch Mimik und Gebärden ausdrücken, weshalb uns ihr Gebaren heute eher an Pantomimen als an Filmschauspieler erinnert.

Die Maria Magdalena in der *Ben-Hur*-Verfilmung von 1926

ZWISCHENTITEL
Ganz ohne Worte kommt eine Filmgeschichte nicht aus. Zwischentitel erleichterten es den Zuschauern, der Handlung zu folgen. Meist erklärten sie bloß Zeitsprünge, manchmal aber gaben sie auch ganze Dialoge wieder. Dann wurde im Publikum geflüstert: Wer lesen konnte, musste den anderen vorlesen.

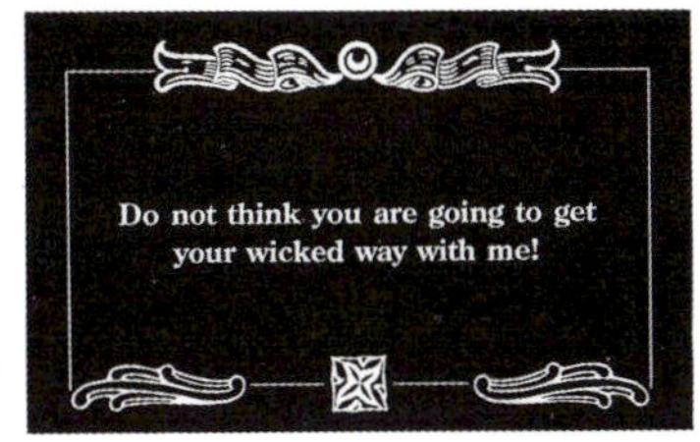

KINO IN EUROPA
Hollywood beherrschte das Kino, aber auch in Europa entwickelte sich eine bedeutende Filmindustrie. So wurden 1913 allein in Deutschland mehr Filme gedreht als in den USA. Eine eindrucksvoll-schaurige Zukunftsvision zeigt Fritz Langs Stummfilm-Meisterwerk *Metropolis* (1926).

PLAKATKUNST
Da es zur Zeit des Stummfilms weder Rundfunk noch Fernsehen gab, erfuhren die Leute von neuen Filmen durch Hörensagen, aus der Zeitung oder durch Plakate. Die Plakate waren bisweilen ebenso eindrucksvoll wie die Filme selbst.

LICHT!
Starke Scheinwerfer konnten das Tageslicht ersetzen. Zwischen zwei Kohlestäben sprühten kräftige Funken als Lichtquelle. Scheinwerfer verursachten Lärm, was aber beim Stummfilm keine Rolle spielte. Die Hitze, die sie verbreiteten, machte den Schauspielern mehr zu schaffen, wenn sie z.B. bei einer Winterszene in Pelzmänteln schwitzen mussten.

STANDFEST
In der Stummfilmära stand die Handkurbel-Kamera fest auf einem stabilen Stativ. Man konnte sie neigen und schwenken, aber nicht von der Stelle bewegen.

MASSENMEDIUM
Bald entdeckte die Politik den Film als Massenmedium. In der Sowjetunion entstanden Propagandafilme wie Sergej Eisensteins *Panzerkreuzer Potemkin* (1925).

ENDE EINER ÄRA
Als 1927 der Tonfilm aufkam, gab man ihm gegen den etablierten Stummfilm keine Chance. Aber schon vier Jahre später war mit *Der arme Millionär* als dem letzten Stummfilm die erste Etappe der Filmgeschichte zu Ende.

Der Beginn der Moderne

In der Geschichte der bildenden Kunst und der Musik kommt es um 1910 zu einem radikalen Bruch mit der Tradition: Bereits 1905 schließen sich die expressionistischen Künstler der „Brücke“ zusammen, in Frankreich die „Fauves“ („Wilden“) um Henri Matisse; um 1910 folgen in Paris die Kubisten mit Picasso, in Italien die Futuristen mit ihrem Kult der Maschine und Geschwindigkeit und mit einem ähnlichen Programm die Konstruktivisten in Russland. Wie die Malerei, so verzichtet nun auch die Architektur, ja, auch die Lyrik und das Theater auf historistischen Zierrat und Anleihen bei der antiken Mythologie, die bislang als unabdingbar galten. In der Musik wird das seit Jahrhunderten geltende Dur-moll-System zugunsten eines Systems von zwölf gleichberechtigten Tönen über Bord geworfen.

In der Physik wird, nicht zuletzt durch die bahnbrechenden Arbeiten Albert Einsteins, das seit Newton gültige Weltbild, in dem Raum, Zeit, Masse und Energie unabhängig voneinander existierten, einer gründlichen Revision unterzogen. Zeppeline und Flugzeuge bevölkern den Himmel, und vor allem in den USA beginnt die massenhafte Automobilisierung. Doch die meisten Menschen in den industrialisierten Ländern sind von dem rasanten Umbau der Weltbilder, von dem Zerbrechen vieler Traditionen, überfordert. Das rationale Handeln, das Wissenschaft, Wirtschaft und staatliche Bürokratie von ihnen verlangt, verdrängt die archaischen Grundtriebe von Sexualität und Aggression ins Unbewusste, wo sie zu zerstörerischen Mächten werden können – dies weist der Wiener Arzt und Begründer der Psychoanalyse Sigmund Freud in diesen Jahren immer wieder nach.

EINSTEIN
1905 stellte Albert Einstein (1879–1955) seine spezielle Relativitätstheorie vor, die er 1915 zur allgemeinen Relativitätstheorie erweiterte. Einsteins Theorie revolutionierte die moderne Physik und Astronomie.

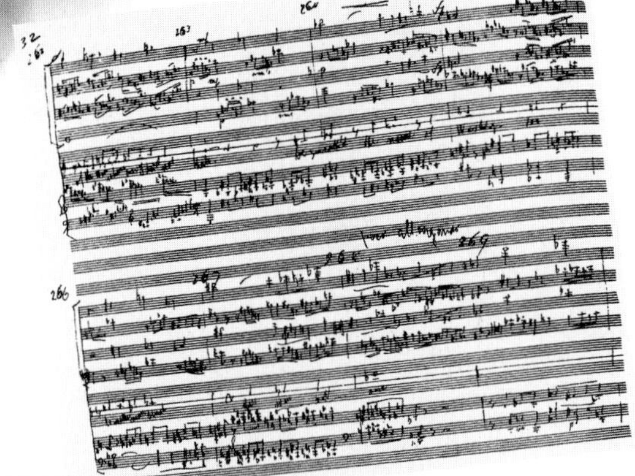

SCHÖNBERG
Ein Notenmanuskript von Arnold Schönberg (1874–1951), dem Kopf der Wiener Schule der modernen Musik. Schönberg erklärte, die traditionellen Tonarten und ihre Harmonik seien nur eine unter vielen anderen möglichen musikalischen Ordnungen.

FLUGZEUGE
Das Foto zeigt den amerikanischen Flugpionier Orville Wright in einem Doppeldecker. 1903 gelang ihm der erste gesteuerte Motorflug.

SIGMUND FREUD IM KREIS SEINER SCHÜLER
Der Wiener Arzt Sigmund Freud (1856–1939) prägte den Begriff des „Unbewussten" als der Instanz der menschlichen Psyche, die weit mehr als das Bewusstsein das Handeln bestimmt. Die Verdrängung von Bewusstseinsinhalten ins Unbewusste unter dem Druck der herrschenden Moral kann, so wies er nach, krank machen. Freuds 1900 erschienene *Traumdeutung* machte die heiß umstrittene Theorie Freuds und seine Technik der Psychoanalyse weithin bekannt.

FORD T
Der Ford T war 1915, als dieses Foto entstand, nicht das beeindruckendste Auto, aber dank der von Henry Ford eingeführten Fließbandproduktion das erfolgreichste. In den USA hatte mit dem Ford T bereits die Massenmotorisierung begonnen.

ABSTRAKTE KUNST
Wie in der Musik, so wurden auch in der bildenden Kunst alle alten Ordnungen nach 1910 in Frage gestellt. Das Bild des russischen Malers Kasimir Malewitsch (1878–1935) beschäftigt sich nicht mit der Abbildung der Realität, sondern mit dem Verhältnis von Formen und Farben.

Gefährdete Zivilisation

Die menschliche Zivilisation, die seit Beginn der Neuzeit immer schnellere Fortschritte gemacht hat, steht auf tönernen Füßen, wie der Gewaltausbruch des 1. Weltkriegs zeigen wird. Viele Menschen, die sich als Einzelne ohnmächtig gegen alles Neue fühlen, das auf sie einstürmt, versuchen, durch die Identifikation mit der Stärke ihrer Nation seelische Sicherheit zu erlangen, und richten ihren Hass gegen andere Länder.

Der Erste Weltkrieg

Die nationalen und internationalen Spannungen in Europa, die seit dem späten 19. Jahrhundert immer weiter gewachsen waren, entluden sich im Ersten Weltkrieg. Der Krieg brachte mehr Leiden für die Bevölkerung Europas mit sich als selbst die Religionskriege des 16. und 17. Jahrhunderts und führte nicht nur zu einer radikalen Veränderung der europäischen Landkarte, sondern auch zu einer tiefgreifenden Veränderung der Gesellschaft.

Bündniskonstellationen

Es gibt keinen Beleg dafür, dass irgendeine der europäischen Regierungen den Krieg bewusst herbeigeführt hätte (obwohl das in wechselseitigen propagandistischen Schuldzuweisungen immer wieder behauptet wurde), aber alle Mächte hatten sich auf einen Krieg eingestellt und waren Bündnisverpflichtungen eingegangen, die fast automatisch dazu führten, dass ganz Europa in den Krieg hineingezogen wurde (S. 338). Das Deutsche Reich hatte Österreich-Ungarn eng an sich gebunden und übte hier großen wirtschaftlichen Einfluss aus. Dafür hatte es sich verpflichtet, dem Bundesgenossen, mit dem ihn eine gemeinsame Geschichte verband, stets in „Nibelungentreue" Beistand zu gewähren. Österreich-Ungarn wiederum und Russland belauerten einander seit langem auf dem Balkan. Russland fühlte sich gegenüber Deutschland durch sein Bündnis mit Frankreich geschützt, das immer noch eine Revanche für den Verlust Elsass-Lothringens 1871 suchte. Frankreich war seinerseits ein „herzliches Einvernehmen" (*entente cordiale*) mit England eingegangen, das über die überseeischen Großmachtambitionen des Deutschen Reichs erbost war, die dieses mit einem gewaltigen Flottenbauprogramm unterstrichen hatte. England wiederum pflegte enge Beziehungen mit den Vereinigten Staaten, die ihrerseits im Pazifik misstrauisch die Aufrüstung Japans und Russlands beäugten. Italien hatte zwar 1882 den „Dreibund" mit Deutschland und Österreich-Ungarn geschlossen, suchte aber nach einer Gelegenheit, die „unerlösten" Gebiete mit italienischer Bevölkerung in Österreich zu „befreien".

Der Kriegsausbruch

Am 28. Juni 1914 ermordeten fanatische serbische Nationalisten, Mitglieder des Geheimbunds „Schwarze Hand", den österreichischen Thronfolger Franz Ferdinand und seine Gattin in Sarajewo, der wichtigsten Stadt des von Österreich okkupierten und von Serbien beanspruchten Bosnien-Herzegowina (S. 338). Die „Schwarze Hand" hatte den serbischen Staatsapparat durchsetzt und wurde von der Regierung in Belgrad geduldet. Österreich-Ungarn verlangte, dass die Hintermänner der Attentäter ausgeliefert wurden und dass es mit eigenen Polizeibeamten die Ermittlungen in Serbien führen könnte, also einen Eingriff in die serbischen Hoheitsrechte. Die Serben zögerten, das österreichische Ultimatum abzulehnen, bis sie sich der Rückendeckung Russlands versichert hatten. Dann ging alles sehr schnell. Österreich-Ungarn und Serbien machten mobil, d.h. versetzten ihre Truppen in Kriegsbereitschaft, Russland zog nach, dann Deutschland und daraufhin Frankreich. Kriegserklärungen gingen hin und her.

Bis dahin hätten besonnene Politiker den Kriegsausbruch noch verhindern können, aber Bestrebungen dieser Art gab es nicht, alle Staatsmänner beharrten auf ihren seit langem wiederholten Positionen, und die Bevölkerung ihrer Länder, voran die Deutschlands und Frankreichs (S. 339), war geradezu begeistert von der Gelegenheit, es dem Gegner endlich einmal zeigen zu können.

Das Reichsheer marschierte in Belgien ein, um unter Umgehung der Befestigungen an der deutsch-französischen Grenze so schnell wie 1870 nach Paris zu gelangen. Dies führte zum Kriegseintritt Großbritanniens, das sich verpflichtet hatte, die belgische Neutralität zu schützen.

Vom Bewegungs- zum Stellungskrieg

Der deutsche Vormarsch in Frankreich (S. 340) konnte nicht mit der geballten Heeresmacht vorangetrieben werden, weil ein Großteil der deutschen Truppen in Ostpreußen gebunden war, wo die Russen eingedrungen waren.

Kaiser Wilhelm II. in Felduniform

Kriegsbegeisterung in Deutschland, Sommer 1914

Während die Deutschen die Russen bei Tannenberg (S. 340) erfolgreich abwehrten, kam die Front in Nordfrankreich zum Stehen. Hier begann ein verlustreicher Stellungskrieg (S. 342), der bis 1915 andauerte und auch durch den vorübergehenden Einsatz von Giftgas durch die Deutschen (S. 348) nicht in einen neuen Bewegungskrieg überging.
Unterdessen nutzte Italien die Gelegenheit, dass Österreich-Ungarn alle seine Kräfte für die Abwehr russischer Angriffe brauchte, um die „unerlösten" Gebiete Trient und Istrien in Österreich zu gewinnen, und trat in den Krieg ein. Zunächst allerdings ohne Erfolg, da die Deutschen Österreich-Ungarn an der russischen Front zu Hilfe kamen und Österreich genügend Truppen auf den italienischen Kriegsschauplatz bringen konnte. In den Ostalpen kam es nun zu einem ähnlichen Stellungskrieg wie in Frankreich.
Die mit Deutschland verbündete Türkei blockierte die Verbindung durch die Meerengen des Bosporus und der Dardanellen zwischen den Entente-Mächten England und Frankreich einerseits und Russland andererseits. Britische Soldaten (darunter viele Neuseeländer und Australier) und französische Truppen landeten deshalb bei Gallipoli auf den Dardanellen, wurden aber in verlustreichen Kämpfen von den durch die Deutschen unterstützten Türken zurückgedrängt (S. 351). Immerhin gelang es den Briten, gegen türkische Angriffe die „Lebensader des Empire", den Suezkanal, offen zu halten.
Auf dem Balkan siegten die Truppen der Mittelmächte Deutschland und Österreich-Ungarn gegen Serbien und das gegen sie in den Krieg eingetretene Rumänien. Dabei wurden sie von Bulgarien unterstützt, das seit dem Zweiten Balkankrieg von 1913 mit Serbien verfeindet war. Der Balkan war weitgehend in der Hand der Mittelmächte, allerdings beherrschten die Entente-Staaten mit ihren Flotten die Küste Griechenlands und sorgten dafür, dass die griechische Regierung ihnen freundlich gesonnen war.

Der Weg zur Niederlage der Mittelmächte

Im Sommer 1916 versucht die deutsche Heeresführung noch einmal, eine Entscheidung zu erzwingen. An der Ostfront scheint der russische Offensivgeist gebrochen, und so können sie mit starken Truppenverbänden die französische Festung Verdun angreifen. „Ausbluten" heißt die Parole: Der Gegner soll durch möglichst große Menschenverluste in die Knie gezwungen werden, die eigenen Verluste spielen keine Rolle. Allerdings entlasten die Russen die Franzosen im entscheidenden Augenblick doch noch mit ihrer Brusilow-Offensive. Die ergebnislose Schlacht um Verdun wird zur blutigsten Episode des Kriegs (S. 346).
Unterdessen eskaliert der Seekrieg (S. 344). Die Konfrontation britischer und deutscher Schlachtschiffe vor dem Skagerrak führt zu keiner Entscheidung, doch mit zunehmender Wirksamkeit blockieren die Briten den Nachschub von Rohstoffen und Lebensmitteln in die deutschen Häfen, während deutsche U-Boote im Atlantik den Warenverkehr zwischen Großbritannien und den USA zu unterbinden versuchen. Der deutsche U-Boot-Krieg führt 1917 zum Kriegseintritt der Vereinigten Staaten an der Seite der Entente (S. 352).
Im März 1917 findet in Russland eine Revolution (S. 370) statt, die zu andauernden Unruhen führt. Russland ist damit als Gegner der Mittelmächte praktisch ausgeschieden. Finnland und Polen stellen sich auf die Seite Deutschlands. Die in der Oktoberrevolution siegreichen Bolschewiki suchen den Frieden, der schließlich im März 1918 in Brest-Litowsk geschlossen wird.
Im Westen jedoch wächst der Druck der verbündeten Franzosen, Briten und Amerikaner.
Im Sommer 1918 gelingt es den Alliierten, die inzwischen über die ersten Panzer verfügen, die deutschen Truppen in Frankreich zurückzudrängen, auch im türkischen Palästina (S. 351) und auf dem Balkan drin-

Lawrence von Arabien.
Der Engländer unterstützte die arabische Revolte gegen die türkische Herrschaft.

gen die Entente-Mächte vor. Die letzten deutschen Gegenoffensiven (S. 354) in Frankreich bleiben ohne Ergebnis, die Lage der Mittelmächte wird aussichtslos. Geheimverhandlungen um einen möglichen Frieden auf der Grundlage der moderaten „14 Punkte" des amerikanischen Präsidenten Wilson, die im Wesentlichen nur das Selbstbestimmungsrecht der Völker fordern, bringen kein Resultat. Und während der deutsche Generalstab noch darüber nachdenkt, die letzten Kräfte für eine neue Offensive zu mobilisieren, schaffen die Soldaten und Arbeiter in Österreich und Deutschland Fakten. Österreich sieht sich gezwungen, den Völkern seines Reichsteils, voran den Tschechen, Autonomie anzubieten, die diese zur Erklärung ihrer Unabhängigkeit nutzen, Ungarn trennt sich von Österreich, die Slowakei von Ungarn. Schließlich rufen die deutschsprachigen Österreicher ihren eigenen Staat, Deutsch-Österreich, aus und verlangen dessen Vereinigung mit Deutschland. Im Deutschen meutern als Erste die Matrosen in Kiel und erklären den Krieg für beendet; überall im Reich bilden sich von den Sozialdemokraten dominierte Arbeiter- und Soldatenräte, die am 9. November die Ausrufung der Republik und die Abdankung Kaiser Wilhelms II. erzwingen.
Am 11. November wird im französischen Compiègne ein Waffenstillstand unterschrieben (S. 358). Deutschland hat den Krieg verloren.

Die Folgen des Kriegs

Der Krieg hat Deutschland 1,8 Millionen Gefallene gekostet, Russland 1,7 Millionen, Frankreich 1,4 Millionen, Österreich-Ungarn 1,2 Millionen, Großbritannien fast eine Million, Italien und die Türkei mehrere Hunderttausend, selbst die USA über Hunderttausend. Dazu kommen über 21 Millionen Kriegsversehrte und viele Millionen Kriegsgefangene.
1919 beginnen die Friedensverhandlungen (S. 358). Dabei sind es vor allem die Franzosen, die eine harte Haltung gegen die Verlierer an den Tag legen. Deutschland muss Elsass-Lothringen an Frankreich zurückgeben, das Saarland wird französisches Protektorat. Im Osten verliert Deutschland Westpreußen und einen Teil Oberschlesiens an das neu geschaffene Polen, das Memelland an Litauen. Außerdem muss es Nordschleswig an Dänemark und kleine Gebiete im Westen an Belgien abtreten. Das Rheinland wird entmilitarisiert, und die Stärke der Reichswehr und ihre Bewaffnung werden eng begrenzt. Vor allem aber soll Deutschland enorme Reparationszahlungen aufbringen, mit deren Hilfe Frankreich und England die Kredite zurückzuzahlen hoffen, die sie während des Kriegs von den USA aufgenommen haben.
Österreich-Ungarn wird aufgelöst. Die Tschechoslowakei wird als neuer Staat begründet, Rumänien erhält das bisher ungarische Siebenbürgen, das neu gegründete Polen Galizien; Bosnien-Herzegowina, das bis dahin ungarische Kroatien und Slowenien gehen in den neuen Staat Jugoslawien ein, der von Serbien geführt wird; und Italien erhält die Provinz Trient mit Südtirol und Istrien. Der Anschluss Deutsch-Österreichs an Deutschland wird untersagt.
Von der Türkei erwirbt Großbritannien den Irak und Palästina, Frankreich Syrien.
Der auf Initiative der USA gegründete Völkerbund lässt unter anderem in Schleswig, in Oberschlesien, in Kärnten und im Burgenland Volksabstimmungen durchführen, die teilweise eine Revision der unmittelbar bei Kriegsende gewaltsam geschaffenen Grenzen nach sich zieht. Es kommt hier jeweils zu ethnischen Teilungen der Gebiete zwischen ihrer deutschsprachigen und nichtdeutschsprachigen Bevölkerung.
Die Landkarte Europas ist damit neu gezeichnet; soziale und politische Veränderungen sind die Folge. Der Erste Weltkrieg hinterlässt ein politisch und sozial unruhiges Europa und eine Welt, die nicht weniger spannungsreich ist als zuvor.

Chronik

1914 28. Juni: Ermordung des österreichischen Thronfolgers und seiner Frau in Sarajewo durch serbische Nationalisten

23. Juli: Ultimatum Österreich-Ungarns an Serbien, alle antiösterreichische Propaganda zu unterbinden und die Mörder mithilfe österreichischer Beamter ausfindig zu machen und zu verurteilen. Serbien macht seine endgültige Antwort von Russland abhängig. Österreich-Ungarn und Serbien machen mobil; Österreich erklärt am 28. Juli den Krieg.

30. Juli: Russland macht zur Unterstützung Serbiens mobil.

Es folgt die deutsche Kriegserklärung an Russland, die Mobilmachung Frankreichs, die Kriegserklärung Deutschlands an Frankreich, schließlich der Einmarsch deutscher Truppen nach Belgien, um von dort nach Frankreich zu gelangen (Schlieffenplan), und der Eintritt Großbritanniens in den Krieg an der Seite Belgiens, Frankreichs und Russlands. Die Türkei schließt ein Bündnis mit Deutschland.

August: Bei Tannenberg werden die in Ostpreußen eingedrungenen russischen Armeen geschlagen.

September: In der Marneschlacht kommt der Vormarsch der deutschen Truppen auf Paris zum Stehen.

Vormarsch der Russen gegen Österreich-Ungarn in Galizien, der im Dezember zum Stehen gebracht wird

1914–1915 Die Winterschlacht zwischen Russland und Deutschland in Ost- und Westpreußen endet mit einer Schwächung der russischen Seite. An der österreichisch-ungarischen Front verlustreicher Winterkrieg unter Beteiligung deutscher Truppen. Zurückdrängung der Russen

Kapitulation der meisten deutschen Truppen in den Kolonien

1915 Eintritt Italiens in den Krieg gegen Österreich

Beginn des Stellungskriegs im Westen. Heftige Kämpfe mit Giftgaseinsatz der Deutschen in Flandern und in der Champagne

Serbien wird von den Mittelmächten erobert, an deren Seite Bulgarien in den Krieg eintritt.

Beginn des U-Boot-Kriegs Deutschlands gegen den Seeverkehr im Atlantik, der zu Spannungen zwischen Deutschland und den USA führt

1915–1916 Briten und Franzosen landen an den Dardanellen (Gallipoli) und werden von den Türken mit deutscher Unterstützung zurückgeschlagen. Britisch-türkische Kämpfe um die Ölquellen des Irak und um den Suezkanal. In der Türkei führt der nationalistische Fanatismus zum Völkermord an den Armeniern.

1916 Die Skagerrak-Seeschlacht zwischen der britischen und der deutschen Hochseeflotte bleibt ergebnislos.

Rumänien erklärt den Mittelmächten den Krieg und wird darauf von diesen besetzt.

Verlustreicher Angriff der deutschen Truppen auf die Festung Verdun. Die deutsche Offensive an der Somme wird von französischen und britischen Truppen zurückgeschlagen. Russische Brusilow-Offensive zur Entlastung der französischen Front

Ein Friedensangebot des Deutschen Reichs, vom amerikanischen Präsident Wilson unterstützt, scheitert an den Maximalforderungen der Entente.

1917 Der verlustreiche Stellungskrieg zwischen Deutschland auf der einen, Frankreich und England auf der anderen Seite in Nordfrankreich hält an.

Im März: Revolution in Russland, die zur Abdankung Kaiser Nikolaus' II. und zur bürgerlichen Regierung Kerenski führt. Die russische Front wankt. Nach der Oktoberrevolution der Bolschewiki (6.–7. November westlicher Zeitrechnung) kommt es zum Waffenstillstand im Osten.

April: Die Erklärung des uneingeschränkten U-Boot-Kriegs durch Deutschland, der gegen die britische Blockade der deutschen Seehäfen gerichtet ist, führt zum Kriegseintritt der USA.

Die Engländer erobern Bagdad und dringen nach Palästina ein.

1918 Januar: Präsident Wilsons „14 Punkte" für einen fairen Frieden in Europa und eine neue internationale Ordnung. Idee eines Völkerbunds

März: Frieden von Brest-Litowsk zwischen Russland und den Mittelmächten. Die Ukraine, Finnland, Polen und das Baltikum sind weitgehend in der Hand der Mittelmächte.

April–Juli: Vergebliche Offensiven der Deutschen an der Westfront

Juli–August: Erfolgreiche Offensiven der Franzosen und Briten in Frankreich, erster Einsatz von Panzern, geordneter Rückzug der Deutschen

September: Nach durchschlagenden Erfolgen der Briten in Palästina kapituliert die Türkei de facto gegenüber der Entente.

Oktober: Kaiser Karl I. von Österreich (seit 1916) bietet den Nationen seines Reichs Autonomie an. Bruch mit Ungarn. Wilson als Friedensmittler besteht auf der Auflösung Österreich-Ungarns im Sinne der Nationalbewegungen. Revolution in Wien, deutschösterreichische Nationalversammlung. Durchbruch der Italiener gegen die Österreicher. Unabhängigkeitserklärungen der Tschechoslowakei und Jugoslawiens

Halbherziges Waffenstillstandsangebot Deutschlands auf der Grundlage der „14 Punkte" Wilsons. Die deutschen Truppen weigern sich, den Krieg fortzuführen. Meuterei der Matrosen in Kiel

November: Waffenstillstand zwischen Österreich-Ungarn und den Entente-Mächten. Kaiser Karl I. dankt ab, Österreich-Ungarn ist aufgelöst.

Bildung von Arbeiter- und Soldatenräten in Deutschland. Revolutionen in München und Berlin. Ausrufung der Republik durch den Sozialdemokraten Scheidemann am 9. November. Abdankung Kaiser Wilhelms II.

11. November: Waffenstillstand nach Verhandlungen des deutschen Emissärs Erzberger mit dem französischen Marschall Foch in Compiègne.

1919 Friedenskonferenz in Versailles. Die harte Haltung Frankreichs gegenüber Deutschland setzt sich gegen die Großbritanniens und der USA durch.

Gründung des Völkerbunds. Deutschland muss den Versailler Vertrag akzeptieren.

1919/1920 In Saint-Germain wird die Auflösung des österreichischen Reichsteils Österreich-Ungarns mit geregelt. Deutsch-Österreich darf sich nicht mit dem Deutschen Reich vereinigen. In Neuilly wird Bulgarien der Frieden diktiert. In Trianon wird die Auflösung Ungarns festgelegt. In Sèvres wird über die Aufteilung der Türkei beschlossen.

Wachsende Spannungen

Anfang des 20. Jahrhunderts kam es zunehmend zu Spannungen zwischen den Staaten Europas. Großbritannien, Frankreich und Deutschland wetteiferten um Macht und Märkte in Übersee, Österreich-Ungarn und Russland konkurrierten um den Einfluss in den südosteuropäischen Balkanstaaten. Die Spannungen zwischen Deutschland und Österreich-Ungarn einerseits sowie Russland und Frankreich andererseits führten zur Ausbildung mächtiger Militärbündnisse. Ein Wettrüsten der Seestreitkräfte verschärfte diese Spannungen zusätzlich. In den Jahren 1912 und 1913 kam es auf dem Balkan zu zwei Kriegen, als rivalisierende Staaten um die unter türkischer Herrschaft stehenden Länder kämpften. Um 1914 war die politische Lage in ganz Europa angespannt, ein Funke konnte das Pulverfass explodieren lassen.

HMS *DREADNOUGHT*
Der Stapellauf der britischen HMS *Dreadnought* im Februar 1906 war eine Revolution im Schlachtschiffbau. Dieses Schiff mit zehn 30-cm-Kanonen und einer Höchstgeschwindigkeit von 21 Knoten war jedem anderen Kriegsschiff überlegen. Daraufhin begannen Deutschland, Frankreich und andere Seemächte, ebenfalls Schlachtschiffe dieser Klasse zu bauen; das Wettrüsten zur See erreichte eine neue Dimension.

KAISER WILHELM II.
Wilhelm II. wurde 1888 mit nur 29 Jahren deutscher Kaiser. Seine körperliche Behinderung – eine Schwäche des linken Arms – versuchte er durch besonders schneidiges Auftreten auszugleichen. Wilhelm II. wollte Deutschland von einer europäischen Macht zur Weltmacht machen. Seine weltpolitischen Bestrebungen und seine Flottenpolitik trugen zur Verschlechterung der außenpolitischen Beziehungen bei.

Manche Kinder hatten Spielzeugmodelle der HMS Dreadnought *und konnten jedes Detail des Schiffs nennen.*

Handbemaltes Schlachtschiff aus Zinnblech

GEGNER IN EUROPA
Deutschland, Österreich-Ungarn und Italien schlossen 1882 den Dreibund. 1884 bildeten auch Frankreich und Russland eine Allianz. Großbritannien unterzeichnete 1904 mit Frankreich und 1907 mit Russland eine Entente (Einvernehmen). Während des Kriegs kämpften Serbien, Montenegro, Belgien, Rumänien, Portugal und Griechenland aufseiten der Entente. Bulgarien und die Türkei kämpften mit Deutschland und Österreich-Ungarn – den Mittelmächten. Italien schloss sich 1915 der Entente an.

Mittelmächte
Entente
Neutrale Länder

FAMILIENSACHE?
Georg V. und Zar Nikolaus II. waren trotz ihrer Ähnlichkeit nicht direkt miteinander verwandt. Nikolaus' Gattin Alexandra jedoch war eine Cousine Georgs V. – der deutsche Kaiser Wilhelm II. war sein Cousin.

Zar Nikolaus II. von Russland

König Georg V. von England

DIE DEUTSCHE FLOTTE
1898 begann Deutschland mit einem ehrgeizigen Schiffbauprogramm, um die Vorherrschaft der britischen Marine zu brechen. Während deutsche Admiräle die neuen Schiffe auf Ost- und Nordsee kommandierten, spielten die Kinder in der Badewanne mit Schlachtschiffen aus Zinnblech.

Schlüssel zum Aufziehen des Uhrwerks

INDUSTRIE
Diese Waffenfabrik (oben) im Ruhrgebiet gehörte zum Krupp-Konzern. Die Familie Krupp war einer der größten Waffenproduzenten der Welt. Bei der Reichsgründung 1871 war Deutschland ein vorwiegend landwirtschaftlich geprägtes Land. In den nächsten 30 Jahren aber brachten die neuen Industriezweige Eisen, Kohle und Stahl sowie der Maschinen- und Schiffbau das Land auf Platz drei der Industrienationen der Welt – hinter den USA und Großbritannien.

ATTENTÄTER
Der Todesschütze Gavrilo Princip (oben rechts) gehörte zur Schwarzen Hand, einer Geheimorganisation, für die Bosnien zu Serbien gehörte.

Kriegsausbruch

Am 28. Juni 1914 wurde der österreichische Thronfolger, Erzherzog Franz Ferdinand, im bosnischen Sarajevo erschossen. Bosnien wurde seit 1908 von Österreich-Ungarn regiert, jedoch von Serbien beansprucht. Österreich-Ungarn machte Serbien für den Mord verantwortlich und erklärte am 28. Juli den Krieg. Dieser Krieg entwickelte sich schnell zu einem Flächenbrand: Russland unterstützte Serbien, Deutschland unterstützte Österreich-Ungarn, und Frankreich stand aufseiten Russlands. Am 4. August marschierten deutsche Truppen auf dem Weg nach Frankreich ins neutrale Belgien ein. Deutschland wollte Frankreich ausschalten, bevor es sich mit Russland einließ – und somit Krieg an zwei Fronten vermeiden. Großbritannien hatte jedoch garantiert, Belgiens Neutralität zu verteidigen, und erklärte nun auch Deutschland den Krieg. Der Erste Weltkrieg war ausgebrochen.

MOBILMACHUNG
Im Juli 1914 wurden überall in Europa Bekanntmachungen über die Mobilmachung plakatiert. Damit wurden die Truppenangehörigen und Reservisten aufgerufen, sich beim Militär zu melden.

DIE ÖSTERREICHISCH-UNGARISCHE ARMEE
Österreich-Ungarn hatte drei Armeen: Österreicher, Ungarn und die Gemeinsame Armee. Im Reich sprach man zehn Sprachen! Amtssprachen waren Deutsch und Ungarisch, doch mussten die Offiziere auch die Sprachen ihrer Untergebenen lernen, was häufig zu Missverständnissen führte. Die Armee spiegelte die Situation der Doppelmonarchie wider, in der zwei verschiedene Staaten von einem Monarchen regiert wurden.

IM KRIEGSTAUMEL
Deutschland machte am 1. August mobil. Am selben Abend erklärte es Russland den Krieg, am 3. August Frankreich. In den Städten nahmen viele die Nachricht vom Krieg begeistert auf und meldeten sich zum Kriegsdienst. Unter der Landbevölkerung herrschte dagegen weniger Begeisterung.

Österreichisch-ungarischer Reiter des 8. Ulanen-(Lanzenreiter-)Regiments

Die Bombe prallte ab und fiel unter den nächsten Wagen.

Der Erzherzog und seine Frau saßen auf dem Rücksitz.

Princip schoss aus nächster Nähe vom Trittbrett aus.

EIN TAG IN SARAJEVO
Die sechs Attentäter – fünf Serben und ein bosnischer Muslim – lauerten Erzherzog Franz Ferdinand auf dem Weg zum österreichischen Regierungssitz in Sarajevo auf. Einer warf eine Bombe auf seinen Wagen, die jedoch abprallte und unter dem folgenden Wagen explodierte. 45 Minuten später besuchte der Erzherzog zusammen mit seiner Frau die Verletzten im Krankenhaus. Als sie mit dem Wagen losfuhren, trat Gavrilo Princip aus der Menge hervor und erschoss das Paar. Ferdinand starb sofort, seine Frau erlag zehn Minuten später ihren Verletzungen.

28. Juni Erzherzog Franz Ferdinand wird in Sarajevo ermordet.
5. Juli Deutschland verspricht dem Verbündeten Österreich-Ungarn volle Unterstützung gegen Serbien.
23. Juli Österreich setzt Serbien ein Ultimatum, das Serbiens Unabhängigkeit bedroht.
25. Juli Serbien akzeptiert die meisten Punkte des Ultimatums, macht zur Sicherheit jedoch weiterhin die Truppen mobil.
28. Juli Österreich-Ungarn ignoriert Serbiens Friedensbereitschaft und erklärt den Krieg.
30. Juli Russland macht zur Unterstützung seines Verbündeten Serbien mobil.
31. Juli Deutschland fordert Russland zur Einstellung der Mobilmachung auf.

Deutsches und französisches Mobilmachungsplakat

VIVE LA FRANCE
Die französische Armee machte am 1. August mobil. Für viele Franzosen bot der Krieg eine Möglichkeit, den deutschen Sieg über Frankreich von 1870/71 und den Verlust von Elsass-Lothringen an Deutschland zu rächen.

AUF IN DEN KRIEG!
Die Schlachtrufe auf diesem Zug hießen „Ausflug nach Paris" und „Auf Wiedersehen auf dem Boulevard". Denn die Deutschen glaubten, ihr Schlag gegen Frankreich würde sie nach Paris bringen. Französische Züge trugen ähnliche Sprüche über Berlin.

> *„Die Lampen gehen in ganz Europa aus."*
>
> SIR EDWARD GREY, BRITISCHER AUSSENMINISTER (1914)

1. August Deutschland macht mobil, erklärt Russland den Krieg und verbündet sich mit dem Osmanischen Reich; Frankreich macht zur Unterstützung Russlands mobil; Italien erklärt sich neutral.

2. August Deutschland besetzt Luxemburg und fordert, ins neutrale Belgien einmarschieren zu können.

3. August Deutschland erklärt Frankreich den Krieg.

4. August Deutsche Truppen marschieren auf dem Weg nach Frankreich in Belgien ein; Großbritannien tritt in den Krieg ein, um Belgiens Neutralität zu schützen.

6. August Österreich-Ungarn erklärt Russland den Krieg.

12. August Frankreich und Großbritannien erklären Österreich-Ungarn den Krieg.

WEIHNACHTSGRUSS
Die Londoner Territorialtruppe schickte Weihnachten 1914 jedem ihrer Soldaten einen Plumpudding. Andere Soldaten erhielten Geschenke im Namen von Prinzessin Mary, der Tochter Georgs V

Die ersten Kriegsjahre

Seit der Nichterneuerung des Rückversicherungsvertrags mit Russland in den 1890er Jahren musste Deutschland einen Krieg an zwei Fronten fürchten – im Osten gegen Russland und im Westen gegen Frankreich, das seit 1893 Russlands Verbündeter war. Der deutsche Generalfeldmarschall Graf Alfred von Schlieffen hatte deshalb 1905 einen Geheimplan entwickelt, wie man Frankreich ausschalten könne, bevor die deutsche Armee ihre Kräfte gegen Russland zusammenfasste. Zur Umsetzung dieses Plans mussten die deutschen Truppen jedoch durch das neutrale Belgien marschieren. Am 4. August 1914 überschritten deutsche Truppen die belgische Grenze und erreichten Ende des Monats Nordfrankreich. Unterdessen gelang es deutschen Truppen unter Generaloberst Hindenburg, den russischen Vormarsch nach Ostpreußen bei Tannenberg zu stoppen. Die dafür nötigen Truppen fehlten jedoch im Westen. In der Schlacht an der Marne am 5. September wurden die Deutschen hier zurückgeschlagen. Bis Weihnachten 1914 war es zu einer Pattsituation entlang einer Linie von der belgischen Küste im Norden bis zur Schweizer Grenze im Süden gekommen.

RÜCKZUG
Die belgische Armee konnte sich gegen die deutschen Truppen nicht behaupten. Hier ziehen sich Soldaten mit von Hunden gezogenen Maschinengewehren zurück.

ZU FELDE
Die britischen Expeditionsstreitkräfte landeten am 22. August in Frankreich. Ihre Kavalleriedivision umfasste auch Mitglieder der Königlichen Reitenden Artillerie, deren Lanzer-Batterie am 1. September bei der Schlacht von Néry diese 13-Pfünder-Mark-I-Schnellfeuerkanone gegen die 4. deutsche Kavalleriedivision einsetzte. Dies stoppte einen Morgen lang den deutschen Vorstoß nach Frankreich. Drei Artilleristen erhielten dafür das Victoriakreuz.

WEIHNACHTLICHE WAFFENRUHE

Am Heiligen Abend des Jahres 1914 sangen Soldaten der Westfront einander freundschaftlich Weihnachtslieder vor. Am folgenden Tag hielten die Truppen an zwei Dritteln der Front Waffenruhe ein. Die Schüsse verhallten, und Weihnachtsgottesdienste wurden abgehalten. Einige Soldaten durchquerten das Niemandsland, sprachen mit den Feinden und tauschten einfache Geschenke wie Zigaretten aus. Südlich des belgischen Ypern fand sogar ein Fußballspiel zwischen Mitgliedern des Königlich Sächsischen Karabinerregiments und den britischen Scottish Seaforth Highlanders statt. Die Deutschen gewannen 3:2. Mancherorts hielt die Waffenruhe bis zu einer Woche. Ein Jahr später gab es jedoch auf beiden Seiten Schießbefehl.

Der Soldat schießt auf einen Feind.

Britische und deutsche Soldaten grüßen sich zu Weihnachten.

Deutscher Schützengraben

AUGENZEUGEN

Hauptmann E.R.P. Berryman vom 2. Bataillon der 39. Garhwal Rifles beschrieb seiner Familie in einem Brief die Waffenruhe und wie die Deutschen in ihren Schützengräben Weihnachtsbäume aufstellten. Die Zeichnung zeigt die Absurdität der Situation – an einem Tag wird der Feind erschossen, am nächsten freundschaftlich gegrüßt.

TANNENBERG

Nach Kriegsende errichteten die Deutschen in Tannenberg, wo sie den entscheidenden Sieg über die Russen erfochten hatten, dieses Denkmal.

Rücklauf mit Seil umwickelt

Die 5,6 kg schweren Geschosse werden fast 5400 m weit gefeuert.

AUF DEM WEG ZUR FRONT

Der deutsche Vorstoß nach Frankreich verlief so rasch, dass die Truppen bereits Anfang September die Marne erreichten, nur 40 km östlich von Paris. General Gallieni, Militärgouverneur von Paris, ließ mit 600 Taxis rund 6000 Männer zur Verstärkung der französischen 6. Armee an die Front bringen.

Schützengräben

Frontverlauf der Schützengräben

Vor dem Ausbruch des Krieges erwarteten die Kriegsgegner an der Westfront massive militärische Manöver über Hunderte von Kilometern und schnelle Schlachten mit Vorstößen und Rückzügen. Niemand erwartete einen ermüdenden, stagnierenden Kampf zwischen zwei ebenbürtigen Gegnern. Es kam vor allem deshalb zu einem Patt, weil schlagkräftige Langstreckenwaffen der Artillerien und Schnellfeuer-Maschinengewehre offene Kämpfe für die Soldaten zu gefährlich machten. Der einzige Weg, sich vor diesen Waffen zu schützen, war das Ausheben von Verteidigungsgräben.

Spatenhülle

DIE FRONT
Im Dezember 1914 war die ganze Westfront von einem Netz aus Gräben durchzogen – von der belgischen Küste im Norden durch Ostfrankreich bis zur schweizerischen Grenze, 645 km weiter im Süden. Bis 1917 konnte man theoretisch fast die ganze Länge der Front durch die gewundenen Gräben zurücklegen.

GRABWERKZEUGE
Jeder Soldat trug einen Spaten bei sich. Damit konnte er sich einen Schutzgraben ausheben, wenn er in offenem Gelände feindlichem Feuer ausgesetzt war, sowie Gräben ausbessern, die durch einen gegnerischen Angriff zerstört oder beschädigt worden waren.

Amerikanischer *M1910*-Spaten

DIE ERSTEN GRÄBEN
Anfangs waren die Schützengräben einfache Furchen, die nur wenig Schutz vor feindlichem Feuer boten, wie dieser Graben der 2. Schottischen Garde im Oktober 1914 bei Ypern/Belgien. Die Generäle hielten die Schützengräben für eine vorübergehende Lösung bis zur Fortsetzung der „normalen" Kriegsbewegungen im Frühjahr.

WEGWEISER
Jeder Graben hatte Wegweiser, damit sich niemand verirrte. Die Bezeichnungen waren meist Scherznamen.

STELLUNG IM GRABEN
Zunächst hatte keine Seite viel Erfahrung, doch lernten die Soldaten schnell aus ihren Fehlern. Die Deutschen hoben dort Gräben aus, von wo aus sie am besten beobachten und auf den Gegner feuern konnten, während sie selbst verborgen blieben. Briten und Franzosen sicherten sich erst möglichst viel Fläche, ehe sie zu graben begannen.

MIT BRETTERN VERSCHALT
Eine der größten Gefahren war, in einem einstürzenden Graben verschüttet zu werden. Bis zum Sommer 1915 waren deshalb viele deutsche Gräben mit Bretterwänden verstärkt worden. Sie wurden zudem sehr tief ausgehoben, damit die Soldaten vor Artilleriebeschuss geschützt waren.

FAST WIE EIN ZUHAUSE?
Die Deutschen errichteten sorgfältig ausgearbeitete Gräben, da sie sie als neue Grenze ansahen. Einige wenige Gräben hatten sogar Fensterläden und Fußmatten, um die schmutzigen Stiefel zu säubern! Die Gräben der Alliierten waren viel einfacher, da diese damit rechneten, die besetzten Gebiete zurückzuerobern.

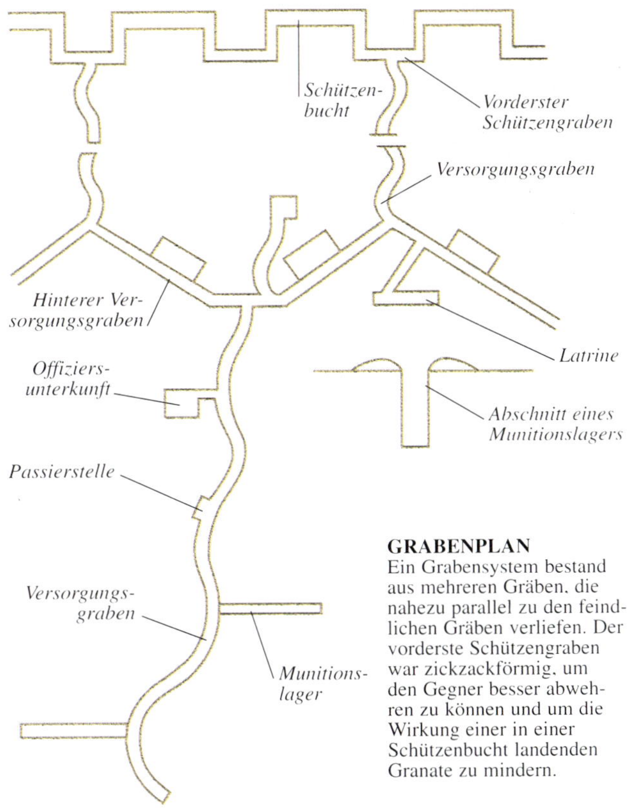

GRABENPLAN
Ein Grabensystem bestand aus mehreren Gräben, die nahezu parallel zu den feindlichen Gräben verliefen. Der vorderste Schützengraben war zickzackförmig, um den Gegner besser abwehren zu können und um die Wirkung einer in einer Schützenbucht landenden Granate zu mindern.

SCHLAMMIG
Regen, Schnee und Grundwasser sorgten häufig für nasse Füße. Oft wurden Laufbretter aus Holz ausgelegt, aber dennoch blieb der ständige Schlamm eine der größten Dauerbelastungen.

Krieg zur See

„ICH WILL DICH"
Als die USA 1917 in den Krieg eintraten, forderte ein Plakat mit einer hübschen Frau in Marineuniform Freiwillige auf, sich zu melden.

Seit dem Stapellauf des britischen Schlachtschiffs *Dreadnought* 1906 hatten Großbritannien, Deutschland und andere Nationen ein Wettrüsten zur See gestartet. Dennoch wurde der Krieg hauptsächlich zu Lande ausgetragen. Die Briten hielten mit ihrer Flotte die Meere für Handelsschiffe offen, die Lebensmittel und andere Güter nach Großbritannien brachten, und verhinderten, dass Schiffe deutsche Häfen ansteuerten. Deutschland benötigte seine Flotte zum Schutz gegen diese Blockade und gegen eine Besetzung. Das einzige größere Zusammentreffen der beiden Flotten in der Seeschlacht am Skagerrak endete mit Verlusten für beide Seiten. Die wichtigsten Seekämpfe fanden unter Wasser statt; deutsche U-Boote griffen Handelsschiffe und Truppentransporter der Alliierten an, um Großbritannien aus dem Krieg zu drängen.

STÄNDIGE BEDROHUNG
Dieses deutsche Propaganda-Plakat zeigt die Bedrohung der Schifffahrt der Alliierten durch die deutsche U-Boot-Flotte.

LEBEN IM U-BOOT
Im U-Boot machten Dampf und Hitze der Maschinen sowie schlechte Belüftung die Luft sehr stickig. Die Besatzung musste das Boot durch Minenfelder navigieren und durfte sich nicht von Aufklärungsflugzeugen entdecken lassen.

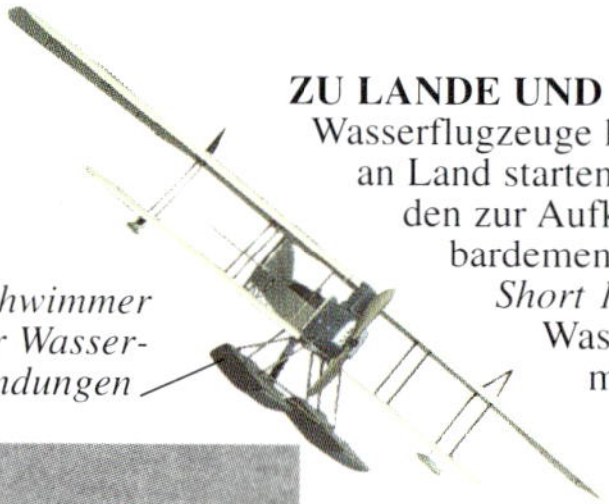

ZU LANDE UND ZUR SEE
Wasserflugzeuge können im Wasser und an Land starten und landen. Sie wurden zur Aufklärung und für Bombardements eingesetzt. Diese *Short 184* versenkte als erstes Wasserflugzeug ein Schiff mit einem Torpedo.

ERFOLG UND MISSERFOLG
Deutsche U-Boote operierten unter und über Wasser. Hier eröffnet die Besatzung mit einer Kanone an Deck das Feuer auf einen feindlichen Dampfer. Deutsche U-Boote versenkten 5554 feindliche Kriegs- und Handelsschiffe. Aber auch die eigenen Verluste waren beträchtlich: Von 372 deutschen U-Booten wurden 178 durch Bomben oder Torpedos zerstört.

VERWIRREND
Im Krieg trugen viele Künstler zu den Kriegsbemühungen ihres Landes bei – manche auf überraschende Art und Weise. Der moderne britische Maler Edward Wadsworth beaufsichtigte das Anbringen der Tarnfarben an den Schiffsrümpfen. Später malte er ein Bild (oben), in dem er das Ergebnis darstellte.

ÜBERLEBENSWICHTIGE TARNUNG
Die britische Marine begann 1917 mit der Tarnung von Handelsschiffen. Die grauen, schwarzen und blauen geometrischen Formen verzerrten den Umriss des Schiffes und erschwerten so den deutschen U-Booten, ihren Kurs zu bestimmen und mit Torpedos auf sie zu zielen. Bis zum Kriegsende wurden mehr als 2700 Handelsschiffe und 400 Begleitschiffe auf diese Weise angestrichen.

John Cornwall verliehene Medaillen

Viktoriakreuz | Britische Kriegsmedaille | Siegesmedaille

SCHIFFSJUNGE (1. KLASSE)
John Cornwall, Schiffsjunge der 1. Klasse an Bord der HMS *Chester*, war bei der Schlacht am Skagerrak am 31. Mai 1916 erst 16. Er wurde verwundet, hielt aber bis zum Ende die Stellung. Am 2. Juni erlag er den Verletzungen und wurde posthum mit dem Viktoriakreuz ausgezeichnet. Die Zahl der Toten und Verwundeten insgesamt betrug bei den Briten 6100, bei den Deutschen 2550.

DIE BRITISCHE FLOTTE
Die britische Marine war damals die größte der Welt. Ihr Ziel war es, mächtiger zu sein als die Flotten der beiden nächststärkeren Mächte zusammen. Trotz dieser Überlegenheit spielte die Marine im Vergleich zur Armee eine ziemlich geringe Rolle. Sie sollte vor allem die Meere von feindlichen Schiffen freihalten und Handelsschiffe sicher in britische Häfen geleiten.

HMS *FURIOUS*
Im 1. Weltkrieg wurden erstmals auch Flugzeugträger eingesetzt. Am 7. Juli 1918 starteten sieben *Sopwith Camels* vom Deck der HMS *Furious* zum Angriff auf die deutsche Zeppelin-Basis im dänischen Tondern. Sie zerstörten zwei Zeppeline.

Verdun

BRENNENDE TRÜMMER
Am 25. Februar wurde die alte Stadt Verdun evakuiert. Viele Gebäude wurden vom Artilleriebeschuss getroffen, und noch mehr fielen den Flammen zum Opfer, die oft tagelang wüteten. Löschtrupps versuchten die Brände zu bekämpfen, doch hatten viele Häuser ein Holzfachwerk, das leicht brannte.

Am 21. Februar 1916 griffen die Deutschen die französische Festung Verdun, an einem strategisch wichtigen Punkt auf den Höhen über der Maas am östlichen Ende der Grabenlinie in Frankreich, an. Nach achtstündigem heftigem Beschuss durch die deutsche Artillerie stieß die Infanterie vor. Die überrumpelten Franzosen verloren einige wichtige Forts, doch den Sommer hindurch wuchs ihr Widerstand. Am Ende des Jahres hatten die Franzosen die meisten Stellungen wieder zurückerobert. Der deutsche General von Falkenhayn hatte die Franzosen bei Verdun „weißbluten“ wollen, doch die Verluste waren auf beiden Seiten extrem hoch. Nach offiziellen Angaben verloren die Franzosen fast 350.000 und die Deutschen 330.000 Mann. Verdun wurde zum Inbegriff für die Sinnlosigkeit des Kriegs.

GENERAL PÉTAIN
Am 25. Februar, als Fort Douaumont fiel, übernahm General Pétain das Kommando der französischen Streitkräfte von Verdun. Er organisierte eine wirkungsvolle Verteidigung und eine ausreichende Versorgung der Truppen. Sein Schlachtruf „Ils ne passeront pas!“ („Sie werden nicht durchkommen!“) hob die Moral der Franzosen.

FORT DOUAUMONT
Verdun war von drei Festungsringen umgeben. Fort Douaumont im äußeren Ring war die stärkste Festung. Sie war aus Stahlbeton gebaut und von Schutzwällen, Gräben und Stacheldraht umgeben. Das Fort selbst war zwar stark, wurde jedoch nur von 56 älteren Reservisten verteidigt. Am 25. Februar fiel es an die Deutschen.

LE POILU
Im französischen Jargon nannte man einen Infanteristen *le poilu* oder „Haariger“. *Les poilus* waren das „Kanonenfutter“ für die Deutschen.

Hintergrund: das zerstörte Stadtbild von Verdun (1915)

NAHKAMPF
Die Kämpfe von Verdun waren besonders heftig, da von beiden Seiten immer wieder an den gleichen Festungen und strategisch wichtigen Gebieten rund um die Stadt Angriff und Gegenangriff erfolgten. Angreifer gerieten in den Kugelhagel feindlicher Maschinengewehre. Das freie Feld war so exponiert, dass die Toten unmöglich geborgen werden konnten. Die Festungen waren durch unterirdische Tunnel verbunden, in denen sich beide Seiten Nahkämpfe lieferten. Diese Szene stammt aus einem der vielen Filme über den Krieg.

„Welch ein Blutbad, welch schreckliche Bilder, welch ein Gemetzel. Ich finde keine Worte für meine Gefühle. Die Hölle kann nicht so schrecklich sein."

ALBERT JOUBAIRE
FRANZÖSISCHER SOLDAT BEI VERDUN (1916)

BENACHBARTE DÖRFER
Das Dorf Ornes war eines von vielen französischen Dörfern, die beim deutschen Angriff auf Verdun besetzt wurden. Die Schäden waren so groß, dass dieses Dorf ebenso wie acht andere nach dem Krieg nicht wieder aufgebaut wurde. In Karten aber ist es als Erinnerungsstätte aufgeführt.

EHRENLEGION
In Anerkennung der Leiden, die die Bewohner Verduns erdulden mussten, verlieh der französische Präsident Raymond Poincaré der Stadt die *Légion d'Honneur*. Dieser Orden ist eine Auszeichnung für besondere Verdienste.

SCHLAMMIGES INFERNO
Die Landschaft um Verdun ist waldreich und hügelig, und zahlreiche Bäche fließen zur Maas. Heftige Regen und anhaltender Artilleriebeschuss verwandelten diese Landschaft in eine Schlammwüste, in der Leichen halb bedeckt in Granatenkratern lagen und die Soldaten in nächster Nähe ihrer gefallenen Kameraden essen und schlafen mussten. Dieses Foto zeigt die „Ravine de la mort", die „Schlucht des Todes".

Gasangriff

Britischer „Hypo"-Helm

Am Nachmittag des 22. April 1915 sahen französisch-algerische Truppen nahe der belgischen Stadt Ypern eine grünlich gelbe Wolke von der deutschen Front auf sich zukommen: Chlorgas. Als das Gas die Linie der Alliierten erreichte, brach bei vielen Soldaten Panik aus, da sie dem tödlichen Gas schutzlos ausgeliefert waren. Nach diesem ersten Giftgasangriff in einem Krieg setzten alle Krieg führenden Staaten Giftgas ein – die Deutschen etwa 68.000 t, Briten und Franzosen rund 51.000 t. Anfangs blies man das Gas aus Stahlflaschen frei und ließ es vom Wind zum Gegner tragen – doch der Wind konnte sich drehen, und dann wehte das Gas in die falsche Richtung. Daher ging zuerst Frankreich zum „Gasschießen" mit gasgefüllten Granaten über. Insgesamt wurden 1.200.000 Soldaten beider Seiten mit Gas angegriffen. 91.198 von ihnen starben einen qualvollen Tod.

FRÜHWARNUNG
Die ersten Gasmasken waren einfach und oft unwirksam, wie diese Zeichnungen zeigen. Einfache Brillen schützten die Augen; über dem Mund wurde ein Atemschutz aus Flanell oder anderen absorbierenden Materialien getragen. Der Stoff war mit Chemikalien getränkt, die das Gas neutralisierten.

Britische Gasschutzbrille

„Black Veil"-Atemschutz

Flanell-Atemschutz

Britisches Kasten-Atemschutzgerät

Gasalarmpfeife

RUNDUMSCHUTZ
Zur Mitte des Krieges verfügten die Soldaten beider Seiten über Schutzvorrichtungen, die aus Gesichtsmaske, Schutzbrille und Atemschutzgerät bestanden. Sie schützten Augen, Nase und Atemwege vor oft tödlichen Gasen.

VERGAST!
Der ganze Schrecken einer Erblindung durch Gas ist in *Gassed*, einem Gemälde von John Singer Sargent, festgehalten. Von sehenden Kameraden geführt, tasten sich erblindete Soldaten langsam zu einem Verbandsplatz bei Arras in Nordfrankreich vor.

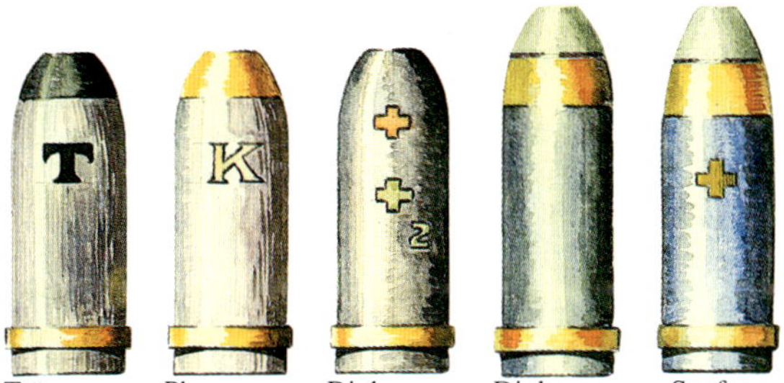

Tränengas | Phosgen u. Diphosgen | Diphosgen u. Nasenreizstoffe | Diphosgen (Grünkreuz) | Senfgas (Gelbkreuz)

GASGRANATEN
Gasgranaten enthielten flüssiges Gas, das beim Aufprall verdampfte. Die Gase verursachten unterschiedliche Verletzungen. Chlor, Diphosgen und Phosgen verursachten starke Atemnot, während Benzylbromid die Augen tränen ließ. Senfgas (Lost) verbrannte die Haut, verursachte zeitweilige Erblindung und führte, wenn es eingeatmet wurde, zu einer tödlichen Lungenentzündung.

Durch Gas geschrumpfter Handschuh

Normaler Handschuh

ANGEGRIFFEN
Zuerst spürte man das Gas im Gesicht und in den Augen, doch in Sekundenschnelle gelangte es in den Hals. Die Soldaten husteten und würgten. Die Langzeitwirkungen hingen von der Art des Gases ab – manche Soldaten starben schnell, andere erblindeten oder erlitten schwere Hautverätzungen, wieder andere starben einen qualvollen Tod, als sich ihre Lungen mit Flüssigkeit füllten. Einziger Schutz war das Tragen von Gasmasken. Die amerikanischen Soldaten auf diesem Foto von Major Tracy Evert (1918) demonstrieren, was geschieht, wenn man die Gasmaske vergisst. Das Foto wurde bei der Ausbildung neuer Rekruten verwendet.

SCHRUMPFHAND
Bei Kontakt mit manchen Giftgasen schrumpft ein Handschuh wie dieser links auf die Größe des rechten. Dies geschieht bei den gleichen Gasen auch mit der menschlichen Lunge.

Deutsche Gasmaske

Ungeschützte Augen

Mit Segeltuch bespannter Atemschutz

TIERSCHUTZ
Jedes Lebewesen war dem Gas ausgeliefert, auch die vielen Tausend Pferde, die Soldaten, Ausrüstung und Nachschub trugen. Hier tragen sowohl der deutsche Reiter als auch sein Pferd eine Gasmaske, doch sind die Augen des Pferds ungeschützt und daher verwundbar.

Krieg in der Wüste

Im Ersten Weltkrieg wurde nicht nur in Europa gekämpft. Französische, britische und südafrikanische Einheiten rückten in die deutschen Kolonien in Afrika ein, und die deutschen Kolonien in China und im Pazifik wurden von Japanern, Briten, Australiern und Neuseeländern besetzt. Zu größeren Auseinandersetzungen kam es im Nahen Osten. Dort gehörten Mesopotamien (heute Irak), Palästina, Syrien und Arabien zum mit Deutschland verbündeten Osmanischen Reich. 1914 besetzten britische und indische Truppen Mesopotamien und eroberten 1917 Bagdad. Inzwischen nahm eine große britische Einheit unter General Allenby Palästina und in den letzten Kriegswochen die syrische Hauptstadt Damaskus ein. Die verlustreichste Auseinandersetzung im östlichen Mittelmeerraum fand aber an der Meerenge der Dardanellen statt, die Türken und Deutsche erfolgreich gegen britische Truppen verteidigten.

SONNENSCHUTZ?
Die britische Armee war besorgt, dass die in der Wüste kämpfenden Soldaten einem Hitzschlag erliegen könnten. Sie gaben Rückenpolster aus, um die Rücken der Soldaten vor praller Sonne zu schützen. Doch das schwere Polster trug wenig zur Kühlung bei.

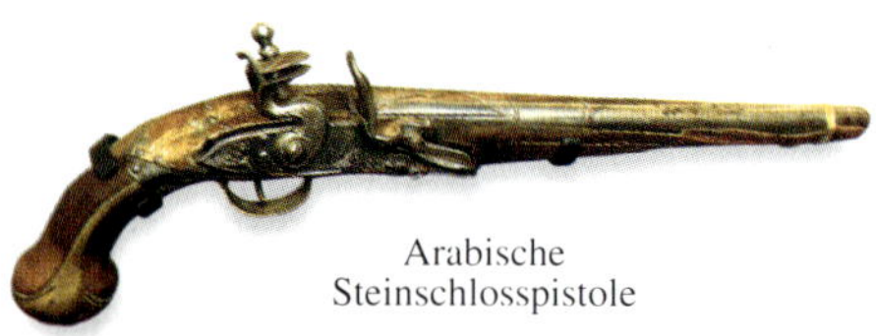

Arabische Steinschlosspistole

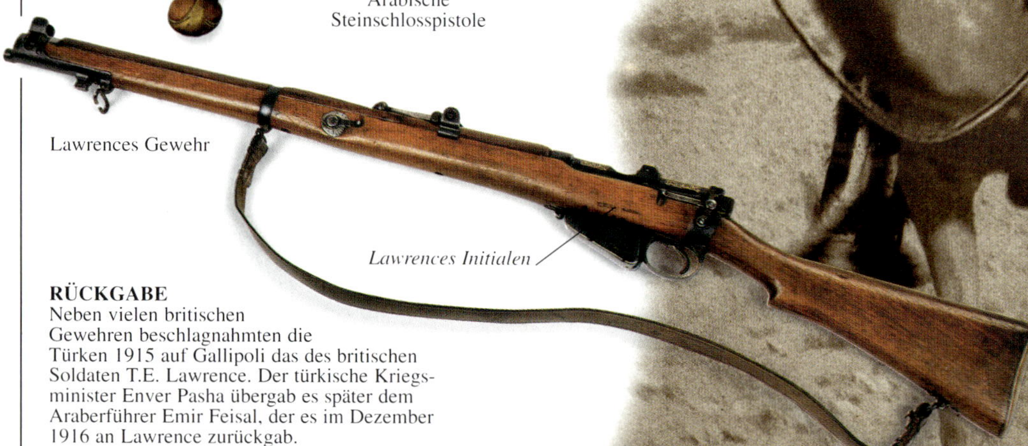

Lawrences Gewehr

Lawrences Initialen

RÜCKGABE
Neben vielen britischen Gewehren beschlagnahmten die Türken 1915 auf Gallipoli das des britischen Soldaten T.E. Lawrence. Der türkische Kriegsminister Enver Pasha übergab es später dem Araberführer Emir Feisal, der es im Dezember 1916 an Lawrence zurückgab.

LAWRENCE VON ARABIEN
Der Brite T.E. Lawrence wurde als Lawrence von Arabien weltberühmt. 1909 kam er erstmals in den Nahen Osten und lernte Arabisch. 1914 wurde er Nachrichtenoffizier in Kairo. Später arbeitete er als Verbindungsoffizier für Emir Feisal, den Anführer der arabischen Revolte gegen die osmanische Herrschaft. Lawrence unterstützte die Araber beim Aufbau einer wirkungsvollen Guerillatruppe, die Eisenbahnlinien sprengte, türkische Garnisonen angriff und zahlenmäßig weit überlegene Armeen bezwang.

Wegweiser an einer Kreuzung in Jerusalem

KÄMPFE IN PALÄSTINA
Anfang 1917 drangen britische Truppen in Palästina ein. Am 11. Dezember 1917 gelang es General Allenby, Jerusalem einzunehmen (links). Im Herbst 1918 wurden die Kämpfe wieder aufgenommen. Britische Truppen stießen nordwärts nach Damaskus vor, während eine arabische Armee unter Lawrence weiterhin die Türken in der Wüste bekämpfte. Beide Armeen nahmen am 1. Oktober 1918 Damaskus ein. Nach einem Monat hatte das Osmanische Reich kapituliert.

SANDSCHUHE
Das Laufen in weichem Sand war mit normalen Militärstiefeln sehr anstrengend. Diese britischen Sandschuhe aus Draht wurden mit Riemen über den Stiefeln befestigt. Sie verteilten das Gewicht des Soldaten auf eine größere Fläche, sodass er nicht im Sand einsank.

FLIEGENKLATSCHE
Die britische Armee stattete ihre Soldaten für den Krieg in der Wüste sogar mit Fliegenklatschen aus.

MARSCH AUF BAGDAD
Mesopotamien war reich an Erdöl, das die Briten als Brennstoff für ihre Kriegsschiffe benötigten. Um sich das Öl der Ölfelder von Basra zu sichern, entsandte Großbritannien im November 1914 Truppen nach Mesopotamien. Kommandant Townsend wollte entlang des Tigris bis nach Bagdad vorstoßen. Doch seine Soldaten waren auf einen langen Feldzug schlecht vorbereitet, und im April 1916 wurden sie bei Kut el-Amara von den Türken gestoppt. Die Briten eroberten Bagdad schließlich im März 1917.

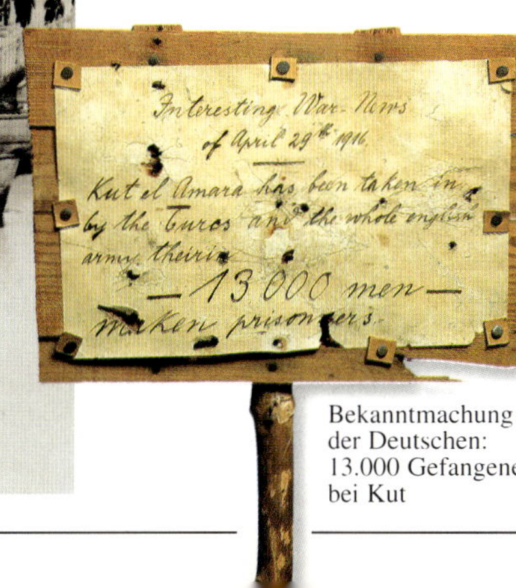

Bekanntmachung der Deutschen: 13.000 Gefangene bei Kut

Kriegseintritt der USA

Als 1914 Krieg in Europa ausbrach, blieben die USA neutral. Viele US-Bürger waren erst vor kurzem aus Europa gekommen und ergriffen für die eine oder andere Seite Partei. Als jedoch deutsche U-Boote die ersten amerikanischen Schiffe versenkten, mehrten sich die Stimmen gegen Deutschland. Im Februar 1917 entschlossen sich die deutschen Militärs, alle ausländischen Schiffe anzugreifen, um Lieferungen an Großbritannien zu behindern. Zudem versuchte Deutschland die Aufmerksamkeit der USA von Europa abzulenken, indem es dessen Nachbarland Mexiko zum Einmarsch ermunterte. Das empörte die US-Regierung, und als weitere US-Schiffe versenkt wurden, erklärte Präsident Wilson Deutschland den Krieg. Jetzt hatte man wirklich einen Weltkrieg.

UNCLE SAM
In Anlehnung an britische Armeewerbeplakate mit Lord Kitchener stellte sich der Künstler James Montgomery Flagg auf diesem Plakat selbst als Uncle Sam, die in Comics beliebte Personifikation der USA, dar. Unter dem Bild prangten die Worte „I want you for the US-Army" („Ich will dich für die US-Armee").

Diese britische Medaille unterstellt, dass der Angriff auf die SS *Lusitania* geplant war.

DIE *LUSITANIA*
Am 7. Mai 1915 versenkten deutsche Torpedos vor der irischen Küste das von New York nach Liverpool fahrende Passagierschiff SS *Lusitania*, da die Deutschen glaubten, es hätte Munition an Bord. Drei Viertel der Passagiere ertranken, darunter 128 US-Bürger. Dadurch wendete sich die öffentliche Meinung in den USA gegen Deutschland und zugunsten der Alliierten.

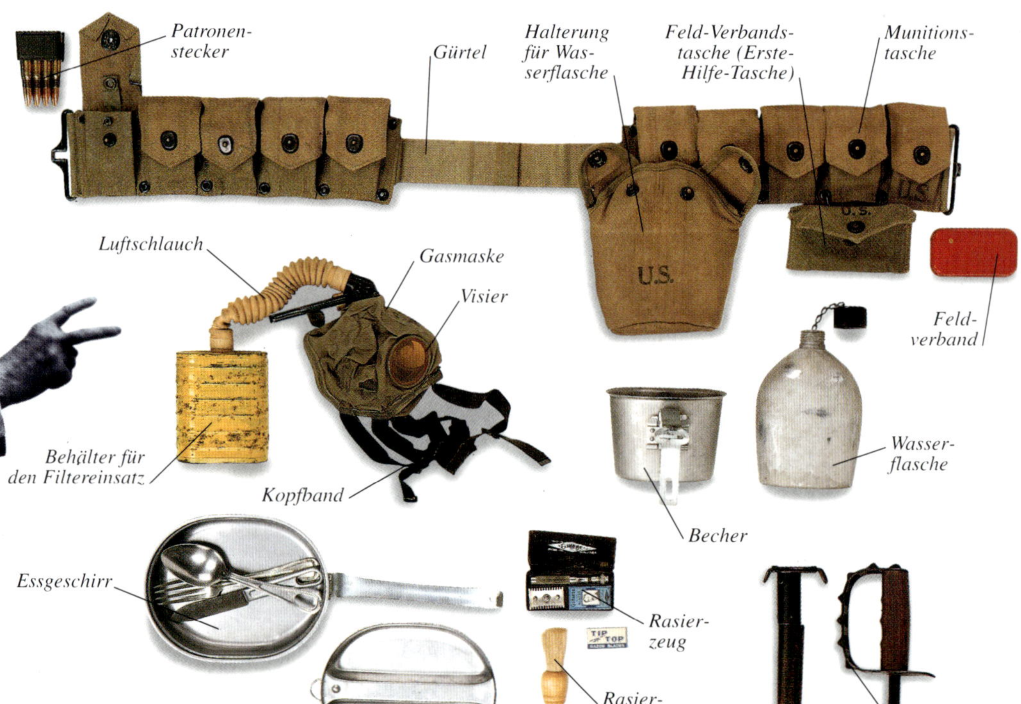

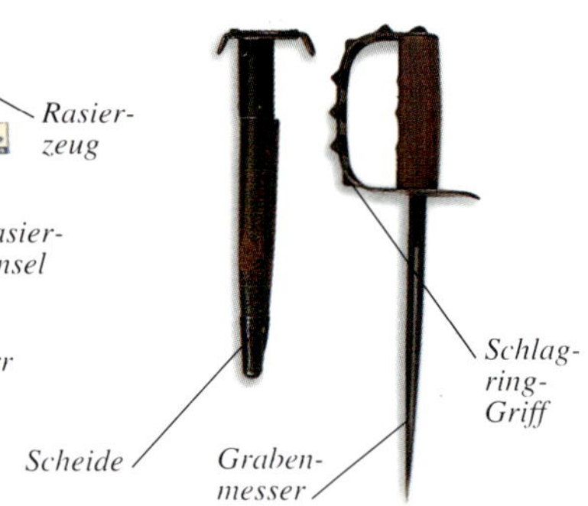

PRÄSIDENT WILSON
Woodrow Wilson war ein bekannter Professor, bevor er 1912 zum Präsidenten der USA gewählt wurde. Als Kriegsführer war er grundsatztreu und stark. Er konnte den Kongress jedoch nicht überzeugen, dem neuen Völkerbund beizutreten, der einen weiteren Weltkrieg verhindern sollte. 1919 erhielt Wilson für sein Bemühen um den Frieden in Europa den Friedensnobelpreis.

INFANTERISTEN-AUSRÜSTUNG
Ein US-Infanterist, der an die Westfront geschickt wurde, trug um die Hüfte einen mit Patronen gefüllten Munitionsgürtel mit Wasserflasche und Erster-Hilfe-Ausrüstung. Am Rücken hatte er schweres Gepäck mit einem Bajonett, einem Spaten, einer Decke und seiner persönlichen Ausrüstung, zu der auch Essgeschirr und Waschzeug gehörten.

ARTILLERIEEINSATZ
Die 1. US-Armee hatte ihren ersten größeren Einsatz vom 12. bis 16. September 1918 bei St. Mihiel südlich von Verdun. Sie nahm an einem gemeinsamen Angriff der Alliierten gegen deutsche Linien teil. Hier feuert eine Artillerieeinheit eine 75-mm-Feldkanone ab.

FÜR HELDEN
Das auf Anordnung des Präsidenten eingeführte *Distinguished Service Cross* wurde für außergewöhnliche Leistungen verliehen.

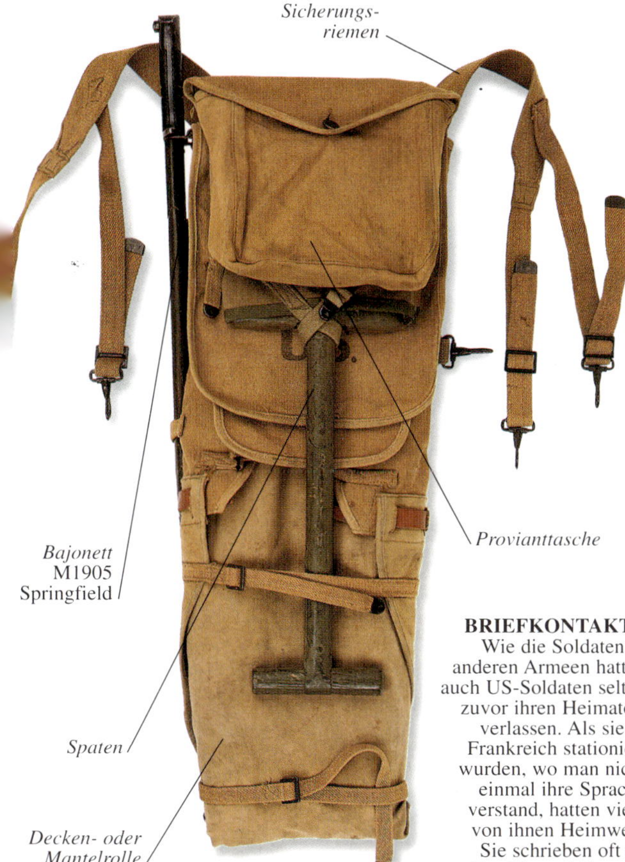

Ausrüstung eines US-Infanteristen

BRIEFKONTAKTE
Wie die Soldaten in anderen Armeen hatten auch US-Soldaten selten zuvor ihren Heimatort verlassen. Als sie in Frankreich stationiert wurden, wo man nicht einmal ihre Sprache verstand, hatten viele von ihnen Heimweh. Sie schrieben oft an Familie und Freunde und warteten sehnsüchtig auf Briefe, Postkarten oder Pakete.

Das letzte Jahr

NEUER ANFÜHRER
Im Jahr 1917 übernahm Wladimir Iljitsch Uljanow, genannt Lenin, der Führer der Bolschewiki (Kommunisten), die Macht in Russland. Er war gegen den Krieg und befahl bei seiner Machtübernahme sofortigen Waffenstillstand.

Anfang 1918 schien sich der Krieg zugunsten Deutschlands und seiner Verbündeten zu entscheiden. Der Rückzug Russlands aus dem Krieg ermöglichte Deutschland die Konzentration aller Kräfte auf die Westfront, und aus den USA waren bisher kaum Truppen in Frankreich gelandet. Im März stießen deutsche Truppen mit einer groß angelegten Offensive bis 64 km vor Paris vor. Doch hinter den Linien verließen Deutschland die Kräfte. Durch die Blockade deutscher Häfen durch die Alliierten gingen Deutschland die Vorräte aus. Das Eisenbahnnetz drohte aufgrund mangelnder Wartung zusammenzubrechen. Es kam zu Unruhen. Das Osmanische Reich und Bulgarien brachen unter alliierten Angriffen zusammen, und Italien errang einen entscheidenden Sieg gegen Österreich-Ungarn. Anfang November standen die Deutschen allein da. Am 7. November überschritt eine deutsche Delegation die Front, um Friedensgespräche mit den Alliierten zu führen.

Deutsche und russische Truppen feiern 1917 den Waffenstillstand an der Ostfront.

Russlands Rückzug

Während des Kriegs wuchs in Russland der Unmut über die Regierung. Die Armee war demoralisiert, und Anfang 1917 kam es zu einer Verbrüderung mit deutschen Soldaten an der Ostfront. Im Februar 1917 stürzte eine Revolution den Zaren, aber die neue Regierung führte den Krieg fort. Eine zweite Revolution im Oktober brachte die Bolschewiki an die Macht. Mit Deutschland wurde ein Waffenstillstand vereinbart. Im März 1918 unterzeichnete Russland den Frieden von Brest-Litowsk.

Französische und britische Truppen während der Frühjahrsoffensive

DIE FRÜHJAHRSOFFENSIVE
Am 21. März 1918 startete General Ludendorff einen Großangriff an der Westfront. Er hoffte damit Großbritannien und Frankreich zu schlagen, ehe Verstärkung aus den USA eintraf. Der Angriff überraschte die Alliierten, und Deutschland stieß bis Juli fast 64 km vor – hatte jedoch 500.000 Opfer zu beklagen.

8. Januar US-Präsident Wilson nennt 14 Punkte für den Frieden.
3. März Friede von Brest-Litowsk – Russland scheidet aus dem Krieg aus.
21. März Deutsche Frühjahrsoffensive
15. Juli Letzte deutsche Offensive an der Westfront
18. Juli Französische Gegenoffensive an der Marne, deutsche Truppen werden zurückgedrängt
8. August Beginn der britischen Offensive bei Amiens
12. September Beginn der amerikanischen Offensive bei St. Mihiel
14. September Alliiertenangriff auf Bulgarien bei Saloniki
25. September Bulgarien ersucht um Frieden.
27. September Britische Truppen beginnen mit Durchbrechung der Hindenburg-Linie

DIE MARNESCHLACHT

Am 18. Juli 1918 starteten französische und amerikanische Truppen unter General Foch einen Gegenangriff auf die Deutschen an der Marne. Sie stoppten die deutsche Offensive und begannen, die Deutschen nach Osten zurückzudrängen. Bis zum 6. August hatten diese einen Verlust von 168.000 Männern zu beklagen, von denen viele auf den Schlachtfeldern begraben wurden (links). Der Krieg hatte sich zugunsten der Alliierten gewendet.

Französische Soldaten stellen die Personalien der deutschen Toten fest, bevor sie sie beerdigen.

DURCHBRUCH

Am 8. August 1918 begann eine britische Offensive bei Amiens. Die deutsche Armee litt bereits unter einem Mangel an wichtigen Versorgungsgütern und leistete deshalb kaum mehr Widerstand. Die Alliierten stießen weiter zur schwer befestigten Hindenburg-Linie vor. Am 29. September eroberte die britische 46. North Midland Division die Brücke von Riqueval über den St.-Quentin-Kanal. Die Soldaten posierten für ein Siegerfoto, da sie endlich die Linie durchbrochen hatten.

Viele französische Kinder kannten ihre Heimatorte nicht ohne deutsche Besatzung.

Hintergrund: deutsche Truppen beim Vorstoß an der Somme im April 1918

Französische Kinder laufen neben den Soldaten der Alliierten her.

DIE LETZTEN TAGE

Bis zum 5. Oktober durchbrachen die Alliierten die gesamte Hindenburg-Linie. Beide Seiten hatten starke Verluste zu beklagen, und die Deutschen wurden immer weiter ostwärts gedrängt. Briten und Franzosen eroberten die 1914 verlorenen Orte zurück, darunter Lille (links), und Anfang November eroberten sie auch Mons, wo im August 1914 die ersten Schüsse des Krieges gefallen waren. Inzwischen wurde aus dem deutschen Rückzug eine Vertreibung.

28. September General Ludendorff rät dem Kaiser zum Frieden, da die Armee auseinander bricht.
1. Oktober Die Briten erobern das von Türken gehaltene Damaskus.
6. Oktober Die deutsche Regierung beginnt mit Waffenstillstandsverhandlungen.
21. Oktober Die Tschechoslowakei erklärt sich unabhängig.
28. Oktober Die italienische Armee startet die Schlacht von Vittorio-Veneto.
1. November Meuterei der deutschen Hochseeflotte
3. November Österreich-Ungarn unterzeichnet den Waffenstillstand.
9. November Der deutsche Kaiser dankt ab.
11. November Waffenstillstand: Kriegsende

Die Kosten des Kriegs

EIN MENSCHENLEBEN
Ein Soldat auf dem Höhenzug von Pilckem bei Passchendaele im August 1917: Das einfache Holzkreuz markiert ein frisches Grab. Viele andere Gefallene wurden vom Schlamm begraben; ihre Gräber blieben unmarkiert.

Die Folgen des Ersten Weltkriegs für die Menschen waren unvorstellbar. Mehr als 65 Millionen Männer kämpften, über die Hälfte von ihnen wurde getötet oder verwundet: Es gab 8 Millionen Gefallene, 2 Millionen Tote durch Krankheit, 21,2 Millionen Verwundete, und 7,8 Millionen gerieten in Gefangenschaft oder galten als vermisst. Darüber hinaus kamen etwa 6,6 Millionen Zivilisten ums Leben. In den beteiligten Nationen – mit Ausnahme der USA – gab es kaum eine Familie, die keine Verluste zu beklagen hatte. Ganze Dörfer und Städte verschwanden von der Landkarte, und fruchtbares Ackerland wurde zum tödlichen Sumpf. Die europäischen Volkswirtschaften waren ruiniert, während die USA als neue Weltmacht aus dem Krieg hervorgingen. Verständlicherweise hofften die Menschen Ende 1918, nie wieder solche Zerstörungen und Grausamkeiten eines Kriegs miterleben zu müssen.

DER UNBEKANNTE SOLDAT
Viele Tote waren bis zur Unkenntlichkeit verstümmelt. Ihre Gräber sind durch einfache Kreuze markiert. Viele Tausend Soldaten starben unerkannt. Ihrer gedachte man bei Feierlichkeiten für den unbekannten Soldaten.

NACHSORGE
Tausende Soldaten waren nach dem Krieg entstellt oder verkrüppelt. Chirurgen nahmen sich der Gesichtsschäden an, starke Entstellungen wurden mit Masken und Prothesen verdeckt. Künstliche Gliedmaßen verliehen vielen Behinderten etwas Beweglichkeit. Doch die Männer trugen den Rest ihres Lebens an den Schrecken des Kriegs.

Manche Soldaten blieben den Rest ihres Lebens in Behandlung.

Viele Soldaten malten zum Zeitvertreib.

Hintergrund: Mohnblumen auf den Schlachtfeldern in Nordfrankreich

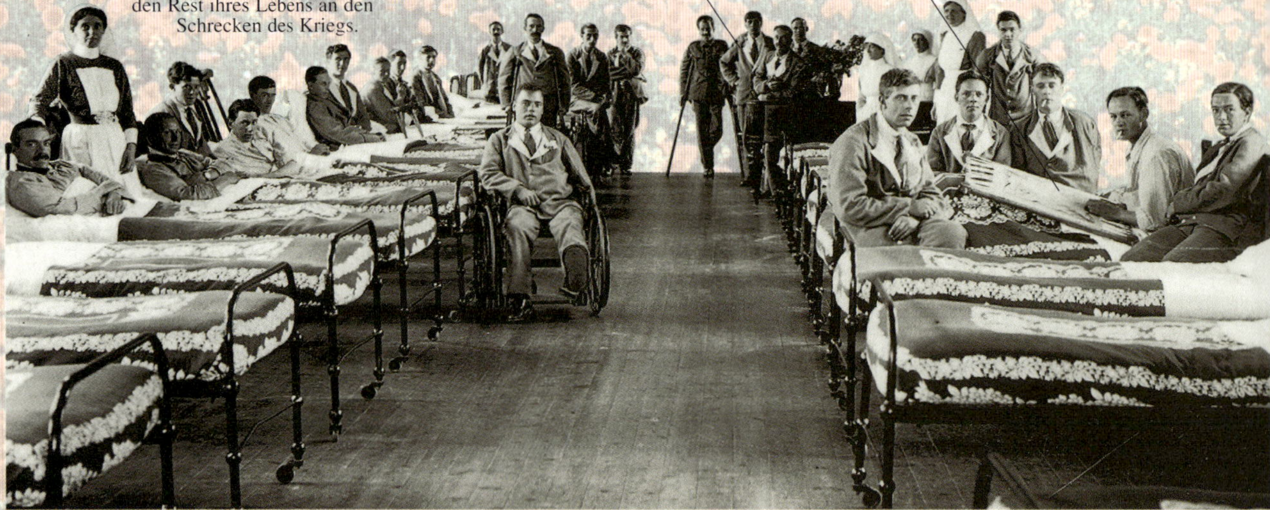

ANDENKEN

Beiderseits der Westfront wuchs ein Meer von Blumen, darunter rote Mohnblumen. Viele Soldaten pressten sie wie Jack Mudd (oben) als Andenken für die Lieben zu Hause. Mudd schickte diese Mohnblume an seine Frau Lizzie, bevor er 1917 in der Schlacht um Passchendaele fiel. Der kanadische Arzt John McCrae schrieb das Gedicht *In Flämischen Feldern*, nachdem er 1915 Soldaten bei Ypern behandelt hatte. Die Erwähnung der Mohnblumen in seinem Gedicht inspirierte die britische Legion, Papiermohnblumen zugunsten der Behandlung verwundeter Soldaten und zum Gedenken der Gefallenen zu verkaufen.

KRIEGSDENKMÄLER

Die Westfront wird in ihrer ganzen Länge von Grabsteinen und Denkmälern markiert, die an die Gefallenen des Kriegs erinnern. Das französische Nationalmausoleum von Douaumont bei Verdun (unten) birgt die Überreste von 130.000 unbekannten französischen und deutschen Soldaten. Im Tal der Somme gibt es 410 britische Friedhöfe.

Eisernes Kreuz

Viktoriakreuz

FÜR TAPFERKEIT

Als Tapferkeitsauszeichnung erhielten 5 Mio. Soldaten der Deutschen und ihrer Verbündeten das Eiserne Kreuz. Mehr als 2 Mio. *Croix de Guerre* wurden französischen Soldaten, Einheiten, Zivilisten und Städten überreicht; und mit dem Viktoriakreuz, der höchsten britischen Auszeichnung, wurden 576 Soldaten bedacht.

Französisches *Croix de Guerre*

Der Versailler Vertrag

Um 11 Uhr am 11. Tag des 11. Monats im Jahr 1918 verstummten die Waffen in Europa nach über vier Jahren Krieg. Die Probleme des Krieges wurden nun durch die gleichermaßen drückenden Probleme des Friedens ersetzt. Deutschland ersuchte um einen Waffenstillstand zur Erörterung eines Friedensvertrages. Es kapitulierte nicht, aber seine Soldaten streckten reihenweise die Waffen, und auch die Marine meuterte. Die Alliierten wollten sichergehen, dass Deutschland nie wieder einen Krieg führen würde. Durch den Friedensvertrag wurde die Landkarte Europas neu gezeichnet. Deutschland musste wichtige Gebiete sowie alle Kolonien in Übersee aufgeben und Schadenersatz leisten. Die deutschen Streitkräfte wurden verkleinert.

GESPRÄCHE IM SALONWAGEN
Am 7. November 1918 überschritt eine deutsche Delegation unter Leitung des Staatssekretärs Matthias Erzberger die Front, um den Oberbefehlshaber der Alliierten, Marschall Foch, in seinem Salonwagen im Wald von Compiègne zu treffen. Am 11. November um 5 Uhr unterzeichneten beide Seiten eine Waffenstillstandsvereinbarung.

HEIMATLOSE
Viele Menschen verloren wie diese Litauer im Krieg ihre Heimat. Das Ende der Kämpfe ermöglichte vielen Tausend Flüchtlingen – vor allem Franzosen, Belgiern, Italienern und Serben, deren Länder von den Mittelmächten besetzt waren – die Heimkehr. Außerdem gab es 6,5 Mio. Kriegsgefangene, die in die Heimat zurückgeführt werden mussten. Diese Aufgabe war bis zum Herbst 1919 erfüllt.

The New York Times.

"All the News That's Fit to Print."

THE WEATHER

ARMISTICE SIGNED, END OF THE WAR!
BERLIN SEIZED BY REVOLUTIONISTS;
NEW CHANCELLOR BEGS FOR ORDER;
OUSTED KAISER FLEES TO HOLLAND

WAR ENDS AT 6 O'CLOCK THIS MORNING

The State Department in Washington Made the Announcement at 2:45 o'Clock.

ARMISTICE WAS SIGNED IN FRANCE AT MIDNIGHT

Terms Include Withdrawal from Alsace-Lorraine, Disarming and Demobilization of Army and Navy, and Occupation of Strategic Naval and Military Points.

GERMAN DYNASTIES BEING WIPED OUT

MORE WARSHIPS JOIN THE REDS

GUTE NACHRICHTEN
Die Nachricht vom Waffenstillstand breitete sich innerhalb von Minuten über die ganze Welt aus. Zeitungen und Telegramme wurden geschrieben, und alle Nachbarn liefen zusammen, um sich die frohe Botschaft mitzuteilen.

VIVE LA PAIX!
In Paris (unten) zogen französische, britische und amerikanische Soldaten mit den Parisern in einem spontanen Umzug durch die Stadt. In London tanzten Frauen und Kinder in den Straßen. In Deutschland war man entsetzt und erleichtert zugleich.

VERTRAGSUNTERZEICHNUNG
Soldaten beobachten die Unterzeichnung des Versailler Vertrags: Die Amerikaner wollten einen gerechten Vertrag, der allen Menschen Demokratie und Freiheit garantierte, während sowohl Frankreich als auch Großbritannien für ein geschwächtes und geteiltes Deutschland plädierten. Die Verhandlungen wurden einige Male unterbrochen, bis im Juni 1919 eine Übereinkunft getroffen wurde.

DER VERSAILLER VERTRAG
Der Friedensvertrag wurde am 28. Juni 1919 im Spiegelsaal des Versailler Schlosses unterzeichnet. Auf Sir William Orpens Gemälde beobachten die vier Führer der Alliierten die deutsche Delegation bei der Unterzeichnung. Der Vertrag beendete die deutsche Kaiserherrschaft, 48 Jahre nachdem das Deutsche Reich im selben Saal ausgerufen worden war.

FRIEDENSVERTRÄGE
Der Versailler Vertrag wurde von Repräsentanten der Alliierten und Deutschlands unterzeichnet. Die Alliierten unterzeichneten weitere Verträge mit Österreich im September 1919, Bulgarien im November 1919, der Türkei im April 1920 und Ungarn im Juni 1920. In dieser Zeit wurde die Landkarte Europas neu gezeichnet.

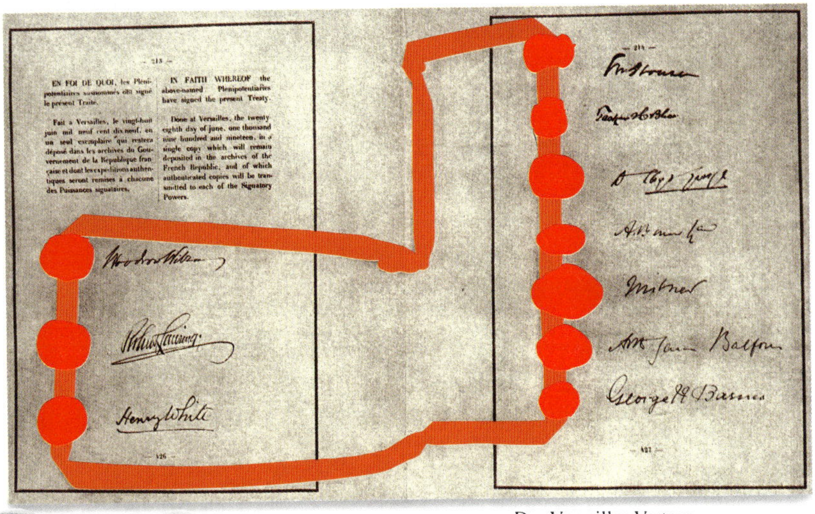

– 215 –

EN FOI DE QUOI, les Plénipotentiaires susnommés ont signé le présent Traité.

Fait à Versailles, le vingt-huit juin mil neuf cent dix-neuf, en un seul exemplaire qui restera déposé dans les archives du Gouvernement de la République française et dont les expéditions authentiques seront remises à chacune des Puissances signataires.

IN FAITH WHEREOF the above-named Plenipotentiaries have signed the present Treaty.

Done at Versailles, the twenty eighth day of june, one thousand nine hundred and nineteen, in a single copy which will remain deposited in the archives of the French Republic, and of which authenticated copies will be transmitted to each of the Signatory Powers.

Der Versailler Vertrag

SIEGREICHE ALLIIERTE
Die „Großen Vier" – der französische Ministerpräsident Georges Clemenceau (unterstützt von General Foch), der britische Premierminister David Lloyd George, der italienische Ministerpräsident Vittorio Orlando (hier mit Außenminister Giorgio Sonnino) und US-Präsident Woodrow Wilson handelten gemeinsam die wichtigsten Details der Friedensvereinbarung aus.

Zwischen den Kriegen

In der Zeit nach dem Ersten Weltkrieg wurden die Konflikte, die zum Krieg geführt hatten, nicht gelöst. Der aggressive Nationalismus wurde nicht beseitigt; die imperialistische Konkurrenz der großen Industriestaaten um Rohstoffe, Märkte und Einflussgebiete hielt an. Die sozialen Spannungen, die in Russland noch während des Kriegs zur Revolution geführt hatten, hatten den Aufstieg von Kommunismus und Faschismus zur Folge. Die desolate wirtschaftliche Lage der Nachkriegsjahre verbesserte sich nur vorübergehend. Im durch den Versailler Vertrag gedemütigten und zu hohen Reparationszahlungen verpflichteten Deutschland wurde in der Weltwirtschaftskrise der dreißiger Jahre die Nazi-Partei Hitlers zur führenden Macht, die unter dem Schlagwort „Eroberung neuen Lebensraumes" in Osteuropa vor einem neuen Krieg nicht zurückschreckte.

Lenin säubert den Globus von den alten Herrschern, russisches Propagandaplakat

Die Oktoberrevolution in Russland und die Entstehung der Sowjetunion

Am 6./7. November 1917 (nach der alten russischen Zeitrechnung ist es noch Oktober) besetzen bewaffnete Anhänger der Arbeiter- und Soldatenräte („Sowjets") die strategischen Punkte von Petrograd, wie Sankt Petersburg seit der ersten Revolution im März heißt (S. 370). Angeführt werden sie von den gut organisierten Bolschewiki („Mehrheitler" – so nennen sie sich seit der Spaltung der russischen Sozialdemokratie 1903). Lenin, der unumstrittene Führer der Bolschewiki, bildet eine provisorische Regierung, und der revolutionäre Funke springt auf das gesamte Land über. Während die Bolschewiki in den Städten die industrielle Produktion organisieren, beseitigen die Bauern auf dem Land die Vorrechte der Gutsbesitzer. Doch schon bald regt sich Widerstand seitens der alten Herrschaftsschicht, die die Mehrheit der Heeresoffiziere auf ihrer Seite weiß. „Weiße" Truppen bekämpfen nun die „rote" Regierung (S. 372). Nach dem Zusammenbruch der Mittelmächte (S. 354) werden die Weißen von England und Frankreich unterstützt. Trotzki organisiert wiederum eine „Rote Armee" der Bolschewiki, die sich jetzt Kommunistische Partei (KP) nennen. Die „Roten" setzen sich gegen die Weißen und die Invasionstruppen der Entente durch, und sogar gegen die polnische Armee unter Pilsudski erreichen sie einen ehrenhaften Frieden. Der erbittert ausgetragene Bürgerkrieg in Russland verschlingt enorme Mittel: Die Armeen müssen versorgt werden, die Produktion von Waffen muss organisiert und finanziert werden. Dies führt zur Ausblutung des Landes und zu schrecklichen Hungersnöten. Lenin setzt deshalb eine „Neue ökonomische Politik" durch, dank derer die Bauern frei produzieren dürfen, ohne fürchten zu müssen, dass jeglicher von ihnen erwirtschafteter Überschuss gleich konfisziert wird. Dies hat kurzfristig Erfolg, löst jedoch nicht das Problem, wie die auf Rüstung eingestellte Industrie die Bedürfnisse der Bevölkerung befriedigen soll und wie die Bauern dazu gebracht werden sollen, mehr zu produzieren, wenn sie mit ihrem Überschuss nicht die Waren kaufen können, die sie brauchen.

Die Revolutionen von 1918

Ein Jahr nach der Oktoberrevolution in Russland, im November 1918, beendete eine revolutionäre Bewegung in Deutschland und Österreich-Ungarn den für die Mittelmächte bereits verlorenen Krieg (S. 374). In Berlin, München und anderen Städten Deutschlands, in Wien und Budapest bilden sich spontan Arbeiter- und Soldatenräte nach dem Vorbild der russischen Sowjets, die Monarchie wird überall für abgeschafft erklärt und die Republik ausgerufen. In Deutschland und Österreich beschließen die Rätekongresse, in denen Sozialdemokraten bzw. Sozialisten die Mehrheit haben, gegen eine radikale Minderheit die Schaffung parlamentarischer Demokratien. Wahlen zu Verfassunggebenden Nationalversammlungen werden ausgeschrieben. Nur in Ungarn hält sich die Räteherrschaft, bis sie 1920 durch einen Militärputsch beseitigt wird. In Deutschland wie in Österreich führen die Sozialdemokraten bzw. Sozialisten die ersten Nachkriegsregierungen. In Deutschland gelingt die Abwehr des gegen die junge Republik gerichteten Kapp-Putsches (1920) durch die Mobilisierung der Arbeiter in einem Generalstreik. Die „Weimarer Republik“, die nach dem Ort heißt, wo ihre Verfassung verabschiedet worden ist, stabilisiert sich. Die Führung der alten Arbeiterparteien beim Übergang in eine neue Ära war allerdings nicht unumstritten, hatten sie doch den Kriegskurs ihrer Regierungen mit getragen. Linksgruppierungen spalteten sich ab und orientierten sich bald an den siegreichen revolutionären Bolschewiki in Russland. In Deutschland hatte sich bereits während des Kriegs die linke USPD von der SPD getrennt, da sie von ihr die Ziele der Revolution verraten sah. Im Winter 1918/1919 versuchte der noch radikalere Spartakusbund um Rosa Luxemburg und Karl Liebknecht die Revolution des November weiterzutreiben: Man träumte von einer wirklichen proletarischen Internationale, die das große Russland und das industriell mächtige Deutschland vereinen und schließlich die ganze Welt erneuern würde (S. 374). Die Revolte des Spartakusbunds wurde niedergeworfen und seine Führer ermordet, doch ging aus ihm die Kommunistische Partei Deutschlands (KPD) hervor, die großen Zulauf hatte und in der unruhigen Zeit bis 1924 immer wieder den Versuch unternahm, einen bewaffneten Aufstand herbeizuführen.

„Proletarier aller Länder, vereinigt euch“. Revolutionäre russische Fahne

Der internationale Kommunismus

Ähnlich mächtige kommunistische Parteien wie in Deutschland entstanden auch in Frankreich, Italien, Spanien und kleineren Ländern Europas, nicht zuletzt auch in China. Zunehmend hörten die kommunistischen Parteien auf das Kommando der Zentrale der Kommunistischen Internationale (Komintern, im Mai 1919 gegründet) in Moskau. Sowjetrussland hoffte, durch die Unterstützung der KPs seine internationale Isolierung durchbrechen zu können. Durch den radikalen Kurs der Internationale gerieten die Kommunisten jedoch in ihren eigenen Ländern zunehmend ins Abseits, da sie mehr und mehr die sozialdemokratischen und sozialistischen Parteien – ihre Konkurrenten, aber auch ihre natürlichen Verbündeten – als ihre Hauptgegner ansahen. Das Bündnis mit den Sozialisten suchten sie erst, als ihre wirklichen Feinde, die Faschisten, in Italien längst herrschten und auch in Deutschland die Macht schon ergriffen hatten.

Der Aufstieg des Faschismus

Die Agitation der revolutionären Räte und dann der Kommunisten schürte die Ängste vieler Bürger und Kleinbürger, die ihr Eigentum von der Enteignung durch die „Roten“ bedroht sahen. Dies machte sich die faschistische Bewegung in ganz Europa zunutze. Die Faschisten stellten sich als Hüter von Recht und Ordnung dar; sie pflegten den militärischen Geist und predigten die Unterordnung aller Sonderinteressen unter die Nation oder das „Volk“. Vor allem aber verhießen sie, die Nation zu neuer Größe zu führen. Vielen kleinen Bauern, Ladenbesitzern und Angestellten versprachen sie Schutz, notfalls auch vor der eigenen Regierung, falls diese die überkommene Ordnung sollte ändern wollen, für manche Arbeiter waren sie attraktiv, weil sie den Standesdünkel der alten Oberklassen lächerlich machten, und für nicht wenige Industrielle stellten sie eine Art Werkschutz gegen mögliche kommunistische oder sozialistische Übergriffe auf ihre Fabriken dar.

1922 traten die paramilitärisch organisierten Faschisten Italiens, die „Schwarzhemden“, unter Führung des ehemaligen Sozialisten und Frontoffiziers Benito Mussolini ihren „Marsch auf Rom an“, der zum Triumphzug wurde (S. 394). Das Parlament erwies sich gegenüber dieser Welle nationaler Begeisterung als völlig hilflos, Mussolini bildete eine Regierung und

Benito Mussolini und seine „Schwarzhemden“ genannten Gefolgsleute beim „Marsch auf Rom“

achtete vor allem darauf, dass er die Massenmedien, vor allem die Presse, unter seine Kontrolle bekam. Die Bevölkerung wurde mit faschistischer Propaganda bombardiert und jubelte dem *Duce*, dem Führer, auch weiterhin zu. Um sich der Zustimmung der Bevölkerung, die das Rückgrat seiner Macht war, weiter zu versichern, musste Mussolini die nationalistische Stimmung bedienen: Dies führte ihn zu kolonialen Abenteuern in Nordafrika und Abessinien, zum Eingreifen in den Spanischen Bürgerkrieg, zur Annexion Albaniens und schließlich zum Eintritt in den Zweiten Weltkrieg an der Seite Hitlers.
Faschistische Bewegungen verschiedener Art gab es in fast allen Staaten Europas; als antikommunistische Schlägertrupps in Frankreich, als bäuerlich-antidemokratische Gruppierung mit kirchlicher Unterstützung in Österreich und in der Slowakei, als Basis im Volk für Militärdiktatoren in einigen Balkanstaaten und später in Portugal und Spanien.
Vergleichbar mit dem Aufstieg des europäischen Faschismus war auch die Entwicklung in Japan, wo sich die nationalistischen Kräfte unter Führung des Militärs immer enger um den Tenno, den Kaiser, scharten, der die Einheit der Nation über alle Klassengrenzen hinweg garantierte (S. 395).
Am folgenreichsten war der Aufstieg des Faschismus in Deutschland. Hier war es die Nationalsozialistische Deutsche Arbeiterpartei (NSDAP) Adolf Hitlers, die dem Vorbild der italienischen Faschisten nacheiferte. 1923 versuchte Hitler Mussolinis Marsch auf Rom durch einen pathetisch inszenierten Marsch auf die Feldherrnhalle in München zu imitieren (S. 375).
Der Putschversuch endete kläglich, und Hitler wurde wegen Hochverrats zu Festungshaft verurteilt. Dort schrieb er seine Programmschrift *Mein Kampf*, in der er den nationalen Wiederaufstieg Deutschlands verhieß, dem „Bolschewismus" den Kampf ansagte und von einer „nordischen Herrenrasse" schwärmte. Vor allem predigte er ein Feindbild, „die Juden". Die Juden waren für ihn an allem schuld, was die kleinen Leute in Deutschland und ihre einst so stolze Nation bedrohte, sei es als „internationales Finanzjudentum" in London, New York, Paris und Frankfurt, sei es als „jüdisch-bolschewistische" Verschwörer, die „den" Arbeiter von der Nation entfremdeten. Diese Konstruktion war natürlich völlig absurd, sie trug aber dennoch zum Erfolg der Nazipartei, der NSDAP, bei: Wenn die kleinen Leute dazu gebracht werden konnten, all ihre wirtschaftlichen Schwierigkeiten „den" Juden anzulasten, entlastete dies die Wohlhabenden und Mächtigen und verpflichtete sie der NSDAP. Dank des ausgegrenzten Feindes, der Juden, würde die übrige Nation trotz aller realen Interessengegensätze zusammenhalten.

Wirtschaftliche Entwicklung und Politik
Die wirtschaftliche Krise in Europa nach dem Ende des Ersten Weltkriegs, die auf die enormen Opfer zurückzuführen war, die der Krieg gekostet hatte, führte nicht nur zum Aufstieg der Kommunisten und ihrer faschistischen Gegner; sie war auch der Schlüssel zu den politischen Spannungen vor allem zwischen Frankreich und Deutschland, die zusätzlich zur Stärkung der extremen Rechten beitrugen. Frankreich und Großbritannien hatten Deutschland mit dem Versailler Vertrag zu enormen Reparationszahlungen, also Ersatzzahlungen für die angerichteten Kriegsschäden, verpflichtet, die Deutschland, solange seine Wirtschaft am Boden lag, gar nicht aufzubringen fähig war. 1921 besetzten Truppen der Alliierten das Ruhrgebiet, um Zahlungen in Naturalien, vor allem Kohle, zu erzwingen. 1922 suchten die Deutschen deshalb in Rapallo den Schulterschluss mit dem anderen großen Aussätzigen der Weltpolitik, Sowjetrussland. 1923 rückten französische und belgische Truppen erneut ins Ruhrgebiet ein, wo es zu einer Aufstandsbewegung, dem „Ruhrkampf", kam, und versuchten die deutschen Gebiete westlich des Rheins zum Abfall vom Reich zu bewegen. Dies führte zu ei-

Suppenküche in Frankreich zur Zeit der Weltwirtschaftskrise

Deutsches Inflationsgeld, 1923

nem weitgehenden Produktionsstillstand in Deutschland und zur radikalen Entwertung allen Geldbesitzes in der Inflation. Als sich auch in Frankreich die Wirtschaftskrise verschärfte, setzten die Amerikaner den Dawes-Plan zugunsten einer Gesundung der deutschen Wirtschaft durch. Sie hatten ein Interesse daran, dass Deutschland wieder in die Lage versetzt wurde, Reparationen zu zahlen, denn mit diesem Geld konnten Frankreich und England die Kredite abbezahlen, die sie zur Finanzierung des Kriegs in Amerika aufgenommen hatten. Tatsächlich kam es dank eines amerikanischen Kredits zu einer Währungsreform in Deutschland, die wiederum zu einer deutlichen Verbesserung der wirtschaftlichen Lage beitrug. Die innenpolitischen Spannungen ließen nach, und es kam auch zur Entspannung zwischen Deutschland und Frankreich, die von den Außenministern Stresemann und Briand energisch vorangetrieben wurde. 1925 erkennt Deutschland in Locarno seine nach dem Krieg gezogenen Grenzen an, und Frankreich räumt das Rheinland (1930 vollständig durchgeführt), 1926 wird Deutschland in den Völkerbund aufgenommen, 1929 träumt Briand öffentlich von einer europäischen Wirtschaftsunion und den „Vereinigten Staaten von Europa“.

In derselben Zeit bemühte sich auch die Sowjetunion, Anschluss an die wirtschaftliche Entwicklung des Westens zu finden. Nur wenn sie zur Industriemacht wurde, konnte die kommunistische Herrschaft überleben. Über den Weg dahin streiten nach dem Tod Lenins 1924 seine potenziellen Nachfolger in der Partei- und Staatsführung.

„Bereichert euch!“, ruft Nikolaj Bucharin den Bauern zu, in der Hoffnung, dass wohlhabende Bauern verstärkt Industriewaren kaufen würden, was den Ausbau der Industrie fördern würde. Die Anhänger Trotzkis halten dagegen: Die Bauern müssten mit Gewalt gezwungen werden, ihre Produkte an die Arbeiter in den Städten abzugeben, damit dort unter Staatsregie eine mächtige Industrie entstehen könne. Der Führer des bolschewistischen Parteiapparats, Josef Stalin, laviert zwischen den Positionen, bis er zum alleinigen Führer der Sowjet-KP wird. 1929 organisiert er dann die „Kollektivierung“ der Landwirtschaft, indem er die Arbeiter und die armen Bauern gegen die wohlhabenderen Bauern aufhetzt und das Privateigentum am Land beseitigt. Die Folge ist zunächst ein Massaker an den wohlhabenden „Kulaken“ und eine erneute Hungersnot. Doch von nun an organisiert der Staat die Ernährung eines wachsenden Industrieproletariats dadurch, dass er die Bauern mehr oder weniger direkt zu Staats-Landarbeitern macht. Bucharin wird 1936 in einem Schauprozess zum Tode verurteilt, mit ihm gehen viele der alten Revolutionäre in den Tod. Trotzki wird im mexikanischen Exil von einem Agenten Stalins ermordet. Die Union der sozialistischen Sowjetrepubliken, wie der Zusammenschluss des kommunistischen Russland mit seinen ehemaligen, jetzt ebenfalls kommunistisch geführten Kolonien heißt, wird zu einer großen Industrie- und Militärmacht, die von Stalin als allmächtigem Diktator regiert wird (S. 378).

In den wenigen Jahre wirtschaftlicher Blüte in der westlichen Welt von 1924 bis 1929 beginnen die Menschen wieder das Leben zu genießen. In der Mode drückt sich aus, dass die Frauen, die infolge des Kriegs einen festen Platz in den Fabriken und den Büros errungen haben, selbstbewusster geworden sind; Film und Radio entwickeln sich zu Massenmedien, Autos erobern die Straßen, Flugzeuge die Luft (S. 386).

In den USA, die zum reichsten Land der Welt geworden sind, ist das Vergnügen am Wohlstand durch die Alkohol-Prohibition getrübt, mit der konservative Politiker die gesellschaftliche Moral zu heben versuchen, aber ein bedenkliches Ausmaß an Korruption und Kriminalität erzeugen (S. 382).

Im ebenfalls noch immer reichen Großbritannien ist es der enorme Unterschied zwischen den Reichen und der Arbeiterschaft, der zu Spannungen führt. 1924 kommt erstmals eine sozialistische Labour-Regierung an die Macht. Als diese aus der Regierung gedrängt

wird, eskalieren die Kämpfe zwischen gewerkschaftlich organisierten Arbeitern und Industriellen, doch wird die Autorität des Parlaments niemals ernsthaft infrage gestellt. Wie die USA erweist sich England als ungefährdet durch Kommunismus und Faschismus. Dasselbe gilt auch für kleinere Länder wie Schweden, wo die Sozialdemokraten einen Wohlfahrtsstaat aufzubauen beginnen, an dem die große Masse der Bevölkerung teilhat.
Die kurze wirtschaftliche Blütezeit der zwanziger Jahre endete mit dem „Schwarzen Freitag" an der New Yorker Börse, dem 25. Oktober 1929 (S. 391). Lange Zeit hatten viele Amerikaner, und beileibe nicht nur die wohlhabenden unter ihnen, geglaubt, sie könnten bequem reich werden, wenn sie ihr Geld nur an der Börse anlegten. Monat für Monat stiegen die Kurse. Doch die Industrie hatte bald keine Verwendung mehr für das Kapital, das ihr an der Börse so reichlich zur Verfügung stand, sie wuchs nicht mit, da die Löhne und damit die Massenkaufkraft kaum gestiegen waren. Schlagartig begannen im Herbst 1929 die Börsenkurse zu fallen; Banken, mit deren Krediten viele Menschen ihre Aktienkäufe finanziert hatten, brachen zusammen, die Industrieproduktion ging zurück, in Massen wurden die Beschäftigten entlassen.

Die Weltwirtschaftskrise und die „Machtergreifung" Hitlers

In kurzer Zeit erreicht die Krise auch Europa, das von amerikanischen Krediten abhängig ist, die nun zurückgefordert werden. Besonders heftig ist Deutschland betroffen, wo die Arbeitslosenzahl bis 1932 auf 6 Millionen hochschnellt. Die schwache Regierung des konservativen Reichskanzlers Brüning findet kein Rezept gegen die Krise und kann nur mithilfe von „Notverordnungen" regieren, die Hindenburg, der Reichspräsident, unterzeichnet. Die halbmilitärischen Parteiarmeen der Nazis, Deutschnationalen, Kommunisten und Sozialdemokraten liefern sich blutige Straßenschlachten. Vor diesem Hintergrund wird die NSDAP Hitlers zur größten Partei. 1932 erreicht sie in den Reichstagswahlen 38% der Stimmen. Am 30. Januar 1933 wird Hitler dank der Unterstützung rechtsnationalistischer Kräfte und mit Billigung des monarchistisch gesinnten Hindenburg Reichskanzler (S. 396). Die Nazis beginnen unter Duldung durch die nationalen und konservativen Kräfte sofort, mithilfe des staatlichen Machtapparats gewaltsam gegen die Opposition aus Kommunisten, Gewerkschaften und Sozialdemokratie vorzugehen. Der Reichstag sanktioniert im März die diktatorische Herrschaft Hitlers und seiner Anhänger durch das „Ermächtigungsgesetz"; allein die SPD stimmt dagegen, die KPD ist überhaupt nicht mehr im Parlament zugelassen. Danach sorgen die Nazis für die „Gleichschaltung" des Staatsapparats, der Gewerkschaften und der Massenmedien.
Der Parteiapparat beginnt den Staat zu durchdringen. Schon 1933 erheben die Nazis den Antisemitismus zur Staatsideologie: SA-Trupps organisieren den Boykott jüdischer Geschäfte, während jüdische Staatsbeamte entlassen werden. 1935 werden die Nürnberger „Rassengesetze" erlassen, die säuberlich definieren, wer Jude, „Halbjude" oder bloß „Vierteljude" ist, und Mischehen zwischen Juden und „Ariern" verbieten. Systematisch werden die Juden aus dem „Volk" ausgegrenzt und zu Staatsbürgern minderen Rechts gemacht. Einen ersten Höhepunkt erreicht die antisemitische Politik der Nazis während der Pogromnacht des 9. November 1938, als von SA-Leuten angeführte Banden die Synagogen in Brand stecken und jüdische Geschäfte plündern (S. 396). Danach beginnt die systematische „Arisierung" jüdischen Eigentums, d.h. sein Raub durch den Staat, der es meist günstig an verdiente „Parteigenossen" weitergibt.
Die Diktatur Hitlers wird von Beginn an durch innenpolitische und außenpolitische Erfolge stabilisiert: Hitler erklärt die Rüstungsbeschränkungen des Versailler Vertrags für nichtig und beginnt mit der Wiederaufrüstung Deutschlands. Dank großer Staatsinvestitionen, auch im zivilen Bereich, beginnt sich allmählich die Wirtschaft zu erholen. 1936 mar-

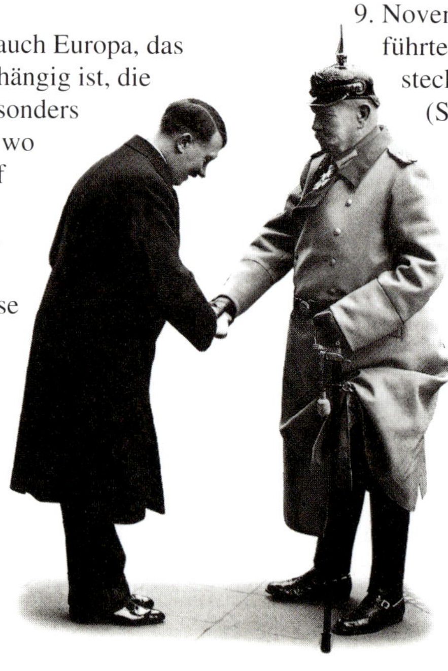

Reichspräsident von Hindenburg und der neue Reichskanzler Hitler im Jahr 1933

schiert die Reichswehr ins entmilitarisierte Rheinland ein. Die Olympischen Spiele desselben Jahres werden für Nazi-Deutschland zu einem internationalen propagandistischen Erfolg.

Brennende Synagoge während der „Kristallnacht" am 9. November 1938

Die internationale Krise der dreißiger Jahre

In Österreich nutzt der rechtskatholische Bundeskanzler Engelbert Dollfuß die Kämpfe zwischen Sozialisten, rechtsradikalen „Heimwehren" und den auch in Österreich zunehmend aktiven Nationalsozialisten, um die Demokratie außer Kraft zu setzen und ein „austrofaschistisches" Regime zu begründen. Die sozialistische Partei und die NSDAP werden verboten. 1934 wird Dollfuß bei einem Putschversuch der Nazis ermordet, sein Nachfolger als Führer der „Vaterländischen Front" und Kanzler, Kurt Schuschnigg, gerät unter immer größeren Druck der Nazis, da viele Österreicher weiterhin den „Anschluss" wünschen.
In Frankreich führt die Wirtschaftskrise 1934 zu von den Kommunisten geschürten Unruhen; ein großes Parteienbündnis, die Sozialisten eingeschlossen, stellt die Ruhe wieder her. Unter dem Eindruck des Siegs der Nazis in Deutschland sucht bald auch die KP das Bündnis mit den Sozialisten und den liberalen Bürgerlichen. Dies führt 1936 zum Sieg der „Volksfront", die ein umfangreiches soziales Reformprogramm zu verwirklichen beginnt, sich allerdings gegen die Wirtschaft auf die Dauer nicht durchsetzen kann. Immerhin bleibt die Demokratie in Frankreich erhalten.
Auch in den USA war es während der Wirtschaftskrise zu gewalttätigen Unruhen gekommen, doch konnte Präsident Franklin D. Roosevelt durch Arbeitsbeschaffungsmaßnahmen großen Stils (*New Deal*) das Vertrauen der Bevölkerung in die Staatsautorität zurückgewinnen (S. 392). Die Rezepte zur Bewältigung der Krise lieferte der Ökonom John M. Keynes, der empfahl, dass der Staat auf der Basis von Anleihen Geld für Infrastrukturmaßnahmen wie den Bau von Straßen oder Staudämmen ausgab, um die Unwilligkeit der privaten Geldbesitzer auszugleichen, mitten in der Krise zu investieren. Dank der öffentlichen Beschäftigungsprogramme konnte die Arbeitslosigkeit reduziert werden, und allmählich begann sich die Wirtschaft zu erholen.
Auch Hitlers Wirtschaftsexperten übernahmen teilweise die Keynesianischen Ideen, etwa wenn sie staatliche Investitionen für den Autobahnbau vorantrieben. In Deutschland investierte der Staat allerdings vor allem in die Rüstung. Diese Investitionen würden sich nicht, das konnte sich jeder ausrechnen, wie beim Autobahnbau dank eines künftigen Wirtschaftswachstums auszahlen, sondern nur durch die Beute eines künftigen Kriegs.

Der Weg in den Zweiten Weltkrieg

Wie in Frankreich, kam es auch in Spanien 1936 zu einem Wahlsieg der Volksfront gegen die konservativen Kräfte. Die Regierung begann sofort die Pläne zu einer Landreform, einer Säkularisierung der Bildungseinrichtungen und der Gewährung regionaler Autonomierechte wiederaufzunehmen, an deren Umsetzung die letzte liberale Regierung gescheitert war. Es kommt zu revolutionären Unruhen, die jedoch von der Regierung unterdrückt werden. Trotzdem putscht am 18. Juli das Militär unter Führung des Generals Franco (S. 398). Die sich zu einer faschistischen Ideologie bekennenden Putschisten werden sogleich vom faschistischen Italien und von Nazi-Deutschland massiv unterstützt; die Unterstützung der Republikaner durch Frankreich, England und die Sowjetunion ist weniger entschieden. In langen Kämpfen gelingt es Franco bis 1939, seine Diktatur durchzusetzen. Für die „Achsenmächte" Deutschland und Italien ist dies ein ermutigender Erfolg. Während der faschistische Sieg in Spanien die politische Schwäche der großen Demokratien in Europa offenbart, zeigt der japanische Angriff auf China 1937, dass es auch im pazifischen Raum keine

David Bennent als Oskar Matzerath in dem Film *Die Blechtrommel*. Der gleichnamige Roman von Günter Grass spielt im Danzig der 30er Jahre.

Antwort auf eine brutal expansive Politik gibt.
Im März 1938 feiert Hitler mit dem Einmarsch in Österreich seinen nächsten Erfolg. Damit verhindert er eine von den Austrofaschisten angesetzte Volksabstimmung, die die Unabhängigkeit Österreichs und damit deren Macht zementieren sollte. Die Wehrmacht und Hitler selbst werden von den Österreichern jubelnd begrüßt. Mit Österreich übernimmt das Deutsche Reich auch den Anspruch auf das deutsch besiedelte Sudetenland in der Tschechoslowakei, das vor dem Ersten Weltkrieg Teil Österreichs war. Da Hitler das Selbstbestimmungsrecht der Völker für sich in Anspruch nehmen kann, geben auf einer Konferenz in München Ende März die Regierungen Frankreichs und Englands nach und stimmen der Eingliederung des Sudetenlands ins Reich zu, in der Hoffnung, durch ihre Beschwichtigungspolitik den Frieden retten zu können. Dies ermutigt Hitler, auch den Rest Böhmens, das Gebiet der freien Stadt Danzig und einen „Korridor“ durch Polen zwischen Pommern und Ostpreußen zu fordern. Im März 1939 marschiert die Wehrmacht in Böhmen ein; die Slowakei, von der das mit Deutschland verbündete Ungarn sich einen Teil aneignet, wird zu einem klerikalfaschistischen Satellitenstaat Hitlerdeutschlands. Wenig später holt Hitler auch das Memelland „heim ins Reich“, Italien besetzt Albanien.
Damit ist für die Westmächte die Grenze des Hinnehmbaren erreicht. Den nächsten aggressiven Akt Hitlers, der nur ein Angriff auf Polen sein kann, werden sie nicht tolerieren. Sie beginnen ihrerseits, Vorkehrungen für einen möglichen Krieg zu treffen. Da gelingt Hitler im August 1939 ein erstaunlicher diplomatischer Coup: Ein Nichtangriffspakt mit der Sowjetunion, in dessen geheimem Zusatz die Aufteilung Polens und des Baltikums zwischen Deutschland und der Sowjetunion für den Fall eines Kriegs geregelt ist. Die kommunistischen Parteien, die überall die Ausdehnung des Faschismus bekämpfen, sind völlig gelähmt, die Westmächte entsetzt. Stalin sieht die Sowjetunion offenbar nicht genügend für einen Krieg mit Deutschland gerüstet und ergreift die Chance, auf bequeme Weise die im Ersten Weltkrieg verlorenen westlichen Gebiete des alten Zarenreichs weitgehend wiederzugewinnen.
Gedeckt durch den Pakt mit der Sowjetunion, riskiert Hitler am 1. September den Einmarsch in Polen, der umgehend mit der Kriegserklärung Großbritanniens und Frankreichs beantwortet wird. Der Zweite Weltkrieg hat begonnen.

Chronik

1917 März: Revolution und Bildung einer bürgerlichen provisorischen Regierung unter Kerenski in Russland, Abdankung Kaiser Nikolaus' II.

April: Ankunft Lenins in Petrograd, Beginn der Agitation der Bolschewiki

In Deutschland spaltet sich die linke USPD von der SPD ab.

6.–7. November: Bolschewistische Revolution in Petrograd, die schnell ganz Russland ergreift. Bildung des Rats der Volkskommissare, der neuen provisorischen Regierung. Die Wahlen zur Konstituierenden Nationalversammlung bringen den Sieg der bäuerlich orientierten Sozialrevolutionäre und der Bolschewiki.

1918 März: Friede von Brest-Litowsk zwischen Russland, dem Deutschen Reich und dessen Verbündeten. Polen, Finnland, das Baltikum und die Ukraine werden aus dem russischen Staatsverband entlassen. In Polen bildet General Pilsudsky eine diktatorische Regierung.

Oktober: Revolution in Wien. Nach der Auflösung Österreich-Ungarns konstituiert sich eine deutsch-österreichische Nationalversammlung.

Entstehung einer Räterepublik in Ungarn

November: Revolution in Deutschland, Bildung von Arbeiter- und Soldatenräten. Rücktritt Kaiser Wilhelms II. und Ausrufung der Republik in Berlin. Abschluss des Waffenstillstands an der Westfront.

Der Deutsche Rätekongress in Berlin beschließt Wahlen zu einer Nationalversammlung. Provisorische Regierung ist der „Rat der Volksbeauftragten".

1918–1921 Bürgerkrieg in Russland. Die von Trotzki organisierte Rote Armee setzt sich gegen die Truppen der „Weißen", die von Offizieren der ehemaligen zaristischen Armee befehligt werden, durch, obwohl England und Frankreich mehrfach zugunsten der Revolutionsgegner intervenieren. Die Bolschewiki erklären die aufgrund des Kriegs notwendige Requirierung von Lebensmitteln zur kommunistischen Umverteilung. Gegen diesen „Kriegskommunismus" ruft Lenin 1921, als Russland von einer schrecklichen Hungerkatastrophe heimgesucht wird, die „Neue ökonomische Politik" aus, die zunächst die freien Bauern fördert.

1918/1919 Entstehung der KPD

1919 Januar: Revolutionäre Unruhen in Berlin werden von durch die gemäßigten Sozialdemokraten herbeigerufenen Reichswehrtruppen niedergeworfen. Ermordung der linken Führer Rosa Luxemburg und Karl Liebknecht. Deutsche Nationalversammlung in Weimar, Ausarbeitung einer demokratischen Verfassung. Friedrich Ebert (SPD) wird erster Reichspräsident.

In Österreich geht aus den Parlamentswahlen ebenfalls eine sozialdemokratisch geführte Regierung hervor. Die von Österreich gewünschte Vereinigung mit dem Deutschen Reich wird durch den Friedensvertrag von Saint-Germain verboten.

In Frankreich setzen sich bei den Wahlen im November die nationalistischen Kräfte gegen die Linke durch.

1920 März: Der rechtsgerichtete Kapp-Putsch in Deutschland gegen die sozialdemokratisch geführte Regierung scheitert an einem Generalstreik.

Kämpfe zwischen Kommunisten und „Freikorps" aus demobilisierten Reichswehrverbänden

Die Mehrheit der USPD geht in der KPD auf.

Der Polnisch-Russische Krieg endet mit einem Erfolg der Polen, das in etwa seine historischen Grenzen erreicht, die auch eine erhebliche nichtpolnische Bevölkerung einschließen.

In Ungarn löst die Militärdiktatur des Admirals Horthy die revolutionäre Räteherrschaft unter Béla Kuhn ab. Horthy wird „Reichsverweser". Die ungarische Oberschicht bleibt monarchistisch gesonnen und verwindet den Verlust der Slowakei nicht.

In Österreich tritt eine neue bundesstaatliche Verfassung in Kraft.

In Schweden beginnt nach einer Demokratisierung des Wahlrechts eine lange Periode sozialdemokratischer Regierungen; Aufbau eines Wohlfahrtsstaats, außenpolitische Neutralität.

In den USA setzen konservative Kräfte die Prohibition, d.h. das Verbot des Alkoholausschanks, durch. Dadurch entsteht eine enorme Kriminalität des Alkoholschmuggels. Offiziell wird das puritanische Experiment erst 1933 aufgehoben.

1920–1922 Griechisch-Türkischer Krieg: Griechenland versucht die Auflösung des türkischen Reichs zu nutzen, um umfangreiche Gebiete mit griechischer Bevölkerung in Kleinasien zu annektieren. Die Griechen werden von den Truppen Kemal Atatürks zurückgeschlagen und aus Kleinasien vertrieben. In der Folge werden weit über eine Millionen Griechen aus der Türkei nach Griechenland zwangsumgesiedelt, eine kleinere Anzahl von Türken aus Griechenland in die Türkei.

1921 Ruhrgebietsbesetzung durch Entente-Truppen, als Deutschland sich weigert, die Zahlung enormer Reparationssummen zu leisten. Das Reich muss in die Zahlungen einwilligen (durch Kohlelieferungen u.a.).

Großbritannien entlässt Irland in die Unabhängigkeit.

1922 Die Konferenz von Genua über die Reparationen Deutschlands und die Vorkriegsschulden Russlands scheitert an den Forderungen der Entente-Mächte. Deutschland und Russland einigen sich deshalb separat in Rapallo und nehmen diplomatische Beziehungen auf. Der deutsche Außenminister Rathenau, ein Jude, wird daraufhin von Rechtsradikalen ermordet.

In Italien übernehmen die Faschisten des ehemaligen Sozialisten Mussolini, die die nationalistischen Kräfte gegen Sozialisten und Katholiken bündeln, nach dem „Marsch auf Rom" die Regierung. Mussolini erhält diktatorische Vollmachten.

Sowjetrussland vereint sich mit den von Russland abhängigen Gebieten zur Union der sozialistischen Sowjetrepubliken (UdSSR).

1923 Januar: Französische und belgische Truppen marschieren ins Ruhrgebiet ein, um durch direkten Zugriff auf die deutsche Industrie Reparationsleistungen zu erzwingen. Briten und Amerikaner halten sich zurück. Streiks und bewaffneter Widerstand der deutschen Bevölkerung („Ruhrkampf"); die Reichsregierung ruft zum passiven Widerstand auf. Höhepunkt der Wirtschaftskrise in Deutschland. Im September lenkt der neue Reichskanzler Stresemann, der eine große Koalition aus bürgerlichen Parteien und SPD führt, ein; die Rohstofflieferungen an Frankreich werden wiederaufgenommen.

Herbst: In Spanien Errichtung einer Militärdiktatur unter General Primo de Rivera

Die Franzosen versuchen, eine „Rheinische Republik" und einen „Pfalzstaat" unter ihrem Schutz zu etablieren, was am Widerstand der Bevölkerung scheitert.

Der Versuch der Reichsregierung, die nationalsozialistische Agitation in Bayern und die kommunistische in Sachsen zu unterbinden, führt zu einer Krise, die die Einheit des Staats gefährdet. In München unternimmt Hitler einen Putschversuch. Die Reichswehr stellt die Staatsautorität wieder her.

Höhepunkt der Inflation in Deutschland, internationale Finanzkrise

1924 Im Dawes-Plan, der von den USA ausgeht und von den Westmächten angenommen wird, wird die Gesundung der deutschen Wirtschaft als vordringlich erklärt: Diese ist die Voraussetzung für die Zahlung der Reparationen, die wiederum die Rückzahlung der Kriegsschulden der Entente-Mächte an die USA ermöglichen sollen. Deutschland erhält eine Anleihe zur Stabilisierung seiner Währung. (Währungsreform im Oktober).

In Frankreich Wahlsieg der Linken und Liberalen, doch bald wieder konservative Vorherrschaft

Nach dem Tod Lenins setzt in der Sowjetunion ein Machtkampf in Staat und Partei ein. Bis 1929 setzt sich Josef Stalin, der Generalsekretär der KP Russlands, durch.

Erste Labourregierung in Großbritannien (Januar bis November). Aufnahme freundlicher Beziehungen zur Sowjetunion

1925 Rückkehr der Konservativen an die Regierung in Großbritannien. Unterdrückung einer großen Streikbewegung, Spannungen mit der Sowjetunion. Großbritannien sichert sich die irakischen Ölquellen gegen die Türkei.

Die Franzosen räumen das Ruhrgebiet.

Der Weltkriegsgeneral Hindenburg wird in Deutschland zum Reichspräsidenten gewählt.

In der Konferenz von Locarno (Oktober) erkennt Deutschland die durch den Krieg gezogenen Grenzen an. Entspannung. Annäherung Deutschlands und Frankreichs. Widerstand der radikalen Rechten in Deutschland gegen die Friedenspolitik der Regierung

1926 Deutschland wird in den Völkerbund aufgenommen.

Nach einer vierjährigen Periode parlamentarischer Demokratie in Polen gelangt Pilsudsky durch einen Militärputsch wieder an die Macht.

1927 Unruhen in Wien, rechte „Heimwehren" stehen den sozialistischen Organisationen gegenüber.

In China geht General Tschiang Kai-schek, der eine nationalrevolutionäre Armee anführt, brutal gegen seine ehemaligen Verbündeten, die Kommunisten vor, die in Shanghai eine revolutionäre Herrschaft errichtet haben. Die Kommunisten unter Mao Tse-tung weichen in den Westen Chinas aus.

1928 Tschiang Kai-schek erobert Peking und errichtet eine weithin anerkannte chinesische Regierung.

1929 Im serbisch dominierten Jugoslawien errichtet König Alexander angesichts der separatistischen Bestrebungen der Kroaten eine Militärdiktatur.

Der amerikanische Young-Plan (endgültig angenommen 1930) bringt eine Erleichterung der Reparationen für Deutschland und den Abzug in Deutschland tätiger internationaler Reparationskommissare. Deutschland erreicht die Räumung des Rheinlands durch Frankreich. Das Rheinland bleibt entmilitarisiert.

Der französische Außenminister Aristide Briand regt die Schaffung der „Vereinigten Staaten von Europa" auf der Grundlage einer Wirtschaftsunion an. Zusammen mit seinem deutschen Amtskollegen Gustav Stresemann erhielt er 1926 den Friedensnobelpreis.

25. Oktober: „Schwarzer Freitag" an der New Yorker Börse. Beginn der Weltwirtschaftskrise

In der Sowjetunion beginnt die brutale Beseitigung des freien Bauerntums. Durch die „Kollektivierung" der Landwirtschaft soll der Staat die Möglichkeit erhalten, die landwirtschaftlichen Ressourcen für den Aufbau der Industrie zu nutzen. Zunächst sind allerdings Hungersnöte die Folge.

1930 Die deutschen Reichstagswahlen im September bringen eine sprungartige Steigerung des nationalsozialistischen Stimmanteils.

Reichkanzler Brüning (Zentrum) regiert mithilfe von Notverordnungen des Reichspräsidenten, da es keine Koalitionsmehrheit im Reichstag gibt.

1931 April: In Spanien werden nach dem Tod des Diktators Primo de Rivera Parlamentswahlen ausgeschrieben, die mit einem Sieg der republikanisch gesinnten Linken enden. König Alfons XIII. wird verbannt, Katalonien erhält ein Autonomiestatut, eine Bodenreform wird gegen die traditionell herrschenden Großgrundbesitzer begonnen. Radikale anarchistische und kommunistische Revolten werden jedoch unterdrückt.

September: Die Japaner dringen in der Mandschurei ein. Beginn des Japanisch-Chinesischen Kriegs

In der österreichischen Steiermark scheitert ein Putsch der rechtsradikalen Heimwehr.

1932 Die Arbeitslosenzahl in Deutschland erreicht 6 Mill.

In Deutschland liefern sich die paramilitärischen Verbände der NSDAP (die SA), der Deutschnationalen, der Kommunisten und der SPD Straßenschlachten.

Eine Konferenz in Lausanne führt zum Ende der deutschen Reparationsverpflichtungen.

Rücktritt von Reichskanzler Brüning, Auflösung des Reichstags, rechte, von Hindenburg abhängige Übergangsregierungen. Bei den Wahlen im Juli sind die Nationalsozialisten mit fast 38 % der Stimmen die stärkste Partei.

Japan trennt von China die Mandschurei als von ihm abhängigen Staat ab.

1933
30. Januar: „Machtergreifung" Hitlers und der Nationalsozialisten in Deutschland mithilfe der Deutschnationalen. Der Brand des Reichstagsgebäudes im Februar ist Vorwand für die massenhafte Verhaftung von Kommunisten und die Unterdrückung auch der sozialdemokratischen Presse. Bei den Reichstagswahlen im März erreicht die NSDAP 44 % der Stimmen. Am 24. März beschließt der Reichstag gegen die Stimmen allein der SPD (die Kommunisten sind ausgeschlossen) das „Ermächtigungsgesetz", das Hitler diktatorische Vollmachten gibt. Es folgen Gesetze zur „Gleichschaltung", d.h. der Unterordnung aller öffentlichen Institutionen (wie der Gewerkschaften und der Presse) unter die Reichsregierung. Die SA organisiert Boykottaktionen gegen jüdische Geschäfte, per Gesetz werden jüdische Beamte aus dem Staatsdienst entlassen.

In Österreich beseitigt der rechtskatholische Kanzler Engelbert Dollfuß in einem Putsch die demokratische Verfassung und führt eine durch den starken Einfluss des katholischen Klerus geprägte „austrofaschistische" Diktatur ein.

Portugal wird unter Salazar ein faschistischer Staat.

Zuerst Japan, dann Deutschland treten aus dem Völkerbund aus.

In den USA gewinnt der Demokrat Franklin D. Roosevelt die Präsidentschaftswahlen und beginnt, mit dem *New Deal*, der Verstärkung staatlicher Interventionen in die Wirtschaft, die ökonomische Krise zu bekämpfen.

1934 Unruhe in Frankreich: kommunistischer Aufstand in Paris, Generalstreik, eine Regierung der „Nationalen Einigung" bannt die Gefahr eines Bürgerkriegs.

Deutschland erkennt die Rüstungsbeschränkungen des Versailler Vertrags nicht mehr an und führt die allgemeine Wehrpflicht ein.

Deutsch-polnischer Freundschaftsvertrag

In Österreich verbietet Dollfuß die NSDAP und die Sozialisten. Er wird am 25. Juli bei einem Putschversuch der Nazis ermordet. Sein Nachfolger in der Führung der faschistischen Einheitspartei Vaterländische Front und der Regierung ist Kurt Schuschnigg.

Sowjetrussland tritt in den Völkerbund ein und nähert sich Frankreich an.

Hitler nimmt nach dem Tod Hindenburgs den Titel „Führer und Reichskanzler" an.

Beginn des „Langen Marsches" der Kommunisten unter Mao Tse-tung in den Westen Chinas

1935 Im Saargebiet votiert eine große Mehrheit der Bevölkerung für die Rückkehr zum Reich.

Die Nürnberger „Rassengesetze" sollen den Ausschluss der Juden aus dem deutschen „Volkskörper" vorantreiben. Die Rüstung wird angekurbelt.

Die Italiener dringen in Abessinien ein. Halbherzige Gegenaktionen des Völkerbunds. Deutschland unterstützt Italien.

1936 Deutschland besetzt das entmilitarisierte Rheinland.

In Frankreich Wahlsieg der Volksfront aus Kommunisten, Sozialisten und radikalen Liberalen. Reformgesetzgebung; Widerstand seitens des Industriekapitals führt zur Schwächung der linken Regierung. Auf die Volksfront folgt 1938 die liberale Regierung Daladier.

Die Olympiade in Berlin wird ein internationaler Propagandaerfolg Nazi-Deutschlands.

Auch in Spanien hat die Volksfront die Wahl gewonnen und beginnt, die Arbeit der letzten Linksregierung fortzusetzen. Dagegen kommt es am 18. Juli zum Putsch rechtsgerichteter Generäle, deren Führung General Franco übernimmt. Franco stützt sich sowohl auf die faschistische Falange-Bewegung als auch auf die katholischen Traditionalisten und fügt beide zu einer faschistisch-klerikalkonservativen Einheitspartei zusammen. In Spanien beginnt ein Bürgerkrieg. Die Putschisten werden sofort tatkräftig von Deutschland, Italien und Portugal unterstützt, die Volksfront nur halbherzig von Frankreich und England sowie der Sowjetunion. Die deutsche Legion Condor führt 1937 im baskischen Guernica das erste Terrorbombardement gegen eine Zivilbevölkerung durch.

In Moskau beschließt der Weltkongress der III. (kommunistischen) Internationale, das Bündnis mit den bürgerlichen demokratischen Parteien gegen den internationalen Faschismus zu suchen. Zugleich beginnen Schauprozesse gegen prominente Kommunisten, die der Diktatur Stalins im Weg stehen. Der Stalinismus wird zur „totalitären" Diktatur, die ähnlich der Hitlers noch in die engste Privatsphäre eindringt.

In Griechenland Staatsstreich des Generals Metaxas. Diktatur unter Anlehnung an England und Frankreich

Deutsch-italienischer Vertrag, Begründung der „Achse Berlin–Rom"

„Antikomintern"-Pakt Deutschlands und Japans, gegen die Sowjetunion gerichtet. In Japan scheitert ein Putsch ultranationalistischer Offiziere, der Symptom für die nationalistische Stimmung im Land ist.

1937 Beginn des Japanisch-Chinesischen Kriegs. Japan besetzt die wichtigsten Städte und die Küstenregionen Chinas; es führt ein brutales Besatzungsregiment ein.

1938 Nachdem Schuschnigg in Österreich bereits unter dem Druck Hitlers die NSDAP an der Regierung beteiligt hat, fordert Hitler ultimativ den „Anschluss" Österreichs, um einem von Schuschnigg organisierten Referendum für die österreichische Unabhängigkeit zuvorzukommen. Am 12. März marschieren deutsche Truppen in Österreich ein; der „Anschluss" wird von einer Volksabstimmung bestätigt.

29. September: Nach zunehmenden Spannungen um die Tschechoslowakei, die Hitler zerschlagen will, findet in München eine Konferenz zwischen Hitler, dem als Vermittler eingeschalteten Mussolini und den Premierministern Englands und Frankreichs, Chamberlain und Daladier, statt. Frankreich und England geben Hitler nach; sie wollen die Eingliederung der sudetendeutschen Gebiete in das Reich tolerieren, um den Frieden zu retten. Darauf marschieren deutsche Truppen in die sudetendeutschen Gebiete ein. Polen und Ungarn nutzen die Gelegenheit zur Annexion polnisch und ungarisch besiedelter Gebiete der Tschechoslowakei.

Am 9. November findet in Deutschland die sogenannte Reichskristallnacht statt, ein von der NSDAP organisiertes Pogrom gegen die Juden. Die Synagogen gehen in Flammen auf, die „Arisierung" jüdischen Eigentums beginnt.

1939 März: Zerschlagung der Tschechoslowakei: Rechte Nationalisten erklären die Unabhängigkeit einer Slowakei von deutschen Gnaden; Ungarn, in dem Nationalsozialisten und konservative Regierung paktieren, marschiert in die von ihm beanspruchten Teile der Slowakei ein, die Wehrmacht in die „Rest-Tschechei", die zum „Reichsprotektorat Böhmen und Mähren" wird.

Hitler fordert von Polen die Eingliederung Danzigs ins Reich und einen „Korridor" zwischen Pommern und Ostpreußen.

Wachsende internationale Spannungen drücken sich in Garantieerklärungen Englands und Frankreichs für die Unabhängigkeit Polens aus.

Deutsche Truppen rücken in das seit dem Ende des Ersten Weltkriegs litauische Memelgebiet ein.

April: Einführung der Wehrpflicht in Großbritannien

Italienische Truppen besetzen Albanien.

Mai: Militärbündnis („Stahlpakt") zwischen Deutschem Reich und Italien

Der neue sowjetische Außenminister Molotow sucht die Annäherung an das Reich.

Juli: Einführung der Einparteienherrschaft in Japan; zunehmende Spannungen mit den USA, die die Expansion Japans im Pazifik missbilligen.

August: Deutsch-sowjetischer Nichtangriffspakt mit einem geheimen Zusatzprotokoll über die Abgrenzung der Interessensphären in Polen und im Baltikum.

1. September: Einmarsch deutscher Truppen in Polen

3. September: Großbritannien und Frankreich erklären Deutschland den Krieg.

Die Oktoberrevolution

Nach der Revolution vom Februar 1917 in Petrograd (Name von St. Petersburg ab 1914) musste Zar Nikolaus II. abdanken; es folgte die Provisorische Regierung Kerenskijs. Anhaltende Lebensmittelknappheit, Chaos im Staatsapparat sowie Russlands Verluste im Ersten Weltkrieg bewirkten, dass die Lage sich zuspitzte. Der Unmut der Soldaten, Bauern und Arbeiter entlud sich in der Revolution vom Oktober 1917, mit der die Bolschewiki unter Lenin die Macht übernahmen. Lenin löste die Provisorische Regierung auf und schloss einen Friedensvertrag u.a. mit Deutschland, wobei Russland Gebietsverluste in Kauf nahm.

ZEIT DER REVOLUTIONEN
Anders als beim Aufstand von Petrograd kam es bei der Oktoberrevolution in Moskau zu Blutvergießen. Militante Arbeiter kämpften gegen die Soldaten, die loyal zur Provisorischen Regierung standen. Zehn Tage dauerte der Kampf um den Kreml an, dann triumphierten die Bolschewiki.

GRIGORI RASPUTIN
Als „Wundermönch" stand Rasputin bei Zar Nikolaus II. und Zarin Alexandra in hohem Ansehen, da er die Bluterkrankheit ihres Sohnes und Thronerben Alexei scheinbar erfolgreich behandelte. Während sich der Zar im 1. Weltkrieg an der Front befand, gewann Rasputin enormen politischen Einfluss. 1916 wurde er von einer Gruppe Adliger ermordet.

Von Soldaten des Zaren ermordete Arbeiter

BLUTIGER SONNTAG
Am 22. Januar 1905 zogen Petersburger Fabrikarbeiter unter Führung des Priesters Gapon zum Winterpalast, um dem Zaren eine Petition zu übergeben. Die Soldaten schossen auf die friedlichen Demonstranten und töteten Hunderte von ihnen. Das Massaker zerstörte das Vertrauen des Volks in den Zaren.

Russische Soldaten mit Gasmasken im Schützengraben

DER 1. WELTKRIEG
Russland trat 1914 in den Krieg ein und errang zunächst Teilsiege über Österreich und Deutschland. Später kam es zu verlustreichen Niederlagen, und die anfängliche Begeisterung der Bevölkerung schlug in Enttäuschung und Kriegsmüdigkeit um.

Ein Schuss von der Aurora gab das Signal zur bolschewistischen Revolution.

SIGNAL ZUR REVOLUTION
Im März 1917 schlug sich die Besatzung des Panzerkreuzers *Aurora* auf die Seite der Bolschewiki. Am 25. Oktober 1917 lag die *Aurora* auf der Newa in Petrograd; ein Kanonenschuss an Bord gab das Signal zur Erstürmung des Winterpalasts, wo die Provisorische Regierung tagte.

LEO TROTZKI

Der Revolutionär Leo Trotzki wurde für seine Mitwirkung an der Revolution von 1905 inhaftiert, konnte jedoch entkommen und schloss sich 1917 den Bolschewiki an. Neben Lenin war er der Hauptorganisator der Oktoberrevolution. Er war Kommissar für Auswärtige Angelegenheiten und danach Kriegskommissar. Während des Bürgerkriegs führte er die Rote Armee.

Gültigkeitsstempel

Mitgliedsnummer

Ausgestellt auf Andrei Andrejew

Parteieintritt am 2.9.1912

Andrejew musste offenbar keine Mitgliedsbeiträge zahlen.

MITGLIEDSAUSWEIS

Lenins Partei hieß zunächst „Sozialdemokratische Arbeiterpartei“ und ab 1919 „Kommunistische Partei“ (KP). Ihre Mitglieder nannten sich Bolschewiki. Das Parteibuch oben gehörte Andrei Andrejew, der von 1932 bis 1952 Mitglied des Politbüros, des höchsten Parteiführungsgremiums, war. Andrejew war einer der wenigen Bolschewiki, die Stalins Säuberungen überlebten.

FÜHRER DER BOLSCHEWIKI

Wladimir Iljitsch Uljanow, genannt Lenin, wurde aufgrund revolutionärer Umtriebe 1897 nach Sibirien verbannt. Nach seiner Überzeugung mussten sich die Arbeiter dem Staat widersetzen, um ihre Rechte zu verteidigen. 1900 emigrierte Lenin ins Ausland und bemühte sich um die Führung der im Exil operierenden Sozialdemokratischen Partei. Diese brach auseinander: in Bolschewiki (Mehrheitler) und Menschewiki (Minderheitler). 1917 kehrte Lenin als Führer der Bolschewiki nach Russland zurück.

WEG MIT DEM ZARENREICH

Nach der Revolution wurde die riesige Statue Alexanders III. zerstört, die Zar Nikolaus II. hatte errichten lassen. Veranlasst hatte dies Lenin, dessen Bruder für die Mitwirkung an einem Mordkomplott gegen Zar Alexander hingerichtet worden war.

Medaille zum 15. Jahrestag der Revolution

PETROGRADER GARDE

Die Rotgardisten, bewaffnete Einheiten aus Fabrikarbeitern, spielten eine Schlüsselrolle bei der Machtübernahme durch die Bolschewiki. Die Medaille oben wurde den Gardisten verliehen, die Petrograd während Revolution und Bürgerkrieg verteidigten.

Zaristisches Siegel

Der russische Bürgerkrieg

Der Oktoberrevolution folgte ein erbarmungsloser Bürgerkrieg zwischen der antikommunistischen Weißen Armee und der bolschewistischen Roten Armee. Die „Weißen" waren dank der Unterstützung aus dem westlichen Ausland zunächst erfolgreich, nach 1920 aber gewann die Rote Armee die Oberhand. Zwar verloren die Bolschewiki Polen, Finnland und die baltischen Staaten, die übrigen Gebiete des russischen Reichs jedoch blieben im neuen kommunistischen Staat. Nach dem Bürgerkrieg suchte eine furchtbare Hungersnot das Land heim, die nur mithilfe der USA gelindert werden konnte. 1921 rief Lenin die „Neue Ökonomische Politik" mit begrenzten Möglichkeiten zu privater Wirtschaft aus, um das zerstörte Land wieder aufzubauen.

KRIEGSTAUGLICH
Schiffe wie der in *Wanja die Kommunistin* umbenannte Flussdampfer wurden für den Bürgerkrieg beschlagnahmt. In der Schlacht auf der Kama im Oktober 1918 wurde das Schiff zerstört.

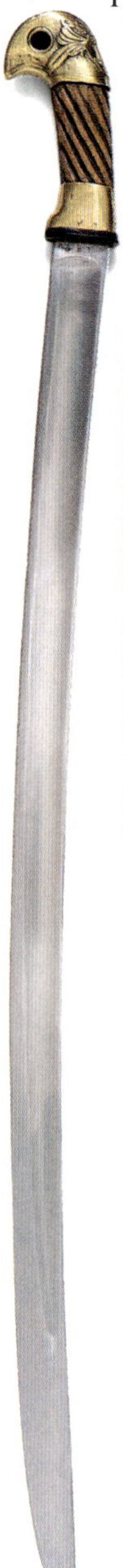

Schwert

Ermordung von Nikolaus II.

ENDE DER ROMANOWS
Im Juli 1918 bedrohte die Weiße Armee Jekaterinburg in Sibirien, wo man Ex-Zar Nikolaus II. gefangen hielt. Auf Anweisung Lenins wurde die gesamte Zarenfamilie in der Nacht auf den 17. Juli 1918 ermordet.

„Proletarier aller Länder, vereinigt euch! Im Kampf werdet ihr euer Recht gewinnen!"

PROLETARIER ALLER LÄNDER ...
Auf dieser Fahne der Bolschewiki ist Karl Marx zitiert, der in seinem *Kommunistischen Manifest* die Arbeiter aufforderte, sich zu vereinigen, da sie nichts zu verlieren hätten als ihre Ketten. Nach der Oktoberrevolution kamen aber nicht die Arbeiter an die Macht, sondern die Führer der KP.

Abzeichen der Armee des Zaren

WEISS GEGEN ROT
Die „Weißen" bekämpften die Kommunisten aus unterschiedlichen Gründen: Einige waren noch immer Anhänger des Zaren, andere wollten die Wiedereinsetzung der Provisorischen Regierung, wieder andere lehnten die Ideen der Bolschewiki rundweg ab.

Schild schützt vor feindlichen Kugeln.

Ein Maschinengewehr wurde aufgesetzt.

DIE ROTE ARMEE

Trotzki bildete aus den disziplinlosen Roten Garden die schlagkräftige Rote Armee. Er berief ehemalige Offiziere des Zaren in die Führung, führte eine militärische Rangordnung ein und hielt Kontakt zu den Truppenteilen, indem er in seinem gepanzerten Zug in Krisengebiete reiste.

Ohrenklappen werden im Winter heruntergeschlagen.

EINBERUFUNG

Die allgemeine Wehrpflicht hatte zur Folge, dass viele Rekruten vom Land einberufen wurden, die oft nur widerwillig Dienst taten. Viele desertierten und kehrten in ihre Dörfer zurück, vor allem zur Erntezeit.

„Ich bin ein Bauer auf Wache, hier stehe ich mit meinem Gewehr und schütze den Frieden und mein Land."

Abzeichen der Roten Armee (1919)

UN-UNIFORMIERT

Die Rotarmisten hatten keine einheitlichen Uniformen. Sie trugen Zivilkleidung oder erbeutete Uniformen der „Weißen" und als Schuhwerk Sandalen aus Birkenrinde (*Lapti*). Ihr Kennzeichen wurde die *Budjonowka*, eine nach Marschall Budjonny benannte Mütze mit Stern.

MARSCHALL BUDJONNY

Diese Armeepistole gehörte Marschall Budjonny, dem legendären Reiterführer der Roten Armee und Ex-Offizier der Kavallerie des Zaren.

Orden des Roten Banners (1921)

Sitz für Soldaten

BÜRGERKRIEGSKALESCHE

Die *Tatschanka*, eine behelfsmäßig für Kriegszwecke umfunktionierte Kutsche mit aufgesetztem Maschinengewehr, wurde in der Schlacht um die Ukraine eingesetzt, aus der die Rote Armee 1920 schließlich siegreich hervorging.

KOMMISSARE

Kommissare waren Parteimitglieder, die in der Roten Armee für politische Loyalität sorgten. Sie trugen Waffen und waren besser gekleidet als die einfachen Soldaten.

Die Entstehung der Weimarer Republik

Im Oktober 1918 stand fest, dass das Deutsche Reich den Krieg verloren hatte. Während in der Obersten Heeresleitung niemand die Niederlage offiziell eingestehen wollte, schritten zuerst die Matrosen der deutschen Kriegsmarine in Kiel zur Tat und weigerten sich, mit ihren Schiffen noch einmal auszulaufen. Zuerst in München, dann auch in Berlin und an vielen anderen Orten bildeten sich von Sozialdemokraten beherrschte Arbeiter- und Soldatenräte, die an die Stelle der in Auflösung begriffenen staatlichen Institutionen traten. Am 9. November ruft Philipp Scheidemann in Berlin die Republik aus, am folgenden Tag geht Kaiser Wilhelm II. ins Exil nach Holland. Wieder einen Tag später einigen sich deutsche Abgesandte mit den Vertretern der Ententemächte endlich auf einen Waffenstillstand. Im Dezember beschließen die Räte in Berlin Wahlen zu einer Nationalversammlung: Deutschland soll eine parlamentarische Republik werden. Die linken Sozialdemokraten wollen dagegen die revolutionäre Stimmung für eine radikalere Änderung der gesellschaftlichen Verhältnisse nutzen. Ihre Wortführer Rosa Luxemburg und Karl Liebknecht werden während der Unruhen im Januar 1919 in Berlin von Reichswehrangehörigen umgebracht. Rechte Sozialdemokraten und von der Front zurückgekehrte Reichswehrverbände sorgen für Ruhe und Ordnung. Die Wahlen zur Nationalversammlung im Januar bringen eine große Mehrheit vor allem für die SPD. Im August wird in Weimar die demokratische Verfassung verabschiedet. Die demokratische Ordnung wird noch einmal im März 1920 durch den Kapp-Putsch infrage gestellt, in dem kaiserlich gesinnte Beamte und Militärs die Macht zu ergreifen versuchen. Ein Generalstreik wehrt den Staatsstreich ab.

WEIMARER NATIONALVERSAMMLUNG
Der Sozialdemokrat Friedrich Ebert eröffnet in seiner Eigenschaft als Vorsitzender des Rats der Volksbeauftragten am 6. Februar 1919 die Nationalversammlung in Weimar, die die Verfassung der Republik erarbeitet. Ebert wird wenig später zum ersten Reichspräsidenten gewählt.

ROSA LUXEMBURG
Die 1919 in Berlin ermordete revolutionäre Sozialdemokratin war eine mitreißende Versammlungsrednerin, eine ausgezeichnete Journalistin und eine emanzipierte Frau.

STRESEMANN
Der bürgerliche Politiker Gustav Stresemann war 1923 Reichskanzler und danach bis zu seinem Tod 1929 Reichsaußenminister. Seiner Aussöhnungspolitik gegenüber Frankreich war die Erleichterung der Reparationslasten zu verdanken, die den Wirtschaftsaufschwung Mitte der 20er Jahre ermöglichte.

Zwischen den Kriegen

DIE AUSRUFUNG DER REPUBLIK
Am 9. November 1918 ruft der Sozialdemokrat Philipp Scheidemann von einem Balkon des Berliner Schlosses aus die Republik aus. Der Kaiser ist damit abgesetzt und geht ins Exil.

INFLATION
1923 kommt es zu einer galoppierenden Geldentwertung. Geldscheine über abenteuerlich hohe Beträge kommen in Umlauf und sind am nächsten Tag oft schon nichts mehr wert.

DIE WUNDEN DES KRIEGS
Das Gemälde von Otto Dix aus dem Jahr 1920 zeigt einen Kriegskrüppel, der sich mit dem Verkauf von Streichhölzern über Wasser zu halten versucht. Solche Kriegsversehrten gibt es zu Hunderttausenden. Die Wunden, die der 1. Weltkrieg geschlagen hat, sind noch lange nicht verheilt.

Die Republik kommt zur Ruhe

1922 wird Außenminister Walter Rathenau, der durch Kooperation mit Sowjetrussland die Position des Reichs gegenüber den Westmächten zu verbessern versucht hat, von Rechtsradikalen ermordet. Anfang 1923 marschieren französische Truppen ins Ruhrgebiet ein, um Reparationslieferungen zu erzwingen, und provozieren damit eine Welle des Rechtsradikalismus und der kommunistischen Agitation. Die mit den politischen Wirren einhergehende wirtschaftliche Zerrüttung zeigt sich in der Inflation, die viele Menschen in den finanziellen Ruin treibt. Gegen Ende des Jahres wird die Währung reformiert, die Wirtschaft beginnt sich zu erholen, und eine vom katholischen Zentrum geführte Regierung leitet in ruhigere Jahre über, in denen Außenminister Stresemann auch mit Frankreich wieder bessere Beziehungen herbeiführt. Es beginnen die „Goldenen Zwanziger" auch in Deutschland.

Ein Kinderbuch aus den 20er Jahren

DER HITLERPUTSCH 1923
Uniformierte SA-Leute der NSdAP während des gescheiterten Putschversuchs Hitlers am 8./9. November 1923 in München

Goldene zwanziger Jahre?

Die zwanziger Jahre waren in ganz Europa eine unruhige Zeit. Das Zentrum der Weltwirtschaft war nach den enormen Menschenverlusten des Ersten Weltkriegs und der mit ihnen einhergehenden Kapitalvernichtung nicht länger Westeuropa, sondern die USA; trotzdem gingen von Europa eine Fülle kultureller Impulse aus, die immer wieder von Ideen für eine bessere Gesellschaft inspiriert waren. In England, Frankreich und Deutschland forderte die durch die russische Revolution ermutigte Arbeiterbewegung die alten bürgerlichen Herrschaftsschichten heraus, und erstmals gelangten Arbeiterparteien an die Macht, wie 1919 in Deutschland, 1920 in Schweden, 1929 in England und 1936 in Frankreich. Die wirtschaftlich erfolgreichen Jahre von 1923 bis 1929 waren eine Zeit relativ stabiler politischer Verhältnisse mit meist sozialdemokratischen und bürgerlichen Regierungen, die bemüht waren, die Spannungen zwischen den Nationalstaaten abzubauen. Doch in den Zeiten der Krise, vor allem seit der 1929 beginnenden Weltwirtschaftskrise, gelangten extrem nationalistische Kräfte in einer Reihe von Ländern an die Macht. Der spanische Bürgerkrieg wurde 1936 zum Exerzierfeld für die Auseinandersetzung zwischen den bürgerlich-demokratischen, sozialistischen, kommunistischen und faschistischen Kräften in Europa, die von 1939 an im Zweiten Weltkrieg mit größter Erbitterung ausgetragen wurde.

FRANKFURTER KÜCHE
Die arbeitende Bevölkerung sollte es besser haben als zuvor; deshalb entwarf Margarethe Schütte-Lihotzky 1926 für den sozialen Wohnungsbau die funktionale „Frankfurter Küche", um der Hausfrau Arbeit zu ersparen. Die Frankfurter Küche ist ein Klassiker des modernen Designs.

CABARET
Der Film *Cabaret* mit Liza Minelli in der Hauptrolle spielt in Berlin zur Zeit der Machtergreifung der Nazis. Er zeigt, wie die Freiheit der „goldenen Zwanziger" vom Stiefeltritt der SA-Truppen zerstört wird.

VÖLKERBUND

Der 1920 von den Siegermächten des 1. Weltkriegs ins Leben gerufene Völkerbund entwickelte sich zu einem Zentrum internationaler Friedensbemühungen, vor allem aufgrund der Initiativen des französischen Außenministers Aristide Briand und seines deutschen Kollegen Gustav Stresemann (S. 374).

EDOUARD DALADIER

1936 führte der Sozialist Daladier seine Partei in das Volksfrontbündnis, das in Frankreich Sozialisten und Kommunisten vereinte. Sein Ziel war es, Frankreich von militärischen Auseinandersetzungen freizuhalten, um im Inneren soziale Reformen durchführen zu können. Er scheiterte an der Brutalität Hitlers.

REGIERUNGSFORMEN IN EUROPA VOR DEM 2. WELTKRIEG

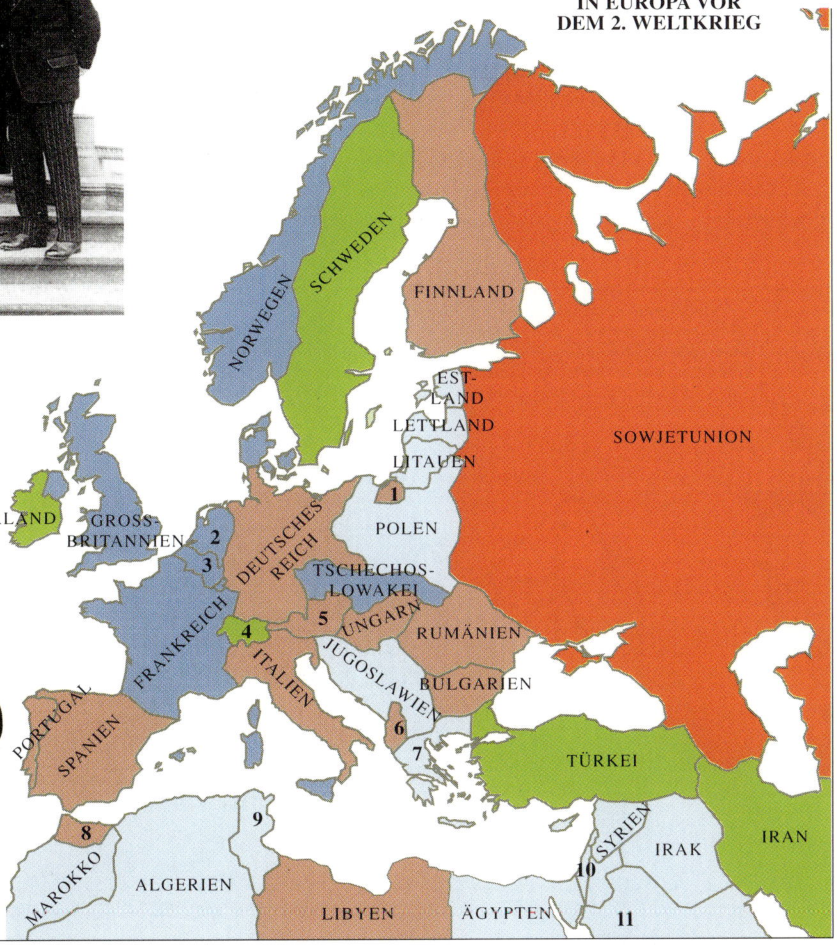

1 Ostpreußen
2 Niederlande
3 Belgien und Luxemburg
4 Schweiz
5 Österreich
6 Albanien (von Italien annektiert)
7 Griechenland
8 Spanisch-Marokko
9 Tunesien
10 Palästina
11 Transjordanien

- Westliche Demokratien
- Von den westlichen Demokratien abhängige Gebiete oder mit ihnen verbündete autoritäre Regimes
- Faschistische Staaten, abhängige Gebiete und Verbündete
- Neutrale Staaten
- Sowjetunion

DER KARL-MARX-HOF IN WIEN

Der in den späten 20er Jahren erbaute Karl-Marx-Hof ist ein Musterbeispiel für den sozialen Wohnungsbau der Zeit. Kleine, aber luftige und soziale Wohnungen sind um einen großen Innenhof herum gebaut, der der Kommunikation unter den Anwohnern dient. Die burgähnliche Anlage sollte es den Bewohnern ıch ermöglichen, sich in Bürgerkriegswirren zu verteidigen.

Der Aufstieg Stalins

Nach Lenins Tod im Jahr 1924 begann der Kampf um die Führung der Kommunistischen Partei. Trotzki, der wohl fähigste Nachfolger, wurde von Stalin ausgeschaltet. Stalin erreichte dies durch geschickte Koalitionsbildung, wobei er sich später seiner Verbündeten ebenfalls entledigte. 1929 ging Trotzki ins Exil nach Mexiko. Stalin festigte seine Macht, indem er die Industrialisierung des Landes sowie die Kollektivierung der Landwirtschaft vorantrieb. Mit der Ermordung des Bolschewikenführers Sergei Kirow begann 1934 Stalins Terrorherrschaft. Die Geheimpolizei des Volkskommissariats des Innern NKWD (Vorläufer des Staatssicherheitsdienstes KGB) veranlasste von ihrem berüchtigten Hauptquartier in Moskau aus Massenverhaftungen im ganzen Land. Alle ehemaligen Bolschewikenführer wurden vor Gericht gestellt oder hingerichtet.

ZERSTÖRUNG DER KIRCHEN
Kirchen wurden nicht nur geschlossen, sondern ab Ende der 1920er Jahre auch planmäßig zerstört. Die Moskauer Erlöserkirche wurde 1931 gesprengt, um Platz für den geplanten Palast der Sowjets zu machen.

Lenin fegt Priester, Kapitalisten und Könige von der Weltkugel.

LENIN UND DIE WELTREVOLUTION
Diese Karikatur von 1920 steht für die Hoffnung der Kommunisten, die Revolution werde die ganze Welt erfassen. In Russland ließ Lenin Kaufleute, Anhänger des Zaren und Priester verfolgen und Kirchen schließen; Handel und Industrie wurden verstaatlicht.

ÜBERFÜHRUNG PER BAHN
Nach Lenins Tod im Januar 1924 wurde sein Leichnam in einem Zug nach Moskau überführt, wo ein großes Staatsbegräbnis stattfand. Lenins Körper wurde einbalsamiert und in einem Glassarg im Mausoleum am Roten Platz beigesetzt, das für die Öffentlichkeit zugänglich war. Vom Mausoleum aus nahm die Sowjetführung die alljährlichen Militärparaden am 1. Mai und 7. November ab.

Die Lok wurde 1910 in der Putilow-Fabrik (St. Petersburg) gebaut.

Nach 1937 diente der Zug als Lenin-Denkmal.

MONUMENTALBAU
Dieser Entwurf für den Palast der Sowjets stammt aus den 1930er Jahren. Er sollte das höchste Gebäude der Welt werden. Aber nur das Fundament wurde gelegt; technische Probleme und der 2. Weltkrieg verhinderten den Bau.

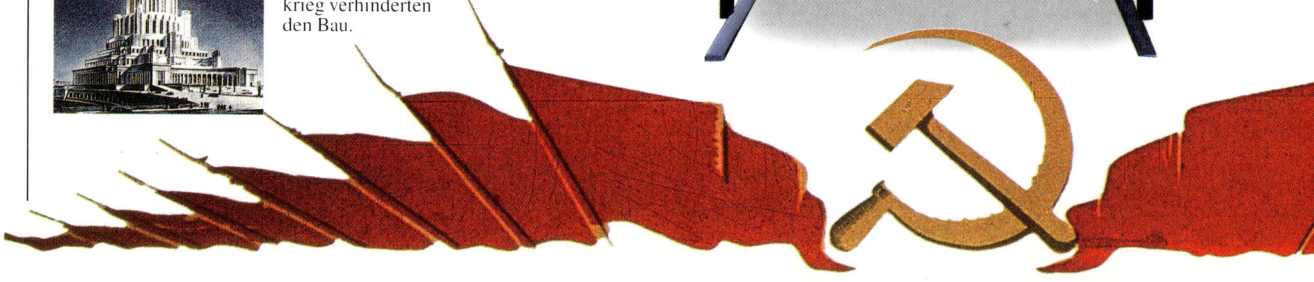

Die Mutterschaftsmedaille konnte als Kette getragen werden.

DER STALINISMUS
Nach Lenins Tod sicherte sich Josef Stalin die Macht, indem er Trotzki und andere Führungspersönlichkeiten ausschaltete. Ende der 1920er Jahre begann er mit der Zwangskollektivierung der Landwirtschaft und trieb die Industrialisierung des Landes voran. Jede noch verbliebene Opposition fiel den Massenpogromen von 1937 zum Opfer.

Hammer und Sichel, die Symbole des neuen Staats

VERDIENTE MÜTTER
Nach der Oktoberrevolution förderte die Regierung zunächst die Freiheitsbestrebungen der Frauen, doch ab 1930 wurde ihre traditionelle Rolle wieder betont. Um die Geburtenrate zu erhöhen, verlieh man Müttern mit fünf und mehr Kindern die Mutterschaftsmedaille.

„Kommt zu uns in die Kolchose.“

KOLLEKTIVE LANDWIRTSCHAFT
Ab 1929 wurden kleine Bauernhöfe zwangsweise zu großen Kolchosen zusammengeschlossen. Bis 1938 war die Kollektivierung praktisch im ganzen Land realisiert. Bauern, die sich widersetzten, wurden erschossen oder in Arbeitslager gesteckt. Durch die Zwangskollektivierung sank die Produktion dramatisch; eine schwere Hungersnot war die Folge.

Staatliche Krippen betreuten die Kleinkinder arbeitender Mütter.

DIE ROLLE DER FRAU
In der jungen Sowjetunion genossen die Frauen volle Gleichberechtigung, wurden aber ab 1930 in eine Doppelrolle gepresst: als Hausfrauen und Arbeiterinnen in Landwirtschaft oder Industrie. Zwar war die Kinderbetreuung staatlich organisiert, doch die schlechte Wohnsituation und der Mangel an Einkaufs- und angemessenen Erholungsmöglichkeiten erschwerten den Frauen das Leben.

Stalins Familienname lautete Dschugaschwili. Den Decknamen „Stalin“ (russ. stal = *„Stahl“) legte er sich zu, als er zu Beginn der Revolution für die Bolschewiki tätig war.*

In einfacher Kleidung und hohen Lederstiefeln trat Stalin vor das Volk.

Befreite Mode im Westen

Chanel-Glasperlenkette (1930)

Nach dem Ersten Weltkrieg (1914–1918) war die jüngere Generation entschlossen, sich eine „neue Welt“ aufzubauen. In der Mode brachte bequemere Unterwäsche die deutlichsten Veränderungen. Es wurde sogar behauptet, für die Emanzipation der Frau sei die Abschaffung des Korsetts bedeutender gewesen als das Wahlrecht. Amerikanische Filme, das Automobil, Arbeit, Sport, Tanz – all dies beeinflusste die Mode. Die 1920er und 1930er Jahre waren die Ära von Coco Chanel und Elsa Schiaparelli. Coco Chanel mit ihrem knabenhaft schlanken Frauenideal verdanken wir das „kleine Schwarze“. Elsa Schiaparelli kreierte in den 1930er Jahren einen Stil mit schmalen Hüften und durch Polster betonten Schultern.

GERADE SILHOUETTE
Der Schnitt der Kleider zu Beginn der 1920er Jahre war gerade. Die Abbildung zeigt Modeentwürfe von 1924. Weder Busen noch Taille wurden betont, der Gürtel saß in Hüfthöhe.

SPORTLICH
Einen solchen dreiteiligen Anzug (1920er Jahre), kombiniert mit karierter Schirmmütze, trug der Mann bei sportlicher Betätigung oder bei einer Landpartie.

KNICKERBOCKER
Knickerbockers trug man nicht nur beim Sport, sondern auch als Tagesanzug. In England sind sie noch heute bei Golfspielern beliebt.

EINEN MARTINI BITTE!
Die modebewusste Dame der 1920er Jahre trug solche „Negligéanzüge“ gern am Strand (1929).

KUNSTSEIDE
Der rechte Pullover besteht aus gestrickten und gehäkelten Streifen. Der linke ist handgestrickt, umhäkelt und bestickt. Beide sind aus Kunstseide (Rayon).

OHNE TASCHEN
Da die eng anliegenden Abendkleider der 1930er Jahre keinen Platz für unsichtbare Taschen boten, wurden Abendtaschen unverzichtbar.

ENG ANLIEGEND
Durch den Diagonalschnitt, das Zuschneiden schräg zum Fadenlauf, bekamen solche Crêpekleider eine figurbetonte Form. Vorbei war es mit dem knabenhaften Look der 1920er Jahre.

DAUERWELLEN
1920 wurde die Dauerwelle eingeführt, die bis heute aus der Frisurenmode nicht wegzudenken ist.

OXFORD-HOSEN
Um 1925 kam unter den Oxford-Studenten eine sackartige Hose mit weiten Beinen in Mode, die beiderseits des Atlantiks als Oxford-Hose populär wurde. Diese Mode war nur kurzlebig, tauchte aber später in Abwandlungen immer wieder auf.

CHARLESTON-MODE
Fransen und Perlen an der Kleidung betonten die Bewegungen der Tänzer bei den lebhaften, modernen Tänzen der 1920er Jahre. Auf der Abbildung sieht man Joan Crawford bei einer Charleston-Tanzdarbietung.

SELBST GESTRICKT
In den 1920er und 1930er Jahren wurde der Pullover eine echte Alternative zur Bluse. Dieser schlichte Pulli (1930) ist handgestrickt.

GEMUSTERT
Diese Schals aus Seide bzw. Kunstseide (1920er und 1930er Jahre) sind mit auffälligen stilisierten Mustern bedruckt.

Die Prohibition in den USA

Am 28. Oktober 1919 verabschiedete der amerikanische Kongress ein Gesetz (*Volstead Act*), das die Herstellung, den Transport sowie den Verkauf von alkoholischen Getränken verbot. Schon bald stellte sich heraus, dass diese Maßnahme das Gegenteil dessen bewirkte, was die Gesetzgeber beabsichtigt hatten. Die Nachfrage nach Alkohol stieg innerhalb kürzester Zeit sprunghaft an; es bildeten sich kriminelle Organisationen, die den Bedarf auf illegalem Weg deckten und damit eine Menge Geld verdienten. Ganze Schiffsladungen Schnaps wurden heimlich in die USA eingeführt. Die Prohibition wurde 1933 wieder aufgehoben, doch die organisierte Kriminalität blieb ein Problem.

„NARBENGESICHT" AL CAPONE
Alphonse Capone, der berüchtigtste Gangster von Chicago, begann seine Verbrecherlaufbahn in New York. 1919 kontrollierte er den gesamten illegalen Alkoholhandel von Chicago. Er und seine 300 bewaffneten Bandenmitglieder begingen fast 1000 Morde.

Al Capones silbernes Zigarettenetui

Plünderung eines Ladens mit illegalem Branntwein

SCHWARZBRENNEREI
Die Schmugglerbanden erkannten bald, dass es einträglicher und billiger für sie war, den Schnaps selbst zu brennen, als ihn zu importieren. Auch viele Privatleute gingen dazu über, in Garagen und Kellern selbst Alkohol herzustellen. Erst 14 Jahre nach ihrer Einführung wurde die Prohibition wieder aufgehoben.

Abgesägtes doppelläufiges Gewehr in einem Geigenkasten

DIE UNBERÜHRBAREN
Eliot Ness leitete Ende der 1920er Jahre ein Polizeiteam, das im Auftrag des amerikanischen Justizministeriums gegen den illegalen Alkoholhandel vorging. Die Mitglieder dieses Teams wurden die „Unberührbaren" genannt, da sie sich von den Gangstern weder bestechen noch einschüchtern ließen.

FBI
John Edgar Hoover wurde 1924 Direktor des 1908 gegründeten amerikanischen Bundeskriminalamtes (FBI, *Federal Bureau of Investigation*), das er 48 Jahre lang leitete. In den 1930er Jahren ging er vehement gegen das Gangstertum vor und führte eine Liste der Staatsfeinde ein.

SAM GIANCANA

Nach Al Capones Tod im Jahr 1947 kontrollierten Banditen wie Sam Giancana die Chicagoer Unterwelt. Giancana verlegte sich auf Glücksspiele und besaß schließlich einen erheblichen Anteil des Riviera Casinos in Chicago.

Giancana 1957 nach seiner Verhaftung wegen Mordes an dem Bankier Leon Marcus

Giancanas Tascheninhalt, der bei Verhaftungen beschlagnahmt wurde

KARRIERE EINES GANGSTERS

Als Sam Giancana 20 Jahre alt war, hatte er bereits drei Verhaftungen wegen Mordes hinter sich. Später übernahm er die Führung der Chicagoer Mafia; zu diesem Zeitpunkt war er weitere 60-mal wegen tätlicher Angriffe, Sprengstoffdelikte und Mordversuche verhaftet worden. Er galt als der rücksichtsloseste Gangster Amerikas. 1975 wurde er in seiner Wohnung ermordet.

VERHINDERTE MUSIKER?

Ihre Waffen (Gewehre mit abgesägtem Lauf und Maschinenpistolen) versteckten die Gangster oft in Geigenkästen, wenn sie unterwegs waren, um „Aufträge" zu erledigen – nie wurden in den Straßen von Chicago so viele „Musiker" gesehen wie zur Zeit der Prohibition. Die einzelnen Banden lieferten sich erbitterte und oftmals blutige Konkurrenzkämpfe.

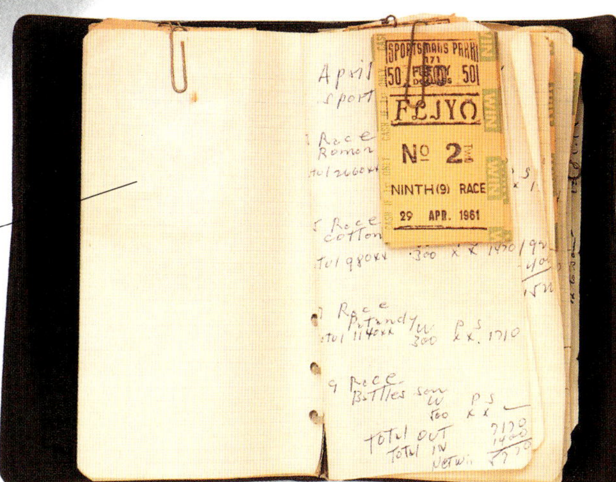

Giancanas Wettbuch, in dem er Gewinne als Nachweis für ein legales Einkommen notierte

Frank Costello, der mit richtigem Namen Francesco Castiglia hieß, stieg zum Gangsterboss auf.

FRANK COSTELLO

Der gebürtige Italiener Frank Costello stieg im amerikanischen Gangstermilieu auf und beherrschte einen Großteil des Spielgeschäfts. 1951 weigerte er sich, vor der Kefauver-Kommission auszusagen, und verbüßte aufgrund dessen eine eineinhalbjährige Haftstrafe. Costello starb im Jahr 1973.

DEM VERBRECHEN AUF DER SPUR

1950 wurde in Amerika eine Kommission unter Leitung von Senator Estes Kefauver aus Tennessee/USA gegründet. Ihre Aufgabe war es, herauszufinden, ob und inwieweit das organisierte Verbrechen in den USA Fuß gefasst hatte. Die Mitarbeiter der Kommission stellten im ganzen Land Nachforschungen an und kamen 1951 zu dem Schluss, dass in Amerika ein ausgedehntes Verbrechernetz existiere.

Familienautos

In den USA besaßen Millionen Menschen schon 1930 ein eigenes Auto – obwohl sie dafür vielleicht einen Teil ihrer Möbel verkaufen oder eine Hypothek auf ihr Haus aufnehmen mussten. Überall sonst auf der Welt konnten sich nur die Reichen Autos leisten. Dank der von Henry Ford eingeführten Fließbandproduktion sanken aber die Preise, und eine stetig wachsende Zahl von Familien legte sich ihr erstes Auto zu. Diese Wagen waren bescheidene kleine Limousinen wie der *Austin Ten*, der *Opel Kadett* und der *Ford Y*. Sie hatten keine besonders guten Fahrleistungen aufzuweisen, aber das geräumige Innere bot Eltern und Kindern genügend Platz, und wegen ihrer geschlossenen Konstruktion konnte man sie auch im Winter benutzen.

ZUM BADEN ANS MEER
Ausflüge ans Meer machten der ganzen Familie Spaß, aber die Reise dauerte oft lange. Mit vier Insassen fuhr dieser *Austin Seven* nur noch 50 km/h.

MAMI, WANN KAUFEN WIR EIN AUTO?
Die Hersteller zielten mit ihren Autos und der Werbung dafür auf Familien ab. Wie viele geplagte Eltern sind wohl der Versuchung erlegen, den *Ford Y* zu kaufen?

SPIELWIESE
Die Familienautos der 1930er Jahre sollten den Fahrgästen so viel Platz wie möglich bieten. Um das Einsteigen zu erleichtern, gingen die Hintertüren nach hinten auf, und der Rücksitz reichte über die Hinterachse hinaus.

Im Sommer konnte zur Kühlung die Windschutzscheibe geöffnet werden.

Alle vier Räder haben Trommelbremsen.

Die Speichenräder sind sehr leicht.

Der *Austin Ten*, 1936

Seiner maßvollen Motorleistung, seiner praktischen Konstruktion und des niedrigen Preises wegen ist der *Austin Ten* ein typisches Familienauto der 1930er Jahre.

Das eckige Dach bietet viel Kopffreiheit.

Rück- und Bremslicht

Faltbare Heckklappe

Das tief liegende Chassis sorgt für Fahrstabilität.

ENDE OFFEN
Damit der Kauf eines Autos sich für Familien lohnte, musste man das ganze Jahr damit fahren können. Während der 1930er Jahre wurden deshalb kleine, offene Autos wie der *Singer Ten* immer seltener.

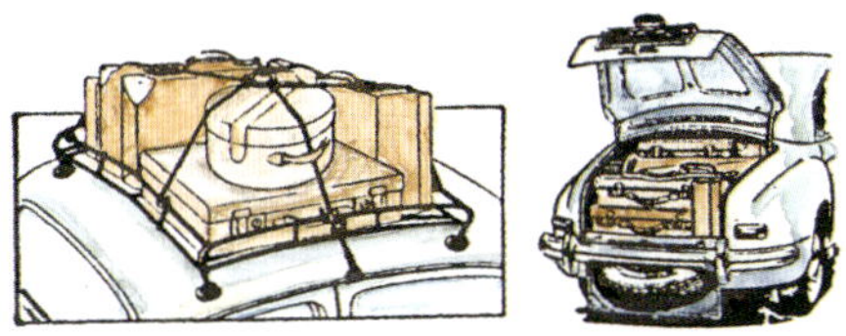

KOFFERRAUM
Mit Rücksicht auf Familien hatten die Autos seit den 1930er Jahren einen Kofferraum. Und wenn der voll war, gab es immer noch das Dach.

DURCHDACHTE KONSTRUKTION
Der *Austin Ten* war ebenso vernünftig gebaut wie sein Vorgänger, der *Austin Seven*. Er war kompakt, bot aber sehr viel Kopffreiheit. Der Innenraum wurde bis auf den letzten Zentimeter genutzt. Das Auto war billig im Unterhalt und leicht zu reparieren.

Unter der kurzen Haube steckt der kleine Motor.

Die Luftschlitze lassen sich im Sommer zusätzlich öffnen.

Diagonal-Luftreifen

Sonnendach als Sonderausstattung

Die Scheibenwischer sind serienmäßig.

Der Richtungsanzeiger (Semaphor) klappt heraus und leuchtet auf.

Der verchromte Grill dient zur Kühlung und sieht gut aus.

NORMALAUSSTATTUNG
Eckig, wie er war, sah der *Austin Ten* selbst für die 1930er Jahre altmodisch aus. Aber er war mit der neuesten Technik ausgestattet, wie automatischen Fahrtrichtungsanzeigern und Scheibenwischern, Heizung, Parkleuchten und Scheinwerfern – wenige Jahre zuvor waren das noch keine Selbstverständlichkeiten.

Luftfahrt

FLIEGEN WIRD MODERN
Fliegen war eine neue, aufregende Erfahrung; anfangs zählten auf der Route London – Paris vor allem populäre Schauspieler oder Sportstars zu den Passagieren.

Die Jahre zwischen den beiden Weltkriegen waren eine Zeit des Aufschwungs der Luftfahrt. Der erste Alleinflug (Lindbergh, 1927) über den Atlantik stärkte das Vertrauen in die Luftfahrt, und so wurden schon bald regelmäßige Linienflüge angeboten.

Der zivile Luftverkehr wuchs am stärksten in den USA, wo sich die Fluggesellschaften teils über Posttransporte finanzierten. Dort machte auch der Bau von Passagierflugzeugen Riesenfortschritte: 1933 baute Boeing die *247*, das erste moderne Verkehrsflugzeug der Welt. Parallel entwickelte sich der militärische Flugzeugbau; im Zweiten Weltkrieg sollten Flugzeuge zur entscheidenden Waffe werden.

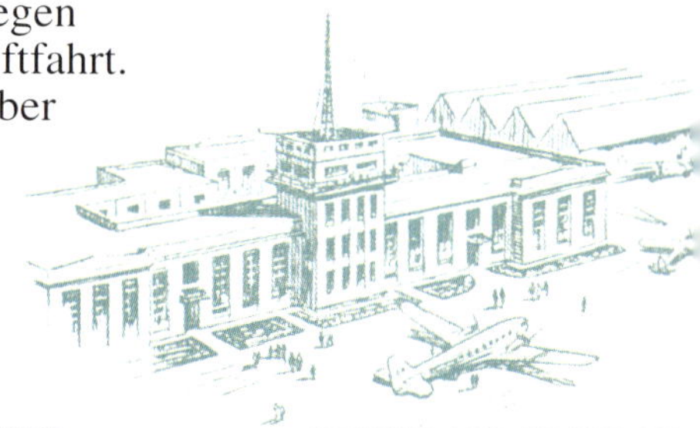

FLUGPLATZ CROYDON
Viele Flughäfen bestanden früher aus wenig mehr als einer Graslandebahn und einigen Zelten. Der erste moderne Flughafen der Welt wurde 1928 in Croydon bei London gebaut.

IHR KAPITÄN
Als die Schifffahrtslinie Instone 1919 eine Fluglinie gründete, trugen deren Piloten die blaue Uniform der Schiffskapitäne, wie noch heute alle Piloten.

Das Cockpit mit dem Autopiloten, der den Piloten während des Fluges entlastet – für die 1930er Jahre sehr fortschrittlich.

Die Metallhaut des Flugzeugs ist fest. Spanndrähte und Verstrebungen sind nicht mehr nötig.

DIE *BOEING 247D*
Diese Maschine, seinerzeit eines der modernsten Flugzeuge, war ein Eindecker mit glatten Flügeln, aerodynamischer „Ganzmetallhaut" und einem Fahrwerk, das im Flug in die Flügel eingezogen wurde. Dadurch war der Luftwiderstand so gering, dass sie 300 km/h erreichte, mehr als die meisten Jäger. Sie überflog die USA in weniger als 20 Stunden.

Druckrohr des Fahrtmessers

Vorderansicht der *Boeing 247D*

Boeing 247D im Flug mit eingezogenem Fahrwerk

Eine *De Havilland Dragon*

Der Fluggastraum der *De Havilland Dragon*

MUTIGE REISENDE

Die ersten Passagierflugzeuge waren im Vergleich zu heutigen winzig. Die *De Havilland Dragon* von 1933 (oben und rechts) beförderte acht Passagiere, und selbst die *Boeing 247D* fasste nur zehn. Erst um 1930 führte man fest installierte Sitze ein, die ersten Flugzeuge hatten nicht verschraubte Korbsessel. Ohne moderne Druckausgleichskabinen mussten die Flugzeuge tief fliegen, und die Passagiere wurden bei Turbulenzen durcheinander gewirbelt. Flog man höher, wurde es kalt, und die Fluggäste wurden höhenkrank.

FLUGBOOTE

Für Langstrecken gab es Flugboote, da sie wegen der weit auseinander liegenden Flughäfen auf dem Wasser zwischenlanden konnten. Zu häufigen Unterbrechungen kam es nachts und wegen Motorschäden.

FÜRSTLICHE REISEN

Die britischen Doppeldecker, wie z.B. diese *Heracles*, waren die größten und luxuriösesten Passagierflugzeuge der 1930er Jahre. Sie waren außerdem sehr sicher; die amerikanischen Flugzeuge jener Zeit waren allerdings weitaus schneller und moderner.

Filmpaläste

PREMIERE
Zur ersten Filmvorführung der Brüder Lumière 1895 in Paris kamen gerade 35 Zuschauer, doch der Ansturm ließ nicht lange auf sich warten: Bald verkaufte man täglich 2500 Eintrittskarten. Kino wurde zum Welterfolg. Schon ein Jahr später öffnete im australischen Sydney ein Filmpalast seine Pforten.

In den goldenen Zeiten des Kinos konnte das zahlende Publikum für den Preis einer Eintrittskarte am prunkvollen Leben seiner Leinwandidole teilhaben. Das Erlebnis begann schon, ehe die ersten Bilder über die Leinwand flimmerten: Ein Portier öffnete die Tür zur riesigen Eingangshalle, die mit Kristalllüstern und Marmorfußboden luxuriös ausgestattet war. Eine breite, mit dickem Teppichboden belegte Treppe führte zum Kinosaal hinauf, in dem das Publikum mit Orchestermusik und Ballett unterhalten wurde, bevor die eigentliche Filmvorführung begann. Die Filmpaläste der 1920er und 1930er Jahre boten alle möglichen Annehmlichkeiten wie Restaurants, Kinderkrippen, freies Telefonieren, Kunstgalerien, Tanzsäle, Tischtennis- und Billardräume. Einem Kino war sogar eine Klinik angeschlossen, einem anderen ein Salon für medizinische Fußpflege. Dies alles sollte natürlich möglichst viele Besucher anlocken. Die Rechnung ging auf: 1930, als die USA rund 122 Millionen Einwohner hatten, strömten Woche für Woche 95 Millionen Zuschauer ins Kino.

LICHTERGLANZ
Die Kinopaläste der 1920er und 1930er Jahre boten einen Aufsehen erregenden Anblick, innen wie außen. Manche glichen Kathedralen, andere hatten Minaretttürme wie Moscheen, bei wieder anderen wölbte sich die Fassade wie ein Schiffsbug. Fast alle leuchteten bei Nacht, bunt und grell: Hunderte von Glühlampen und Neonröhren ließen an ihrer Fassade Zeichen und Namen aufleuchten.

Die fünfmanualige Orgel hat eine enorme Auswahl von Registern, u.a. für Spezial-Toneffekte.

Der erhöhte Sitz des Organisten erlaubte es dem Publikum, sein Pedalspiel zu bewundern.

KINORESTAURANTS
Die Filmpaläste sorgten nicht nur für Augen- und Ohrenschmaus, sondern auch für das leibliche Wohl ihrer Gäste. Luxuriöse Großstadtkinos boten ihrem verwöhnten Publikum eine reiche Auswahl exquisiter Speisen, während kleinere Provinzkinos preiswerte Gerichte anboten.

Reginald Dixon

KINOORGEL
Die Musik zum Stummfilm spielte der Mann am Klavier. Später löste die Orgel das Piano ab. Als 1927 der Tonfilm aufkam und die Orgeln nicht mehr gebraucht wurden, gab es riesige Exemplare mit beleuchteten Tastaturen und Gehäusen. Wenn die Musik einsetzte, stieg die Orgel aus dem Orchestergraben auf. Orgelspieler wie Reginald Dixon konnten auch Ruhm erlangen.

KINO-KATHEDRALEN

Im Kinosaal wurde das Publikum in eine andere Welt entführt. Versteckte Beleuchtung tauchte die Wände in wechselnde Farben und zauberte einen Sternenhimmel mit wandernden Wolken an die Decke. Aus der Klimaanlage strömte manchmal sogar parfümierte Luft durch den Saal.

Entwurf für den „Regal"-Filmpalast, London

Eine dekorative Figur im „Regal"

KONSUM IM KINO

Fünf Jahre bevor der erste Film gezeigt wurde, erfand Dr. John Pemberton aus Atlanta/Georgia das Coca-Cola. Mit diesem Getränk löschten Millionen von Kinobesuchern ihren Durst. Popcorn ist ein paar Tausend Jahre älter und stammt aus Mittelamerika.

Sogar die Eintrittspreise der großen Filmpaläste waren niedrig genug für mehrere Kinobesuche pro Woche.

ART DÉCO

Die ersten Kinos waren zweckentfremdete Tanzschuppen. Ab 1910 baute man dann Gebäude eigens fürs Kino. Den Architekten ließ man dabei viel Freiheit. Noch heute sind einige herrliche Kinopaläste im Art déco zu bewundern, einer zwischen 1918 und 1939 dominanten Stilrichtung.

ROXY

Samuel Rothafel („Roxy") schuf 1925 den größten Filmpalast seiner Zeit, das New Yorker „Roxy". Es verfügte über 6200 Sitzplätze und beschäftigte 300 Mitarbeiter.

AUTOKINO UND KINOZUG

Das Kino entwickelte sich entsprechend den sich ändernden Ansprüchen des Publikums. Als Anfang der 1930er Jahre das Auto den Alltag zu prägen begann, entstanden Autokinos. In der Sowjetunion brachte ein Kinozug die Propagandafilme des Regimes auch in die entlegensten Republiken.

Die Weltwirtschaftskrise

Anfang Oktober 1929 wurden an der New Yorker Börse mehr Aktien gehandelt als jemals zuvor. Da die amerikanische Wirtschaft seit dem Ersten Weltkrieg prosperierte und Aktien seit Anfang 1928 im Durchschnitt ihren Wert verdoppelt hatten, waren die Amerikaner zu einem Volk von Spekulanten geworden. Wer kein Geld zum Aktienkauf hatte, lieh es sich, um die Zukunftswerte etwa der Radio- und Flugzeugfabriken zu kaufen. Die Banken, die an den Krediten für die Aktienkäufer hervorragend verdienten, liehen sich ihrerseits Geld, auch bei Unternehmern, die ihre Spitzengewinne lieber in gut verzinsten Darlehen anlegten als in der Modernisierung ihrer Betriebe. Eine Verbesserung der Produktivität hätte ihnen auch wenig genutzt, denn der Konsum stockte; die Lohnentwicklung und damit die Massenkaufkraft hatte mit der Entwicklung der Börse nicht annähernd Schritt gehalten. Als in der Mitte des Monats die Aktienkurse zu bröckeln begannen, brach eine Panik aus: Wer Aktien auf Kredit gekauft hatte, musste sie nun so schnell wie möglich wieder verkaufen, um seine Schulden zahlen zu können; viele Kredite platzten, und das gesamte Finanzsystem geriet ins Straucheln. Immer mehr Unternehmen gingen in Konkurs, andere entließen Arbeitskräfte. Die Große Depression, die auf den Börsenzusammenbruch des Oktober 1929 folgte, dauerte über Jahre an: 1933 war jeder vierte Arbeitnehmer in den USA arbeitslos, und erst während des Zweiten Weltkriegs hatte die Produktion der amerikanischen Wirtschaft wieder dieselbe Höhe wie 1928. Die amerikanische Wirtschaftskrise erreichte bald auch Europa und Japan, denn Amerika war nach dem Ersten Weltkrieg der Hauptkreditgeber der Welt geworden, und nun forderte es sein Geld zurück, statt neue Kredite zu gewähren. Besonders verhängnisvoll wirkte sich die Weltwirtschaftskrise in Deutschland aus, denn die wirtschaftliche Erholung der zwanziger Jahre hatte dort in besonders hohem Maße von amerikanischen Krediten abgehangen, die es erlaubt hatten, die hohen Folgelasten des Ersten Weltkriegs zu tragen.

REICHSAUTOBAHNBAU
Der Fernstraßenbau diente in verschiedenen Ländern dazu, auf Kosten des Staats Arbeitslose in Lohn und Brot zu bringen und dabei die wirtschaftliche Infrastruktur zu verbessern. Die Nazis in Deutschland machten daraus ein großes Propagandaspektakel.

ARBEITSLOSE
Gestalten wie diese konnte man um 1930 nicht nur in Deutschland, sondern auch in den USA oder in anderen Ländern sehen: Arbeitslose, die offenbar schon bessere Tage gesehen hatten, nun aber zu Arbeit „jeder Art" bereit waren, um zu überleben.

DER SCHWARZE FREITAG
Der Schwarze Freitag (25. Oktober 1929) leitete mit dem ersten großen Zusammenbruch der New Yorker Börse die Weltwirtschaftskrise ein. Das Foto zeigt die aufgeregten Menschen im New Yorker Finanzzentrum, der Wall Street.

ARMENKÜCHE IN FRANKREICH
In Frankreich führte die Wirtschaftskrise zu Massenarbeitslosigkeit. Revolten der verarmten Massen erschütterten den Staat, der sich gerade den sozialen Ausgleich zum Programm gemacht hatte.

STRASSENKÄMPFE IN PARIS
Die sozialen Unruhen in Frankreich erreichten einen Höhepunkt, als im Februar 1934 Arbeiter auf das Parlament marschierten und von der Polizei brutal bekämpft wurden. Dies trug zu einer Solidarisierung bei, aus der 1936 der Sieg der Volksfront erwuchs.

Staatliche Programme gegen die Krise

Überall führte die Krise des liberalen Kapitalismus zum Ruf nach Eingriffen des Staats. In den USA legte Präsident Roosevelt im *New Deal* staatliche Beschäftigungsprogramme auf, in Frankreich begannen Regierungen mit sozialistischer und kommunistischer Beteiligung, umfangreiche Sozialreformen durchzuführen, in Deutschland brachten verängstigte Kleinbürger, Arbeitslose und Schwerindustrielle Hitlers Nationalsozialisten an die Macht, die vor allem durch staatliche Rüstungsprogramme die Wirtschaft wieder ankurbeln wollten. Der Bau der „Reichsautobahn", der wie die Errichtung von Staudämmen in den USA vor allem der Arbeitsbeschaffung diente, war schon vor der „Machtergreifung" der Nazis geplant worden.

KEYNES
Der Engländer John Maynard Keynes (links auf dem Foto) lieferte die Rezepte gegen die Weltwirtschaftskrise: Die Staaten sollten sich verschulden und investieren, um die Wirtschaft anzukurbeln und die Arbeitslosen von der Straße zu holen. In wirtschaftlich besseren Zeiten sollten sie ihre Schulden dann wieder tilgen.

Roosevelts *New Deal*

Franklin D. Roosevelt wurde mitten in der Weltwirtschaftskrise Präsident. Zur Bekämpfung der wirtschaftlichen Depression in seinem Land startete er mutig radikale Hilfsprogramme, und zwar gleichermaßen für Geschäftsleute, Landwirte, Bankiers, Arbeiter und Arbeitslose. Aus eigener Erfahrung wusste er, was es bedeutete, zu den Benachteiligten zu gehören. Mit 39 Jahren an Kinderlähmung erkrankt, war er fortan von der Hüfte abwärts gelähmt. Seine Frau Eleanor teilte sein Engagement für die Unterprivilegierten der Nation.

Franklin D. Roosevelt

Präsident der USA 1933–1945

Roosevelt war einer der bedeutendsten Präsidenten der Vereinigten Staaten. Vor dem Ausbruch der Weltwirtschaftskrise 1929 wäre ein liberaler Demokrat als Präsident undenkbar gewesen. Das Land war damals fest in der Hand der Republikaner, der Partei der strengreligiösen Protestanten. Doch das änderte sich mit der Großen Depression. Nur durch Gewaltanwendung vermochte Roosevelts Vorgänger Hoover der Proteste verarmter Amerikaner Herr zu werden, und Roosevelts Wahlsieg 1933 war triumphal. Es gelang ihm, die stagnierende gesellschaftliche Entwicklung in den USA durch Rundfunkansprachen und Arbeitsbeschaffungsprogramme wieder in Gang zu bringen. Die Wirtschaft begann sich zu erholen. Von 1940 an führte Roosevelt die Amerikaner dann in den 2. Weltkrieg, aus dem die USA als führende Weltmacht hervorgingen.

WICHTIGSTE EREIGNISSE

1933 lässt Roosevelt die Banken schließen und finanzielle Transaktionen unter Regierungskontrolle stellen. Er hält seine erste Radioansprache; die Banken öffnen wieder. Roosevelts neues Regierungskonzept (*New Deal*) bringt Wirtschafts- und Sozialreformen.

1939 bricht in Europa der 2. Weltkrieg aus.

1940 verabschiedet der Kongress Roosevelts Leih- und Pacht-Gesetze, mit denen er das britische Militär durch amerikanische Kredite unterstützt.

1941 unterzeichnet Roosevelt die Atlantik-Charta mit Großbritannien; Japan greift Pearl Harbour an, und die USA treten in den Krieg ein.

1944 unternehmen die Alliierten in Nordfrankreich die sog. D-Day-Invasion.

1945 endet der 2. Weltkrieg mit der Niederlage Deutschlands und Japans.

ELEANOR ROOSEVELT
Eleanor heiratete Franklin Roosevelt 1905. Als First Lady wollte sie die „einfache Mrs. Roosevelt" bleiben, doch die Not der Armen ließ ihr bald keine Ruhe. Sie lenkte die Aufmerksamkeit ihres Mannes auf deren Elend, und ihre Wohltätigkeitsarbeit gab überall in Amerika den Anstoß zu neuen Hilfsaktionen.

Wie Tausende andere machte sich dieser verarmte Landarbeiter mit seiner Familie auf den Weg, um irgendwo neue Arbeit zu finden.

DIE ARMEN UND HUNGRIGEN
Szenen wie die auf dem Bild oben wurden mit der sich verschärfenden Wirtschaftskrise alltäglich. Die Situation wurde noch verschlimmert durch eine extreme Dürre in den Präriestaaten, die alles in eine Staubwüste verwandelte. Millionen Amerikaner hatten plötzlich weder Arbeit noch Geld. Roosevelt gelobte, ihnen zu helfen.

Kissen mit einem Anti-Prohibition-Slogan

ENDE DER PROHIBITION
1933 beendete die 21. Ergänzung zur amerikanischen Verfassung die Prohibition. Das Verbot von Alkohol hatte vermehrt zu Schwarzhandel und Schmuggel geführt.

Noten-
blätter des
New-Deal-
Marschs

ALLE KARTEN NEU VERTEILT
Roosevelt nannte sein Hilfs- und Reformprogramm *New Deal* (Neuverteilung der Spielkarten), und eines seiner ersten Ziele war der Abbau der Arbeitslosigkeit. Er wollte den Vergessenen helfen, den einfachen Arbeitern ohne Job, die hungerten. Er veranlasste Regierungsprogramme zur Arbeitsbeschaffung und gewährte staatliche Hilfen – was sein Vorgänger Hoover abgelehnt hatte.

MASKOTTCHEN
Roosevelts schwarzer Scotchterrier Fala begleitete den Präsidenten überallhin und wurde zu einer nationalen Berühmtheit.

ROOSEVELT SPRICHT ZUM VOLK
Am Vorabend der Amtseinführung Roosevelts 1933 brach das Bankensystem zusammen. In einer überzeugenden Rede versprach der neue Präsident Lösungen für die Krise und sagte: „Das Einzige, was wir fürchten müssen, ist die Furcht selbst.“ Dann schloss er alle Banken. In seiner ersten Radioansprache bat er die Menschen, nicht weiter Geld zu Hause zu horten, sondern es zur Bank zu bringen. Durch seinen zuversichtlichen Ton ermutigt, handelte das besorgte Volk entsprechend.

Mit seinen beruhigenden Radioansprachen sicherte sich Roosevelt den Rückhalt in der Bevölkerung.

In den 1930ern war das Radio der beste und schnellste Weg, dem Volk wichtige Nachrichten zu übermitteln.

Der Aufstieg des Faschismus

MARSCH AUF ROM
Mussolini (in Zivil) inmitten seiner paramilitärisch organisierten „Schwarzhemden". Der Marsch auf Rom endete mit der Machtübernahme von Mussolinis Faschisten.

In den Wirren der Zeit nach dem Ersten Weltkrieg gelang es Benito Mussolini, einem ehemaligen Sozialistenführer, der während der Kriegsjahre zu einem fanatischen Nationalisten geworden war, mit einem Staatsstreich die Macht in Italien zu erringen. Nach dem „Marsch auf Rom" war der von ihm begründete „Faschismus" (ital.: *fascismo*) Staatspartei. Oppositionelle wurden von nun an eingesperrt oder durch offene Gewalt eingeschüchtert. Die Vereinigung praktisch der ganzen Staatsmacht in der Person des „Duce" (Führer) wäre jedoch nicht gelungen, wenn Mussolini nicht eine Mehrheit der Bevölkerung hinter sich hätte bringen können. Die Faszination der Macht der Faschisten beruhte nicht nur auf der populären Ideologie des Nationalismus, sondern auch darin, dass die Faschisten erfolgreich das Monopol der alten Führungseliten von Adel und Großbourgeoisie auf die Leitung der Staatsangelegenheiten brachen. Kleine Leute stiegen auf einmal in Spitzenpositionen auf. Außerdem hatten die Faschisten bei Misserfolgen immer Sündenböcke parat: Kommunisten und Juden. Ihre großen Aufmärsche und Militärparaden faszinierten die Massen, und sie nutzten souverän ihre Macht über die Propagandamedien von Presse, Rundfunk und Film. Hitler war ein Bewunderer Mussolinis und übernahm viele Ideen des italienischen Faschismus in das Programm des Nationalsozialismus. Seine Bewegung wurde wie die Mussolinis vor allem von fanatisch nationalistischen Weltkriegsoffizieren angeführt, die den Weg zurück in die zivile Gesellschaft nicht geschafft hatten oder nicht gehen wollten. Faschistische Bewegungen gab es nicht nur in Deutschland, sondern auch in Frankreich, in Österreich – wo es auch eine „klerikalfaschistische" Variante des Faschismus gab –, in Osteuropa sowie in Spanien (S. 398) und Portugal. Der japanische Nationalismus hatte ebenfalls viel mit dem europäischen Faschismus gemein.

FASCHISMUS
Benito Mussolini (1883–1945) übernahm 1922 die Macht in Italien und wandelte das Land in einen faschistischen Führerstaat um. In den 1930er Jahren hatten auch Spanien, Portugal und Deutschland faschistisch orientierte Regierungen; in Deutschland waren es die Nationalsozialisten.

Marsch der faschistischen Jugend Italiens

„KLERIKALFASCHISTISCHES" ÖSTERREICH
Der österreichische Bundeskanzler Dr. Engelbert Dollfuß (Mitte) während der Begrüßung von kirchlichen Würdenträgern beim Katholikentag in Wien 1933.

ITALIENISCHER FASCHISMUS
Das Symbol der italienischen Faschisten waren *fasces* – Rutenbündel, die schon im alten Rom als Zeichen von Macht galten. Doch auch unter Mussolini blieb Italien ein Königreich mit Viktor Emanuel III. als König; die offizielle Flagge (oben) zeigte das Königswappen.

Uniform aus dem kaiserlichen Japan, 1930er Jahre

SYMBOL DER NATIONALSOZIALISTEN
Das Hakenkreuz (auch „Swastika“) ist ein überliefertes Symbol, das vor allem im Mittelmeerraum und in Indien verwendet wurde. Adolf Hitler (1889–1945) machte es zum Symbol der Nationalsozialistischen Deutschen Arbeiterpartei. Auf weiß-rotem Grund war es ab 1935 auf der deutschen Flagge zu sehen.

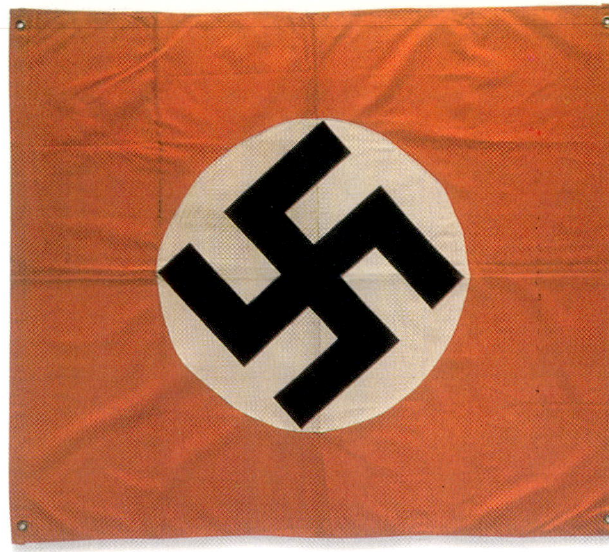

„Nach fünfzehn Jahren Verzweiflung steht ein großes Volk wieder auf den Beinen.“

ADOLF HITLER, 1933

Kassette für ein Exemplar von Mein Kampf

NSDAP-Mitgliedsbuch

KAISERLICHES JAPAN

Im 1. Weltkrieg kämpfte Japan aufseiten Großbritanniens, Frankreichs und der USA, fühlte sich jedoch nach dem Friedensvertrag bei der Gebietsverteilung benachteiligt. In den 1920er Jahren geriet die japanische Regierung zunehmend unter den Einfluss fanatischer Nationalisten, die zusammen mit dem Militär das Land zu einem Großreich in Asien ausbauen wollten.

HITLERS VORHABEN

1924 schrieb Hitler im Gefängnis sein programmatisches Buch *Mein Kampf*. Darin forderte er für Deutschland einen starken Führer, ein großes Heer, wirtschaftliche Unabhängigkeit, die Unterdrückung des Kommunismus sowie die Vernichtung der Juden. Das zunächst kaum beachtete Buch zeigte deutlich, was Hitler im Fall einer Machtübernahme vorhatte.

DIE NSDAP

Die 1920 gegründete Nationalsozialistische Deutsche Arbeiterpartei, kurz NSDAP, wurde von Hitler angeführt. Die Nazis sahen die deutschen „Arier“ (hellhäutig und blond) als „Herrenrasse“ an und wollten Deutschland wieder zu einem mächtigen Staat machen.

REICHSPARTEITAGE

1933 konnte die NSDAP in Deutschland die Macht ergreifen. Die Nazis veranstalteten alljährlich Parteitage, bei denen Paraden und Aufmärsche stattfanden und Hitler sowie andere Nazigrößen Reden hielten. Die Reichsparteitage wurden in Nürnberg abgehalten und waren Massenveranstaltungen, bei denen Stärke, Entschlossenheit und die Macht der Partei demonstriert werden sollten.

Aufmarsch beim Nürnberger Reichsparteitag von 1935

Nazi-Deutschland

Als der national-konservativ gesinnte Reichspräsident Hindenburg am 30. Januar 1933 Hitler zum Reichskanzler beruft, haben dessen Nationalsozialisten lediglich ein Drittel der Sitze im Reichstag inne. Doch sofort läuft die von Goebbels dirigierte Propaganda der Nazis an: Den Kommunisten wird der Reichstagsbrand vom 27. Februar in die Schuhe geschoben, die Partei verboten und polizeilich verfolgt. Die Reichstagswahl vom 5. März bringt nur eine knappe Mehrheit für das Bündnis von Nationalsozialisten und anderen Vertretern der extremen Rechten; am 24. März stimmen jedoch alle Parteien außer den Sozialdemokraten und den bereits von der Abstimmung ausgeschlossenen Kommunisten dem „Ermächtigungsgesetz" zu, in dem die parlamentarische Demokratie sich praktisch selbst abschafft. Hitler und seine Leute können jetzt agieren, wie sie wollen. Alle Institutionen des Staats, die Gewerkschaften und die Presse werden „gleichgeschaltet", d.h. unter nationalsozialistisches Kommando gebracht; das „Führerprinzip" wird auch in der Wirtschaft verankert, jüdische Beamte werden entlassen, die Wiederaufrüstung Deutschlands begonnen. Schritt für Schritt werden die Vorstellungen umgesetzt, die Hitler schon 1924 in *Mein Kampf* dargelegt hatte: die Beendigung der Demütigung, die Deutschland für die nationale Rechte durch die „Schandverträge" von Versailles erfahren hat, die Hebung der wirtschaftlichen Macht Deutschlands durch die Eroberung von „Lebensraum" und Rohstoffquellen in Osteuropa, die Beseitigung des jüdischen Bevölkerungsteils und die Schaffung einer deutschen oder nordischen „Herrenrasse". Dass gerade die „rassenpolitischen", aber auch die wirtschaftspolitischen Vorstellungen Hitlers ausgesprochen wirr sind, stört nur eine Minderheit der Bevölkerung, solange sich mit der Umsetzung der Pläne die Wirtschaftskonjunktur verbessert, die Arbeitslosigkeit zurückgeht und Deutschlands Ansehen in der Welt wächst. Dass die Nazis konsequent auf Krieg und Völkermord hinarbeiten, wollen die meisten Deutschen nicht wahrhaben.

MACHTÜBERNAHME
Den 30. Januar 1933, an dem Hitler Reichskanzler wird, feiert die SA mit einem Fackelzug durch das Brandenburger Tor als Tag der Machtübernahme.

JESSE OWENS 1936
Die Nazis machen die Olympischen Sommerspiele 1936 in Berlin zu einem Propagandaspektakel. Zähneknirschend dulden sie auch, dass ein „Neger", der Amerikaner Jesse Owens, beim 100-Meter-Lauf alle Mitbewerber deklassiert und dafür gefeiert wird.

REICHSTAGSBRAND

Am 27. Februar brennt in Berlin der Reichstag. Die Nazis erklären den Brand sofort zu einem kommunistischen Anschlag und nehmen ihn zum Anlass für umfangreiche Repressionsmaßnahmen gegen die Linke. Kommunisten und Sozialdemokraten werden in schnell eingerichtete Konzentrationslager eingeliefert.

„KRISTALLNACHT“

Am 9. November 1938 organisieren die Nazis überall im Reich Übergriffe auf die Synagogen und auf jüdische Geschäfte. Die Mehrheit der Deutschen schaut unbeteiligt zu. Diese „Kristallnacht“ wird zum Beginn einer Ausgrenzung der Juden aus dem „Volkskörper“, an deren Ende ihre systematische Ermordung (S. 436) stehen wird.

EINMARSCH INS RHEINLAND

Im März 1936 lässt Hitler die Reichswehr ins aufgrund des Versailler Vertrags entmilitarisierte Rheinland einmarschieren. Die ehemaligen Siegermächte nehmen diese Vertragsverletzung hin; Hitler wird so zu weiteren Aktionen ermutigt.

DER „TAG VON POTSDAM“

Am 31. März 1933 treffen Hitler und der Reichspräsident Hindenburg in der Garnisonskirche von Potsdam zusammen. Hitler empfängt dadurch gleichsam den Ritterschlag durch die alte preußische Militärkaste.

Der Spanische Bürgerkrieg

Nach langen Jahren diktatorischer Regierung finden im Juni 1931 in Spanien wieder demokratische Wahlen statt, die zu einer parlamentarischen Mehrheit der Sozialisten und Liberalen führen. Die neue Regierung wendet sich gegen die alte Herrschaftsschicht der Großgrundbesitzer, indem sie eine Bodenreform beginnt, und gegen die Kirche, indem sie das Schulsystem verstaatlicht und die staatliche Besoldung der Priester abschafft. Außerdem gewährt sie Katalonien und dem Baskenland Autonomierechte. Die Reformen verprellen die Konservativen, die die Armee auf ihrer Seite wissen, und die in Spanien mächtigen anarchistischen Arbeiter- und Landarbeitergewerkschaften, denen sie nicht weit genug gehen. Linksradikale Unruhen werden mit Gewalt bekämpft, was wiederum der Rechten nicht weit genug geht. Die Regierung wird zunehmend unstabil. Im Februar 1936 siegt bei den allgemeinen Wahlen das „Volksfront"-Bündnis der Linken und der radikalen Republikaner, dessen Regierung die Reformvorhaben von 1931 wieder aufnimmt. Dies ist das Signal für die rechten Militärs, an deren Spitze sich General Franco stellt, loszuschlagen. In der *Falange*-Bewegung haben sie eine faschistische Partei, die dem Putsch den Anschein einer Massenbewegung geben soll. Der Militärputsch wird durch loyale Truppenteile, aber auch durch neu ausgehobene Arbeitertruppen bekämpft. Die Regierung wird dadurch von Anarchisten und Kommunisten abhängig, die den Bürgerkrieg zu einer revolutionären Bewegung machen, sich allerdings auch untereinander heftig befehden. Aus ganz Europa, sogar aus den USA kommen Freiwillige nach Spanien, um gegen Militär und Faschismus zu kämpfen. Doch bis 1939 setzen sich die Franco-Truppen durch, vor allem dank massiver Unterstützung durch das faschistische Italien und Deutschland. Die Generalprobe der Faschisten für den Zweiten Weltkrieg ist gelungen.

PICASSOS *GUERNICA*
Für die Weltausstellung 1937 in Paris schuf Picasso das eindrucksvolle Wandgemälde, das an die Zerstörung der baskischen Stadt Guernica durch deutsche Bomben erinnert.

Gary Cooper

Ingrid Bergman

WEM DIE STUNDE SCHLÄGT
Wie viele Intellektuelle aus Europa und den USA nahm auch der amerikanische Schriftsteller Ernest Hemingway auf der Seite der Republik am Spanischen Bürgerkrieg teil. Seine Erlebnisse verarbeitete er in dem Roman *Wem die Stunde schlägt*, der auch erfolgreich verfilmt wurde.

KAMPF UM MADRID
Republikanische Soldaten während der Schlacht um Madrid 1936. Die Republikaner wurden hier von den Internationalen Brigaden unterstützt, Truppen ausländischer Freiwilliger. Zu den „Interbrigadisten“ gehörten viele deutsche Kommunisten, aber auch Engländer wie der Schriftsteller George Orwell, und Franzosen und Amerikaner.

FRANCISCO FRANCO
General Franco nach seinem Sieg im Bürgerkrieg 1939. Franco erklärte sich zum *Caudillo* (Führer) auf Lebenszeit. Erst nach seinem Tod 1975 konnte Spanien zur Demokratie zurückkehren.

GUERNICA
Das von den Fliegern der deutschen Legion Condor zerstörte Guernica. Zum ersten Mal wurde hier eine ganze Stadt aus der Luft in Schutt und Asche gelegt – die Generalprobe der deutschen Luftwaffe für den Bombenkrieg im 2. Weltkrieg, der schließlich Deutschland selbst am meisten treffen sollte.

BOMBEN AUF BARCELONA
Auch in der zweitgrößten spanischen Stadt Barcelona richteten deutsche und italienische Bombenangriffe großen Schaden an. Barcelona war eine der Hochburgen der Republikaner.

Der Zweite Weltkrieg

Der Angriff auf Polen und der Krieg Deutschlands gegen Frankreich und Großbritannien markiert die erste Phase des Zweiten Weltkriegs.
Mit dem Einmarsch der deutschen Wehrmacht in Polen am 1. September 1939 beginnt der europäische Krieg, der sich bald zum Weltkrieg ausweitet. Während die deutschen Truppen im „Blitzkrieg" (S. 408) den Widerstand der hoffnungslos unterlegenen polnischen Armee, die mit Kavallerie gegen Panzer kämpft, schnell bricht, bereiten sich Frankreich und Großbritannien auf einen Krieg mit Deutschland vor. Sie sind jetzt entschlossen, ihre Bündnisverpflichtungen einzuhalten und den Aufstieg Nazideutschlands zur europäischen Hegemonialmacht zu verhindern. Als die Wehrmacht den Westen Polens bereits weitgehend besetzt hat, marschieren sowjetische Truppen entsprechend den Abmachungen des Hitler-Stalin-Pakts (S. 406) in den Osten Polens und in das Baltikum ein. Stalin nutzt die Gelegenheit, um das russische Imperium in seinen alten Grenzen wiederherzustellen – gewiss auch, um die Ausgangsbedingungen der Sowjetunion für den Fall eines möglichen deutschen Angriffs zu verbessern, aber ebenso gewiss um der Ausweitung des sowjetisch-russischen Reichs selbst willen. Dies erweist sich endgültig, als Stalin Ende 1939 auch das einst zum Zarenreich gehörende Finnland angreift. Die Finnen behaupten sich allerdings im Winterkrieg 1939/1940 gegen die Sowjettruppen und erreichen einen Waffenstillstand unter geringen Gebietsabtretungen.
Unterdessen festigt Deutschland sein Bündnis mit Italien und dem fernen Japan für den bevorstehenden Kampf gegen Frankreich und das britische Weltreich. Im April 1940 besetzen deutsche Truppen Dänemark und Norwegen, um eine britische Blockade des deutschen Rohstoffnachschubs über die Nordsee zu verhindern.
Im Mai beginnt der deutsche Vormarsch gegen Frankreich mit der militärischen Unterwerfung der Niederlande und Belgiens. Der niederländische Widerstand wird mit der Bombardierung Rotterdams, der ersten systematischen Zerstörung einer Großstadt aus der Luft in diesem Krieg, gebrochen. Wie im Ersten Weltkrieg umgehen die deutschen Truppen durch den Vorstoß durch Belgien die Befestigungen an der deutsch-französischen Grenze. Die schnellen Panzerverbände der Deutschen verhindern dieses Mal, dass der Vorstoß in einen langwierigen Stellungskrieg übergeht. In Südfrankreich rücken auch italienische Truppen auf französisches Gebiet vor. Am 14. Juni wird Paris besetzt, Frankreich muss kapitulieren und wird der deutschen Besatzung unterworfen; nur im Süden des Landes dulden die Deutschen eine in Vichy residierende französische Marionettenregierung, über die der deutsche Einfluss bis in die französischen Kolonien reicht (S. 410). In den Kolonien formiert sich aber auch unter der Führung des Generals de Gaulle ein erster französischer Widerstand gegen die deutsche Besatzung (S. 412). Die von de Gaulle geführte Exilregierung in London, die mit Widerstandszellen in Frankreich selbst zusammenarbeitet, vermag jedoch zunächst nicht viel gegen die Deutschen auszurichten, deren vergleichsweise mildes Besatzungsregime sich weitgehend auf die Zusammenarbeit durch die französischen Behörden stützen kann. Ähnliches gilt auch für Belgien, die Niederlande, Dänemark und Norwegen, wo das zivile Leben im Großen und Ganzen unverändert weitergeht. Anders ist es in Polen, wo die Deutschen durch Angliederung großer Gebiete an das Reich, in denen Deutsche angesiedelt werden, durch die Ausschaltung der einheimischen Elite, deren Angehörige in vielen Fällen ermordet werden, und blutige Repressalien gegen die jüdische Bevölkerung eine brutale Kolonisierungspolitik beginnen.
Nach dem Triumph über Frankreich erwartet Hitler, dass England um Frieden nachsuchen wird. Als dies nicht der Fall ist, Großbritannien sich vielmehr unter seinem Kriegspremier Winston Churchill entschlossen zeigt, allein auf sich gestellt den Krieg gegen Nazideutschland fortzusetzen, bereitet Hitler die Invasion Englands vor. Dafür ist die Erringung der Lufthoheit über dem Ärmelkanal die Vorausset-

Hitler und Mussolini

zung. Die deutsche Luftwaffe versucht deshalb, die britische Luftwaffe durch Angriffe auf die englischen Flughäfen auszuschalten. Damit beginnt im Juli 1940 die „Luftschlacht um England" (S. 414). Als die erhoffte schnelle Vernichtung der britischen Luftwaffe am Boden nicht gelingt und die englischen Flieger sich den deutschen als ebenbürtig erweisen, setzt die Luftwaffe darauf, durch Terrorangriffe auf London und andere englische Städte, die große Opfer unter der Zivilbevölkerung fordern, den Austritt Großbritanniens aus dem Krieg zu erzwingen (S. 416). Vergebens. Unterdessen versuchen deutsche U-Boote im Atlantik, den lebensnotwendigen Nachschub Englands, vor allem aus den USA, über den Atlantik zu unterbrechen (S. 424). Auch dies gelingt nach anfänglichen Erfolgen immer weniger, führt jedoch zu einer zunehmenden Verärgerung der freundschaftlich mit Großbritannien verbundenen USA, deren Schiffe nicht immer verschont bleiben.

Im Mai 1941 bricht Hitler die Kampagne gegen England ab und begnügt sich mit dem Versuch, durch die Besetzung Jugoslawiens und Griechenlands, durch die Eroberung der vermeintlich strategisch wichtigen Insel Kreta und den Vormarsch des deutschen Afrikakorps vom italienischen Libyen aus in Richtung Suezkanal die Vorherrschaft Großbritanniens im östlichen Mittelmeerraum zu brechen und den Zugang der britischen Flotte nach Asien zu sperren. Wie zuvor schon Rumänien tritt jetzt auch Bulgarien an der Seite der Achsenmächte Deutschland, Italien und Japan in den Krieg ein. Die Engländer behaupten sich allerdings in Ägypten und sichern sich den Zugang zu den Ölfeldern des Irak gegen einen von Deutschland unterstützten arabischen Aufstand.

Hitler 1940 im besetzten Paris

Vom europäischen Krieg zum Weltkrieg

In dieser Situation entschließt sich Hitler, die Erreichung desjenigen Kriegsziels vorzuziehen, das langfristig die Weltmachtposition Deutschlands sichern sollte: die Kolonisierung Russlands und der Ukraine. Die großen Rohstofflager der Sowjetunion und der Zugriff auf die Sklavenarbeit der zu „Untermenschen" erklärten Russen soll Deutschland in die Lage versetzen, den Krieg gegen England und notfalls auch gegen die zunehmend zum Kriegseintritt bereiten Amerikaner erfolgreich durchzuhalten und Seite an Seite mit dem japanischen Bündnispartner eine Neuaufteilung der gesamten Welt herbeizuführen.

Am 22. Juni beginnt der Überfall auf die Sowjetunion, das „Unternehmen Barbarossa". In kurzer Zeit dringen deutsche Einheiten, unterstützt von italienischen und rumänischen Truppen, weit nach Russland und in die Ukraine vor und machen in großen Kesselschlachten gegen die Rote Armee Hunderttausende von Gefangenen. Mit Einbruch des Winters kommt der Vormarsch allerdings vor Moskau und Leningrad zum Stehen, und Stalin, der den „Großen Vaterländischen Krieg" ausgerufen und damit an den russischen Patriotismus appelliert hat, gelingt es, den Widerstand gegen die Invasoren immer besser zu organisieren (S. 428).

Am 7. Dezember 1941 überfallen die Japaner die in Pearl Harbor in Hawaii konzentrierte amerikanische Pazifikflotte; damit wird der Krieg endgültig zum Weltkrieg (S. 420). Deutschland und Italien schließen sich der Kriegserklärung Japans an die USA an, und die gigantische industrielle Kraft Amerikas dient von nun an der Ausrüstung der amerikanischen Truppen und ihrer Verbündeten, vor allem Großbritanniens und der Sowjetunion. Damit ist eine entscheidende Wende im Krieg eingetreten.

Die Ermordung der Juden Europas

In dieser Kriegsphase, als die Bevölkerung Russlands bereits weitgehend unterworfen und gezwungen ist, den deutschen „Herrenmenschen" zu dienen, als die Zukunft scheinbar nur noch zwei Möglichkeiten bereithält: die Weltherrschaft Deutschlands oder den totalen Untergang des Reichs, beginnt Nazideutschland mit der systematischen Vernichtung der europäischen Juden, als ob dies für den Krieg entscheidend sein könnte. Im Reich und in den besetzten Gebieten sind die Juden seit Kriegsbeginn immer weiter verschärften Repressalien ausgesetzt, die Flucht ins neutrale Ausland, etwa die Schweiz, ist ihnen weitgehend verwehrt, da diese Länder ihre Grenzen aus Angst vor deutschen Repressalien schließen. Den Juden wird nicht nur ihr Besitz genommen; sie werden vor allem Schritt für Schritt ihrer Menschenwürde beraubt. Sie dürfen nicht mehr dieselben öffentlichen Einrichtungen benutzen wie die „arische" Bevölkerung, sogar die Parkbänke, auf denen „Arier" sitzen könnten, sind für sie verboten, die Haltung von Haustieren ist ihnen untersagt. Seit September 1941 müssen sie den Judenstern tragen, der sie in der Öffentlichkeit als Menschen minderen Rechts ausweist. In Polen werden die Juden zu Hunderttausenden in von Mauern umgebenen Gettos zusammengepfercht, in die bald auch die Juden aus den neu eroberten Gebieten zwangsumgesiedelt werden.

Im Januar 1942 wird während der Wannseekonferenz in Berlin die „Endlösung der Judenfrage" beschlossen, d.h. die systematische Ermordung sämtlicher europäischer Juden (S. 436). Die Juden verschwinden von nun an allenthalben aus den Dörfern und Städten in Ost-, Süd- und Westeuropa. Aus allen Himmelsrichtungen werden sie nach Polen transportiert, wo zuerst die nicht arbeitsfähigen unter ihnen in Konzentrationslagern, die zu regelrechten Tötungsfabriken ausgebaut werden, vergast werden. Die arbeitsfähigen werden unter menschenunwürdigen Bedingungen als Sklaven für die Rüstungsindustrie missbraucht; sind sie durch die schwere Arbeit und die schlechte Ernährung ausgezehrt, werden auch sie in die Gaskammern geschickt. Die Tötungsindustrie arbeitet bis 1944 immer schneller. Und sie arbeitet effektiv. Bis Kriegsende sind etwa sechs Millionen Juden, die große Mehrheit der Juden Europas, ermordet. Weshalb dieser gigantische Völkermord so reibungslos ablaufen konnte, ist aus heutiger Sicht schwer erklärlich. Es scheint, als ob die Polizeikräfte und manche Teile der Bevölkerung in Nazideutschland und den von ihm beherrschten Ländern bereitwillig dabei mitgewirkt haben, diejenigen abtransportieren zu lassen, die die besten Zeugen waren für die entwürdigende Behandlung, der sie sie oft schon seit Jahren ausgesetzt hatten. Und es scheint auch, dass die SS-Leute und ihre Hilfskräfte, die in den Lagern die entwürdigten, verdreckten, oft halbverhungerten Juden in Empfang nahmen, oft wirklich das Gefühl hatten, einer besseren Menschenrasse anzugehören, für die es eine Schwäche gewesen wäre, menschliche Gefühle gegenüber ihren Opfern zu zeigen. Natürlich waren die meisten Handlanger des Mordes auch davon überzeugt, lediglich Anweisungen und Befehle auszuführen, und hielten sich nicht selbst für verantwortlich. Bezeichnend ist allerdings, dass die Kette von Befehl und Gehorsam dort am wenigsten funktionierte, wo es auch zuvor nicht gelungen war, die Juden immer weiter aus der Gesellschaft und aus der menschlichen Gemeinschaft auszuschließen, wie etwa in Dänemark, dessen – kleine – jüdische Bevölkerung fast vollständig gerettet wurde.

Die Wende im Krieg

Während die Vernichtungsmaschinerie gegenüber den Juden anläuft, scheinen im Sommer 1942 die Weltmachtträume Hitlers in Erfüllung zu gehen: Die deutschen Truppen, die im Norden Russlands ihre Stellungen vor Moskau halten und Leningrad auszuhungern versuchen, dringen durch Südrussland bis zu den Gipfeln des Kaukasus vor. Von dort aus scheint sich der Weg bis nach Indien zu öffnen, dem sich von Osten her die in Indonesien und Hinterindien siegreichen Japaner (S. 430) nähern. Diese treffen zwar auf entschiedenen Widerstand der Briten, werden mancherorts aber auch als Befreier von der europäischen Kolonialherrschaft begrüßt (s. Karte S. 312). Gegen Ende des Jahrs allerdings geraten die Deutschen am Angelpunkt der russischen Front, in Stalingrad, in die Defensive (S. 426). Es gelingt der Roten Armee, die hier konzentrierten deutschen Truppen weiträumig einzuschließen. Da Hitler einen Rückzug verbietet, zieht sich die Schlacht um Stalingrad bis zum endgültigen russischen Triumph im Februar 1943 hin. Hunderttausende Deutsche und Russen fallen in der Schlacht, von den in russische Gefangenschaft geratenen Deutschen überleben die wenigsten.

Unterdessen sind die Westalliierten im Westen Nordafrikas gelandet; der Kampf des deutschen Afrikakorps, das nun nicht mehr nur von Osten, aus Ägypten, sondern auch von Westen her bedrängt wird, ist aussichtslos geworden. Amerikaner und Briten bereiten nun von Afrika aus die Landung in Italien vor. Die deutschen Städte erleben die wachsende amerikanische und britische Luftüberlegenheit durch immer häufigere Luftangriffe auf die

Deutsche Kriegsgefangene in Russland

Amerikanischer Bomber

industrielle Infrastruktur des Reichs.
Das Kriegsjahr 1943 ist geprägt vom – noch – geordneten Rückzug der Deutschen und Japaner an vielen Fronten: Im Südpazifik kämpfen sich die Amerikaner von Inselgruppe zu Inselgruppe vor (S. 430) und nähern sich damit dem Ziel, ihre überlegene Luftwaffe direkt gegen Japan einsetzen zu können. Von Sizilien her marschieren die Alliierten in Süditalien ein und erreichen den Sturz der faschistischen Regierung in Rom (S. 434). Durch das Eingreifen der Deutschen, denen es auch gelingt, den festgesetzten Duce zu befreien, bleibt das nördliche Italien allerdings noch im Machtbereich Hitlers. In Russland weichen die deutschen Truppen unter Verlusten zurück. Hier wie auch in Russland, Polen, Italien und Frankreich machen den deutschen Besatzungstruppen zunehmend Partisanen zu schaffen, die sich von der Niederlage der Deutschen an den Fronten ermutigt fühlen und immer häufiger Anschläge auf deutsche Militärposten und Nachschublinien ausüben (S. 413). Sie werden mit brutalen Mitteln bekämpft.
Eine Episode aus dem Jahr 1943, die militärisch von keinem großen Gewicht, aber von weit über das Kriegsende hinausweisender moralischer Bedeutung war, ist der Aufstand im Warschauer Getto, der im April stattfindet: Nach dem Abtransport der großen Mehrheit der Gettobevölkerung in die Vernichtungslager wagen die Übriggebliebenen – weitgehend wegen ihrer Arbeitsfähigkeit bisher von den Todesfabriken verschonte junge Männer – mit selbst fabrizierten oder ins Getto geschmuggelten Waffen den Aufstand: Sie sind entschlossen, nicht kampflos in den Tod zu gehen. Die Deutschen sind verblüfft und brauchen einige Wochen, ehe sie zum Gegenangriff übergehen, indem sie das gesamte Getto niederbrennen. Nur wenige der Gettokämpfer entkommen, aber alle haben gezeigt, dass Juden sich nicht immer wehrlos zur Schlachtbank führen lassen.

Die Befreiung

Anfang 1944 zeichnet sich die Niederlage Deutschlands und Japans bereits ab, aber noch läuft die Militärmaschinerie auf Hochtouren. Die jüngeren deutschen Männer stehen fast überall an der Front, während die ständigen Bombenangriffen ausgesetzten Rüstungsbetriebe mit Millionen von ausgebeuteten „Fremdarbeitern" weiterproduzieren. Auch die Frauen leisten – wie in den anderen Krieg führenden Staaten – einen Großteil der Industriearbeit (S. 422). Im Sommer dringt die Rote Armee auf den Balkan und bis nach Polen vor. Am 6. Juni beginnt mit der Landung der Aliiierten in der Normandie (S. 432) die Befreiung Frankreichs. Am 20. Juli scheitert mit einem fehlgeschlagenen Bombenattentat auf Hitler der Versuch einer Reihe hochgestellter Militärs und Verwaltungsfachleute, durch einen Machtwechsel in Deutschland vor der sicheren militärischen Niederlage den Bestand des Reichs zu retten. Die meisten Verschwörer werden hingerichtet, Deutschland bleibt von fanatischen Nazis beherrscht. Ende August ist Paris befreit, in Warschau wagt die von London aus befehligte polnische Untergrundarmee einen Aufstand, der jedoch von den Deutschen niedergeschlagen werden kann, weil die Rote Armee auf der anderen Seite der Weichsel untätig bleibt: Die Russen wollen ihre eigene Herrschaft in Polen errichten.
Die alliierten Luftstreitkräfte, denen die deutsche Luftwaffe nichts mehr entgegenzusetzen hat, versuchen durch Terrorangriffe gegen die Zivilbevölkerung der deutschen Städte, denen Hunderttausende Zivilisten zum Opfer fallen, vergeblich, den Rückhalt des Regimes bei der Bevölkerung zu brechen.
Anfang 1945 erreichen die Bodentruppen der Amerikaner und Briten Westdeutschland, während die Russen Berlin einschließen. Die Westalliierten werden oft erleichtert begrüßt, während die Russen, die unter den Deutschen so viel zu leiden hatten, große Angst verbreiten. Die Bilder von der Befreiung der Konzentrationslager mit den ausgemergelten Gestalten überlebender Juden, Zigeuner, Kommunisten, Homosexueller gehen um die Welt.
Am 30. April begeht Hitler in seinem Berliner Bunker Selbstmord, kurz nachdem sein Schicksalsgenosse Mussolini in Norditalien von Partisanen erschossen worden ist. Am 7./9. Mai kapituliert das Deutsche Reich bedingungslos.
Im Juli 1945 treffen sich in Potsdam Truman, Churchill und Stalin, die Vertreter der Siegerstaaten

USA, Großbritannien und Sowjetunion (zu denen bald Frankreich hinzutritt), um über das künftige Schicksal Deutschlands zu beschließen. Deutschland muss die Gebiete östlich von Oder und Neiße an die Sowjetunion und Polen abtreten und wird in Besatzungszonen geteilt, ebenso das in der sowjetischen Zone gelegene Berlin: Hier erhält jede der vier Siegermächte einen Sektor. Österreich wird vom Reich abgetrennt und ebenfalls in Besatzungszonen aufgeteilt. Die Vertreibung der deutschen Bevölkerung aus den Ländern Mittel- und Osteuropas wird gebilligt.
Im September 1945 endet auch der Krieg der USA gegen Japan. Erst nach dem Abwurf der Atombombe, der neuen großen Massenvernichtungswaffe, die die USA im vermeintlichen Wettlauf mit Deutschland entwickelt haben, auf die Großstädte Hiroshima und Nagasaki (S. 438) kapituliert das Kaiserreich. Die Amerikaner besetzen Japan. Kurz vorher ist auch die Sowjetunion in den Krieg mit Japan eingetreten, um ihren Einfluss auf das von Japan besetzte China geltend zu machen. Es beginnt die Neuordnung Ostasiens. Der Zweite Weltkrieg, der unter den Soldaten in Europa nicht mehr Menschenverluste verlangt hat als der Erste, hat wegen des Bombenkriegs, der zu enormen Zerstörungen und Opfern unter der Zivilbevölkerung geführt hat, wegen des Terrors gegen die Zivilbevölkerung in den von Deutschen und Japanern besetzten Gebieten und nicht zuletzt wegen des einseitigen „Kriegs" Nazideutschlands gegen die europäischen Juden mehr Opfer gefordert als jeder Krieg zuvor. Und es waren nicht die Angreifer, Deutschland und Japan, die die meisten Opfer zu beklagen hatten, sondern die von ihnen überfallenen Länder, vor allem China und Russland.

Churchill, Roosevelt und Stalin (v.l.) in Jalta, Februar 1945

Chronik

1939 1. September:	Deutscher Einmarsch in Polen, der „Blitzkrieg" ist bis Ende des Monats beendet. Es beginnen harte Repressalien gegen die polnische Intelligenz und gegen die Juden sowie Umsiedlungsmaßnahmen in den direkt dem Reich einverleibten Regionen.
3. September:	Kriegserklärung Großbritanniens und Frankreichs an Deutschland
17. September:	Sowjetische Truppen dringen in den Osten Polens ein und errichten dort ein Besatzungsregime. Die baltischen Staaten Estland, Lettland und Litauen geraten unter den militärischen Einfluss der Sowjetunion; 1940 werden sie als Sowjetrepubliken der Sowjetunion einverleibt.
27. September:	Dreimächtepakt zwischen Deutschland, Italien und Japan: globale Kriegsallianz
1939–1940	Winterkrieg der Sowjetunion gegen Finnland, das gegen den Versuch der Sowjetunion, es sich praktisch einzuverleiben, kämpft. Die Finnen behaupten sich, müssen aber Gebiete im Osten ihres Landes abtreten.
1940 April:	Deutsche Truppen besetzen Dänemark und Norwegen, um die Verminung der Küsten dieser Länder, die den Nachschub vor allem von Eisenerz nach Deutschland verhindern soll, zu verhindern. Satellitenregierung in Norwegen unter Quisling
Mai:	Angriff Deutschlands auf die Niederlande, Zerstörung von Rotterdam durch Bomben, um jeglichen Widerstand zu brechen. Es folgt der schnelle Vorstoß der deutschen Panzertruppen durch Belgien nach Paris, das am 14. Juni besetzt wird.
	Mussolini erklärt den Kriegseintritt Italiens.
22. Juni:	Waffenstillstand Deutschlands mit Frankreich, dem Italien sich anschließt, das am Mittelmeer vorgedrungen ist. Nordfrankreich wird von den Deutschen besetzt, Südfrankreich und die Kolonien unterstehen der von den Deutschen abhängigen Regierung in Vichy. Schon während der sich abzeichnenden Niederlage Frankreichs ruft General de Gaulle von London aus die Franzosen zum Widerstand auf. Die *Résistance* kann das Besatzungsregime nicht entscheidend schädigen. Erst bei Kriegsende wird sie zum Sieg der Alliierten beitragen.
Juli:	Da die Briten nach der Niederlage Frankreichs nicht zu einem Friedensschluss bereit sind, trifft Hitler Vorbereitungen zu einer Invasion Englands. Dies setzt die Ausschaltung der britischen Luftwaffe voraus: Die „Luftschlacht um England" beginnt, während derer die Deutschen versuchen, die englischen Luftwaffenbasen zu zerstören und die Zivilbevölkerung durch Terrorangriffe zu demoralisieren, die viele Opfer in der Zivilbevölkerung verlangen. Die britischen Flugzeuge erweisen sich als den deutschen ebenbürtig; Deutschland, dessen Luftwaffe erheblich geschwächt worden ist, nimmt von einer Invasion Abstand und gibt den Luftkrieg im Mai 1941 auf.
	Ungarn, Rumänien und die Slowakei treten auf der Seite der Achsenmächte in den Krieg ein.
1940–1943	Schlacht im Atlantik: Deutsche U-Boote stören den Nachschub der Briten, die dagegen immer besser bewaffnete Geleitzüge organisieren. Ab 1941 werden dabei auch die Amerikaner zu ihren Gegnern. 1943 steigen die deutschen Verluste so weit, dass der U-Boot-Krieg von Deutschland praktisch beendet wird.

1941 Februar: Landung eines deutschen Afrikakorps in Libyen, das die Italiener gegen die britischen Truppen dort unterstützen soll.

März: Bulgarien tritt an die Seite Deutschlands und Italiens, was Russland ebenso wie der Feldzug gegen – das dem Drei-Mächte-Pakt ebenfalls beigetretene – Jugoslawien beunruhigt.

April: Nachdem ein italienischer Vorstoß gegen Griechenland stecken geblieben ist, besetzen die Deutschen Jugoslawien und Griechenland. Im Mai wird das strategisch wichtige Kreta von deutschen Fallschirmspringertruppen erobert.

Britische Truppen sichern den ölreichen Irak.

22. Juni: Die Wehrmacht beginnt ihren Einmarsch in der Sowjetunion, große Anfangserfolge. Der Feldzug bleibt im Winter vor Leningrad und Moskau stehen. Stalin erklärt den „Großen Vaterländischen Krieg" und lässt einen geordneten Rückzug organisieren.

7. Dezember: Kriegserklärung Japans an die USA und Überfall auf die amerikanische Kriegsflotte in Pearl Harbor. Zugleich geht Japan gegen die britischen Besitzungen in Südostasien sowie gegen die Amerikaner auf den Philippinen vor.

11. Dezember: Hitler erklärt den USA den Krieg, Mussolini folgt.

1942 Januar: Die Wannseekonferenz in Berlin unter dem Vorsitz des SS-Führers Heydrich bereitet die „Endlösung der Judenfrage" vor. Die Vernichtung der Juden Europas beginnt.

Februar: Die Japaner beginnen mit der Eroberung Indonesiens.

Mai: Mit dem Angriff auf Köln beginnt der britisch-amerikanische Bombenkrieg gegen deutsche Industrieanlagen und Städte. Gegen Kriegsende sollen vor allem Terrorangriffe gegen die Zivilbevölkerung die Deutschen von ihrer Unterstützung Hitlers abbringen.

Juni: In Russland stößt die Wehrmacht nach Südosten bis zum Kaukasus vor. Es geht um Erdöl und um mögliche Verbindungen zum Indischen Ozean, um hier Großbritannien in die Defensive zu bringen. Gegen Ende des Jahrs entwickeln sich heftige Kämpfe um den Angelpunkt der deutschen Front, Stalingrad. Nach äußerst verlustreichen Kämpfen müssen sich die hier eingekesselten Deutschen im Februar 1943 ergeben. Dies ist der Wendepunkt des Kriegs im Osten.

In Afrika Kämpfe des deutschen Afrikakorps unter Rommel, das auf den Suezkanal vorzustoßen versucht, gegen britische Truppen unter Montgomery. Nach der Landung britisch-amerikanischer Truppen in Nordafrika wird die Situation Rommels ausweglos.

1943 Verlustreicher Rückzug der Wehrmacht in Russland

Amerikaner und Briten beginnen die Japaner in der Südsee zurückzudrängen.

April: Im Warschauer Getto wagen die nach dem Abtransport des größten Teils der Gettobevölkerung in die Vernichtungslager verbliebenen Juden überraschend einen Aufstand, der jedoch ohne Erfolgschancen ist.

Juli: Landung der Alliierten in Sizilien, Zusammenbruch des faschistischen Regimes in Italien, Befreiung Roms. Den Deutschen gelingt es, Mussolini aus der Haft zu befreien; sie schaffen in Norditalien einen neuen faschistischen Staat unter deutscher Kontrolle. Antifaschistischer Widerstand unter Führung der Kommunisten

---

1944 Die Zahl der zwangsweise in Deutschland arbeitenden „Fremdarbeiter" erreicht 7,5 Millionen.

Sommeroffensive der Roten Armee

Finnland kündigt das Bündnis mit Deutschland.

6. Juni: „D-Day", Landung der Alliierten in der Normandie, schneller Vorstoß ins Innere Frankreichs

20. Juli: Eine Verschwörung von Reichswehroffizieren und zivilen Politikern zum Sturz Hitlers scheitert; die wichtigsten Repräsentanten des Widerstands werden anschließend hingerichtet.

25. August: General de Gaulle zieht in Paris ein.

August: Der Aufstand der polnischen Untergrundarmee in Warschau wird von den Deutschen niedergeschlagen, während die sowjetischen Truppen untätig bleiben.

Rumänien, Serbien und Bulgarien werden von der Roten Armee besetzt; Rückzug der Deutschen aus Griechenland

Am Jahresende erobern Sowjettruppen das von den Deutschen besetzte Ungarn.

Dezember: In den Ardennen versuchen deutsche Truppen eine letzte Gegenoffensive gegen Briten und Amerikaner.

1945 Februar: Der Bombenangriff auf Dresden (vermutlich über 100.000 Tote) stellt den Höhepunkt der alliierten Bombenangriffe auf Deutschland dar.

März: Die Westalliierten überschreiten den Rhein; die Sowjettruppen erobern Ostpreußen.

April: Die Amerikaner erobern die japanische Insel Okinawa und bauen sie zu einem Luftwaffenstützpunkt aus, von dem aus sie alle Orte in Japan bombardieren können. Vernichtende Luftoffensive

Zusammenbruch der deutschen Front in Italien. Mussolini wird von Partisanen ermordet; die Russen nehmen Wien ein.

30. April: Selbstmord Hitlers in Berlin

2. Mai: Berlin kapituliert vor den Russen.

7./9. Mai: Bedingungslose Kapitulation des Deutschen Reichs

10. Mai: Prag wird von den Russen besetzt.

Juli: Die Potsdamer Konferenz der Siegermächte beschließt über die Aufteilung der Interessengebiete in Europa.

6./9. August: Die amerikanischen Atombombenabwürfe auf Hiroshima und Nagasaki brechen den japanischen Widerstand.

8. August: Die Sowjetunion tritt in den Krieg gegen Japan ein.

2. September: Kapitulation Japans; amerikanische Truppen rücken in Tokio ein.

Auf dem Weg in den Zweiten Weltkrieg

1938 hatte Hitler sein in Deutschland populäres Zi fast vollständig erreicht, die im Versailler Vertrag festgelegten Sanktionen des Ersten Weltkriegs zu revidier 1936 besetzten seine Truppen das entmilitarisierte Rhe land, 1938 erreichte er den „Anschluss" Österreichs an das Deutsche Reich, und wenig später gelang es ihm auch, das Sudetenland, d.h., die deutsch besiedelten Te der Tschechoslowakei, zu annektieren. Italien hatte Hi zu einem zuverlässigen Bundesgenossen gemacht. Der „Achse" Berlin – Rom näherte sich auch Japan an 1939 schloss das Deutsche Reich völlig überraschend Bündnis mit der Sowjetunion, in dessen geheimem Zusatz die Aufteilung Polens zwischen beiden Mächte geregelt war. Am 1. September 1939 begann der Angri auf Polen, zwei Tage später erklärten Frankreich und Großbritannien, die die Sicherheit Polens garantiert hatten, Deutschland den Krieg. Der Zweite Weltkrieg hatte begonnen.

DER VERSAILLER VERTRAG
Nach seiner Niederlage im 1. Weltkrieg musste Deutschland 1919 den Versailler Vertrag unterzeichnen. Es verlor seine Kolonien in Übersee sowie Teile des Staatsgebiets und durfte keine große Armee mehr aufstellen. Viele Deutsche waren gegen den Vertrag und unterstützten Hitlers Weigerung, ihn anzuerkennen.

EXPLOSIVE LAGE IN NORDAFRIKA
Italien eroberte 1935 Abessinien (heute Äthiopien). Sein Herrscher, Kaiser Haile Selassie (1892–1975, rechts), ging ins Exil. Mussolini wollte ein neues Römisches Reich errichten und das Mittelmeer zu einem italienischen Meer („Mare Nostro") machen. Italien weitete seine Herrschaft auch auf Libyen aus und besetzte 1939 Albanien.

EINMARSCH DER JAPANER IN CHINA
Nach Übernahme der zu China gehörenden Mandschurei 1932 führte Japan ein massives Aufrüstungsprogramm durch. 1937 marschierte Japan auf breiter Linie in China ein und belagerte die Hauptstadt Nanking sowie weite Teile der Küste.

DER ANSCHLUSS ÖSTERREICHS
Im März 1938 erklärte Hitler den Anschluss Österreichs an Deutschland. Damit brach er den Versailler Vertrag, der eine Vereinigung Deutschlands und Österreichs untersagt hatte. Viele Österreicher waren damit einverstanden, die Nachbarländer jedoch fürchteten Hitlers wachsende Macht.

ZWEI DIKTATOREN
Zunächst war der italienische Staatsführer Mussolini (links) gegen Hitler (rechts), da dieser Österreich, den nördlichen Nachbarn Italiens, dem Deutschen Reich angliedern wollte. Mit der Zeit aber näherten sich die beiden Staaten einander an. 1936 bildeten sie als „Achsenmächte" auf der Achse Berlin – Rom eine Partnerschaft, die später auf Japan ausgeweitet wurde. Italien und Deutschland schlossen 1939 ein Militärbündnis, den sog. Stahlpakt, und kämpften in den ersten Kriegsjahren zusammen.

EINHEIT VON BRITEN UND FRANZOSEN
Die Beziehung zwischen Frankreich und Großbritannien wurde 1938 durch den Staatsbesuch von König Georg VI. (links außen) und Königin Elisabeth in Frankreich gestärkt. Als 1939 ein Krieg unvermeidbar schien, beschlossen die beiden Länder, Polen und Griechenland bei einem möglichen Angriff Deutschlands bzw. Italiens beizustehen.

FRIEDENSANGEBOT
Um Hitler politisch entgegenzukommen, reiste der britische Premierminister Arthur Neville Chamberlain 1938 nach München. Es kam zur Unterzeichnung des Münchner Abkommens, das die Abtretung des Sudetenlandes an das Deutsche Reich regelte. Die Tschechen protestierten, doch Chamberlain glaubte so den Frieden zu sichern. Sechs Monate später gliederte Hitler auch den Rest der Tschechoslowakei an das Deutsche Reich an.

EINMARSCH IN POLEN
Deutsche Soldaten reißen 1939 einen polnischen Schlagbaum nieder. Hitler hatte die Rückgabe des Polnischen Korridors, eines Landstreifens zwischen Ostpreußen und dem übrigen Deutschland, gefordert. Polen weigerte sich, und Hitler ließ das Land am 1. September angreifen. Daraufhin erklärten Großbritannien und Frankreich am 3. September Deutschland den Krieg.

Blitzkrieg

Blitzkrieg ist die Bezeichnung für die überfallartigen Angriffe, die die Deutschen vor allem zu Kriegsbeginn führten. Schnelle Panzerverbände drangen dabei in fremdes Gebiet vor; ihnen folgte die langsamere Infanterie, die jeden Widerstand niederschlug. Nachdem die Deutschen völlig überraschend am 1. September 1939 einen Blitzkrieg gegen Polen begonnen hatten, erklärten Großbritannien und Frankreich, die die Sicherheit Polens garantiert hatten, Deutschland den Krieg. Zwischen Mai und Juni 1940 überfielen deutsche Truppen Frankreich, die Niederlande, Belgien und Luxemburg. Sie hatten zwar weniger Panzer und Soldaten aufzubieten als die vereint kämpfenden gegnerischen Truppen, dafür aber Luftüberlegenheit. Durch ausgeklügelte Planung, schnelle Angriffe und konzentrierten Beschuss behielten die Deutschen vorerst die Oberhand.

Der deutsche Außenminister Joachim von Ribbentrop

Der sowjetische Außenminister Wjatscheslaw Molotow

Der sowjetische Staatsführer Josef Stalin

DEUTSCH-SOWJETISCHER PAKT
Am 23. August 1939 unterzeichneten die Außenminister Deutschlands und der Sowjetunion einen Nichtangriffspakt. So konnte Deutschland in Polen und seinen westeuropäischen Nachbarländern einmarschieren, ohne einen sowjetischen Angriff befürchten zu müssen. Am 28. September kamen die Minister erneut zusammen, um die Teilung Polens festzulegen.

Ausgeklinkte Bombe

Daily Herald

WAR DECLARED BY BRITAIN AND FRANCE

The Fleet Moves Into Position

POLES SMASH WAY INTO E. PRUSSIA

Unthinkable We Should Refuse The Challenge

London Hears Its First Raid Warning

WAR CABINET OF NINE

Eine britische Zeitung meldet den Beginn des 2. Weltkriegs.

KRIEGSERKLÄRUNG
Mit der Kriegserklärung Großbritanniens und Frankreichs befanden sich auch ihre Kolonien im Krieg. Die meisten europäischen Staaten, darunter Irland, die Schweiz, Spanien und Portugal, blieben neutral.

VORSTOSS PER MOTORRAD
Deutsche Panzerverbände setzten auch Motorräder mit Seitenwagen ein, um in fremdes Gebiet vorzudringen. Ihr unerwartetes Auftauchen überraschte die Bevölkerung oft so, dass kaum Widerstand geleistet wurde.

PANZERANGRIFF
Die Hauptrolle beim Blitzkrieg spielten Panzerverbände, die von Jagdflugzeugen aus der Luft unterstützt wurden. Die Panzer drangen so schnell und gezielt vor, dass sie oft auf die nachfolgende Infanterie warten mussten.

STURZJÄGER
Das Sturzkampfflugzeug (Stuka) *Junkers Ju 87* spielte beim Blitzkrieg eine wichtige Rolle. Die Stukas hatten laut heulende Sirenen, die die Piloten einschalteten, bevor sie im Sturzflug ihre Bomben abwarfen.

EINNAHME FRANKREICHS
Dieses Foto entstand nach einem Bombenangriff auf die nordfranzösische Stadt Calais.

Handgranate

Stabgranate

WURFWAFFEN
Deutsche Infanteristen warfen beim Vorstoß in fremdes Gebiet Hand- und Stabgranaten, um Gegner zu töten und Heckenschützen in den Gebäuden auszuschalten.

STURM AUF NACHBARLÄNDER
Im Mai 1940 fielen deutsche Truppen in Belgien, Luxemburg und den Niederlanden ein. Die Niederländer versuchten, den Vorstoß zu bremsen. Da sie der Übermacht der deutschen Truppen aber nicht gewachsen waren, ergaben sie sich bereits nach vier Tagen. Kurz danach folgten Belgien und Luxemburg.

Die Stabgranate ließ sich schnell aus dem Stiefel ziehen.

Die Besetzung Frankreichs

In Europa reagierten die Menschen unterschiedlich auf die deutsche Besetzung. Manche schlossen sich dem Widerstand an oder verweigerten die Zusammenarbeit mit den Besetzern. Andere wiederum arbeiteten mit den Deutschen zusammen, sahen sie als aktive Gegner des Kommunismus und unterstützten die antijüdische Politik Deutschlands. Den meisten jedoch blieb kaum eine andere Wahl, als sich der Situation anzupassen. In Frankreich und Norwegen arbeiteten die Regierungen mit Deutschland zusammen. Der Name des ab 1942 amtierenden deutschfreundlichen Staatschefs von Norwegen, Vidkun Quisling, steht in der norwegischen Sprache synonym für „Verräter". Die vor dem Krieg herrschenden Staatsoberhäupter Polens, der Tschechoslowakei, Norwegens, der Niederlande, Luxemburgs, Griechenlands und Jugoslawiens flohen nach London, wo sie Exilregierungen bildeten. König Leopold III. von Belgien wurde von den Deutschen gefangen genommen, der dänische König Christian X. und seine Regierung blieben zunächst unbehelligt. Die wirkliche Macht lag allerdings überall bei den Besetzern, den Deutschen.

Plakette der LVF

WAFFENBRÜDER
Die französische *Légion des Volontaires Français* (LVF), eine antikommunistische Organisation, kämpfte mit Freiwilligen neben Deutschland an der Ostfront gegen die Sowjetunion.

Kopfhörer

Selbst gebautes Radio, mit dem eine niederländische Familie während der Besetzung Nachrichten hörte

IM GEHEIMEN
Mit solchen „Dosenradios" hörte man in den Niederlanden den britischen Sender BBC. Gesendet wurden allgemeine Kriegsberichte, Nachrichten von der im Exil lebenden Königsfamilie sowie kodierte Botschaften für Geheimagenten. In vielen besetzten Ländern waren Radios verboten, deshalb bauten die Menschen sich Empfänger wie diesen selbst.

Wenige Tage nach der Einnahme von Paris besuchte Hitler die Stadt.

HITLER IN PARIS
Nach einem Feldzug von etwas mehr als einem Monat eroberten deutsche Truppen am 14. Juni 1940 das unverteidigte Paris. Die französische Regierung sowie 2 Mio. Bürger waren zuvor geflohen. Nach dem ersten Schock über die Besetzung ging das Leben in der Stadt jedoch weitgehend unverändert weiter.

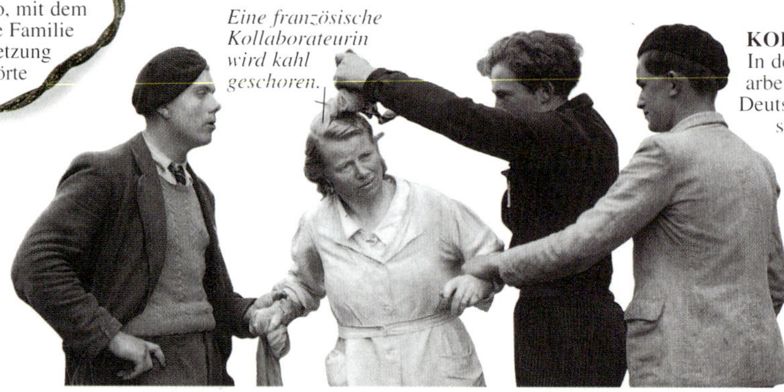

Eine französische Kollaborateurin wird kahl geschoren.

KOLLABORATION
In den besetzten Ländern arbeiteten viele mit den Deutschen zusammen, indem sie Nachbarn bespitzelten oder indem sie Informationen übermittelten. Manchen Frauen, die mit deutschen Offizieren eine Beziehung eingegangen waren, wurde nach der Befreiung von erbosten Landsleuten der Kopf geschoren. Andere, die kollaboriert hatten, wurden erschlagen oder erschossen.

OPERATION „DYNAMO“
Zwischen dem 26. Mai und dem 4. Juni 1940 wurden 338.226 Soldaten bei der „Operation Dynamo“ von der französischen Küste bei Dünkirchen evakuiert. Als die deutsche Armee durch Nordfrankreich zum Ärmelkanal vorstieß, drängte sie die britische und einen Großteil der französischen Armee an die Küste. Schiffe verschiedener Länder fuhren auf dem Kanal hin und her, um die Soldaten zu retten. Für die Briten bedeutete dies eine schwere Niederlage, doch die erfolgreiche Evakuierung war ein großer Trost.

Ansteckabzeichen mit der doppelköpfigen Axt des Vichy-Staats

NEUE SYMBOLE
Während der Vichy-Regierung wurden viele Symbole der französischen Republik durch Vichy-Symbole ersetzt. Dazu gehörten die doppelköpfige Axt und Porträts von Marschall Pétain.

VICHY-FRANKREICH
Frankreichs Ministerpräsident Pétain schloss am 22. Juni 1940 einen Waffenstillstand mit Deutschland. Frankreich musste die deutsche Besetzung im Norden und Westen des Landes anerkennen, und Pétain wurde Oberhaupt eines Marionettenstaats (in Wirklichkeit hatten die Deutschen das Sagen) mit Sitz in der südfranzösischen Stadt Vichy. Im November 1942 besetzten die Deutschen auch Südfrankreich, und im August 1944 brach der Vichy-Staat zusammen.

Englisches Georgskreuz

Die Tamzine, *bei der „Operation Dynamo“ das kleinste zivile Boot auf dem Ärmelkanal*

RETTUNGSBOOT
Von den über 900 an der „Operation Dynamo“ beteiligten Schiffen – von Minensuchschiffen und Zerstörern bis hin zu privaten Segelbooten und Fischkuttern – war die nur 4,40 m lange *Tamzine* das kleinste Boot. Mit ihr gelangten zahlreiche Soldaten vom Strand zu den größeren Schiffen im tiefen Wasser.

Widerstand

Anfangs reagierten die Menschen in Europa unkoordiniert und daher erfolglos auf die Besetzung ihrer Länder. Nur vereinzelt kam es zu bewaffnetem Widerstand, und beherzte Einzelpersonen riskierten ihr Leben, um alliierten Piloten oder Gefangenen zur Flucht zu verhelfen oder verfolgte Juden unterzubringen. Später bildeten sich organisierte Gruppen, die von Großbritannien mit Waffen und Nachrichten versorgt wurden, während kommunistische Gruppen in Osteuropa nach 1941 von der Sowjetunion Unterstützung erhielten. Als die Deutschen immer härtere Maßnahmen ergriffen, Arbeitslager einrichteten und Juden sowie Angehörige anderer Völker, die sie als „Untermenschen" betrachteten, ermordeten, wuchs der Widerstand. Bis zur Befreiung 1944–1945 kämpften Partisanengruppen neben den britischen, amerikanischen und sowjetischen Armeen.

HEIMATARMEE
Diese Armbinde trugen Mitglieder der polnischen Heimatarmee, die 1942 gegründet wurde, um gegen die deutsche Besatzungsmacht zu kämpfen. Sie löste im August 1944 den Warschauer Aufstand aus, wurde jedoch vernichtend geschlagen.

KÖNIG CHRISTIAN X.
Als deutsche Truppen am 9. April 1940 in Dänemark einfielen, blieb König Christian X. (1870–1947) im Land. Die dänische Regierung vermied, so weit es ging, die Zusammenarbeit mit den Deutschen und verhalf den meisten der 8000 dänischen Juden zur Flucht ins neutrale Schweden.

DIE FARBE DER FREIHEIT
Die niederländischen Widerstandsgruppen waren in Europa sehr erfolgreich. Ihre Mitglieder halfen verfolgten Juden und unterstützten Piloten und Truppen der Alliierten im Kampf gegen Deutschland.

„FREIES FRANKREICH"
Als Frankreich an die Deutschen fiel, floh General Charles de Gaulle nach London. Am 18. Juni 1940 rief er in einer Radioansprache die Franzosen zum Kampf für ein freies Frankreich auf.

SPIONAGE UND SABOTAGE
Der dänische Widerstand gegen die Deutschen wuchs, als sich die Verhältnisse im Land verschlechterten. Um 1943 spionierten viele Dänen für Großbritannien und organisierten Streiks und Sabotageakte.

Echte Briefmarke

Größerer Tränensack unter dem linken Auge

Veränderte Briefmarke

KLITZEKLEINER UNTERSCHIED
Die Kommunikation per Post war für Widerstandsgruppen riskant. Die Deutschen fingen Briefe ab und sandten sie dann an die Widerstandskämpfer weiter, was zu deren Entdeckung und Ermordung führte. Damit die Empfänger wussten, welchen Briefen sie trauen konnten, druckte der britische Geheimdienst leicht veränderte Briefmarken.

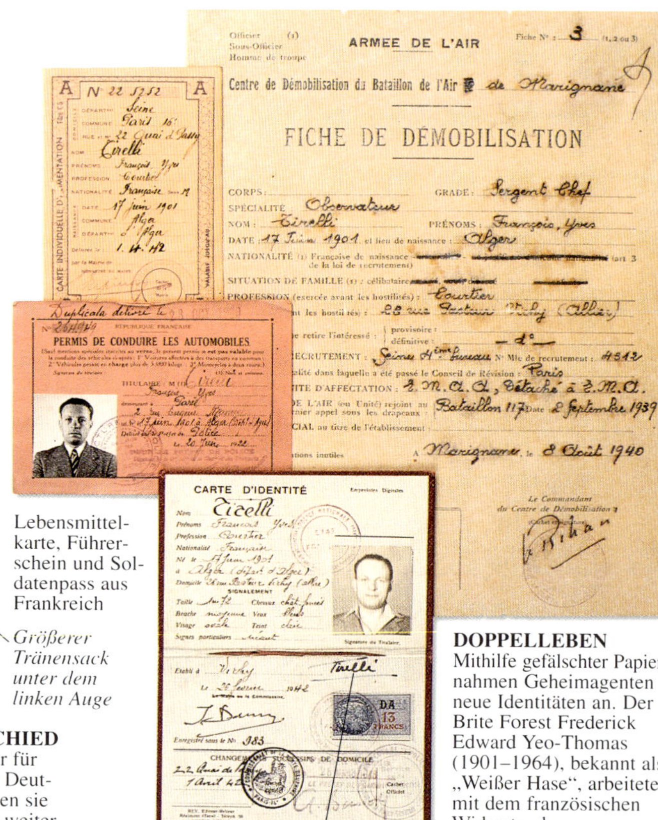

Lebensmittelkarte, Führerschein und Soldatenpass aus Frankreich

Yeo-Thomas' gefälschter Pass – als François Tirelli musste er sich eine neue Unterschrift zulegen.

DOPPELLEBEN
Mithilfe gefälschter Papiere nahmen Geheimagenten neue Identitäten an. Der Brite Forest Frederick Edward Yeo-Thomas (1901–1964), bekannt als „Weißer Hase", arbeitete mit dem französischen Widerstand zusammen, erst als François Thierry, später unter dem Nachnamen Tirelli. Die Gestapo verhaftete und folterte ihn 1944, doch er überlebte.

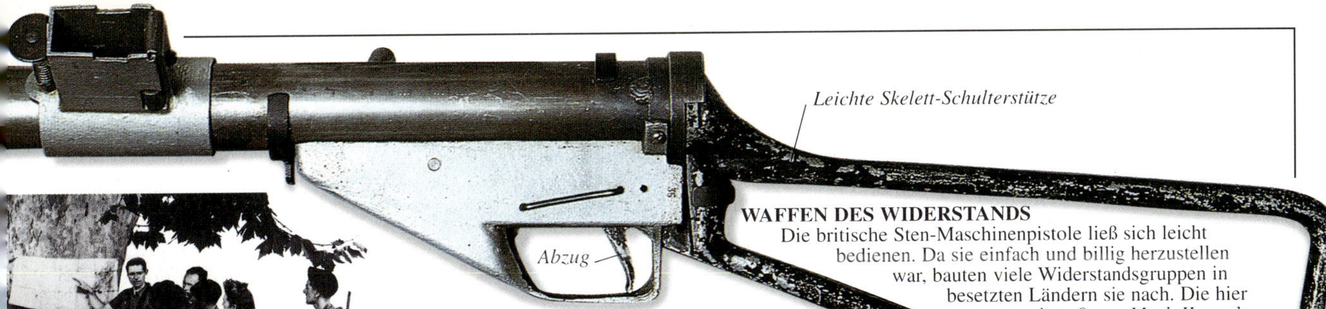

WAFFEN DES WIDERSTANDS

Die britische Sten-Maschinenpistole ließ sich leicht bedienen. Da sie einfach und billig herzustellen war, bauten viele Widerstandsgruppen in besetzten Ländern sie nach. Die hier gezeigte *9-mm-Mark-II* wurde von dänischen Widerstandskämpfern gebaut.

ANGREIFER IM GESTRÜPP

Hier sieht man einen französischen Kommandanten, der Widerstandskämpfer auf einen Angriff vorbereitet. Der französische Widerstand gegen die deutsche Besetzung begann bereits, als deutsche Truppen im Mai 1940 nach Frankreich vordrangen. Man bezeichnete die bewaffneten Widerstandsgruppen als „Maquis", nach dem korsischen Wort für Gestrüpp, da sie sich vor Angriffen in Büschen verschanzten.

MUTIGE WITWE

Die Parfümverkäuferin Violette Szabo (1921–1945) trat der *Special Operations Executive* (SOE), einer Abteilung des britischen Geheimdienstes, bei, nachdem ihr Mann im Kampf für das „Freie Frankreich" umgekommen war. Sie unterstützte den Widerstand in Frankreich, wurde gefangen genommen und starb in einem Konzentrationslager (KZ).

AM ÄRMEL

Mitglieder des „Freien Frankreichs" versteckten kleine Messer am Revers oder im Ärmel, mit denen sie sich bei einer möglichen Gefangennahme befreien konnten. Ihr Kennzeichen – das Lothringer Kreuz – ist auf der Messerscheide zu sehen.

Die Messerscheide mit Armband wurde unter der Kleidung getragen.

Der Schalldämpfer minderte das Schussgeräusch stark ab.

LAUTLOSE WAFFEN

Diese schallgedämpfte *9-mm-Beretta*-Pistole gehörte einem Agenten der italienischen *Organizzazione di Vigilanza e Repressione dell'Antifascismo* (OVRA), die den Faschismus unterstützte und in den französischen Alpen sowie auf dem Balkan kämpfte.

TITOS PARTISANEN

Die erfolgreichste europäische Widerstandsgruppe waren die jugoslawischen Partisanen (links). Geführt wurde die Organisation mit ca. 150.000 Mitgliedern vom späteren Staatschef Tito (1892–1980). 1944 befreiten die Partisanen zusammen mit der russischen Roten Armee zuerst die jugoslawische Hauptstadt und dann das ganze Land von den deutschen Besetzern.

Luftschlacht um England

Nach dem Zusammenbruch Frankreichs im Juni 1940 hoffte Hitler, Großbritannien würde einen Frieden anstreben. Dies hatte Großbritannien unter seinem neuen Premierminister Winston Churchill jedoch nicht vor. Daher entschloss sich Hitler zu einer Invasion über den Ärmelkanal: das „Unternehmen Seelöwe“. Damit das Vorhaben gelingen konnte, musste die deutsche Luftwaffe die britische Royal Air Force (RAF) schlagen. Der erste Angriff auf britische Flugplätze erfolgte am 10. Juli 1940. Geschwader deutscher Dornier-Bomber flogen, begleitet von Messerschmidt-Kampfflugzeugen, über Südostengland. Großbritannien setzte Jagdflugzeuge vom Typ Hurricane und Spitfire dagegen. Tag für Tag erschütterten schwere Kämpfe die Luft, bis im Oktober 1940 die RAF den Luftraum eroberte und Deutschland die Angriffe einstellen musste.

Vorn an der Tragfläche waren fünf Browning-*MGs angebracht.*

SPITFIRE
Zu Kriegsbeginn war die *Spitfire Mk 1A* das modernste Kampfflugzeug der RAF. Mit einer Höchstgeschwindigkeit von 582 km/h war sie in großen Höhen schneller und wendiger als die deutsche *Messerschmitt Bf 109 E.*

INTERNATIONAL BESETZT
Die RAF hatte Piloten aus aller Welt, darunter Polen, Tschechen und Franzosen, die aus ihren von den Deutschen besetzten Heimatländern geflohen waren. Einsätze flogen auch kanadische, neuseeländische und sieben amerikanische Piloten, obwohl die USA noch nicht in den Krieg eingetreten waren. Neue Piloten wurden höchstens zehn Stunden ausgebildet und sofort eingesetzt.

Zwei RAF-Navigatoren (links) studieren mit polnischen Piloten eine Karte.

Mobiler Luftschutz-Radarempfänger

FEINDERKENNUNG
Radargeräte waren für die RAF sehr wichtig, da sie vor anfliegenden Kampfmaschinen warnten. Die Radarsysteme sandten Funksignale aus, die an den Flugzeugen abprallten und vom Radarempfänger wieder aufgenommen wurden. So wussten die RAF-Piloten, dass sie zur Abwehr bereit sein mussten.

KURVENKÄMPFE
RAF und Luftwaffe kämpften um die Kontrolle des Luftraums, sodass Kurvenkämpfe an der Tagesordnung waren. Diese Kämpfe, hier nachgestellt im Film *Luftschlacht um England* (rechts), erforderten viel Mut und großes Geschick von den Piloten.

„*Nie zuvor hatten so viele so wenigen so viel zu verdanken.*“

WINSTON CHURCHILL

Messerschmitt Bf 110 C

MESSERSCHMITT-FLUGZEUGE

Die deutsche Luftwaffe setzte hauptsächlich zwei Typen der *Messerschmitt*-Baureihe ein. Die *Bf 110 C* wurde als Begleitflugzeug für Langstreckenbomber eingesetzt. Sie war langsam und schwer zu fliegen, sodass sie sich mit den britischen *Hurricanes* und *Spitfires* nicht messen konnte. Die schnellere *Bf 109 E* war zwar den *Hurricanes* überlegen, hatte aber nur 660 km Reichweite.

Doppeltes Seitenleitwerk am Heck

GÖRINGS LUFTWAFFE

Der für die Luftwaffe zuständige Reichsmarschall Hermann Göring beobachtet hier von der französischen Küste aus mit Offizieren die Schlacht um England. Göring rechnete damit, dass die Luftwaffe binnen vier Tagen alle Abwehranlagen in Südengland zerstört und binnen vier Wochen die gesamte RAF besiegt haben würde. Dann, so plante er, könnte Deutschland Großbritannien einnehmen.

STÄNDIGE BEOBACHTUNG

Bodentruppen hielten mit starken Feldstechern Ausschau nach feindlichen Flugzeugen. Das hier gezeigte Gerät gehörte der deutschen Luftwaffe. Auf große Entfernungen setzten beide Seiten Radargeräte ein. Bei Luftkämpfen mussten die Piloten immer auf Bewegungen feindlicher Maschinen achten.

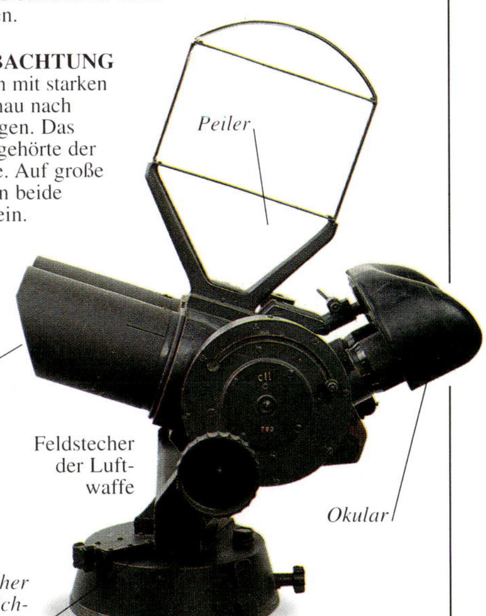

Peiler

Starke Linsen

Feldstecher der Luftwaffe

Okular

Der Feldstecher war in alle Richtungen drehbar.

Bombenterror

Britisches Feuerwehrabzeichen

Kein Geräusch war im Krieg so gefürchtet wie das Dröhnen herannahender Bomber. Sie waren mit hochexplosivem Sprengstoff und Brandbomben beladen, die sie über den Städten abwarfen. Den Krieg führenden Parteien ging es darum, den Gegner durch die Zerstörung strategischer Einrichtungen (Fabriken, Eisenbahnen usw.) zu schwächen. Doch auch mit der Bombardierung ziviler Ziele hoffte man, den Gegner zur Aufgabe zu zwingen. 1940 und 1941 wurde Großbritannien systematisch bombardiert, während Deutschland ab 1942 und Japan ab 1944 immer wieder mit Bomben angegriffen wurden. Dabei kamen viele Tausend Menschen ums Leben, Häuser wurden zerstört und historische Bauten vernichtet.

Zwei Überlebende der Luftangriffe am Eingang zu dem Schutzraum, der ihnen das Leben rettete

SCHUTZ SUCHEN
Bei Luftangriffen versteckten sich viele Menschen in unterirdischen Bunkern, andere suchten Zuflucht in Kellern. Auf diese Weise überlebten viele die verheerenden Bombenangriffe auf europäische, japanische und chinesische Städte.

ZERSTÖRERISCHE KRAFT
Gegen Ende des Krieges setzte Deutschland seine geheimsten und tödlichsten Waffen ein, die „Vergeltungswaffen" V1 und V2 (V steht für „Vergeltung"). Beide hatten Sprengköpfe von etwa 1 t Gewicht, die schwere Schäden verursachten. Viele V1-Raketen verfehlten jedoch ihr Ziel, da sie schwer lenkbar waren.

Die V2 war 14 m lang, wog 13 t und flog in 80 km Höhe.

V2-Rakete

Magnesium-Brandbombe

Londoner Feuerwehrleute beim Löschen eines Lagerhausbrandes

BRANDBEKÄMPFUNG
Die größten Schäden bei Luftangriffen entstanden durch nachfolgende Brände. Feuerwehrleute riskierten beim Löschen ihr Leben, u.a. weil sie sich vergewissern mussten, dass niemand mehr in den brennenden Häusern war.

HEISSE BOMBEN
Tausende solcher Brandbomben fielen auf deutsche und britische Städte. Die mit brennbaren Chemikalien wie Magnesium und Phosphor gefüllten Bomben sollten Gebäude in Brand setzen.

„BLITZ"
Zwischen September 1940 und Mai 1941 versuchte Deutschland Großbritannien zur Aufgabe zu zwingen, indem es die größten Städte des Landes bombardierte. 127 schwere Nachtangriffe fanden statt – 71 auf London, die anderen auf Städte wie Liverpool, Glasgow und Belfast. Bei den als „Blitz" bezeichneten Luftangriffen kamen über 60.000 Zivilisten um.

FEUERKRAFT
Schwere Bomber wie diese amerikanischen Flying Fortresses trugen Bombenladungen von 5800 kg, die auf strategische oder zivile Ziele abgeworfen wurden und schlimme Schäden verursachten.

BOMBEN AUF DRESDEN
Der Luftangriff der Alliierten auf Dresden im Februar 1945 ist eines der umstrittensten Kriegsereignisse. Die Bomben zerstörten unzählige Gebäude und forderten Tausende Todesopfer. Da es in Dresden kaum militärische Ziele gab, betrachteten viele den Angriff auf unbewaffnete Zivilisten als Kriegsverbrechen.

Noch zwei Jahre nach dem Angriff lag Dresden in Trümmern.

PILOTENSCHUTZ
Als Schütze an Bord eines Bombers lebte man gefährlich. Die Schützen saßen oder standen in einer erhöhten Kanzel, um rundherum gute Sicht zu haben.

Visier

Heck-Maschinengewehr eines Heinkel-Bombers

MASCHINENGEWEHR EINES BOMBERS
Die einzige Verteidigung, die die Bomber selbst an Bord hatten, waren Schützen mit ihren Maschinengewehren. In der Luft bildeten die langsamen, schweren Maschinen ein leichtes Ziel für feindliche Jäger oder Flugabwehrraketen. Deshalb flogen sie in großen Verbänden und wurden von schnellen, wendigen Jagdflugzeugen begleitet.

BORDSCHÜTZEN-AUSZEICHNUNG
Die deutsche Luftwaffe zeichnete Bordschützen nach Punkten aus. Der Abschuss eines feindlichen Flugzeuges brachte vier Punkte. Für vier Flugzeuge – oder 16 Punkte – gab es die Auszeichnung.

Eine Straße in London nach einem nächtlichen Luftangriff

Luftschutzwarte und Zivilisten suchen in den Trümmern nach Überlebenden.

Der Zweite Weltkrieg

Stalins Schulterband

Weltweiter Krieg

Bis Mitte 1941 wurde der Krieg hauptsächlich in Europa und Nordafrika ausgetragen. Auf der einen Seite standen die Achsenmächte (Deutschland und Italien mit Japan als Verbündetem), auf der anderen die Alliierten (Großbritannien, Frankreich und ihre großen Kolonialreiche). Nach dem Zusammenbruch Frankreichs im Juni 1940 stand Großbritannien allein gegen die Achsenmächte. Die Lage veränderte sich, als deutsche Truppen im Juni 1941 in Russland einfielen und Japan im Dezember desselben Jahres die USA in Pearl Harbor angriff: Der Krieg wurde nun weltweit geführt, lediglich Südamerika war nicht verwickelt. Gekämpft wurde im nordatlantischen und pazifischen Raum, in den Wüsten Nordafrikas, den kalten Steppen Russlands und den Regenwäldern Südostasiens.

Das Einflussgebiet der Achsenmächte in Europa

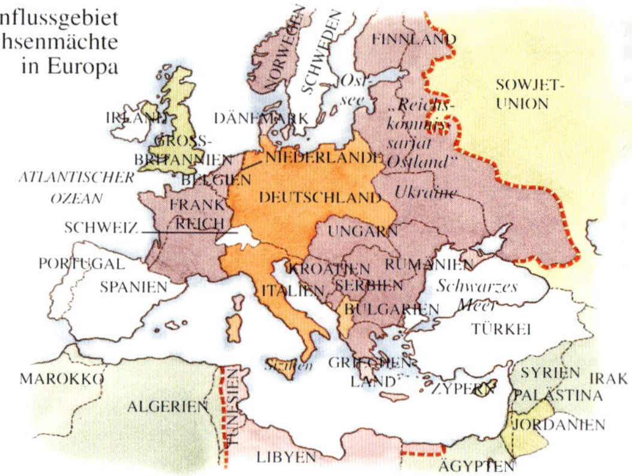

BESETZTES EUROPA
Bis November 1942 hatten Deutschland und Italien fast ganz Europa besetzt. Nur Großbritannien und Russland kämpften noch gegen sie. In Nordafrika besetzten die Alliierten Marokko und Algerien und vertrieben die Deutschen aus Ägypten nach Libyen.

- Achsenmächte
- Von den Achsenmächten kontrollierte Gebiete
- Alliierte Staaten
- Von den Alliierten kontrollierte Gebiete
- Neutrale Staaten
- Ausdehnung der deutschen Besetzung

EINSATZ FÜR FRANKREICH
Als Frankreich von den Deutschen besetzt wurde, kämpfte General Charles de Gaulle von Großbritannien aus für ein freies Frankreich. Er befehligte einen Teil der französischen Truppen in Übersee und hatte großen Einfluss auf die Widerstandsbewegung.

Deutsche Panzerverbände in einem russischen Dorf, das Zivilisten vor der Flucht angezündet hatten

GEGEN RUSSLAND
Am 22. Juni 1941 starteten die Deutschen einen Überraschungsangriff auf Russland und brachen damit den Deutsch-Sowjetischen Nichtangriffspakt von 1939. Das „Unternehmen Barbarossa" brachte Russland auf die Seite Großbritanniens.

Der britische Premierminister Winston Churchill (1874–1965)

Der amerikanische Präsident Franklin Roosevelt (1882–1945)

Der sowjetische Staatsführer Josef Stalin (1879–1953)

DIE GROSSEN DREI
Die Staatschefs Großbritanniens, der Sowjetunion und der USA kamen 1945 in Jalta auf der Halbinsel Krim zusammen (links). Zwei Mal trafen sie sich während des Kriegs, um das gemeinsame Vorgehen zu besprechen.

ANGRIFF AUF PEARL HARBOR
Am 7. Dezember 1941 griff Japan völlig überraschend den US-Marinestützpunkt Pearl Harbor auf Hawaii an. 19 Schiffe wurden zerstört und über 2400 Soldaten getötet. Präsident Roosevelt sprach von einem „Tag der Niedertracht". Am 8. Dezember traten die USA in den Krieg gegen die Achsenmächte ein.

MUSSOLINIS ITALIEN

Italien unter Mussolini (rechts) trat erst im Juni 1940 aufseiten Deutschlands in den Krieg ein. Es erklärte Großbritannien und Frankreich den Krieg und besetzte Südfrankreich. Im Oktober 1940 fielen die Italiener in Griechenland ein und teilten 1941 mit Deutschland Jugoslawien auf. Sie kämpften auch mit den Deutschen in Russland.

Hitler und Mussolini in Florenz/Italien

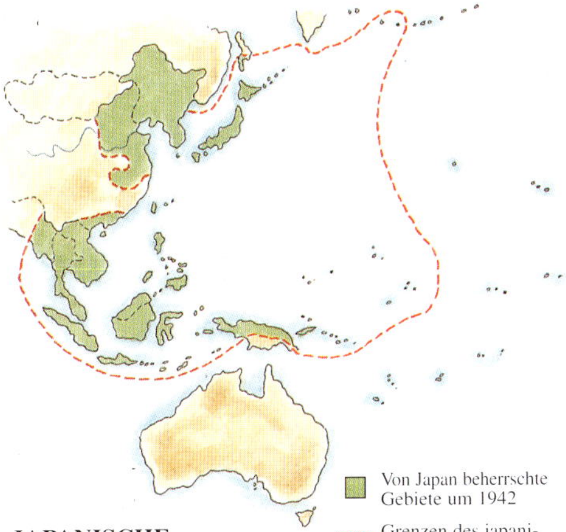

JAPANISCHE HERRSCHAFT

Anfang 1942 hat Japan ganz Südostasien und weite Teile des Pazifiks eingenommen. Der Sieg der amerikanischen Marine bei Midway im Juni 1942 stoppte Japans Kriegszug.

GENERAL TOJO

Hideki Tojo (1884–1948), der 1941 japanischer Ministerpräsident wurde, schlug sich auf die Seite Deutschlands und Italiens. Unter seiner Regierung griff Japan die USA sowie britische Territorien in Asien an und dehnte das japanische Reich nach Südostasien und in den Pazifikraum aus. Tojo wurde 1948 als Kriegsverbrecher verurteilt und hingerichtet.

General Hideki Tojo in Kriegszeiten auf der Titelseite einer japanischen Zeitschrift

Angriff auf Pearl Harbor

Explodierendes Kriegsschiff beim Angriff der Japaner

Amerika im Krieg

Roman im Taschenformat für US-Soldaten

Nach dem Schock von Pearl Harbor verwandelte sich die Wirtschaft der USA in eine gewaltige Kriegsmaschinerie. Wie der amerikanische Präsident Franklin D. Roosevelt sagte, wurde die Wirtschaft zum „Waffenlager der Demokratie“ umfunktioniert. Das Land stellte Waffen in Massenproduktion her, die Rüstungsausgaben stiegen, die Arbeitslosigkeit ging zurück, die Löhne verdoppelten sich. Trotz Rationierungsmaßnahmen war die Lage in den USA weniger kritisch als in anderen Krieg führenden Staaten. Das Land erlebte sogar einen wirtschaftlichen Aufschwung.

MASSENPRODUKTION
Flugzeughersteller wie Boeing in Seattle spielten eine große Rolle bei der Rüstungsproduktion. In amerikanischen Fabriken wurden über 250.000 Flugzeuge, 90.000 Panzer, 350 Zerstörer und 200 U-Boote gebaut. 1944 wurden 40% aller Rüstungsgüter der Welt in den USA hergestellt.

***BROWNING*-MASCHINENGEWEHR**
Das 0,50er-*Browning*-Maschinengewehr war die Standardwaffe der amerikanischen Bomber. Die *Boeing B-17 Flying Fortress* hatte z.B. 13 solcher MGs an Bord. Doch selbst wenn mehrere Bomber in engen Verbänden flogen, kamen die Brownings nicht gegen deutsche Kampfflugzeuge an.

15. Air Force

9. Air Force

US Strategic Air Forces

AIR-FORCE-DIVISIONEN
Diese Ärmelabzeichen der US Army Air Force (amerikanische Luftwaffe) kennzeichnen verschiedene Divisionen. Die 15. Air Force sollte von Deutschen gehaltene Ziele in Süditalien angreifen, die 9. unterstützte die Alliierten in Nordafrika und Italien. Aus der 8., 9. und 15. Air Force gingen später die US Strategic Air Forces in Europa hervor.

KAMPF MIT FEUER
Ein amerikanischer Marineinfanterist, der sich das Gesicht mit schützender Creme eingerieben hat, benutzt 1942 bei den Kämpfen auf der Pazifikinsel Guadalcanal einen Flammenwerfer. Mit Flammenwerfern setzte man Gebäude in Brand, aber auch Sträucher und Gebüsch, die dem Feind als Schutz dienen konnten.

LANGSTRECKENFLIEGER

Die *P-51 Mustang* galt als eines der besten Kampfflugzeuge. Frühere Versionen waren in Flughöhe und Reichweite begrenzt. Mit besserem Motor, größeren Treibstofftanks und verkürztem hinterem Rumpf wurde die vierte Version (*P-51 D*) sogar zur Begleitung von Bombern auf dem langen Flug nach Deutschland eingesetzt.

FLUGPAUSE
Diese *P-51-Mustang*-Piloten, hier bei einer Pause, gehörten zur in Süditalien stationierten 15. Air Force.

***B-24* LIBERATOR**
Nach einem weiten Anflug aus Süditalien wirft diese *B-24 Liberator* im Tiefflug Bomben auf die Ölfelder von Ploieti im Süden Rumäniens. Die *B-24* war ein schwerer Bomber mit großer Reichweite.

JEEP AM FALLSCHIRM

Der 1940 entwickelte Jeep zählte zu den bekanntesten Kriegsfahrzeugen. Dank seines Vierradantriebs war er geländegängig. Andere amerikanische Jeeps waren so konstruiert, dass sie bei Spezialeinsätzen oder größeren Landungen aus der Luft mit dem Fallschirm abgesetzt werden konnten.

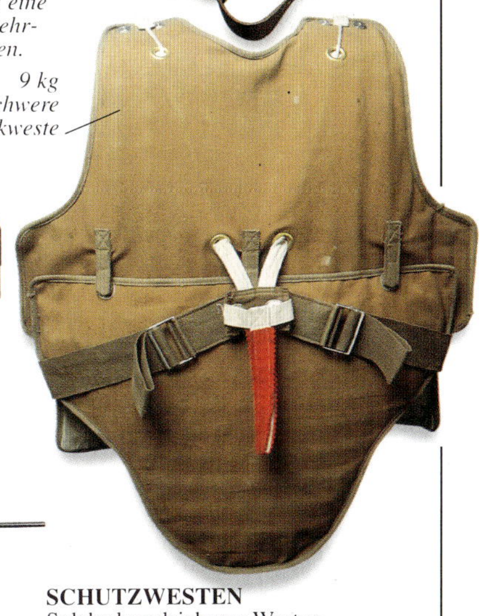

SCHUTZWESTEN

Solche kugelsicheren Westen trugen amerikanische Flugzeugbesatzungen als Schutz vor Flakbeschuss. Sie wurden 1942 eingeführt. Bis 1944 brauchte allein die 8. Air Force 13.500 Stück.

Mobilisierung der Frauen

DEUTSCHE MÜTTER
Die Nationalsozialisten idealisierten deutsche Frauen als Mütter der neuen „Herrenrasse". Mütter mit einer größeren Kinderzahl erhielten das Mutterkreuz. Grundsätzlich sollten sie zu Hause bleiben und sich der Kindererziehung widmen.

Mutterkreuz in Silber für sechs bis sieben Kinder

Vor Ausbruch des Zweiten Weltkriegs arbeiteten die meisten Frauen im Haushalt. Als die Männer in den Krieg zogen, mussten die Frauen ihre Arbeiten mit übernehmen. Fast alle Tätigkeiten, die zuvor Männer verrichtet hatten, wurden nun von Frauen ausgeführt. Es gab Busfahrerinnen, Eisenbahnerinnen, Kraftfahrerinnen, Mechanikerinnen, Schiffsbauerinnen und Ingenieurinnen. Manche Frauen engagierten sich im Widerstand, andere ließen sich als Agentinnen in feindliches Gebiet einschleusen. Ohne den Einsatz der Frauen wäre die Kriegführung nicht möglich gewesen. Nach dem Krieg änderte sich die Einstellung gegenüber berufstätigen Frauen erneut.

NEUE REKRUTEN
Als immer mehr Männer für den Kampf benötigt wurden, rief man durch Plakate auch Frauen zur Unterstützung der Truppe auf. Dieses Plakat wirbt für den Hilfseinsatz von Frauen bei der deutschen Luftwaffe.

Frau bei der Wartung eines Flugzeugs

FLUGZEUGWARTUNG
Der Mangel an Piloten und Mechanikern führte dazu, dass viele Frauen das Fliegen lernten und Flugzeuge warteten. Sie überführten neue Flugzeuge von Fabriken zu Militärflugplätzen und leisteten wichtige Dienste bei der Instandhaltung von Fluggerät.

LANDFRAUEN
Eine Hauptaufgabe der Frauen während des Krieges war die Bewirtschaftung der Bauernhöfe und der Anbau von Feldfrüchten. In Großbritannien rekrutierte die Landarmee der Frauen 77.000 Mitglieder, die Arbeiten wie Pflügen und Ernten übernahmen.

FALLSCHIRMNÄHERINNEN
Die Näherinnen machten Überstunden, um der großen Nachfrage nach Fallschirmen bei den Truppen gerecht zu werden. Piloten von Jagdflugzeugen brauchten Fallschirme, um sich aus abstürzenden Flugzeugen retten zu können, und Luftlandeeinheiten benötigten sie für den Absprung in das Kampfgebiet.

NACHT-BEOBACHTUNG
Viele Frauen bedienten Suchscheinwerfer, die gegnerische Bomber aufspüren sollten. Sobald sie ein Flugzeug entdeckten, wurde es mit Flugabwehrkanonen (Flaks) beschossen, bevor es die Tod bringenden Bomben abwerfen konnte. Mitunter stellten Frauen die Flugabwehrgeschütze auf, durften sie aber nicht bedienen. Weitere wichtige Aufgaben bei Nacht waren Straßenpatrouillen weiblicher Luftschutzwarte.

Mit einem Scheinwerfer sucht diese Frau den Himmel nach feindlichen Flugzeugen ab.

BEHÄLTNISSE FÜR GASMASKEN
Da man in Großbritannien auch mit Gasangriffen rechnete, trug jeder eine Gasmaske bei sich. Diese elegante Damenhandtasche hatte ein Extrafach für die Maske. Die meisten Leute transportierten ihre Masken in Kartons, die manchmal mit Stoff bezogen waren.

Fach für die Gasmaske

PFANNEN ZU FLUGZEUGEN
Wegen des Mangels an Eisen, Zinn und Aluminium riefen Kriegsplakate Hausfrauen auf, nicht mehr benötigte Haushaltsgegenstände abzugeben. Töpfe und Pfannen wurden eingeschmolzen und zu Flugzeugen verarbeitet. Alteisen fand im Schiffsbau Verwendung, und man trennte alte Wollkleidung auf, um Socken und Schals für die Soldaten stricken zu können.

„KRIEGSFRAU" ROSIE
Die erfundene „Kriegsfrau" Rosie wurde in den USA zum Symbol der neuen Arbeiterin. Frauen wurden in Fabriken benötigt, um die 16 Mio. Kriegsdienst leistenden Männer zu ersetzen. Zu den neuen Aufgaben amerikanischer Frauen gehörte die Herstellung von Kriegsgerät sowie die Aufrechterhaltung des Eisenbahnverkehrs und anderer Dienste.

Bratpfanne, aus Flugzeugmetall hergestellt

FLUG-PFANNEN
Zerstörte gegnerische Flugzeuge wurden nach dem Krieg „recycelt" und zu Pfannen oder anderen Gegenständen verarbeitet.

Die „Kriegsfrau" Rosie, von Norman Rockwell gemalt (*Saturday Evening Post*, Mai 1943)

LUFTSCHUTZÜBUNG
In Indien veranlasste die Furcht vor einem Einmarsch der Japaner die Regierung zu Vorsichtsmaßnahmen. Diese Frauen in Bombay führen Luftschutzübungen durch. Andere bereiteten sich als Hilfskräfte für die Kampftruppen im Fernen Osten vor.

Die Schlacht im Atlantik

Während des Krieges tobte ein erbitterter Kampf zwischen den Deutschen und den Alliierten in den eisigen Gewässern des Nordatlantiks. Sobald Seeleute der Alliierten wichtigen Nachschub von den USA in britische Häfen transportieren wollten, griffen deutsche U-Boote und Zerstörer an. Die deutsche Marine war im Vergleich zur Seestreitmacht der Alliierten eher klein, aber die U-Boot-Flotte konnte großen Schaden anrichten. Zunächst behielten die U-Boote die Oberhand und versenkten 1941 allein in den ersten vier Monaten 2 Millionen t und 1942 noch einmal 5,4 Millionen t Schiffsfracht der Alliierten. Der verstärkte Einsatz von Begleitschiffen, Patrouillen von Langstreckenflugzeugen, U-Boot-Abwehrschiffen und verbesserter Radartechnik machte die deutschen U-Boote immer verwundbarer. Mitte 1943, als in nur drei Monaten 95 U-Boote versenkt werden konnten, wendete sich das Blatt zu Gunsten der Alliierten, und der Atlantik wurde für Schiffe wieder sicherer.

GÄRTNERN FÜR DEN SIEG
Die Einfuhr von Lebensmitteln war durch den Krieg erschwert. Um die Versorgung mit Obst und Gemüse sicherzustellen, wurde in Großbritannien eine Kampagne gestartet, die zum Gemüseanbau aufrief. Fast jeder Fleck fruchtbaren Landes, auch Blumengärten und Parks, wurden in Gemüsegärten verwandelt.

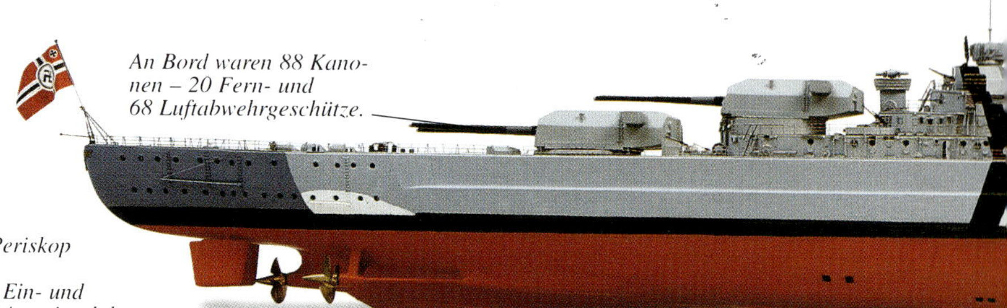

VERSENKUNG DER *BISMARCK*
Die *Bismarck* war eines der größten Schlachtschiffe der deutschen Marine und galt als unsinkbar. Das Schiff stach am 18. Mai 1941 vom Ostseehafen Gdingen aus in See. In weitem Bogen umfuhr es Island und versenkte das britische Schiff *Hood*. Am 27. Mai wurde die *Bismarck* von einer britischen Flotte aufgebracht und zerstört; von den 2222 Besatzungsmitgliedern überlebten nur 115.

IN EINEM KLEINST-U-BOOT
Das britische Kleinst-U-Boot *X-Craft* hatte vier Mann Besatzung und erfüllte Sondermissionen im Atlantik. Im September 1943 setzte ein U-Boot dieses Typs mit Sprengladungen das deutsche Schlachtschiff *Tirpitz* vor der norwegischen Küste außer Gefecht. Die *Tirpitz* hatte versucht, den Schiffsverkehr zwischen Großbritannien und Russland zu behindern.

U-BOOT *BIBER*
Mit zwei Torpedos ausgestattete deutsche Kleinst-U-Boote vom Typ *Biber* waren zwischen 1944 und 1945 vor den Küsten Nordfrankreichs und der Niederlande im Einsatz. Die *Biber* griffen im Ärmelkanal Frachtschiffe der Alliierten an, die ihre Truppen in Westeuropa versorgten.

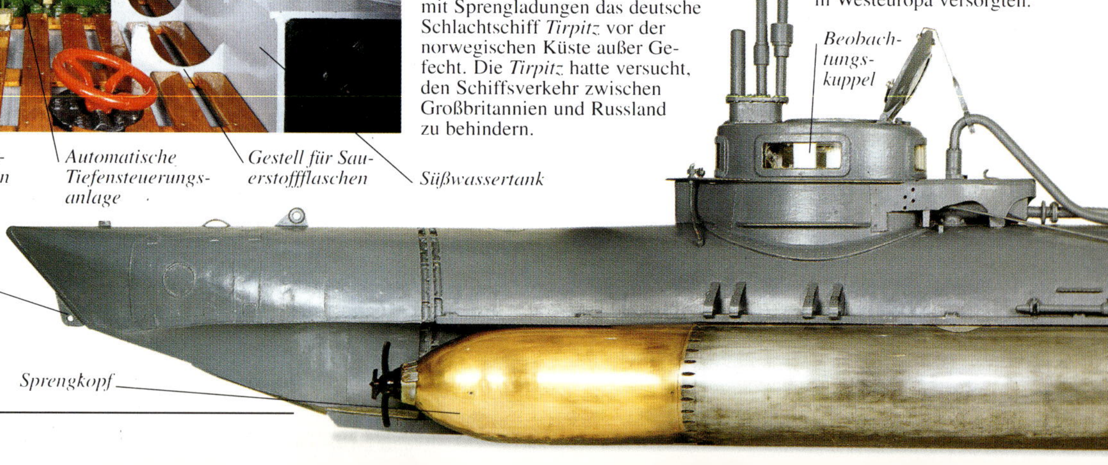

„Wir alle salutierten, blickten zur Flagge und sprangen ... Im Wasser wurden wir zusammengetrieben, während wir immer wieder auf- und abtauchten.“

BURKHARD FREIHERR VON MÜLLENHEIM-RECHBERG, ÜBERLEBENDER VON DER BISMARCK

BLICK DURCHS PERISKOP
Durch das Periskop beobachtete die U-Boot-Besatzung die Schiffe der Alliierten. Aus dieser Position heraus konnten sie die Ziele für ihre Torpedos aussuchen. So dicht unter der Wasseroberfläche waren die U-Boote aber leicht von der Luft aus zu orten, sodass viele von alliierten Flugzeugen zerstört wurden.

Ein U-Boot-Offizier beobachtet durch ein Periskop feindliche Schiffe.

Das Schiff war 251 m lang.

ANGRIFF!
Dieses deutsche U-Boot wurde von der amerikanischen Marine angegriffen. Unter Wasser waren die U-Boote der Gefahr von Wasserbomben ausgesetzt, die die Alliierten abwarfen. An der Wasseroberfläche wiederum riskierten sie Angriffe mit Bomben, Torpedos oder Granaten, und in flachen Gewässern waren sie durch Minen gefährdet.

Die Kanone ist bereit zum Schuss auf feindliche Schiffe und U-Boote.

Ein Seemann an Bord eines Schlachtschiffes hält Ausschau nach feindlichen Flugzeugen.

ATLANTIK-KONVOI
Einzelne Handelsschiffe waren im Nordatlantik stets der Gefahr eines U-Boot-Angriffs ausgesetzt. Aus diesem Grund fuhren sie in Konvois, begleitet von Schlachtschiffen und, wenn möglich, Flugzeugen. Da die Konvois nur so schnell vorankamen wie das langsamste Schiff, war die Durchquerung des Nordatlantiks ein gefährliches Unterfangen.

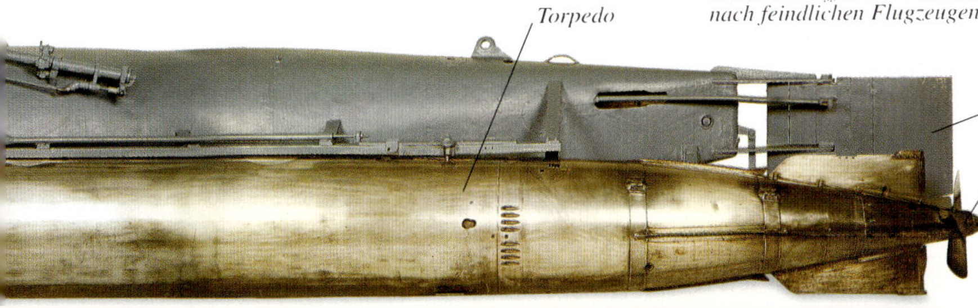

Torpedo

Ruder

Propeller

Deutsches Panzerabzeichen in Bronze

Der Weg nach Stalingrad

1941 marschierten deutsche Truppen in die Sowjetunion ein. Sie drangen in drei Richtungen vor: nordwärts in Richtung Leningrad, ostwärts nach Moskau und südwärts zu den Weizenfeldern und Ölquellen der Ukraine und des Kaukasus. Im Winter 1941/42 blieb der deutsche Vormarsch vor Moskau und Leningrad stecken. 1942 lag der Schwerpunkt der deutschen Aktionen im Süden. Um hier dauerhaft erfolgreich sein zu können, mussten die Deutschen Stalingrad an der Wolga einnehmen. Es entbrannte eine erbitterte Schlacht um diese Stadt, die nach dem sowjetischen Staatschef, Stalin, benannt war. Die Niederlage der Deutschen und ihre Kapitulation Anfang 1943 markierten einen Wendepunkt im Krieg. Die deutsche Armee galt nun nicht mehr als unschlagbar.

EISIGER WINTER
Der Krieg in der Sowjetunion wurde für beide Seiten durch den russischen Winter erschwert. Die deutschen Soldaten waren nicht auf die extreme Kälte eingerichtet. Die Russen dagegen waren an Kälte gewöhnt und besser ausgerüstet: mit weißer Tarnkleidung, warmer Unterwäsche, Pelzmützen und Fellstiefeln.

WAFFEN DER ROTEN ARMEE
Für die Rote Armee wurden im Krieg tausende Maschinenpistolen wie diese *PPSh-1941* produziert. Sie waren günstig herzustellen und eigneten sich gut für den Nahkampf.

Sowjetische Maschinenpistole

HANDGRANATEN
Die Sowjets versuchten den Feind auf dem Weg nach Stalingrad mit Handgranaten zu stoppen. Verwundete Soldaten mussten manchmal vor dem Wurf den Sicherungsstift mit den Zähnen herausziehen.

STANDARDWAFFE
Die halbautomatische Pistole *Tokarev TT33* war die Standardwaffe sowjetischer Offiziere, Flieger und Panzerschützen. Wenn ein Panzer defekt war, konnte sich die Besatzung damit verteidigen.

SCHLACHT BEI STALINGRAD
Der Kampf um Stalingrad begann im August 1942. Die deutsche 6. Armee griff die Stadt von Westen her an und drängte die Verteidiger bis an die Wolga zurück. Die Sowjets starteten am 19. November einen Gegenangriff und kesselten bald die 6. Armee ein. Die Deutschen versuchten sich zurückzuziehen, wurden aber am 2. Februar 1943 zur Aufgabe gezwungen.

SCHUSSBEREIT
Deutsche und Sowjets kämpften um jedes einzelne Haus in Stalingrad. Manchmal belagerten beide Seiten sogar verschiedene Stockwerke im gleichen Gebäude. Oft kam es zu Nahkämpfen, und sobald ein Gegner auftauchte, wurde aus dem Hinterhalt auf ihn geschossen.

Schwerter schwingende Kavalleristen der Roten Armee

REITEREI
Die Infanterie der Roten Armee wurde von Kavalleriedivisionen unterstützt, die an der Frontlinie sehr rasch vorankamen. Beide Seiten hatten Pferde, die Geschütze und Waggons mit Ausrüstung zogen. Im Winter jedoch kamen die Pferde im tiefen Schnee schlecht voran.

Die deutschen Soldaten litten unter dem harten Winter.

DIE OPFER
Nach den Kämpfen um Stalingrad wurden rund 91.000 deutsche Soldaten gefangen genommen. Die Kämpfe hatten auf beiden Seiten Hunderttausende Soldaten das Leben gekostet; außerdem kamen ungezählte Zivilisten um. Erstaunlicherweise überlebten etwa 10.000 Einwohner Stalingrads inmitten der verheerenden Kämpfe.

ÜBERLEGENER PANZER
Der 1939 entworfene sowjetische Panzer *T-34* war die wichtigste Stütze der Roten Armee. Zwischen 1941 und 1945 wurden 39.698 Stück gebaut. Ein solcher Panzer hatte fünf Mann Besatzung – einen Kommandanten, zwei Schützen, einen Lader und einen Fahrer. Mit einer Höchstgeschwindigkeit von 51 km/h konnte der *T-34* ohne Nachtanken 400 km zurücklegen. Deutsche Panzer waren langsamer und hatten eine geringere Reichweite.

Der T-34 erhielt nach 1943 eine 85-mm-Kanone.

Die Kanone befand sich im drehbaren Turm.

Der Dieselmotor funktionierte auch bei grimmiger Kälte.

32.514 kg (32,5 t) Gesamtgewicht

Die breiten Ketten waren für den weichen, unebenen Boden ideal.

Strohstiefel deutscher Wachposten in der Sowjetunion

ERFRIERUNGEN
Deutsche Soldaten in der Sowjetunion stellten Schneestiefel aus Stroh her, doch auch diese halfen in der bitteren Kälte kaum gegen Erfrierungen. Ihre Kleidung schützte nur unzureichend, und die harten Lederstiefel waren zu eng für mehrere Paar Socken und so porös, dass sie die Feuchtigkeit nicht abhielten.

Die Sowjetunion im Krieg

WIDERSTANDSKÄMPFER
Plakate forderten in den von Deutschen besetzten Gebieten lebende Sowjetbürger auf, sich den Partisanen anzuschließen und „den Feind gnadenlos zu schlagen". Die Partisanengruppen versuchten, deutsche militärische Einrichtungen zu zerstören.

Die Sowjetunion war vom Krieg stark gezeichnet. Obwohl sich das Land fast zwei Jahre darauf vorbereitet hatte, war nicht abzusehen, welches Ausmaß die Kämpfe annehmen würden. Um die Industrieanlagen vor feindlichen Angriffen zu schützen, wurden 1500 komplette Fabriken Hunderte von Kilometern ostwärts über den Ural verlegt. Ihnen folgten 6 Millionen Arbeiter. Viele Russen wurden von den Deutschen zur Zwangsarbeit herangezogen und kamen in Arbeitslagern um. Insgesamt starben 20 Millionen Sowjetbürger. Trotzdem tat die Zivilbevölkerung alles, um das Land zu retten. Der Krieg wurde in der Sowjetunion auch als „Großer Vaterländischer Krieg" bezeichnet.

Roter Stern

Rotes Banner

AUSZEICHNUNGEN
Die wichtigsten Auszeichnungen für sowjetische Soldaten waren „Held der Sowjetunion" und die Orden des Roten Banners und des Roten Sterns. Stalin führte außerdem den Kutusow- und den Suworow-Orden ein, benannt nach siegreichen Feldmarschällen aus dem 19. Jh.

GEFRORENES WASSER
Im Winter 1941 fiel die Temperatur in Leningrad auf −40 °C. Die Einwohner mussten Schnee und Eis auftauen, damit sie Wasser hatten. Ein Einheimischer erinnerte sich: „Wir konnten uns nicht waschen, da unsere Kräfte nur noch zum Herbeischaffen von Trinkwasser ausreichten."

Bürger Leningrads beim Verlassen ihrer von den Deutschen ausgebombten Häuser

DIE BELAGERUNG LENINGRADS
Die längste Belagerung erlebte Leningrad. Unterstützt von finnischen Truppen, umstellten die Deutschen die Stadt im September 1941 (1939/1940 hatte Finnland den „Winterkrieg" gegen die Sowjets verloren und nahm danach auf deutscher Seite am Krieg teil). Die Deutschen warfen mehr als 100.000 Bomben und 200.000 Granaten auf Leningrad. Obwohl Hunderttausende Zivilisten umkamen, konnten sie die Stadt nicht erobern. Die Belagerung wurde nach 890 Tagen im Januar 1944 von der Roten Armee beendet.

Gemüseernte auf einem Friedhof in Leningrad

ESSEN FÜR DIE STADT
Während der Belagerung Leningrads litten die Bewohner vor allem unter Kälte und Hunger. Jede freie Fläche wurde zum Anbau von Gemüse genutzt, doch blieb die Rationierung während der Belagerung sehr streng. 630.000 Zivilisten starben an Unterernährung und Erfrierungen.

Die Metrostation Majakowskij in Moskau diente als Luftschutzraum.

ANGRIFF AUF MOSKAU
Als im Oktober 1941 deutsche Truppen Moskau angriffen, suchten viele Zivilisten in Metrostationen Zuflucht. Andere versuchten zu fliehen. Den Deutschen gingen jedoch die Vorräte aus, und der strenge Winter bereitete ihnen Probleme. Im Dezember 1941 starteten die Sowjets einen Gegenangriff, und die Deutschen mussten ihre Truppen abziehen. Moskau war gerettet.

Dieses Plakat von 1942 forderte: *„Folgt dem Beispiel dieses Arbeiters, produziert mehr für die Front!"*

PRODUZIERT MEHR!
Auf diesem Plakat ist zwar ein Mann zu sehen, doch über die Hälfte der sowjetischen Arbeiterschaft war weiblich. Die sowjetische Zivilbevölkerung spielte eine große Rolle bei der Niederschlagung Hitlers. Sie arbeitete hart, um die Produktion von Kriegsgerät zu erhöhen.

HECKENSCHÜTZEN
Zu den Kriegshelden zählten auch die Heckenschützen der Roten Armee, die Feinde einzeln erschießen sollten. Den Heckenschützen von Stalingrad wurde nach 40 tödlichen Schüssen der Titel „Edelschütze" verliehen.

Sowjetisches Heckenschützen-Gewehr

MOLOTOWCOCKTAIL
Im Krieg gegen die Russen warfen finnische Soldaten selbst gemachte Benzinbomben auf Panzer. Sie nannten sie „Molotowcocktails" – nach Wjatscheslaw Molotow (1890–1986), den sie als Kriegstreiber sahen.

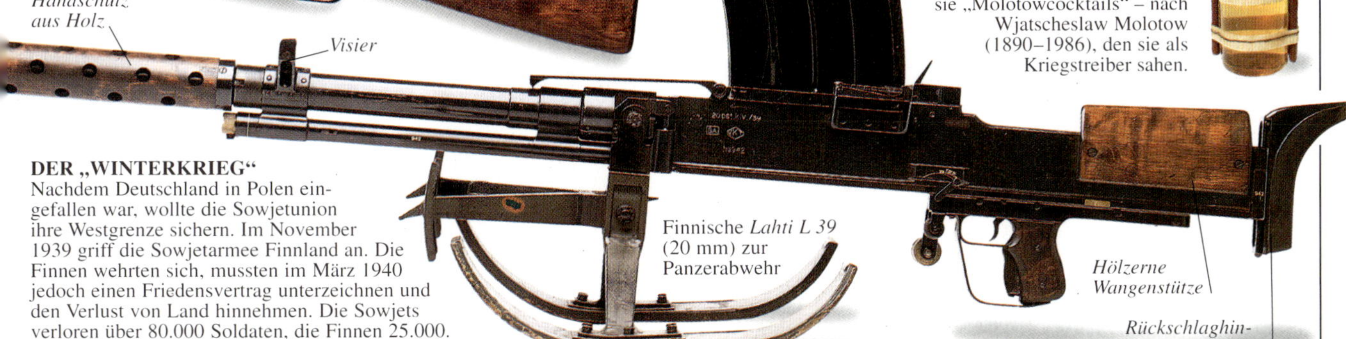

Handschutz aus Holz

Visier

Finnische *Lahti L 39* (20 mm) zur Panzerabwehr

Hölzerne Wangenstütze

Rückschlaghinderer aus Gummi

DER „WINTERKRIEG"
Nachdem Deutschland in Polen eingefallen war, wollte die Sowjetunion ihre Westgrenze sichern. Im November 1939 griff die Sowjetarmee Finnland an. Die Finnen wehrten sich, mussten im März 1940 jedoch einen Friedensvertrag unterzeichnen und den Verlust von Land hinnehmen. Die Sowjets verloren über 80.000 Soldaten, die Finnen 25.000. Darin zeigte sich die Schwäche der Roten Armee.

Japans Krieg

Australische Maschinenpistole

Japanische Marine- und Militärflagge

Das japanische Kaiserreich kämpfte im Krieg an drei Fronten: Im Norden versuchten chinesische Truppen, ihr Land von den japanischen Besetzern zu befreien. Im Süden und im Osten zogen amerikanische, australische und neuseeländische Truppen von Insel zu Insel, um die japanischen Streitkräfte aus dem Pazifischen Ozean zu verdrängen und um Luftwaffen- sowie Marinestützpunkte in der Nähe Japans einzurichten. Im Südwesten wurde im Urwald Birmas ein „vergessener Krieg" ausgetragen: Dort kämpfte die britische Armee mit den *Chindit* (einer birmanischen Kampfeinheit) unter Generalmajor Orde Wingate gegen die japanische Armee für die Befreiung Birmas. In all diesen Schlachten waren die Japaner gefährliche Feinde, die erbittert bis in den Tod kämpften.

VERTEIDIGUNG AUSTRALIENS
Australische Truppen beteiligten sich am Krieg gegen Japan, da ihr Land von der japanischen Expansion in Südostasien direkt bedroht war. Die Australier spielten 1942 eine wichtige Rolle, als die Japaner Papua-Neuguinea besetzen wollten. Zusammen mit amerikanischen Truppen befreiten sie Neuguinea und andere Inseln.

Ein japanischer Soldat mit der Flagge mit der „aufgehenden Sonne"

TREU BIS IN DEN TOD
Mehr als 1,7 Mio. japanische Soldaten verpflichteten sich dem Soldatenkodex von 1942, der auf dem alten *Bushido*(Krieger)-Kodex der Samurai beruhte. Er besagte, dass die Soldaten ihrem Kaiser absolute Treue erweisen mussten und dass sie der Schmach einer Gefangenschaft den Tod vorziehen sollten. Aus diesem Grund waren japanische Soldaten oft fanatische Kämpfer bis zum bitteren Ende.

TAGESRATIONEN
Britische Truppen im Pazifik und in Südostasien erhielten Lebensmittel-Tagesrationen (oben). Obwohl das Essen nicht besonders gut schmeckte, lieferte es doch genug Energie für einen ganzen Tag.

Amerikanisches Feldtelefon

TRAGBARES TELEFON
Sowohl die Soldaten der Alliierten als auch die Japaner benutzten Feldtelefone, um mit ihren Befehlshabern und dem Rest der Truppe in Kontakt zu bleiben. Das rasche Vordringen der Japaner in Südostasien und im Pazifik erforderte gute Kommunikationsmittel; nur so konnten wichtige Informationen weitergeleitet werden.

BEFREIUNG BIRMAS
Die entscheidende Schlacht um Birma fand auf der Straße zwischen den indischen Städten Kohima und Imphal statt. Die Briten nutzten Imphal als Truppenstützpunkt, nachdem sie im Mai 1942 von den Japanern aus Birma vertrieben worden waren. Die Japaner griffen als Erste an: Sie fielen im März 1944 in Indien ein. Britische und indische Truppen (rechts) setzten sich zur Wehr und schlugen die 80.000 Mann starken japanischen Streitkräfte. Dies war der Auftakt zur Befreiung Birmas im Mai 1945.

BIRMA-SIAM-EISENBAHN

Die Japaner verwendeten von 1942 bis 1943 dieselbetriebene Zugmaschinen, die auf Schienen und Straßen fahren konnten. Mit ihnen bauten sie eine Eisenbahnlinie von Siam (Thailand) nach Birma. Sie sollte zum schnellen Transport durch das riesige südostasiatische Reich dienen.

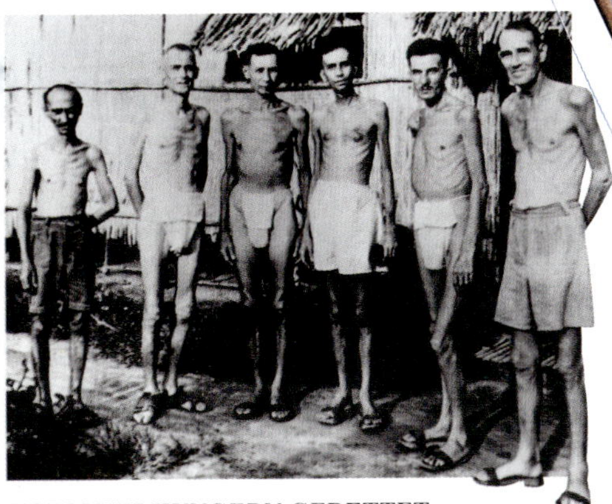

VORM VERHUNGERN GERETTET

Diese 1945 aus einem japanischen Kriegsgefangenenlager in Indonesien befreiten Niederländer hatten Glück, denn etwa ein Viertel der 103.000 australischen, amerikanischen, britischen und niederländischen Soldaten, die von Japanern gefangen genommen wurden, starben in den Lagern. Asiatische Gefangene mussten noch mehr leiden – mindestens 100.000 kamen beim Bau der Birma-Siam-Eisenbahn um.

BRÜCKENSPRENGUNG

Die 415 km lange Birma-Siam-Eisenbahn verlief durch Urwald, Gebirge und entlang des Flusses Kwai Noi. Eisenbahnbrücken (oben) wurden von Kriegsgefangenen gebaut. Britische Bomber, die in Indien stationiert waren, zerstörten diese Brücken immer wieder, um den Vormarsch der Japaner aufzuhalten.

Improvisierte Brille und Kamm

VON JAPANERN GEFANGEN

Kriegsgefangene der Japaner mussten Alltagsgegenstände selbst herstellen, da sie fast nichts bekamen. Die Japaner zeigten kaum Rücksichtnahme gegenüber den Kriegsgefangenen: Viele mussten sich beim Bau von Eisenbahnen, Straßen und Brücken zu Tode arbeiten.

Das amerikanische Denkmal zeigt Marinesoldaten beim Hissen der Flagge auf dem Berg Suribachi/Iwo Jima.

FLAGGE AUF IWO JIMA

Im Februar 1945 stürmte die US-Marine Iwo Jima, eine Insel südlich von Japan. Die Japaner verteidigten die Insel bis zum Letzten – von 21.000 Soldaten überlebten nur 216. Nach eigenen schweren Verlusten bei Iwo Jima und auf Okinawa begannen die USA japanische Großstädte zu bombardieren und warfen schließlich zwei Atombomben auf Hiroshima und Nagasaki.

Invasion am „D-Day“

„GEHEIME“ POSTKARTEN
Die Geheimdienste der Alliierten verwendeten Postkarten aus der Normandie, um sich vor der Invasion ein Bild von der Küste zu machen. Andere Informationsquellen waren Landkarten, Luftbilder und die Kenntnisse von Spionen.

„Sword“ – Codename für eine der Landungszonen am D-Day

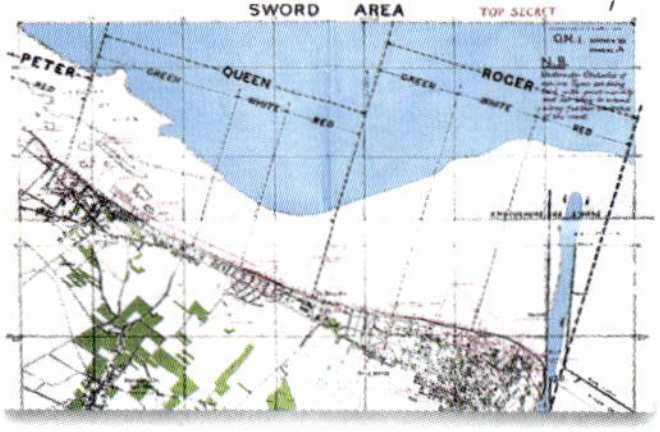

LANDUNGSZONE „SWORD“
Diese Geheimdienstkarte des Bereiches um „Sword“ zeigt alle Landschaftsmerkmale. „Sword“ war die östlichste Landungszone und wurde wie die benachbarten Zonen „Juno“ und „Gold“ von britischen und kanadischen Einheiten gestürmt. Amerikanische Truppen landeten an den westlichen Zonen „Omaha“ und „Utah“.

Am frühen Morgen des 6. Juni 1944 (dem sog. „D-Day“) fand an der Küste der Normandie in Frankreich das größte Landungsunternehmen der Geschichte statt. Die „Operation Overlord“, wie die Landung der Alliierten genannt wurde, war das Ergebnis jahrelanger Planung. Mehr als 150.000 amerikanische, britische und kanadische Soldaten wurden über den Ärmelkanal transportiert, um fünf Brückenköpfe zu errichten. Die Invasion musste beinahe wegen schlechten Wetters abgebrochen werden, doch der Oberbefehlshaber der Alliierten, General Dwight D. Eisenhower (1890–1969), scheute das Risiko nicht. Die Deutschen erwarteten eine Invasion weiter östlich und hatten dort Vorkehrungen getroffen. Bis zum Abend waren die Brückenköpfe gesichert. Die Verluste – 2500 Soldaten – waren für ein so großes Unternehmen relativ klein geblieben. Die Befreiung Europas hatte begonnen.

ANGRIFF VON OBEN
Am frühen Morgen des D-Days landeten amerikanische Fallschirmjäger hinter der Landungszone „Utah“, um wichtige Stellungen zu sichern. Zeitgleich landeten britische Fallschirmjäger hinter „Sword“, wo sie eine deutsche Batterie zerstörten.

DIE „OMAHA“-INVASION
Die schwierigste der fünf Landungszonen war „Omaha“. Sie war von hohen Klippen umgeben und bot nur wenige Wege landeinwärts, deshalb war sie gut zu verteidigen und schwer einzunehmen. Bis zum Anbruch der Nacht hatten die US-Truppen einen Brückenkopf von 3 km Länge errichtet.

SCHWIMMENDE HÄFEN
„Wenn wir keinen Hafen erobern können, müssen wir einen mitnehmen“, sagte ein britischer Marineoffizier. Daraufhin wurden in Großbritannien zwei schwimmende Häfen gebaut. Es waren riesige Fahrbahnen aus Stahl, die vor den Landungszonen „Gold“ und „Omaha“ zusammengesetzt wurden.

KLAPP-MOTORRAD
Hinter den feindlichen Linien wurden Klapp-Motorräder abgeworfen, um Transportmittel für die Luftlandeeinheiten bereitzustellen. Ihre Höchstgeschwindigkeit betrug 48 km/h, ihre Reichweite 144 km.

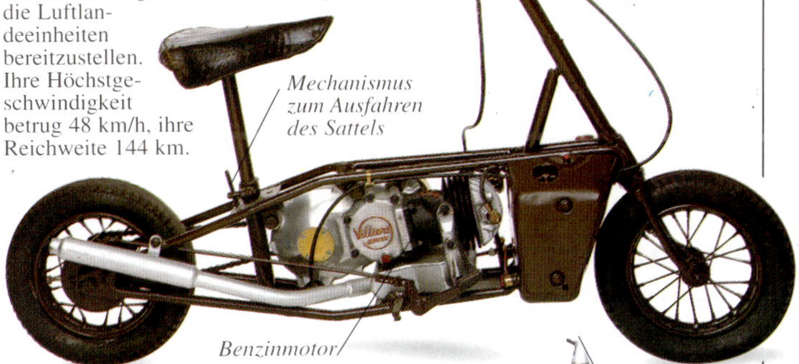

Britisches Welbike-Motorrad

AN DER LANDUNGSZONE
Dieser Blick auf „Omaha“ am Tag nach dem D-Day zeigt, wie Fahrzeuge, Panzer und Soldaten an Land gebracht werden. Nachdem die erste Welle von Soldaten gelandet war, sicherten sie die Landungszone so gut wie möglich vor feindlichen Angriffen. Erst danach wurden die Schiffe entladen.

EXPLOSIVE AUFGABE
Kurz nach der Landung begannen die Soldaten landeinwärts vorzustoßen, wo sie auf Heckenschützen, Panzer und Festungsanlagen stießen. Bis Ende Juli hatten die Alliierten fast 1 Mio. Männer nach Frankreich gebracht und drangen in Richtung Paris vor.

Die Befreiung

Die Befreiung Europas von deutscher und italienischer Herrschaft war langwierig. Nach dem Gegenschlag sowjetischer Truppen bei Stalingrad im November 1942 hatte die Rote Armee die deutschen Streitkräfte langsam westwärts aus Russland herausgedrängt. Die polnische Grenze wurde erst im Januar 1944 überquert, und die Kämpfe auf dem Balkan zogen sich bis 1945 hin. Schleppend verlief auch die Befreiung Italiens, während die Befreiung Frankreichs erst im Juni 1944 begann. Dänemark, Norwegen sowie Teile der Niederlande und Österreich blieben bis zur deutschen Kapitulation im Mai 1945 unter Naziherrschaft. In Asien wurden den Japanern bis Kriegsende die Philippinen, der größte Teil Birmas sowie einige Inseln abgerungen. Überall musste man sich nun auf ein neues Leben einrichten, das anfangs vom Tribut, den der Krieg gefordert hatte, beeinträchtigt war.

Soldaten in den Trümmern der Abtei Montecassino

DIE BEFREIUNG VON PARIS
Paris war seit dem 14. Juni 1940 von den Deutschen besetzt. Am 19. August 1944 erhob sich der Widerstand, und sechs Tage später stürmte das „Freie Frankreich" die Stadt. Der deutsche Befehlshaber, General Choltitz, ergab sich. General de Gaulle führte am 26. August 1944 einen Siegesmarsch über die Champs Elysées an.

DER FALL VON MONTECASSINO
Das Foto oben zeigt deutsche Fallschirmjäger, die 1944 in der Abtei Montecassino in Italien gegen die Alliierten kämpfen. Nach deren Landung und der Befreiung Siziliens im Juli 1943 hatte Italien kapituliert. Im Oktober wechselte es die Seite und erklärte Deutschland den Krieg. Daraufhin übernahmen die Deutschen in Italien das Kommando.

Sandsäcke zum Schutz vor Kugeln

VOM FASCHISMUS BEFREIT
Im Januar 1945 stießen alliierte Verbände nach Norditalien vor, wo sie von Partisanen unterstützt wurden. Die Partisanen kämpften für den Sturz von Mussolini und den Abzug der Deutschen. Sie befreiten Mailand und Turin und waren auch für die Hinrichtung Mussolinis im April 1945 verantwortlich.

Italienische Partisanen bei der Befreiung Mailands

Bronzeadler

Das Loch im Flügel stammt von einem Granatsplitter.

Das deutsche Hoheitszeichen

Hakenkreuz mit Eichenlaubkranz

HITLERS ADLER
Dieser Bronzeadler hing in Hitlers Residenz, der Reichskanzlei in Berlin. Ein Offizier der Roten Armee übergab den Adler 1946 in Berlin einem britischen Offizier. Sein Flügel trägt Spuren der letzten Schlacht um Berlin.

Zwei Frauen reißen in Troyes/Frankreich Naziscilder herunter.

WEG MIT DEN NAZISYMBOLEN!
Nachdem die Deutschen die besetzten Gebiete verlassen hatten, entfernten die Einheimischen alle Spuren der früheren Besetzer. Deutsche Aufschriften und Nazisymbole wurden beseitigt, und man begann mit dem Wiederaufbau zerstörter Gebäude.

FRANZÖSISCHE FREIHEIT
Nach der Befreiung wurden in Frankreich Hakenkreuze abgerissen und durch Trikoloren (französische Flaggen) ersetzt. Die Befreiung Frankreichs begann am D-Day, dem 6. Juni 1944, und war abgeschlossen, als die Alliierten Anfang 1945 nach Deutschland vorrückten. Das von de Gaulle geführte „Freie Frankreich" errichtete eine provisorische Regierung.

Ein Soldat zieht nach der Befreiung Frankreichs eine Naziflagge hinter sich her.

Ein russischer Soldat hisst die rote Flagge über Berlin.

DER FALL BERLINS
Am 2. Mai 1945, zwei Tage nach Hitlers Selbstmord, kletterten sowjetische Soldaten auf das Dach des besetzten Reichstagsgebäudes, um die rote Flagge zu hissen. Zweieinhalb Jahre harter Kämpfe waren nötig gewesen, um die Deutschen von den Toren Stalingrads in die Vororte Berlins zurückzudrängen.

Der Holocaust

Von den vielen Schrecken des Kriegs war der Holocaust – der Versuch der Nazis, die europäischen Juden zu vernichten – der furchtbarste. Die Nazis waren antisemitisch (gegen Juden) eingestellt. Sie trieben die Juden zusammen und brachten sie in Konzentrationslager, in denen viele starben. Andere wurden gezwungen, in Ghettos zu leben. Als Russland 1941 angegriffen wurde, fielen Millionen dort lebender Juden in die Hände der Nazis. Die Nazis beschlossen für das, was sie als „Judenfrage" betrachteten, eine sog. „Endlösung": Sie errichteten Vernichtungslager, wo die Juden systematisch umgebracht wurden. Niemand weiß genau, wie viele auf diese Weise umkamen; wahrscheinlich sind es über 6 Millionen.

JUDENHASS
Dieses Plakat von 1937 wirbt für die Ausstellung „Der ewige Jude" in München. Mit solchen Methoden schürten die Nazis den Judenhass. Jüdische Geschäfte wurden von ihnen schon ab 1933 boykottiert. 1935 verabschiedeten sie die Nürnberger Gesetze, die den Juden viele Bürgerrechte nahmen.

ERSTE EINDRÜCKE
Viele Juden, die ins Lager kamen, dachten, sie würden zum Arbeitseinsatz nach Osteuropa gebracht. Man ließ sie glauben, die Gaskammern seien Dusche

WARSCHAUER GHETTO
Die 445.000 Juden von Warschau (Polen) wurden in ein ummauertes Ghetto getrieben. Dort starben viele an Krankheiten oder Unterernährung, und Hunderttausende wurden in Vernichtungslager gebracht. 1943 griffen die Nazis das Ghetto mit Panzern und Flugzeugen an, um es zu zerstören. Die Juden wehrten sich, doch nur 100 konnten entkommen.

Im Warschauer Ghetto wurden die Juden zusammengetrieben.

DER DAVIDSTERN
Ab 1942 mussten alle Juden in Deutschland und in den von Deutschen besetzten Gebieten als Erkennungszeichen einen gelben Stern an der Kleidung tragen.

VERNICHTUNGSLAGER
Die Nazis errichteten Konzentrationslager, in denen sie Juden, Kommunisten, politische Gefangene, Sinti und Roma, Homosexuelle und andere „unerwünschte" Personen festhielten. Viele wurden zu Zwangsarbeit herangezogen. 1942 wurden acht Vernichtungslager, darunter Auschwitz (unten) und Treblinka in Polen, mit Gaskammern ausgestattet, in denen die Juden ermordet wurden.

Das Konzentrationslager Auschwitz in Polen ist heute eine Gedenkstätte des Holocaust.

KREMATORIEN
Den Leichen schnitt man das Haar ab und entfernte Schmuck und Zahngold, bevor man sie verbrannte. Die Krematorien wurden von Mitgefangenen betrieben. In Auschwitz rebellierte eine Gruppe Gefangener dagegen und sprengte ein Krematorium.

Auf Bahren wurden die Leichen in die Öfen gelegt.

GIFTGASDOSE
Diese leere Dose könnte einem Häftling als Essgeschirr gedient haben. Sie enthielt ursprünglich Giftgaskristalle für die Gaskammern.

Ein ungarischer Jude, der das KZ Bergen-Belsen überlebte

SCHLIMME ZUSTÄNDE
Die Zustände in den Lagern waren katastrophal. Es gab wenig Essen, und wer arbeitsfähig war, musste zwölf Std. täglich schuften. Misshandlungen der Häftlinge waren an der Tagesordnung. Berüchtigt war der Arzt Josef Mengele in Auschwitz, der grausame Versuche an Gefangenen durchführte.

DIE SCHRECKLICHE WAHRHEIT
Auf dem Bild führen alliierte Soldaten Einheimische durch ein KZ, um ihnen die Gräuel zu zeigen, die im Namen des Nationalsozialismus geschehen waren. Als die Lager befreit wurden, wurde der wahre Schrecken des Holocaust erst richtig deutlich.

Festgenommene SS-Aufseherinnen in Bergen Belsen

BESTRAFUNG DER AUFSEHER
Für die Soldaten, die die Lager befreiten, war die grausame Wirklichkeit kaum zu ertragen. Als US-Soldaten im April 1945 das KZ Dachau stürmten, erschossen sie 122 SS-Aufseher auf der Stelle. Verantwortliche SS-Offiziere wurden später für Verbrechen gegen die Menschlichkeit angeklagt.

Die Atombombe

Geschmolzene Flasche in Hiroshima

Deutschen Wissenschaftlern war 1938 die Spaltung von Uranatomen gelungen, die eine Kettenreaktion mit gewaltiger Energiefreisetzung auslöste. Damit waren die Grundlagen für den Bau einer Atombombe geschaffen. Nachdem die USA 1941 in den Krieg eintraten, arbeitete hier ein internationales Forscherteam an dieser Entdeckung mit dem Ziel, „die" Bombe herzustellen. Das sog. „Manhattan-Projekt" wurde unter Leitung des Atomphysikers J. Robert Oppenheimer (1904–1967) in Los Alamos/New Mexico durchgeführt. Bis Juli 1945 waren drei Bomben fertiggestellt. Die erste wurde am 16. Juli 1945 über der Wüste von New Mexico getestet.

Die starken Motoren der B-29 ermöglichten, schwere Bombenladungen über weite Strecken zu transportieren.

ENOLA GAY
Der B-29-Bomber *Enola Gay* startete in den frühen Morgenstunden des 6. August 1945. Um 8.15 Uhr warf er seine Ladung über Hiroshima/Japan ab.

„Little Boy" war 3 m lang und hatte einen Durchmesser von 71 cm.

HIROSHIMA-BOMBE
Die auf Hiroshima abgeworfene Bombe trug den Namen „Little Boy". Es war eine auf Uran 235 basierende Bombe mit 4082 kg Gewicht. Ihre Sprengkraft war 2000-mal größer als die aller bisherigen Bomben.

SCHRECKEN ÜBER HIROSHIMA
Die Hiroshima-Bombe explodierte 600 m über der Stadt. Der gewaltigen Hitzewelle folgte eine Druckwelle, die sich über 3,66 km fortpflanzte und auf einer Fläche von 13 km² alle Gebäude dem Erdboden gleichmachte. Binnen fünf Tagen starben 138.661 Menschen.

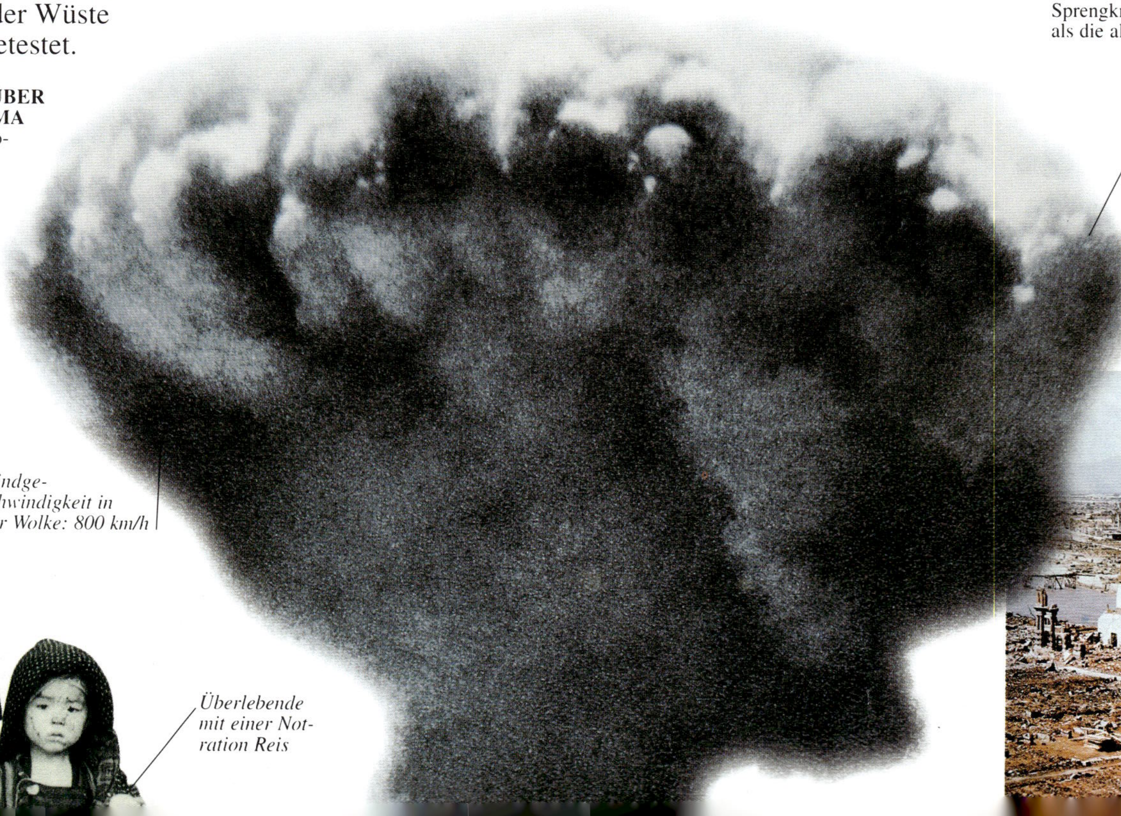

Der Atompilz war noch in 580 km Entfernung sichtbar.

Windgeschwindigkeit in der Wolke: 800 km/h

Überlebende mit einer Notration Reis

Nach dem Bombenabwurf standen in Nagasaki nur noch wenige Mauerreste.

„Ein gleißender Blitz erfüllte den Himmel … und die Welt um mich versank.“

EIN ÜBERLEBENDER VON HIROSHIMA

Die Wolke reichte bis in 10.000 m Höhe.

Am Boden entstand eine Temperatur von 5000 °C.

ÜBERLEBENDE
Mehr als 200.000 Bürger von Hiroshima und Nagasaki kamen durch die Atombomben ums Leben. Weit mehr erlitten schlimme Verbrennungen und andere Verletzungen. Die Langzeitwirkung der Strahlen, die Krebs und Leukämie bei den Opfern und ihren Nachkommen auslösen können, machte eine genaue Zählung der Opfer unmöglich. Vermutlich starben allein in Hiroshima in den fünf Jahren nach dem Angriff weitere 150.000 Menschen an Strahlenschäden.

Japanische Kriegsgefangene, die soeben von der Kapitulation erfahren haben

DIE KAPITULATION JAPANS
Am 9. August 1945 – dem Tag des Bombenabwurfs auf Nagasaki – griff Russland die Japaner in der Mandschurei an. Am gleichen Abend traf sich der oberste Kriegsrat mit Kaiser Hirohito, doch zu einer Einigung über das weitere Vorgehen kam es nicht. Wenig später ergriff Hirohito die Initiative und akzeptierte am 14. August die Kapitulation unter der Voraussetzung, dass er Kaiser bleiben würde. Am nächsten Tag hielt er eine Radioansprache – es war das erste Mal, dass die Japaner seine Stimme hörten –, in der er die Kapitulation verkündete.

BOMBARDIERUNG NAGASAKIS
Am Morgen des 9. August 1945 wurde die zweite Atombombe auf die japanische Stadt Nagasaki geworfen. Die auf Plutonium basierende Bombe „Fat Man“ wog 4536 kg. Sie war eigentlich für Kokura, den Standort der wichtigsten Militärbasis, bestimmt, doch wegen des schlechten Wetters wurde im letzten Moment auf Nagasaki ausgewichen. Beim Abwurf der Bombe kamen rund 74.000 Menschen um, 51.000 Gebäude wurden zerstört.

Das Museum für Wissenschaft und Industrie ist seit August 1945 unverändert geblieben.

ZWEI MAL ZU VIEL
Hiroshima und Nagasaki wurden nach dem Krieg zwar wieder aufgebaut, doch blieb ein zerstörter Bereich in der Stadtmitte Hiroshimas unverändert, um an die Schrecken atomarer Waffen zu erinnern. Seit 1955 findet in Hiroshima alljährlich eine internationale Antiatom-Konferenz statt.

Von 1945 bis heute

Am Ende des Zweiten Weltkriegs lag Deutschland in Trümmern. Lange Trecks von vertriebenen Deutschen waren aus Ostpreußen, Pommern, Schlesien, aus den Sudeten und aus anderen Gebieten Mitteleuropas unterwegs nach Westen; in Deutschland, Österreich, Ungarn, Rumänien und Bulgarien war die staatliche Autorität zusammengebrochen, an ihre Stelle war die militärische Verwaltung durch die Siegermächte getreten. Aber nicht nur Deutschland, das den Krieg verloren hatte, war weitgehend zerstört; vor allem in Polen und im Westen der Sowjetunion hatten die Deutschen bei ihrem Abzug verwüstete Landstriche und eine dezimierte Bevölkerung hinterlassen. Auch die Siegermacht Großbritannien hatte sich noch nicht von den Wunden erholt, die die deutschen Luftangriffe geschlagen hatten. Das Wirtschaftsleben in ganz Europa lag am Boden, und nur notdürftig konnte die Versorgung der Bevölkerung durch die kontrollierte Ausgabe von Lebensmittelmarken sichergestellt werden (S. 459). Die Siegermächte USA, Sowjetunion und Großbritannien hatten Deutschland und Österreich unter sich und das wiedererstandene Frankreich in militärische Besatzungszonen und Berlin und Wien in einzelne Sektoren aufgeteilt. Sie waren zunächst vor allem auf eins bedacht: den Kriegsgegner ein für allemal unschädlich zu machen. Österreich wurde vom Reich abgetrennt, Nordostpreußen unter sowjetische, Südostpreußen, Hinterpommern und Schlesien unter polnische und das Saarland unter französische Verwaltung gestellt. Die Tschechoslowakei wurde wiederhergestellt, das im Krieg mit Deutschland verbündete Ungarn radikal verkleinert. Die deutsche Schwerindustrie, das Rückgrat der Kriegswirtschaft der Nazis, wurde „entflochten", Industriebetriebe wurden demontiert und ins Ausland, vor allem in die Sowjetunion, geschafft; die deutsche Zivilverwaltung wurde so gut es ging von Nazis gesäubert. Deutsches Militär gab es nicht mehr; die Soldaten der Wehrmacht befanden sich zum großen Teil noch in Kriegsgefangenschaft. Vor allem in der Sowjetunion wurden deutsche Kriegsgefangene unter elenden Bedingungen für den Wiederaufbau eingesetzt.

Nicht viel anders sah es in Asien aus. Die japanischen Städte waren wie die deutschen oft nur noch Ruinenfelder, Japan wurde von amerikanischen Militärs regiert. Sowjetische Truppen waren in die zuvor von Japan besetzte Mandschurei und in den Norden Koreas eingerückt; im Süden Koreas standen die Amerikaner. China war verwüstet und nach dem Ende der japanischen Besatzung wieder in Bürgerkriege verstrickt.

Pax Americana und Kalter Krieg

Während die Welt in den letzten Kriegsjahren weithin in Schutt und Asche sank und die meisten Krieg führenden Mächte ihre menschlichen und materiellen Ressourcen bis zum Äußersten ausschöpften, hatte der Krieg den USA einen Wirtschaftsboom beschert. Amerika war reicher denn je, und es war mächtiger denn je, denn seine siegreichen Truppen, die während des Kriegs verhältnismäßig geringe Verluste erlitten hatten, standen in Europa und in Asien, seine Rüstungsindustrie war mit Abstand die größte der Welt, seine Waffen – vor allem seine Flugzeuge – die besten und modernsten, und es besaß als einzige Macht der Welt die schrecklichste Waffe der Neuzeit, die Atombombe. Amerika war die Weltmacht schlechthin. Und es war zum kulturellen Vorbild für den Rest der Welt geworden: Amerikanische Swing-Musik tönte allenthalben aus den Radios, amerikanische Filme aus Hollywood eroberten auch die europäischen und asiatischen Kinos, die Welt las amerikanische Romane; amerikanische Kunst und Wissenschaft waren international führend – nicht zuletzt dank der vielen Immigranten aus Europa, vor allem aus Deutschland, die zur geistigen Elite der Alten Welt gehört hatten. Amerika war ein freies Land, in dem jeder eine Chance hatte, und auf der ganzen Welt bewunderten die Menschen den großzügigen Lebensstil der Amerikaner (S. 459). Der Dollar beherrschte als einzige Leitwährung die Welt.

Werbung aus der Zeit des Wirtschaftswunders in Deutschland

Amerika war von seiner Kultur und seiner freiheitlichen Demokratie überzeugt und gern bereit, beides in alle Welt zu exportieren. Die größten Erfolge hatte es dabei in den Ländern der Kriegsverlierer, in Deutschland und Japan. Dies lag auch daran, dass es sich als großzügige Siegermacht gezeigt hatte, die der verelendeten Bevölkerung der Länder half und mit dem Marshallplan schon 1947 dazu beitrug, den Wiederaufbau in Europa zu finanzieren. Amerikanisches Kapital investierte in großem Stil überall dort, wo militärische Bündnisse und die Anwesenheit amerikanischer Truppen Stabilität garantierten, und die Amerikaner setzten sich für einen freien Welthandel ein, von dem nicht nur sie selbst profitierten.

Die Flagge der Vereinten Nationen

Nicht zuletzt auf amerikanische Initiative hin war es bei Kriegsende zur Gründung der Vereinten Nationen (*United Nations*, UN) gekommen, einer Art Weltparlament, in dessen Exekutivorgan, dem Sicherheitsrat, die Siegermächte USA, Großbritannien, Sowjetunion und die im Nachhinein zu Siegermächten erklärten Staaten Frankreich und China dank ihrer Vetomöglichkeit die Schlüsselstellung innehatten. Lange Zeit brauchten die USA keinen Zweifel daran zu haben, dass sie in den Vereinten Nationen über den entscheidenden Einfluss verfügten.

In der Welt hatten die USA nur einen ernst zu nehmenden Gegner: Stalins Sowjetunion, deren Truppen von der Elbe ostwärts ganz Mittel-und Osteuropa und Ostasien bis nach Korea beherrschten, und deren Verbündete, die chinesischen Kommunisten, die 1949 die von den Amerikanern unterstützten Armeen Tschiang Kai-scheks vom chinesischen Festland vertrieben. Auch die sowjetische Rüstungsindustrie arbeitete effektiv, und bald hatte die Sowjetunion wie die USA ihre Atombombe und arbeitete mit Hochdruck an der neuen Raketentechnologie, die es erlauben sollte, die neue Waffe schnell über weite Strecken zu transportieren. Auch ideologisch war die Sowjetunion (S. 468) die einzige Macht, die den amerikanischen Idealen von freier kapitalistischer Wirtschaft und Demokratie etwas entgegenzusetzen hatte. Die alten sozialistischen Ideen von sozialer Gleichheit und der Machtergreifung der Unterdrückten übten trotz ihrer Perversion in der stalinistischen Diktatur immer noch eine erhebliche Anziehungskraft aus. In Europa waren vor allem in Frankreich und Italien die kommunistischen Parteien, die den Widerstand gegen die deutsche Besatzung angeführt hatten, ein erheblicher Machtfaktor, und zunehmend übten die Ideen des Sozialismus auch Einfluss auf die antikolonialen Befreiungsbewegungen in Asien und Afrika aus.

Die Sowjetunion hatte dafür gesorgt, dass die von der Roten Armee eroberten Staaten Mittel- und Osteuropas in „Volksdemokratien" mit kommunistischer Führung umgewandelt wurden, und nahm jede Gelegenheit wahr, ihre Position gegen die Amerikaner zu verbessern. In Europa ging die Auseinandersetzung zuerst um Griechenland, wo die kommunistisch beherrschte Partisanenarmee, die im Krieg gegen die Deutschen gekämpft hatte, in einen Bürgerkrieg mit der von der alten Vormacht Großbritannien gestützten bürgerlich-nationalistischen Regierung in Athen verwickelt war. Als die Briten keine Möglichkeit mehr sahen, mit ihren beschränkten Kräften dem Bürgerkrieg eine in ihrem Sinne erfolgversprechende Wendung zu geben, griffen die Amerikaner ein. Um dafür im eigenen Land Rückendeckung zu erlangen, verkündete US-Präsident Truman 1947 die nach ihm benannte Doktrin, dass Amerika bereit sei, die Demokratie, und das hieß im Klartext auch: amerikafreundliche Regimes, in aller Welt wirtschaftlich und notfalls auch mit Waffengewalt zu unterstützen. Damit war klar: Amerika würde sich einer Expansion des Kommunismus weltweit mit all seiner Macht widersetzen. Damit befand sich Amerika in einer Art unerklärtem Kriegszustand mit der Sowjetunion, der jedoch angesichts der Gefahr eines atomaren Infernos niemals bis zur direkten militärischen Konfrontation mit dem Gegner gehen durfte: dem Kalten Krieg (S. 470), der bis zum November 1990 andauern sollte.

Griechenland blieb dank des Eingreifens der USA Teil des westlichen Lagers. Doch es gab noch andere Fronten des Kalten Kriegs. Die nächste Auseinandersetzung wurde um Deutschland und insbesondere um Berlin geführt. Die Westmächte hatten gegen den Widerstand der Sowjetunion, die darauf setzte, ein vereinigtes neutrales Gesamtdeutschland nach und nach in ihren Einflussbereich ziehen zu können, Westdeutschland fest in ihr Wirtschaftssystem integriert. Als 1948 in den Westzonen eine neue Währung, die D-Mark, eingeführt wurde, antwortete die sowjetische Verwaltung mit einer neuen Deutschen Mark Ost, die auch in Berlin gelten sollte. Doch die Westmächte beharrten darauf, dass die D-Mark West auch in den westlichen Sektoren Berlins galt, und schufen damit ein westliches deutsches Wirtschaftsgebiet, das Westberlin mit umfasste. Gegen die wirtschaftliche Zweiteilung Deutschlands unter Einschluss der Berliner Westsektoren verhängte die sowjetische Besatzungsmacht eine Blockade Westberlins, die von den Westmächten mit der Luftbrücke (S. 470) beantwortet wurde, in der sie ihre überlegenen logistischen Fähigkeiten unter Beweis stellten. Bevor Mitte 1949 mit der Aufhebung der Berlin-Blockade eine gewisse Entspannung eintrat, war aus den Westzonen ein eigener Staat hervorgegangen, die demokratisch verfasste Bundesrepublik Deutschland (S. 472). Ihr erster Bundeskanzler, Konrad Adenauer, gab im Gegensatz zu den oppositionellen Sozialdemokraten der Westintegration der jungen Bundesrepublik den Vorrang vor einer möglichen Wiedervereinigung. Zuvor schon war das westliche Militärbündnis NATO aus der Taufe gehoben worden. Die Sowjetunion beantwortete die wirtschaftliche Zusammenarbeit des Westens im Rahmen des Marshallplans mit der Gründung des Rats für gegenseitige Wirtschaftshilfe (RGW/COMECON), die Gründung der Bundesrepublik mit der der Deutschen Demokratischen Republik (S. 472) und die Gründung der NATO mit dem militärischen Zusammenschluss der von ihr beherrschten Länder im Warschauer Pakt. Die Konfrontation in Deutschland wurde nach der gewaltsamen Unterdrückung des Volksaufstands vom 17. Juni 1953 in der DDR durch sowjetische Truppen weiter verschärft; die Auseinandersetzung um Berlin erreichte 1958 einen neuen Höhepunkt, als die Sowjetunion Ost-Berlin der DDR unterstellte und damit den Viermächtestatus Berlins samt der damit verbundenen Garantie des freien Zugangs von Westdeutschland nach Westberlin infrage stellte. Bereits 1950 waren die konkurrierenden Machtblöcke in einem blutigen Krieg aufeinander getroffen, dem Koreakrieg (S. 466), der sich bis 1953 hinzog. Die Amerikaner griffen hier im Namen der UN ein, nachdem die von der Sowjetunion unterstützten Nordkoreaner den Süden der Halbinsel bereits weitgehend überrannt hatten. Sie wurden bei ihrem Vorstoß nach Nordkorea wiederum durch das Eingreifen der Chinesen aufgehalten. Am Ende wurde Korea zweigeteilt.

Der Kalte Krieg wirkte auf die Kernländer der Kriegsparteien zurück. In der Sowjetunion trug er dazu bei, dass die Parteidisziplin in der sowjetischen KP (KPdSU) auch nach dem Tod Stalins 1953 erhalten blieb, in Amerika führte er zu einem von dem Senator McCarthy angeführten militanten Antikommunismus, der sich zu einer ernsthaften Bedrohung der Demokratie auswuchs und die Anziehungskraft des amerikanischen Modells auf die Welt deutlich minderte. Auf beiden Seiten trugen die Massenmedien (S. 474), unter denen das Fernsehen (S. 476) eine zunehmend wichtige Rolle spielte, zur inneren Stabilisierung bei.

Entkolonialisierung

Im Schatten des Kalten Kriegs vollzog sich die Entkolonialisierung, während derer Großbritannien, Frankreich, die Niederlande und Belgien, aber auch die USA ihren direkten Einfluss in großen Teilen der Welt verloren. China, das die Japaner vor dem Krieg dem Einfluss der Europäer und Amerikaner entzogen und kolonisiert hatten, war durch den Krieg befreit worden. Mit dem Sieg der Kommunisten 1949 büßten die Amerikaner ein zweites Mal ihre beherrschende Position ein, und nach und nach machte sich die kommunistische Regierung auch von der russischen Vorherrschaft frei, bis es Ende der 1960er Jahre zur unabhängigen Atom- und regionalen Großmacht wurde (S. 462). 1947 mussten die Briten ihre größte und reichste Kolonie, Indien, in die Unabhängigkeit entlassen (S. 460); das indische Kolonialreich zerbrach daraufhin in Indien mit seiner Hindu-Mehrheitsbevölkerung und das islamische Pakistan. Die Ermordung des Staatsgründers Mahatma Gandhi, der zum Ausgleich zwischen den Glau-

Gefangene Soldaten der Vietminh werden abgeführt (Mai 1954)

bensgemeinschaften aufgerufen hatte, durch einen Hindu-Fanatiker war bezeichnend für die schwierige Identitätsfindung der neuen Nationen zwischen religiöser Bindung und modernem Nationalismus. Die Spannung zwischen Indien und Pakistan hält bis heute an, was umso gefährlicher ist, als beide Länder zu Atommächten aufgestiegen sind.

1950 wurde die niederländische Kolonie Indonesien, die während des Kriegs großenteils von Japan besetzt war, unabhängig. In Indochina versuchten die Franzosen nach dem Ende der japanischen Besetzung ihr Kolonialreich wieder in Besitz zu nehmen, mussten sich aber nach der Niederlage gegen die kommunistischen Vietminh 1954 (S. 466) zurückziehen. Auf sie wartete mit dem Unabhängigkeitskampf der Algerier die nächste Herausforderung. In Malaysia kämpften die Briten mithilfe australisch-neuseeländischer Truppen gegen eine kommunistische Guerilla, bis sie das Land 1957 einigermaßen befriedet in die Unabhängigkeit entlassen konnten.

Der Verlust des traditionellen Einflusses der Briten und Franzosen im Vorderen Orient begann mit der Gründung des israelischen Staats im britisch verwalteten Palästina. Mit Waffengewalt schufen jüdische Siedler 1948 jene sichere „Heimstatt“, die nach der Erfahrung des Holocaust für die Juden der Welt unverzichtbar geworden war (S. 467). Die Gründung des jüdischen Staats war nur auf Kosten der Palästinenser möglich, die dagegen kämpften, aber besiegt wurden. Sie hatte die Ablösung von den Briten und Franzosen kontrollierter Regimes durch nationalistische Militärs in Ägypten, in Syrien und im Irak zur Folge. Der Kampf gegen Israel wurde zum Kristallisationspunkt des arabischen Nationalismus. Die nachkolonialistischen Kräfteverhältnisse wurden schlagartig in der Suezkrise 1956 (S. 467) offen gelegt, als Großbritannien und Frankreich mithilfe Israels militärisch gegen Ägypten vorgingen, nachdem die Ägypter den Suezkanal unter ihre Verwaltung gestellt hatten. Die Sowjetunion drohte, an der Seite Ägyptens einzugreifen, und die Amerikaner machten keine Anstalten, ihren europäischen Verbündeten bei der Erreichung ihrer machtpolitischen Ziele zu Hilfe zu kommen. Briten und Franzosen mussten sich zurückziehen; sie standen vor der Welt als nunmehr zweitrangige Mächte da. Der Vordere Orient mit seinen für die Weltwirtschaft wichtigen Ölvorkommen war nunmehr eines der Hauptfelder der Auseinandersetzung zwischen Amerikanern und Sowjets, die durch eine Politik von Militär- und Wirtschaftshilfen ihren jeweiligen Einfluss auszubauen suchten.

Präsident Kennedy beim Bad in der Menge

Eine Reihe junger Staaten nutzte den Gegensatz der großen Blöcke, um ihre nationale Unabhängigkeit auszubauen. 1955 trafen sie sich im indonesischen Bandung, um eine gemeinsame Politik der „Blockfreiheit“ zu vereinbaren. Führend in der Bewegung der Blockfreien waren Ägypten, Indonesien, Indien und Jugoslawien, das sich 1948 von der Bevormundung durch die Sowjetunion freigemacht hatte. Zu einer wirklich gemeinsamen Politik dieser Staaten kam es allerdings nie. Vielmehr versuchten die Weltmächte immer wieder, in das Machtvakuum hineinzustoßen, das die alten Kolonialmächte hinterließen. Dies zeigte sich noch einmal bei der Entkolonialisierung Afrikas (S. 464), die 1960 formell weitgehend abgeschlossen wurde. Vor allem in der ehemals belgischen Kongokolonie trafen die gegensätzlichen Interessen aufeinander und stürzten das Land in einen blutigen Bürgerkrieg, den der Westen mithilfe weißer Söldner für sich entschied. Ein letztes Mal wiederholte sich ein solcher Machtkampf in den 1970er Jahren nach der Entlassung der portugiesischen Kolonien Angola und Moçambique in die Unabhängigkeit. Auch diesmal waren blutige Stellvertreterkriege die Folge.

Die Ära Kennedy und Chruschtschow

Mit der Entstalinisierung in der Sowjetunion, die Chruschtschow auf dem XX. Parteitag der KPdSU 1956 begann, und der Wahl des liberalen Demokraten John F. Kennedy (S. 482) zum US-Präsidenten 1960 wurde die Konfrontation der Blöcke in der Welt weniger starr. Chruschtschow sprach von friedlicher Koexistenz und friedlichem Wettbewerb, Kennedy ersetzte den dogmatischen Antikommunismus der 1950er Jahre durch den Versuch, die moralische Überlegenheit der USA als Land der Demokratie und Menschenrechte durch eine gerechtere Sozialpolitik und eine auf Gleichstellung der schwarzen Bevölkerung ausgerichtete Politik im Inneren und wirtschaftliche Hilfe für die armen Länder nach außen unter Beweis zu stellen. Frankreich, das unter General de Gaulle seinen letzten Kolonialkrieg in Algerien beendete und zur Atommacht wurde, ging auf Distanz zur NATO, während China sich mehr und mehr von der Sowjetunion abwandte, bis es 1969 am Grenzfluss Ussuri sogar zu bewaffneten Auseinandersetzungen beider Mächte kam. Europa wuchs unter dem Beifall der USA wirtschaftlich zusammen: 1957 gründeten Frankreich, Deutschland, die Beneluxstaaten und Italien, die zuvor schon in der Montanunion zusammengearbeitet hatten, die Europäische Wirtschaftsgemeinschaft (EWG, S. 500). Angelpunkt der damit beginnenden europäischen Integration war die von Adenauer und de Gaulle energisch vorangetriebene deutsch-französische Aussöhnung nach vielen Jahrzehnten erbitterter „Erbfeindschaft" (S. 501). Der Erfolg der EWG, die 1967 noch enger zur Europäischen Gemeinschaft (EG) zusammenwuchs, führte zum Wunsch weiterer europäischer Staaten, voran Großbritannien, der Gemeinschaft beizutreten. Die EWG wurde wie Japan zu einem eigenständigen Machtzentrum in der Weltwirtschaft neben den USA. 1973 verlor der Dollar seine Funktion als einzige Leitwährung der Welt.

Lateinamerika mit seinen von den USA abhängigen Regierungen und riesigen sozialen Problemen wurde seit dem Sturz des kubanischen amerikafreundlichen Diktators Batista durch den nationalistischen Rebellen Fidel Castro zu einem Feld heftiger politischer und ideologischer Kämpfe. Hinsichtlich der strategischen Raketenbewaffnung hatte die Sowjetunion mit den USA gleichgezogen, was sie 1957 propagandistisch eindrucksvoll mit dem ersten Weltraumsatelliten, dem *Sputnik*, und dem ersten bemannten Raumflug 1961 unter Beweis stellte. Das Wettrüsten mit weit reichenden Atomraketen brachte die Welt 1962 an den Rand einer atomaren Katastrophe, als Chruschtschow als Antwort auf die Stationierung amerikanischer Atomraketen im Osten der Türkei, die die sowjetischen Zentren bedrohten, auf Kuba, „vor der Haustür" der USA, sowjetische Atomraketen stationieren ließ. Kennedy drohte mit einem gewaltsamen Vorgehen gegen Kuba, Chruschtschow lenkte daraufhin im letzten Augenblick ein und zog die Raketen auf Kuba gegen die Zusicherung des Abbaus der amerikanischen Raketen in der Türkei zurück.

Trotz aller Reformbemühungen Chruschtschows und trotz ihrer Rüstungserfolge blieb die Sowjetunion wirtschaftlich weit hinter den USA und ihren Verbündeten zurück. Ihr gelang es auch nicht, ihre Herrschaft für die Völker im Osten Europas attraktiver zu machen. Nur zögernd hatte sie nach dem Aufstand in Ungarn und den Unruhen in Polen 1956 diesen Ländern eine etwas liberalere Wirtschaftspolitik zugestanden, doch sie blieb darauf angewiesen, ihre Herrschaft mit militärischer Gewalt und einem Heer von Geheimpolizisten zu sichern. Die sich abzeichnende Niederlage der Sowjetunion im „Wettlauf der Systeme" wurde für alle Welt deutlich, als die DDR-Regierung sich 1961 gezwungen sah, eine Mauer durch Berlin zu ziehen, um der Abwanderung der DDR-Bürger in den Westen einen Riegel vorzuschieben.

Den USA gelang es schließlich auch, ihren alten Vorsprung in der Rüstungstechnologie wiederherzustellen, ohne dass dies ihre Wirtschaftskraft merkbar beeinträchtigte. Propagandistisch wurde dies mit der ersten Landung eines Menschen auf dem Mond 1969 deutlich gemacht (S. 474). Auch in der Entwicklung der Computer (S. 490), die eine regelrechte Revolution in der Weltwirtschaft bewirkten, führten die USA lange Zeit mit großem Abstand.

In Südostasien begannen die USA in den 1960er Jahren mit massiven Bemühungen, den

Bundeskanzler Adenauer und Staatspräsident de Gaulle besiegeln 1962 die deutsch-französische Aussöhnung.

kommunistischen Einfluss zurückzudrängen. Unter dem Nachfolger des 1963 ermordeten Kennedy, Lyndon B. Johnson (S. 484), wurde 1966 in Indonesien mit amerikanischer Unterstützung das Regime des auf Unabhängigkeit bedachten Staatsgründers Sukarno beseitigt; bei den Bürgerkriegswirren, die den Umsturz begleiteten, kamen Hunderttausende Menschen ums Leben. Die Macht im Staat ging an ein Militärregime unter dem amerikafreundlichen General Suharto. In Vietnam gingen die USA seit 1964 mit massiven Bombenangriffen gegen Nordvietnam vor, das die Befreiungsbewegung des Vietkong im Süden des Landes unterstützte. Bald waren sie auch in den Bodenkrieg in einem Land involviert, dessen Bevölkerung sich mit großer Mehrheit gegen die Amerikaner wandte (S. 484).

Feministischer Aufbruch, Deutschland 1968

Erosion der Blöcke

Der Vietnamkrieg führte zu einer Glaubwürdigkeitskrise der amerikanischen Politik ebenso in den USA selbst wie im Ausland. In den USA verband sich die Antikriegsbewegung mit der Bürgerrechtsbewegung der nach wie vor benachteiligten Schwarzen. Die Ermordung des Führers der Bürgerrechtsbewegung, Martin Luther King (S. 483), 1968 trug nur zur Stärkung der Bewegung für innere Demokratie bei; der republikanische Präsident Nixon, in die Zange genommen von der liberalen Antikriegsbewegung und neu erwachten isolationistischen Tendenzen auf der Rechten, bemühte sich, aus der Verstrickung in den Krieg herauszukommen und eine flexiblere Außenpolitik, vor allem gegenüber China, einzuleiten. In Westeuropa wurde der Zorn der jungen Generation, die im Glauben an Amerika und seine Ideale von Demokratie und Menschenrechten aufgewachsen war, zusätzlich noch von dem von den USA unterstützten Putsch ultrarechter Militärs in Griechenland und Putschgerüchten in Italien angefacht. Auch die anhaltende Besetzung arabischen Gebiets durch das von Amerika unterstützte Israel nach dem Sechstagekrieg von 1967 war eine schwere moralische Hypothek für die westliche Politik. Besonders heftig waren die vor allem von den Studenten vorgetragenen antiamerikanischen Proteste im Westen Deutschlands, wo der kulturelle Einfluss Amerikas besonders weit reichte. Die Ermordung eines Studenten bei einer Demonstration gegen den mit amerikanischer Unterstützung diktatorisch herrschenden Schah von Persien führte Ende 1967 zu einem Massenaufruhr der Jugend in der Bundesrepublik und in Westberlin (S. 494). Die Jugendrevolte war auch ein Aufstand gegen die Generation der Väter, die sich bisher einer Abrechnung mit der Nazivergangenheit Deutschlands widersetzt hatte. Erst nach heftigen Debatten im Deutschen Bundestag war 1965 die Verjährungsfrist für die Naziverbrechen verlängert worden.

Der Jugendprotest in Deutschland wäre kaum möglich gewesen, wenn nicht zuvor bereits die innere Demokratisierung der Bundesrepublik Fortschritte gemacht hätte: Die „*Spiegel*-Affäre“ von 1963 besiegelte das Ende des autoritären konservativen Regierungsstils Adenauers, und 1966 beendete eine große Koalition die Reihe einseitig konservativ ausgerichteter Regierungen seit 1949. Anfang 1968 erreichte die sich als „antiautoritär“ bezeichnende Jugendrevolte ihren Höhepunkt mit Massenprotesten in Deutschland, mit der gegen das autoritäre Präsidialregime de Gaulles gerichteten Mairevolte in Frankreich und Massenstreiks in Italien. Danach ebbte die Protestbewegung allmählich ab. Doch das Bewusstsein in der Bevölkerung begann sich zu ändern; die von den Konservativen heftig verteidigte traditionelle Familien- und Sexualmoral machte liberaleren Ideen und einer neuen Einschätzung der Rolle der Frauen Platz (S. 494); der Staat und seine Institutionen wurden nicht mehr als fremde Obrigkeit angesehen, sondern als notwendige Einrichtungen, die für demokratische Bürger offen standen. Während kleine Gruppen, die aus der „Achtundsechziger“-Bewegung hervorgegangen waren, im Namen des „Antiimperialismus“ in den 1970er Jahren in Italien und Deutschland Terroranschläge gegen Angehörige der staatlichen und wirtschaftlichen Machtelite ausübten, um auf sich aufmerksam zu machen, wurde der Impuls der Protestbewegung auch von der

staatlichen Politik aufgenommen. 1969 kam es in Deutschland zur Bildung einer sozialliberalen Regierung unter Willy Brandt, die im Inneren liberale Reformen einleitete und in ihrer Außenpolitik die starre Konfrontation der Blöcke aufzulösen versuchte. Während im Westen die Politik des Kalten Kriegs nicht mehr uneingeschränkt unterstützt wurde, kämpfte in der Sowjetunion die alte, noch von der Stalinzeit geprägte Elite um ihr Überleben. 1964 war Chruschtschow gestürzt worden, weil seine Reformen ohne großen Erfolg geblieben waren und zugleich die alten Machtstrukturen gefährdet hatten. Der Parteiapparat wurde nun von Leonid Breschnew geführt, der die Macht der Sowjetunion in der Welt zu bewahren versuchte, ohne zu neuen Initiativen in der Lage zu sein. Breschnew trug die Verantwortung dafür, dass die aus der tschechoslowakischen KP selbst hervorgegangene Demokratisierungsbewegung des Prager Frühlings im August 1968 mit Panzern niedergewalzt wurde (S. 495), um den Preis eines Verlustes des kommunistischen Einflusses in Westeuropa. Der Einmarsch in die Tschechoslowakei richtete sich nicht nur gegen dieses eine Land, sondern gegen demokratische und nationalistische Strömungen im ganzen sowjetischen Machtbereich. Trotzdem konnte die Sowjetunion nicht verhindern, dass Rumänien auch nach 1968 seine selbstständige Innen- und Außenpolitik fortsetzte. Die gewaltsame Unterdrückung der tschechischen Demokratiebewegung konnte auch als Ausdruck von Schwäche verstanden werden. Dies wurde dadurch bestätigt, dass sich Breschnew gegenüber der Versöhnungspolitik Brandts sehr offen zeigte. Brandts Politik war es, auch mithilfe symbolischer Gesten – wie dem Kniefall vor dem Denkmal der Opfer der deutschen Besatzung in Warschau 1970 – die tief sitzenden Ängste in der Bevölkerung der Sowjetunion, Polens und der Tschechoslowakei vor einer möglichen gewaltsamen Revision der Ergebnisse des Zweiten Weltkriegs durch Deutschland zu zerstreuen (S. 501). Seine auf die endgültige Anerkennung der Oder-Neiße-Grenze ausgerichtete Politik war in Deutschland heftig umstritten; die durch seine Politik eines „Wandels durch Annäherung" erreichte vertragliche Sicherung der Verkehrswege nach Westberlin war jedoch auch innenpolitisch ein großer Erfolg. Deutschland war nicht mehr Mittelpunkt der internationalen Spannungen.
Die sozialdemokratische Außenpolitik Brandts und seines Nachfolgers Helmut Schmidt war eingebettet in eine zunehmend selbstbewusste europäische Politik. Der demokratische Umsturz in Portugal 1974 durch eine Militärrevolte, der Sturz der griechischen Militärjunta im selben Jahr und der Beginn der Demokratisierung Spaniens nach dem Tod Francos 1975 beseitigten die letzten faschistischen Regimes des alten Kontinents und beschleunigten seine Integration im Namen der liberalen Demokratie.
Die brutale Beseitigung der demokratisch gewählten Regierung des Sozialisten Salvador Allende durch das chilenische Militär 1974 mithilfe der amerikanischen CIA und die Errichtung eines Militärregimes auch in Argentinien 1976 erschienen demgegenüber als eine Form westlicher Machtpolitik, die mit der Wahl des Demokraten Jimmy Carter zum US-Präsidenten Ende 1976 endgültig ein Auslaufmodell zu sein schien.
Carter wurde allerdings schon bald mit einer neuen Bedrohung des westlichen Machtsystems konfrontiert, die womöglich größer war als die sozialistischen Bewegungen in Lateinamerika: Im Februar 1979 wurde im Iran der Schah durch eine islamische Revolutionsbewegung gestürzt, die nicht zuletzt vom Hass gegen die Quasi-Kolonialmächte USA und Israel getragen war. In kurzer Zeit verbreitete sich der islamische Fundamentalismus auch in der arabischen Welt und bedrohte dort die prowestlichen Regimes.
Nicht weniger folgenreich als der Sieg des Ayatollah Chomeini im Iran für die USA war für die Sowjetunion die Wahl des strikt antikommunistischen polnischen Bischofs Karol Wojtyla zum Papst: Auch in Polen, dem größten Land des Sowjetimperiums in Europa, machte sich die Macht der Religion nun zunehmend bemerkbar. In Afghanistan marschierten Sowjettruppen ein, um dort das sowjetfreundliche Regime gegen islamistische Kräfte zu verteidigen, die von den USA unterstützt wurden.
Die Hilflosigkeit des liberalen amerikanischen Demokraten Carter gegenüber der neuen islamistischen Bedrohung, die bei dem missglückten Versuch, in Teheran festgehaltene amerikanische Geiseln mit militärischer Gewalt zu befreien, deutlich wurde, trug zum Wahlsieg des Republikaners Ronald Reagan Ende 1980 bei. Reagan stand für eine robuste Machtpolitik der USA und eine von Sozialstaatsidealen völlig freie liberale Wirtschaftspolitik nach dem Vorbild der von Margaret Thatcher (S. 501) in Großbritannien verfolgten Linie. Margaret Thatcher hatte mit dem erfolgreiche Krieg um die von Argentiniens Militärjunta

besetzten Falklandinseln im Südatlantik 1978 unter Beweis gestellt, dass sich außenpolitische Härte innenpolitisch auszahlen kann, und Reagan folgte auch hierin ihrem Beispiel, als er die kleine Karibikinsel Grenada 1983 besetzen ließ und in den Bürgerkrieg in Nicaragua und San Salvador eingriff, wo linke Befreiungsbewegungen die rechten Oligarchien bekämpften. Reagans Hauptziel aber war es, die wirtschaftlich am Ende ihrer Möglichkeiten angelangte Sowjetunion in einen Rüstungswettlauf zu zwingen, den sie nur verlieren konnte. Michail Gorbatschow, der 1985 zum Generalsekretär der KPdSU gewählt wurde, bestätigte die Richtigkeit dieser Strategie, als er gleich nach Amtsantritt einseitige Abrüstungsschritte der Sowjetunion ankündigte. Die Katastrophe im ukrainischen Kernkraftwerk Tschernobyl 1986 führte der Weltöffentlichkeit den maroden Zustand der sowjetischen Wirtschaft drastisch vor Augen. 1988 begann die Sowjetunion mit dem Rückzug ihrer Truppen aus Afghanistan und baute ihre lange Zeit umstrittenen Mittelstreckenraketen in der DDR ab.

Gorbatschow versuchte, die Sowjetunion durch einen inneren Umbau (Perestroika), vor allem durch die Herstellung von Öffentlichkeit (Glasnost) zu modernisieren, erreichte damit zunächst aber nur einen Zerfall der Staatsautorität. Die Sowjetunion duldete die seit 1988 schnell voranschreitende Demokratisierung Ungarns und Polens. Sie konnte und wollte auch nicht verhindern, dass im November 1989 die DDR angesichts einer Massenfluchtbewegung und regimefeindlicher Massendemonstrationen praktisch zusammenbrach. Die Öffnung der Berliner Mauer am 9. November (S. 496) wurde zum symbolträchtigen Datum für das Ende des sowjetischen Imperiums in Osteuropa. Der Untergang des Kommunismus in Osteuropa war vollständig, als der rumänische Diktator Ceausescu im Dezember von seinem eigenen Geheimdienst umgebracht wurde, in der Tschechoslowakei die „samtene Revolution" Václav Havels siegte und sich in Bulgarien ein friedlicher Wandel vollzog.

Die Öffnung der Berliner Mauer am 9. November 1989

Eine neue Weltordnung?

Der 9. November 1989 bezeichnet das Ende des Kalten Kriegs durch den umfassenden Sieg des Westens über den Sowjetblock und seine kommunistische Ideologie. Deutschland wird, wovon zehn Jahre zuvor noch kaum jemand zu träumen gewagt hat, mit dem Segen der Sowjetunion und der USA wiedervereinigt. Bedenken Polens gegen neue Machtambitionen Deutschlands zerstreut der konservative Bundeskanzler Helmut Kohl durch die endgültige Anerkennung der Oder-Neiße-Linie als deutsche Ostgrenze, Vorbehalte Frankreichs werden durch die Einwilligung in eine weiter gehende europäische Integration beseitigt, deren Kernstück eine europäische Einheitswährung (S. 500) sein soll. Die Sowjetunion löst sich nach einem fehlgeschlagenen Militärputsch 1991 auf; Russland unter Präsident Jelzin sucht freundschaftliche Beziehungen zum Westen und unternimmt wirtschaftliche Reformen, die das Land Schritt für Schritt in einem zunächst schmerzhaften Prozess in die kapitalistische Weltwirtschaft integrieren (S. 498). Die Staaten Mittel- und Osteuropas inklusive der baltischen Staaten, die sich von der russischen Vorherrschaft befreit haben, sind unterdessen in ihrer Reformpolitik schon weiter fortgeschritten und suchen Anschluss an die Europäische Union und an die NATO; China bleibt zwar nach der gewaltsamen Unterdrückung der Demokratiebewegung 1989 (S. 462) autoritär regiert, seine Wirtschaft aber wird reformiert und integriert sich ebenfalls in das vom Westen dominierte Weltwirtschaftssystem. Der Versuch des Irak, durch den Überfall auf den Ölstaat Kuwait internationale Grenzen zu revidieren, wird von den USA, Großbritannien und Frankreich im Namen der UNO 1991 durch eine vernichtende Militäraktion vereitelt (S. 502), der Bürgerkrieg in Ex-Jugoslawien (ebd.), in dem vor allem Serbien sein Territorium innerhalb des zerfallenen alten Staats zu erweitern versucht, wird von der NATO unter Führung der USA in mehreren Etappen von 1992 bis 1999 erstickt. In Südafrika bricht 1992 das rassistische Apartheidssystem zusammen. Die aus der EG hervorgegangene Europäische

Union (EU, S. 500), die inzwischen mit Frankreich, Deutschland, den Beneluxstaaten, Italien, Großbritannien, Spanien, Portugal, Irland, Schweden, Finnland, Dänemark, Österreich und Griechenland fünfzehn Staaten umfasst, rückt immer weiter zusammen und schickt sich an, auch Polen, die baltischen Staaten, Ungarn, Slowenien, Zypern und Malta zu integrieren. Die Welt ist, von kleineren Konflikten und den mörderischen Bürgerkriegen in Zentralafrika, für die sich der Rest der Welt nicht weiter interessiert, abgesehen, friedlich und liberal geworden. Lediglich die schrankenlos gewordene Weltwirtschaft wirft Probleme auf: 1997 wird Ostasien von einer heftigen Finanzkrise geschüttelt, gut drei Jahre später platzt an den Börsen Amerikas und der übrigen Welt die „Blase" der längst überbewerteten Neue-Technologie-Werte, Millionen verlieren dadurch einen großen Teil ihres Vermögens (S. 503); 2002 meldet Argentinien, das den Forderungen der Weltbank nicht mehr nachkommen kann, Staatsbankrott an, und jedes Treffen der „G7", der Staatschefs der wichtigsten Industrienationen USA, Japan, Deutschland, Großbritannien, Frankreich, Italien und Kanada, die neuerdings unter Einschluss Russlands zu „G8" geworden sind, wird von „Globalisierungsgegnern" belagert. Diese bezweifeln, dass es auf dem „freien" Weltmarkt gerecht und fair zugeht, und machen darauf aufmerksam, dass das, was den mächtigen Konzernen der USA, Europas und Japans nutzt, nicht immer auch für die Bevölkerung dieser Länder, geschweige denn die der ärmeren Staaten, von Vorteil ist (S. 502).
Die Empörung über die ungleiche Chancenverteilung in der globalisierten Wirtschaft wird von religiösen Eiferern in der islamischen Welt genutzt, um Anhänger zu rekrutieren, die fanatisch mit allen Mitteln gegen die mit Satan gleichgesetzten USA zu kämpfen bereit sind. Die Gefährlichkeit dieser Kräfte erweist sich am 11. September 2001, als islamistische Terroristen entführte Flugzeuge gegen die Türme des World Trade Center in New York, das Symbol der wirtschaftlichen Macht Amerikas, lenken. Unter den Trümmern der einstürzenden Wolkenkratzer werden Tausende arglose Menschen begraben. Voller Empörung über diesen Akt äußerster Unmenschlichkeit solidarisiert sich die Welt mit Amerika im Kampf gegen den Terrorismus, wobei freilich europäische Politiker mahnen, dass der Terrorismus nur durch die Bekämpfung der Ungerechtigkeiten, die ihm Nahrung geben,

US-Truppen am Golf. Mit der Bombadierung Bagdads begann am 17.1.1991 der 2. Golfkrieg.

dauerhaft beseitigt werden kann. Der neu gewählte US-Präsident George W. Bush, Sohn jenes George Bush, der erfolgreich den Golfkrieg von 1991 gegen den irakischen Diktator Sadam Hussein geführt hat, nimmt den „Krieg gegen den Terrorismus" noch im Oktober 2001 auf. Amerikanische und britische Truppen greifen das islamistische Taliban-Regime in Afghanistan an, das der terroristischen Al-Qaida-Organisation, von der der Terrorakt vom 11. September geplant wurde, Unterschlupf gewährt hat. In kurzer Zeit wird ein Regimewechsel in Afghanistan herbeigeführt. Unterdessen richtet sich das Hauptaugenmerk der US-Regierung auf den Irak, der nach dem Krieg von 1991 seiner Entwaffnung durch die Vereinten Nationen hinhaltenden Widerstand entgegengesetzt hat. Die Regierung Bush ist entschlossen, die anhaltende Empörung über den islamistischen Terrorismus zu nutzen, um den Irak, der zur wichtigsten antiamerikanischen Bastion im Vorderen Orient geworden ist, zu entwaffnen und den Diktator Saddam Hussein zu entmachten. Frankreich und Russland, die traditionell ihre eigenen Interessen im Irak haben, schließlich auch China, das grundsätzlich gegen eine einseitige Weltpolitik der USA ist, und Deutschland leisten in den Vereinten Nationen Widerstand gegen die Autorisierung eines Kriegs der USA und Großbritanniens gegen den Irak, solange die Waffeninspektoren der UN ihre Arbeit nicht für zwecklos erklären. Im März 2003 beginnen die USA und Großbritannien einseitig ohne UN-Mandat ihren Angriff auf den Irak. Damit ist das künftige Schicksal der Vereinten Nationen infrage gestellt, die nicht mehr nur der Legitimaton der US-Weltpolitik dienen wollen, aber ohne die USA ohnmächtig sind. Infrage gestellt ist auch die NATO, die seit 1989 nicht mehr der Verteidigung Westeuropas gegen sowjetische Expansionspolitik dient, aber in den neuen internationalen Konflikten keine einheitliche Politik vertritt. Schließlich ist auch die EU in eine Krise geraten, weil sie trotz allen wirtschaftlichen Gewichts keine gemeinsame Außenpolitik verfolgt: Großbritannien und Spanien stehen auf Seiten der USA, Frankreich und Deutschland distanzieren sich von deren „unilateraler“ Großmachtpolitik. Die Welt, die 1989 geeint schien, droht in einzelne Interessenblöcke zu zerfallen. Die einzige seit 1989 verbliebene Supermacht, die USA, hat zunehmende Schwierigkeiten, ihre Vorherrschaft zu legitimieren und durchzusetzen. Die Weltpolitik ist keineswegs einfacher geworden und weit von jenem ewigen Frieden durch die Herrschaft von Recht und Demokratie entfernt, den Immanuel Kant schon am Ende des 18. Jahrhunderts erhofft hatte.

Chronik

1945 April:	Nach der Besetzung Wiens durch die Rote Armee errichtet Karl Renner eine provisorische Regierung aus Sozialisten, Volkspartei und Kommunisten. Österreich wird in den Grenzen von 1937 wiederhergestellt; eine Angliederung Südtirols wird nicht erreicht. Österreich wird unter den Siegermächten in vier Zonen aufgeteilt, Wien wie Berlin in vier Sektoren.
Mai:	Deutschland unterliegt der Militärverwaltung der alliierten Truppen. Diese ziehen sich jeweils in die zuvor vereinbarten Grenzen der Besatzungszonen von Amerikanern, Sowjets und Briten zurück. Für die Franzosen wird eine eigene Besatzungszone eingerichtet. Berlin wird in vier Sektoren geteilt und unter gemeinsame alliierte Verwaltung gestellt. Zunächst auf lokaler Ebene beginnt wieder die Selbstverwaltung, die von den Siegern in die Hände nicht durch den Nationalsozialismus belasteter Personen gelegt wird. Ein Programm der „Entnazifizierung“ beginnt. Die Entnazifizierungsbemühungen lassen allerdings mit Beginn des Kalten Kriegs schnell nach.
	Millionen Deutscher werden aus den Polen und Russland zugeschlagenen Gebieten östlich von Oder und Neiße, aus dem tschechischen Sudetenland und aus anderen Gebieten Mittel- und Osteuropas vertrieben.
August:	Bildung des Kontrollrats der vier Besatzungsmächte als oberstes Organ der Verwaltung in Deutschland
Oktober:	Gründung der Vereinten Nationen (*United Nations*, UN, auch *United Nations Organization*, UNO)
	Neugründung der politischen Parteien in Deutschland. Führend sind die SPD und die neue bürgerliche Sammlungspartei CDU. In der sowjetischen Zone werden 1946 KPD und SPD unter dem Druck der Besatzungsmacht zur Sozialistischen Einheitspartei Deutschlands (SED) vereinigt.
1945/46	Nürnberger Prozesse der Siegermächte gegen die deutschen Hauptkriegsverbrecher. Göring, Ribbentrop, Bormann u.a. werden zum Tode verurteilt.
1946	Gründung der Internationalen Handelsunion (ITO)
1947 Januar:	Gegen den Widerstand der Sowjetunion wirtschaftlicher Zusammenschluss der amerikanischen und britischen Zone in Deutschland („Bizone“); 1949 tritt auch die französische Zone bei („Trizone“). Beginn der unterschiedlichen Entwicklung West- und Ostdeutschlands
März:	US-Präsident Truman verkündet als außenpolitische Leitlinie, jedem Land wirtschaftlich und militärisch zu helfen, das um seine Freiheit kämpft. Die „Truman-Doktrin“ richtet sich faktisch gegen die Sowjetunion und erteilt isolationistischen Tendenzen in den USA eine Absage. Akuter Anlass ist der Bürgerkrieg in Griechenland, in dem Großbritannien in seiner Unterstützung der bürgerlich-nationalistischen Kräfte überfordert ist.
	GATT-Abkommen zur Förderung des freien Welthandels unter Führung der USA; die Sowjetunion und ihre Verbündeten treten nicht bei.
	Die Sowjetunion gründet die Kominform als Basis einer „antiimperialistischen“ Außenpolitik mithilfe der kommunistischen Parteien in den Ländern Europas und Asiens. (Die Kominform wird 1956 mit dem Übergang zur Politik der „friedlichen Koexistenz“ der Lager aufgelöst.)
	Die Demontage von Industrieanlagen für Reparationszwecke führt zu Unruhen unter der deutschen Bevölkerung.

Mit dem Marshallplan, der umfangreiche Kredite für die europäischen Volkswirtschaften vorsieht, versuchen die USA, die Volkswirtschaften Westeuropas neu zu beleben.

August: Gründung eines unabhängigen Indien, von dem sich zuvor das islamische Pakistan abgespalten hat. Sogleich kommt es zu Gewaltakten religiöser Fanatiker vonseiten der Hindus wie der Moslems in beiden Staaten.

1948 Januar: Mahatma Gandhi, der Indien in die Unabhängigkeit geführt hat, wird von einem Hindu-Fanatiker ermordet.

März: Die Sowjetunion verlässt den alliierten Kontrollrat in Deutschland, der damit funktionslos wird.

Mai: Die Tschechoslowakei, die sich bei Kriegsende als demokratische Republik neu gegründet hat, wird unter dem Druck der Sowjetunion in eine Volksdemokratie nach sowjetischem Muster umgewandelt. Die Festigung des neuen Regimes geht mit Säuberungen des Staats- und des Parteiapparats der KP einher, die in großen Schauprozessen gipfeln.

Der Staat Israel wird proklamiert und sogleich von arabischen Truppen angegriffen, da die Araber Palästina als ihren Boden ansehen. Der erste israelisch-arabische Krieg dauert bis Anfang 1949 und wird mithilfe der UN beigelegt.

Juni: Währungsreform in den Westzonen Deutschlands; darauf erhält die Sowjetzone ebenfalls eine neue Währung, die auch für ganz Berlin gelten soll. Die Westmächte setzen jedoch auch in den Westsektoren Berlins die D-Mark durch. Daraufhin Wirtschaftsblockade Westberlins; die Westmächte antworten mit der Luftbrücke. Die Berlin-Blockade wird erst im Juli 1949 aufgehoben. Spaltung Berlins

Bruch zwischen der Sowjetunion und dem kommunistisch geführten Jugoslawien Marschall Titos. Die relative Selbstständigkeit Jugoslawiens rührt daher, dass Jugoslawien sich im Krieg ohne die Hilfe sowjetischer Truppen befreit hat und von den Westmächten nicht zur sowjetischen Herrschaftssphäre gerechnet wird. Jugoslawien versucht einen eigenen reformkommunistischen Weg zu gehen.

September: Korea, das im Norden von sowjetischen, im Süden von amerikanischen Truppen besetzt ist, wird in zwei Republiken mit gegensätzlicher Gesellschaftsordnung geteilt.

Dezember: UNO-Deklaration über die Menschenrechte

1949 Januar: Gründung des Rats für gegenseitige Wirtschaftshilfe (RGW / Comecon) unter Federführung der Sowjetunion als Antwort auf den Marshallplan

April: Gründung der NATO (Nordatlantikpakt-Organisation)

Mai: Verabschiedung des demokratischen Grundgesetzes der Bundesrepublik Deutschland, die – außer für die Außen- und Sicherheitspolitik – souverän wird. Bonn wird provisorische Bundeshauptstadt.

August: Gründung des Europarats

Ungarn, das erheblich verkleinert aus dem Weltkrieg hervorgegangen ist, wird in eine Volksrepublik nach sowjetischem Vorbild umgewandelt.

September: Erste Regierung Adenauer

Oktober: Die Verfassung der Deutschen Demokratischen Republik (DDR) tritt in Kraft. Erster Ministerpräsident ist Otto Grotewohl, mächtigster Mann der Generalsekretär der SED, Walter Ulbricht.

Proklamation der Volksrepublik China durch Mao Tse-tung, nachdem die kommunistische Volksarmee die „Nationalchinesen" unter dem von den Amerikanern unterstützten Tschiang Kai-schek militärisch besiegt hat. Tschiang zieht sich nach Taiwan zurück, beansprucht aber weiter, für ganz China zu sprechen.

Der in Griechenland seit 1946 zwischen den Kommunisten, die sich auf die Partisanenarmee des Weltkriegs stützen, und der nationalen Rechten geführte Bürgerkrieg wird beendet. Mithilfe Großbritanniens und später der USA setzt sich die Rechte schließlich durch. Die griechische Demokratie bleibt lange Zeit fragil.

1950 Antikommunistische Hysterie in den USA, deren Symbolfigur der Senator Joseph McCarthy ist. Zigtausende Linke und Liberale werden verdächtigt, verhört und bespitzelt. McCarthy wird erst 1954 gestürzt, als er sogar den konservativen Präsidenten Dwight D. Eisenhower des Verrats bezichtigt.

Juni: Die DDR erkennt die Oder-Neiße-Linie als Westgrenze Polens an.

Der französische Außenminister Robert Schuman regt die gemeinsame Kontrolle Frankreichs und Deutschlands über ihre Schwerindustrie an.

1950–1953 Koreakrieg: Truppen der 1948 gegründeten Volksrepublik Nordkorea, die das von den USA gestützte Regime in Südkorea für nicht legitim erklärt hat, dringen im Juni 1950 weit nach Süden vor. Sie werden durch mit UN-Mandat ausgestattete amerikanische Truppen zurückgeworfen; das Eingreifen Chinas verhindert jedoch, dass Nordkorea von Süden aus erobert wird; Korea wird entlang des 38. Breitengrads geteilt.

1951 April: Gründung der Montanunion durch Frankreich, Italien, die Beneluxstaaten und die Bundesrepublik Deutschland

Juli: Die Westmächte erklären den Kriegszustand mit Deutschland für beendet.

Die USA, Australien und Neuseeland schließen einen Sicherheitspakt (ANZUS) für Südostasien ab, der sich gegen die kommunistische Expansion in Südostasien richtet.

Das Mitbestimmungsgesetz und das Betriebsverfassungsgesetz in der Bundesrepublik Deutschland bedeuten eine Zügelung des Kapitalismus im Sinne der Sozialdemokratie, aber auch der von der CDU verfolgten „sozialen Marktwirtschaft".

1952 März: Sowjetischer Vorschlag eines Friedensvertrags für ein neutralisiertes Gesamtdeutschland

Juli: Polen, das zunächst von einer bürgerlich-kommunistischen Koalition regiert worden ist, wird endgültig in eine Volksdemokratie verwandelt.

November: Zündung der ersten Wasserstoffbombe durch die USA, die ihren Rüstungsvorsprung damit ausbaut

Dezember: Mit einer Konferenz asiatischer und afrikanischer Staaten in Kairo beginnt die Bewegung der blockfreien Staaten, die im Ost-West-Konflikt neutral zu bleiben entschlossen sind.

1953 März: Tod Stalins. In dem Kampf um die Nachfolge setzen sich im Dezember Malenkow und Chruschtschow gegen den Geheimdienstchef Berija durch.

17. Juni: Ein Volksaufstand in der DDR, der anlässlich einer allgemeinen Erhöhung der Arbeitsnormen ausgebrochen ist, wird unter Einsatz sowjetischer Panzer unterdrückt.

September: Triumph Adenauers und der CDU bei den Wahlen für den deutschen Bundestag

1954 Mai: Die Niederlage der Franzosen in Dien Bien Phu in Vietnam gegen die nationalkommunistischen Vietminh-

Truppen beendet ihren Versuch, die Kolonialherrschaft in Indochina wiederzuerrichten. An ihre Stelle treten in Vietnam die um die Abwehr des Kommunismus besorgten Amerikaner.

August: Scheitern des Projekts einer Europäischen Verteidigungsgemeinschaft (EVG) unter Einschluss der Bundesrepublik Deutschland am Widerspruch Frankreichs, das die deutsche Wiederbewaffnung fürchtet.

1955 Januar: Die Sowjetunion erklärt den Kriegszustand mit Deutschland für beendet.

Mai: Die Bundesrepublik erhält ihre volle Souveränität. Die Sowjetunion erkennt sie als einen von zwei deutschen Staaten an.

Aufnahme der Bundesrepublik Deutschland in die NATO, Beginn der Wiederaufrüstung

Mit der Unterzeichnung des österreichischen Staatsvertrags durch die Siegermächte des Zweiten Weltkriegs erhält Österreich seine Souveränität zurück. Es verzichtet auf eine Vereinigung mit Deutschland und beschließt immer währende Neutralität. Es wird von nun an für Jahrzehnte von einer großen Koalition aus Sozialisten und Volkspartei regiert.

Auf der Konferenz von Bandung versuchen die blockfreien Staaten, ein eigenes weltpolitisches Machtzentrum zu schaffen. In der Folge finden mehrere Konferenzen statt.

Warschauer Pakt der Sowjetunion und der von ihr abhängigen Staaten als Antwort auf die NATO

1956 Februar: Auf dem XX. Parteitag der KPdSU leitet Chruschtschow die Entstalinisierung ein.

Juni: Eine Streik- und Protestbewegung in Polen wird mithilfe des Militärs unterdrückt. Die Regierung übernimmt daraufhin mit sowjetischer Duldung der Nationalkommunist Gomulka, der eine Lockerung des stalinistischen Regimes anstrebt. Der (west-)deutsche Anspruch auf die ehemals deutschen Gebiete östlich von Oder und Neiße sorgt allerdings mit für die Aufrechterhaltung des engen Bündnisses Polens mit der Sowjetunion.

Juli: Einführung der allgemeinen Wehrpflicht in der Bundesrepublik Deutschland; schon im März Gründung der Nationalen Volksarmee (NVA) in der DDR; die DDR tritt dem Warschauer Pakt bei.

August: KPD-Verbot in der Bundesrepublik Deutschland

Oktober: Suezkrieg. Nach der Verstaatlichung des Suezkanals durch Ägypten dringen israelische Truppen mit Unterstützung Großbritanniens und Frankreichs gegen den Kanal vor; als die Sowjetunion sich entschlossen zeigt, Ägypten zu unterstützen, und die Amerikaner keine Bereitschaft zum Eingreifen erkennen lassen, müssen sich die Angreifer zurückziehen; die UNO wird mit der Sicherung des Friedens betraut.

Oktober/November: Die kommunistische ungarische Regierung beschließt unter dem Druck einer Volksbewegung weitgehende Demokratisierungsmaßnahmen. Im November kommt es zu heftigen Kämpfen mit den sowjetischen Besatzungstruppen, die am Ende die Installierung eines sowjetfreundlichen Regimes unter János Kádár erzwingen. Tausende Ungarn fliehen über die Grenze nach Österreich.

1957 Januar: Wiedereingliederung des Saargebiets nach Deutschland

März: „Römische Verträge": Gründung der Europäischen Wirtschaftsgemeinschaft (EWG) durch die Mitglieder der Montanunion

September: In Little Rock im US-Staat Arkansas erhalten schwarze Schulkinder Geleit zum Gang in eine bis dahin weißen Kindern vorbehaltene Schule. Der Gouverneur von Arkansas wendet sich gegen die Maßnahmen des Bundes. Der Fall ist ein Signal für die schwarze Emanzipationsbewegung in den USA.

Oktober: Mit dem Start des ersten Weltraumsatelliten *Sputnik* demonstriert die Sowjetunion ihre Überlegenheit im Raketenbau. Der „Sputnikschock" führt dazu, dass die USA ihre Bemühungen im Raketenbau und in der Eroberung des Weltraums verstärken. Es kommt zu einem erneuten Wettrüsten. Im Januar starten die USA ihren ersten eigenen Satelliten.

1958 März: Eröffnung des Europäischen Parlaments in Straßburg

Der Beschluss des deutschen Bundestags zugunsten einer Atomrüstung der Bundeswehr führt zu heftigen innenpolitischen Auseinandersetzungen.

Mai: Militärputsch in Frankreich. Seine Anführer fürchten die Preisgabe Algeriens, wo ein brutaler Krieg zwischen arabisch-nationalistischen Aufständischen, französischen Siedlern und Militär stattfindet, durch die Regierung der IV. Republik. Der Staatspräsident beruft den von den Militärs akzeptierten General de Gaulle zum Ministerpräsidenten. De Gaulle lässt die Franzosen im September über eine neue Verfassung abstimmen und wird im Dezember erster Präsident der neuen V. Republik mit weitreichenden Vollmachten. Seine erste Aufgabe ist die Beendigung des Algerienkriegs.

Juli: Der erfolgreiche Staatsstreich nationalistischer Offiziere im Irak führt zur vorübergehenden Entsendung britischer und amerikanischer Truppen nach Jordanien und in den Libanon.

August: Mao Tse-tung verkündet in China den „Großen Sprung nach vorn", der durch die Kollektivierung der Landwirtschaft die Industrialisierung schnell voranbringen soll. Der „Große Sprung" endet mit einem Desaster; Hungersnöte in den folgenden Jahren zwingen zur Rücknahme des Programms; gemäßigte Kräfte setzen sich in Chinas KP durch.

November: Berlin-Ultimatum Chruschtschows. Falls die Westmächte nicht die Umwandlung Westberlins in eine entmilitarisierte freie Stadt akzeptieren, soll die DDR frei über die Zufahrtswege nach Berlin verfügen können. Energischer Widerstand der Westverbündeten. Die Sowjetunion hat zuvor der DDR die Souveränität über Ost-Berlin überlassen, während die Westmächte am Vier-Mächte-Status der Stadt festhalten.

1959 Januar: Nationalistische Guerillakämpfer unter Fidel Castro stürzen auf Kuba den amerikafreundlichen Diktator Batista. Das auf Unabhängigkeit von den USA bedachte neue Regime ruft bald das Misstrauen der USA hervor und lehnt sich zunehmend an die Sowjetunion an.

November: In ihrem Godesberger Programm schwört die SPD ihrer marxistischen Tradition ab und empfiehlt sich als „Volkspartei" für die Regierung.

1960 Januar: Ein französischer Militärputsch in Algerien gegen die Friedenspolitik de Gaulles wird unblutig beendet.

Februar: Mit der Zündung seiner ersten Atombombe in der Sahara ist Frankreich in den Kreis der Atommächte aufgestiegen.

Mai: Der Abschuss eines US-Spionageflugzeugs vom Typ U2 durch die Russen führt zu erneuten Spannungen zwischen den Großmächten.

Gründung der Freihandelszone EFTA durch Großbritannien, die skandinavischen Staaten, Portugal, Österreich und die Schweiz; in der Folge allmähliche Annäherung der EFTA-Staaten an die EWG

Zwangszusammenschluss der Bauernhöfe in der DDR zu Landwirtschaftlichen Produktionsgenossenschaften (LPGs)

Gründung der Organisation Erdöl exportierender Staaten (OPEC) in Bagdad

August: Nach den britischen werden auch die französischen Kolonien in Afrika in die Unabhängigkeit entlassen; Frankreich behält allerdings militärische Positionen bei und kontrolliert weiterhin weitgehend die Wirtschaft der Staaten. Zu einer Katastrophe führt die überhastete Entlassung des ehemals belgischen Kongo in die Unabhängigkeit. Hier kommt es zum Bürgerkrieg, in dem die strategischen Interessen der Großmächte und die wirtschaftlichen Interessen westlicher Bergbaukonzerne eine Rolle spielen. Der Führer der Unabhängigkeitsbewegung, Patrick Lumumba, wird 1961 von belgischen Söldnern ermordet, der UNO-Generalsekretär Dag Hammarskjöld, der eine Friedenstruppe für den Kongo organisiert hat, kommt unter ungeklärten Umständen bei einem Flugzeugunglück ums Leben. Der von einer brutalen Diktatur beherrschte Kongo bleibt Teil der westlichen Einflusssphäre.

September: Walter Ulbricht wird Vorsitzender des neu geschaffenen Staatsrats der DDR und 1963 auch des Nationalen Verteidigungsrats.

November: John F. Kennedy wird Präsident der USA. Der eher liberale Demokrat verspricht einen neuen moralischen Aufbruch der Weltmacht.

1961 April: Mit dem ersten bemannten Weltraumflug durch Juri Gagarin stellt die Sowjetunion ihren Vorsprung in der Raketentechnik erneut unter Beweis. Kennedy legt als Reaktion ein erneutes Weltraumprogramm auf.

Eine von der CIA gelenkte Invasion von Exilkubanern in der Schweinebucht in Kuba scheitert.

Mai: Rassenkrawalle in den USA

13. August: Durch den Bau der Mauer in Berlin unterbindet die DDR-Regierung die Abwanderung von immer mehr Menschen aus der DDR nach Westen. Internationale Krise

Oktober: Bruch zwischen der Sowjetunion und Albanien, dessen stalinistische Führung sich China zugewandt hat, das die sowjetische Führung des „Revisionismus“ bezichtigt

1962 Juli: Algerien wird nach langen Verhandlungen mit Frankreich unabhängig. Tausende Franzosen werden in der Folge von Algerien nach Frankreich umgesiedelt.

Oktober: Die Kubakrise führt beinahe zur atomaren Weltkatastrophe. Die Sowjetunion reagiert auf die Bedrohung durch im Osten der Türkei stationierte Langstrecken-Atomraketen der Amerikaner durch die Stationierung sowjetischer Atomraketen auf Kuba. Kennedy antwortet mit einer Blockade Kubas. Auf die Zusicherung Kennedys, die Raketen in der Türkei abzuziehen, lässt Chruschtschow die Raketen auf Kuba abbauen.

Oktober/November: Die „*Spiegel*-Affäre“ in der Bundesrepublik Deutschland führt zum Sturz des Verteidigungsministers Strauß und zur Zurückdrängung autoritärer Tendenzen der Adenauer-Regierung.

China lenkt auf Druck der Westmächte im mit Waffengewalt ausgetragenen Grenzkonflikt mit Indien, in dem es erhebliche Geländegewinne erzielt hat, ein.

1963 Januar: Besiegelung der deutsch-französischen Aussöhnung im von Adenauer und de Gaulle vorangetriebenen Elysée-Vertrag.

Oktober: Rücktritt Adenauers als deutscher Bundeskanzler; Nachfolger wird Ludwig Erhard (CDU).

22. November: US-Präsident Kennedy wird in Dallas ermordet. Sein Nachfolger ist der bisherige Vizepräsident Lyndon B. Johnson.

Abbruch der Verhandlungen über den Beitritt Großbritanniens zur EWG

1964–1975 Vietnamkrieg: 1964 beginnt das massive Engagement der USA in Vietnam. Der Krieg in Südvietnam gegen die vom kommunistischen Nordvietnam unterstützte Guerilla des Vietkong erreicht 1965 mit massiven Bombardierungen Nordvietnams einen ersten Höhepunkt und zieht sich bis 1973 hin. Den USA gelingt es trotz Einsatzes modernster Waffen nicht, den vietnamesischen Widerstand zu brechen. Die internationale und nationale Opposition zwingt die US-Regierung zum Rückzug. Die Vietkong erobern Ende 1975 Saigon, die Hauptstadt des Südens.

1964 Oktober: Chruschtschow, der offenbar die noch vom Stalinismus geprägten Strukturen der Sowjetunion überfordert hat, wird überraschend entmachtet. Sein Nachfolger als Parteichef wird Leonid Breschnew.

Zündung der ersten chinesischen Atombombe

1965 August: Der große Auschwitz-Prozess in Frankfurt am Main signalisiert einen neuen Aufbruch in der Aufarbeitung der Nazi-Verbrechen in der Bundesrepublik Deutschland. Nach einer erbitterten Debatte im Deutschen Bundestag wird die Verjährungsfrist für die Nazi-Verbrechen aufgehoben.

1966 Februar: Frankreich kündigt die militärische Integration seiner Truppen in die NATO.

März: Mit Unterstützung der USA stürzt General Suharto in Indonesien das für kommunistenfreundlich erachtete Regime des Staatsgründers Sukarno. Bei Bürgerkriegswirren kommt es zu Pogromen gegen die Linke und die chinesische Bevölkerung des Landes, denen Hunderttausende Menschen zum Opfer fallen.

Mai: In China verkündet der zuletzt kaltgestellte Parteichef Mao Tse-tung die „Kulturrevolution“, die verfestigte Machtstrukturen sprengt, aber zu chaotischen Verhältnissen führt. Gleichwohl gelingt es China, seine erste Wasserstoffbombe zu zünden.

Dezember: Bildung der Großen Koalition von CDU/CSU und SPD in Bonn. Kurt Georg Kiesinger wird Bundeskanzler, der SPD-Vorsitzende Willy Brandt Außenminister. Innenpolitische Aufbruchstimmung in der Bundesrepublik Deutschland

1967 April: Putsch ultrarechter Militärs in Griechenland mit Unterstützung der USA, um eine sozialistisch-nationalistische Regierung zu verhindern. International ruft der antidemokratische Putsch Empörung hervor.

Juni: Sechstagekrieg Israels gegen die arabischen Nachbarn, die unter Führung von Ägyptens Staatspräsident Nasser zur Vernichtung des Judenstaats aufgerufen haben. Triumph Israels, das an den Suezkanal vorstößt.

Oktober: Erschießung des Revolutionshelden Che Guevara in Bolivien; der Export linker revolutionärer Ideen von Kuba ins übrige Lateinamerika bleibt erfolglos.

In der zweiten Jahreshälfte verschärft sich in den USA und in Europa, vor allem in Deutschland, der Protest gegen den Krieg der USA in Vietnam. In Deutschland werden die von den Studenten getragenen Proteste durch den Tod des Demonstranten Benno Ohnesorg am 2. Juni beim Staatsbesuch des Schahs von Persien durch eine Polizeikugel angefacht. Propagandisten „antiautoritärer“ Ideen wie Rudi Dutschke in Deutschland rufen zum Widerstand gegen das Demokratie predigende, aber autoritär herrschende „Establishment" auf.

Der äußerst blutige Krieg in Nigeria, der gegen die Sezession der Provinz Biafra geführt wird, führt der Welt die Zerbrechlichkeit der postkolonialen Staatsgebilde Afrikas vor Augen. Der Krieg zieht sich bis 1970 hin.

Die EWG wird unter Integration anderer europäischer Gemeinschaftsunternehmen zur Europäischen Gemeinschaft (EG).

1968 April: Ermordung des Führers der schwarzen Bürgerrechtsbewegung in den USA, Martin Luther King, in Memphis

Nach dem Mordanschlag auf den Studentenführer Rudi Dutschke kommt es in Berlin und Westdeutschland zu militanten „Osterunruhen".

Mai: Die von Studenten, aber auch Arbeitern getragenen Mai-Unruhen in Frankreich bringen den Staat an den Rand des Zusammenbruchs.

In Bonn findet die bisher größte Demonstration in Nachkriegsdeutschland statt. Sie richtet sich gegen die Notstands-Gesetzgebungspläne der Regierung, die die Aussetzung demokratischer Grundrechte möglich machen.

Juli: Innerhalb der EG sind alle Zollgrenzen aufgehoben.

20. August: In Prag machen die Panzer der Sowjetunion und ihrer Verbündeten dem „Prager Frühling" ein Ende, d.h. der Demokratisierungspolitik, die von der tschechoslowakischen KP unter Dubček vorangetrieben wird.

November: Der Republikaner Nixon wird US-Präsident.

1969 März: Kämpfe am Grenzfluss Ussuri zwischen der Sowjetunion und China

Juni: Der Gaullist Pompidou wird nach dem Rücktritt de Gaulles neuer französischer Staatspräsident.

Juli: Amerikanische Astronauten landen als erste Menschen auf dem Mond.

September: Mit der sozialliberalen Koalition unter Bundeskanzler Willy Brandt endet die konservative Vorherrschaft in der Bundesrepublik Deutschland.

1970 August: Deutsch-sowjetischer Vertrag. Entspannungspolitik Brandts.

Dezember: Willy Brandts spektakulärer Kniefall vor den Opfern der nazideutschen Besatzung in Warschau. Das deutsch-polnische Verhältnis entspannt sich, eine endgültige Anerkennung der Oder-Neiße-Grenze wird zwar vertraglich vereinbart, tritt jedoch erst 1972 in Kraft.

1971 März: Bangladesch trennt sich von Pakistan.

Mai: Erich Honecker löst Walter Ulbricht in der Führung der DDR ab.

September: Das Berlin-Abkommen zwischen den Westmächten und der Sowjetunion unter Mitwirkung der Bundesrepublik Deutschland und der DDR sichert den freien Zugang nach Westberlin. Triumph der Entspannungspolitik Willy Brandts

1972 Januar: Großbritannien, Irland, Norwegen und Dänemark treten der EG bei.

Februar: US-Präsident Nixon besucht China: Entspannung in Ostasien

Mai: Das SALT-I-Abkommen zwischen den USA und Russland über die Begrenzung der strategischen Rüstung hat wenig Erfolg.

Juni: Die Auseinandersetzung des Staats mit der linksradikalen „Rote Armee Fraktion" (RAF) in der Bundesrepublik Deutschland endet vorläufig mit der Verhaftung der RAF-Führung mit Andreas Baader an der Spitze.

Nach heftigen innenpolitischen Auseinandersetzungen erkennt die deutsche Bundesregierung die Oder-Neiße-Grenze Deutschlands mit Polen an. Damit sind die Ängste Polens und Osteuropas gegenüber einer künftigen aggressiven Veränderung der europäischen Grenzen durch Deutschland weitgehend beseitigt.

Gewaltverzichtsabkommen zwischen der Bundesrepublik Deutschland und der Sowjetunion

August: Nach lang anhaltenden blutigen Auseinandersetzungen zwischen Katholiken und Protestanten stellt London Nordirland unter Regierungskontrolle.

September: Während der XX. Olympischen Sommerspiele in München töten arabische Terroristen elf Israelis.

Oktober: Der UN-Sitz für China geht von „Nationalchina" (Taiwan) auf die Volksrepublik über.

Dezember: Grundlagenvertrag der Bundesrepublik Deutschland mit der DDR: Die DDR wird de facto als souveräner Staat anerkannt. Dies dien der friedlichen Annäherung zwischen den deutschen Staaten.

1973 April: Watergate-Affäre in den USA: Illegale Praktiken bei der Wahl Richard Nixons im Vorjahr fliegen auf. Im August 1974 muss Nixon zurücktreten.

Juli: Beginn der ständigen Konferenz für Zusammenarbeit und Sicherheit in Europa (KSZE) unter Mitwirkung der USA und der Sowjetunion

Ablösung des Dollars vom Goldstandard, Freigabe des Dollarkurses. Andere Währungen bekommen eine eigene Bedeutung neben der Weltwährung des Dollar: die amerikanische Wirtschaft kann durch den verbilligten Dollar fremdes Kapital ins Land holen.

September: Militärputsch in Chile mit Unterstützung der CIA gegen den demokratisch gewählten sozialistischen Präsidenten Salvador Allende. Bei den anschließenden Säuberungen werden Tausende Anhänger Allendes ermordet.

Die DDR und die Bundesrepublik Deutschland werden in die UNO aufgenommen.

Oktober: Jom-Kippur-Krieg um Israel. Ein ägyptisch-syrischer Überraschungsangriff wird von den Israelis abgewehrt, die ihrerseits auf ägyptisches und syrisches Territorium vordringen.

Ölkrise durch den Versuch der arabischen Ölländer, durch einen Ölboykott die Nahostpolitik des Westens zu beeinflussen

1974 April: Ein Militärputsch beseitigt das faschistische Regime in Portugal. Die Kriege in den Kolonien werden beendet. Der Prozess der Demokratisierung wird eingeleitet, bei dem die sozialistischen Ideen der Putschisten allerdings keine Chancen mehr haben.

Mai: Rücktritt Willy Brandts als deutscher Bundeskanzler nach einer Spionageaffäre in seiner Umgebung. Nachfolger wird Helmut Schmidt.

Der Liberalkonservative Giscard d'Estaing wird französischer Staatspräsident.

Juli: Nachdem die Türkei durch die Landung von Truppen auf Zypern den Versuch der griechischen Militärjunta durchkreuzt hat, den Inselstaat nach dem Sturz der dortigen Regierung Griechenland einzuverleiben, bricht die Militärherrschaft in Griechenland zusammen. Das Land kehrt zur Demokratie zurück.

August: Nach dem Rücktritt Nixons wird Gerald Ford Präsident der USA.

1975 April: Mit dem Fall Saigons triumphieren in Vietnam die Vietkong; die Amerikaner ziehen sich fluchtartig zurück. Damit ist der Vietnamkrieg beendet.

In Kambodscha setzen sich die Roten Khmer unter Pol Pot gegen das von den USA unterstützte Regime durch und errichten ein massenmörderisches Regime („Steinzeitkommunismus").

Unterzeichnung der KSZE-Schlussakte in Helsinki durch alle europäischen Staaten (außer Albanien), die USA und Kanada. Sie garantiert u.a. das friedliche Miteinander der Staaten, die Anerkennung ihrer Souveränität und die Einhaltung der Menschenrechte.

September: Beginn des Bürgerkriegs im Libanon, der im Wesentlichen zwischen der von Israel unterstützten christlichen Minderheit, die bisher die wichtigsten Machtpositionen innehatte, und der von den arabischen Staaten unterstützten moslemischen Mehrheit geführt wird. Er endet mit der De-facto-Besetzung des Libanon durch Syrien und der Besetzung des äußersten Südens des Landes durch Israel.

November: Nach dem Tod des Diktators Francisco Franco beginnt die Demokratisierung Spaniens. Eine wichtige Rolle spielt dabei der von Franco als Nachfolger im Amt des Staatsoberhaupts bestimmte König Juan Carlos. Neuer Regierungschef wird im Juli 1976 Adolfo Suárez, der ein umfassendes Reformprogramm verabschiedet.

1976 März: Militärputsch in Argentinien. Die Junta beginnt, die Linke im Land mithilfe von Mordkommandos auszuschalten.

Juli: Der europäische Rat der Regierungschefs der EG beschließt Direktwahlen zum Europäischen Parlament in Straßburg.

September: Nach dem Tod Mao Tse-tungs bricht in China ein Kampf um seine Nachfolge aus. Maos Witwe Tschiang Tsching versucht den Elan der Kulturrevolution für sich zu nutzen; am Ende setzt sich der eher gemäßigte Ministerpräsident Hua Guofeng durch.

November: Der Demokrat Jimmy Carter kann die Präsidentschaftswahlen in den USA gegen Gerald R. Ford für sich entscheiden.

1977 Oktober: „Deutscher Herbst". Dramatisches Ende des linksradikalen Terrorismus der RAF in der Bundesrepublik Deutschland. Ein entführter Lufthansa-Jet wird in Mogadischu von GSG-9-Spezialtruppen der Bundesrepublik gestürmt, der entführte Arbeitgeberpräsident Hanns-Martin Schleyer wird ermordet, die Spitze der RAF begeht im Hochsicherheitsgefängnis Stammheim unter ungeklärten Umständen Selbstmord.

1978 Durch den Einsatz kubanischer Truppen an der Seite der aus den jeweiligen nationalen Befreiungsbewegungen hervorgegangenen Regierungen in Angola und Mozambik verhindert der Sowjetblock die Eroberung dieser gerade aus portugiesischer Kolonialherrschaft entlassenen Staaten durch von Südafrika unterstützte prowestliche Söldnertruppen.

Mai: Der von den linksradikalen „Brigate Rosse" entführte christdemokratische Spitzenpolitiker Aldo Moro wird in Italien ermordet.

September: Israel unter Ministerpräsident Begin und Ägypten unter Präsident Sadat schließen Frieden. Erfolg der Nahostdiplomatie Jimmy Carters

Oktober: Der Pole Karol Wojtyla wird als Johannes Paul II. Papst. Er führt die katholische Kirche auf einen strikt antikommunistischen Kurs.

1979 Januar: Vietnamesische Truppen dringen in Kambodscha ein und bereiten dem Terror Pol Pots ein Ende.

Februar: Revolution im Iran. Der Schah wird gestürzt, Ayatollah Chomeini führt ein theokratisches Regime ein.

Mai: Die Konservative Margaret Thatcher wird Ministerpräsidentin in Großbritannien und setzt eine rigorose wirtschaftsliberale Politik durch.

Juni: SALT-II-Abrüstungsabkommen von Breschnew und Carter unterzeichnet

Juli: Sandinistische Revolution in Nicaragua. Der Triumph der Linken über das amerikafreundliche Vorgängerregime führt allerdings nicht zu einer wirtschaftlichen Gesundung des Landes.

Saddam Hussein übernimmt die Macht im Irak.

Dezember: „Doppelbeschluss" der NATO. Gegen die neuen SS-20-Raketen der Sowjetunion, die Westeuropa nuklear bedrohen, werden überlegene neue NATO-Raketen in Stellung gebracht. Damit verbunden ist das Angebot zur Rüstungsbegrenzung. Der erneute Rüstungswettlauf führt zu erheblichen Protesten in Westeuropa, vor allem in der Bundesrepublik Deutschland.

Einmarsch sowjetischer Truppen in Afghanistan zum Schutz der prosowjetischen Regierung. Die USA unterstützen daraufhin die radikalislamischen Kräfte im Land. Der Afghanistan-Krieg zieht sich bis zum Rückzug der sowjetischen Truppen Anfang 1989 hin.

1980 Januar: Bei den Landtagswahlen in Baden-Württemberg ziehen die Grünen erstmals in das Parlament eines Bundesstaats in der Bundesrepublik Deutschland ein. Seitdem sind sie Teil des Parteiensystems. Auch in anderen europäischen Ländern gelangen von nun an die Grünen, die für einen verantwortungsvollen Umgang mit der Natur, sozialen Ausgleich und Frieden stehen, in die Parlamente.

April: Der Versuch der USA, mit Gewalt in Teheran festgehaltene amerikanische Geiseln zu befreien, misslingt; schwerer Ansehensverlust für Jimmy Carter

Mai: Der Tod Titos führt zu Nachfolgekämpfen in Jugoslawien und zur Auflösung des Bundesstaats.

August: Eine Streikbewegung polnischer Arbeiter unter Lech Walesa bringt die polnische Regierung in Bedrängnis.

September: Höhepunkt des vom Irak begonnenen Kriegs gegen den Iran. Der Krieg hält bis 1988 an.

November: Bei den Präsidentschaftswahlen in den USA setzt sich der konservative Republikaner Ronald Reagan durch.

1981 Februar: Missglückter Putschversuch rechter Militärs gegen die junge Demokratie in Spanien

Mai: Sieg des Sozialisten Mitterrand bei den Präsidentschaftswahlen in Frankreich.

Oktober: Der ägyptische Präsident Anwar as-Sadat wird von Islamisten ermordet.

Massendemonstration gegen den Nachrüstungsbeschluss der NATO in Bonn

Dezember: In Polen versucht eine von der Sowjetunion unterstützte Militärregierung die Demokratiebewegung zu unterdrücken.

1982 April: Falklandkrieg der Briten gegen die argentinische Militärjunta, deren Truppen die britischen Inseln im Südatlantik besetzt haben. Mit den britischen Soldaten triumphiert Margaret Thatcher, die „eiserne Lady".

September: Ende der sozialdemokratischen Regierung in Bonn; Beginn der Ära Kohl. Der CDU-Vorsitzende regiert als Kanzler mithilfe der FDP.

November: Nach dem Tod Breschnews übernimmt der Ex-KGB-Chef Juri W. Andropow die Macht im Moskauer Kreml.

Dezember: Der greise Deng Xiaoping, der sich auf die Rote Armee stützen kann, leitet in China tief gehende Reformen ein, die vor allem der wirtschaftlichen Entwicklung nutzen. Das kommunistische China beginnt kapitalistisch zu werden.

1983 Oktober: Nach der Niederlage im Falklandkrieg wird Argentinien wieder demokratisch.

US-Präsident Reagan lässt die kleine Karibikinsel Grenada, die von linken Militärs regiert wird, besetzen.

November: In der Türkei löst eine gewählte zivile Regierung das Militärregime ab.

1984 Februar: Konstantin Tschernenko folgt dem verstorbenen Andropow als Kremlchef.

Oktober: Die Ermordung der Premierministerin Indira Gandhi zeigt die Instabilität des riesigen Indien.

November: Ronald Reagan wird als US-Präsident triumphal bestätigt.

Ein kanadischer Flugbegleiter, „Patient Zero" genannt, erlangt als erstes bekanntes Opfer des AIDS-Virus traurige Berühmtheit.

1985 März: Nach dem Tod Tschernenkos wird Michail Gorbatschow Generalsekretär der KPdSU. Er leitet umgehend Reformen in der wirtschaftlich maroden Sowjetunion ein, deren Ausgangspunkt „Glasnost", die Herstellung von Öffentlichkeit ist. Gorbatschow verkündet einseitig ein Moratorium für sowjetische Atomtests.

1986 US-Präsident Reagan weigert sich bei einem Treffen mit Gorbatschow, auf seine Pläne für ein weltraumgestütztes Verteidigungssystem (SDI) zu verzichten: Die Sowjetunion soll „totgerüstet" werden.

April: Katastrophe von Tschernobyl. Das ukrainische Atomkraftwerk gerät außer Kontrolle; große Mengen Radioaktivität werden freigesetzt und führen zur Verstrahlung Tausender.

Juni: Kurt Waldheim, der wegen seines Engagements in der Wehrmacht während des Kriegs international umstritten ist, wird österreichischer Bundespräsident.

1987 Gorbatschow setzt seine „Perestroika-(„Umbau"-) Politik in der Sowjetunion fort.

Dezember: Ausbruch des „Intifada"-Aufstands gegen die israelische Besatzung in Palästina.

1988 Die Sowjetunion beginnt mit dem Rückzug ihrer Mittelstreckenraketen aus der DDR.

Mai: Demokratisierung in Ungarn, die von der KP selbst ihren Ausgang nimmt.

1989 Januar: Der konservative Republikaner George Bush folgt Ronald Reagan im Amt des US-Präsidenten.

Februar: Rückzug der Sowjetunion aus Afghanistan

März: Zum ersten Mal in der Geschichte der Sowjetunion wird die Mehrheit der Mitglieder eines Parlaments, des neu geschaffenen Kongresses der Volksdeputierten, demokratisch gewählt. Die Reformkräfte werden gestärkt. Die Volksdeputierten wählen Michail Gorbatschow zum sowjetischen Präsidenten.

Mai: Ungarn öffnet seine Grenze zum Westen.

Juni: Auf dem Platz des Himmlischen Friedens in Peking, wo seit Wochen Demonstrationen stattgefunden haben, walzen Panzer die von Studenten angeführte chinesische Demokratiebewegung nieder. Dem waren heftige Auseinandersetzungen in der chinesischen Führung vorangegangen.

August: In Polen sitzen die Inhaber der Staatsgewalt an einem „runden Tisch" mit den Vertretern der von Arbeiterführer Lech Walesa angeführten Opposition zusammen, um einen friedlichen und geordneten Übergang zur Demokratie zu erreichen. Der kommunistische Parteichef Jaruzelski zieht sich auf den Posten des Staatspräsidenten zurück, Ministerpräsident wird der Vertreter der antikommunistischen „Solidarität"-Bewegung, Tadeusz Mazowiecki.

Oktober: Seit August finden Demonstrationen in Leipzig, Ostberlin und anderswo gegen das Regime der DDR immer mehr Zulauf. Die Feierlichkeiten für das 40-jährige DDR-Jubiläum am 7. Oktober, bei denen auch Gorbatschow anwesend ist, werden von Gegendemonstranten gestört, am Ende des Monats demonstrieren bereits Hunderttausende unter dem Slogan „Wir sind das Volk". Unterdessen werden die Bahnhöfe von Menschen belagert, die nach Westdeutschland ausreisen möchten. Am 18. Oktober tritt Honecker als Partei- und Staatschef zurück. Sein Nachfolger Egon Krenz sieht sich damit konfrontiert, dass auch die scheinbar allmächtige Staatssicherheit keine „chinesische Lösung", also keine blutige Unterdrückung der Opposition, wünscht.

9. November: In Berlin wird die Mauer geöffnet, Massen von DDR-Bürgern besuchen friedlich und fröhlich den Westen der Stadt. Mit der Mauer, die bisher einen Exodus der Bevölkerung verhindert hat, fällt auch die Überlebensmöglichkeit einer selbstständigen DDR.

25. Dezember: Der rumänische Diktator Ceaušescu wird vom eigenen Geheimdienst ermordet, ein Umsturz mit dem Versprechen auf Demokratie ist die Folge.

29. Dezember: Nach wochenlangen von dem Schriftsteller Václav Havel geführten Demonstrationen bricht in der Tschechoslowakei das kommunistische Regime zusammen. Havel wir Ministerpräsident.

1990 Februar: Mit der Freilassung des Führers der schwarzen Bevölkerung, Nelson Mandela, leitet das Apartheidsregime in Südafrika den demokratischen Wandel ein.

Bei einem Besuch des deutschen Bundeskanzlers Helmut Kohl in Moskau stimmt Präsident Gorbatschow grundsätzlich der deutschen Wiedervereinigung zu, die auch US-Präsident Bush wünscht. Kohl gelingt es auch, die Vorbehalte der Briten und vor allem der Franzosen zu zerstreuen.

März: Demokratische Wahlen in der DDR führen zu einer Mehrheit der CDU. Lothar de Maizière wird letzter Ministerpräsident der DDR. Es beginnen die Verhandlungen über den Einheitsvertrag zwischen Bundesrepublik und der DDR.

Juli: Die D-Mark wird gesamtdeutsche Währung.

August: Die Besetzung Kuwaits durch den Irak wird vom Sicherheitsrat der UN mit der Forderung zum sofortigen Rückzug beantwortet.

3. Oktober: Tag der offiziellen Wiedervereinigung Deutschlands. Die DDR ist endgültig Geschichte geworden.

November: Das Abkommen zwischen NATO und Warschauer Pakt über die konventionelle Abrüstung in Europa steht für das Ende des Kalten Kriegs.

Dezember: Mit dem Erfolg der Wiedervereinigung im Rücken gewinnt die CDU/CSU unter Helmut Kohl die Bundestagswahl.

1991 Januar/Februar: 2. Golfkrieg. Amerikanische, britische und französische Truppen vertreiben die irakischen Streitkräfte aus Kuwait und dringen tief auf irakisches Territorium vor. Der Irak wird zur Abrüstung unter Kontrolle der UN gezwungen, der er sich nur widerwillig fügt.

Juni: Mit dem Austritt Sloweniens und Kroatiens aus Jugoslawien und der Intervention der jugoslawischen Bundesarmee gegen diese Teilstaaten beginnt der Bürgerkrieg in Jugoslawien.

Boris Jelzin wird zum Präsidenten Russlands gewählt. Er ist der mächtigste Gegenspieler des gesamtsowjetischen Präsidenten Gorbatschow.

1. Juli: Auflösung des Warschauer Pakts.

August: Der Putsch sowjetischer Generäle gegen Gorbatschow bricht dank des von dem russischen Präsidenten Jelzin organisierten Widerstands zusammen.

Die Sowjetunion löst sich auf und wird durch den Staatenbund GUS ersetzt, dem die baltischen Staaten und Georgien nicht beitreten. Gorbatschow ist entmachtet. Seine Nachfolge tritt Präsident Jelzin an.

1992 Februar: Höhepunkt des jugoslawischen Bürgerkriegs, der zum serbisch-bosnischen Krieg geworden ist. Die Serben belagern ab April Sarajewo. Der serbische Präsident Milošević propagiert ein „Großserbien", während die internationale Gemeinschaft Slowenien, Kroatien und bald auch Bosnien-Herzegowina in ihren Vorkriegsgrenzen anerkennt. Serben und Kroaten versuchen mit brutalen „ethnischen Säuberungen" jeweils ein Territorium mit einheitlichem Staatsvolk zu erlangen.

März: In Südafrika stimmt die allein wahlberechtigte weiße Bevölkerung einem Ende der Apartheid zu.

Juni: Umweltgipfel der UN in Rio de Janeiro. Die Industriestaaten erkennen ihre globalen Verpflichtungen zum Abbau der Emissionen von FCKW und der Treibhausgase an, können sich aber nicht auf festgeschriebene Richtlinien einigen. Bis zur nächsten Umweltkonferenz 1997 in Kyoto liegt eine solche Einigung auf dem Tisch, wird jedoch von einigen Staaten, voran die USA, nicht akzeptiert.

August: In Rostock findet das bisher größte fremdenfeindliche Pogrom in Deutschland statt. Die Ressentiments gegen Ausländer werden auch durch die Debatte über das von den meisten Politikern für zu liberal erachtete Asylrecht bestärkt.

November: Der Demokrat Bill Clinton wird US-Präsident.

1993 Januar: Die Tschechoslowakei zerbricht in ihre Teilstaaten Tschechien und Slowakei.

September: Der israelische Ministerpräsident Rabin und Palästinenserführer Arafat kommen überein, dass Israel den Palästinensern in den von Israel besetzten Gebieten Selbstverwaltungsrechte einräumt. Die Palästinenser versprechen Frieden gegen die Aussicht auf einen eigenen Staat.

Oktober: Ein Putsch in Moskau gegen Jelzin wird niedergeschlagen.

Konstituierung des internationalen Kriegsverbrechertribunals in Den Haag. Die USA verweigern sich einer internationalen Übereinkunft, dass Kriegsverbrecher eines jeden Staats zur Rechenschaft gezogen werden können.

Nach einem NATO-Ultimatum beenden die Serben die Belagerung Sarajewos. Wenig später tritt ein Waffenstillstand in Kraft.

November: Durch den Maastrichter Vertrag rückt die EG weiter zusammen und wird zur Europäischen Union (EU). Der Beschluss, eine gemeinsame europäische Währung (Euro) zu schaffen, dient vor allem dem Abbau der Ängste Frankreichs vor der deutschen Wiedervereinigung. Der Euro wird ab 1999 zur europäischen Gemeinschaftswährung; nur Großbritannien, Dänemark und Norwegen schließen sich nicht an.

1994 Zum ersten Mal nimmt Russland an einem Gipfel der G7, der wichtigsten Industriestatаten, teil, die dadurch zum G8 werden.

März: Die EU wird um Österreich, Schweden und Finnland erweitert.

April: Aus den ersten Wahlen in Südafrika nach dem Ende der Apartheid geht Nelson Mandela als Sieger hervor. Der friedliche Wandel ist geglückt.

Mai: In Italien gewinnt das Parteienbündnis des der Korruption verdächtigten Medienzars Silvio Berlusconi die Parlamentswahlen.

Juni: Bei dem mörderischen Bürgerkrieg zwischen dem Volk der Hutu und dem der Tutsi in Ruanda sieht die Völkergemeinschaft untätig zu.

August: Abzug der russischen Truppen aus Deutschland

Oktober: Bei den Nationalratswahlen in Österreich erringt der Rechtspopulist Jörg Haider fast ein Viertel der Wählerstimmen.

Dezember: Die Russen gehen mit militärischer Gewalt gegen die abtrünnige Teilrepublik Tschetschenien vor. Damit beginnt ein langer innerer Krieg.

1995 Mai: Der Konservative Jacques Chirac setzt sich bei den Präsidentschaftswahlen in Frankreich gegen den Sozialisten Lionel Jospin durch.

August: NATO-Kampfflugzeuge greifen gegen Serbien in den Balkankonflikt ein. Im Dezember wird im amerikanischen Dayton vom Westen ein Frieden für Bosnien durchgesetzt, das erhalten bleibt, aber in eine serbische und eine bosnisch-muslimisch und kroatische Teilrepublik geteilt wird.

November: Die Ermordung des israelischen Ministerpräsidenten Rabin durch einen jüdischen religiösen Fanatiker führt zu einer Schwächung der Friedenskräfte in Israel und bald zum Ende des von den USA geförderten Friedensprozesses.

1996 März: In Spanien löst der Konservative José María Aznar den Sozialisten Felipe Gonzalez als Ministerpräsident ab.

September: Die islamisch-fundamentalistischen Taliban erobern Kabul und errichten ein Terrorregime in Afghanistan.

1997 Mai: Im Kongo wird der langjährige Diktator Mobutu gestürzt; sein Nachfolger Laurent Kabila kann den permanenten Bürgerkrieg im Land nicht beenden.

Triumphaler Sieg der erneuerten Labour Party unter Tony Blair in Großbritannien.

Juni: Der Sozialist Jospin wird Ministerpräsident in Frankreich

Juli: Die britische Kronkolonie Hongkong fällt an China zurück.

Oktober: Eine schwere Finanzkrise ergreift Japan und zieht die zuletzt boomenden Schwellenstaaten Ostasiens wie Korea, Thailand und Indonesien in Mitleidenschaft.

1998 April: Großbritannien und Irland verständigen sich auf einen Friedensplan für Nordirland, gegen den die radikalen Protestanten und Katholiken Nordirlands heftig opponieren.

Mai: Der indonesische Diktator Suharto wird zum Rücktritt gezwungen.

Sommer: In den USA greifen die Konservativen Präsident Clinton scharf wegen dessen Intimlebens an.

September: Wahlsieg der SPD und der Grünen in Deutschland. Gerhard Schröder (SPD) wird Kanzler, der Grüne Joschka Fischer Außenminister.

1999 März: Um der zunehmend gewaltsamen Herrschaft des serbischen Militärs in der serbischen Provinz Kosovo mit ihrer mehrheitlich albanischen Bevölkerung ein Ende zu setzen, beginnt die NATO mit dem Bombardement Serbiens. Sie erreicht damit im Juni den Abzug der serbischen Truppen. Die NATO übernimmt die Verwaltung des Kosovo. Russland, das das Vorgehen gegen Serbien zunächst nicht gestützt und ein UN-Mandat für die NATO verhindert hat, wird in den Friedensprozess integriert.

2000

Spätsommer: Umsturz in Serbien. Durch eine Volksbewegung, der sich Teile der bewaffneten Kräfte anschließen, wird das Regime Milošević gestürzt. Serbien findet allerdings nicht zur Stabilität, wie die Ermordung des Ministerpräsidenten Djinjić im März 2003 zeigt. Die Verbindung Serbiens mit Montenegro im gemeinsamen Bundesstaat Jugoslawien wird immer lockerer.

November: Der rechte Republikaner George W. Bush, Sohn des vorletzten US-Präsidenten George Bush, setzt sich bei den Präsidentschaftswahlen in den USA trotz geringerer Stimmenzahl gegen den Demokraten Al Gore durch. Er kündigt eine entschiedenere Weltmachtpolitik zugunsten amerikanischer Interessen und eine wirtschaftsfreundlichere Politik an.

2001 Der internationale Börsenboom, der vor allem durch die euphorische Bewertung von Internet- und Technologie-Werten angefacht worden ist, findet ein Ende. Viele kleine Anleger, vor allem in den USA, verlieren einen großen Teil ihres Vermögens. Vor allem in den USA werden zahlreiche betrügerische Bilanzmanipulationen großer Unternehmen öffentlich. Nach dem 11. September (s.u.) setzt sich die Entwertung von Aktienvermögen verstärkt fort. In den westlichen Industriestaaten steigt die Arbeitslosigkeit.

August: Nachdem es in Mazedonien zu bürgerkriegsartigen Auseinandersetzungen zwischen der slawischen Bevölkerungsmehrheit und der albanischen Minderheit gekommen ist, erzwingt die NATO durch Entsendung von Truppen den Frieden.

Polen, Tschechien, Slowenien, Ungarn, Zypern und Malta nehmen Verhandlungen über ihren Beitritt zur EU auf. Ihnen folgen die baltischen Staaten und die Slowakei.

11. September: Islamistische Terroristen bringen die Türme des World Trade Center in New York und einen Teil des Pentagon in Washington zum Einsturz, indem sie entführte Flugzeuge gegen die Gebäude lenken. Etwa 3000 Menschen finden bei dem bisher größten Terroranschlag den Tod. Die Welt solidarisiert sich mit Amerika im Kampf gegen den Terrorismus.

Oktober: Mit einem Mandat der UN ausgestattet, greifen die USA und Großbritannien in Afghanistan ein, wo das Taliban-Regime den Al-Qaida-Terroristen Unterschlupf gewährt, denen der New Yorker Anschlag zugeschrieben wird. Dank massiver Bombenangriffe der Westmächte gelingt es den oppositionellen Truppen in Afghanistan schnell, die Truppen der Taliban zu schlagen. Die USA machen vergeblich Jagd auf den mutmaßlichen Anführer der Al-Qaida, Osama Bin Laden.

November: Auf dem Petersberg bei Bonn finden Verhandlungen zur Errichtung einer neuen Staatsgewalt in Afghanistan statt. Hamid Karzai wird provisorischer Regierungschef. UN-Truppen sichern die Macht der neuen Regierung, die allerdings kaum über Kabul hinausreicht.

2002 Tauziehen in den UN über ein Mandat für die USA und Großbritannien, den irakischen Diktator Saddam Hussein gewaltsam zu entwaffnen. Die Mehrheit im UN-Sicherheitsrat, geführt von Frankreich, setzt auf eine friedliche Entwaffnung durch UN-Inspektoren. Die USA bauen unterdessen ihre Militärpräsenz am Golf aus. US-Präsident Bush verkündet, Saddam Hussein notfalls auch ohne Mandat stürzen zu wollen.

2003 März: Nach Polen, Tschechien und Ungarn erklären auch die baltischen Staaten Estland, Lettland und Litauen sowie die Slowakei, Rumänien und Bulgarien ihren Beitritt zur NATO.

Nachdem die Resultate der Waffeninspektionen der UN ihnen nicht genügend erscheinen, ziehen die USA und Großbritannien ohne ein Mandat der UN in den Krieg gegen den Irak mit dem Ziel, den Diktator Saddam Hussein zu stürzen. Da nicht nur Russland und China, sondern auch Frankreich und Deutschland dieses einseitige Vorgehen verurteilen, steht die Existenz nicht allein der UNO, sondern auch die der NATO auf dem Spiel, die gerade um die ehemaligen europäischen Ostblockstaaten erweitert worden ist. Die EU ist zweigeteilt zwischen einem von Großbritannien und Spanien geführten proamerikanischen Block und den von Frankreich und Deutschland angeführten Kriegsgegnern.

Nach dem Krieg

Den Staaten der Welt stand 1945 ein schwieriger Neuanfang bevor. Sieger wie auch Verlierer des Kriegs hatten große Verluste: Insgesamt waren schätzungsweise 55 Millionen Soldaten und Zivilisten umgekommen. Am schlimmsten betroffen waren die Sowjetunion mit über 20 Millionen Toten sowie China. Polen hatte ein Fünftel seiner Vorkriegsbevölkerung verloren. Der Holocaust hatte etwa 6 Millionen Juden das Leben gekostet. Alle am Krieg beteiligten Länder, mit Ausnahme der USA, gingen aus den Kämpfen mit zerbombten Städten und zerstörten Fabriken hervor. Deutsche und japanische Macht- und Befehlshaber wurden vor Kriegsverbrechertribunalen angeklagt, und Soldaten beider Länder mussten oft noch Jahre in Gefangenschaft verbringen. Der Wiederaufbau war langwierig und schmerzhaft, und in jedem Land wünschte man sich, nie wieder die Schrecken eines Weltkriegs erleben zu müssen.

DIE VEREINTEN NATIONEN
Die Vereinten Nationen sind ein bleibendes Vermächtnis des Kriegs. Vertreter von 26 Nationen, darunter die USA, die Sowjetunion, Großbritannien und China, trafen am 1. Januar 1942 in Washington D.C. zusammen und vereinbarten, ohne die anderen Mitglieder keinen Frieden mit den Achsenmächten (Deutschland, Italien und Japan) zu schließen. Im Oktober 1945 wurde mit 51 Mitgliedern die *United Nations Organization* (UNO) gegründet.

TRÜMMERFRAUEN
In ganz Deutschland machten sich die Menschen – meistens die Frauen – an die Beseitigung der Kriegsschäden. Sie holten Trümmer aus zerbombten Gebäuden, befreiten die Straßen von Schutt und halfen beim Wiederaufbau ihrer zerstörten Städte. Die Arbeit war hart, denn nicht selten stieß man in Kellern oder Wohnungen auf Leichen.

FERTIGHÄUSER
Für die vielen durch Bombenangriffe obdachlos gewordenen Briten wurden Fertighäuser hergestellt. Die Stahl-, später Aluminium- und Asbest-Fertighäuser wurden als Bausätze geliefert und waren binnen weniger Tage aufgestellt. In den 1940er Jahren entstanden über 150.000 Fertighäuser, von denen manche noch heute stehen.

Wrack der Messerschmitt Me 110 *von Rudolf Heß*

ABSTURZ MIT FOLGEN
Am 10. Mai 1941 flog Hitlers Stellvertreter Rudolf Heß von Deutschland nach Schottland. Die näheren Umstände dieses Flugs sind umstritten. Heß behauptete, er habe mit Großbritannien Friedensverhandlungen führen wollen. Er wurde festgenommen und bis Kriegsende gefangen gehalten; bei den Nürnberger Prozessen wurde er zu lebenslanger Haft verurteilt, die er bis zu seinem Tod 1987 im Gefängnis Spandau in Berlin verbüßte.

KRIEGSVERBRECHERPROZESSE
Nach dem Krieg mussten sich viele Offizielle des ehemaligen Nazideutschland und Japans vor Gerichten verantworten. Von 1945 bis 1946 wurde in Nürnberg 22 führenden Nazis vor einem internationalen Militärtribunal der Prozess gemacht: Zwölf wurden zum Tod verurteilt. In Japan wurde 1948 General Tojo hingerichtet. Weitere Prozesse, wie der obige gegen KZ-Aufseher und -Offiziere, folgten noch viele Jahre später.

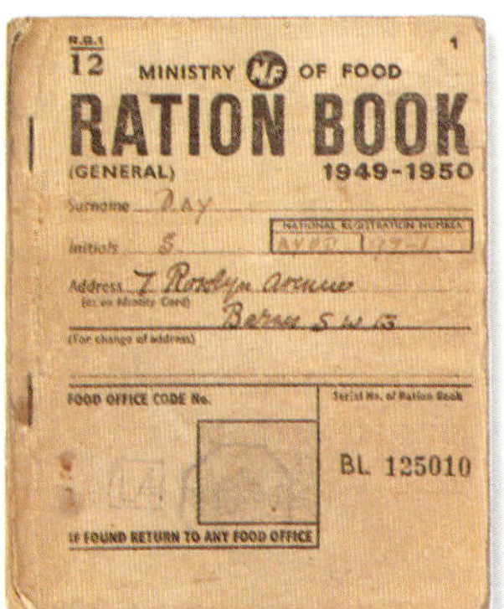
R.B.1
12 MINISTRY OF FOOD
RATION BOOK
(GENERAL) 1949-1950
Surname
Initials
NATIONAL REGISTRATION NUMBER
Address
FOOD OFFICE CODE No.
Serial No. of Ration Book
BL 125010
IF FOUND RETURN TO ANY FOOD OFFICE

WEITERE RATIONIERUNG
Das Kriegsende bedeutete nicht, dass auch die Lebensmittelknappheit in Europa zu Ende war. Bis Landwirtschaft und Industrie zu normaler Produktion zurückfanden, blieben Nahrungsmittel und Rohstoffe knapp. In Großbritannien wurde 1946 erstmals neben Fleisch auch Brot rationiert.

Rationsbuch des britischen Ernährungsministeriums für 1949–1950

WOHLHABENDES AMERIKA
Die USA gingen aus dem Krieg stärker und wohlhabender hervor, als sie es vorher gewesen waren. Mit Ausnahme der pazifischen Inseln war das Staatsgebiet der USA nicht angegriffen worden. Das amerikanische Volk erlebte eine Zeit der Vollbeschäftigung und der steigenden Löhne, sodass viele Amerikaner sich nun ein eigenes Haus und ein Auto leisten konnten.

FRIEDENSPARK IN HIROSHIMA
Dieses Denkmal steht im Friedenspark von Hiroshima. Der Park erinnert an die schrecklichen Folgen von Atomwaffen für die Menschheit. Seit dem Krieg engagieren sich Friedenskämpfer in aller Welt dafür, dass die beiden Bomben auf Japan für alle Zeit die einzigen Atomwaffen bleiben sollen, die je eingesetzt wurden.

Der indische Befreiungskampf

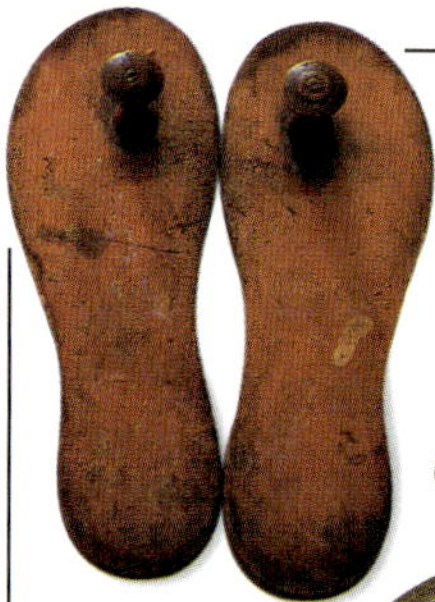

ASKET
Gandhi führte ein einfaches Leben. Diese Sandalen und die Uhr gehörten zu seinen wenigen Habseligkeiten.

Mit der Befreiung Indiens von der britischen Kolonialherrschaft begann der Prozess der Entkolonialisierung. Ende des 19. Jahrhunderts begann Indien sich gegen die Kolonialherrschaft aufzulehnen. Viele Inder hatten von der Französischen Revolution und dem Amerikanischen Unabhängigkeitskrieg gehört und wollten, dass auch ihr Land frei wurde. Anfangs strebten die meisten Menschen nur nach mehr Rechten innerhalb des Kolonialsystems, und der Indische Nationalkongress wurde 1885 zur Durchsetzung dieser Rechte gegründet. Andere wollten die britische Herrschaft mit Gewalt beenden, doch sie hatten wenig Erfolg. Der eigentliche Kampf um die Freiheit begann 1915, als Mahatma Gandhi Führer der Nationalbewegung wurde. Er setzte auf gewaltlosen Widerstand (*satyagraha*, „Ergreifen der Wahrheit“). Von ihm inspiriert, ergriffen Millionen von Menschen friedliche Maßnahmen gegen die Fremdherrschaft und erschütterten damit das britische Empire. 1947 sah sich das durch den Zweiten Weltkrieg geschwächte Großbritannien gezwungen, Indien die Unabhängigkeit zu gewähren.

DAS CHARKHA
Das *charkha* (Spinnrad) wurde zum Symbol des Nationalstolzes und der Selbstverantwortung. Die von den Briten erhobenen Steuern bedeuteten, dass importierte Stoffe billiger waren als einheimische, wodurch die indischen Textilarbeiter Not litten.

Mahatma Gandhi

Gandhi trug immer einen dhoti, *ein langes, nahtloses Lendentuch.*

Die indischen Frauen spielten eine große Rolle im Kampf um die Freiheit ihres Landes.

DER SALZMARSCH
Mohandas Karamchand Gandhi, aufgrund seiner aufgeklärten, friedlichen Methoden des Widerstands gegen das Kolonialreich Mahatma (große Seele) genannt, führte 1930 einen 385 km langen Protestmarsch gegen die hohe Besteuerung des unverzichtbaren Salzes durch die Briten an. Tausende schlossen sich diesem „Salzmarsch“ an, der zu einem wichtigen Wendepunkt im Kampf um die Freiheit wurde. Viele kamen wegen des „zivilen Ungehorsams“ ins Gefängnis, doch sie ebneten den Weg für die Freiheit Indiens.

INDISCHE NATIONALARMEE
Nicht jeder sah die Lösung in Gewaltlosigkeit. Als 1939 der 2. Weltkrieg ausbrach, wollten viele Inder sich mit Englands Feinden verbünden, um die verhassten Kolonialherren aus dem Land zu werfen. Der bengalische Anführer Subhash Chandra Bose gründete die 20.000 Mann starke Indische Nationalarmee, die mit den Japanern kämpfte. Sie wurde schließlich geschlagen, hatte aber England weiter geschwächt.

Das Gefängnis ist heute ein Nationaldenkmal.

GEFÄNGNIS AUF DEN ANDAMANEN
Hunderte indischer Freiheitskämpfer wurden von den Briten auf einer entlegenen Insel im Golf von Bengalen ins Gefängnis gesperrt und starben aufgrund der dort herrschenden erbärmlichen Zustände.

„Meine Religion beruht auf Wahrheit und Gewaltlosigkeit. Die Wahrheit ist mein Gott. Gewaltlosigkeit ist das Mittel, Ihn zu erkennen."

MAHATMA GANDHI

Evening Standard

Father of India's Independence is killed as he arrives at a prayer meeting

GANDHI ASSASSINATED

Hindu gunman fires 4 shots at point-blank range

WOMEN DISCIPLES TRY TO SHIELD HIM FROM BULLETS

22 BRITONS IN MISSING AIR LINER

London will lose 22 MPs in new Bill

RADIO GIVES 'GRAVE NEWS'

RIOTS BEGIN IN BOMBAY —CALCUTTA TENSE

'God help us all,' says Moslem

'TERRIBLE CRY OF GRIEF'

Attlee will broadcast

Indian shares fall

Lords reform

Firestone

Gandhi wurde auf dem Weg zu einer Gebetsversammlung erschossen.

TOD EINES STAATSMANNS
Gandhi, Gegner der Teilung Indiens (in Indien und das moslemische Pakistan 1947), wurde wegen seiner Vermittlungsversuche zwischen Hindus und Moslems am 30. Januar 1948 von dem fanatischen Hindu Nathuram Godse ermordet.

Reiche und Arme aller Religionen schlossen sich dem Salzmarsch an.

Das neue China

SCHIFF AUS CHINA
Dieser Chinese hält die Flagge der größten chinesischen Schifffahrtslinie, die vor 1911 im Ausland wohl bekannteste chinesische Flagge.

1911 hatten die für eine Modernisierung des Lands nach westlichem Vorbild eintretenden „Jungchinesen", die sich 1912 in der Kuomintang-Partei unter Sun Yat-sen sammelten, die Kaiserherrschaft in China gestürzt. Seitdem hielten Bürgerkriegswirren China in Atem. Die Japaner machten sich die Wirren zunutze, um von der Mandschurei aus, die sie 1931–1932 eroberten, ganz China in Abhängigkeit zu bringen. 1937 brach der offene Krieg zwischen Japan und China aus, den die Japaner mit äußerster Brutalität führten; sie besetzten die wichtigsten Regionen Chinas. Nach dem Ende des Zweiten Weltkriegs und der Niederlage Japans flammte der Bürgerkrieg zwischen den Truppen des Kuomintang-Führers Tschiang kai-scheks und den von Mao Tse-tung geführten Kommunisten wieder auf. Er endete 1949 mit dem Sieg der Kommunisten und der Gründung der Volksrepublik China. Die Kuomintang zog sich auf die Insel Formosa (heute Taiwan) zurück.

WERBUNG
Mit Aufschriften versehene Banner chinesischer Händler gibt es schon seit Jahrhunderten.

FLAMMENDES LICHT
Der geflügelte Tiger zierte mehrere Militärfahnen, die die Engländer während ihres China-Feldzugs 1857 erbeuteten. In den Klauen hält er Blitze, der Rand stellt Flammenzungen dar. Die Divisionen der chinesischen Armee wurden auch als „Banner" bezeichnet.

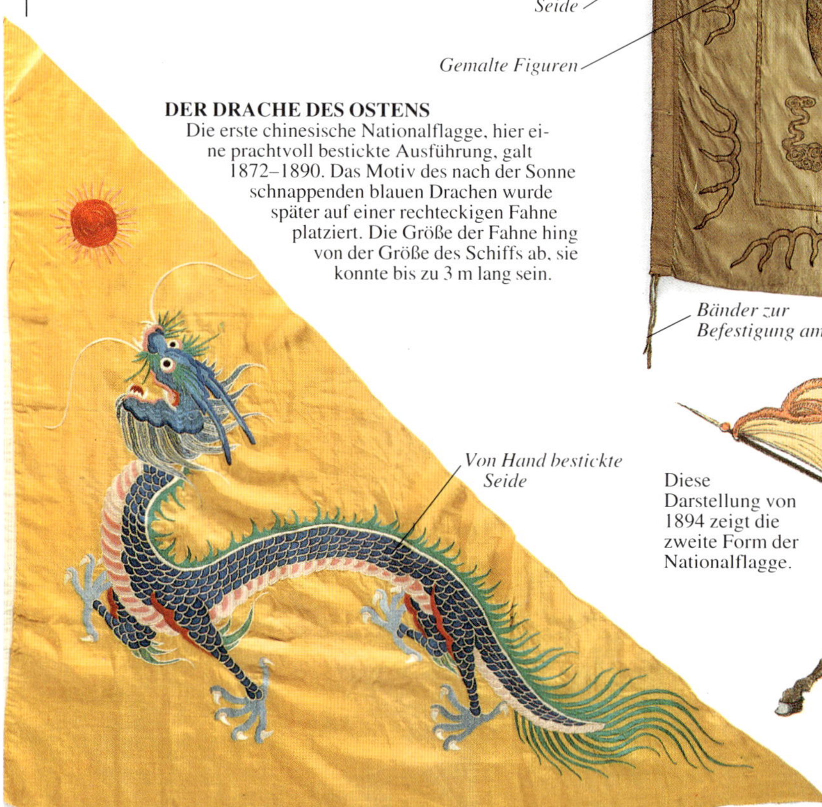

DER DRACHE DES OSTENS
Die erste chinesische Nationalflagge, hier eine prachtvoll bestickte Ausführung, galt 1872–1890. Das Motiv des nach der Sonne schnappenden blauen Drachen wurde später auf einer rechteckigen Fahne platziert. Die Größe der Fahne hing von der Größe des Schiffs ab, sie konnte bis zu 3 m lang sein.

Diese Darstellung von 1894 zeigt die zweite Form der Nationalflagge.

Flaggen sind aussagekräftige historische Dokumente: Der Weg vom kaiserlichen Drachenbanner zur heutigen Nationalflagge ist der Weg aus altertümlichen Verhältnissen in die Moderne, den China unter schwierigen Umständen in wenigen Jahrzehnten zurückgelegt hat.

DIE FLAGGE DER REVOLUTION
Die 1949 angenommene Rote Flagge erinnert nicht nur an die Revolution, zugleich ist Rot auch die Farbe des Han-Volkes. Der große Stern steht für den Kommunismus, die vier kleinen repräsentieren Arbeiter, Bauern, Bürgertum und „patriotische Kapitalisten".

DSCHUNKENFAHNE
Diese Drachenfahne aus dem Opiumkrieg (19. Jh.) stammt von einer Dschunke.

ARMEE-BRIEFMARKE
Auf dieser Briefmarke ist die Fahne der chinesischen Volksbefreiungsarmee zu sehen. Die Zeichen darauf bedeuten „1-8" (Gründung der Armee am 1.8.1928).

VORWÄRTS, MARSCH!
Matrosen marschieren durch Peking und schwingen große, rote Fahnen.

Entkolonialisierung in Afrika

In den 1950er und 1960er Jahren entließen die großen Kolonialmächte, Großbritannien und Frankreich, ihre afrikanischen Kolonien nach und nach in die Unabhängigkeit. Vorausgegangen waren Aufstände und Guerillakriege der einheimischen Bevölkerungen, von denen der Algerische Unabhängigkeitskrieg (1954–1961) mit der größten Erbitterung ausgekämpft wurde, weil die zahlreichen französischen Siedler das Land mittlerweile als ihre Heimat ansahen. Als letzte große Kolonie wird 1960 der belgische Kongo unabhängig, mit der Folge andauernder Bürgerkriege, die durch den Kampf internationaler Konzerne um die Bodenschätze des Landes geschürt werden. Die willkürliche koloniale Grenzziehung zwischen den neuen Staaten führt an vielen Stellen des Kontinents immer wieder zu gewalttätigen Konflikten.

AM RAND DER WÜSTE
In Afrika liegen zwei große Wüsten, im Norden die Sahara (oben) und im Süden die Kalahari. In prähistorischer Zeit waren diese Gebiete zum großen Teil fruchtbar. Heute aber gibt es keine regelmäßigen Niederschläge mehr, und die in den Trockengebieten ansässigen Nomadenvölker führen ein unsicheres Leben.

Von Ortelius nach Berichten Entdeckungsreisender gezeichnete Afrikakarte (1570)

ERSTE ENTDECKUNGSREISEN
In Europa erfuhr man erstmals durch Berichte arabischer Geografen von den Schätzen Afrikas. Als der König von Mali im 14. Jh. reich mit Gold geschmückt nach Kairo kam, erregte dies erst recht die Aufmerksamkeit der Europäer. 1497 umsegelten portugiesische Entdecker auf der Suche nach einem Seeweg nach Indien die Südspitze Afrikas und landeten an der Ostküste.

DIE LANDKARTE HEUTE
Im Lauf der Jahrhunderte hat sich die Geografie Afrikas verändert, und durch Kriege und Kolonialismus waren auch die politischen Grenzen ständigen Veränderungen unterworfen. Noch heute führen Bürgerkriege zu Grenzverschiebungen und Namensänderungen. So gab in den 1970er Jahren der Präsident der früheren französischen Kolonie Dahomey den Namen Benin. Aber Benin City, um 1600 blühende Hauptstadt des für seine Bronzearbeiten bekannten Beninreichs, gehört heute zu Nigeria.

VOR- UND NACHTEILE DES TOURISMUS
Die Savannen Ostafrikas beheimaten noch heute viele einzigartige Tierarten – vor allem in den Nationalparks, die vor fast 100 Jahren zum Schutz der Tiere eingerichtet wurden. Das Leben der Massai aber hat sich dadurch verändert: Sie, die jahrhundertelang mit ihrem Vieh die Masai-Mara-Steppe in Kenia (links) durchstreiften, dürfen das heute ebenso wenig wie Großwild jagen.

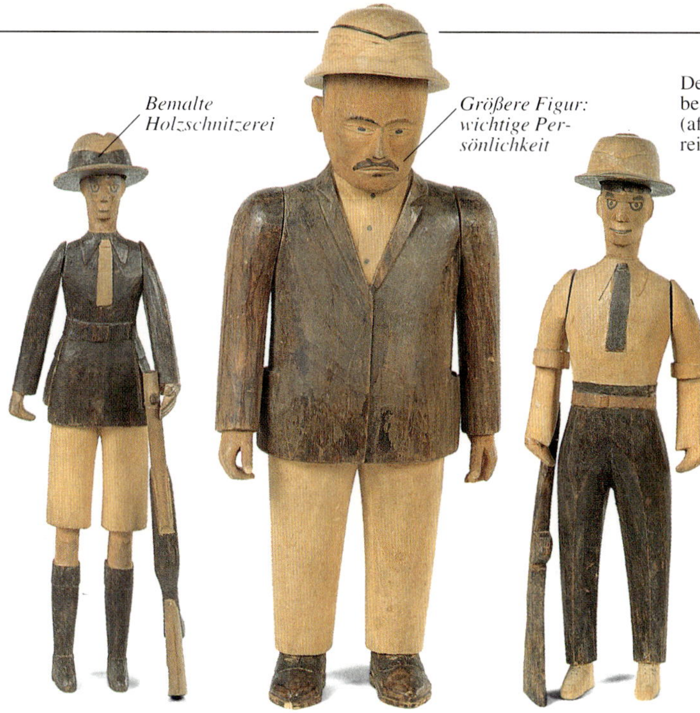

Deutsche Kolonialbeamte in Tansania (afrikanische Schnitzereien, Anfang 20. Jh.)

KOLONISATION
Als die Europäer Ende des 16. Jh.s an die Westküste Afrikas kamen, galt ihr Interesse dem Gold und dem Sklavenhandel. Gegen Ende des 19. Jh.s wetteiferten die europäischen Staaten miteinander um Marktanteile im Sklavenhandel sowie um Gold, Diamanten, Kupfer und Land. Ohne Rücksicht auf Völker wie die Tuareg der Sahara, die San der Kalahari oder die Wanderhirten Ostafrikas zogen sie neue Grenzen und zerstörten damit die traditionelle Lebensweise der Nomadenvölker. Denn diese konnten nun mit ihren Herden auf der Suche nach Wasser nicht mehr überall hinziehen.

REGENWALD
Weite Teile Zentralafrikas bedeckte einst tropischer Regenwald. Doch Bäume wurden für den Export abgeholzt und das Land unsachgemäß bewirtschaftet. Heute findet man feuchtwarme Regenwälder daher nur noch an der Westküste und landeinwärts bis in den Osten Kongos.

STADTLEBEN
Im 16. Jh. war Timbuktu das kulturelle Zentrum der nordafrikanischen Savannenregion, und Gao, Hauptstadt des Reiches Songhai, hatte 75.000 Einwohner. Mit den Kolonialreichen wuchsen viele Städte und gewannen als Handelsstützpunkte an Bedeutung. Einige wurden in der Kolonialzeit modernisiert. So entwickelte sich das 641 n.Chr. gegründete Kairo ab 1830 unter französischer Kolonialherrschaft explosionsartig. Der drastische Wandel der Lebensweise führte zur Abwanderung vieler Menschen in Städte wie z.B. Harare/Simbabwe (links).

Goldgräber in Burkina Faso

BODENSCHÄTZE *oben*
Afrika ist reich an Bodenschätzen, die mancherorts in großem Maßstab abgebaut werden – so im Kupfergürtel um Kongo, in den Diamantminen von Tansania und in den Goldbergwerken Südafrikas. Dazu benötigt man ein Heer von Arbeitern, aber auch moderne Maschinen.

SCHNEE AM KILIMANDSCHARO *links*
Einige afrikanische Berge sind so hoch, dass ihre Gipfel immer schneebedeckt sind – so auch der Kilimandscharo an der Grenze zwischen Kenia und Tansania. Hier bilden sich Wolken; Nebel und Regen tränken die tiefer liegenden Wälder. In den fruchtbaren Hochlagen erzielt man gute Ernten. So wird an den Hängen des Kilimandscharo Kaffee und in Uganda, Malawi und Kenia Tee angebaut.

Neue Konfliktherde

Die wichtigsten kriegerischen Konflikte nach dem Zweiten Weltkrieg waren einerseits die Folgen des Entkolonialisierungsprozesses, den der Weltkrieg beschleunigt hatte. Andererseits waren sie aber auch Ausdruck des Ringens der beiden neuen „Supermächte“ – der Sowjetunion und der USA – um Vorteile in ihrem Kampf um die Vorherrschaft im Kalten Krieg. Die wichtigsten Krisenherde waren Korea und Vietnam und der Vordere Orient, wo der arabische Nationalismus von der Popularität des Kampfs gegen das neu gegründete Israel zehrte.

Der Koreakrieg

Korea, das von Japan okkupiert gewesen war, wurde 1945 im Norden von der Sowjetunion und im Süden von den USA besetzt. Nordkorea boykottierte die 1948 von der UNO beschlossenen freien Wahlen, die so nur im Süden stattfanden. Südkorea erhob nun den Anspruch, für das ganze Land sprechen zu können; die Amerikaner zogen sich zurück. Daraufhin stießen 1950 nordkoreanische Truppen mit Unterstützung der Sowjetunion nach Süden vor; durch von den Amerikanern geführte UN-Truppen wurden die Nordkoreaner zurückgeschlagen. Als die UN-Truppen sich anschickten, auch Nordkorea zu erobern, warf das kommunistische China eine „Freiwilligen“-Armee von 200.000 Mann in die Schlacht. Chinesen und Nordkoreaner drängten die westlichen Truppen der UNO, die erhebliche Verluste erlitten, zurück. Danach brachten die Amerikaner frische Einheiten nach Korea. Schließlich blieben die Fronten etwa am 38. Breitengrad, der alten Demarkationslinie zwischen Sowjets und Amerikanern, stehen. Die Großmächte beschlossen, es dabei zu belassen. Korea blieb geteilt. Das Bild oben zeigt amerikanische Kriegsgefangene.

WAFFENSTILLSTAND
Der nordkoreanische Diktator Kim Il Sung unterzeichnete 1953 das Waffenstillstandsabkommen, durch das Korea in einen südlichen und einen nördlichen Teil getrennt wurde. Damit war der Koreakrieg beendet.

Kim Il Sung

Gefangene Vietminh

Vietnam

In Vietnam hatte die nationalkommunistische Vietminh-Bewegung unter Ho Tschi Minh (unten) im Weltkrieg einen erfolgreichen Guerillakampf gegen die japanischen Besatzer geführt. Doch nach Kriegsende versuchte die alte Kolonialmacht Frankreich die Zügel wieder in die Hand zu nehmen. Die Vietminh versicherten sich dagegen der Unterstützung der Sowjetunion. 1954 schlugen sie die Franzosen bei Dien Bien Phu. Vietnam wurde daraufhin geteilt in ein kommunistisch regiertes Nordvietnam und Südvietnam, das formell ebenfalls unabhängig war, für das die Amerikaner nun aber von den Franzosen die Rolle einer Schutzmacht übernahmen. Da auch sie auf den Widerstand des vietnamesischen Nationalismus trafen, verwickelten sie sich immer mehr in den Vietnamkrieg, der bis Anfang 1973 dauerte.

Ho Tschi Minh

SECHSTAGEKRIEG
Ein israelischer Panzer fährt an einem mit palästinensischen Flüchtlingen beladenen Lastwagen vorbei – eine Szene aus dem Sechstagekrieg im Juni 1967, in dem Israel einen eindeutigen Sieg über seine arabischen Nachbarn errang.

Die Suezkrise und der Nahostkonflikt

1956 verstaatlichte der nationalistische Führer Ägyptens, Nasser, die von den alten Kolonialmächten beherrschte Suezkanal-Gesellschaft. Dies wollten Großbritannien und Frankreich nicht akzeptieren, da der Kanal für sie von größtem strategischen Interesse war. Sie fanden einen Verbündeten in dem jungen Staat Israel, der von jüdischen Siedlern 1948 auf traditionell arabischem Territorium im britischen Mandatsgebiet Palästina gegründet worden war. Die Israelis mussten ihren Staat mit Gewalt erkämpfen, denn die Araber in und außerhalb von Palästina erkannten ihn nicht an und leisteten bewaffneten Widerstand gegen die israelische Landnahme. Die Israelis, die den Pogromen in Europa und der Judenvernichtung durch Nazideutschland entkommen waren, kämpften mit dem Mut der Verzweiflung und waren daran interessiert, jede militärische Schwächung eines arabischen Staats zu unterstützen. Israel marschierte auf der Sinai-Halbinsel ein, französische und britische Fallschirmjäger landeten am Kanal. Sie mussten sich jedoch zurückziehen, und die UN garantierten hinfort die freie Passage durch den Kanal. Die USA wurden zur Schutzmacht Israels, das dank amerikanischer Rüstungshilfe auch weiterhin die militärische Vormacht der Region blieb, wie es in den Kriegen gegen seine feindlichen Nachbarn 1967 (Sechstagekrieg) und 1973 (Jom-Kippur-Krieg) bewies.

SUEZKRISE
UN-Fahrzeuge passieren nach Beendigung der Suezkrise von 1956 Frachtschiffe, die im noch nicht wieder freigegebenen Suezkanal festliegen.

Die Sowjetunion

In den 1930er Jahren war Stalin, der Generalsekretär der Kommunistischen Partei der Sowjetunion (KPdSU), zum diktatorischen Alleinherrscher der riesigen Sowjetunion geworden. Mit Gewalt gelang ihm die industrielle Modernisierung des Landes. Nach dem Überfall Deutschlands 1941 war seine Herrschaft unangefochtener denn je. Im „Großen Vaterländischen Krieg“ konnte er auch den Nationalismus der Russen für die Herrschaft der Partei mobilisieren. Bei Kriegsende war die Sowjetunion eine den Amerikanern ebenbürtige Macht geworden. Der Kalte Krieg zwischen den USA und der Sowjetunion war erst 1991 mit deren Auflösung beendet.

EINMARSCH DER DEUTSCHEN
Obwohl Hitler und Stalin einen Nichtangriffspakt geschlossen hatten, marschierten die Deutschen im Juni 1941 in Russland ein, wobei ein Großteil des sowjetischen Westens kampflos in deutsche Hand gelangte. Erst vor Moskau scheiterte die deutsche Wehrmacht. Ihre schwerste Niederlage erlitt sie 1943 bei Stalingrad. Die endgültige Kapitulation erfolgte am 7. Mai 1945 in Reims/Frankreich. Zwei Tage später paradierte die Rote Armee vor dem Moskauer Kreml, und die Soldaten legten erbeutete deutsche Fahnen vor Stalin nieder.

Dserschinski, Gründer der Geheimpolizei (Tscheka)

POLIZEICHEF
Felix Dserschinski war der erste Chef der verhassten sowjetischen Geheimpolizei (*Tscheka*) nach 1917. Seine Statue stand am Lubjanka-Platz gegenüber dem KGB-Hauptquartier. Nach dem Putschversuch von 1991 wurde sie entfernt. Heute steht sie zusammen mit Statuen anderer ehemaliger Sowjetführer in einem Moskauer Park.

Grabtafel eines Massengrabs bei Karaganda/ Mittelasien

ANONYM
Die hölzernen Grabtafeln nannten nur die Grabstätte, nicht aber die Namen der Gefangenen, die in Arbeitslagern (*Gulags*) umkamen. Schätzungsweise 20 Mio. Menschen waren in Stalins Lagersystem inhaftiert.

UNIVERSITÄTEN
Die 1775 gegründete Lomonossow-Universität wurde unter den Sowjets ausgebaut: Auf den Lenin-Bergen entstand ein neuer Gebäudekomplex. Er gehört zu den sieben unter Stalin erbauten Wolkenkratzern, die im Volksmund „Hochzeitstorten-Paläste“ genannt werden.

Der Mittelturm des 1949–1953 errichteten Gebäudes hat 35 Stockwerke.

Der Monumentalbau beherbergt neben Hörsälen und Fakultätsräumen auch Wohnraum für Dozenten und Studenten.

Die niedrigeren Seitenflügel sind u-förmig.

DIE KUBA-KRISE
Im Jahr 1962 ließ der russische Parteichef Nikita Chruschtschow auf Kuba, in Reichweite amerikanischer Großstädte, Raketen stationieren. Das kommunistische Kuba unter Fidel Castro war ein enger Verbündeter der UdSSR. US-Präsident John F. Kennedy reagierte mit einer Seeblockade vor Kuba. Nach sechs Tagen ließ Chruschtschow die Raketenstellungen abbauen; die Welt war damit nur knapp einem erneuten Krieg entgangen. 1964 verlor Chruschtschow sein Amt auf Druck des Zentralkommitees der Kommunistischen Partei.

KUNST IN KETTEN
Im Stalinismus dienten Kunst, Musik und Literatur allein dem Lob des Kommunismus, der Sowjetunion und Stalins. Die rechts gezeigte Skulptur von Vera Muschkina entstand 1937 für eine Ausstellung in Paris.

Der Hammer ist Symbol des Fabrikarbeiters.

Die Figuren aus Edelstahl sind jung, stark und attraktiv.

Das Monument Arbeiter und Bauern blicken in die ruhmreiche Zukunft des Kommunismus *war Symbol der Filmgesellschaft „Mosfilm“.*

Die Sichel steht für den Bauern.

MACHTSYMBOLE
Hammer und Sichel in einem Kranz aus Weizenähren symbolisieren die Sowjetmacht (das oben gezeigte Motiv stammt von einer Moskauer Brücke). Das Porträt des Parteiführers hing in allen Amtsstuben und öffentlichen Gebäuden, und in den Straßen sollten große Transparente mit politischen Parolen die Bevölkerung motivieren.

Das Jahrestreffen zur Feier der Oktoberrevolution fand 1941 wegen der Bombengefahr in dieser Metrostation statt.

DIE MOSKAUER METRO
Der Bau der Moskauer Untergrundbahn gehört zu den Errungenschaften der Stalin-Ära. Die z.T. prunkvoll mit Marmor und Statuen oder Mosaiken ausgestalteten Stationen bezeichnet man als „Paläste des Volkes“. Einer der schönsten U-Bahnhöfe ist die Station Majakowskaja (oben). Die erste Linie nahm 1935 ihren Betrieb auf; heute haben viele große russische Städte ein gut ausgebautes U-Bahn-Netz.

Der Kalte Krieg

Nach dem Ende des Zweiten Weltkriegs wuchsen die Spannungen zwischen dem von den USA geführten Westen und der Sowjetunion mit seinen Satellitenregimes in Ost- und Mitteleuropa und seinem großen Verbündeten China in Ostasien. Als die Sowjets 1948 die Versorgungswege des von den Westalliierten besetzten Westberlins, einer Enklave in der von ihnen besetzten Ostzone Deutschlands, kappten, demonstrierten Amerikaner, Briten und Franzosen ihre Macht durch die Luftbrücke. Fast zeitgleich förderten beide Blöcke 1949 die Gründung eines westlichen Staats in Deutschland, der Bundesrepublik, und eines dem sowjetischen Vorbild folgenden östlichen Staats, der Deutschen Demokratischen Republik (DDR). In den sich von kolonialen Einflüssen befreienden Staaten Asiens, Afrikas und Lateinamerikas konkurrierten „Moskau“ und „Washington“ um Einfluss und unterstützten in regionalen Kriegen ihre jeweiligen Bundesgenossen – meist ohne lange danach zu fragen, was für eine Art von Regime sie jeweils stärkten. Das „atomare Patt“, die wechselseitige Bedrohung durch atomare Vernichtung, verhinderte, dass aus dem kalten ein heißer Krieg wurde, auch wenn dieser während der Kuba-Krise 1962 unmittelbar bevorzustehen schien.

UNTERGETAUCHT
Raketenbasen lassen sich auf Satellitenfotos leicht ausmachen. Daher bauten die USA und die UdSSR U-Boote, die Raketen unter Wasser abschießen konnten. Die Konstrukteure dieser Trident-Rakete behaupteten, sie sei auf feindliche Raketensilos gerichtet. Ihre Gegner meinten, ihr eigentliches Ziel seien Städte.

Charakteristischer Atompilz

BOMBENTEST
Die USA testeten ihre Atombomben in der Wüste von Nevada, wo feindliche Spione kaum hinkommen. Die Aussicht, mit diesen Bomben die ganze Menschheit vernichten zu können, führte nach und nach zu der Einsicht, dass keine Seite aus einem Atomkrieg Nutzen ziehen würde.

Unter dem Jubel der Menge schlugen viele mit Hammer und Meißel Stücke aus der Mauer.

TÖDLICHE SICHERHEIT
Im Kalten Krieg setzten die Politiker auf die Möglichkeit gegenseitiger Vernichtung. Wenn jede Seite genügend Bomben besäße, um die andere völlig zu zerstören, so glaubte man, würde keine Seite den Krieg riskieren. Beide Supermächte bauten riesige Raketen mit atomaren Sprengköpfen. Diese *Titan II* warten in einem Lager auf ihre Umrüstung für eine friedliche Nutzung, nämlich den Transport von Satelliten ins All.

EINE MAUER TEILT EUROPA
Während des Kalten Kriegs war Berlin die Hochburg der Spione. Nach dem Krieg war die deutsche Hauptstadt geteilt worden, und die Westmächte erhielten die Kontrolle über Westberlin, das nun wie eine Insel in der sowjetischen Besatzungszone lag. Um Menschen an der Flucht in den Westen zu hindern, baute die DDR 1961 die Berliner Mauer. Der Fall der Mauer 1989 symbolisiert das Ende des Kalten Kriegs.

GETEILTES EUROPA

Im Kalten Krieg blieben nur vier europäische Nationen neutral. Alle anderen gehörten einem der beiden Militärbündnisse an. Der Warschauer Pakt umfasste die kommunistischen Länder unter Führung der Sowjetunion. Die westlichen Länder waren in der NATO *(North Atlantic Treaty Organization)* zusammengeschlossen.

GEFANGENENAUSTAUSCH

War ein Spion erwischt worden, erwartete ihn im Kalten Krieg die Hinrichtung oder bestenfalls ein langer Gefängnisaufenthalt, es sei denn, beide Seiten vereinbarten einen Gefangenenaustausch. Die freigelassenen Agenten gingen über einen der Berliner Grenzübergänge (Checkpoints) in die Freiheit.

ABGESCHOSSEN

Bevor Satelliten die Spionage aus der Luft erleichterten, schickten die USA U-2-Spionageflugzeuge über den Eisernen Vorhang, um Luftaufnahmen zu machen. Die Sowjetunion schoss 1960 eines dieser Flugzeuge ab und nahm den CIA-Piloten gefangen. Gary Powers musste seine zehnjährige Strafe nicht absitzen, da ihn die Sowjets 1962 gegen Rudolph Abel austauschten.

U-2 Pilot Gary Powers nach seinem Abschuss 1960

Nach der Wiedervereinigung war die Mauer bald mit Graffiti übersät.

Zweigeteiltes Deutschland

Deutschland stand vom Ende des Zweiten Weltkriegs bis 1989 im Zentrum der Auseinandersetzungen des Kalten Kriegs. Die Westzonen führen 1948 allein eine Währungsreform (Einführung der „D-Mark“) durch und bereiten die Gründung eines eigenen Staats, einer parlamentarischen Demokratie nach westlichem Vorbild, vor. 1949 wird dieser Staat, die Bundesrepublik Deutschland, offiziell gegründet; noch im selben Jahr folgt die Gründung der Deutschen Demokratischen Republik (DDR) auf dem Gebiet der sowjetischen Besatzungszone. Beide Staaten beanspruchen zunächst, der Anfang für ein neues Gesamtdeutschland zu sein. Die christlich-konservativ geführten Regierungen der Bundesrepublik unter Bundeskanzler Konrad Adenauer setzen eine Politik des Ausgleichs zwischen ehemaligen Nazis und ihren Gegnern durch und verfolgen eine konsequente Westbindung der Bundesrepublik und ihre Integration in Europa. 1954 beginnt die Wiederaufrüstung der Bundesrepublik im Rahmen des westlichen Verteidigungsbündnisses, der NATO.

Die aus der KP und der zu diesem Zusammenschluss gezwungenen Ost-SPD hervorgegangene Sozialistische Einheitspartei Deutschlands (SED) ist die Staatspartei der DDR und ihr Erster Sekretär damit mächtigster Mann im Staat. Bis 1971 ist dies Walter Ulbricht. Unter seiner Führung integriert sich die DDR in den Warschauer Pakt (das Gegenstück zur westlichen NATO) und in den Rat für gegenseitige Wirtschaftshilfe (RGW), das Gegenstück zur Europäischen Wirtschaftsgemeinschaft (EWG).

Die Wirtschaft der Bundesrepublik erlebt in den fünfziger Jahren eine stürmische Entwicklung („Wirtschaftswunder“), während die DDR wirtschaftlich immer mehr hinterherhinkt. Um die wachsende Abwanderung von Arbeitskräften aus der DDR nach Westdeutschland zu unterbinden, lässt Ulbricht 1961 durch Berlin eine Mauer bauen. Die DDR hat sich damit isoliert. Der Machtwechsel in der Bundesrepublik 1969, der den Sozialdemokraten Willy Brandt an die Regierung bringt, bedeutet eine neue Herausforderung für die DDR, weil Brandt die Aussöhnung mit den östlichen Nachbarn Deutschlands sucht und die Politik des Kalten Kriegs beendet.

ADENAUER
Konrad Adenauer gehörte nach Kriegsende zu den Begründern der CDU. Als deren Vorsitzender und als Bundeskanzler von 1949 bis 1963 prägte er die ersten Jahre der Bundesrepublik Deutschland entscheidend.

MAUERBAU 1961
Am 13. August 1961 begannen Soldaten der Nationalen Volksarmee der DDR mit dem Bau einer Mauer quer durch Berlin. Die Mauer verhinderte die Abwanderung von DDR-Bewohnern nach Westen, wo ihnen mehr Wohlstand und Freiheit winkten.

FDJ-MITGLIEDSBUCH
Die Freie Deutsche Jugend (FDJ) war die Massenorganisation für Jugendliche in der DDR, in der die Mitglieder zu sozialistischen Staatsbürgern erzogen werden sollten.

DER 17. JUNI 1953
Am 17. Juni entlud sich in der DDR der Volkszorn gegen die Regierung, die bei schlechter Versorgung immer höhere Arbeitsleistungen verlangte, und die sowjetische Besatzungsmacht. Ostberliner Arbeiter gehen mit Steinen gegen einen sowjetischen Panzer vor.

ANTIKOMMUNISMUS
Der Kalte Krieg prägte auch die Innenpolitik der jungen Bundesrepublik. Dieses Plakat schürt die Angst vor der SPD, der als marxistisch geprägter Partei eine Nähe zum Kommunismus unterstellt wird.

WIRTSCHAFTSWUNDER
Seit der Währungsreform 1948 waren im Westen Deutschlands die Regale der Kaufhäuser wieder gefüllt. Die Menschen genossen die Möglichkeiten des schier unbegrenzten Konsums, wie hier im wiedereröffneten Kaufhaus des Westens in Berlin 1950.

ROSINENBOMBER
Als die Sowjetunion 1948 die Zufahrtswege nach Westberlin sperrten, versorgten die Westmächte die Stadt aus der Luft. Die Berliner nannten ihre Flugzeuge zärtlich „Rosinenbomber“.

ULBRICHT
Der Altkommunist Walter Ulbricht (1893–1973) war mit den Sowjettruppen nach Deutschland gekommen und blieb bis 1971 als Erster Sekretär der Einheitspartei SED der mächtigste Mann der DDR.

Die Macht der Presse

In den Industrieländern lesen die meisten Erwachsenen regelmäßig eine Zeitung. Mächtige Zeitungsverleger vertreten oftmals eine bestimmte weltanschauliche Richtung, und Journalisten schreiben ihre Geschichten häufig so, dass sie in dieses Weltbild passen. Auf diese Weise üben Zeitungen großen Einfluss auf die öffentliche Meinung aus. Während des Kalten Kriegs spielten Zeitungen eine große Rolle; im Osten waren sie Propagandamedien der Kommunistischen Staatsparteien, im Westen spiegelten sie vor allem die Meinung der wirtschaftlichen Kräfte wider, denen sie gehörten.

NACHRICHTEN ANNO 1912
Ehe es Radio und Fernsehen gab, wurden wichtige Neuigkeiten wie die vom tragischen Untergang der *Titanic* 1912 (links) nur über Zeitungen verbreitet.

Georgi Malenkow

Unterzeichnung des Friedensvertrags 1950

RETUSCHIERTE FOTOS
Neben Josef Stalin und Mao Tse-tung, den Führern der Sowjetunion und Chinas, waren bei der Unterzeichnung des Friedensvertrags viele sowjetische und chinesische Politiker und Beamte zugegen. Das untere Bild aber, eine 1953 in einer sowjetischen Zeitung veröffentlichte Fotomontage, vermittelt den Eindruck, als wären nur Stalin, Mao und Malenkow anwesend gewesen – was die Bedeutung des Letztgenannten als Stalins Nachfolger hebt.

TITELSEITE IM SOWJETISCHEN STIL
Am 12. April 1961 flog Juri Gagarin als erster Mensch in den Weltraum. Die USA und die UdSSR hatten sich seit 1957 einen „Wettlauf ins All" geliefert, und Gagarins Flug bedeutete einen großen Triumph für die Sowjetunion. Das Ereignis nahm die gesamte Titelseite der staatlichen Zeitung *Iswestija* ein; es wurde in allen Einzelheiten dargestellt und durch einen Überblick über das Raumfahrtprogramm der UdSSR ergänzt.

Die Überschrift deutet den Raumflug als einen Triumph des Sozialismus.

Glückwunschschreiben des sowjetischen Ministerpräsidenten Chruschtschow an Gagarin

Ein Bild von Juri Gagarin beherrscht die Titelseite.

Bericht vom Landeplatz

СОВЕТСКИЙ ЧЕЛОВЕК В КОСМОСЕ!

ЮРИЙ ГАГАРИН: ПРОШУ ДОЛОЖИТЬ ПАРТИИ И ПРАВИТЕЛЬСТВУ И ЛИЧНО НИКИТЕ СЕРГЕЕВИЧУ ХРУЩЕВУ, ЧТО ПРИЗЕМЛЕНИЕ ПРОШЛО НОРМАЛЬНО, ЧУВСТВУЮ СЕБЯ ХОРОШО

ВЕЛИЧАЙШАЯ ПОБЕДА НАШЕГО СТРОЯ, НАШЕЙ НАУКИ, НАШЕЙ ТЕХНИКИ, НАШЕГО МУЖЕСТВА

12 АПРЕЛЯ 1961 ГОДА В 10 ЧАСОВ 55 МИНУТ КОСМИЧЕСКИЙ КОРАБЛЬ-СПУТНИК «ВОСТОК» БЛАГОПОЛУЧНО ВЕРНУЛСЯ НА СВЯЩЕННУЮ ЗЕМЛЮ НАШЕЙ РОДИНЫ

ИЗВЕСТИЯ
СОВЕТОВ ДЕПУТАТОВ ТРУДЯЩИХСЯ СССР

Четверг, 13 апреля 1961 г.

СОВЕТСКОМУ КОСМОНАВТУ, ВПЕРВЫЕ В МИРЕ СОВЕРШИВШЕМУ КОСМИЧЕСКИЙ ПОЛЕТ майору Гагарину Юрию Алексеевичу

Н. ХРУЩЕВ.

ЮРИЙ АЛЕКСЕЕВИЧ ГАГАРИН

ВСЕМ УЧЕНЫМ, ИНЖЕНЕРАМ, ТЕХНИКАМ, РАБОЧИМ, ВСЕМ КОЛЛЕКТИВАМ И ОРГАНИЗАЦИЯМ, УЧАСТВОВАВШИМ В УСПЕШНОМ ОСУЩЕСТВЛЕНИИ ПЕРВОГО В МИРЕ КОСМИЧЕСКОГО ПОЛЕТА ЧЕЛОВЕКА НА КОРАБЛЕ-СПУТНИКЕ «ВОСТОК» ПЕРВОМУ СОВЕТСКОМУ КОСМОНАВТУ ТОВАРИЩУ ГАГАРИНУ ЮРИЮ АЛЕКСЕЕВИЧУ

К КОММУНИСТИЧЕСКОЙ ПАРТИИ И НАРОДАМ СОВЕТСКОГО СОЮЗА! К НАРОДАМ И ПРАВИТЕЛЬСТВАМ ВСЕХ СТРАН! КО ВСЕМУ ПРОГРЕССИВНОМУ ЧЕЛОВЕЧЕСТВУ!

ОБРАЩЕНИЕ ЦЕНТРАЛЬНОГО КОМИТЕТА КПСС, ПРЕЗИДИУМА ВЕРХОВНОГО СОВЕТА СССР И ПРАВИТЕЛЬСТВА СОВЕТСКОГО СОЮЗА

РЕПОРТАЖ С МЕСТА ПРИЗЕМЛЕНИЯ

О ПЕРВОМ В МИРЕ ПОЛЕТЕ ЧЕЛОВЕКА В КОСМИЧЕСКОЕ ПРОСТРАНСТВО

СООБЩЕНИЕ ТАСС

SONNTAGSZEITUNGEN

Seit sich ab etwa 1950 immer mehr Menschen per Radio und Fernsehen über das Weltgeschehen informieren, sind die Auflagen der Zeitungen zurückgegangen. Manche Zeitungen versuchten, neue Leser zu gewinnen und alte zu halten, indem sie sich mehr in Richtung Zeitschrift entwickelten. Die nüchterne, dünne *Sunday Times* von 1958 (links) brachte nur Politisches und Sportnachrichten. 1999 wartet sie mit elf unterschiedlichen Rubriken von Buch- und Filmbesprechungen bis zu Reisen und Mode auf (rechts).

In den 1950er Jahren hatten anspruchsvollere Zeitungen nur wenige Bilder und eine kleine Schrift.

Fotos vom Prozess gegen den Nazi-Kriegsverbrecher Eichmann statt eines Bildes von Gagarin

Eine ganze Rubrik über Mode

"All the News That's Fit to Print"

The New York Times.

LATE CITY EDITION

VOL. CX. No. 37,699. NEW YORK, WEDNESDAY, APRIL 12, 1961. FIVE CENTS

SOVIET ORBITS MAN AND RECOVERS HIM; SPACE PIONEER REPORTS: 'I FEEL WELL'; SENT MESSAGES WHILE CIRCLING EARTH

HEAD OF RESERVE URGES PRICE CUTS TO RELIEVE SLUMP

Wide College Aid Is Adopted by State

ISRAEL DEFENDS TRIBUNAL'S RIGHT TO TRY EICHMANN

Former Nazi Hears Indictment Read as Trial Begins in Jerusalem

187-MILE HEIGHT

Yuri Gagarin, a Major, Makes the Flight in 5-Ton Vehicle

COUNCIL APPROVES OWN CHARTER BILL

U. S. IS DISTURBED BY DELAY ON LAOS

FRANCE DECLARES ANTI-U.N. 'STRIKE'

BRITISH CONSIDER TRADE UNITY STEP

ADENAUER IN U. S. TO SEE KENNEDY

Population Center Moves West; Census Puts It at Centralia, Ill.

Realtor Is Indicted In Expense Padding

Centennial of War Rocked by Dispute

White House Confirms Firing; Feat Hailed by U. S. Scientists

NEWS INDEX

209

Nur eine von acht Spalten ist dem Weltraumflug gewidmet.

Ein ergänzender Bericht über US-Weltraumbeobachtungsstationen

MODERNE VIELFALT

Eine überregionale Zeitung herauszugeben ist ein teures Unterfangen, doch die Kosten für eine Zeitung mit geringer Auflage sind gefallen. Computer und Desktop-Publishing-Software machen es möglich, kleine Auflagen herauszubringen und dennoch Gewinn zu machen. So gibt es heute Zeitschriften auf dem Markt, die sehr spezielle Themen wie Wickeldraht, Telefonkartensammeln oder Wellensittichzucht behandeln.

TITELSEITE IM AMERIKANISCHEN STIL

Die Titelseite der *New York Times* vom 12. April 1961 sah völlig anders aus als die der *Iswestija*. Zwar ist der Weltraumflug der Sowjets die Titelgeschichte, doch sind auf der ersten Seite auch andere Berichte, und es erschien kein Bild von Gagarin. Der Reporter hat nur das Wichtigste zusammengestellt. Dass erstmals ein Mensch in den Weltraum geflogen war, sah man zwar als Ereignis von weltweiter Bedeutung, doch ein politischer Triumph war es nur für die UdSSR.

DER ERSTE FERNSEHER
1926 erfand John Logie Baird ein drahtloses Bildübertragungssystem. Ab 1930 konnte man seinen Fernseher (den Televisor, oben) kaufen. Er hatte nur einen winzigen Bildschirm und konnte Bild und Ton nicht gleichzeitig übertragen.

Das Fernsehzeitalter

Kein Medium hat das Leben im 20. Jahrhundert mehr beeinflusst als das Fernsehen. Einer der Fernsehpioniere war der schottische Ingenieur John Logie Baird (1888–1946). 1926 führte er in London sein noch recht einfaches mechanisches System vor. 1929 wurde dieses vom elektronischen Fernsehen des russisch-amerikanischen Erfinders Wladimir Zworykin übertroffen. 1954 gab es die ersten Farbfernsehübertragungen, und bald hatte das Fernsehen das Kino als Hauptunterhaltungsmedium abgelöst. Übers Fernsehen konnte man aktuelle Ereignisse direkt (live) übertragen. Satelliten-, Kabel- und Digitalfernsehen sorgen heute für eine immer größere Programmauswahl. In Deutschland sehen Erwachsene pro Tag durchschnittlich 3 Stunden und 20 Minuten fern, Kinder rund 2 Stunden.

TV-BESITZER
Etwa 1,4 Mrd. Fernseher sind weltweit in Gebrauch. In den Industrienationen verfügen über 95 % der Haushalte über einen oder mehrere Fernsehapparate, bei den ärmeren Ländern ist der Prozentsatz sehr niedrig: In Afghanistan z.B. sind es weniger als 1 % der Haushalte.

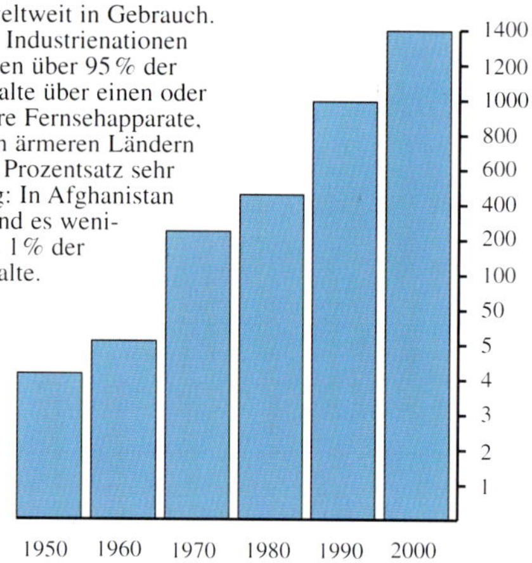

Fernsehapparatbesitzer weltweit in Mio.

ANFÄNGE
Die ersten regelmäßigen Fernsehprogramme sendete die BBC (*British Broadcasting Corporation*) ab 1929. Auch in Berlin begann man 1929 mit Versuchssendungen, und 1936 wurden die Olympischen Spiele von dort übertragen.

DIE NATION SIEHT ZU
Als der amerikanische Präsident John F. Kennedy am 22. November 1963 in Dallas/Texas in einem offenen Wagen erschossen wurde, ging das von einem Amateurfilmer aufgenommene Ereignis im Fernsehen um die Welt. Vier Tage lang konzentrierten sich die US-Fernsehsender ganz auf den Mord, und die gesamte Nation verfolgte die Sondersendungen.

Jack Ruby erschießt Lee Harvey Oswald.

VOR ALLER AUGEN
Zwei Tage nach der Ermordung Kennedys wurde der Hauptverdächtige, Lee Harvey Oswald, vor laufenden Fernsehkameras erschossen, als er ins Bezirksgefängnis gebracht werden sollte. Die Fernsehzuschauer, die einen Blick auf den Präsidentenmörder erhaschen wollten, wurden stattdessen Zeugen seiner Ermordung.

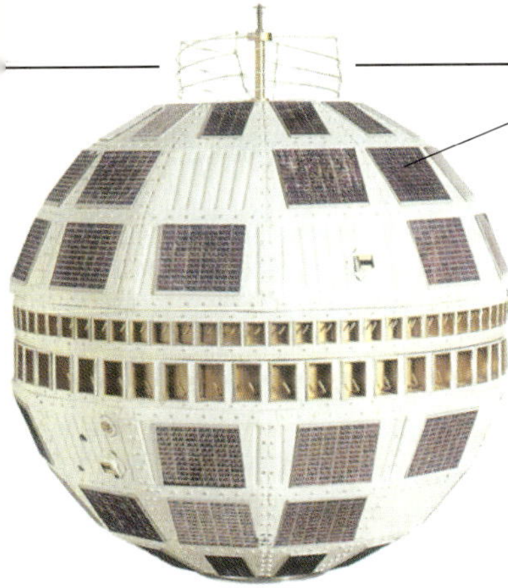

Telstar *hatte einen Durchmesser von nur 90 cm.*

KOMMUNIKATIONSSATELLITEN

1962 übertrug *Telstar* als erster Nachrichtensatellit Fernsehbilder live von den USA nach Europa. Er umkreiste die Erde in nur 160 Min., d.h., es waren nur ein paar Stunden pro Tag Übertragungen möglich. Heutige Kommunikationssatelliten drehen sich in gleicher Richtung und so schnell wie die Erde; sie stehen scheinbar immer am gleichen Fleck.

Spiegelung der Mondfähre in Aldrins Helmvisier

LIVE VOM MOND

Am 20. Juli 1969 saßen 723 Mio. Menschen – ein Viertel der damaligen Weltbevölkerung – vor dem Fernseher, um Neil Armstrongs „großen Schritt für die Menschheit" auf dem Mond zu sehen. Über die unglaubliche Entfernung von 385.000 km wurden Fernsehbilder live übertragen. Damit war die Zukunft des Mediums Fernsehen gesichert.

Astronaut Edwin „Buzz" Aldrin auf dem Mond, aufgenommen von Neil Armstrong

DEM ZEITGEIST ENTSPRECHEND

Mitte der 1960er Jahre hatte der Fernseher seinen Platz in vielen Wohnzimmern erobert. Das Design der Apparate entsprach der Möbelmode. Dieser JVC-Apparat von 1970 gleicht einem Astronautenhelm und spiegelt die Raumfahrtbegeisterung der Zeit wider.

Video-CD

DIGITALISIERUNG

Die Fernsehtechnik macht ständig Fortschritte: Heute gibt es Fernseher, die so klein sind, dass sie in eine Hand passen (unten). Sendungen lassen sich auf Videokassetten und CD aufzeichnen. HD- (High Definition) und Digitalfernsehen bieten verbesserte Bildqualität und eine größere Auswahl an Kanälen.

Wegen des kleinen Bildschirms saß man dicht vor dem Gerät.

Der französische Mannschaftskapitän Zinedine Zidane mit dem Weltmeisterschaftspokal

Frankreich gewinnt die Fußballweltmeisterschaft 1998.

ZUSCHAUERMASSEN

Das Fernsehen ist zu einem globalen Medium geworden. Für jedes Land und jede Region gibt es eigene Programme, doch manche Ereignisse – von größeren politischen Skandalen bis hin zu Sportwettkämpfen wie den Olympischen Spielen oder der Fußballweltmeisterschaft – werden von Zuschauern auf der ganzen Welt verfolgt. Die 64 Spiele der Fußballweltmeisterschaft 1998 in Frankreich brachten es auf eine Gesamtzuschauerzahl von weltweit 37 Mrd.

Werbung

In den westlichen Industriestaaten waren seit den 1950er Jahren die Grundbedürfnisse der Bevölkerung nach Waren befriedigt. Um neue Bedürfnisse zu wecken, musste die Industrie in die Werbung investieren. Das hatte sie zwar schon im 19. Jahrhundert getan, nun aber wandte sich die Werbung nicht mehr nur an besonders zahlungskräftige Konsumenten, sondern an die gesamte Bevölkerung. Moderne Werbespots und -anzeigen werden nach psychologischen Gesichtspunkten gestaltet. Sie wecken Bedürfnisse und sprechen Wünsche an. Werbung wird nicht nur immer subtiler, sie durchdringt auch immer mehr Bereiche unseres Alltags. Stars werben für Markenprodukte, und Kultur- und Sportereignisse sowie Fernsehshows werden durch Werbung gesponsert. Sie hat sich zu einem gigantischen Geschäft entwickelt: Rund 312 Milliarden Dollar werden jährlich weltweit für Werbung ausgegeben.

WERBUNG IN DER ANTIKE
Dieses Steinrelief aus der alten Römerstadt Pompeji ist eine der ältesten „Werbeanzeigen". Die Tafel sollte Menschen in eine örtliche Taverne locken.

KUNST IN DER WERBUNG
Heute ist Werbegrafiker ein Beruf und Werbung ein Produkt von Fachleuten. Im 19. Jh. wurden immer wieder berühmte Maler und Illustratoren für Werbezwecke engagiert. Der französische Maler Henri de Toulouse-Lautrec (1864–1901) malte 1893 dieses Bild der Tänzerin Jane Avril als Werbeplakat für einen Pariser Nachtklub. Den Nachtklub gibt es schon seit vielen Jahren nicht mehr, doch das Bild ist noch heute als berühmtes Werk Toulouse-Lautrecs bekannt.

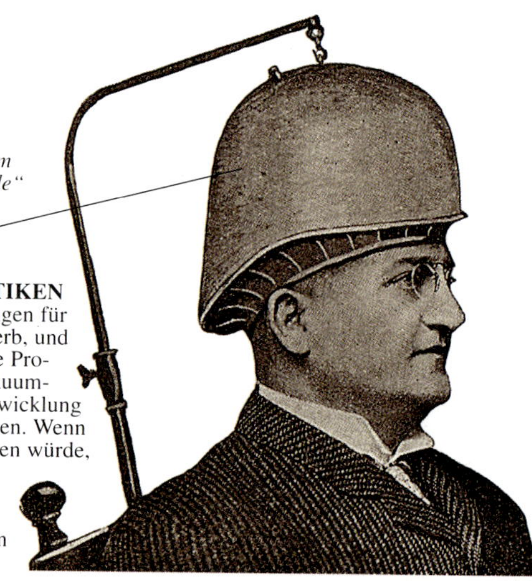

Die Evans-Vakuumhaube sollte den Haarwuchs anregen, indem sie „schlafende" Haarfollikel aktivierte.

UNLAUTERE PRAKTIKEN
Vor der Einführung gesetzlicher Regelungen für die Werbung gab es oft unlauteren Wettbewerb, und es wurden Versprechungen gemacht, die die Produkte nicht halten konnten. Diese Evans-Vakuumhaube z.B. wurde als „wissenschaftliche Entwicklung zur Heilung von Kahlköpfigkeit" angepriesen. Wenn man sie täglich drei bis vier Minuten aufsetzen würde, so die Werbung, bekäme man gesundes, kräftiges Haar. Heute sind solche offensichtlichen Lügenmärchen selten, da es für die Werbung strenge Auflagen gibt, die von unabhängigen Gremien überwacht werden.

Das erste Michelin-Männchen (1898)

PLAKATMANN

Die einfachste Art der Werbung bietet Waren oder Dienstleistungen öffentlich an, z.B. auf Prospekten oder durch Anzeigen in Zeitungen. In den 1930er Jahren verdingten sich viele Arbeitslose als „wandelnde Plakatsäulen“: Sie trugen Werbeplakattafeln durch die Städte.

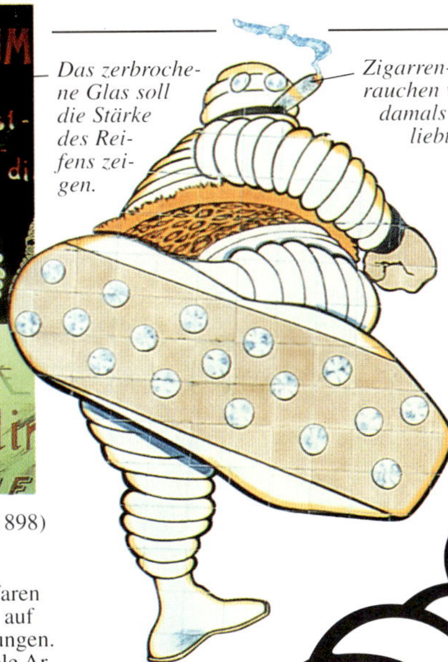

Das zerbrochene Glas soll die Stärke des Reifens zeigen.

Zigarrenrauchen war damals beliebt.

Michelin-Männchen (um 1910)

MARKENZEICHEN IM WANDEL

Ab etwa 1880 begannen die Firmen ihre Marken durch Werbung aufzubauen, und Markenzeichen mit einprägsamer Grafik und Schrift wurden entwickelt. Sie sollten für die Produkte einer Firma stehen, und die Kunden sollten sie als Zeichen für Qualität wiedererkennen. Ein solches Markenzeichen (Logo) ist das Michelin-Männchen, das für Michelin-Reifen wirbt. Im Lauf der Zeit wurde das ursprüngliche Männchen von 1898 allerdings mehrfach umgestaltet.

Das Michelin-Männchen aus den 1980er Jahren ist freundlicher, eher muskulös als dick und außerdem Nichtraucher.

Michelin-Männchen (1980er Jahre)

WIRTSCHAFTSWUNDER

In den 1950er Jahren führten hohe Löhne, Vollbeschäftigung und durch Massenproduktion niedrige Warenpreise in vielen Ländern zu einem wahren Konsumboom. Die Werbung für neue, leicht zu bedienende Konsumgüter wie diese Waschmaschine vermittelte den Eindruck, der Besitz solcher Dinge mache glücklich und hebe den gesellschaftlichen Status.

Angebaute Wäschemangel

Das Bild zeigt eine gut gelaunte junge Frau.

SCHOKOLADENKIND

Das Fernsehen gibt Werbemachern die Möglichkeit, mit einfachen Handlungen und einprägsamen Charakteren kurze Geschichten zu erzählen, um die Zuschauer zu fesseln, während die Werbebotschaft übermittelt wird. Das „Milky Bar Kid“ (rechts) wurde in den 1970er Jahren in England als Werbefigur für weiße Schokolade eingesetzt. Die Figur erfreute sich so großer Beliebtheit, dass sie in den 1990er Jahren erneut auf dem Bildschirm erschien.

Ein Kind spielte die Werbefigur.

WERBUNG ÜBERALL

Besucher des Bezirks Shinjuku in Tokio sind oft völlig verwirrt von den unzähligen Leuchtreklamen. Ohne Werbung geht es kaum irgendwo auf der Welt, doch gäbe es viele Massenmedien ohne Werbung nicht. Kommerzielle Fernseh- und Radiosender könnten ohne Werbeeinnahmen ebenso wenig existieren wie die meisten Zeitschriften und Zeitungen.

Der amerikanische Traum

Jede Epoche in der Geschichte des Autos ist durch einen eigenen Stil oder bestimmte technische Entwicklungen gekennzeichnet, wohl keine war aber so markant wie die Zeit von etwa 1955 bis 1965 in den USA. Es war die Zeit des Rock 'n' Roll und der Autokinos, des Fast Food und der neuen Autobahnen. Das übersteigerte Selbstbewusstsein der Amerikaner spiegelte sich in einigen der protzigsten Autos, die je gebaut wurden, wider. Neben riesigen Heckflossen und wahren Chromorgien gab es allerlei technische Spielereien. Obwohl das Äußere häufig übertrieben war, gab es auch echte Verbesserungen, die sich bis heute gehalten haben, wie gewölbte Windschutzscheiben und die Servolenkung.

Emblem der Firma Cadillac

FLOSSEN-ZEIT
Nichts ist charakteristischer für das amerikanische Autodesign der 50er als die Heckflosse. Sie diente nur als Blickfang und tauchte erstmals 1955 auf. Bis zum Ende des Jahrzehnts wurde sie immer größer, um in den 70er Jahren wieder zu verschwinden.

SCHEUSSLICH ODER SCHÖN?
In den 50er und 60er Jahren kamen in den USA fast jedes Jahr neue Modelle heraus. Dieses Bild zeigt die Ford-Modelle von 1959. Ob man es glaubt oder nicht, sie wurden in der Werbung als die „am schönsten proportionierten Autos der Welt" bezeichnet.

Massive verchromte Stoßstange

Verdeckter Auspuff

Radkappe mit kleinen „Flossen"

Der Reifen ha[t] einen weißen Zierstreifen

GROSS UND KLEIN
Der Innenraum der amerikanischen „Straßenkreuzer" war oft überraschend klein. Der Platz wurde zugunsten des äußeren Eindrucks geopfert.

Gewölbte Windschutzscheibe

Aufgesetzte Gummikappen fangen Stöße ab.

Der tief gezogene Grill lässt viel Kühlluft in den Motorraum.

TECHNIKVERLIEBT
Die amerikanischen Autos jener Zeit wiesen viele ausgefeilte Extras auf. Auf Knopfdruck öffnete sich bei diesem Ford die Heckklappe, und das Verdeck entfaltete sich selbsttätig.

Unter den aufklappbaren Rücklichtern liegt der Tankdeckel.

SCHWERGEWICHT
Schwere, verchromte Stahlteile erhöhten das Gewicht der Fahrzeuge und auch ihren Benzindurst. Der Verbrauch konnte bis zu 30 l auf 100 km betragen.

TIEFES HECK
Der tief heruntergezogene Kofferraumdeckel des Cadillac war praktisch, da man schwere Gegenstände nicht über eine hohe Ladekante heben musste.

Ein „autronisches Auge" entdeckt nachts entgegenkommende Autos und blendet automatisch ab.

DURCHBLICK
Viele amerikanische Autos der 50er und 60er Jahre hatten keinen mittleren Fensterholm. Dadurch sahen sie mit heruntergekurbelten Scheiben besonders schlank aus.

Cadillac Coupé de Ville, 1957

Wie viele andere amerikanische Autos der 50er Jahre ist auch das *Coupé de Ville* fast 6 m lang und hat extravagante Heckflossen und Chromverzierungen. Auch technisch war es mit elektrischen Fensterhebern, Liegesitzen und einem sanften 8-Zylinder-Motor auf der Höhe der Zeit.

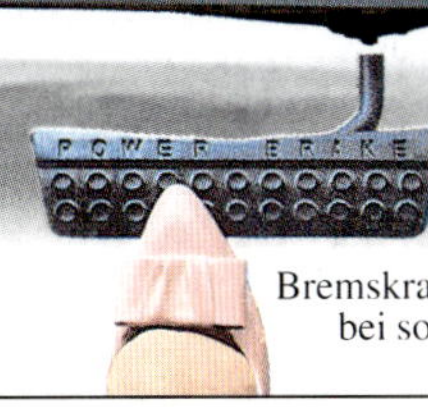

KRAFTUNTERSTÜTZUNG
Die Cadillacs hatten, wie die meisten Luxusautos, Servolenkung und Bremskraftverstärker – unerlässlich bei solch schweren Fahrzeugen.

Die Ära Kennedy

Mit nur 43 Jahren wurde John F. Kennedy der bis heute jüngste Präsident der USA. Der gut aussehende, geistreiche Kennedy machte seinem Gegner Richard Nixon viele Wähler durch Fernsehsendungen abspenstig. Kennedy brachte Jugend, Vitalität und Dynamik ins Weiße Haus. Präsident Kennedys Antrittsrede war von einem jugendlichen Idealismus geprägt, der die Nation Hoffnung schöpfen ließ. Er proklamierte seine New-Frontier-Politik, den Aufbruch zu „neuen Grenzen" vor allem in der Sozialpolitik, im eigenen Land und weltweit. Im Zuge dieses politischen Konzepts gab er jungen Leuten in von ihm gegründeten *Peace Corps* (Friedenskorps) die Möglichkeit zu einem freiwilligen Entwicklungshilfeeinsatz in den Ländern der Dritten Welt. Er ermutigte die Amerikaner, mit ihrem Pioniergeist auch den Weltraum zu erobern. Kennedys Amtszeit war allerdings kurz. 1963 fiel er einem Attentat zum Opfer.

Kennedy und Vizepräsident Lyndon B. Johnson verfolgten die gleichen Bürgerrechtsziele.

LEBENSLAUF
Kennedy wurde am 29. Mai 1917 in eine große irisch-amerikanische Familie hineingeboren. Sein Vater war der Millionär Joseph P. Kennedy. Nach seinem Abschluss an der Harvard-Universität 1940 ging „Jack" zur Marine. Im 2. Weltkrieg wurde er für seine Tapferkeit ausgezeichnet.

FIRST LADY MIT STIL
Am 12. September 1953 heiratete Kennedy Jacqueline Bouvier. Das Paar hatte drei Kinder: Caroline Bouvier, John Fitzgerald Jr. und Patrick, der kurz nach der Geburt starb. „Jackie" Kennedy war eine attraktive, charismatische Frau, und ihre elegante Garderobe und stilvolle Renovierung des Weißen Hauses verliehen dem Präsidentenamt einen neuen Glanz.

EINE NEUE ÄRA
Berühmt waren Kennedys dynamische Reden. In seiner denkwürdigen Antrittsrede sprach er die Worte: „Fragt nicht, was euer Land für euch tun kann, fragt, was ihr für euer Land tun könnt."

WAHLKÄMPFER
Kennedy gewann jede Wahl. 1960 kandidierte er mit der ihm eigenen Politikbegeisterung für das Präsidentenamt. Sein Slogan war: „Lasst uns dieses Land wieder in Bewegung bringen." Mit seinem Privatflugzeug reiste er durch Amerika und begeisterte die Wähler mit seinem Selbstvertrauen und seinem Charme.

Präsident Kennedy begrüßt Anhänger (1962).

Der kubanische Präsident Fidel Castro

Nikita Chruschtschow

DIE KUBAKRISE

Als die Sowjets Raketen auf Kuba stationierten, befahl Kennedy eine Blockade der Insel. 13 Tage lang befanden sich die USA und die Sowjetunion im Oktober 1962 am Rande eines Atomkriegs, bis sich der sowjetische Präsident Chruschtschow zum Abzug der Raketen bereit erklärte. Am 5. August 1963 unterzeichneten die USA, die UdSSR und Großbritannien ein Abkommen zum Stopp der Atomtests.

Martin Luther Kings Politik des gewaltlosen Widerstands fand viele Anhänger.

„ICH HABE EINEN TRAUM"

Im August 1963 inspirierte der schwarze Pfarrer und Bürgerrechtler Martin Luther King Jr. eine ganze Generation von Bürgerrechtsaktivisten mit einer Rede, in der er für Gerechtigkeit und Gleichberechtigung ohne Gewalt eintrat: „Ich habe einen Traum, der mir sagt, dass eines Tages diese Nation aufwachen wird und ihr Bekenntnis lebendig erfüllen wird, das da sagt: ‚Wir glauben, (...) dass alle Menschen gleich geschaffen sind.'" Kennedys Gesetzesvorlagen zur Durchsetzung der Bürgerrechte für Afroamerikaner wurden erst nach seinem Tod verabschiedet.

Jackie Kennedys beherrschte, würdevolle Haltung bei der Beerdigung ihres Gatten bewegte Millionen von Fernsehzuschauern.

AMERIKA TRAUERT

Eine trauernde Nation verfolgte am 25. November John F. Kennedys Staatsbegräbnis auf dem Heldenfriedhof Arlington im Fernsehen. Repräsentanten aus 93 Ländern erwiesen dem Präsidenten, der nur 1037 Tage im Amt gewesen war, die letzte Ehre.

DAS ATTENTAT IN DALLAS

Am 22. November 1963 fuhr Präsident Kennedy in einem offenen Wagen durch Dallas/Texas, als ein Attentäter auf den Konvoi schoss. Der Präsident wurde am Kopf getroffen und starb. Die Polizei verhaftete den 24-jährigen Lee Harvey Oswald. Dieser wurde zwei Tage später bei der Verlegung vom Stadt- ins Bundesgefängnis von Jack Ruby erschossen. Die von Präsident Johnson beauftragte Warren-Kommission kam zu dem Schluss, dass es sich bei Oswald um einen Einzeltäter gehandelt habe, doch bis heute halten sich Verschwörungstheorien.

Dieses Foto wurde kurz vor den tödlichen Schüssen auf Kennedy aufgenommen.

John Connally, der Gouverneur von Texas, wurde bei dem Anschlag ebenfalls verwundet.

Jackie Kennedy wurde nicht verletzt.

John F. Kennedy

Präsident der USA 1961–1963

In seiner kurzen Präsidentschaft unternahm es Kennedy, die USA auf ihre Rolle als erste Weltmacht besser vorzubereiten: Mehr soziale Gerechtigkeit, mehr Rassengleichheit, eine größere Sensibilität für die Menschenrechte und die Bereitschaft zu Abrüstungsverhandlungen sollten Amerika auch moralisch „aufrüsten" und für seinen Kampf gegen die Sowjetunion um die führende Position in der Welt in eine bessere Ausgangsposition bringen. Obwohl Kennedy gegenüber Kuba und Nordvietnam eine traditionelle Machtpolitik betrieb, konnte er wichtige Impulse für die Modernisierung der USA geben.

Johnson und der Vietnamkrieg

Lyndon B. Johnson wurde unter tragischen Umständen nach dem Tod John F. Kennedys Präsident. Der große Mann aus Texas hatte große Pläne für sein Land. Er erklärte der Armut den Krieg und brachte eine umfangreiche Sozialgesetzgebung auf den Weg. Wenngleich er sich um die Verständigung zwischen den Bürgern aller Hautfarben bemühte, kam es während seiner Präsidentschaft in vielen Städten zu Rassenunruhen. Zudem erntete er zunehmende Proteste gegen die Verwicklung der USA in den Vietnamkrieg. Enttäuscht lehnte Johnson eine zweite Amtszeit ab.

Mrs. Johnson (links) und Jackie Kennedy (rechts) stehen bei der Vereidigung nur wenige Stunden nach dem Tod John F. Kennedys neben Lyndon B. Johnson.

JOHNSONS TRAUM
Johnson wollte Amerika zu einer „Großen Gesellschaft" ohne Rassenhass und Armut machen. Seine Gegner schilderten ihn als rücksichtslos und abweisend. Doch es gelang Johnson, sein umfangreiches Sozialprogramm durch den Kongress zu bekommen. 1964 unterzeichnete er den *Civil Rights Act*, durch den die Rassentrennung in den USA in allen Bereichen des öffentlichen Lebens verboten wurde. 1965 bestimmte ein neues Wahlgesetz, dass die Bürger nicht erst ihre Lese- und Schreibfähigkeit beweisen mussten, um wählen zu dürfen. Diese Einschränkung hatte viele Afroamerikaner um ihr Wahlrecht gebracht.

Partit· ·es *Great Soci· ·larch*

Werbeplakat für Johnsons Bürgerrechtspolitik

DIE L.B.J.-FAMILIE
Nach alter Familientradition trugen alle Johnsons die Initialen L.B.J. Seinen Hund nannte Johnson Little Beagle Johnson. Die Kinder hießen Lydia Bird und Luci Baines, und die Präsidentengattin war unter dem Kosenamen „Lady Bird" bekannt, obwohl ihr richtiger Name Claudia Alta war.

Junge Kriegsgegner versuchen die Militärpolizei vor dem Pentagon bei einer Demonstration im Oktober 1967 zu provozieren.

Die ersten US-Nachschubtruppen landen am 11. März 1965 im südvietnamesischen Da Nang.

Der Vietnamkrieg

Als Lyndon B. Johnson Präsident wurde, befanden sich etwa 16.000 amerikanische Soldaten als Militärberater der Regierung in Südvietnam. Sie versuchten die vom kommunistischen Nordvietnam unterstützten Vietkong von der Eroberung des Landes abzuhalten. Durch kommunistische Übergriffe herausgefordert gab Johnson den Befehl zur Bombardierung Nordvietnams. 1965 schickte er Truppen zum Schutz der amerikanischen Militärbasen. Doch der Konflikt eskalierte. 1968 kämpften 500.000 US-Soldaten in Vietnam. Als die Verluste der Amerikaner zunahmen und kein Sieg in Sicht war, versuchte Johnson verzweifelt ein schnelles, ehrenhaftes Ende des Kriegs herbeizuführen.

Anti-Vietnamkriegs-Plakat mit einem arg mitgenommenen Uncle Sam (Symbolfigur Amerikas)

Lyndon B. Johnson

Präsident der USA 1963–1969

Johnson ist eine beinahe tragische Gestalt der amerikanischen Geschichte. Kaum ein Präsident vor ihm hat so viele soziale und auf den Ausgleich der Rassen bedachte Reformen umgesetzt wie er. Dennoch war er gerade bei den liberalen und linken Amerikanern unbeliebt. Dies liegt vor allem am Vietnamkrieg, in den sich Johnsons Regierung immer mehr verstrickte. Die Opposition gegen den Krieg, der nicht nur antikommunistisch, sondern auch von imperialem Denken motiviert war, wuchs und führte unter Johnsons konservativem Nachfolger Nixon zum Rückzug der USA.

FRIEDEN UND PROTEST
„Make love, not war" („Macht Liebe, keinen Krieg") wurde der Schlachtruf der amerikanischen Jugend, die von Johnsons Vietnamkriegspolitik zunehmend ernüchtert war. Bald wurden die Antikriegsproteste zu einer Massenbewegung, aus der die Gegenkultur der Hippies oder „Blumenkinder" erwuchs. Der Vietnamkrieg kam Johnson teuer zu stehen. Noch 1964 von der Zeitschrift *Time* zur Persönlichkeit des Jahres gewählt, war er 1968 ein geschmähter Mann.

Diese Karikatur von 1967 zeigt Johnson im Krankenbett mit dem vietnamesischen General Ky, der dem Präsidenten das Blut aussaugt.

Der Mensch auf dem Mond

Nachdem die Russen die Amerikaner 1961 damit gedemütigt hatten, dass sie den ersten Menschen in den Weltraum schossen, suchten die USA die Gelegenheit für eine Revanche. Sie triumphierten 1969 mit der Landung des ersten Menschen auf dem Mond. Sie war ein weltweites Medienspektakel. Zwischen 1969 und 1972 fanden insgesamt sechs *Apollo*-Missionen statt. Zwölf amerikanische Astronauten landeten dabei auf dem Mond und verbrachten dort insgesamt über 300 Stunden, davon allein 80 außerhalb ihrer Landefähre. Die Astronauten sammelten Gesteinsproben, machten zahlreiche Fotos und stellten Messgeräte auf. Die *Apollo*-Missionen wurden von Menschen in der ganzen Welt aufmerksam verfolgt. Sie blieben in erster Linie politische Machtdemonstrationen.

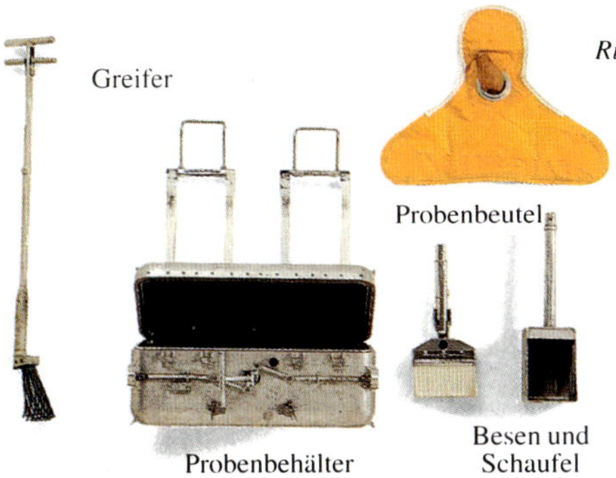

MONDWERKZEUG

Die Astronauten sammelten Steine, Staub und Bodenproben. Dabei erwies es sich als schwierig, gegen den Druck in den Handschuhen zuzugreifen. Tagelang hatten die Astronauten wunde Finger und Verspannungen in den Armen.

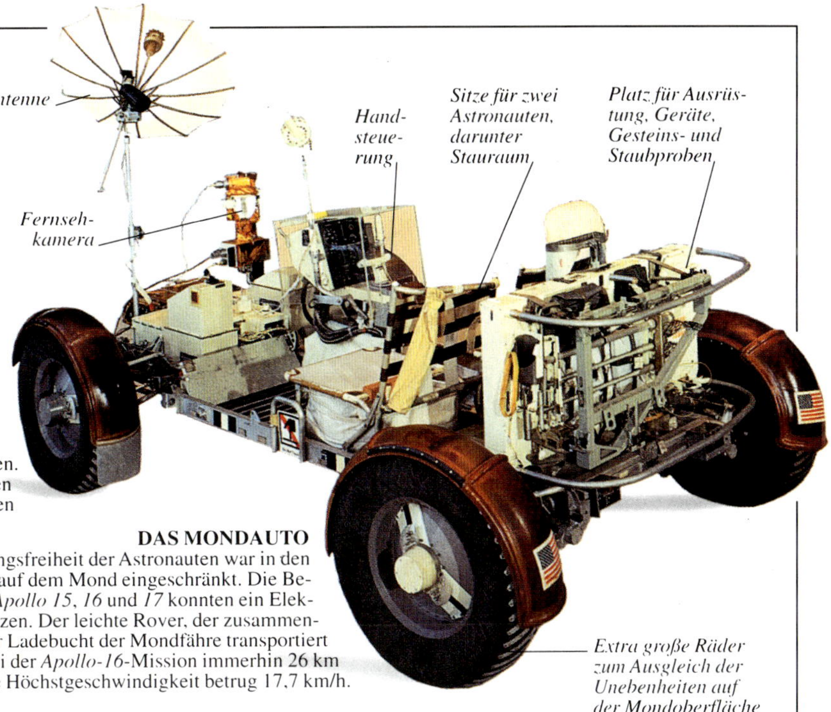

DAS MONDAUTO

Die Bewegungsfreiheit der Astronauten war in den Schutzanzügen auf dem Mond eingeschränkt. Die Besatzungen von *Apollo 15*, *16* und *17* konnten ein Elektrofahrzeug benutzen. Der leichte Rover, der zusammengeklappt in der Ladebucht der Mondfähre transportiert wurde, legte bei der *Apollo-16*-Mission immerhin 26 km zurück. Seine Höchstgeschwindigkeit betrug 17,7 km/h.

MONDGESTEIN

Der Großteil des 388 kg auf dem Mond gesammelten Gesteins ist vulkanischen Ursprungs und 3,5 Mrd. Jahre alt.

THE TIMES

Man lands on moon in perfect touchdown

Senator Kennedy to be charged

Suez moves nearer to full-scale war

It looks like a collection of about every kind of rock, Armstrong reports

Who lives in an ivory tower?

SCHLAGZEILEN

Die Welt hielt den Atem an, als sich *Apollo 11* im Juli 1969 dem Mond näherte. Zeitungen, Rundfunk und Fernsehen überschlugen sich förmlich mit Meldungen, als die erste Mondlandung geglückt war. In Tokio/Japan waren schon einige Tage vor dem Start alle Fernsehgeräte ausverkauft.

DIE LANDUNG VON *APOLLO 16*

Die sechs *Apollo*-Missionen hatten verschiedene Landeplätze. Die ersten drei landeten am Mondäquator, die späteren hatten mehr Treibstoff und steuerten weiter entfernte Gebiete an. *Apollo 16* setzte im hügeligen Descartes-Gebiet auf, das John Young und Charles Duke drei Tage lang erforschten. Alle Mondfähren tragen einen Codenamen. Die Landefähre von *Apollo 11* hieß *Eagle* (Adler), die von *Apollo 16* hieß *Orion*.

Technischer Fortschritt

Das 20. Jahrhundert hat sich von Anfang an vor allem als eine Epoche des Fortschritts in Technik und Wissenschaften betrachtet. In der ersten Hälfte waren die Leistungen in der Chemie und Physik gewaltig, doch wurden sie in erster Linie auf dem Gebiet der Theorie erbracht. Seit dem Ende des Zweiten Weltkriegs wurden die theoretischen Errungenschaften zunehmend praktisch angewandt. Synthetische Gegenstände aus „Plastik" ersetzten allenthalben teurere Gebrauchsgegenstände aus Holz und Metall. Die Atomphysik hatte im Zweiten Weltkrieg zur Entwicklung der Atombombe geführt. In den 50er Jahren wurde dann auch die friedliche Nutzung der Atomkraft erprobt: Atomkraftwerke versprachen, unerschöpfliche billige Energiequellen zu sein. Man sprach vom beginnenden „Atomzeitalter". Tatsächlich aber war es nicht die Atomenergie, die Wirtschaft und Alltag des ausgehenden 20. Jahrhunderts prägte, sondern die Mikroelektronik mit dem Computer und ganz neuen Möglichkeiten der Telekommunikation. Die Weltraumfahrt wurde kein Aufbruch zu den Sternen, sondern erwies sich allein durch die Telekommunikationssatelliten als nützlich. Gegen Ende des Jahrhunderts versprachen sich die Anleger an den B rsen der Welt besonders viel von der neuen Biotechnologie; doch bleibt es fraglich, ob sie die Welt wirklich so sehr ver ndern wird, wie die Biotechniker versprechen.

„Wir müssen uns klug anstellen, um unserer eigenen Klugheit in der Vergangenheit zu entgehen."

SIR MARK OLIPHANT

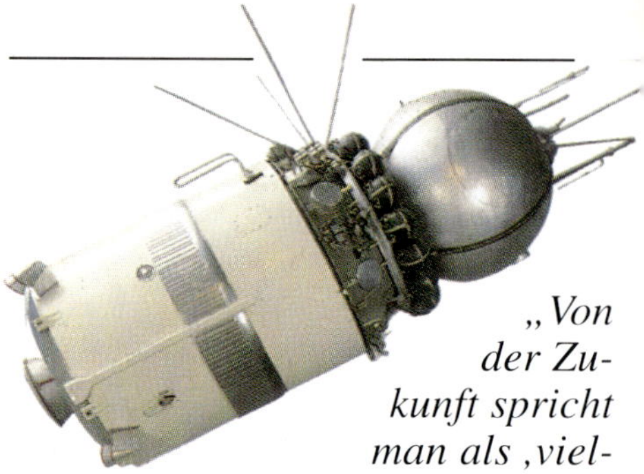

TELSTAR
Telstar, der als erster Nachrichtensatellit die Erde umkreiste, war von der NASA gestartet worden, gehörte aber der amerikanischen Telefongesellschaft.

„Von der Zukunft spricht man als ‚vielleicht', dem einzig passenden Wort. Und das Wichtigste ist: Sie darf uns nicht ängstigen."

TENNESSEE WILLIAMS

ERSTER CHIP
Die Bedeutung des Siliziumchips für das 20. Jh. ist enorm: Winzige Siliziumplättchen mit Tausenden elektronischer Bauteile findet man heute in Computern, Autos usw.

Siliziumchip

CRICK UND WATSON
1953 entdeckten Francis Crick und James Watson die Molekülstruktur der DNA, des Trägers der Erbinformation aller Lebewesen. Erst im 21. Jh. werden wir diese komplett entschlüsselt haben.

MANN IM MOND
Als Neil Armstrong 1969 den Mond betrat, sagte er: „Dies ist ein kleiner Schritt für einen Menschen, aber ein großer Schritt für die Menschheit." Die Erforschung des Weltraums steckt nach wie vor in den Kinderschuhen, doch ist es denkbar, dass eines Tages Mondreisen zum Alltag gehören.

Neil Armstrong, der erste Mensch auf dem Mond

1950 Erste Kreditkarte im Einsatz
1951 John Eckert und John Mauchly (USA) entwickeln digitalen Computer *UNIVAC*
1952 Das erste Passagierflugzeug mit Strahltriebwerken, die *De Havilland Comet*, nimmt ihren Dienst auf
1954 Erste Fernsehübertragung in Farbe
1955 Der Scanner (elektronischer Bildabtaster zur digitalen Datenübertragung) ist erfunden
1957 UdSSR schickt ersten künstlichen Satelliten *Sputnik I* ins All
1959 Christopher Cockerell (England) entwickelt Luftkissenboot *(Hovercraft)*
Herstellung des ersten Siliziumchips
1960 Theodore Maiman baut ersten Laser
1962 *Telstar I* als erster Nachrichtensatellit im All
1962 Der erste implantierbare Herzschrittmacher kommt auf den Markt
1963 Philips (Niederlande) erhält Patent auf Kassettenrekorder
1966 Senkrechtstarter vorgestellt
1967 Frankreich setzt Atom-U-Boot ein
1970 Die *Boeing 747* wird als erstes Großraumflugzeug in Betrieb genommen
IBM entwickelt Floppy Disc
1971 Küchenmaschine in Frankreich erfunden
Weltraumstation der Sowjetunion im All
1972 Computertomograf des Briten Godfrey Hounsfield
1973 GPS (*Global Positioning System*) zur genauen dreidimensionalen Positionsangabe von Objekten von den US-Streit-

„*Wir alle sollten uns um die Zukunft kümmern, schließlich müssen wir den Rest unseres Lebens mit ihr verbringen.*“

C.F. KETTERING

DISKETTE
Das Speichermedium der 1970er Jahre war die Floppy Disc aus weichem Kunststoff. Heute werden Programme und Daten meist auf Compact Discs (CDs) gespeichert.

STRICHCODE
Früher tippte die Kassiererin im Supermarkt die Preise der Artikel in die Kasse. Heute übermittelt sie mit einem Barcode-Leser, einem kleinen Scanner, Produkt und Preis zur Kasse.

DIE *CONCORDE*
Seit 1976 ist die *Concorde*, ein britisch-französisches Überschallflugzeug, im Linieneinsatz. Kritiker bemängeln die hohe Lärmbelastung, die dieser Flugzeugtyp verursacht.

Concorde auf dem Rollfeld

„*Science-fiction ist eine Art Archäologie der Zukunft.*“

CLIFTON FADIMAN

SPACESHUTTLE
Spaceshuttles sind wiederverwendbare Raumfähren. Die ersten vier Spaceshuttles wurden nach berühmten Schiffen benannt: *Columbia*, *Challenger*, *Endeavour* und *Atlantis*.

TRIUMPH DER GENTECHNOLOGIE?
1996 wird das Schaf Dolly geboren. Es ist das erste Säugetier, das aus der Zelle eines anderen erwachsenen Tiers hervorgeht. 2003 stirbt es, vorzeitig gealtert, und enttäuscht damit die Gentechniker: Sie müssen die „Ineffizienz“ der derzeitigen Klontechniken eingestehen.

„*Feuer und glühende Geschosse werden vom Himmel fallen, und nichts wird diese Katastrophe überleben. Dies wird sich vor der letzten Feuersbrunst 1999 ereignen.*“

NOSTRADAMUS

ZIEL: MARS
Am 4. Juli 1997 landete die Sonde *Pathfinder* auf dem Mars und setzte das ferngesteuerte Fahrzeug *Sojourner* zur Erkundung der Oberfläche des Roten Planeten aus. Die NASA plant nun die erste Landung von Astronauten auf dem Mars.

VIRTUELLE REALITÄT
In Bereichen wie Medizin, Konstruktion und Unterhaltung spielt virtuelle Realität bereits eine wichtige Rolle, und ihre Bedeutung nimmt ständig zu.

kräften eingeführt. Seit Beginn der 80er Jahre kann es auch zivil genutzt werden
1974 Barcode-Leser auf Verbrauchermesse in USA vorgestellt
Der erste elektronische Taschenrechner kommt auf den Markt
1978 In-vitro-Fertilisierung als Methode der künstlichen Befruchtung beim Menschen zum ersten Mal erfolgreich durchgeführt
1979 Das Mobiltelefon (Handy) tritt von den USA seinen Siegeszug durch die Welt an
Abgaskatalysator in Großbritannien entwickelt
1981 Start der ersten US-Raumfähre *Columbia*
Jungfernflug des Tarnkappenbombers (Stealth) in den USA
1982 Erste Kunstherztransplantation (USA)
1983/1984 Die ersten Personalcomputer werden angeboten und revolutionieren in den Folgejahren den Büroalltag
1984 Genetischer Fingerabdruck entwickelt
1985 Elektronisches Publizieren (DTP) wird möglich
Erste Mobiltelefone in Europa
1986 Freilandversuche mit gentechnisch veränderten Pflanzen sind genehmigt
Mir, die erste ständig bemannte Raumstation, wird ins All gebracht
1990 *Data Discman*, ein elektronisches Buch von Sony, kommt auf den Markt
1990er Jahre Das Internet wird zum beherrschenden Medium für private und kommerzielle Nutzung
1991 Start von *ERS-1*, dem ersten Umweltsatelliten Europas
1992 Virtuelle Realität in den USA als 3D-Videospiel entwickelt
1993 Erste sprachgesteuerte TV-Fernbedienung wird vorgestellt
1994 Mit der Tomate *Flavr Savr* kommt das erste gentechnisch veränderte Lebensmittel auf den Markt
1998 3-l-Auto in Deutschland entwickelt
Abkommen über die internationale Raumstation *ISS*
2000 Mit über 3 Mio. Bildpunkten erreichen Fotos von Digitalkameras annähernd dieselbe Bildqualität wie die von herkömmlichen Kameras
2001 97% des menschlichen Erbguts sind entschlüsselt
2003 Das kleinste Brennstoffkraftwerk der Welt, *PowerPack*, wird vorgestellt

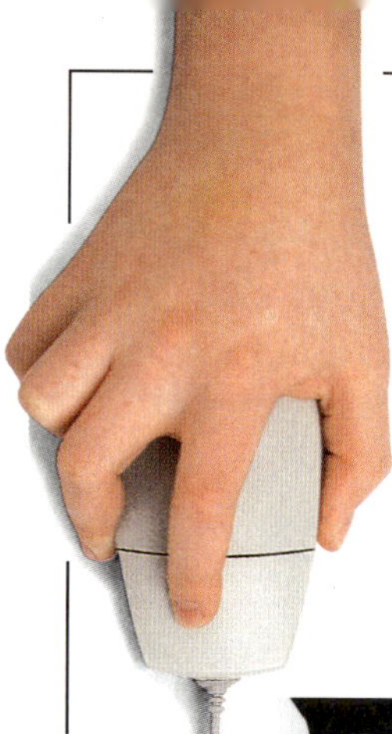

Die Computerrevolution

In kaum einem halben Jahrhundert hat der Computer unsere gesamte Kommunikation revolutioniert. Mithilfe der Computertechnologie können sich auch sprachbehinderte Menschen klar ausdrücken. Computer sind heute zudem ein wichtiges Lehr- und Lernmittel in Schulen. Vom Arbeitsplatz sind sie nicht mehr wegzudenken. Viele Firmen nutzen Computer nicht nur zur Kommunikation und zur weltweiten Koordination ihrer Aktivitäten, sondern auch, um Roboter, die schwere oder gefährliche Arbeiten verrichten, zu steuern. Viele Arbeiten, die früher von ungelernten Kräften erledigt wurden, haben computergesteuerte Maschinen übernommen. Andererseits schaffen Computer auch neue Berufe. Und im Zuge ihrer Entwicklung sind völlig neue Medien und Kommunikationsmittel entstanden, z.B. das Internet und die virtuelle Realität.

EINER DER ERSTEN
Der in den 1940er Jahren in den USA gebaute ENIAC wog 30 t, beanspruchte einen 13 × 6,5 m großen Raum und enthielt 18.000 Elektronenröhren. Er konnte mehrere Hundert Multiplikationen pro Minute durchführen. Allerdings war sein Programm fest im Prozessor verankert und musste für die jeweilige Aufgabe von Hand geändert werden. ENIAC sollte die Flughöhe, Feuerkraft und Reichweite neuer Bomben und Raketen berechnen.

KOMPAKTER COMPUTER
Mit der Zeit entstanden immer kleinere und leistungsfähigere Computer. Das kleine Notebook (rechts) von 1998 kann mehr als ein 20 Jahre alter tonnenschwerer Rechner und ist ebenso leistungsfähig wie ein großer Desktopcomputer. Ein eingebautes Modem erlaubt die Kommunikation mit anderen Computern übers Internet.

ROBOTER
Viele Fabrikarbeiten werden heute von Robotern erledigt. An diesem Ford-Mondeo-Fließband in Belgien stehen eine Reihe von Robotern, die von einem Computer gesteuert werden und auch Daten an diesen senden. So können sie beim Zusammenbauen der Autos mehrere unterschiedliche Aufgaben ausführen.

COMPUTERKUNST
Computer werden häufig für monotone Arbeiten eingesetzt, die man zur Schaffung anderer Medien braucht. Dieser computergesteuerte Zeichenroboter geht einen Schritt weiter: Das Computerprogramm AARON entwirft Original-Kunstwerke, die der Roboterarm dann malt. Dabei wechselt er die Pinsel und mischt die Farben nach Bedarf.

Metall-
letter

SCHRIFTSATZ

Bevor es Computer gab, wurden Bücher und Zeitungen arbeitsaufwändig handgesetzt. Jeder Buchstabe, jedes Satzzeichen und jeder Wortzwischenraum wurde mit einer eigenen Letter gesetzt. Der Setzer verwendete einen Winkelhaken, in dem er die Zeichen in Zeilen zu Wörtern zusammenfügte – und zwar in Spiegelschrift. Später gab es auch Maschinensatz.

BÜCHER PER COMPUTER

Autoren und Übersetzer tippen ihre Texte in den Computer, und auch Schriftsatz und Bildbearbeitung erfolgen am Rechner. Das druckreife Buch kann dann über eine Telefonleitung direkt an die Druckerei geschickt werden. Manche Verlage geben auch Bücher auf CD-ROM heraus. Dann braucht man auch zum Lesen einen Computer.

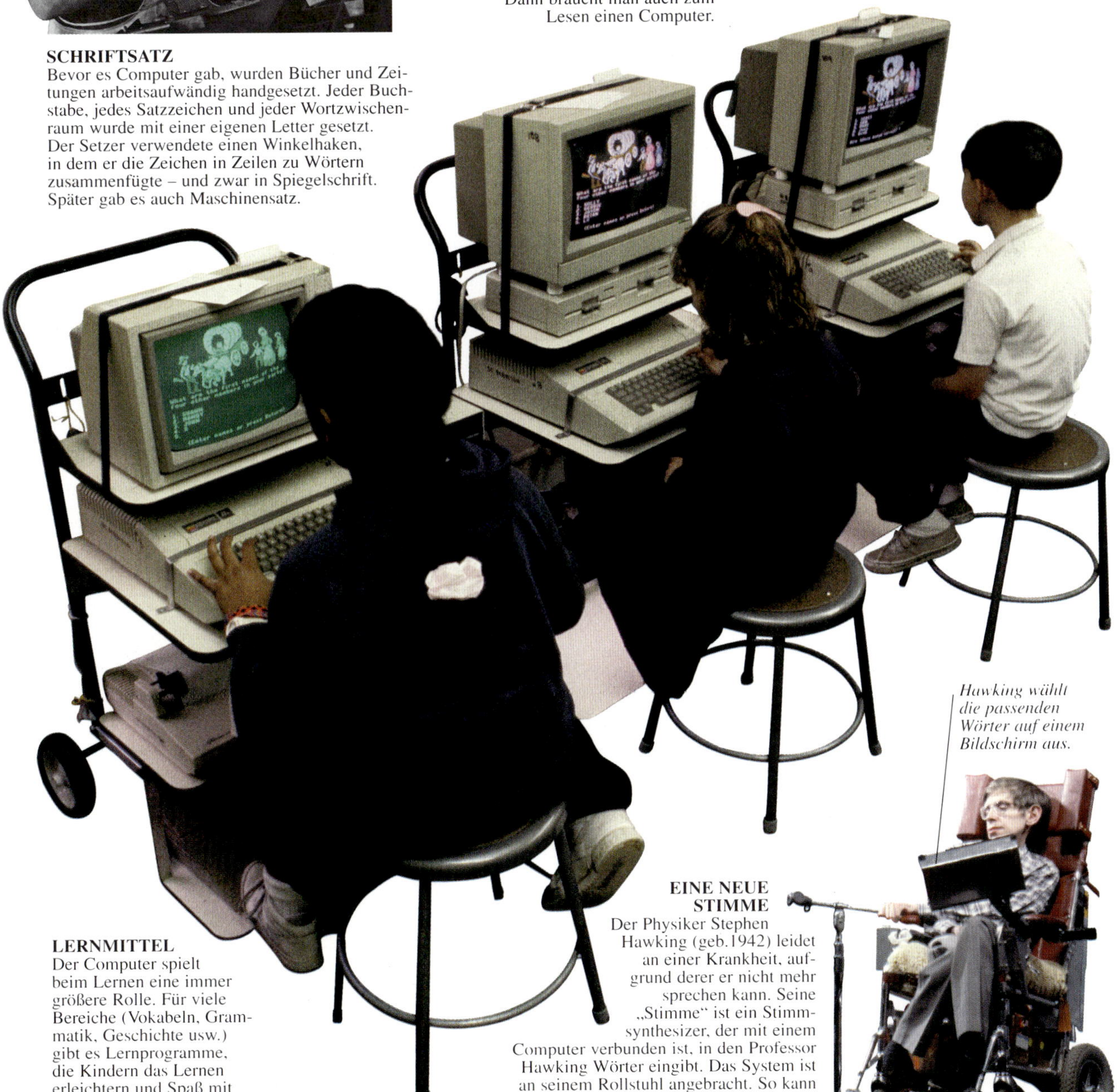

LERNMITTEL

Der Computer spielt beim Lernen eine immer größere Rolle. Für viele Bereiche (Vokabeln, Grammatik, Geschichte usw.) gibt es Lernprogramme, die Kindern das Lernen erleichtern und Spaß mit Nützlichem verbinden.

Hawking wählt die passenden Wörter auf einem Bildschirm aus.

EINE NEUE STIMME

Der Physiker Stephen Hawking (geb.1942) leidet an einer Krankheit, aufgrund derer er nicht mehr sprechen kann. Seine „Stimme" ist ein Stimmsynthesizer, der mit einem Computer verbunden ist, in den Professor Hawking Wörter eingibt. Das System ist an seinem Rollstuhl angebracht. So kann er z.B. auch Vorlesungen halten.

Protestmode

ABWASCHBAR
Diese revolutionären durchsichtigen Plastikkleider (1960er Jahre) konnte man nicht heiß waschen. Wurden sie schmutzig, wischte man sie einfach ab.

Mode war nie vielfältiger und schnelllebiger als seit den 1960er Jahren, in denen sich bei der Jugend neue, freche Stilrichtungen durchsetzten. Die Jugend der Welt stellte damit ihre Ablehnung gegen die restriktive Sexualmoral der älteren Generation und ihren Protest gegen die Klassengesellschaft zur Schau. Die Röcke wurden immer kürzer, und auch sonst enthüllte die Mode mehr als je zuvor. In Abgrenzung gegen den herkömmlichen Stil entwickelten verschiedene Protestbewegungen ihre eigene Kleidung. So trugen Ende der 1960er Jahre die Hippies lange, wallende Gewänder aus Naturfasern.

VERRÜCKTE MINIS
Dieses Mini-Hängekleid (1965) nach einem Entwurf von Ossie Clark ist kein Kinderkleid!

EINMAL-KLEIDUNG
Leuchtende konstrastierende Farben und Wegwerfkleidung waren in den 1960er Jahren beliebt. Dieses zusammengelegte Kleid und der Slip waren nur für einmaligen Gebrauch bestimmt.

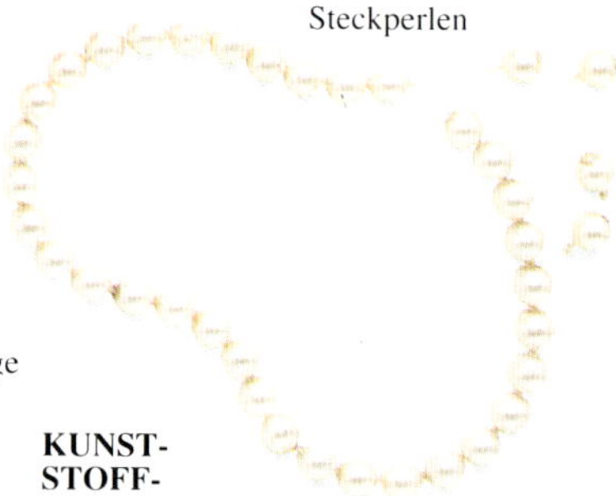

Steckperlen

Plastikohrringe

KUNSTSTOFF-KLUNKER
Um 1960 war solch klobiger, farbenprächtiger Plastikschmuck modern. Halsketten aus Steckperlen ließen sich je nach Bedarf verlängern oder verkürzen.

Das Material ist von schwarzen und goldenen Metallfäden durchwoben.

STIEFEL – EIN MUSS
Als ideale Ergänzung zu Miniröcken trugen Frauen in den 1960er Jahren zu allen Jahreszeiten und Gelegenheiten Stiefel.

MINI-MODE
Der von Mary Quant kreierte Minirock wurde zum Symbol der Jugend der 1960er Jahre.

BLUMENKINDER
Die Hippies wollten durch ihre Kleidung Individualität ausdrücken. Die Hippie-Mode war sehr vielseitig und wurde von Stilrichtungen aus der ganzen Welt (besonders Fernost und Südamerika) beeinflusst. Man trug Schaffelljacken, Kaftane, afrikanische Textilien, schwere Samtkleidung, indianische Fransenledertaschen, exotische Ketten und lange Schals. Manche Hippies gingen barfuß oder trugen Riemensandalen, andere färbten ihr Haar in leuchtenden Farben und bemalten Körper und Gesicht mit Blumenmustern.

Viele männliche Hippies trugen Perlenketten.

Weste mit Blumenmotiv

Tasche, verziert mit Fransen und Perlen

FLOWER-POWER
Die Abbildung zeigt Hippies bei einem Rockkonzert. Die Hippies wollten die traditionellen Gegensätze zwischen den Geschlechtern aufheben. Viele Männer ließen ihr Haar lang wachsen und trugen Perlenketten und Pastellfarben.

Stoffe mit geometrischen Mustern machten in den 1970er Jahren Mode.

HEISSE HÖSCHEN
Hot-Pants, die Anfang der 1970er Jahre aufkamen, waren eine Alternative zum Minirock – für Kinder, Jugendliche und Erwachsene.

Hot-Pants-Anzug einer 11-Jährigen

BLUMIG
Zu Beginn der 1970er Jahre trug man Hosen mit weitem Schlag. Besonders populär waren bestickte Kleidungsstücke wie diese Hose mit Blumen- und Schmetterlingsmuster.

Aufgesticktes Blumenmotiv

Durch den durchsichtigen Kunststoff konnte man Fuß zeigen.

PLATEAUSOHLEN
In den 1970er Jahren waren Schuhe mit extrem hohen Plateausohlen „in“.

ANTIMODE
Grellbunte, stachelige Frisuren, geschlitzte Jeans, löchrige Netzstrumpfhosen, schwere Stiefel und Lederjacken sind typische Bestandteile der Punkkleidung.

1968

Die Jahreszahl ist zum Symbol einer Revolte gegen Traditionen, Konventionen, Umgangsformen und Machtverhältnisse in den westlichen Gesellschaften geworden, die zu tiefgreifenden sozialen Änderungen führte, freilich nicht unbedingt zu denen, die den jungen Teilnehmern an der Revolte vorschwebten. Studenten- und Jugendunruhen erschütterten in den Jahren 1967 und 1968 fast alle Länder West- und Osteuropas und der USA; sie ebbten in den folgenden Jahren erst allmählich ab. Auslöser war ein Generationswechsel: Ende der sechziger Jahre wurde die Generation der nach dem Zweiten Weltkrieg Geborenen erwachsen. Diese junge Generation war in relativem Wohlstand aufgewachsen, ohne die Erfahrung von Krieg und Wirtschaftskrisen; sie sah in der von den Ängsten der Älteren genährten Konfrontation des Kalten Kriegs keinen Sinn mehr, ebenso wenig in der alten Sexual- und Familienmoral, die ihre Eltern nicht rational begründen konnten. Und sie misstraute den staatlichen Institutionen, die den Maßstäben der öffentlich verkündeten Moral nicht entsprachen. Der Krieg in Vietnam, der viele Züge eines Kolonialkriegs hatte, war ein Hauptziel des Protests; der von der NATO zumindest geduldete Militärputsch in Griechenland 1967 rief Empörung hervor, ebenso die Tatsache, dass in Deutschland ehemalige Nazis wie der Bundeskanzler Kiesinger führende Positionen in Staat und Wirtschaft besetzt hielten oder in Frankreich Generäle Einfluss hatten, die sich im Algerienkrieg mit Folterpraktiken kompromittiert hatten. Die Verbindung von Staat und Wirtschaft im „militärisch-industriellen Komplex" weckte Misstrauen und führte zu einem Generalverdacht gegen den Kapitalismus.

CHE GUEVARA
Das Plakat mit dem Konterfei des 1967 erschossenen kubanischen Revolutionärs zierte die Küchen vieler Wohngemeinschaften der 1968er. Hier ist es auf einem kubanischen Geldschein zu sehen.

DER PARISER MAI 1968
Als im Mai 1968 die Pariser Studenten auf die Barrikaden gingen und sich die Arbeiter ihnen mit einem Generalstreik anschlossen, stand der französische Staat für einen Moment vor dem Zusammenbruch. Auf dem Bild spricht der Philosoph Jean-Paul Sartre vor Studenten.

Das Ende der 68er-Bewegung

Die Bewegung der „Achtundsechziger“ verlor an Schubkraft, als die Parolen linksradikaler Splittergruppen sich zunehmend von der Lebenswirklichkeit der Jugend entfernten und als sowjetische Panzer im August 1968 den reformerischen Aufbruch in der Tschechoslowakei beendeten und damit die Vorstellung von der Reformierbarkeit der nachstalinistischen Regimes in Osteuropa zerstörten. In den 70er Jahren nahmen einige linksradikale Splittergruppen in Deutschland (RAF) und Italien den „bewaffneten Kampf“ auf, blieben aber isoliert.

PUTSCH IN GRIECHENLAND
Griechische Soldaten suchen nach dem Militärputsch vom 21. April 1967 in Athen nach versteckten Oppositionellen. Der antidemokratische Putsch rief auf der ganzen Welt Empörung hervor.

FRAUENEMANZIPATION
Studentinnen des SDS (Sozialistischer Deutscher Studentenbund) protestieren gegen die halbherzige Frauenpolitik in der Bundesrepublik. Die Frauenbewegung erzielte nach 1968 nachhaltige Erfolge.

STUDENTENUNRUHEN IN DEN USA
Eine Studentin attackiert einen bewaffneten Polizisten auf dem Campus der kalifornischen Universität von Berkeley, einem Zentrum der Studentenbewegung.

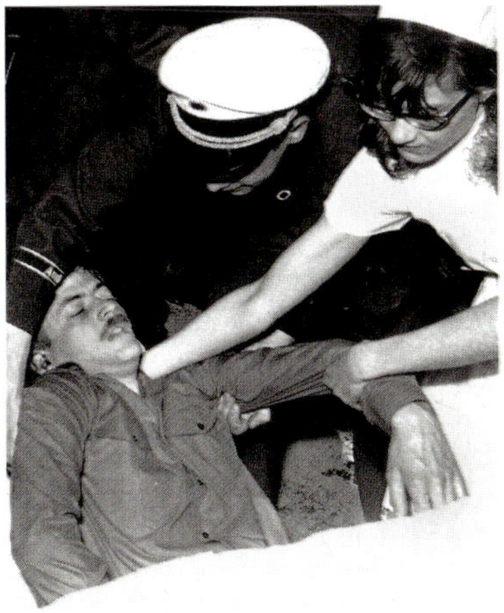

BENNO OHNESORG
Am 2. Juni 1967 wurde der Student Benno Ohnesorg während einer Demonstration gegen den Schah von Persien in Berlin von der Polizei erschossen. Die Empörung darüber verlieh der Protestbewegung in Deutschland einen neuen Schub.

SOWJETPANZER IN PRAG
In der Nacht zum 21. August 1968 marschierten Truppen des Warschauer Pakts in der Tschechoslowakei ein, um die von der KP selbst ausgehende Reformbewegung zu unterdrücken.

Der Fall der Berliner Mauer

LECH WALESA Der polnische Arbeiterführer spricht im August 1988 zu den Anhängern der verbotenen Gewerkschaftsbewegung Solidarnosc. Ein Jahr später beschließen Solidarnosc-Mitglieder an einem „runden Tisch“ mit über den Übergang Polens zur Demokratie.

Der „Fall“ der Berliner Mauer am 9. November 1989, die Aufhebung der Reisebeschränkungen zwischen Ost- und Westdeutschland, ist der symbolische Höhepunkt einer Entwicklung, die die seit dem Zweiten Weltkrieg zementierte Zweiteilung Europas und die Konfrontation zwischen Ost und West beendete. Sie begann mit der Übernahme der Macht in Moskau durch den erst 54-jährigen Michail Gorbatschow, der die Aufgabe übernahm, die wirtschaftlich und damit auch machtpolitisch immer mehr hinter den Westen zurückfallende Sowjetunion zu modernisieren. Und modernisieren hieß für Gorbatschow: vorsichtig zu demokratisieren. Sein Programm der „Glasnost“ bedeutete die Zulassung von Öffentlichkeit und Kritik auf allen Ebenen der Gesellschaft. Es bedeutete aber auch Annäherung an den Westen, dessen militärisch-wirtschaftliche Überlegenheit mit dem „Nachrüstungsprogramm“ der Amerikaner und der NATO deutlich wurde und dessen friedliche Grundeinstellung nicht zuletzt die Demonstrationen gegen diese Nachrüstung, vor allem in Deutschland, den Russen bewiesen. Die von Gorbatschow geförderte neue Offenheit der Sowjetunion ermutigt die Länder des Warschauer Pakts, sich von der Sowjetunion nicht länger bevormunden zu lassen. Zuerst in Polen, wo es die Arbeiter sind, die mit ihrer freien Gewerkschaft Solidarnosc für die Unabhängigkeit ihres Landes kämpfen, und in Ungarn werden demokratische Reformen eingeleitet. Einen Rückschritt für die Demokratiebewegung bedeutet die brutale Unterdrückung einer Studentenrevolte in Peking im Juni 1989. Dies schreckt jedoch die Bürger der DDR nicht davon ab, seit der Feier des vierzigjährigen Bestehens der DDR am 9. Oktober 1989 ununterbrochen für Reisefreiheit, Demokratie und schließlich auch die deutsche Einheit zu demonstrieren, so lange, bis die Staatsmacht, und das hieß vor allem die alle Bereiche der Gesellschaft kontrollierende „Staatssicherheit“, einsieht, dass sie durch einen Regimewechsel nicht mehr viel zu verlieren hat.

DIE MAUER WIRD DURCHLÄSSIG Am Abend des 9. November 1989 strömen Tausende DDR-Bewohner zu Fuß und per Auto durch die plötzlich geöffneten Übergänge in der Mauer nach Westberlin. Begeistert werden sie von den Westberlinern begrüßt. Niemand hatte sich noch Tage zuvor so etwas auch nur vorstellen können.

VACLAV HÁVEL
Der Schriftsteller Vaclav Hável, Führer der gewaltfreien „samtenen Revolution" in der Tschechoslowakei, winkt als gerade gewählter Staatspräsident am 29. Dezember 1989 vom Balkon der Prager Burg.

BRUDERKUSS
„Wer zu spät kommt, den bestraft das Leben", soll Michail Gorbatschow zum DDR-Staatsratsvorsitzenden Erich Honecker nach diesem Bruderkuss bei den Feierlichkeiten zum 40. Jahrestag der DDR am 7. Oktober 1989 gesagt haben.

DDR-GELD
Das DDR-Geld war nie populär, weil jeder wusste, dass man mit der frei konvertiblen D-Mark des Westens viel mehr kaufen konnte. Die DDR-Mark wurde am 1. Juli 1990, noch vor der Wiedervereinigung, abgeschafft.

Nach dem Fall der Mauer in Berlin

Im Dezember 1989 kommt es zur „samtenen Revolution" in der Tschechoslowakei, wenig später folgen der Umsturz in Rumänien und eine sanfte Revolution in Bulgarien. Am 3. Oktober 1990 wird Deutschland wiedervereinigt. Zu dieser Zeit, zuerst im Baltikum, beginnt auch die Auflösung der Sowjetunion, die zur – in manchen Fällen allerdings bloß formalen – Unabhängigkeit der einzelnen Unionsrepubliken von Russland führt.

PANZER AUF DEM PLATZ DES HIMMLISCHEN FRIEDENS
Am Morgen des 4. Juni 1989 betrachten schockierte Chinesen ausgebrannte Panzer auf dem Platz des Himmlischen Friedens in Peking, nachdem das Militär in der Nacht zuvor der Dauerdemonstration der demokratischen Opposition ein blutiges Ende bereitet hatte. Viele Menschen befürchteten damals, dass Militär und Polizei nun auch in Osteuropa mit ähnlichen Gewaltmaßnahmen gegen die Opposition vorgehen würden.

Das neue Russland

Im August 1991 kam es zum Putsch der „Hardliner“-Kommunisten gegen Staatspräsident Gorbatschow und seine Reformpolitik. Der neu gewählte Präsident der russischen Republik, Boris Jelzin, ein Gegner des Umsturzes, ließ das Weiße Haus, das Parlamentsgebäude in Moskau, besetzen. Die Moskauer unterstützten Jelzin, und innerhalb von drei Tagen war der Putsch beendet. Ende 1991 zerfiel die Sowjetunion, und die Russische Föderation entstand. Im September 1993 löste Jelzin das Parlament auf, das seinen Reformkurs blockierte. Erneut wurde das Weiße Haus besetzt, diesmal von Kommunisten und Nationalisten. Unter Einsatz des Militärs konnte Jelzin ihren Widerstand brechen; 150 Menschen kamen dabei ums Leben. Seither versucht man die Marktwirtschaft aufzubauen. Trotz Korruption und zunehmender Kriminalität verbessern sich allmählich die Lebensumstände, vor allem seit Jelzin die Macht 2000 an den jüngeren Wladimir Putin übergeben hat.

Die sowjetische Fahne mit Hammer und Sichel wurde an Weihnachten 1991 eingeholt.

NEUE WIRTSCHAFTSFORM
1992 vollzog Russland den Übergang von der staatlich gelenkten Planwirtschaft zur Marktwirtschaft. Zunächst explodierten die Preise, da der Rubel – die russische Währung – schnell an Kaufkraft verlor. Daraufhin drosselte man das Tempo, mit dem die Reformen durchgeführt wurden, sodass der Rubel sich „erholen“ konnte.

1912 entsprachen 500 Rubel dem Jahresverdienst eines Ladenbesitzers.

In den 1990er Jahren erhielt man für 500 Rubel ein einziges Ei.

DER LETZTE PRÄSIDENT DER UDSSR
1985 begann Gorbatschow mit seiner Politik der Offenheit (*Glasnost*) und vorsichtigen Reformen (*Perestroika*). Er geriet schnell zwischen die Fronten der Kommunisten, die Reformen ablehnten, und der Radikalen, die mehr Demokratie forderten. Nach dem fehlgeschlagenen Putsch vom August 1991 verlor Gorbatschow sein Amt an Jelzin, doch ohne seine Politik wäre das neue Russland nicht möglich gewesen.

NEU UND ALT
Neue Geschäfte und renovierte Gebäude prägen heute das Gesicht der russischen Städte. Einige bedeutende Bauten, die unter den Sowjets zerstört wurden, hat man originalgetreu wieder aufgebaut, z.B. die Freitreppe vor dem Kreml-Palast, das Auferstehungstor auf dem Roten Platz und die Erlöserkirche.

Die Erlöserkirche wurde 1997 am ursprünglichen Platz, an dem sich seit 1958 ein Schwimmbad befand, wieder aufgebaut.

GROSSE VERÄNDERUNGEN

Zwischen dem August-Putsch und dem Jahresende 1991 lagen ereignisreiche Monate: Die Kommunistische Partei wurde aufgelöst, die ehemaligen Republiken verließen die Union und schlossen sich zur Gemeinschaft Unabhängiger Staaten (GUS) zusammen. Der letzte sowjetische Präsident Michail Gorbatschow trat zurück. Am 25. Dezember 1991 wurde die sowjetische Fahne auf dem Kreml endgültig eingeholt. Die demokratische Russische Förderation war geboren.

Die ehemals zaristische rot-weiß-blaue Fahne weht nun über Russland.

BEIM VOLK BELIEBT

Boris Jelzin wurde in den 1960er Jahren Parteiführer in Swerdlowsk (Ural), in den 1980er Jahren versah er das gleiche Amt in Moskau und wurde dort 1987 von Gorbatschow entlassen. Sein „Comeback" hatte er vier Jahre später, als er die erste demokratische Wahl zum Amt des Präsidenten der Russischen Republik gewann. Im Juni 1996 wurde Jelzin trotz seiner angeschlagenen Gesundheit im Amt bestätigt, im März 2000 von Wladimir Putin abgelöst.

Estland (1), Lettland (2) *und* Litauen (3) *nennt man Baltische Staaten.*

RUSSLANDS NEUES GESICHT

Die Russische Förderation ist selbst nach dem Ausscheiden der übrigen 14 Republiken aus der UdSSR das größte Land der Welt mit der Chance, eines Tages auch zu den reichsten Staaten der Erde zu gehören. Zwölf der vormals 15 Republiken – ohne Litauen, Estland und Lettland – bilden heute die Gemeinschaft Unabhängiger Staaten (GUS). Ihr Hautziel ist die Förderung der wirtschaftlichen und politischen Zusammenarbeit ihrer Mitgliedsstaaten.

Der Weg nach Europa

1945 lag Europa, dessen Staaten die Jahrhunderte davor die Welt beherrscht und durch seine Wissenschaft, Kunst und Industrie geprägt hatten, in Trümmern. Die Gründe für die Kriege, die Europa an den Rand des Abgrunds gebracht hatten, lagen nicht zuletzt auf wirtschaftlichem Gebiet, in der erbarmungslosen Konkurrenz um Märkte für die Industrien der Nationalstaaten und in ihrem Ringen um militärisch-industrielle Überlegenheit. Vorausschauende Staatsmänner wie der Franzose Robert Schuman, der Italiener Alcide De Gasperi und der Deutsche Konrad Adenauer planten deshalb eine Verflechtung der europäischen Industrie, die weitere Kriege der Staaten untereinander unmöglich machen sollte. 1951/1952 wurde die Montanunion, ein gemeinsamer Markt für die kriegswichtige Kohle- und Stahlindustrie, geschaffen. Dem Wirtschaftspakt gehörten Frankreich, die Bundesrepublik Deutschland, Italien und die *Benelux*-Staaten Niederlande, Belgien und Luxemburg an. 1957 wurde das Bündnis mit den „Römischen Verträgen" zur Europäischen Wirtschaftsgemeinschaft" (EWG) erweitert, einer allgemeinen Zoll- und Handelsunion. Aus der wirtschaftlichen erwuchs auch eine immer engere politische Zusammenarbeit; aus der EWG wurde die Europäische Gemeinschaft (EG) und schließlich die Europäische Union (EU), der außer den sechs Gründerstaaten der EWG auch Großbritannien, Irland, Österreich, die skandinavischen Staaten außer Norwegen und die mittlerweile aus Diktaturen zu Demokratien gewordenen südeuropäischen Staaten Spanien, Portugal und Griechenland angehören.

Der Fall der Berliner Mauer und die Demokratisierung Osteuropas führten dazu, dass aus den osteuropäischen Staaten Beitrittskandidaten zur EU wurden. Eine weitere Folge des Zusammenbruchs des Ostblocks war die Einführung der gemeinsamen Währung Euro am 1. Januar 2002: Vor allem Frankreich hatte die Währungsunion betrieben, um das größer gewordene Deutschland fester an Europa zu binden.

EUROPABEGEISTERUNG
Die Idee eines vereinigten Europas begeisterte in den 50er Jahren die Jugend. So rissen Studenten aus mehreren europäischen Ländern im August 1950 an der deutsch-französischen Grenze Grenzschranken nieder und demonstrierten für ein europäisches Parlament und eine europäische Regierung.

DER EURO
Am 1. Januar 2002 kamen in den meisten Ländern der EU Euroscheine und -münzen in Umlauf. Die Motive auf den Scheinen erinnern an die gemeinsame Kulturgeschichte des Kontinents; die Rückseite der Münzen bleibt nationalen Motiven vorbehalten, um die Vielfalt Europas zu betonen.

DIE DEUTSCH-FRANZÖSISCHE AUSSÖHNUNG
Mit einem gemeinsamen Gottesdienst in der Kathedrale von Reims im Juli 1962 besiegelten Bundeskanzler Adenauer und Staatspräsident de Gaulle die deutsch-französische Aussöhnung.

MAGGIE THATCHER
Die britische Premierministerin Margaret („Maggie") Thatcher stemmte sich in den 80er Jahren gegen eine weitergehende Integration Großbritanniens in die Europäische Gemeinschaft. Nach ihrem Rücktritt im November 1990 wurde die britische Politik wieder europafreundlicher. Großbritannien bleibt jedoch hin- und hergerissen zwischen einer Annäherung an Europa und einer engen Bindung an die USA.

Die Handtasche, Maggie Thatchers Markenzeichen

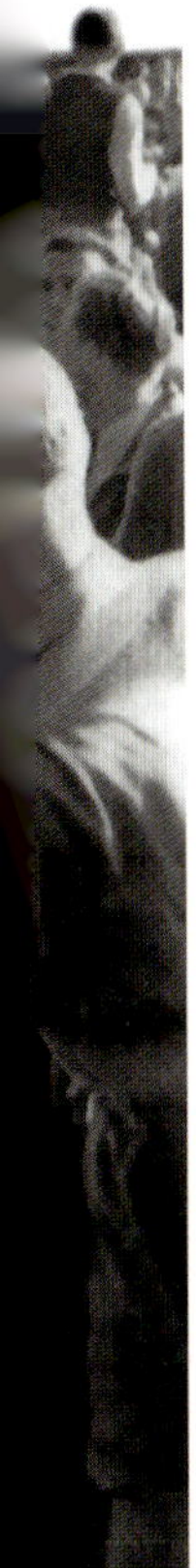

DIE NELKEN-REVOLUTION
Im April 1974 beseitigte ein Putsch linker Offiziere das alte faschistische Regime in Portugal. Damit begann die demokratische Entwicklung des Landes.

BRANDT IN WARSCHAU
Am 7. Dezember 1970 ehrte der deutsche Bundeskanzler Willy Brandt mit einem Kniefall die Opfer des Nationalsozialismus in der polnischen Hauptstadt. Die symbolische Geste trug zum Erfolg der auf Entspannung und Aussöhnung mit den Staaten Osteuropas ausgerichteten Politik Brandts bei.

DIE RÖMISCHEN VERTRÄGE
Am 24. März 1957 werden in Rom die Verträge über die Gründung der Europäischen Wirtschaftsgemeinschaft (EWG) zwischen Deutschland, Italien, Frankreich und den Benelux-Staaten feierlich unterzeichnet. Für die Bundesrepublik Deutschland unterschreibt Bundeskanzler Adenauer (links).

PUTSCHVERSUCH IN MADRID
Am 23. Februar 1981 stürmt der Oberstleutnant Tejero mit Soldaten das Parlament in Madrid. Der Putschversuch scheitert, vor allem an der entschlossenen Haltung von König Juan Carlos. Spanien schreitet auf seinem Weg in die Demokratie fort.

Eine neue Weltordnung?

Eine „neue Weltordnung" versprach der amerikanische Präsident George Bush nach dem Fall der Berliner Mauer. Und tatsächlich schien es in den neunziger Jahren des 20. Jahrhunderts, nach dem Ende des Kalten Kriegs, als könnte die Welt friedlich geordnet werden, demokratisch und nach den Maßstäben des liberalen Kapitalismus. Die Amerikaner waren die einzige verbliebene Supermacht und wussten die anderen führenden Industriestaaten, die Europäer und Japaner, auf ihrer Seite. 1991 gelang es den Amerikanern und ihren Verbündeten, die Invasion des irakischen Diktators Saddam Hussein in Kuwait im Golfkrieg zurückzuschlagen und den Zugang zu den Ölquellen des Nahen Ostens zu sichern. In den folgenden Jahren gelang es den westlichen Verbündeten auch, den von Serbien gegen die Selbstständigkeit beanspruchenden übrigen Republiken des alten Jugoslawien und die albanische Bevölkerung der eigenen Kosovo-Provinz begonnenen Krieg auf dem Balkan unter Kontrolle zu bringen. Doch das Nahost-Problem zwischen Israel und den arabischen Staaten blieb ungelöst, und Amerika wurde zum Hassobjekt großer Teile der arabischen und muslimischen Weltbevölkerung. Der Hass einer extremen islamistischen Gruppierung entlud sich am 11. September 2001 mit dem menschenverachtenden Anschlag auf das World Trade Center in New York. Die Amerikaner versuchen seitdem, den Terror mit militärischen Mitteln weltweit zu bekämpfen.

ATTAC
Das Prozentzeichen mit den beiden Weltkugeln ist das Symbol des internationalen Netzwerks attac, das Ende 1998 gegründet wurde, um den Gegnern der Globalisierung eine gemeinsame Plattform zu geben. „attac" ist die Abkürzung für den französischen Namen der „Aktion für die Besteuerung von Finanztransaktionen zum Schutz der Bürger", das Prozentzeichen steht für die Idee der prozentualen „Tobin-Steuer" auf Spekulationsgewinne aus internationalen Finanzgeschäften.

SARAJEWO IN TRÜMMERN
Nachdem Bosnien-Herzegowina 1992 ihre Unabhängigkeit von Jugoslawien erklärt hatten, versuchten irreguläre serbische Truppen, Bosnien zu okkupieren. Die Landeshauptstadt Sarajewo wurde monatelang belagert.

US-TRUPPEN AUF DEM WEG IN DEN IRAK 1991
Am 17. Januar 1991 begann der 2. Golfkrieg, in dem eine internationale Allianz unter amerikanischer Führung die irakischen Truppen aus dem okkupierten Kuwait vertrieb; der Irak wurde zur Abrüstung gezwungen.

Neue Kriege

Die Amerikaner unter Präsident George W. Bush reagierten mit militärischen Machtdemonstrationen zuerst 2001 in Afghanistan, dann 2003 im Irak auf die Herausforderung des 11. September 2001. Ihr zum Teil einseitiges Vorgehen traf bei anderen Nationen wie Russland, China, Frankreich und Deutschland allerdings auf Skepsis.

INTIFADA IN PALÄSTINA
Der Aufstand in den von Israel kontrollierten Gebieten Palästinas seit 1988, die „Intifada", führte zu einer nicht enden wollenden Gewaltspirale: Selbstmordattentate der Palästinenser und zunehmend härtere Militäraktionen der Israelis wechselten sich ab.

Palästinenserflagge

DAS WORLD TRADE CENTER AM 11. SEPTEMBER 2001
Der terroristische Angriff mit entführten Flugzeugen auf die Türme des New Yorker World Trade Center schockierte die Welt. Die Türme stürzten zusammen und begruben unter sich Tausende unschuldige Menschen.

KATASTROPHENSTIMMUNG AN DER WALL STREET, JULI 2002
Nach dem Terrorangriff auf das World Trade Center verstärkte sich der Abwärtstrend an den internationalen Börsen, der schon zuvor begonnen hatte. Millionen Menschen, die in Aktien investiert hatten, verloren große Teile ihres Vermögens.

DIE TALIBAN SPRENGEN BUDDHASTATUEN IN OSTAFGHANISTAN
Das fundamentalistisch-islamische Regime der Taliban in Afghanistan zeigte seine Rückwärtsgewandtheit mit barbarischen Anschlägen auf aus vorislamischen Zeiten stammende Kunstwerke. Das Talibanregime, das den Terroristen des Al-Qaida-Netzwerks Unterschlupf gewährt hatte, wurde 2001 durch eine amerikanisch-britische Militärintervention beseitigt.

VIELE MÜNDER ZU STOPFEN
Naturkatastrophen wie Überschwemmungen oder Missernten führen immer wieder dazu, dass in dicht bevölkerten Gegenden der Welt akuter Mangel an Trinkwasser oder Nahrung auftritt, unter dem Millionen Menschen zu leiden haben.

Globales Wachstum

Die Weltbevölkerung hat innerhalb der letzten 200 Jahre von etwa 1 Milliarde auf über 6 Milliarden Menschen zugenommen; erst in jüngerer Zeit ist eine Verlangsamung des Wachstums eingetreten. Dass die Geburtenrate die Zahl der Sterbefälle übersteigt, ist ein Phänomen, das sich Soziologen zufolge erst bei einer Gesamtbevölkerung von 10 bis 11 Milliarden Menschen einpendeln wird. Medizinischer Fortschritt, bessere Wohnverhältnisse und gesündere Ernährung verlängern unser Leben, machen uns aktiver und verbessern unsere Lebensqualität. Damit den Bedürfnissen einer so großen Bevölkerung Rechnung getragen werden kann, ist es erforderlich, dass wir mit den vorhandenen Ressourcen vernünftig und sparsam umgehen und dass die Staaten auf dem Gebiet des Umweltschutzes zusammenarbeiten und gemeinsam alternative Energiequellen als Ersatz für fossile Brennstoffe erschließen.

FIT IM ALTER
Verbesserte Lebensbedingungen und Fortschritte in der Medizin führen dazu, dass der Mensch immer älter wird und im Alter aktiver bleibt. Möglicherweise werden deshalb im 21. Jh. viel mehr Menschen als heute 100 Jahre und älter.

BEVÖLKERUNGSWACHSTUM
Um 1800 betrug die Weltbevölkerung weniger als 1 Mrd. Menschen. Dank der sich allmählich verbessernden Lebensbedingungen gab es um 1900 bereits 2 Mrd. Menschen auf der Erde. Innerhalb der nächsten 50 Jahre stieg die Weltbevölkerung auf 3 Mrd. an, und seitdem hat sich die Zahl noch einmal verdoppelt: auf über 6 Mrd. Derzeit rechnet man mit einem Zuwachs von 1 Mrd. Menschen alle zwölf Jahre. Die Grafik rechts zeigt u.a., dass ab dem Jahr 2100 die Bevölkerung voraussichtlich in etwa konstant bleiben wird.

MEGACITYS
Immer mehr Menschen zieht es heute in die großen Städte. In den Entwicklungsländern sind es bereits 37% der dortigen Bevölkerung, und in den Industrienationen zeigt sich der gleiche Trend: Japans Hauptstadt Tokio z.B. hat mittlerweile über 29 Mio. Einwohner. Dadurch erhöht sich der Druck auf den ohnehin schon angespannten Wohnungs- und Arbeitsmarkt.

Kraftwerk in Moskau

VERSCHMUTZTE UMWELT
Alljährlich verbrauchen wir Milliarden Tonnen fossiler Brennstoffe und tragen damit in hohem Maße zur Verschmutzung unserer Umwelt bei. Autoabgase und Fabrikemissionen produzieren Smog, der verheerende Folgen für die Gesundheit des Menschen und für die Natur hat.

ERHALTEN FÜR DIE ZUKUNFT
Die enorme Nachfrage nach Holz und Weideland in Südamerika hat dazu geführt, dass große Gebiete des Regenwalds zerstört wurden: mit verheerenden Folgen für Pflanzen- und Tierwelt sowie für das Weltklima. Es ist dringend erforderlich, dass die Regierungen Gegenmaßnahmen ergreifen.

LEBENSSTIL
Manche Kulturen gelten als attraktiver als andere. So ist der amerikanische Lebensstil in der ganzen Welt geschätzt, was sich in der Nachfrage nach bestimmten Waren niederschlägt. Dies bleibt jedoch nicht ohne Folgen für die Rohstoffreserven.

Coca-Cola wird in die ganze Welt exportiert.

Mehr als 668 Mio. Gläser Coca-Cola werden täglich weltweit getrunken.

Slums unweit des modernen Stadtzentrums von São Paulo/ Brasilien

ENTWICKLUNGSLÄNDER
Dass immer mehr Menschen in die Städte drängen, verschärft die Probleme auf dem städtischen Arbeitsmarkt und führt zum Entstehen von Elendsvierteln. Rund 37% der Menschen in Entwicklungsländern leben heute in Städten, und man erwartet, dass diese Zahl in den nächsten Jahren auf 50% steigt.

Unser Planet schrumpft

VERKABELT
Die Technik ist enorm fortgeschritten, seit diese Gruppe begeistert einer Musikaufnahme lauschte. Heute können Menschen aus vielen verschiedenen Kulturen Wissenswertes – und auch Musik – austauschen.

Unsere Welt wird scheinbar immer kleiner. Rund 150 Nachrichtensatelliten in geostationärer Bahn über der Erde sichern heute den weltweiten Informationsfluss. Dank Handys, Fax und E-Mail können wir jederzeit problemlos mit anderen Menschen kommunizieren, wo auch immer diese sich befinden. Livereportagen, ob von kulturellen Ereignissen oder aus Kriegs- und Hungersnotgebieten, flimmern tagtäglich über unseren Fernsehschirm. Das Internet, ursprünglich als Kommunikationsnetz zwischen Universitäten eingerichtet, wird heute von Millionen Menschen weltweit genutzt. Die Technologien für Fernsehen, Computer und Telefon sollen kombiniert werden, sodass Videokonferenzen, in denen sich Fachleute verschiedenster Disziplinen austauschen, bald eine Selbstverständlichkeit sind. Dieses Bild einer vernetzten Weltgesellschaft wird allerdings eine Illusion bleiben, solange zwei Drittel der Weltbevölkerung mit existenziellen Problemen kämpfen und Telefon und PCs für sie unerreichbarer Luxus sind. Die Nachrichtentechnik könnte zum Segen für die ganze Welt werden, doch bis dahin sind noch viele Probleme zu lösen.

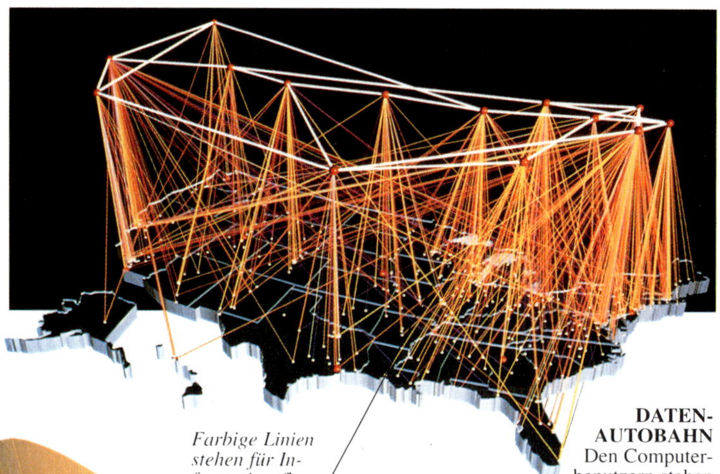

Farbige Linien stehen für Informationsfluss.

DATEN-AUTOBAHN
Den Computerbenutzern stehen heute schnelle Datenautobahnen zur Verfügung, und Netzwerke ermöglichen Wissenschaftlern den Zugriff auf immer leistungsfähigere Computer. Das hier gezeigte Netzwerk ist auf die USA begrenzt, während das *World Wide Web* (www) die ganze Welt umspannt.

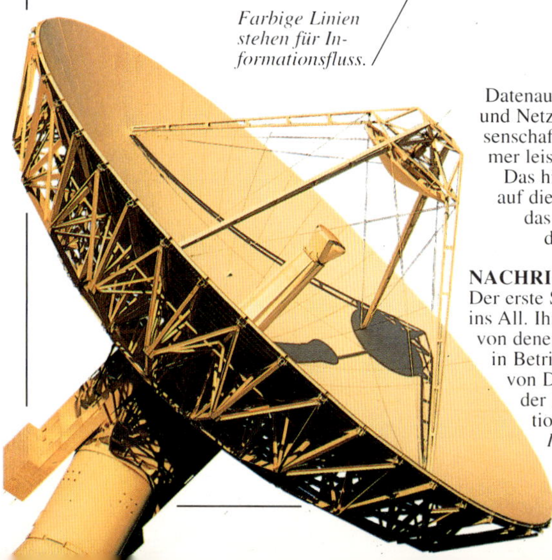

NACHRICHTENÜBERTRAGUNG
Der erste Satellit *Sputnik 1* startete 1957 ins All. Ihm folgten seither über 2000 weitere, von denen allerdings bei weitem nicht mehr alle in Betrieb sind. Für Empfang und Übertragung von Daten und Nachrichten stehen überall auf der Erde Parabolantennen (links) bereit. Geostationäre Nachrichten- und Fernsehsatelliten wie *Intelsat K* (oben rechts) und *TDF-1* (rechts) sind von zahlreichen Staaten in den Weltraum geschickt worden.

Heutige Videofone sind kleiner und handlicher.

DIE FREUNDE IM VISIER
Dieses Bild von 1956 zeigt, welche Störungen der Privatsphäre man durch Entwicklungen wie das Videofon (Bildtelefon) befürchtete. Gespräche mit einem sichtbaren Gegenüber wurden erst in den 1990er Jahren möglich.

VON ANGESICHT ZU ANGESICHT
In der Wirtschaft spielen Videokonferenzen bereits eine wichtige Rolle. Sie bringen Geschäftspartner aus der ganzen Welt „an einem Tisch" zusammen und helfen Zeit und Kosten für Reisen zu sparen. Auch an Schulen und Universitäten wird dieses neue Medium Einzug halten: Bald werden namhafte Wissenschaftler im Hörsaal virtuell anwesend sein und Fragen der Studenten beantworten.

Mit dieser Ausrüstung ist der Facharzt am Unfallort virtuell anwesend.

In das Headset sind Kamera, Bildschirm und Mikrofon integriert.

Der Arzt instruiert das Rettungsteam anhand der Bilder vom Unfallort.

LEBENSRETTEND
Bereits in naher Zukunft soll es möglich sein, dass Sanitäter am Unfallort dank einer Kombination aus Videokonferenz und Satellitenkommunikation von Spezialisten konkrete Anweisungen in Wort und Bild erhalten und so immer früher lebensrettende Maßnahmen ergreifen können.

Solarzellen sammeln Sonnenenergie für Telefonate.

SOLARTELEFON
In vielen Gegenden der Welt gibt es keinen Strom. Diese Telefonzelle bezieht die für Gespräche nötige Energie aus dem Sonnenlicht.

Dieser Faserstrang kann 1 Mio. Telefonate gleichzeitig übertragen.

GLASFASERN
Viele Hunderttausend Kilometer Glasfaserkabel sind heute bereits verlegt. Die flexiblen Kabelstränge aus besonders reinem Glas ersetzen zunehmend die bisher für die Übertragung von Telefonaten und Fernsehsignalen genutzten Kupferkabel. Sie können mehr Signale übermitteln als diese und sind weniger störanfällig.

Internationale Hilfe

Ist die Bevölkerung eines ganzen Landes von Katastrophen wie Hungersnot, Überschwemmungen, Dürre oder Krieg betroffen, entsenden Hilfsorganisationen aus aller Welt so schnell wie möglich Rettungsteams in die betroffenen Gebiete. Zuerst wird für Grundbedürfnisse wie Nahrung, Trinkwasser, medizinische Versorgung und sichere Unterkunft gesorgt. Dann stellen Hilfsorganisationen Saatgut, Baumaterialien und weitere Hilfsmittel für den Wiederaufbau des Landes zur Verfügung. Teilweise helfen Regierungen anderer Länder, doch die meiste Hilfe kommt von nichtstaatlichen Organisationen wie dem Roten Kreuz oder „Ärzte ohne Grenzen", die meist vom Einsatz Freiwilliger und von Spenden abhängig sind. Auch kirchliche Institutionen versuchen unabhängig von der Religion und vom politischen und wirtschaftlichen System des betroffenen Gebiets zu helfen. Wenn ein Staat einem anderen hilft, spielt die Politik dagegen meist eine große Rolle; so wird in Kriegen nur die Seite unterstützt, mit der man politisch zusammenarbeiten kann.

Menschen in einem Flüchtlingslager im Sudan warten auf Essen.

HILFE GEGEN DEN HUNGER
In den heißesten, trockensten Gebieten der Welt ist jeder Tropfen Regen entscheidend für die Ernte. Bei einer Dürre fallen Ernten aus, Nahrungsmittelvorräte werden aufgebraucht, und die Menschen sterben vor Hunger. Arme Länder wenden sich an internationale Hilfsorganisationen und bitten um Nahrungsmittel und sauberes Trinkwasser.

DAS ROTE KREUZ
Nachdem 1997 ein Tsunami (eine Flutwelle) die Küste Papua-Neuguineas verwüstet hatte, mangelte es an sauberem Trinkwasser. Das Rote Kreuz bohrte Brunnen, sodass die Frauen auch ohne lange Märsche Zugang zu Wasser hatten. Das Rote Kreuz wurde 1863 zur Versorgung von Kriegsverletzten gegründet. Heute leistet es bei den verschiedenen internationalen Notfällen humanitäre Hilfe.

Räumung von Landminen in Kambodscha

LANDMINEN
Auch nach Ende der Kämpfe können Minen, die während des Kriegs gelegt wurden, Menschen töten und verstümmeln. Deshalb müssen sie geräumt werden. Internationale Organisationen wie der „Halo Trust" oder „Menschen gegen Minen" räumen und vernichten die Minen.

Ein Arzt von „Ärzte ohne Grenzen" versorgt eine erschöpfte Frau mit einer Salzlösungsinfusion.

„ÄRZTE OHNE GRENZEN"
Ob Hungersnot, Überschwemmung, bewaffneter Konflikt, Naturkatastrophe oder Seuche – die Rettungsteams von *Médecins sans Frontières* („Ärzte ohne Grenzen"), der größten medizinischen Hilfsorganisation, sind unter den ersten Helfern. Hier wird eine Frau bei der Überschwemmung in Mosambik im März 2000 versorgt.

FRIEDENSTRUPPEN
Die Vereinten Nationen (UNO), 1945 zur Erhaltung des internationalen Friedens gegründet, werden von den Regierungen der Mitgliedsländer bezahlt. Wenn ein Krieg droht oder ausbricht, kann die UNO Truppen entsenden, um Zivilpersonen zu schützen und den Frieden wiederherzustellen. UNO-Truppen tragen blaue Helme und patrouillieren in speziell gekennzeichneten Fahrzeugen.

EIN SICHERER ORT
Flüchtlinge werden von Katastrophen wie einer Flut oder einer Hungersnot oder wie diese Tutsi 1994 während des Krieges in Ruanda durch Krieg und Verfolgung aus ihrer Heimat vertrieben. Organisationen wie das Rote Kreuz oder die UNO errichten Lager, in denen die Menschen bleiben, bis sie wieder nach Hause können.

Flüchtlinge tragen ihre Habe und suchen eine sichere Bleibe.

Namenregister

A

B

C

D

E

M

N

O

P

Q

R

S

T

U

V

W

Y

Z

Begriffs- und Ortsregister

A

B

C

D

E

F

G

H

I

N

O

Q

R

S

V

W

Y

Z

Bildnachweis

Abby Aldrich Rockefeller Folk Art Museum, Williamsburg, Vancouver: 175or
Advertising Archives: 440, 459mlu, 479ml
Airbourne Forces Museum, Aldershot: 420–421
AISA, Barcelona: 222m, 222u, 272o, 273mu
AKG Berlin: 3, 5, 29ol, 94ur, 112/113m, 113ul, 113mr, 114o, 114u, 119or, 122mr, 123ul, 123mo, 123ml, 127, 132ur, 133ul, 138m, 138ul, 139or, 139u, 144, 146, 156ur, 157ol, 157or, 160/161mu, Rückseite ol, 161or, 162ul, 162/163mo, 163or, 167, 178u, 179mr, 179ur, 180ul, 180/181mu, 184/185mo, 184mr, 185m, 186m, 186ul, 188ur, 189mlo, 206/207mo, 207or, 218ol, 219ol, 219ul, 248u, 249or, 328ul, 328mu, 341rmu, 368/369mo, 369u, 370ul, 385m, 391ur, 453or, 453mr/British Library: 113ur/Stefan Drechsel: 163ul/Erich Lessing: 157ur, 258ol, 371ur/Robert O'Dea: 186 or/© Succession Picasso/VG Bild-Kunst, Bonn 2003: 393ol
AKG London: 70, 75l, 83mr, 85or, 96um, 233mr, 336l, 337mru, 344ml, 344ul, 346m, 346ul, 347ur, 354–355o, 358m, 402, 427mro, 478l
AKG Photo: 256mo/Erich Lessing/Musée du Louvre, Paris: 129ul/Museo di San Marco, Florenz: 77ol/AKG/National Gallery, London: 85ul/Vatikanisches Museum, Rom: 67, 75r
Amar Talwar: 55or
American Dream, Maidstone: 480–481
Ancient Art and Architecture Collection: 28ol
ANE Edition/Andreas Neumeier: 138/139 m
Ann Ronan Picture Library: 31ur, 31um
Archive Photos: 382or; ASAP: 347ml
attac Deutschland: 482 ol
Aviation Photographs International: 470ol
BAL: 69, 108or, 108ml, 228ul, 246or, 246mr, 248o, 248ml, 248ur, 276ml, 278or, 291ul, 296or, 388o/ Beauchamp Collection, Devon: 107ur/Belvoir Castle, Leicestershire, UK, (Detailporträt von Heinrich VIII., Hans Holbein d.J. (1497/8–1543): 74r/Biblioteca Ambrosiana, Mailand, (Frontispiz zu Petracas Abschrift von Servius' *Kommentar zu Vergil*, 1340, Simone Martini (1284–1344): 34ul/British Museum, London, (Detail Kopf eines Soldaten (Zeichnung), Leonardo da Vinci (1452–1519): 81m/Dom, Florenz, (Reiterdenkmal von Sir John Hawkwood (Fresko), Paolo Uccello (1397–1475): 76ol/Eremitage, St.Petersburg, (Porträt Katharinas II. Fjodor Rokotow): 140u/Galleria degli Uffizi, Florenz, (Detail *Primavera*, um 1478, (Tempera auf Holz), Sandro Botticelli (1444/5–1510): 35or/Galleria degli Uffizi, Florenz, (Detail *Anbetung der Könige*, Sandro Botticelli (1444/5–1510): 73uBAL/Galleria degli Uffizi, Florenz, Porträt von Franz I. auf einem Pferd, um 1540, François Clouet (um 1510–72): 75om/Galleria degli Uffizi, Florenz, (Detail Soldat mit Rüstung (*Il Gattamelata*), Giorgione (Giorgio da Castelfranco) (1476/8–1510): 78ol/Giraudon/Louvre, Paris: 154or/Guildhall Art Gallery, Corporation of London: 155ul/Kenwood House, London, (Detail Selbstporträt, 1661–62, Rembrandt van Rijn (1606–69): 86mro/Kreml-Museum Moskau: 140mlo/Kunsthistorisches Museum, Wien, (*Jäger im Schnee* – Februar 1565, Pieter Brueghel d.Ä. (ca.1515–69): 84mr/Mauritshuis, The Hague, Niederlande, (Detail Selbstporträt, 1629, Rembrandt van Rijn (1606–69): 87om/Musée du Louvre, Paris, (Porträt von Deiderius Erasmus (1466–1536))Öl auf Leinwand), Hans Holbein d.J. (1497/8–1543): 85ol/Musée du Petit Palais, Paris, (Franz I. beugt sich über den sterbenden Leonardo da Vinci, 1818, Jean Auguste Dominique Ingres (1780–1867): 87ol;
BAL/National Maritime Museum: 110m/Palazzo Medici-Ricardi, Florenz, (Büste von Lorenzo de Medici, Andrea del Verrocchio (1435–88): 73ol/ Palazzo Vecchio, (Porträt von Niccolo Machiavelli (1469–1527), Santi di Tito (1536–1603): 77ol/Prado, Madrid, (*Adam*, Albrecht Dürer (1471–1528): 84ml/ Prado, Madrid, (*Überfahrt über den Styx*, Joachim Patenier oder Patinir (1487–1524)): 84ur/Prado, Madrid, Eva, Albrecht Dürer (1471–1528): 84m/ Private Sammlung, (Heinrich VIII. (1491–1547) und Parlament 1523 (Stich), Englische Schule (16. Jh.): 76m/Privatsammlungen: 201uom, 378–379u/Roudnice Lobkowicz Coll., Nelahozeves Castle, Tschechische Republik, (Detail Porträt von Dona Margarita de Cardona, Gemahlin von Adam Graf von Dietrichstein (Öl auf Leinwand), Tizian Schüler): 79r/Staatliches Russisches Museum, St. Petersburg, (Porträt von Rastrelli Pietro Rotari): 142or/Stapleton Collection: 142mo/John Spink Fine Watercolours, London: 237ur/Tretjakow–Galerie, Moskau, (Zar Iwan IV. Vitor Michailowitsch): 140mr/The Trustees of Weston Park Foundation, (Porträt eines Kindes, Sofonisba Anguissola (1527–1625): 79ul/Vatikanische Museen und Galerien, Rom (Detail altgriechische Sibylle, Michelangelo Buonarotti (1475–1564)): 96ur
Barnaby's Picture Library: 98or, 381ol, 492ur
Bath Postal Museum: 232ul, 232–233

Bettmann: 338or, 348–349m, 351ul, 351ol, 352ul, 353or, 353o, 353ur, 354–355, 359mr, 432–433u/UPI: 232ml
Boyer: 343ul
Dale Boyer: 506ul: Bridgeman Art Library: Rückseite ur; 210m/ Drummond, London 198m/Stapleton Collection: 235ml/York City Art Gallery: 217or
Bristol City Museum and Art Gallery/ Privatsammlung: 101ul/Privatsammlung/Barbara Singer: 107ol/Privatsammlung/The Stapleton Colletion: 103ulWalker Art Gallery Board of Trustees National Museums & Galleries on Merseyside: 102m
British Film Institute: 328om, 329m, 329ur, 388ol
British Library: 36m, 38l, 38ur, 39ur,103ol
British Library, London/BAL, (Add 42130 f. 182v Text und Groteske – begonnen vor 1340 für Sir Geoffrey Luttrell (1276–1345), Latin, Luttrell Psalter, (14. Jh.): 36l/(Add 42130 f. 182v Text und Groteske – hybrides Ungeheuer aus tierischen und menschlichen Teilen zusammengesetzt, begonnen vor 1340 für Sir Geoffrey Lutrell (1276–1345), Latin, Luttrell Psalter, (14. Jh.): 37o
British Library/Add. 48027 Folio 650: 101mr/Folio 57 Harley 1319: 106ml
British Museum, London: vorderer Einband ol, 78ul, 154u, 276or; © The British Museum: 101 (zentrales Bild)
Britstock-IFA: F.Aberham: 128r
© David Cain: 164or, 284or
Camera Press: 250ol, 283ul, 471ml, 256ul, 258mr, 258ur, 259ul, 484or
Castello del Buonconsiglio, Trent/BAL, (*Oktober*, um 1400 (Fresko), Italienische Schule (15.Jh.): 45ol
The Charleston Museum: 175m, 175mr
Jean-Loup Charmet: 33ur, 151ml
Andrew L. Chernack, Springfield, Pennsylvania: 353or
Chicago Historical Society: 287ol, 287u
Christie's London: 125, 131ml/Privatsammlung: 203ul/Whitford & Hughes, London: 322ur
City of Edinburgh Museum & Art Gallery: 39or
Civil War Times illustrated, Collection Prints 287ol, 287u
mit freundlicher Genehmigung der Coca-Cola Company: 505m
Bruce Coleman Ltd./John Anthony/Mark N. Boulton: 42mu
Colonial Williamsburg Foundation: 175ul, 175ur, 176m, 177m
Confederate Memorial Hall, New Orleans, LA: 286o, 286lm, 287r
Corbis: 205mr, 216u, 235m, 332
Corbis UK Ltd: 44m, 336or, 337or, 421or, 430m/Bettmann: 506ol/ Corbis/Gianni Dagli: 299, 304or/Hulton Getty:479ol/Bob Rowan/Progressive Image: 491m/Jim Sugar Photography: 491ur/Liba Taylor: 508or/David Turnley: 509u/Underwood & Underwood: 476ur/Roger Ressmeyer: 489om/UPI: 382ul, 382ur, 383ol, 383ur, 476ul, 490ml
Arthur Cotterell: 60m, 61or, 308ol
Cunard-Postkarten, copyright 1990 Marine Art Posters, Hull: 319mr
Dahl Taylor: 174ol
William C. Davis Collection: *Frank Leslie's Illustrated Newspaper* 286u
D Day Museum, Portsmouth: 432mlo
John Deere Ltd.: 42mr; Dickens House: 220m
Diners' Club: 488om
Dorling Kindersley Picture Library: vorderer Einband um
Dover Publications: 177ol
dpa Hamburg: 48ul, 48or, 94ul, 95or, 138/139o, 163mr, 206mr, 219ur, 249ol, 251ul, 251mo, 298, 310or, 310ul, 310/311mo, 311or, 328or, 328/329m, 371or, 384ur, 385ur, 390mu, 392/393mo, 392/393mu, 393or, 393ul, 394ol, 394ul, 442, 444, 445, 446 or, 446 ul, 447 ol, 447 or, 447 ur, 448, 452 or, 452/453 mu, 453 ol, 453 ul, 453 ur, 474/475 m, 474 u, 475 or, 475 mr, 475 ul, 475 ur, 476 or, 476/477 mu, 477 ol, 477 or, 477 ul, 480 or, 480/481 mu, 481 ol, 481 or, 481 mr, 481 ur, 482ul, 482/483 mo, 482/483 m, 483 or, 483 ml, 483 ur, 489m, Rückseite ul/Hamburg: 278um, 278ur
Ecoscene/John Farhar: 506mr
Eden Camp Modern History Theme Museum, Malton: 416ml, 458mr, 459ml
Leszek Erenfeicht: 406–407
ESA/PLI: 8, 506–507u
E.T. Archive: 23mor, 42or,99mo,99or, 104ur, 111ul, 140m, 154ol, 200ml, 202ol, 202ml, 322ml/Louvre, Paris: 96m/Privatsammlung: 308u
Joel Finler: 328ul, 329om, 389um
John Fiske, *The American Revolution:* 164ul
FLPA/E. & D.Hosking: 43mr
Ford Motor Company: 384mr
Fort Ticonderoga Museum 165m, 165mr, 177om
Fortean Picture Library: 155or
Fotomas Index: 29ml
Fotomedia: 305or
Fox Photos: 414ul
John Frost Newspapers: 461mr, 474ur, 475ol

GE Astro Space: 506mr
Guntram Gerst, Peter Arnold Inc: 506ur
German Press Corps: 409om
Getty Images: 220ol, 220ul, 207m
Giraudon: 273m
Glasgow Museums/Art Gallery & Museums: 100ol, 101or
Glasgow Museum/Simon Alderson: 476o
Goldsmith: 321or
© Gerstenberg Verlag, 2003: 184ol
The Ronald Grant Archive: 223or, 223u
Ronald Grant Archive/British Lion Films: 408u
Susan Griggs Agency: 260ur, 261mr
Sonia Halliday Photographs: 116m
Robert Harding Picture Library: 20um, 137m, 224ul, 226or, 227ol, 310ml, 311or, 311ul, 357m, 439or, 464ul, 464or, 465ul
Robert Harding Picture Library/Paul van Riel: 490ul
Andreas Hartmann 472ul, 497ml
Heeresgeschichtliches Museum, Wien: 338ul
HK Melton: 412m, 413mlo, 413m
Michael Holford: 56u, 464ml
The Horniman Museum, London: 128m
Hudson Bay Company/Victoria & Albert Museum: 20or/Brierley Hill Glass Museum, Dudley: 224mr/Scott Polar Research Institute, Cambridge: 315m
Hulton Deutsch: 28m, 229ml, 295or, 327or, 414ml
Hulton Deutsch Collections: 437om, 458m, 470m, 184mol
Hulton Getty: 65mr, 155mr, 213ol, 343ol, 347o, 354ol, 358ol, 359or, 359u, 401, 403, 406ml, 406ul, 410mr, 412oo, 413ol, 417ol, 425om, 434u, 435m, 435ur, 469o, 474o
Hulton Picture Company: 99ml, 389ur, 492ol
Robert Hunt: 246mr, 250ur, 251ul, 260ml, 271mr, 271ul, 282or, 282m, 296ur
Robert Hunt Library: 416–417u
Hutchinson Library: 47ml, 47ul, 281ol/Bernard Régent: 504–505u/Liba Taylor: 505ol
IBM: 489or
Images Colour Library: 26ml/ Charles Walker Collection: 150m
Image Select: 27ur, 29omImage Select (Ann Ronan): 18ol, 32or
Imperial War Museum: 247ur, 250ul, 251ur, 262ol, 279ur, 282mr, 333, 334, 338ol, 341or, 340–341o, 339ul, 342m, 342u, 343ur, 344ol, 344or, 345mr, 345ur, 349ur, 348–349u, 350mr, 350ul, 352ol, 354u, 355or, 355u, 356ol, 356m, *Unterzeichnung des Friedensabkommens im Spiegelsaal von Versailles* (1919–1920) von Sir William Orpen 359ol, 421om, 437or
Imperial War Museum/Dorling Kindersley Picture Library: 412ur, 427mr
Independence National Historical Park: 179m, 179ul, 284ml, 284m
The Independent: 33ml
India Office Library (British Library): 57o
Internationale Vereinigung des Roten Kreuzes und Roten Halbmonds: 508ul
The Interior Archive: 143ol
IWM Photograph Archive (Referenznummern in Klammern):415mr (HU1185), 415or (HL5181), 416or (HU635), 417or (CH1277), 418ml (B5501), 422mr (TR1253), 422ul (D18056), 423ul (IND1492), 426o (RUS2109), 430ur (IND3468), 431mr (C4989), 434m (BU1292), 434mr (6352)
Jauch und Scheikowski, Porep: 162–163m, 278 ul, 366, 370–371mu, 392ul
Michael Jenner: 142ml, 143ml, 468r, 469l
Ducros Jerrican: 507ul
Keystone: 400, 408om, 410u, 411ol, 419om
Yevgeni Khaldei: 435um
Bobby Kholi: 304ur, 305u
David King Collection: 140ol, 141or, 274ml, 354mlo, 360, 370ml, 370ul, 370ur, 371ol, 372ml, 373ol, 378ml, 379ol, 379ml, 379ul, 468o, 474ml, 498ur
Kobal Collection: 329mr, 329ul, 381mr
P. Landmann/Arenok: 320ul
Björn Landström/Wasa-Museum: 120or
Lauros: 53or, 141mro
Library of Congress: 164ml, 165ur, 166ur, 175ml, 176ul, 177um, 177ul, 178ur, 179ur, 284ul, 285mr, 288–289o, 288ul, 288ur, 289mor, 288mur
Library of Congress, Washington D.C. *Erste Landung des Columbus an den Gestaden der Neuen Welt bei San Salvador am 12. Oktober 1492* von D. Puebla, ersch. bei Currier and Ives: 64u
Link Picture Library/Chadra Kishore Prasad: 460ol, 460olu
Magnum/E.Lessing: 27or
Magnum Photos/S. Perkins: 465m
Mansell Collection: 98ol, 131ol, 158ol, 159ml, 196, 203ol, 228ml, 229mr, 323
Marblehead Histocal Society, Marblehead, Massachusetts: 174m
The Mariner's Museum, Newport News. Vancouver: 165o
Gregory Marx, Frontier Americana: 285ur

Mary Evans Picture Library: vorderer Einband ur, 26mu, 30ur, 36or 36ur, 38or, 38m, 38ul, 42ol, 51olu, 53ol, 58or, 62ol, 62u, 64or,82ol, 84or, 85mr, 86ul, 102ol, 111ur, 111ol, 134ol, 134mr, 136or, 141ur, 150or, 151om, 152or, 155ml, 193, 195, 199or, 201o, 203om, 204ul, 207or, 207m, 212ur, 213ml, 214ol, 215ol, 217ul, 220or, 221ol, 221om, 221ml, 221ur, 221ul, 221um, 223l, 225m, 226mr, 236ml, 246ul, 247ul, 257ul, 258ul, 262ml, 262mr, 268ml, 270ol, 270ml, 274o, 275ol, 275ul, 276ul, 276ur, 279ul, 282ol, 292ol, 294ol, 294or, 294mr, 316ul, 317mo, 317mr, 317um, 325or, 326ol, 326mr, 327om, 373ur, 381ml, 382ml, 385or, 386ol, 387ur, 407ur, 462ur, 486ol/Petit Journal: 309ol/Vittorio Pisari in La Tribuna Illustrata: 309ur
Mary Rose Trust: 107om
John Massey Stewart: 142m, 143m
Michelin-Reifen: 479om
MPI Archives: 175ol, 289ur
Musée du Louvre: 79ol
Museo dell' Opera Metropolitana, Siena/SCA: 35ol
Museo di Firenze Com'era, Florenz/BAL, (Boboli Gärten der Medici Villen, 1599, Giusto Utens (1599–1609)): 44ol
Museo Nazionale della Scienza e della Tecnica „Leonardo da Vinci": 80u
Museo Pio-Clementino Vaticano/SCA: 34ol
mit frdl. Genehmigung des Museum of London: 100ul, 102–103, 207ol
NASA: vorderer Einband or, 487or, 488mr, 489 mro/JPL: 486–487
National Anthropological Archive: 289or
National Archives: 418–419u, 286or
National Army Museum: 348ul
National Gallery: 99ol, 130r
National Gallery of Canada, Ottawa: *Dazzle ships in dry dock at Liverpool* (1921) von Edward Wadsworth 345ol
National Maritime Museum: 18m,19ul, 22ul, 22m, 22or, 22ur, 23mro, 46ur, 50mr, 90, 104ul, 105ol, 106–107, 108–109u, 309ul, 318m, 319ol, 424–425m
National Maritime Museum Picture Library: 13, 24mr
National Motor Museum Beaulieu: 384–385
National Museum of American History: 165ml, 174ol, 174ur, 177ur, 284mr, 484um, 484ur
National Museum of Natural History: 285ml, 285ml, 288ol, 289ul
National Park Service: 284um, 284ur/Museum Management Program and Valley Forge National Historical Park, Fotos von Carol Highsmith und Khaled Bassim: 164mr, 165ul, 176ur, 176mr, 177or
National Portrait Gallery: 98l , 176ol, 178or, 485ur/Dorothy Garfein: 392or
National Postal Museum: 285ol
National Railway Museum: 200or, 201uor
National Railway Museum, Neu Delhi: 54ol, 54or, 55ol, 55ur
National Trust Photographic Library: 85ur
The Natural History Museum, London: 487mlo
NCSA/University of Illinois: 506ml
The Needham Research Institute: 60ur
Nestlé: 479ul
Peter Newark's Pictures: 99ur, 130ol, 178 ul, 322ol, 392m, 394mr, 406ol, 408–409o, 409u, 411mro, 413ul, 416m, 419ml, 420mlu, 422or, 423ur, 429or, 431u, 433mr, 436ul, 438or, 438–39, 483or, 484ol, 485mr
Peter Newark's Historical Pictures: 104ml, 51ur
Peter Newark's Military Pictures: 237oml, 237mor, 203ul, 346or
Novosti Photo Library: hinterer Einband om, 428mr, 428ul, 429ol, 429ml
Novosti Photo Library: 52ml, 273ml, 370mu, 370–371u
Österreichische Nationalbibliothek: 407ol
Onslow's Titanic Picture Library: 300, 320ml
Robert Opie Collection: 233ml, 318ol, 318ml, 318mr
Oxford Scientific Films: 231or
PA Photos:509ol, 509or
Amit Pasricha: 305ol
Pattern Room, Nottingham: 429u
mit frdl. Genehmigung des Peabody Essex Museum, Salem, Mass./Frank Cousins: 153ul/Jeffrey Dykes 152ul/Mark Sexton: 153r
aus den Archiven des Court of Oyer and Terminer, 1692, Eigentum des Supreme Judical Court, Archivabteilung am Peabody Museum: 152ml
Ann & Bury Peerless: 136–137u
Photostage/Donald Cooper: 153ol
Frank Spooner Pictures/Eric Brissaud/Gamma: 128ul, 262ur, 263u, 282ur, 292ur/Alexis Duclos: 505ml/Pascal Maitre 505or
Pitkin Pictorials: 39ol
Popperfoto: 255ul, 320ol, 413mro, 422ur, 423ol, 476um, 483ol, 484–485u
Premier Brands: 106ul, 106ur
Press Association: 431or
Nikolai Rachmanonow: 52ol, 141m
Range/Bettman: 104or, 236ol
Carmen Redondo: 436–437
Rex Features: 465mr, 493ur, 488mlu

Rex Features Ltd./Action Press: 470–471/ SIPA Press: 247ml, 265um, 268ur, 271ml, 293ul, 297ur, 463ur, 471ol, 498ul, 498u/Southwest News Services: 478or
David Samuel Robbins: 459r
Roger-Viollet: 339or, 339mr, 341ur
Ann Ronan Picture Library: 324or, 324ol, 325ol
Ellen Rooney: 52ul, 142–143u, 143ol, 143mo
Royal Collection Enterprises (Königliche Sammlung, ©1999 Königin Elizabeth II.): 44ml, 45or, 45mr
Royal Signals Museum, Blandford Camp: 433or
Peter Sanders: 136ol
SCA: 44–45u, 66, 72l, 72ur, 73om, 82ul
SCA/Accademia Venezia: 75or
Scala/Biblioteca Nationale: 28mr
SCA/Palazzo Vecchio, Florenz: 35ur
Sammlung des Old Royal Observatory, Greenwich: 7, 15, 25u, 28ul
Sammlung Lebrecht: 82ml
The Science Museum, Wroughton, England: 386–387
Science Photo Library: 18ur, 26ol/A. Barrington Brown: 488mu/Martin Bond: 43or/Jean-Loup Charmet: 25ol/Hank Morgan: 490ur/NASA: 28um, 28umr, 28ur, 283ur/R. Ressmeyer, Starlight: 470um
© Science Museum: 60ul, 87or, 235ur, 235ul, 206um, 206ur, 207ul, 207ur
Science & Society Picture Library: 65l, 80mr, 234ml, 234ur, 235or
Shakespeare Birthplace Trust, Stratford-upon-Avon: 100m
Sanjay Sharma: 304ol
J.D. Sharp: 388um, 388ul, 388ol, 389o
Toby Sinclair: 304ulo
Sipa (Cork Examiner): 321ol
Smithsonian American Art Museum: 285or
Smithsonian Institution: 392um, 393om, 482ol, 482mr, 483om/George D. Tames: 443, 482
Sotheby's Picture Library: 199ul
Spink and Son Ltd: 347um
St. Bride Printing Library: 37m
State Historical Society of Wisconsin:164ul
Neil Stevenson: 489mru
The Stock Market: 83ur
Syndication International: 30mr
Syndication International/John Hancock Mutual Life Assurance Co., Boston/Maas.: 21ol/Misssouri Historical Society: 225um, 310or, 310um
Tate Gallery: 217ol, 217ml
The Telegraph Colour Library: 493ul
Telegraph Colour Library/J.P.Fruchet 356m, 504mr
©Times Newspaper Limited, 11. Mai 1958, 31 März 1999: 475ol, 475or
The Titanic Historical Society Collection: 320–321u, 321ml
Tony Stone Images: 19om/Chad Ehlers: 479ur/John Lawrence: 86m/Don Lowe: 505ml/A. Nogues: 504ol/Alan Wycheck:65u
Tophampicturepoint: 214ul, 214mr, 346ol, 356u, 383ul, 392–393u, 393mr, 407ml, 425mru, 431mlo, 436or, 436m, 437ur, 459ol, 485o
Trh Pictures: 404, 418ul, 420or, 433ol, 433m
Trip/N & J Wiseman: 469ur
Trustees of the British Museum: 33ol
Ullstein Bild: 338–339m
Ulster Museum, Belfast: 108m, 108ul, 109ol, 109om, 109or
US Army Signal Corps Photograph: 437mr
U.S. Capitol: 179o
US NA: 432or
US National Archives: 283m, 424mlu
United Nations: 438ur; Victoria and Albert Museum: 46ml/Mike Kitcatt: 304m/Ian Thomas: 309or
VG Bild-Kunst, Bonn 2003: 368mr
Vintage Magazine Company Ltd.: 321mr, 507ol
Wallace Collection, London: 81ul, 81om, 106ol, 107or, 129ml (oben), 129ol (unten), 129ml
Wasa-Museum, Stockholm: 120m, 120ml, 120ul, 120–121u, 121ol, 121or,121m, 121ur
Weimar-Archiv: 407mr
Weiss, Jerrican: 507or
Westminster Cathedral: 100mr
Rom Whitaker: 461or
Wilberforce House, Hull City Museums: 65o
Greg Williams: 507m, 507mo
The Witchcraft Research Centre/Cecil Williamson Collection: 150ul, 150ur, 151ol, 151or, 151ur, 151mr
World's Edge Picture Library: 104ol
Worthing Museum & Art Gallery: 131or, 158or, 158mr, 158ur, 159or, 159ul, 159um, 203or, 203mr, 380ur, 381ol, 492ml, 492m, 493or, 493mr
Zefa: 328ml, 328m

Danksagung

Zusätzliche Fotos

Geoff Brightling, Tina Chambers,
Torla Evans und John Chase vom Museum of London,
Andy Crawford, Geoff Dann, Lynton Gardiner,
Steve Gorton, Alan Hills, Colin Keats, Dave King,
Ray Moller, Martin Plomer, Laurence Pordes,
Karl Shone, Matthew Ward, Alex Wilson

Illustrationen
Will Giles, Alan Reason, John Woodcock

Karten
Peter Palm, Berlin (S. 14, 68), Sallie Alane Reason (S. 18–19), typocepta, Wilhelm Schäfer, Köln (S. 49, 186, 254, 312–313, 376), übrige Karten: Dorling Kindersley

Layout und Gestaltung
Dorling Kindersley, London / typocepta, Wilhelm Schäfer, Köln

Autoren und Autorinnen der Beiträge
Simon Adams, Yvonne Ayo, James Barber, Lionel Bender, Karen Brookfield, Michèle Byam, Manini Chatterjee, Peter Chrisp, John Coiley, Arthur Cotterell, William Crampton, Linda Gamlin, Clive Gifford, Andrée Grau, John und Mary Gribbin, Ned Halley, Douglas Hill, Richard Holmes, Edmund Jacoby, Eric Kentley, Ann Kramer, Brian Lane, Andrew Langley, Myrtle Langley, Kristen Lippincott, Rupert Matthews (in Zusammenarbeit mit dem National Maritime Museum, London), David H. Murdoch, Stuart Murray, Kathleen Berton Murrell, Andrew Nahum, Richard Platt, H. Rowland-Warne, Anita Roy, John Stanchak, Carole Stott, Richard Sutton, Michael Tambini, Barbara Taylor, Brian Ward, Claire Watts

Übersetzer und Übersetzerinnen
Christof Cisch, Elisabeth Erpf, Christina Hartkamp, Werner Horwath, Manfred Kottmann, Armin Kyrieleis, Reinhold H. Mai, Thomas Neumann, Cornelia Panzacchi, Eunike Röhrig, Stefanie Schäfer, Klaus Scheuer, Eva und Hans-Jürgen Schweikart, Marianne Steinecke, Margot Wilhelmi, Michael Zillgitt

Bearbeiter und Bearbeiterinnen der deutschsprachigen Fassung
Christa Becker, Markus Brinkmann, Christiane Filius-Jehne, Almuth Heuner, Klaus-Dietrich Petersen, Bernhard Schröder, Eva und Hans-Jürgen Schweikart, Lutz Weiland, Margot Wilhelmi